Die Rechtsprechung
der
Oberlandesgerichte
auf dem Gebiete des Zivilrechts.

Herausgegeben von

B. Mugdan, Kammergerichtsrat a. D. und **† R. Falkmann,** Senatspräsident am Kammergericht

Vierundvierzigster Band.

Berlin und Leipzig 1925
Walter de Gruyter & Co.
vormals G. J. Göschen'sche Verlagshandlung :: J. Guttentag, Verlagsbuchhandlung
Georg Reimer :: Karl J. Trübner :: Veit & Comp.

Druck von Walter de Gruyter & Co., Berlin W. 10.

Gesetzesverzeichnis.

(N. bedeutet die Nachträge).

1. Bürgerliches Gesetzbuch.

2. Handelsgesetzbuch.

3. Gesetz betr. die Gesellschaften mbH.

4. Gesetz betr. die Erwerbs- und Wirtschaftsgenossenschaften.

5. Reichsmietengesetz
v. 24. März 1922.

6. Gesetz über Mieterschutz und MEÄmter
v. 1. Juni 1923.

7. Wohnungsmangelgesetz
v. 26. Juli 1923.

15. Gesetz über die Angelegenheiten der freiwilligen Gerichtsbarkeit

15a. Pr. Gesetz über die freiwillige Gerichtsbarkeit

16a. Reichsjugendwohlfahrtsgesetz v. 14. Februar 1924.

b. Preuß. AusfGesetz zum Jugendwohlfahrtsgesetz.

17. Pr. Gerichtskostengesetz v. 28. Okt. 1922.

18. Einzelne Reichsgesetze.

19. Einzelne Landesgesetze.

1. Mieterschutz. Reichsmiete. Wohnungsmangel.

a) Kündigung (Räumung) eines vermieteten Lagerplatzes.

Kammergericht, 17. ZS. Urteil v. 1. Dez. 1924 (U 4980).

Die Stadt Berlin hatte 1912 dem Beklagten ein Grundstück „zur Benutzung als Holz-, Stein-, Kohlen- oder Zimmerplatz" vermietet und die Errichtung von Baulichkeiten zum Wohnen verboten. Nachdem sie den Vertrag zum 1. 10. 22 gekündigt hatte, überließ sie das Grundstück dem Kläger, der Ende Juni 1923 als Eigentümer eingetragen wurde. Sein Räumungsanspruch, den das Amtsgericht an das LG. verwiesen hat, ist begründet. Ob dieser Beschluß für das LG. bindend wäre, wenn das Mietschöffengericht für den Rechtsstreit zuständig gewesen wäre, kann dahingestellt bleiben, ebenso die Ansicht des OLG. Kassel (Rsp. 42 S. 13, JW. 1924 S. 213), daß Verweisungsbeschlüsse doch unter Umständen anfechtbar seien. Denn die Zuständigkeit des Amtsgerichts in seiner ordentlichen Besetzung war gegeben, da hier Gegenstand des Mietvertrages nicht Räume, sondern ein Lagerplatz war, auf den das MSchG. nicht Anwendung findet. Daß der Beklagte diesen Platz eingezäunt, gepflastert und mit einer Wasserleitung versehen hat, ändert hieran nichts, aber auch nicht die Übernahme von auf dem Platz befindlichen Baulichkeiten; denn diese waren nicht Gegenstand des Mietvertrages, der Beklagte hatte sie vielmehr vom früheren Mieter gekauft; andererseits waren sie auch nur dazu bestimmt, dem wirtschaftlichen Hauptzwecke des Vertrages, nämlich der Nutzung als Lagerplatz, zu dienen. Wenn nun der Beklagte weiterhin auf dem Platz mit Genehmigung der Vermieterin einen provisorischen Pferdestall nebst Anweiserwohnung errichtet, so trifft auch hierfür das Gesagte zu. Daß Schuppen auf einem Platze, auf dem wertvolle Hölzer lagern, errichtet werden, um diese vor Witterungseinflüssen zu schützen, liegt in der Natur der Sache und ändert auch nichts an dem Charakter des Vertrages. Der Vertragsgegenstand ist somit ausschließlich die Nutzung als Lagerplatz (ebenso 17 U 12 087. 23 — RG. III 234. 23). Hieraus folgt aber gleichzeitig, daß weder die Kündigung noch die Räumungsklage an die Mitwirkung des MEA. gebunden war, da die §§ 2, 15 Berliner Bek. v. 12. Mai 1921 (Fassung vom 17. 9. 22) eine derartige Mitwirkung nur bei Mieträumen vorsah, und das MSchG. ebenso nur auf Räume (Gebäude oder Gebäudeteile) Anwendung findet. . . . D. n.

b) Kann der Vermieter Schadensersatz wegen Nichträumung beanspruchen, wenn das MEA. nicht der Räumungsklage 1922 zugestimmt hatte.

Kammergericht, 17. ZS. Urteil v. 30. Oktober 1924 (U 6687).

Dem Beklagten, der als Mieter eine Bäckerei und Wohnung innehatte, hat der Kläger zum 1. Juli 1922 gekündigt, nachdem das MEA. beschlossen hatte: „Der Kündigung wird zugestimmt. Dem Mieter sind geeignete Geschäftsräume nachzuweisen." Der Kläger will daraufhin zwei Bäckereien mit Wohnungen zur Verfügung gestellt haben; Beklagter habe sie aber ohne Grund zurückgewiesen. Die Zustimmung zur Räumungsklage lehnte jedoch das MEA. ab. Die Klage auf Ersatz des durch die Nichträumung entstandenen Schadens ist unbegründet.

Es kann dahingestellt bleiben, ob der Vertrag schon durch die Kündigung beendet worden ist; der Kläger kann jedenfalls aus der Nichterfüllung des Räumungsanspruches so lange Ersatzansprüche nicht herleiten, als das MEA. die Zustimmung zur Räumung versagt hat. Würde in solchem Falle selbst ein Räumungsanspruch bestehen, so ist ihm jedenfalls die Durchführbarkeit versagt; er kann nicht nur nicht vollstreckt, sondern nicht einmal urteilsmäßig festgestellt werden; das Gesetz versagt ihm jeden rechtlichen Schutz. Aus der Nichterfüllung können, wenn dies nicht, wie in §§ 1298 ff. BGB. besonders bestimmt ist, erst recht keine Ansprüche hergeleitet werden. Solche Ansprüche lassen sich auch nicht damit begründen, daß das Gesetz den besonderen Erfolg der Räumung selbst, nicht aber den der Ersatzpflicht habe vermeiden wollen. Ein solcher Wille hätte, wie in §§ 1298 ff., ausgedrückt werden müssen; denn wenn der Anspruch selbst des Rechtsschutzes entkleidet ist, so liegt hierin auch die Versagung des auf seiner Nichterfüllung beruhenden Ersatzanspruchs. Gerade vorliegend ist aber auch ersichtlich, daß das Gesetz nicht nur den Anspruch selbst, sondern auch die Durchführung etwaiger Schadensansprüche im Ergebnis vermieden wissen wollte. Denn der Mieterschutz bezweckte in erster Linie, wirtschaftlich nicht gerechtfertigte Mietforderungen und Kündigungen zu verhüten. Zu diesem Zwecke sollte zunächst nachgeprüft werden, ob ein Anlaß zur Kündigung bestehe und trotz Bejahung nochmals untersucht werden, ob auch die Räumung wirtschaftlich gerechtfertigt sei. Mit ihrer Vermeidung allein war aber der Zweck der Maßnahme nicht erschöpft. Die Belassung des Mieters in seinen Räumen war schließlich nur ein Mittel zu dem weiteren Zwecke, sein Dasein in einer Zeit größter Not und schärfsten Kampfes zu sichern. Dies würde vereitelt werden, wenn er gewärtig sein müßte, über die Grenzen des § 557 BGB. hinaus einen Schaden, der einen erheblichen Umfang annehmen kann, zu ersetzen. . . . D.n.

c) **Der Streitwert der Mietaufhebungsklagen.**

Kammergericht, 17. ZS. Beschluß v. 27. Okt. 1924 (W 4606).

Der Kläger fordert Aufhebung des Mietvertrages zum 1. Oktober 1924. Das LG. hat auf die Berufung am 28. 6. 24 entschieden und, da damals die gesetzliche Miete 35% betrug, den Streitwert der Berufung entsprechend einer vierteljährlichen Friedensmiete von 2500 M. auf 875 GM. festgesetzt. Der Prozeßbevollmächtigte beantragt dagegen, gemäß der bis 30. 9. 24 geltenden gesetzlichen Miete von 62% den Streitwert festzusetzen. Da das Berufungsverfahren in Mietaufhebungsklagen, das das MSchG. im allgemeinen nicht regelt, nur eine bestimmte Art von bürgerlichen Rechtsstreitigkeiten betrifft, müssen, soweit nicht im Einzelfalle das Gesetz etwas Abweichendes erkennen läßt, dieselben Gesetze Anwendung finden wie auf die Berufung in jenen Streitigkeiten. Die Beschwerde ist daher gemäß § 12 GebO., § 18 DGKG. zulässig. Sie ist auch begründet.

Der § 13⁵ MSchG. bestimmt nur, daß „der Betrag des für die Dauer eines Vierteljahres zu entrichtenden Mietzinses maßgebend ist". Ob dies aber der Mietzins in seiner zur Zeit der Klageerhebung (Hertel § 13³ und anscheinend auch Brumby S. 83) oder der Urteilsfällung oder des beantragten Vertragsendes geltenden Höhe ist, sagt das Ges. nicht. Für das Verfahren vor dem MEA. und der Beschwerdestelle bestimmen § 8 PrAusfVO. des Wohlfahrtsmin. vom 25. 9. 1923 und § 2 der 2. PrAusfVO. des Justizmin. vom 22. 10. 23, daß der Monatsbetrag der gesetzlichen Miete maßgebend ist, der für den der Entscheidung der betr. Stelle vorhergehenden Monat Geltung hatte. Diese landesrechtliche Bestimmung für eine andere Verfahrensart kann aber für die Entscheidung der nach Reichsrecht zu beurteilenden Frage nicht von Bedeutung sein. Es ist vielmehr aus allgemeinen Grundsätzen heraus zu bestimmen, welche Mietzinshöhe maßgebend ist. Von diesem Standpunkt aus ist nicht ein Zeitpunkt zu berücksichtigen, an dem das Bestehen des Vertrages noch gar nicht streitig ist; vielmehr erscheint in rechtsähnlicher Anwendung des denselben Zweck verfolgenden § 10 DGK. als maßgebend die Zeit, für die das Bestehen des Vertrages streitig ist, das ist das 1. Vierteljahr nach der vom Kläger beantragten Aufhebung des Vertrags. Daß die Bestimmung dieser Mietzinshöhe mitunter nur annähernd festzustellen ist, kann hieran nichts ändern (KG. in 17 Y 3.23), zumal die für die Mieterhöhung wesentlichen Sätze der Hauszinssteuer schon durch Art. II[1] VO. vom 19. 6. 24 (GS. 555) festgesetzt waren. D.n.

d) α) **Bei Geschäftsräumen kann die Erlaubnis des Vermieters, den Gebrauch des Raumes einem Dritten zu überlassen, besonders ihn unterzuvermieten, nicht nach § 29 durch das MEA. ersetzt werden.**

Kammergericht, 17. ZS. Rechtsentscheid v. 17. November 1924 (Y 80).

Dem Wortlaute nach bezieht sich § 29 nur auf Wohn- und nicht auf Geschäftsräume. Für die Annahme einer falschen Fassung fehlen nicht nur ausreichende Gründe, sondern die Entstehungsgeschichte erweist, daß § 29 wörtlich ausgelegt werden muß. Schon der Umstand, daß das Gesetz in § 1 und an anderen Stellen den Begriff Mietraum verwendet, legt nahe, daß § 29 das Wort Wohnraum absichtlich gebraucht hat. Es kommt hinzu, daß § 4 MSchVO., mit dem die neue Vorschrift im übrigen wörtlich übereinstimmt, vom Gebrauch der gemieteten Sache spricht. Diese Abweichung ist auch keine zufällige, denn in den ersten beiden Entwürfen war noch „Mietraum" verwendet, erst der dritte änderte ihn in Wohnraum ab. Ist hiernach der Wortlaut mit Vorbedacht gewählt, dann bezieht er sich nicht auf Geschäftsräume, wie dies auch im Schrifttum überwiegend vertreten wird. D.n.

β) **„Die Erlaubnis kann das MEA. auch dann nicht ersetzen, wenn Wohnräume für andere als Wohnzwecke überlassen werden sollen."**

Kammergericht, 17. ZS. Rechtsentscheid v. 17. November 1924 (Y 111).

Der vorbildliche § 4 MSchVO. ließ einen Ersatz der Erlaubnis schlechthin, also auch für Geschäftsräume zu, weil die Wohnungsnot und auch die Erwerbsverhältnisse mancher Mieter als wünschenswert erscheinen ließen, daß die Weitervermietung in größerem Umfang als nach dem BGB. möglich werde. Ein doppelter Zweck wurde also damals mit § 4 verfolgt: sowohl eine Linderung der Wohnungsnot wie auch eine Entlastung der Mieter, die den Mietzins schwer aufzubringen vermochten. Wenn demgegenüber § 29 den Ersatz der Genehmigung auf Wohnräume beschränkt hat, so hat man die Rücksicht auf die geldliche

Lage der Mieter, wenn auch vielleicht nicht ganz außer acht gelassen, so doch hinter der Abhilfe gegen die Wohnungsnot weit zurücktreten lassen. Es ist deshalb nicht anzunehmen, daß Wohnräume gegen den Willen des Vermieters zu Geschäftszwecken sollten untervermietet werden können, zumal die WMGesetzgebung wohl die Verwandlung von Geschäfts- in Wohnraum begünstigt und unter Umständen sogar die zwangsweise Umwandlung zuläßt, dagegen umgekehrt die Verwendung von Wohnräumen zu Geschäftszwecken durch das Erfordernis behördlicher Genehmigung möglichst hintanzuhalten sucht. Auch kann nicht etwa eine andere Auffassung für die Fälle gebilligt werden, in denen die Benutzung eines Wohnraumes zu Zwecken geschäftlicher Art nicht gegen den Mietvertrag verstößt. An dem Ergebnis, daß die Untervermietung den Wohnraum seinem eigentlichen Zweck entziehen und zu einem Geschäftsraum machen könnte, wird durch den Inhalt des Vertrages nichts geändert. Solchem Erfolge soll aber § 29, der die möglichst weitgehende Ausnützung des vorhandenen Wohnraums zu Wohnzwecken zum Ziele hat, eben nicht dienen, denn es fehlt bei der Untervermietung zu geschäftlichen Zwecken an einem ausreichenden Anlaß, um die vertraglichen Rechte des Vermieters zu schmälern. Für solche Fälle genügt vielmehr die im BGB. getroffene Regelung. D.n.

γ) **„Das MEA. kann die Erlaubnis des Vermieters nicht allgemein, sondern nur für einen bestimmten Dritten ersetzen.“**

Kammergericht, 17. ZS. Rechtsentscheid v. 1. Dezember 1924 (Y 136).

Die Erlaubnis nach § 549[1] BGB. braucht der Vermieter nicht allgemein zu erteilen; hierzu wäre er nur aus einer über Abs. 1 hinausgehenden besonderen Vereinbarung verpflichtet. Nach § 549 steht es vielmehr dem Vermieter in jedem einzelnen Falle frei, sich über diese Erlaubnis zu entschließen. Die Weigerungsgründe darf er aber nur der Person des jeweiligen Dritten entnehmen. Da das MEA. nur an Stelle des Vermieters, wenn auch unter billiger Berücksichtigung der Interessen des Mieters, zu entscheiden hat, so kann es auch die Erlaubnis nur für den einzelnen Fall ersetzen. Es kann auch diese Entscheidung nicht dem Ermessen eines anderen überlassen, auch wenn er völlig zuverlässig erscheint, also besonders nicht einem voraussichtlich nach Treu und Glauben handelnden Mieter, da zunächst nicht des Mieters, sondern des Vermieters Kenntnis von der Person des Dritten maßgebend ist und der Fall sehr wohl denkbar ist, daß dem Vermieter wichtige Weigerungsgründe bekannt sind, die der Mieter nicht kennt, ohne daß diese Unkenntnis auf Verschulden beruhte. D.n.

e) **Zuständigkeit für Klagen aus § 31[2]. Keine nachträgliche Genehmigung des Wohnungsamts.** Kammergericht, 17. ZS. Urteil v. 3. November 1924.

A., der vom Hauseigentümer hier Büroräume und einen Laden gemietet hatte, hat den Laden für seine Mietdauer durch Vertrag vom 24. 5. 21 dem Beklagten überlassen, ohne dies der Gemeindebehörde anzuzeigen. Am 18. 2. 24 hat der Kläger mit Genehmigung des Wohnungsamts vom Hausbesitzer „die Rechte und Pflichten des A.schen Mietvertrages ‚übernommen‘“. Er verlangt nun gemäß § 31[2] und § 4 MSchG. Räumung des Ladens. Der Beklagte behauptet, während des Rechtsstreites habe das Wohnungsamt seinen Vertrag mit

A. genehmigt. Das Mietsschöffengericht hat, da aus § 31 geklagt ist, den Rechtsstreit an das LG. verwiesen; dieses hat abgewiesen. Die Berufung ist begründet.

Für Streitigkeiten, die sich auf § 31² stützen, ist die Zuständigkeit des ordentlichen Gerichts gegeben. Dies folgt zunächst daraus, daß im § 31² in Erweiterung der bürgerlich-rechtlichen Bestimmungen dem nicht besitzenden Mieter dieselben Rechte wie dem Besitzer gegeben werden, und zu ihnen gehört der Ausschluß des im besonderen Verfahren gewährten Mieterschutzes. Dann spricht aber auch die Begründung des Entw. § 23 ausdrücklich aus, daß im Fall des Abs. 2 die Vorschriften über die Aufhebung des Mietverhältnisses keine Anwendung finden sollen. Die Verweisung an das LG. ist daher, soweit die Klage auf § 31 gestützt ist, zulässig und bindend (§ 276² ZPO.). Da die Klage aus § 31 auch begründet ist, so bedarf es keiner Untersuchung, ob auch eine unzulässige Verweisung, soweit die Klage sich auf § 4 MSchG. stützte, bindend wäre.

Der Mietvertrag ist unter der Berliner Bek. vom 12. 5. 21 geschlossen. Diese forderte in § 3 die Anzeige von Mietverträgen und untersagte in §§ 5, 10 den freien Abschluß von Mietverträgen auch über Läden. Beide Bestimmungen waren wirksam, weil auch in diesen Wohnungsuchende untergebracht werden können. Der Mietbesitz des Bekl. war daher wohnungsrechtlich fehlerhaft. Daran würde es auch nichts mehr ändern, wenn im Laufe des Rechtsstreites der Mietvertrag genehmigt worden wäre; denn das Wohnungsamt kann jedenfalls nicht mehr bestehende Verträge, und der vorliegende war durch Fristablauf beendet, nicht wieder aufleben lassen. Andrerseits ist der Mietvertrag des Klägers mit dem Hausbesitzer genehmigt und daher wirksam, daher die Klage gemäß § 31² begründet. Auf Ersatzraum und Umzugskosten konnte nicht erkannt werden, da im Fall des § 31² die §§ 4³, 6 nicht Anwendung finden. D.n.

f) **Unter „Um- und Einbauten" sind nur solche Bauvornahmen zu verstehen, durch die neu für eine Verwendung Räume geschaffen werden, für die sie vorher nicht geeignet waren**[1]). Bayer. Oberstes Landesgericht, ZS. Rechtsentscheid v. 11. Oktober 1924.

. . . Als durch Um- und Einbauten neugeschaffene Räume können keinesfalls solche gelten, die schon vorher vorhanden und für den gleichen Zweck bestimmt waren, zu dem sie nach der Veränderung bestimmt sind. Eine bloße Änderung der Raumeinteilung durch Einziehen oder Ausbrechen von Zwischenwänden, Vermauern oder Durchbrechung von Tür- oder Fensteröffnungen usw. genügt also nicht. Es reicht in solchen Fällen nicht hin, daß bei gleichbleibendem Rauminhalt die Zahl der Einzelräume vermehrt oder vermindert wird; vielmehr muß noch hinzutreten, daß ein gegen früher neuartiger Raum eingebaut, Remisen oder Kellerräume zu Wohnzwecken umgebaut werden. Wird dagegen ein Raum unter Beibehaltung der gleichen Zweckbestimmung nur anders eingeteilt, so ist er, auch wenn ein Teil davon zu gesonderter Vermietung ausscheiden soll, nicht

[1]) Jede bauliche Veränderung, die die für Wohnzwecke nicht geeigneten Räume diesen Zwecken zuführt, ist ein Umbau, also **auch die Umwandlung eines zweistöckigen Ateliers in zwei Stockwerke, die durch Zwischenwände und neue Zugänge zu Wohnungen geschaffen werden**; dagegen ist belanglos, ob der Mieter oder der Vermieter die Kosten trägt (KG. 24. März 1924, JW. 2034⁵).

neu geschaffen; denn er war bereits vorher als Mietobjekt gleicher Art, wenn auch in anderer Einteilung vorhanden. . . Es kann nicht darauf ankommen, ob eine Bauvornahme größere oder geringere Mittel erfordert oder wie groß der gewonnene Raum ist. . . BayZ. 20 S. 296.

g) α) **Der Rechtsentscheid (Rsp. 43 S. 241) wird aufrechterhalten.**

Kammergericht, 17. ZS. Rechtsentscheid v. 3. November 1924 (Y 72).

Die Ausführungen von Bleicken (EinigAmt 1924 S. 331) vermögen nicht die Ansicht zu erschüttern, daß das Wohnungsamt selbst im Verfahren auf Festsetzung eines Zwangsmietvertrages Partei ist. Er verwechselt bei seiner Betrachtung des § 4 WMG. die Frage nach den Parteien im Verfahren vor dem MEA. mit der nach der Beteiligung am festgesetzten Zwangsmietvertrage. Infolge seiner unrichtigen Auffassung gelangt er auch nur dazu, sich gegen den Ausspruch des Senats zu wenden, daß kein früheres oder jetziges Mitglied des die Gemeindebehörde nach außen vertretenden Organs bei der Festsetzung des Zwangsmietvertrages mitwirken darf. Er meint, daß sich die Frage, wer von der Mitwirkung im MEA. ausgeschlossen ist, allein nach § 7³ verb. mit § 38³ MSchG. beantworte. Dort ist die Zusammensetzung des MEA. aber nur allgemein geregelt, also ohne Rücksicht darauf, welche Parteien an der einzelnen Sache beteiligt sind. Wieweit dagegen Beziehungen des Vorsitzenden und der Beisitzer des MEA. zu den am Streit beteiligten Parteien im Einzelfall ein Mitglied kraft Gesetzes ausschließen, behandelt die Sondervorschrift in § 8³, die gemäß § 38⁴ für das MEA., übrigens nach § 27 VerfAnordnung auch für die Beschwerdestelle gilt. — Ebensowenig vermögen die Ausführungen Küppers (EinigAmt aO.) die Aufgabe des früheren Rechtsentscheides zu rechtfertigen. Wenn auch der Magistrat befugt ist, seine Vertretungsmacht auf jedes einzelne Mitglied zu übertragen, so ändert doch eine solche Maßnahme nichts daran, daß er in seiner Gesamtheit nach dem Gesetze das Vertretungsorgan darstellt. . . D.n.

β) **„Bei Entscheidungen des KreisMEA. über Beschlagnahmen, die der Kreisausschuß oder ein diesem angegliedertes Kreiswohnungsamt vorgenommen hat, besonders über Anträge dieser Stellen auf Abschluß von Zwangsmietverträgen, darf der Landrat desselben Kreises nicht mitwirken."**

Kammergericht, 17. ZS. Rechtsentscheid v. 8. Dezember 1924 (Y 108).

Hat das Kreiswohnungsamt oder schlechthin der Kreisausschuß Beschlagnahmen vorgenommen oder Abschluß eines Zwangsmietvertrages beantragt, so ist der Kreisausschuß selbst als Partei anzusehen (Rspr. 43 S. 241). Dann aber ist der Landrat desselben Kreises der Vertreter des Kreisausschusses nach außen, also gesetzlicher Vertreter. Daran ändert es auch nichts, wenn das Wohnungsamt dem Kreisausschuß nur angegliedert und für dieses Amt ein besonderer Vorsitzender bestellt ist. Stets bleibt die Vertretungsbefugnis dem Landrat, selbst wenn er auf sie verzichtet hat, denn bis dahin ist er jedenfalls der gesetzliche Vertreter gewesen. Überdies hat der Verzicht, seine Befugnis zur gesetzlichen Vertretung des Kreisausschusses in WMSachen nur scheinbar beseitigt, denn jederzeit kann er von sich aus ihn unbeachtet lassen und die Vertretung tatsächlich mit voller Rechtswirkung wieder ausüben (vgl. aO.). D.n.

γ) **„Ein Verfahren, nach welchem die Beisitzer eines KreisMEA. nach dem vom Kreisausschuß für jeden zum Geschäftsbereich jenes Amtes gehörigen Ort zwei besondere Beisitzer gewählt werden, die an jeder eine Angelegenheit ihres Ortes betreffenden Sitzung teilnehmen, entspricht nicht dem Gesetz."**

Kammergericht, 17. ZS. Rechtsentscheid v. 17. November 1924 (Y 109).

Die Bildung der MEA. ist durch §§ 37, 38 MSchG. und die VO. vom 25. 9. 23 (GS. 449) geregelt. Diese VO. verweist auf die §§ 2—5, 7—10 der AusfVO. vom 15. 8. 23 (GS. 405), wo das Verfahren den §§ 36 ff. GVG. nachgebildet ist. Hieraus ergibt sich, daß die für jeden Kommunalverband erforderliche Zahl von Beisitzern und Stellvertretern auf Grund von Vorschlagslisten gewählt und daß die Reihenfolge ihrer Teilnahme an den Sitzungen dann weiterhin durch Auslosung bestimmt wird. In Ausnahmefällen wählt die Gemeindevertretung, Stadtverordnetenversammlung oder Kreisausschuß, die Beisitzer und Stellvertreter auf Vorschlag des Vorstandes des Kommunalverbandes unmittelbar, d. h. ohne vorherige Bildung von Vorschlagslisten; auf die so Gewählten finden dann die §§ 7, 9 VO. vom 15. 8. 23 Anwendung. Diese Vorschriften sind zwingender Natur. Wird von ihnen abgewichen, so ist die Stelle nicht vorschriftsmäßig besetzt. Das ist ständig in Fällen angenommen worden, in denen bei der Auswahl und Berufung von Schöffen und Geschworenen nicht das gesetzliche Verfahren eingehalten wurde (RGSt. 2 S. 241, 5 S. 21, 48 S. 192). Da diesem die für die Bildung der MEA. erlassenen Vorschriften nachgebildet sind, so ergibt sich die gleiche Folgerung auch für Nichteinhaltung dieser Vorschriften.

D.n.

h) α) **„Durch das MEA. festgesetzte Streitwerte und Kosten sind durch Rechtsbeschwerde nicht anfechtbar."**

Kammergericht, 17. ZS. Rechtsentscheid v. 17. November 1924 (Y 114).

Die Entscheidung des MEA. im Sinne des § 41 ist, wie schon dessen Fassung deutlich ergibt, lediglich die in der Sache selbst ergehende Entscheidung. Das Gesetz spricht deshalb auch nicht von Entscheidungen schlechthin, sondern lediglich von d e r Entscheidung. Die Rechtsbeschwerde ist im übrigen der Revision der §§ 545 ff. ZPO. nachgebildet; diese kommt aber für andere als Sachentscheidungen nicht in Frage. — Ein anderes Rechtsmittel an das LG. als die Rechtsbeschwerde wäre nur dann zulässig, wenn eine ausdrückliche Anordnung dieses Inhalts bestände. Nach § 8 AusfVO. vom 25. 9. 23 setzt das MEA. die Höhe der Gebühren fest; eine Anfechtung ist nicht vorgesehen. Es fehlt aber auch an einer Bestimmung allgemeineren Inhalts, aus der eine solche Anfechtbarkeit entnommen werden könnte. Während § 2 AusfVO. vom 22. 10. 23 auf die für das Verfahren vor der Beschwerdestelle entstehenden Gebühren gewisse Vorschriften des D. GKG. für anwendbar erklärt, ist für die vor dem MEA. entstehenden Gebühren eine derartige Bezugnahme nirgends ausgesprochen. D.n.

β) **„Wenn bei einem LG. mehrere Rechtsbeschwerdekammern bestehen und eine Kammer von der ihr bekannten Entscheidung einer anderen Kammer abweichen will, so hat sie die Sache zum Rechtsentscheide vorzulegen. — Gegen eine nach Erledigung der Hauptsache ergangene Kostenentscheidung des MEA. ist die Rechtsbeschwerde nicht zulässig."**

Kammergericht, 17. ZS. Rechtsentscheid v. 6. Oktober 1924 (Y 96).

Der — auf §24 Ges. v. 10. 9. 23 beruhende — § 1 VO. v. 22. Okt. 23 ist dem § 28 FGG. nachgebildet. Ob der Fall dieses § 28 und des ihm entsprechenden § 79 GBO. schon dann gegeben ist, wenn nicht ein OLG. von der Entscheidung eines anderen OLG., sondern ein Senat von einem anderen Senat desselben OLG. abweichen will, ist im Schrifttum vielfach erörtert (vgl. Schlegelberger, § 28 2d, Keibel, Gruchot 45 S. 187, Güthe GBO. § 79[13]). Die Anwendbarkeit des § 28 ist, ohne daß Gegenmeinungen laut geworden wären, nur in dem Falle verneint worden, in dem ein Senat von der Entscheidung eines nicht mehr bestehenden Senats desselben Gerichts abweichen will. Liegt ein derartiger Fall bei einem LG. vor, so sind auch die Vorbedingungen eines Rechtsentscheides nicht gegeben. Am LG. I in Berlin bestehen aber zwei Zivilkammern, die ständig nebeneinander mit den Rechtsbeschwerden in Mietsachen befaßt sind und von denen die eine von der andern abzuweichen beabsichtigt. Die ausdrückliche Regelung derartiger Fälle ist unterblieben, weil offenbar davon ausgegangen wurde, daß, ebenso wie beim OLG. das Gebiet der freiwG., beim LG. die Rechtsbeschwerden in Mietsachen stets bei einer Kammer vereinigt sein würden. Wäre die Möglichkeit einer Teilung und einer durch sie ermöglichten Zwiespältigkeit der Entscheidungen überhaupt erwogen worden, so wäre sie nicht anders geregelt worden als der Widerstreit der Entscheidungen verschiedener Gerichte. Denn der einzige Zweck des § 24 Ges. v. 10. 9. 23 und der auf ihm beruhenden VO. v. 22. 10. 23 ist die Wahrung der Rechtseinheit. Sie würde durch die abweichenden Entscheidungen mehrerer Kammern desselben Gerichtes in höherem Maße gefährdet werden, als durch die Abweichung verschiedener Gerichte voneinander. Im letzteren Falle könnte im Gegensatz zu dem ersteren noch die Möglichkeit gegeben sein, die Abweichungen durch die Verschiedenartigkeit der in den verschiedenen Bezirken bestehenden Verhältnisse zu rechtfertigen. Die Frage ist daher — in Abweichung von dem in 17 Y 62/24 in der Begründung ausgedrückten Standpunkt — zu bejahen.

2. Das LG. will den § 99[3] ZPO. auch im Verfahren vor dem MEA. anwenden. Allein der § 41 MSchG., der die Frage erschöpfend regelt, ordnet im Abs. 2 an, daß die Kostenentscheidung nur zugleich mit der Hauptsache angefochten werden könne, und deckt sich im wesentlichen mit der Fassung, die der § 99 ZPO. bis zur Novelle von 1898 hatte. Vor Hinzufügung der Abs. 2, 3 bestand kein Zweifel darüber, daß eine Kostenentscheidung auch dann unanfechtbar war, wenn über die Hauptsache überhaupt nicht entschieden wurde (RG. 10 S. 309; 30 S. 365). Von dieser Auslegung bei § 41 abzuweichen, lag kein Anlaß vor. Hätte der Gesetzgeber den vorliegenden Fall ausnehmen wollen, so hätte er dem § 41 die Fassung gegeben, die der § 99 ZPO. zurzeit hat. Im § 13 MSchG. ist ein Fall selbständiger Anfechtbarkeit der Kostenentscheidung geordnet. Diese Abweichung von § 41 ergibt auch, daß das Gesetz den vorliegenden Fall nicht hat ausnehmen wollen. D.n.

γ) **„Hat das MEA. den Antrag des Vermieters auf Erhöhung der Friedensmiete durch Beschluß zurückgewiesen und die Entscheidung über den Antrag des Mieters auf**

Festsetzung der Friedensmiete einer Schlußentscheidung vorbehalten, so kann der zurückweisende Beschluß selbständig mit der Rechtsbeschwerde angefochten werden."

Kammergericht, 17. ZS. Rechtsentscheid v. 17. November 1924 (Y 121).

... Daß die Zurückweisung des Antrages des Vermieters eine Entscheidung des § 41 ist, bedarf keiner Erörterung. Hieran wird dadurch nichts geändert, daß sie nur einen Teil der streitigen Fragen erledigt; sie ist vielmehr einem Teilurteil des § 301 ZPO. zu vergleichen. An ihrer Anfechtbarkeit kann um so weniger gezweifelt werden, als es sonst im freien Belieben des MEA. läge, sie dadurch, daß es das Verfahren auf sie beschränkt, der Anfechtung zu entziehen. Dieses Ergebnis ist unhaltbar; die ihrem Inhalte nach anfechtbare Entscheidung bleibt auch dann selbständig anfechtbar, wenn sie den Streit nicht vollständig erledigt, sondern nur zum Teil beendigt. D.n.

δ) Gegen Beteiligte, die sich vor Beendigung der Verkündung entfernen, beginnt die Frist zur Einlegung der Rechtsbeschwerde erst mit der Mitteilung der Entscheidung zu laufen." — Nach § 4 WMG. darf der Zwangsmietvertrag nicht schlechthin mit der Gemeinde geschlossen, sondern diese als Mieterin nur an Stelle eines bestimmten Wohnungsuchenden mit der Befugnis eingesetzt werden, an ihn die Wohnung weiterzuvermieten.

Kammergericht, 17. ZS. Rechtsentscheid v. 6. Oktober 1924 (Y 67).

1. Nach Y 25 u. 30/24 (Rspr. 43 S. 245/6) kommt es für den Beginn der Beschwerdefrist nur darauf an, ob der Beteiligte, der sich während der Verkündung entfernt, als bei ihr anwesend oder abwesend zu betrachten ist. Da diese Unterscheidung offensichtlich bezweckt, die Frist gegen einen Beteiligten nicht früher in Lauf zu setzen, als bis er sich in Kenntnis des gesamten Inhalts der Entscheidung des MEA. über ihre Anfechtung schlüssig machen kann, so kann als bei der Verkündung anwesend nur der betrachtet werden, der während ihrer ganzen Dauer zugegen ist. Dann aber muß die Frist, falls sich der Beteiligte während der Verkündung entfernt, nicht von dieser, sondern von der späteren Mitteilung an ihn gerechnet werden.

2. Auszugehen ist von § 4 WMVO., der zuerst den Zwangsmietvertrag mit der Gemeinde erwähnt. Im Zusammenhange mit Abs. 1 konnte ihr Abs. 2 nicht wohl anders verstanden werden, als daß die Gemeinde nur an die Stelle gerade eines bestimmten Wohnungsuchenden eingesetzt werden durfte. Es mußte derselbe sein, den sie erfolglos zum Vertragschlusse bezeichnet hatte, und die Einsetzung der Gemeinde war nur zulässig, wenn ohne diese Anordnung ein Zwangsmietvertrag mit dem ganz bestimmten Zugewiesenen abgeschlossen worden wäre. Sie verlieh ihr auch nur die Befugnis, gerade an diesen die Wohnung weiterzuvermieten. Hingegen konnte nach dieser Fassung der VO. nicht zulässig sein, daß die Gemeinde auch ohne diese Voraussetzungen durch das MEA. zur Zwangsmieterin gemacht und berechtigt wurde, die Räume irgendeinem anderen in Untermiete zu geben. Das entspricht auch dem Zwecke der Bestimmung. Sie soll nach der Begründung der Unterbringung solcher Wohnungsuchender dienen, mit denen wegen Säumigkeit im Zahlen, Zahlungsunvermögen etc. dem VerfBerechtigten ein unmittelbarer Vertragsabschluß nicht zugemutet werden konnte. Nach § 4 WMG. ist die Rechtslage nicht anders

zu beurteilen. Allerdings sind jetzt die Voraussetzungen insofern grundlegend geändert, als der Zwangsmietvertrag regelmäßig nicht abgeschlossen werden darf, wenn die Gemeinde nicht mindestens zwei Wohnungsuchende zugewiesen hatte (Rspr. 43 S. 251). Sobald aber diesem Erfordernis genügt, hat sich für das weitere Verfahren nichts geändert, besonders stimmt Abs. 2 § 4 wörtlich mit § 4² WMVO. überein. Ist also der Wohnungsuchende, mit dem ein Zwangsmietvertrag abgeschlossen werden soll, zur Übernahme der Wohnung überhaupt nicht bereit, dann kann die Gemeinde weder an seiner Stelle noch ganz allgemein als Zwangsmieterin eingesetzt werden. Ob diese Rechtslage, die sich aus § 4 ergibt, durch Anordnungen der obersten Landesbehörde gemäß § 6 Ges. geändert werden kann, ist hier nicht zu entscheiden, da sich die gestellte Rechtsfrage auf diese Möglichkeit nicht erstreckt (vgl. Y 63, Rspr. 43 S. 342). D.n.

ε) **„Rechtsentscheide können nur in Mieteinigungs-, nicht in Mietschöffensachen eingeholt werden."**

Kammergericht, 17. ZS. Beschluß v. 7. November 1924 (Y 101).

Wie der Eingang der 2. AusfVO. vom 22. 10. 23 (GS. 485) zeigt, wird der Umfang der Einholung von Rechtsentscheiden durch § 24 der VerfAnordnung vom 19. 9. 23 (RGBl. I 889) und § 42³, § 45², § 46 MSchG. bestimmt. Allerdings spricht die Pr. VO. davon, daß das Beschwerdegericht einen Rechtsentscheid einholen kann. Hierunter ist aber, da in Preußen die Rechtsbeschwerde gegen die Entscheidungen des MEA. an das LG. geht, nichts anderes zu verstehen als die Beschwerdestelle, die über die Rechtsbeschwerden gegen die Entscheidungen des MEA. zu entscheiden hat. D.n.

ζ) **Keine weitere Beschwerde. Anwendung des § 102 ZPO.**

OLG. Hamburg, 6. ZS. Beschluß v. 26. Juni 1924.

Gegen einen Beschluß der Beschwerdestelle ist ein weiteres Rechtsmittel nicht zulässig, da die §§ 41 ff. MSchG. die Rechtsbeschwerde, wie der Name und die Beschränkung auf Gesetzesverletzungen zeigt, als ein letztes der Revision nachgebildetes Rechtsmittel eingeführt haben.

Dazu: Kammergericht, 17. ZS. Beschluß v. 22. Sept. 1924.

Das LG. hat in einer Pachtschutzsache auf Rechtsbeschwerde entschieden. Die weitere Beschwerde ist unzulässig. Die Pr. PSchO. § 37² hat Rechtsmittel gegen die Entsch. der Beschwerdestellen ausdrücklich ausgeschlossen. Hieran ändert auch nichts die Einrichtung der Rechtsentscheide des KG.; denn diese können nur während des Schwebens des Verfahrens vor dem Beschwerdegericht und nur von diesem, niemals von der Partei unter den Voraussetzungen des § 35 aO. eingeholt werden.

Diese Unzulässigkeit mußte dem Anwalt mit Rücksicht auf § 37² und weiter auf die entsprechenden Entscheidungen (Rspr. 43 S. 238 N. 1a; JW. 1924 S. 843) bekannt sein. Die ZPO. findet auf das völlig selbständig geregelte Pachtschutzverfahren im allgemeinen nur insoweit Anwendung, als die PSchO. auf sie verweist. Dies ist hinsichtlich des § 102 ZPO. nicht geschehen. Soweit die ZPO. aber Vorschriften trifft, die einen allgemeinen Rechtsgrundsatz enthalten, stehen seiner rechtsähnlichen Anwendung Bedenken nicht entgegen (17 Y. 10/23). Als eine derartige Vorschrift erscheint der § 102. D.n.

i) α) **„Eine neuerliche Festsetzung der ortsüblichen Miete als Friedensmiete ist grundsätzlich ausgeschlossen, weil die Parteien die Höhe der gesetzlichen Miete vereinbart haben[1]).“**

Bayer. Oberstes Landesgericht, ZS. Rechtsentscheid v. 28. Juni 1924.

Über die Höhe entscheidet in erster Linie gemäß § 1[2] das Einverständnis der Parteien, dieses ist nicht widerruflich. Die Voraussetzungen für eine ausnahmsweise Nachprüfung nach Abs. 3, 4 liegen nicht vor. Eine Festsetzung der ortsüblichen Miete nach § 2[4] unter dem Gesichtspunkte, daß der Raum am 1. Juli 1914 nicht vermietet war, kommt hier mit Rücksicht auf den im Juli 1923 vor dem MEA. geschlossenen Vergleich, in welchem die Höhe der gesetzlichen Miete für einen am 1. Juli 1914 nicht vermieteten Raum vereinbart wurde, nicht in Frage. Der § 2[5] ist nicht entsprechend anwendbar. Auch weicht die Friedensmiete nicht vom ortsüblichen Mietzins (§ 2[4]) ab, da 1914 überhaupt keine Miete für den Raum bestand. BayZ. 20 S. 248.

i) β) **Feststellung oder Festsetzung der Friedensmiete[2]). Rechtsweg.**

Kammergericht, 17. ZS. Urteil v. 3. November 1924.

Der Vertrag, durch den dem Kläger Räume zum Betrieb eines Kaffeehauses für 1911—1931 vermietet wurden, setzt einen Zins von 10 000 bis 40 000 M., jährlich um 1500 M. steigend, fest. Nachdem auf Antrag des Beklagten das MEA. die Friedensmiete auf 25 000 M. festgesetzt hatte, hat es auf Antrag des Klägers das Verfahren wieder aufgenommen und sie anderweit auf 29 300 M. festgesetzt, da beim Staffelmietzins eine Friedensmiete nicht festgestellt werden könne und die festgesetzte Miete der ortsüblichen entspreche. Die Klage auf Feststellung der Unverbindlichkeit dieses Beschlusses ist unbegründet.

Für die Zulässigkeit des Rechtsweges ist der Klagevortrag ohne Rücksicht auf seine Richtigkeit maßgebend[3] (RG. 93 S. 203, Warn. 15 Nr. 63). Vorliegend wünscht der Kläger Feststellung der Höhe des Mietzinses; er verfolgt also einen bürgerlich-rechtlichen Anspruch, dessen Entscheidung zur Zuständigkeit der ordentlichen Gerichte gehört. Hieran wird nichts dadurch geändert, daß in diesem Rechtsstreit festzustellen ist, ob das MEA. den Vertragsinhalt geändert hat oder nicht; denn auch diese Feststellung betrifft nur die bürgerlich-rechtlichen Beziehungen der Vertragsteile.

Der Beschluß ist unter der MSchVO. vom 23. Sept. 1918/11. Juli 1921 ergangen. Die Zuständigkeit des MEA. gründet sich vorliegend auf das RMietenG., das das Vorliegen eines Mietvertrages voraussetzt, wenn die Entscheidung auf den Vertrag der Parteien Anwendung finden und nicht nur den Nebenzwecken der Abgabenverteilung und ähnlichem dienen soll (jetzt § 5 Pr.VO. über die Miet-

[1]) Vgl. dagegen Kiefersauer (aO. S. 256) und KG (Rspr. 43 S. 336).

[2]) Gesetzliche Miete im Fall eines mit einem Mietvertrage verbundenen Kaufvertrages: RG. 108 S. 312.

[3]) Für die gerichtliche Zuständigkeit gegenüber dem MEA. ist der gesamte aus dem Klagevorbringen und der Verteidigung sich ergebende Prozeßinhalt zu berücksichtigen (BayKomp-Gerichtsh. 6. 2. 24, BayZ. 20 S. 174).

zinsbildung vom 17. April 1924). Bei dieser Prüfung ist das Gericht nicht an die Rechtsauffassung der Parteien gebunden. Wenn also auch bei der Überlassung die Räume für den Betrieb baulich vollständig eingerichtet waren und auch einiges Inventar hierfür hatten, so fehlte doch das „große" Inventar in wesentlichem Umfange, besonders Tische und Stühle für die Gäste, und weiter das „kleine" Inventar. Da hiernach ein Mietverhältnis gegeben und die Höhe der Friedensmiete streitig war, konnte das MEA. auf Grund des § 2 RMG. tätig werden. Es konnte auch, da es noch unter der MSchVO. die erste Entscheidung erlassen hatte, diese auf Anruf eines Beteiligten abändern (RG. 103 S. 314) und es mußte sogar erneut tätig werden, da es zuerst nicht auf Grund des RMG. entschieden hatte (§ 1[5]). Bei diesem neuen Verfahren konnte es den gesamten Streitstoff erneut prüfen und war nicht einseitig an den Antrag des Beteiligten gebunden, konnte vielmehr auch zu dessen Ungunsten entscheiden . . . Nach § 2[3] RMG. handelt aber das MEA. auch innerhalb seiner Zuständigkeit, wenn es trotz der Möglichkeit der Feststellung der Friedensmiete diese nicht feststellt, sondern auf Grund der Ermittlung der ortsüblichen Miete von der feststellbaren Friedensmiete abweichend neu festsetzt. Es kann also dahingestellt bleiben, ob beim Staffelmietvertrage, wie der Kläger mit dem Rechtsentscheide (Rsp. 43 S. 334 k) ausführt, eine Friedensmiete festgestellt werden konnte; jedenfalls hat das MEA. mit der Festsetzung jener Miete seine Zuständigkeit nicht überschritten, sein Spruch ist daher für das Gericht bindend (§ 7 MSchVO: vgl. auch Begründung zum § 1 RMG.). Dn.

γ) **„Nach 1. Juli 1914 in den äußeren Verhältnissen des Stadtteils eingetretene Veränderungen rechtfertigen nicht eine Abweichung von der aus § 2[1] sich ergebenden Berechnungen der Friedensmiete."**

Kammergericht, 17. ZS. Rechtsentscheid vom 17. November 1924 (Y 82).

Im Regelfalle bildet nach dem RMG. die Friedensmiete, d. i. die am 1. Juli 1914 tatsächlich gezahlte Miete die Grundlage für die Berechnung der gesetzlichen Miete. Eine Abweichung ist nach § 2[3] S. 2 zulässig; hierunter fällt aber der vorliegende Fall unter keinen Umständen. Daß Änderungen in den äußeren Verhältnissen des Stadtteils, wie Veränderung der Umgebung, der Verkehrsverhältnisse oder bauliche Veränderungen der umliegenden Teile weder als bauliche Veränderungen des Gebäudes oder seiner Teile selbst noch als Veränderungen ihres Verwendungszweckes gelten können, bedarf keiner Ausführung. Die Fassung des Gesetzes ergibt auch, daß es sich bei diesen Fällen nicht etwa nur um Beispiele handelt; denn das Gesetz sieht davon ab, einen Grundsatz allgemeinen Inhalts aufzustellen und bestimmt nur, daß in zwei ausdrücklich bezeichneten Fällen von der Zugrundelegung der Friedensmiete als Rechnungsbasis abgesehen werden könne. Zu einer Erweiterung dieses Kreises läßt sich daher nur im Wege der Ausdehnung des Gesetzes auf nicht von ihm geregelte Fälle gelangen. Hierzu bedarf es der Feststellung, daß der Gesetzgeber gewisse nicht von ihm geregelte Tatbestände, wenn er sie erwogen hätte, ebenso geregelt haben würde wie andere Fälle, über die er im Gesetz bestimmt hat. Daß aber die Lage des Grundstückes und die Gestaltung seiner Umgebung geeignet erscheinen könnte, Gründe für

Abweichungen von der Friedensmiete abzugeben, lag derartig auf der Hand, daß es nicht wohl übersehen werden konnte; wenn der Gesetzgeber solche Fälle nicht erwähnt, so wollte er sie ausscheiden.

Diese Auslegung entspricht auch dem Gedanken des RMG. Nach der Begründung würde die Aufhebung jeder Beschränkung der Mietzinsbildung zu einer — sich den für Neubauten angemessenen Mietsätzen angleichenden — Mietsteigerung führen und damit die Renten aus den mit alten Gebäuden besetzten Grundstücken erheblich erhöhen. Die Mieterschaft soll daher vor der hieraus zu befürchtenden starken Belastung und vor allen Mietsteigerungen geschützt werden, die nicht durch die wirtschaftlichen Verhältnisse begründet sind, sondern nur dem Hausbesitzer einen darüber hinausgehenden Gewinn brächten. Hieraus ergibt sich die Absicht, Umständen, die außerhalb der vom Hausbesitzer gemachten Aufwendungen und außerhalb der ihm entstehenden Selbstkosten liegen, einen Einfluß auf die Gestaltung der Mieten zu entziehen. Der unverdiente Wertzuwachs sollte der Allgemeinheit dienstbar gemacht werden, sich nicht aber zugunsten der Vermieter durch eine höhere Belastung der Mieterschaft auswirken. — Endlich wollte der Gesetzgeber, solange die Mietbildung nicht freigegeben worden, für die Höhe der Mieten einen einigermaßen sicheren Rechnungsfaktor schaffen. Mit diesem Gedanken ließe sich eine Berücksichtigung von Veränderungen, die außerhalb des Grundstücks selber liegen, nicht vereinigen. Sie unterliegen — im Gegensatz zu den im RMG. vorgesehenen Veränderungen — hinsichtlich ihres Einflusses auf den Wert des Grundstückes und die Höhe der Miete keiner auch nur einigermaßen einheitlichen Beurteilung; sie werden vielmehr höchst verschieden eingeschätzt werden, und damit würde in die Mietbildung ein völlig unsicherer Rechnungsfaktor hineingetragen werden, was durch das RMG. — ob mit Recht oder Unrecht, ist hier nicht zu entscheiden — gerade vermieden werden sollte. D.n.

8) **„Nach Nr. VI Pr. AusfBest. vom 4. August 1923 darf der ortsübliche Mietzins nicht durch Aufstellung von Durchschnittsmietpreisen für das qm benutzter Fläche festgesetzt werden."**

Kammergericht, 17. ZS. Rechtsentscheid v. 6. Okt. 1924 (Y 66).

Die Nr. VI ist nur eine AusfBestimmung zum RMG., dessen § 2⁴ S. 3, 4 von sich aus Anweisungen für die Festsetzung der Friedensmiete gibt. Darin kommt deutlich zum Ausdruck, daß das Reichsrecht stets die Besonderheiten des Einzelfalles berücksichtigt wissen will und die Bemessung der Friedensmiete nur nach allgemeinen Normen ablehnt. Der Wortlaut der Nr. VI zeigt auch das Bestreben, die Verwendung zu allgemeiner Gesichtspunkte auszuschließen, wenn die Abschätzung nach dem Bauwerte verboten wird. Unzulässig soll auch die Abschätzung ohne Rücksicht auf die für gleichartige Räume vereinbarten Mieten sein. Wenn in diesem Zusammenhange die Aufstellung von Durchschnittspreisen erwähnt wird, so liegt nahe, auch in ihr eine Norm für die Festsetzung zu sehen, die als zu allgemein verworfen wird. Es geht deshalb nicht an, etwa zu lesen: „Eine Abschätzung ohne Rücksicht auf ... die Aufstellung von Durchschnittsmietpreisen". In dieser Fassung würde die Vorschrift gerade zur Benutzung von Durchschnittspreisen zwingen. Da es sich bei einer solchen Aufstellung aber wiederum um eine dem Inhalt des Reichsges. widersprechende Verallgemeinerung handelte, wäre es nicht verständlich, daß diese im selben Satze zugelassen oder angeordnet wird, in welchem ähnliche Ausgangspunkte als unzulässig bezeichnet worden sind. Bestätigt wird diese Auffassung durch die VO. über Mietzinsbildung vom 17. April 1924. Ihr § 4 hat offenbar denselben Sinn wie die ältere Nr. VI; sie gibt ihn aber klarer wieder und macht ersichtlich, daß eine Abschätzung für die Aufstellung von Durchschnittsmietpreisen als Grundlage der Festsetzung ausgeschlossen werden soll. D.n.

k) **„Die Anwendung des § 4 A Nr. 8 Berliner Bek. vom 27. 9. 23 wird nicht dadurch ausgeschlossen, daß die Hypothekenzinssteigerung auf einer Vereinbarung des Vermieters mit dem Gläubiger beruht. — Für die Umlegung auf die Mieter ist nicht erforderlich, daß die Zinssteigerung im Grundbuch eingetragen ist."**

Kammergericht, 17 ZS. Rechtsentscheid v. 6. Oktober 1924 (Y 69).

Der § 4 A Nr. 8 beruht auf Nr. IX[5] AusfBest. vom 4. August 1923, wo es heißt: „Die Zinssteigerung und die Steigerung der Kosten für die Erneuerung der Grundstücksbelastung kann . . . auf die Mieter umgelegt werden." Diese Anordnung ist wiederum eine AusfBest. zu § 3 Nr. 1 RMG. Bei diesem Zusammenhange besteht die Änderung der Berliner Vorschrift gegenüber dem RMG. nur in der Anordnung, daß die Zinssteigerung und die Erneuerungskosten nicht als Zuschläge zur Grundmiete berücksichtigt, sondern im wirklich entstandenen Betrag auf die Mieter umgelegt werden, daß aber im übrigen die Voraussetzungen für diese Maßnahme die reichsrechtlichen geblieben sind. Das Reichsrecht erfordert bei der Zinssteigerung nur, daß sie bei einer Belastung aus der Vorkriegszeit eintritt und allgemein üblich war. Dagegen ist gleichgültig, ob sie auf Gesetz oder Vertrag beruht, ob sie ins Grundbuch eingetragen worden ist, und ob sie zugunsten eines Gläubigers erfolgt, der das die Belastung ausmachende Recht schon vor dem Kriege oder erst später erworben hat. Weitere Erfordernisse sind deshalb auch aus der Berliner Anordnung nicht zu entnehmen. Die Vorschrift ist rein wirtschaftlicher Natur. Offenbar soll mit Rücksicht auf die hinter der Friedensmiete zurückbleibende gesetzliche Miete, die dem Vermieter sonst die erforderlichen Mittel für die aus der Grundstücksbelastung entstehenden Mehrkosten nicht gewährt, durch die Umlage für die Deckung derjenigen mit der Belastung in Zusammenhang stehenden Kosten gesorgt werden, die notwendig oder doch üblich sind. Notwendig oder üblich können solche Kosten aber auch sein, wenn sie durch Vereinbarung entstehen, und wenn sie nicht eingetragen werden. Gerade bei den Kosten der Erneuerung wird diese Eintragung nur in Ausnahmefällen vorkommen. Über die Notwendigkeit oder Üblichkeit der Zinssteigerung kann nur im Einzelfall entschieden werden. Das gilt ganz besonders, wenn sie mit einer Aufwertung der Hypothekenforderung verbunden ist. Die Zinssteigerungen werden sich in solchen Fällen auch zuweilen als Kosten der Erneuerung der Belastung darstellen können. D.n.

l) **„Eine Wohlfahrtsspeiseanstalt ist ein gewerblicher Betrieb im Sinne des § 10[1]. Einen Antrag aus § 10 RMG. kann nur der Vermieter, nicht ein Mieter oder die Mietervertretung stellen."**

Kammergericht, 17. ZS. Rechtsentscheid vom 6. Oktober 1924 (Y 81).

1. Wie in Y 53 (Rsp. 43 S. 264) eingehend ausgeführt ist, genügt als Voraussetzung des § 10¹, daß die Räume in derselben Weise benutzt werden wie bei einem Gewerbebetrieb, auch ohne daß der Unternehmer die Erzielung von Gewinn aus seiner Tätigkeit bezweckt. Da hier der Betrieb zwar ein Wohlfahrtsunternehmen ist, in der Art und Eindringlichkeit der Benutzung der Räume aber einer anderen Speiseanstalt völlig gleichsteht, so ist auf ihn § 10¹ anwendbar.

2. Der § 10 gibt aber nur dem Vermieter das Recht, die Erhöhung des Mietzinses zu beantragen, wie der Zweck der Bestimmung und ihre Stellung im Gesetz erkennen läßt. Ihm soll eben die Möglichkeit gegeben werden, in den Ausnahmefällen, in denen die gesetzliche Miete unzulänglich erscheint — nicht nur wegen besonders hohen Wasserverbrauchs, sondern z. B. auch wegen starker Abnutzung der Räume (Begr. zu § 9) — eine höhere Miete zu erzielen. Denselben Zweck verfolgen bezüglich des Wasserverbrauchs Abs. 7 Erlaß des Wohlfahrtsmin. über Mietzinsbildung vom 24. April 1924 und Abs. 8 der VO. über die gesetzliche Miete vom 28. Juni 1924 (Krieg, Mietrecht² S. 63, 67) und die auf Grund dieser Anordnungen erlassenen Berliner Bek. über die Mietzinsbildung vom 30. April und 28. Juni 1924 in § 9, die dem Vermieter gestatten, anstatt der Erhebung von 3% der reinen Friedensmiete das gesamte Wassergeld auf die Mieter umzulegen. Welchen dieser Wege der Vermieter wählen will, steht in seinem Belieben. Zwar kann die Umlegung des Wassergeldes in einem Falle wie hier zu einem unbilligen Ergebnisse führen. Dies ist aber bei einer für alle Mietverhältnisse unterschiedslos geltenden, von der Friedensmiete ausgehenden Regelung nicht immer zu vermeiden. So kann eine Einzelperson, die das Mehrfache der Friedensmiete einer vielköpfigen Familie zahlt, nur einen Bruchteil des Wasserverbrauchs dieser Familie haben und doch das Mehrfache an Wassergeld zahlen müssen. Die Ausgleichung derartiger Mißverhältnisse wäre durch eine Änderung der landesrechtlichen und der auf ihnen beruhenden örtlichen Bestimmungen zu erzielen. Nicht aber kann ein solches Mißverhältnis dazu führen, dem § 10 RMG. eine Auslegung zu geben, die von seinem Zweck, dem Vermieter eine höhere Miete zu gewähren, ganz absieht und nur dem einen Mieter oder einer Mehrheit von Mietern eine Entlastung auf Kosten eines Mitmieters oder des im Hause wohnenden Vermieters, falls gerade er den starken Wasserverbrauch hat, zuteil werden läßt. Antragsberechtigt aus § 10 ist somit nur der Vermieter. Für die Mietervertretung fehlt es vollends an einer gesetzlichen Regelung, die sie insoweit zu einer Vertretung der Mietergesamtheit ermächtigte (§ 17 RMG., § 19 VO. v. 17. April/11. Juni 1924). D.n.

m) **„Das MEA. und die Beschwerdestelle dürfen auf einen an sich zu ihrer Zuständigkeit gehörigen Antrag die sachliche Entscheidung nicht deshalb ablehnen, weil diese für das Rechtsverhältnis der Parteien nicht in Betracht kommen könne; besonders dürfen sie die Festsetzung der Friedensmiete nicht deshalb ablehnen, weil für die Parteien die gesetzliche Miete nicht gilt und auch gar nicht in Geltung gesetzt werden kann. — § 5 Pr. VO. über die Mietzinsbildung v. 17. April 1924 ist rechtsgültig.“**

Kammergericht, 17. ZS. Rechtsentscheid vom 8. Dezember 1924 (Y 140).

1. Während es die Aufgabe des ordentlichen Gerichts allgemein ist, bürger-

lich-rechtliche Streitigkeiten zu entscheiden, auch soweit diese aus Mietverhältnissen oder in Verbindung mit solchen entstehen, sind dem MEA. ganz bestimmte Aufgaben wirtschaftlicher und sozialer Art überwiesen. Soweit das MEA. sich in seinem eigentlichen Aufgabenkreise hält, sind seine Entscheidungen für die Gerichte bindend. Hingegen vermag es bürgerliche Streitigkeiten nicht mit gleicher Wirkung zu entscheiden, sondern seine Stellungnahme zu solchen hindert weder die Anrufung des Gerichts noch eine abweichende Entscheidung durch dieses. Weichen aber die Entscheidung des MEA. und die des Gerichts bezüglich eines bürgerlich rechtlichen Streits voneinander ab, so kommt eine abschließende Bedeutung nur der des Gerichts zu, an die dann wiederum das MEA. gebunden ist. Aus diesen Erwägungen ergibt sich, daß die Entscheidung des MEA. über eine dem Gericht vorbehaltene Streitigkeit keine Bedeutung haben würde. Unnötige und unmaßgebliche Entscheidungen müssen aber tunlichst vermieden werden. Es könnte sogar die wirklichen Aufgaben des MEA. beeinträchtigen, falls es als befugt gälte, eine sachliche Entscheidung stets dann abzulehnen, wenn es vermeint, daß das Rechtsverhältnis der Parteien dieser Entscheidung niemals bedürfen könnte. Es bliebe stets die Möglichkeit bestehen, daß das Gericht das Rechtsverhältnis anders beurteilte und infolgedessen verbindlich entschiede, es habe eine solche Gestalt, daß über den abgelehnten Antrag dennoch die Entscheidung des MEA. erforderlich wird. In solchem Falle würde dieses erneut angerufen werden können und dann, da es an die Entscheidung des Gerichts gebunden ist, die Sachentscheidung nachholen müssen. Der damit verbundene Zeitverlust wäre aber durch nichts gerechtfertigt und mit dem Zwecke des Verfahrens vor dem MEA. nicht vereinbar, denn dieses zielt offensichtlich auf eine beschleunigte Erledigung ab. Daß die hier gegebene Antwort dazu führen kann, daß das MEA. Entscheidungen fällt, die unter Umständen für die Parteien eine praktische Bedeutung gar nicht gewinnen, steht ihrer Richtigkeit nicht entgegen. Es ist das eine Folge des Umstandes, daß das MEA. auf die Erledigung ganz bestimmter Einzelfragen des Mietrechts beschränkt ist und nur mit dieser Beschränkung neben dem Gerichte steht. Übrigens kann die gleiche Folge auch eintreten, wenn das MEA. bei seiner Sachentscheidung ihre praktische Bedeutung nicht bezweifelt. Auch dann hängt diese doch von der wirklichen Gestaltung des Rechtsverhältnisses und im Streitfall von seiner Beurteilung durch das Gericht ab. Dessen Urteil kann stets dazu führen, daß eine Entscheidung des MEA. für das Rechtsverhältnis gegenstandslos wird. Die Rechtslage ist die gleiche wie bei dem PEA. und bei dem Amtsgericht, wenn es nach der VO. v. 8. 9. 23 (GS. 433) anderweitig Geldbezüge aus Altenteilsverträgen etc. festsetzt (17 Y 57 und 100/24).

Was hier für das MEA. gesagt ist, gilt in gleicher Weise für die Beschwerdestelle, denn auch ihr Aufgabenkreis unterliegt der angegebenen Beschränkung. Der Einwand, durch ihre Besetzung mit Berufsrichtern sei sie zur Entscheidung von Rechtsfragen durchaus geeignet, liegt neben der Sache. Nicht aus der mangelnden Eignung ist jene Beschränkung zu folgern, sondern aus der Wirkungslosigkeit von Entscheidungen dieser Stellen über bürgerliche Rechtsstreitigkeiten gegenüber der Stellungnahme des ordentlichen Gerichts. Aus ihr folgt auch nicht, daß das MEA. und die Beschwerdestelle überhaupt keine Rechtsfragen zu entscheiden hätten, sondern nur, daß sie auf Rechtsfragen beschränkt bleiben, die unmittelbar aus den ihnen überwiesenen Aufgaben wirtschaftlicher und sozialer Natur erwachsen.

Aus dieser Entscheidung ergibt sich übrigens nicht, daß das MEA. unter allen Umständen jeden Antrag, der zu seinem Aufgabenkreise gehört, sachlich bescheiden muß, sondern nur, daß es selbst nicht über die Erheblichkeit entscheiden darf, wenn über sie zwischen den Parteien Streit besteht. Es wird stets auf den Sachvortrag des Antragstellers ankommen. Gibt dieser bereits eine Darstellung, die den Antrag einwandfrei als überflüssig erkennen läßt, so bedarf es keiner sachlichen Entscheidung. Kann dagegen nach jenen Angaben die Entscheidung notwendig sein, dann muß sie auch ergehen. Darüber hinaus hat sich das MEA. der sachlichen Entscheidung unbedingt zu unterziehen, wenn es durch besondere Bestimmungen, wie § 5 Pr. VO. über Mietzinsbildung, vorgeschrieben ist.

2. Nach dem zu 1. Gesagten liegt die Bedeutung dieses § 5 lediglich darin, daß ein beim MEA. gestellter Antrag auf Feststellung der Friedensmiete auch dann sachlich beschieden werden muß, wenn die Geltung der gesetzlichen Miete unstreitig für die Parteien überhaupt nicht in Betracht kommen kann. Daß gegen die Gültigkeit der Vorschrift Bedenken nicht bestehen, hat bereits der Beschluß vom 4. Juli 1924 (17 Y 56) ausgesprochen. Die VO., besonders ihr § 5, ist auf Grund der §§ 21, 22 RMG. erlassen. Nach § 21 Satz 2 kann die oberste Landesbehörde AusfVorschriften zum RMG. erlassen. Das hat sie im Rahmen ihrer Befugnisse getan, denn auch jener § 5 ist als solche Bestimmung erlassen und kann seinem Inhalte nach sehr wohl eine solche darstellen. Daß er unzulässig das RMG. abändere, trifft nicht zu, denn welche Bedeutung der Entscheidung des MEA. für das Rechtsverhältnis der Parteien zukommt, entscheidet im Streitfall nur das ordentliche Gericht. Die VO. selbst dehnt also das Anwendungsgebiet der Vorschriften über die gesetzliche Miete keinesfalls aus. Allerdings hat ihr der Reichsrat nicht zugestimmt; diese Zustimmung erfordert § 21 RMG. aber nur für die AusfBestimmungen der Reichsregierung, dagegen nicht für solche der Landesbehörde. Eine andere Regelung war auch mit Rücksicht auf den Aufbau des Reiches und der Länder nicht wohl möglich. D.n.

n) **Fortgeltung früher vereinbarter „Optionsrechte".**

Kammergericht, 17. ZS. Urteil v. 3. November 1924.

Der Kläger hatte für die Zeit vom 1. Oktober 1919 bis dahin 1924 eine Wohnung für jährlich 12 000 M. vermietet und „dem Mieter eine Option zu gleichen Bedingungen auf 5 Jahre eingeräumt". Dadurch haben die Parteien einen Vertrag auf 5 Jahre abgeschlossen unter gleichzeitiger Abgabe eines Vertragsangebotes des Klägers für weitere 5 Jahre; daran war er gebunden. Der Beklagte hat dieses Angebot am 1. 5. 23, also rechtzeitig angenommen und dadurch einen neuen Vertrag auf 5 Jahre zu den Bedingungen des bisherigen abgeschlossen

(RG. 86 S. 60, 97 S. 80). Der Kläger bestreitet aber, daß der Inhalt der Erklärung der Vereinbarung entspreche. Die Geschäftsgrundlage ist allerdings durch die völlige Markentwertung weggefallen, aber doch nicht mit der Folge, daß eine Vertragserfüllung nach Treu und Glauben nicht mehr möglich sei. Vielmehr kann die Geldentwertung durch freie Vereinbarung der Beteiligten und durch Richterspruch so ausgeglichen werden, daß der Vertrag zu gleichen Bedingungen fortgesetzt wird. Bestände ein Pachtvertrag über die Räume, so würden dieser Ausführung überhaupt keine Bedenken entgegenstehen. Der vorliegende Mietvertrag konnte freilich am 1. 5. 23 und kann auch jetzt noch nach § 1 RMG. jederzeit durch einseitige Parteierklärung dahin abgeändert werden, daß statt der Vertrags- die gesetzliche Miete eintritt. Hierdurch wird aber nur bewirkt, daß anstatt der unter Umständen nach anderen Gesichtspunkten vorzunehmenden freien Aufwertung die vom Gesetze für Mietverhältnisse unter Berücksichtigung wohnungswirtschaftlicher Belange fest bestimmte Aufwertung Platz greift. Daher bestand für den Beklagten auch noch am 1. 5. 23 die Möglichkeit, eine der vertraglichen Vereinbarung entsprechende Erklärung abzugeben und diese wurde in ihrer Wirksamkeit nicht beeinflußt, wenn er mit ihr die Erklärung verband, daß er die gesetzliche Miete wähle [1]). D.n.

o) **„Eine Wohnung gilt nicht als „unbenutzt“, wenn sie, ohne daß der VerfBerechtigte selbst sie benutzt, von Personen benutzt wird, die die Benutzung entweder schon vor Beginn der Wohnungsbewirtschaftung ausübten oder später in Einklang mit den wohnungsrechtlichen Vorschriften begonnen haben. — Der Fall der Doppelwohnung setzt voraus, daß jemand über mehrere Wohnungen verfberechtigt ist.“**

Kammergericht, 17. ZS. Rechtsentscheid vom 8. Dezember 1924 (Y 106).

1. Der Rechtsentscheid (Rsp. 43 S. 340) setzt den völlig leeren Räumen die gleich, bei denen der berechtigte Benutzer die Benutzung, zu der er trotz der Wohnungsnot befugt sei, aufgibt. Solange daher dies nicht geschehen ist, besteht jedenfalls noch eine beachtliche Benutzung. Das gilt besonders dann, wenn die Räume durch Personen benutzt werden, die diese Benutzung entweder schon vor Beginn der Wohnungsbewirtschaftung ausgeübt oder später im Einklang mit den wohnungsrechtlichen Vorschriften begonnen haben. Hatte daher der VerfBerechtigte 1918 die volljährigen Kinder ohne Verstoß gegen das Wohnungsrecht in die Räume aufgenommen, so sind diese benutzt; aus dem Tatbestande der Unbenutztheit — der Vater hat sich 1923 wiederverheiratet und ist zu seiner Frau gezogen — können daher irgendwelche Maßregeln nicht hergeleitet werden. Das gilt auch dann, wenn die Kinder ein eigenes Wohnrecht auf Grund eines auf sie als Erben ihrer Mutter übergegangenen Mietrechts nicht haben sollten.

2. Der Begriff der Doppelwohnung setzt voraus, daß eine VerfBerechtigung über mehrere Wohnungen gleichzeitig besteht. Inhaber im Sinne der Wohnungs-

[1]) Das Urteil ist mit § 20 S. 1 Halbsatz 2 nicht vereinbar. Das Recht lag zweifellos dem Vermieter nicht nach den §§ 536 ff. BGB. ob. Weiter gab es dem Mieter die wertvolle Befugnis, gegen den Willen des Vermieters die Mietdauer zu den bisherigen Bedingungen zu verlängern. Es war also auf die Festsetzung der Höhe des Mietzinses von Einfluß und ist deshalb mit dem Eintritt der gesetzlichen Miete erloschen. D. H.

und Mietgesetzgebung — das Berliner WohnungsMR. spricht vom Besitzer mehrerer Wohnungen — ist der VerfBerechtigte und seine Rechte werden durch die WMGesetzgebung beeinflußt. Ob jemand mehrere Wohnungen in diesem Sinne hat, entscheidet sich daher nach der VerfBerechtigung; die tatsächliche Benutzung und die damit zusammenhängende Frage der genügenden tatsächlichen Ausnutzung der Räume ist besonders geregelt. Ob sich in einem Fall, in dem lediglich jene Berechtigung über eine Wohnung, nicht aber für eine zweite benutzte Wohnung besteht, aus anderen Gesichtspunkten heraus ein Eingreifen rechtfertigen könnte, ist bei der Frage der Doppelwohnung nicht zu entscheiden. Ob jene Berechtigung in vollem Umfange besteht, oder ob sie bezüglich einer oder mehrerer Wohnungen nur mit anderen gemeinsam ist, hat keine Bedeutung; der Fall der Doppelwohnung liegt auch im letzteren Falle vor. Eine andere Frage ist, ob in solchen Fällen die Folgen praktisch werden können. Dem Zugriff der Behörden unterliegt eine Wohnung nur dann, wenn seine Voraussetzungen sämtlichen VerfBerechtigten gegenüber vorliegen; ein Beschlagnahmerecht kann daher aus Anlaß einer Doppelwohnung nur dann anerkannt werden, wenn deren Voraussetzungen bei sämtlichen zur Verfügung Berechtigten gegeben sind. D. n.

p) **„Das Wohnungsamt kann die ordnungsmäßig erfolgte Zuweisung einer Wohnung nicht mehr zurücknehmen, wenn sie dem Wohnungsuchenden zugegangen ist.[1])“**

Kammergericht, 17. ZS. Rechtsentscheid vom 17. November 1924 (Y 95).

. . . Wenn das Wohnungsamt einem Wohnungsuchenden Räume zuweist, und ebenso, wenn es dem VerfBerechtigten einen oder mehrere Wohnungsuchende zum Vertragschlusse namhaft macht, wird es als Verwaltungsbehörde kraft öffentlichen Rechts tätig. Für die Frage, ob, mit welcher Wirkung und wie lange ein solcher Akt von der Behörde beseitigt, besonders eine Verwaltungsverfügung aufgehoben werden kann, sind hier die Fälle, in denen das Wesen der Rechtskraft einen Einfluß ausüben könnte, von vornherein auszuschalten, weil hier eine Rechtskraftwirkung nicht in Betracht kommt. Verfügungen der Behörden können zunächst stets abgeändert werden, solange sie dem, für den sie bestimmt sind, nicht zugegangen sind, denn als Akte des öffentlichen Rechts sind sie vor der erforderlichen Bekanntgabe überhaupt nicht vorhanden. Auch nachher bildet die Möglichkeit der Abänderung von Verwaltungsverfügungen die Regel und kann aus Gründen der Zweckmäßigkeit erfolgen, weil die Behörden nicht nur befugt, sondern sogar verpflichtet sind, jederzeit auf das Gemeinwohl zu achten und ihr Verhalten allein in Rücksicht auf die allgemeinen Bedüfnisse einzurichten. Diese Regel muß jedoch dann eine Ausnahme erleiden, wenn auf dem öffentlich-rechtlichen Vorgange bereits Rechte anderer entstanden sind (Kormann, rechtsgesch. Staatsakte 341; vgl. Pr. OVerwG. 33 S. 232). Wenn dieser Grundsatz auch nirgends allgemein ausgesprochen ist, so muß er doch einer Reihe von Einzelvorschriften entnommen werden. Zu diesem gehört § 115 S. 1 BGB. Der Gedanke, daß das Vertrauen auf behördliche Anordnungen unbedingt ge-

[1]) In Bayern ist die Rechtsbeschwerde aus § 41 SMchG. auf dem Gebiete des WMG. unzulässig (Bay.ObLG. 21. 6. 24; BayZ. 20 S. 175).

schützt werde, tritt ähnlich in § 311² HGB. hervor, wonach die zu Unrecht erfolgte Eintragung der Gesellschaft niemals zum Schaden erworbener Rechte ungeschehen gemacht werden kann. Noch allgemeiner ist der Grundsatz in § 32 FGG. durchgeführt. Hierher gehören schließlich auch § 55 FGG. und Art. 4 S. 3 PrFG.

Durch die Zuweisung des Wohnungsamts erhält der Wohnungsuchende sowohl wie der VerfBerechtigte die Befugnis zum Vertragschlusse. Für beide entsteht diese bereits mit dem Zugange der Zuweisung an einen von ihnen. Hiernach ist der obige Grundsatz auch für die Zuweisungen anzuwenden, und wenn auch keine der zu seinem Nachweis angezogenen Bestimmungen unmittelbar angewendet werden kann, so hat er doch in § 32 FGG. einen Ausdruck gefunden, der auf die Verfügungen des Wohnungsamts nahezu unverändert paßt. Dabei macht es keinen Unterschied, ob die zugewiesenen Räume bereits leer sind oder die Zuweisung unter der Beschränkung erfolgt, daß sie zunächst frei werden müssen. Auch in solchem Falle wären die Befugnisse mindestens bedingt entstanden, können also mit dem Ausfall der Bedingung wegfallen, sind aber im übrigen nicht weniger geschützt als bei bedingsloser Begründung (Brumby, Einigungsamt 1924 S. 305). Wird eine Wohnung dem VerfBerechtigten selbst zugewiesen, so bleibt der Zeitpunkt für den Ausschluß der Widerruflichkeit derselbe. Mit dem Zugang der Zuweisungsverfügung hat er die Befugnis zur eigenen Benutzung der Räume erworben und es kann nicht mehr darauf ankommen, wann er diese bezieht.

Die vorstehende Ansicht ist hiernach wenigstens für die Fälle gerechtfertigt, in denen die Zuweisung ordnungsmäßig zustande gekommen ist. Dies ist auch dann vorhanden, wenn die Zuweisung etwa gegen Anordnungen für den inneren Dienst verstoßen hat, etwa indem sie die durch Gewährung von Baugeld aus öffentlichen Mitteln entstandene Anwartschaft einer Behörde auf bestimmte Ausübung der Zuweisung verletzt hat. Die für die Zuweisung von Räumen zuständige Behörde bleibt stets das Wohnungsamt, und seine Verfügungen werden nicht dadurch ungültig, daß es seine Befugnis auftragswidrig ausübt. Wie die Zurücknahme einer Zuweisung zu beurteilen wäre, die durch eine verbotene Einwirkung, z. B. Täuschung, Bedrohung oder Bestechung veranlaßt worden ist, braucht hier nicht entschieden zu werden, da weder die Rechtsfrage noch der Sachverhalt Anlaß zur Annahme einer ordnungswidrigen Zuweisung geben. D. n.

q) α) **„Das Erfordernis des § 4 S. 1 besteht nicht für Nr. 1—3 der Anordnung v. 16. Juni 1923 (GS. 288), es sei denn die Frist aus Nr. 3 verstrichen. — Die Anordnung findet keine Anwendung, wenn ein Beamter in demselben Ort in einen mit Arbeitgeberzuschüssen der Behörde errichteten Neubau zieht; in solchem Falle sind, falls nicht örtliche Anordnungen aus § 6 WMG. entgegenstehen, für die Altwohnung mehrere Wohnungsuchende gemäß § 4 das. zuzuweisen.“**

Kammergericht, 17. ZS. Rechtsentscheid vom 8. Dezember 1924 (Y 87).

1. Gegen die Gültigkeit der Anordn. v. 16. 6. 23 bestehen keine Bedenken. Sie ist auf Grund des § 9 WMVO. ordnungsmäßig erlassen, beruht aber jetzt auf § 6 WMG., da derselbe Minister sie am 19. 9. 23 (GS. S. 446) bestätigt hat. Ob die beiden Voraussetzungen des § 6 außergewöhnliche Mißstände und die Möglichkeit, ihnen entgegenzuwirken, vorliegen, haben das MEA. und die Be-

schwerdestelle nicht nachzuprüfen, da die nähere Regelung der Beschwerde im § 16 WMG. der oberen Landesbehörde überlassen ist, diese aber die Prüfung der Notwendigkeit und Zweckmäßigkeit der allgemeinen Anordnungen untersagt hat (§ 2 Pr. AusfBest. v. 11. 9. 23 mit Nr. 4 der vom 3. 7. 20).

2. Allen drei Nrn. der Anordn. ist gemeinsam, daß sie die Verfügung über die freigewordene Wohnung eines Beamten überhaupt oder doch für gewisse Zeit beschränken. Der Wortlaut der Nr. 1, 3 läßt keinen Zweifel daran, daß das Wohnungsamt zwar an die Weisungen einer anderen Behörde gebunden sein, aber doch die für die Zuteilung der Wohnung zuständige Stelle bleiben soll. Nicht so klar ist der Wortlaut der Nr. 2, der in dem Sinne ausgelegt werden könnte, daß die zuständige Behörde eines Wohnungsuchenden in die Wohnung unmittelbar einzuweisen befugt ist. Indessen ist nicht zu ersehen, weshalb gerade im Falle 2 das Wohnungsamt überhaupt ausgeschaltet sein sollte, das in den übrigen Fällen zuständig bleibt. Sodann hat es nach Nr. 4 nötigenfalls die Festsetzung des Zwangsmietvertrages zu beantragen, und es ist nicht zum Ausdruck gebracht, daß diese Anweisung für den Fall 2 nicht gelte. Ferner fehlt es gänzlich an Bestimmungen, welche Befugnisse der anderen Behörde, die nach 2 die Aufgabe des Wohnungsamtes übernehmen müßte, im einzelnen zustehen, zB. im Verfahren auf Festsetzung des Zwangsmietvertrages oder zur Durchführung ihrer Verfügungen über Inanspruchnahme der Räume. Endlich konnte der Minister als die oberste für das Wohnungswesen in Preußen zuständige Behörde nach § 1 WMG. nur einer ihm unterstellten Behörde die Berechtigung zu unmittelbaren Maßnahmen übertragen, nicht aber Behörden eines anderen Zweiges der Staatsverwaltung oder gar der Reichsverwaltung. Das konnte er auch nicht aus § 6 WMG., denn dieser ermächtigt ihn nur zu anderen als den in §§ 2—5 bezeichneten Anordnungen und Maßnahmen, nicht aber zu einer Änderung des § 1 und sodann ist schon begrifflich unmöglich, daß er von sich aus seine eigene, auf dem Reichsrecht beruhende Befugnis erweitert. Daß aber Nr. 2 verschiedenes Recht schaffe für die dem Minister unterstellten Behörden und für diejenigen anderer Staatsverwaltungen, ist ausgeschlossen. Deshalb bedeutet auch sie nur eine Anweisung an das Wohnungsamt, dessen Zuständigkeit nicht berührt wird.

Aus dem eben Gesagten folgt aber nicht, daß Zuweisungen des Wohnungsamts ungültig sind, wenn sie der Anordnung widersprechen. Unmittelbar wird also die Möglichkeit der Bezeichnung zweier Wohnungsuchender nicht beseitigt. Doch muß der Anordnung vom 16. Juni 1923 die Bedeutung beigemessen werden, daß sie das Wahlrecht des VerfBerechtigten insoweit ausschließt, als es mit ihren Vorschriften unvereinbar ist. Sie selbst geht offensichtlich nicht von dem Bestehen eines solchen Wahlrechts aus, konnte es auch gar nicht berücksichtigen, denn bei ihrem Erlasse bestand es noch gar nicht. Ist sie im unveränderten Wortlaut auf Grund des § 6 WMG. bestätigt, so bindet sie sich nicht an das Wahlrecht. Die Behörde, zu deren Verfügung die Wohnung gehalten werden soll, ist also nicht verpflichtet, ihrerseits stets mehrere Beamte als Wohnungsnachfolger dem Wohnungsamte namhaft zu machen. Dann ist aber auch dieses nicht imstande, ohne

Verletzung der ihm in der Anordnung erteilten Anweisungen dem VerfBerechtigten eine Auswahl zu ermöglichen. Dieser Umstand zwingt zu der Auffassung, daß das Wahlrecht solange fortfällt, als das Wohnungsamt in der Zuteilung der Wohnung nicht frei ist, denn es kann nicht durch § 4 WMG. zu einer zwar gültigen, aber die Vorschriften der obersten Landesbehörde verletzenden Zuweisung genötigt sein. Hiernach fällt das Erfordernis des § 4 bei Beamtenwohnungen, für die die Anordnung gilt, fort und tritt nur nach Nr. 3 wieder in Kraft, wenn die Behörde die dreiwöchige Frist ungenutzt verstreichen ließ, so daß das Wohnungsamt die freie Verfügung über die Wohnung erlangt.

3. Der Fall, daß ein Beamter seine Wohnung verläßt, weil er am selben Ort in eine mit Arbeitgeberdarlehn hergestellte Wohnung umzieht, ist in der Anordnung nicht behandelt. Deshalb gilt sie für diesen Fall nicht, denn als Ausnahmerecht gegenüber dem WMG. kann sie nicht ausdehnend ausgelegt werden, zumal der Minister jederzeit dafür eine Sondervorschrift erlassen konnte und kann.

β) **Zuweisung eines oder mehrerer Wohnungsucher?**

Kammergericht, 17. ZS. Rechtsentscheid vom 7. November 1924 (Y 75).

Das MEA. hat auf den Antrag der Gemeinde einen Zwangsmietvertrag zwischen einem Landjäger und der Antragsgegnerin wegen einer bisher von dieser in ihrem Hause benutzten Wohnung festgesetzt. Auf ihre Rechtsbeschwerde ist der Rechtsentscheid:

a) „Die Nichteinhaltung des § 4 S. 1 ist im Verfahren auf Festsetzung eines Zwangsmietvertrages nur auf Rüge des VerfBerechtigten zu beachten. Dieser **kann** auf die **Rüge verzichten**; § 295 ZPO. gilt dafür nicht.

b) Die Gemeinde kann sich darauf beschränken, dem VerfBerechtigten nur einen Wohnungsuchenden zu bezeichnen, wenn

I. nur ein Wohnungsuchender innerhalb der Gemeinde für die beanspruchte Wohnung überhaupt in Frage kommt; oder

II. der Bezeichnete zu den Personen gehört, die vorzugsweise zu berücksichtigen sind, besonders nach § 14 WMG., § 36 MSchG. oder nach Nr. 5 der Anordnung des Volkswohlfahrtsmin. vom 16. Juni 1923 (GS. 288), und er der einzige Wohnungsuchende dieser Art in der Gemeinde überhaupt oder für eine Wohnung der Art und Größe der verfügbaren ist."

erlassen und wie folgt begründet worden:

1. Bei den Verhandlungen des Ausschusses bestand die Auffassung, die Beschlagnahme von Räumen aus der WMVO. habe bisweilen eine übergroße Härte gegen die VerfBerechtigten zur Folge. Deshalb wurde angeregt, diesem zunächst völlig freie Wahl unter den in der Wohnungsliste Vermerkten einzuräumen. Dem gab der Ausschuß nicht Raum, wohl aber begründete er durch das Erfordernis der Zuweisung mehrerer Wohnungsuchender ein beschränktes Wahlrecht, weil man glaubte, diese Milderung ohne Schädigung der öffentlichen Interessen an der Wohnungswirtschaft vornehmen zu können. Hiernach sollten also nur unnötige Härten, die durch die Wohnungswirtschaft nicht unbedingt geboten waren, zugunsten der von Beschlagnahme Betroffenen vermieden und ihnen zu diesem Zweck ein Einfluß auf die Auswahl ihres Mieters gewährleistet werden. Daraus folgt zunächst, daß das Erfordernis nicht aus den eigentlichen Bedürfnissen der Zwangswirtschaft entstanden ist, sondern allein den Interessen von Einzelper-

sonen dienen sollte. Sodann darf es, indem es einem ganz andersartigen Nebenzweck dient, nicht den eigentlichen Zweck des WMG., die Bekämpfung der Wohnungsnot durch öffentliche Bewirtschaftung beeinträchtigen. Aus dieser Erkenntnis folgt unmittelbar, daß eine Verletzung des Erfordernisses im Verfahren der Zwangsmiete weder das MEA. noch die Beschwerdestelle zu beachten hat, solange der VerfBerechtigte sich nicht darauf beruft; denn es fehlt der Anlaß, diese nur zu seinen Gunsten geschaffene Bestimmung von Amts wegen zu berücksichtigen. Dies würde in solchen Fällen die Ausnutzung des vorhandenen Wohnraums mindestens eine Zeitlang nutzlos hindern, in denen der Berechtigte gar nicht beabsichtigt, sein Wahlrecht auszuüben . . .

Diese Erwägungen lassen auch erkennen, daß der Berechtigte auf das nur zu seinen Gunsten geschaffene Recht wirksam verzichten kann. Hierbei ist jedoch § 295 ZPO. nicht anwendbar; denn die maßgebenden Gesetze verweisen nicht auf ihn, auch enthält er keinen allgemeingültigen Grundsatz, wie er denn auch nicht für die freiw. Gerichtsbarkeit gilt. Der Verzicht darf vielmehr nur dann angenommen werden, wenn der Wille zur Aufgabe des Rechts vorhanden ist. Dies kann, wenn eine ausdrückliche Erklärung fehlt, auch aus der Unterlassung der Rüge entnommen werden. Hierbei muß jedoch, da die Rüge an keinen bestimmten Zeitpunkt gebunden ist, sondern bis zu endgültigen Festsetzung des Zwangsvertrages erklärt werden kann, mit großer Vorsicht vorgegangen werden, da eine tatsächliche Vermutung dafür spricht, daß wer sich gegen die Beschlagnahme oder den Zwangsvertrag überhaupt wehrt, seine Rechte im weitesten Umfange wahren will.

2. Die Frage, in welchen Fällen die Zuweisung mehrerer Wohnungsuchender nicht erforderlich ist, muß nach dem Gesichtspunkte beantwortet werden, daß diese Zuweisung da aufhören muß, wo sie mit dem eigentlichen Zwecke der Wohnungsbewirtschaftung nicht mehr zu vereinigen ist. Daraus ergibt sich zunächst, daß die Zuweisung eines Wohnungsuchenden ausreichen muß, wenn sich in der Gemeinde überhaupt nur ein einziger findet. In Rsp. 43 S. 252 Abs. 2 ist allerdings darauf hingewiesen, in einer solchen Gemeinde komme der § 4 überhaupt nicht in Frage, weil keine Wohnungsnot bestehe. Aus dem Zusammenhange geht aber hervor, daß damit die hier zu behandelnde Rechtsfrage nicht entschieden werden sollte. Für diese kann der damalige Hinweis nicht in Betracht kommen, denn über die Notwendigkeit der Zwangswirtschaft zu entscheiden, ist nicht die Aufgabe des MEA., sondern steht nach § 1 WMG. ausschließlich den Verwaltungsbehörden zu. Solange diese die WMVorschriften für eine Gemeinde bestehen lassen, verbleibt es auch bei der Geltung des § 4.

Was für diesen Fall gilt, trifft ebenso zu, wenn zwar die Zahl der Wohnungsuchenden größer ist, jedoch nur einer von ihnen für diese Wohnung nach ihrer Art und Größe in Betracht kommen kann. Das zum Schutze privater Interessen gegebene Wahlrecht darf zB. nicht zur Folge haben, daß eine große Wohnung einer Familie zufällt, die im Verhältnis zu den Räumen zu wenig Personen aufweist, während eine starke Familie, für die die Wohnung angemessen ist, das Nachsehen hat. Da das MEA. auch diese Frage nach billigem Ermessen zu prüfen hat, kann mit einer ausreichenden Verhinderung von Mißbräuchen gerechnet werden.

Zu den Zielen der Wohnungswirtschaft gehört auch in gewissen Grenzen die Einhaltung einer bestimmten Reihenfolge bei der Unterbringung raumbedürftiger Personen, wie das ohne weiteres aus § 14 WMG. und § 36 MSchG. hervorgeht. Allerdings darf man, wie ohne weiteres auf der Hand liegt, nicht erwarten, daß die Berücksichtigung der Wohnungsuchenden bei sonst gleicher Dringlichkeit ihrer Unterbringung nach der Dauer ihrer Wartezeit, also etwa nach der Reihenfolge ihrer Eintragung in der Liste der Bewerber eingehalten werden kann, wie es vielleicht allgemeinen Gerechtigkeitserwägungen entspräche. Das ist nicht möglich, wenn mehrere zur Wahl gestellt werden müssen. Aber andererseits ist dem § 4 schon durch die Zuweisung von nur zwei Bewerbern genügt, die Reihenfolge also in engen Grenzen durchbrochen. Diese Verschiebung ist ohne weiteres in den Kauf zu nehmen und auch von untergeordneter Bedeutung. Ist dagegen das Bedürfnis mehrerer Wohnungsuchender in seiner Dringlichkeit verschieden, so liegt die Sache anders. Das Gesetz selbst hat die Bevorzugung besonders Bedürftiger angeordnet und damit zu erkennen gegeben, daß es auch sie im öffentlichen Interesse fordert. Es würde den Gesetzeszweck vereiteln, wenn das Wahlrecht aus § 4 zu einer Maßnahme nötigte, die die frühere Unterbringung des vom Gesetze zurückgesetzten Bewerbers zur Folge haben könnte. Deshalb muß das Erfordernis der Zuweisung mehrerer Wohnungsuchender auch dann wegfallen, wenn nur einer derjenigen vorhanden ist, die nach dem Gesetze vorweg bedacht werden müssen, oder wenn doch nur einer dieser Art für die beanspruchte Wohnung in Betracht kommen kann.

Das eben Gesagte muß auch auf Nr. 5 der Anordnung vom 16. Juni 1923, die für Beamte und Reichswehrangehörige eine bevorzugte Unterbringung anordnet, ohne weiteres Anwendung finden. Die Anordnung selbst ist gültig (n α unter 1). Zu prüfen bleibt, ob das Reichsrecht die Nr. 5 nach ihrem Inhalt gestattet, ob sie also nicht die durch Reichsgesetze, besonders durch das WMG., gezogenen Grenzen der Ermächtigung überschreitet. Wie diese Grenzen im einzelnen gezogen sind, kann unerörtert bleiben, da sich hier das Gebiet der Nachprüfung klar abstecken läßt. Zu erörtern ist nämlich nur, ob die Länder eine bestimmte Gruppe von Personen, hier die Beamten und Reichswehrangehörigen, aus der Menge der Wohnungsbedürftigen herausnehmen und ihnen bevorzugte Behandlung zuteil werden lassen dürfen. Dagegen könnten vielleicht Bedenken bestehen, wenn ähnliches im Reichsrecht nicht vorkäme. Da aber § 14 WMG. selbst die Bevorzugung bestimmter Personengruppen anordnet und damit zu erkennen gibt, daß auch damit den allgemeinen Interessen gedient werden kann, also eine solche Unterscheidung zum Zwecke der Wohnungsgesetzgebung gehört, so sind der Landesbehörde ähnliche Anordnungen keinesfalls verwehrt. Eine Nachprüfung der Richtigkeit der Auswahl wäre eine Untersuchung der Zweckmäßigkeit ihrer Maßnahme und ist deshalb für die erkennenden Stellen ausgeschlossen. D.n.

γ) **Stellung der Gemeinde nach § 4² WMG.**

OLG. Hamburg, 5. ZS. Urteil vom 31. Oktober 1924.

Mag auch der § 4² lästige Verpflichtungen für die Gemeinden im Gefolge haben, so ist er doch im Interesse der Grundeigentümer gegeben, die außer der Belegung ihrer Häuser nicht obendrein noch einen erheblichen Vermögensverlust durch Zuweisung zahlungsunfähiger Zwangsmieter erleiden sollen. Diese Absicht des Gesetzes kann nicht dadurch vereitelt werden, daß sich die Gemeinde einseitig durch Kündigung des Mietverhältnisses von der Mietzahlungspflicht befreit. Das Rechtsverhältnis des Grundeigentümers zum Zwangsmieter hat das Gesetz, ebenso wie das durch § 4² zwischen dem ersteren und der Gemeinde als Hauptmieterin begründete Verhältnis als Miete bezeichnet. Ebensowenig wie aber der Eigentümer sich seines Mieters ohne Genehmigung des MEA. durch einseitige Kündigung entledigen kann, ebensowenig kann sich die Gemeinde dadurch von dem im § 4² genannten Mietverhältnis befreien. Hierzu hätte der Beklagte erneut das MEA., das durch seinen Spruch diese Regelung angeordnet hatte, anrufen müssen. Dieses hätte die Verhältnisse des Zwangsmieters prüfen und dann entscheiden müssen, ob noch weiter Veranlassung zur Beibehaltung des Verhältnisses vorlag . . . B.

r) α) **„Bei der Entscheidung über die Beschwerde gegen eine Wohnungsbeschlagnahme hat das MEA. nicht nur die formellen Voraussetzungen der Beschlagnahme nachzuprüfen, sondern auch, ob sie unter Anwendung des billigen Ermessens aufrechtzuerhalten ist."**

Kammergericht, 17. ZS. Rechtsentscheid vom 6. Oktober 1924 (Y 102).

Schon im Rechtsentscheide (Rsp. 43 S. 255) ist ausgeführt, daß sämtliche Vorschriften über die Beschlagnahme ihren Ursprung in § 9 WMVO., § 6 WMG. haben, daß deshalb gegen diese die Beschwerde an das MEA. gegeben ist. Unter Verweisung auf Y 11/24 (aO. 238) ist dann hervorgehoben, daß das MEA. bei der Entscheidung über diese Beschwerde gemäß § 40³ MSchG. sein billiges Ermessen anzuwenden hat, weil Ausnahmebestimmungen, die es darin beschränken, fehlen. Diese Gründe treffen nicht nur für die damals gestellte Einzelfrage zu, sondern haben allgemeine Bedeutung für alle Fälle, in denen das MEA. über die Beschlagnahme zu entscheiden hat. D.n.

β) **„Auch im Bereich der Anordnung des Präsidenten des Siedlungsverbandes Ruhrkohlenbezirk vom 25. 9. 20 hat das MEA. über Beschlagnahme des Wohnungsamts und Festsetzung von Zwangsmietverträgen nach billigem Ermessen zu entscheiden."**

Kammergericht, 17. ZS. Rechtsentscheid vom 8. Dezember 1924 (Y 99).

Auf Grund des § 9 WMVO. war der Verbandspräsident, nachdem der Minister ihm die Ermächtigung erteilt hatte, zu Anordnungen berechtigt, wie er sie unterm 25. 9. 20 dahin getroffen hat, daß das Wohnungsamt über die Altwohnungen von Bergleuten nur zugunsten von Arbeitern oder Angestellten des deutschen Bergbaus verfügen darf, sofern nicht die zuständige Bergbehörde einer Überlassung an andere zustimmt. Diese Anordnung richtet sich schon ihrem Wortlaute nach nur an die Wohnungsämter und weist sie verbindlich an, wie sie sich bei der Zuweisung der Altwohnungen zu verhalten haben; insofern gilt für sie der Rechtsentscheid (oben q α). Daß sie das MEA. beschränke, besonders die reichsrechtlich vorgesehene Anwendung des billigen Ermessens verbiete, ist aus ihr selbst nicht zu ersehen. Wohl aber deutet die an die Landräte etc. des Bezirks gerichtete Verfügung des Verbandspräsidenten vom 5. Januar 1923, wonach auch das MEA. freiwerdende Wohnungen dieser Art nicht an Nichtangehörige des Bergbaues, z. B. an den Hauseigentümer zuweisen darf, auf eine solche Absicht hin. Diese Verfügung hat eine selbständige Bedeutung für die Rechtsfrage schon deshalb nicht, weil sie sich nicht als eine Anordnung aus § 6 WMG. darstellt, sondern nur eine Erläuterung, allenfalls eine Weisung der vorgesetzten Behörde an nachgeordnete Stellen gibt. Jedenfalls wäre einem Versuch, in die Befugnisse des MEA. durch Beschränkung des billigen Ermessens einzugreifen, die rechtliche Erheblichkeit abzusprechen. Die Zulassung des billigen Ermessens ist nach § 40^3 MSchG. ein Grundsatz, der für das Verfahren vor dem MEA. ganz allgemein gilt, mindestens soweit dieses mit Entscheidungen unmittelbar durch das Reichsrecht betraut, seine Zuständigkeit also nicht erst landesrechtlich aus § 16 WMG. begründet ist. Wenn § 40^3 zugleich auf die im § 37 bezeichneten Vorschriften und die dazu erlassenen Anordnungen verweist, so wird damit noch keine Möglichkeit begründet, mittels Anordnungen aus § 6 WMG. die Anwendung des billigen Ermessens auszuschließen. Vielmehr wird damit nur klargestellt, daß die geltenden Vorschriften die Grundlage der Entscheidung bilden müssen. Das MEA. bleibt mit dieser Maßgabe Billigkeitsgericht, das die widerstreitenden Interessen nach wirtschaftlicher Billigkeit ausgleichen und der Vielgestaltigkeit des Wirtschaftslebens durch eine dem einzelnen Falle möglichst entsprechende Lösung Rechnung tragen soll (Brumby Mieterschutz S. 141). Der § 6 WMG. bildet überhaupt keine Handhabe für die Länder, das billige Ermessen auszuschließen, denn er gibt ihnen nur die Befugnis zu anderen als den in den §§ 2—5 bezeichneten Anordnungen und Maßnahmen. Eine solche wäre es jedoch nicht, wenn das billige Ermessen dem MEA. untersagt würde; denn es sind nur solche Änderungen und Ergänzungen des Reichsrechts zulässig, die sich in die Struktur des WMG. und der mit ihm zusammenhängenden reichsrechtlichen Vorschriften einfügen, nicht hingegen solche, die die reichsrechtlichen Grundlagen der Zwangsbewirtschaftung ganz oder teilweise beseitigen. Durch die Ausschaltung des billigen Ermessens wäre das MEA. aus einer Stelle mit im wesentlichen ausgleichender Tätigkeit zu einer Behörde reiner Rechtsfindung geworden. Zu einer solchen Anordnung, die an die Wurzeln der reichsrechtlichen Regelung rührt, sind die Länder nicht ermächtigt.

Soweit der Zwangsmietvertrag allein festzusetzen ist, hat also das MEA. stets das Recht und die Pflicht, das billige Ermessen anzuwenden. Indessen entscheidet es dabei auch zugleich über die Inanspruchnahme der Räume, also über Verfügungen, die das Wohnungsamt auf Grund des WMG. erlassen hat. Deshalb ist noch zu prüfen, ob in Preußen das billige Ermessen dem MEA. verwehrt ist, wenn es über die Beschwerde des § 16 WMG. zu befinden hat. Allein der § 16 beschränkt sich darauf, gegen Verfügungen aus diesem Gesetz die Beschwerde zuzulassen, überläßt dagegen ihre Regelung der obersten Landesbehörde, die in Preußen die Entscheidung dem MEA. übertragen hat. Da insoweit für Preußen nichts Abweichendes bestimmt ist, gelten daher für das Verfahren die reichsrechtlichen Vorschriften, also auch § 40³ MSchG. D.n.

s) **„Auf Grund örtlicher Anordnung kann von einer übergroßen Wohnung Wohnraum auch zur Vergrößerung einer Nachbarwohnung beansprucht werden. Kann der Raum nur für eine bestimmte Nachbarwohnung verwendet werden, so ist deren Inhaber als Wohnungsuchender zuzuweisen[1]).“**

Kammergericht, 17. ZS. Rechtsentscheid vom 8. Dezember 1924 (Y 89).

... Aus dem Zwecke der WMGesetzgebung, den vorhandenen Wohnraum denen zugänglich zu machen, die Wohnungsschwierigkeiten ausgesetzt sind, folgt, daß Wohnungsuchender nicht etwa nur derjenige ist, der keine (selbständige) Wohnung besitzt, sondern jeder, dessen berechtigtes Bedürfnis nach Wohnraum nicht befriedigt ist, also auch wer eine Wohnung besitzt, die für seine persönlichen Bedürfnisse auch unter Berücksichtigung des allgemeinen Mangels an Wohnraum unzureichend ist.

... Für die weitere Frage, ob der beanspruchte Wohnungsteil eine selbständige Wohnung bildet, wenn der Wohnungsuchende schon Raum besitzt, den er nach der Inanspruchnahme behält, kommt es nur darauf an, ob der Wohnungsteil in Verbindung mit dem schon vorhandenen Raume des Wohnungsuchenden eine selbständige Wohnung bildet. Die Inanspruchnahme eines einzelnen Raumes ist also zulässig, wenn durch sie dem berechtigten Wohnungsbedürfnisse des Nachbars entsprochen wird und der Raum derart abgetrennt werden kann, daß er in Verbindung mit dem schon vorhandenen Raum eine abgeschlossene selbständige Wohnung bildet.

... Kommt für den beanspruchten Teil, wie dies die Regel sein wird, nur ein Wohnungsuchender in Frage, dann darf das zum Schutze privater Belange gegebene Wahlrecht nicht dazu führen, die Inanspruchnahme zu vereiteln; das Erfordernis der Zuweisung mehrerer fällt somit fort (vgl. oben q β).

t) **„Die Anzeige des Freiwerdens von gewerblichen Räumen, also auch Läden, das Verbot ihrer Vermietung vor Ablauf einer Frist, die zwangsweise Entfernung verbotswidrig zugezogener Inhaber (§§ 5a, 1, 11 der Berliner Bek. vom 12. Mai 1921, §§ 2, 3, 12 WohnungsNR. vom 18. August 1924) sind wirksam[2]).“**

Kammergericht, 17. ZS. Rechtsentscheid v. 7. November 1924 (Y 71).

Wirtschaftlich zusammenhängende Räume können auch wohnungswirtschaftlich nur einheitlich beurteilt werden. Ob es sich um Wohn- oder gewerbliche

[1]) Dieser Rechtsentscheid ist jetzt nach der VO. v. 12. 12. 1924 nur noch für die Übergangszeit anwendbar.

[2]) Obiger Entscheid sowie die nachfolgenden Rechtsentscheide gleichfalls vom 7. Nov. 1924:

a) „Nach § 6 A aO. unterlagen benutzte gewerbliche Räume, also auch Läden, mit Wohnraum nur dann der Beschlagnahme, wenn der gewerbliche Raum überwog“ (17 Y 79).

b) „Nach § 12 Bek. vom 12. Mai 1921 in der Fassung vom 10. April 1924 können Zwangsmietverträge auch über gewerbliche Räume, besonders Läden, abgeschlossen werden, wenn dadurch Raum zu Wohnzwecken frei wird“ (17 Y 83),

sind durch das Berl. Wohnungsnotrecht v. 30. 12. 24 unanwendbar geworden und haben nur noch für die Übergangszeit und für die Ausnahmen, die der Wohlfahrtsmin. für einzelne Gemeinden zuläßt, Bedeutung.

Räume handelt, ist nach dem überwiegenden Zwecke der letzten wohnungsrechtlich zulässigen Ingebrauchnahme der Räume zu beurteilen. Sind von diesem Gesichtspunkt aus gewerbliche Räume, also auch Läden, mit angeschlossenem Wohnraum als Wohnung zu beurteilen, so unterliegen sie wie jede andere Wohnung der Wohnungszwangswirtschaft. Sind sie aber als gewerbliche Räume zu beurteilen, so sind sie nicht frei von jeder Bewirtschaftung durch die Gemeinde. § 6 A Bek. vom 12. Mai 1921, der die Inanspruchnahme gewerblicher Räume zu Wohnzwecken zuläßt, findet seine Stütze in § 9 WMVO. Denn dieser gestattet jeden Eingriff in die Unverletzlichkeit der Wohnung und des Eigentums, durch den zur Unterbringung Wohnungsuchender Wohnraum erfaßt wird. Ob darüber hinaus auch gewerbliche Räume zu gewerblichen Zwecken nach § 6 A Abs. 2 beansprucht werden konnten, bedarf keiner Entscheidung; denn schon aus der Zulässigkeit der Inanspruchnahme gewerblicher Räume zu Wohnzwecken folgt, daß auch die Anordnungen zulässig sind, die die Inanspruchnahme gewerblicher Räume vorzubereiten und durchzuführen geeignet sind. D.n.

u) **„§ 15 WMG. findet auch dann Anwendung, wenn der Inhaber des Betriebes die Räume zwar nicht selbst errichtet, wohl aber vor 1. Juli 1918 zu Eigentum erworben und zunächst noch nicht, aber später, u. z. noch vor 1. Juli 1918 zur Unterbringung von Betriebsangehörigen bestimmt und auch verwendet hat.“**

Kammergericht, 17. ZS. Rechtsentscheid v. 12. Januar 1925 (Y 149).

Der Sinn des § 15 geht dahin, daß Räume, die schon am 1. Juli 1918 gewissen Zwecken eines Betriebes dienten, dieser Verwendung frei von Beschlagnahme erhalten bleiben sollten. Dagegen sollte es nicht zulässig sein, Räume, die damals nicht solchen Zwecken dienten und daher unter die öffentliche Bewirtschaftung fielen, dieser nachträglich durch Änderung ihres Verwendungszweckes zu entziehen. Wollte man den § 15 nicht auf derartige Fälle anwenden, so gelangte man zu dem Ergebnis, ihn auf die vor 1. Juli 1918 erworbenen und zunächst anderweit benutzten, dann aber, und zwar auch noch vor diesem Zeitpunkt, zur Angestelltenunterbringung verwendeten Gebäude anzuwenden, ihn aber außer Anwendung zu lassen, wenn der ursprüngliche Eigentümer ohne Weiterveräußerung die Räume selbst noch vor 1. Juli 1918 den Betriebszwecken dienstbar gemacht hat. Es erscheint ausgeschlossen, daß dieser zufällige Unterschied von Bedeutung habe sein sollen; vielmehr ist der § 15, der offenbar auch den hier erörterten Fall treffen sollte, nur versehentlich unzutreffend gefaßt worden; er sollte alle Fälle dieser Art in sich begreifen. D.n.

2. Goldbilanzen. Wertbeständige und Goldhypotheken.

a) α) **Zusammenlegung von Aktien nach § 11 GoldBVO.**

OLG. Hamburg, 1. ZS. Beschluß v. 28. Nov. 1924 (F 72).

Die Generalversammlung hat beschlossen, das Grundkapital von 14 Millionen Papiermark auf 24000 GM. in der Weise umzustellen, daß je 50 Aktien von je 1000 M. auf eine Aktie von 100 GM. zusammengelegt werden. Die Vorinstanzen haben die Eintragung dieser Umstellung mit Recht abgelehnt. Der § 11 GBVO. ist nach den klaren Bestimmungen der §§ 10 aO., 45^1 der 2. DurchfV. für die im § 35a das. bezeichneten AG. so zu lesen, daß eine Verminderung der

Zahl der Aktien nur soweit zulässig ist, als ohne sie die Aktien nicht auf einen Betrag von mindestens 20 GM. gestellt werden könnten. Die Worte: „ist nur insoweit zulässig" enthalten ein striktes Verbot, ohne daß sich irgendeine ausdrückliche Bestimmung, aus der sich trotz jenes Wortlautes die Wirksamkeit, wenn auch Anfechtbarkeit, einer verbotswidrigen Herabminderung der Zahl der Aktien ergeben würde, in der GBVO. findet. Auch im Wege der Auslegung oder durch ein Zurückgehen auf den gesetzgeberischen Grund der Bestimmung kann nicht auf den Willen des Gesetzgebers, daß nur die Anfechtbarkeit gegeben sein sollte, geschlossen werden. Diesen Schluß mag die Erwägung Byks (GBVO. § 60 N. 6, 12): „Die Schutzbedürftigkeit falle, wenn der zu Schützende mit der Nichtbeachtung der Schutzmaßnahmen sein Einverständnis erteile" nicht zu rechtfertigen. Erfahrungsgemäß erlangen gerade Kleinaktionäre erst zu spät Kenntnis von der Einberufung einer zur Beschlußfassung über die Umstellung berufenen GenVers. oder sind nicht in der Lage zu erscheinen oder sich vertreten zu lassen. Die Annahme liegt durchaus nahe, daß der Gesetzgeber mit dieser Möglichkeit gerechnet und gerade, um alle Kleinaktionäre zu schützen, den Wortlaut gewählt hat, der ein Zuwiderhandeln als nichtig erscheinen läßt. Nur wenn alle Aktionäre zustimmen, mag die Vorschrift nach ihrem Sinn und Zweck keine Wirksamkeit haben. V.

β) **Zur Auslegung der GoldbilanzVO. §§ 5, 6.**

Kammergericht, 1. ZS. Beschluß v. 22. Januar 1925 (X 598/24).

Die Generalversammlung der AG. vom 10. Juli 1924 beschloß, das Grundkapital von 4 Millionen Papiermark auf 1 200 000 GM. zu ermäßigen und zum weiteren Ausgleiche der in der genehmigten GMEröffnungsbilanz ausgewiesenen GMUnterbilanz ein Kapitalentwertungskonto von 1 094 491 GM. unter die Aktiva einzustellen. Die Vorinstanzen haben die Anmeldung der Umstellung beanstandet, weil nach § 6 GoldBVO. jenes Konto $^9/_{10}$ des Eigenkapitals nicht übersteigen, hier also höchstens 1 080 000 GM. betragen dürfe. Die weitere Beschwerde folgert aus dem Wortlaut und dem Sinne des § 6, daß unter dem „Eigenkapital" nur das vor der Umstellung vorhandene Papiermarkkapital verstanden werden könne. Allein nach dem Sprachgebrauche der GoldBVO. und der DurchfVO.gen ist jenes „Eigenkapital" ein das Grundkapital der AG. und das Stammkapital der GmbH. umfassender Begriff. Es ist verwendbar und es wird verwertet sowohl für das Papiermarkkapital dieser Gesellschaften vor der Umstellung (§ 5) wie für das durch die Umstellung geschaffene Gold-(jetzt Reichs)markkapital (z. B. § 10 GoldBVO., § 12¹ der 2. DurchfVO. in der Fassung des Art. I Nr. 2 der 5. DurchfVO.). Die Annahme ist verfehlt, daß „Eigenkapital" deswegen nur auf das Papiermarkkapital bezogen werden könne, weil dieses im vorhergehenden § 5 als Eigenkapital bezeichnet ist.

Der § 5² läßt es bei Überschuß des Papiermarkeigenkapitals über das RMReinvermögen zu, daß der Unterschied unter die Aktiven als Kapitalentwertungskonto eingestellt wird. Will die Gesellschaft sich zum Ausgleiche des Unterschieds auf die Einstellung eines solchen Kontos beschränken, so ist der Betrag des Eigenkapitals im Sinne des § 6 die unveränderte Ziffer des alten und des neuen Kapitals. Übersteigt jenes Konto $^9/_{10}$ der Kapitalsziffer, so muß die Gesellschaft infolge des § 6 die Einstellung des Kontos mit einer anderen der in § 5² vorgesehenen Maßnahme, nämlich der Vermehrung des Vermögens durch neue Einlagen oder der Kapitalsermäßigung verbinden. Geschieht die Verbindung wie hier mit einer Kapitalsermäßigung, so muß, wenn die Begrenzung jenes Kontos überhaupt einen Sinn haben soll, die Höchstgrenze sich nach dem ermäßigten Kapitalsbetrage bestimmen. Das Papiermarkkapital, das bei Gründungen der Inflationszeit trotz ziffernmäßiger Höhe oft nur einen winzigen Goldwert darstellt, wäre ein rein willkürlicher Maßstab. Der § 6, der verhüten will, daß für das neue Kapital eine Golddeckung überhaupt nicht oder nur in ganz geringem, zum neuen Kapital in keinem Verhältnisse stehenden Maße vorhanden ist, würde, wenn die Auffassung der Beschwerde richtig wäre, gegenüber den Inflationsgründungen versagen. Es wäre völlig vermögenslosen Gesellschaften ohne Daseinsberechtigung ermöglicht, mit hohem RMKapital ohne Zuzahlung jedenfalls solange fortzubestehen, als nach gesetzlicher Vorschrift (§ 6 S. 2) der Ausgleich des Entwertungskontos nicht zu erfolgen braucht. Im Falle der Ermäßigung des Kapitals um wenigstens $^1/_{10}$ könnte das neue RMKapital bei Fehlen eines RMReinvermögens in voller Höhe als jenes Konto eingestellt werden. Die Ansicht der Beschwerde wird dann auch im Schrifttume nicht geteilt, namentlich auch nicht von Quassowski (Goldbil. 97). Dieser meint, daß das gemäß § 6 herabgeminderte Entwertungskonto in der Eröffnungsbilanz noch nicht erscheinen könne, weil sich aus dem Verhältnis des Saldos zum Eigenkapital erst ergebe, ob es mehr als $^9/_{10}$ des Eigenkapitals ausmachen würde. Erst nach Aufstellung und Genehmigung der Eröffnungsbilanz könne die gebotene Herabminderung jenes Kontos auf dem Wege der neuen Einlagen oder der Kapitalsermäßigung stattfinden. In den Beispielen, besonders auch in dem S. 100 ist daher die ganze Unterbilanz als Kapitalentwertungskonto (nicht im gesetzlichen Sinne) in die Eröffnungsbilanz eingestellt. Daß es sich hierbei nur um die Unterbilanz und nicht, wie das LG. angenommen hat, um das durch allmähliche Tilgung zu beseitigende Entwertungskonto handelt, ergibt mit aller Deutlichkeit der der Bilanzaufstellung folgende Absatz auf S. 100, der die Frage der Herabminderung jenes Kontos behandelt. Im übrigen sei noch besonders auf Fürnrohr (Goldbilanzen 2. Aufl. § 6) verwiesen. Die Entstehungsgeschichte des § 6 spricht nicht für die Auffassung der Beschwerde.

b) **Umwandlung wertbeständiger Hypotheken durch freiwillige Zahlung?**
Kammergericht, 1. ZS. Beschluß v. 20. Nov. 1924.

Die notarielle Kauf- und Auflassungsverhandlung vom 25. März 1924 bestimmt bezüglich der einzutragenden Hypothek: „Dieses Restkaufgeld ist vom 9. 4. 1924 ab mit 8% jährlichen Zinsen ebenfalls in Feingold zu verzinsen und bei Fälligkeit nach dem amtlich festgestellten Preise für Feingold ohne Kündigung zu zahlen; demnach ist dieser Preis bis spätestens 1. 8. 24 für $3^2/_3$ kg und bis 1. 10. 24 für $7^1/_3$ kg Feingold zu zahlen. Alle Zahlungen erfolgen in deutscher Reichswährung, erhöhen sich aber bei schuldhafter Verzögerung gemäß einer am Tage der wirklichen Zahlung eingetretenen Preiserhöhung für Feingold.“ Im letzten Satz sehen die Voristnanzen die Vereinbarung einer wegen ihrer Unbestimmtheit nicht eintragbaren Nebenleistung; damit unterstellen sie, daß der Umfang der Hypothek durch den Feingoldpreis am Fälligkeitstage (unter Berücksichtigung des § 2 Durchf.VO. v. 29. 6. 23) bestimmt würde. Dieser Ansicht ist indessen nicht beizupflichten. Die wertbeständige Hypothek ist ein Noterzeugnis der Inflationszeit und hat, da in dieser das Währungsgeld zwar noch gesetzliches Zahlungsmittel, aber nicht mehr Wertmesser war, als beständigen Wertmesser den Preis bestimmter dafür geeignet gehaltener Waren erhalten. Über den bei nichtständiger Währung wichtigen Zeitpunkt, der für Errechnung des Umfangs der Hypothek, in Währungsgeld ausgedrückt, aus dem Warenpreis maßgebend ist, bestimmt das Ges. v. 23. 6. 23 in § 4 fg. nur für den Fall der Zwangsversteigerung, nicht auch für die Fälle, in welchen der Eigentümer oder ein Dritter das dingliche Recht durch freiwillige Zahlung erwirbt, also die im Verkehr häufigen Fälle der Rechtsabwickelung, die dinglich nur eine Rechtsveränderung, forderungsrechtlich aber regelmäßig eine Befriedigung des bisherigen Gläubigers darstellen. Für diese Fälle besteht zwischen den Erläuterern des Ges. eine Meinungsverschiedenheit. Schlegelberger (bes. § 1 A 6 e) hält die Vereinbarung eines außerhalb der Zufälligkeiten des Zahlungstages bestehenden Termins für nötig und nimmt in Ermangelung ausdrücklicher Vereinbarung den Fälligkeitstag als gewollten Stichtag an, so daß sich mit Eintritt des Termins die Hypothek auf den Warenpreis dieses Tages festlegt. Düringer-Schulze (§ 1 I 6) halten diese Verwandlung, noch dazu ohne daß das Grundbuch über sie Auskunft gibt, als dem Öffentlichkeits- und Bestimmtheitsgrundsatze widersprechend, machen aber eine Ausnahme hiervon für den Fall kalendermäßiger Festsetzung eines Stichtags, weil dann jenen Grundsätzen genügt sei. Der Senat entscheidet sich im Grundsatz für diese letztere Auffassung. Es entspricht nicht dem Wesen eines in seinem Umfange auf den jeweiligen Warenpreis abgestellten Rechts, daß es sich, ohne daß solches im Gesetz bestimmt ist, in ein auf den Warenpreis eines bestimmten vergangenen Stichtages abgestelltes, nunmehr also geldbestimmtes, d. h. nicht mehr wertbeständiges Recht umwandelt, noch dazu ohne daß das Grundstück über all das Auskunft gibt. Es ist den zutreffenden Ausführungen von Bourier (D. Not. Z. 1924 S. 303) darin beizutreten, daß das Recht durch freiwillige Zahlung und dadurch herbeigeführten Übergang auf eine andere Person in seinem Wesen nicht verändert werden kann, daß es vielmehr bis zur Aufhebung oder bis zum Erlöschen durch Pfandausübung „wertbeständig" bleibt, und es ist mit Schulze (LZ. 1924 S. 566) anzunehmen, daß nur diese Auffassung den einzelnen Möglichkeiten, z. B. von Teilzahlungen, gerecht wird. Daraus ergibt sich, daß die mit der Wirkung des Übergangs des dinglichen Rechts nach §§ 1142, 1143, 1150, 1163 BGB. ausgestattete Zahlung durch den Eigentümer, Schuldner oder Dritte nach dem für die Zahlungszeit maßgebenden Warenpreis zu erfolgen hat. Demnach wären hiermit unvereinbare Bestimmungen bei einer einzutragenden Hypothek zu beanstanden. Ob Düringer-Schulze beizupflichten ist, die S. 48, 51 die Vereinbarung eines — nicht kalendermäßigen — Fälligkeits-Stichtages für die gesicherte Forderung (im Gegensatz zur Hypothek) für möglich halten und für solchen Fall bei Warenpreisveränderungen in der Zwischenzeit zwischen Fälligkeit und Zahlung entweder eine Eigentümergrundschuld (bei Preissteigerung) oder eine teilweise Ungedecktheit der Forderung (bei Preissenkung) entstehen lassen, ist hier nicht zu entscheiden, weil hier die Parteien nicht die Fälligkeit, sondern den Zahlungstag als maßgebend hinstellen wollten. Der dieses auf die Fälle schuldhafter Zögerung beschränkende Zusatz ist offenbar nur durch Unsicherheit über die Rechtsauffassung des Gerichts veranlaßt. Sollten Bestimmungen, die mit den obigen Ausführungen nicht zu vereinbaren sind, bereits eingetragen sein, so wird — darin ist Schulze (LZ. S. 576) ohne weiteres beizupflichten — eine etwaige Unzulässigkeit nicht die ganze Hypothekeintragung ergreifen; zu Erörterungen darüber, inwieweit etwa Umwandlungen aus der wertbeständigen in die durch den Warenpreis eines Stichtags bestimmte Hypothek bei der Hypothekbestellung vereinbart werden können, insbesondere für den Fall kalendermäßiger Festsetzung eines Stichtags, wie dies Düringer-Schulze annehmen, besteht hier kein Anlaß. Hier spricht mithin die Abrede, die im Sinn einer Vereinbarung des Zahlungstags als maßgebenden Tags zu verstehen ist, lediglich etwas aus, was schon aus dem Wesen der wertbeständigen Hypothek folgt.

c) **Nachweis der „Übermittlung" (HauptAbk. Art. 2). Auslegung des ZusatzAbk. 1, 6.**

Kammergericht, 1. ZS. Beschluß v. 19. Juni 1924 (X 281).

1. . . . Der Nachweis der „Übermittlung einer Erklärung" umfaßt erstens die Abgabe d. i. die Erklärungshandlung, sodann die Frage, auf welchem Wege die Erklärung der Wahrnehmung des Schuldners, d. i. der Hypothekenschuldner zugänglich gemacht ist, also die eigentliche Übermittlungshandlung. Hier ist die Erklärung nach den Feststellungen niedergeschrieben worden. Ihre Übermittlung an die Grundstückseigentümer konnte, da dafür im Abkommen nichts vorgeschrieben ist, auf jede beliebige Weise erfolgen. Hierbei kann es für die in Art. 1[1] ZA. bestimmte Wirkung nicht von Bedeutung sein, ob bei Übersendung durch die Post die Anschrift auf die zur Empfangnahme der Erklärung berufenen derzeitigen Eigentümer oder auf eine andre Person lautet, sondern nur darauf ankommen, ob die schriftliche Erklärung tatsächlich der Wahrnehmung der zu ihrer Empfangnahme Berechtigten zugeführt wird (BGB. § 130), ebenso wie es bei Verwendung eines Boten nicht von Belang wäre, daß dieser zur Ablieferung an einen Nichtberechtigten angewiesen wäre, wenn er nur tatsächlich die Ablieferung an den wirklich Berechtigten ausführt. Es wäre ein nicht gerechtfertigter Formalismus, wenn man verlangen wollte, daß die Erklärung wegen der unrichtigen Anschrift erst an die Absenderin zurückzuleiten und nun von ihr nach Änderung der Anschrift dem Berechtigten zu übersenden sei. Die hier von den Erben A. abgegebene Erklärung, deren Echtheit unbedenklich wird angenommen werden können, bringt unzweideutig, daß eine an die — nicht zu den Erben gehörige — Witwe A. gerichtete Erklärung der Beschwerdeführerin i. S. des Art. 2 c HauptAbk. noch 1921 von der Witwe zur Kenntnis der Eigentümer gebracht ist.

2. Die Eigentümer-Frankengrundschuld ist für den einzutragen, der zur Zeit der Eintragung der Gläubiger-Frankengrundschuld (Art. 6 ZusatzAbk.) Eigentümer des Grundstücks ist. Denn nach Art. 12^{3} S. 2 geht bei einem nach Eintragung erfolgenden Eigentumswechsel die Eigentümergrundschuld „von Rechts wegen" auf den neuen Eigentümer über. Gläubiger jener Grundschuld soll also nach der Absicht des Abk. (vgl. auch Denkschrift zu Art. 11, 12) der jeweilige Eigentümer sein. Belanglos ist hierbei, ob der den Antrag stellende Gläubiger den zu dieser Zeit eingetragenen Eigentümer als den für die Eintragung der Eigentümer-Grundschuld in Frage kommenden Berechtigten nennt oder nicht.

d) **Ist § 12^{1} S. 2 der 2. DurchfVO. zur GoldBVO. zwingend?**

Kammergericht, 1. ZS. Beschluß v. 22. Januar 1925 (x 597/24).

In der Generalversammlung der FAG. vom 21. 9. 24 wurde die vorgelegte GMEröffnungsbilanz genehmigt und zur Umstellung das Grundkapital von 20 Millionen Papiermark auf 5000 GM. ermäßigt. In jener Bilanz ist auf der Passivseite ein Rücklagekonto von 18 416 M. „für Verluste auf Waren- und Konto-Korrent-Konto" eingestellt. Nach dem Prüfungsberichte des Vorstands und des Aufsichtsrats handelt es sich hierbei um einen Reservefonds, der mit Rücksicht auf die nach 1. Januar 1924, dem Bilanzstichtage, eingetretenen und noch zu erwartenden Verluste gebildet ist. Das Amtsgericht hat die Anmeldung der Umstellung beanstandet, weil der Reservefonds nicht das Eigenkapital übersteigen dürfe. Das LG. hat dagegen die Sache zurückverwiesen, weil ein „Conto-Dubioso", also nicht ein reiner Reservefonds vorliege und daher nunmehr verlangt werden müsse, daß das als „Rücklagekonto" bezeichnete Passivum auf der Aktivseite als Minderung der von den Dubiosen betroffenen Aktiven eingesetzt werde. Diese Begründung wäre nur dann haltbar, wenn die 1924 entstandenen Verluste auf die vor 1924 abgeschlossenen Geschäfte zurückgingen. Andernfalls hätte die Gesellschaft nicht die Möglichkeit, die Verluste in der für 1. Januar 1924 aufgestellten und nach § 2^{1} GBVO. aufzustellenden Bilanz erscheinen zu lassen. Von dem allgemeinen Grundsatze, daß in der Bilanz erst nach dem Stichtage der Bilanz geschehene Vorgänge oder eingetretene Verhältnisse nicht als bereits in diesem Zeitpunkte geschehen oder bestehend behandelt werden dürfen, macht die 2. DurchfVO. nur die aus §§ 3^{2}, 7, 30^{6}, 31^{3} sich ergebenden Ausnahmen (Fürnrohr, Goldbilanzen §§ 3, 4 Bem. 12). Wie die Beschwerde selbst angibt, fallen die verlustbringenden Geschäfte erst in die Zeit nach 1. Januar 1924. Es kann sich daher allein fragen, ob die aus Anlaß der Verluste vorgenommene Einstellung einer als Rücklagenkonto bezeichneten Reserve von 18 416 M. in Anbetracht des neuen Eigenkapitals zugelassen werden darf,

Vor der 5. DurchfVO. vom 23. 10. 24 (RGBl. I S. 717) wurde die Einstellung offener Reserven in der GMEröffnungsbilanz von der herrschenden Meinung vorbehaltlich des Anfechtungsrechts der Aktionäre als zulässig erachtet. Jene VO. hat in Art. I Nr. 2 durch Änderung des § 12 der 2. DurchfVO. die Bildung eines Reservefonds „unbeschadet der Anfechtung nach den allgemeinen handelsrechtlichen Bestimmungen" ausdrücklich gestattet (Abs. 1 S. 1), jedoch bestimmt, daß der

Reservefonds (Umstellungsreserve) das Eigenkapital — abgesehen von hier nicht in Betracht kommenden Ausnahmen — nicht übersteigen dürfe (Abs. 1 S. 2), Vorschriften, die nach Art. III mit Inkrafttreten der 2. DurchfVO. (28. März 1924) in Kraft treten. Hier ist die Umstellung nach dem Inkrafttreten der 2. und vor dem der 5. DurchfVO. beschlossen und unterliegt daher dem neuen § 12[1] der 2. DurchfVO. Ist danach die Einstellung der Reserve wegen Überschreitens der Höchstgrenze nichtig, so ist nach dem Art. III auch dann, wenn sie vor dem Inkrafttreten der 5. DurchfVO. beschlossen worden, die Nichtigkeit vorhanden; durch den neuen § 12[1] ist dann rückwirkend eine bis dahin zweifelhafte Nichtigkeit festgestellt.

Wenn nach § 12[1] die bis zur Höhe des Eigenkapitals beschlossene Bildung eines Reservefonds nach den allgemeinen handelsrechtlichen Bestimmungen, also bei Verkürzung des den Aktionären nach Gesetz oder Satzung zustehenden Dividendenrechts durch böswilliges oder willkürliches Verhalten der Generalversammlung anfechtbar ist, so ist insoweit gesetzlich der Streit beendet, ob die Bildung einer offenen Reserve bei der Umstellung schlechthin unzulässig oder nur der Anfechtung unterworfen ist. Die Tatsache, daß das Gesetz bei Einhaltung der zugelassenen Höchstgrenze die Anfechtung vorbehält, könnte zu dem Schlusse verleiten, daß bei Überschreiten des Höchstbetrags Nichtigkeit eintreten müsse, weil es anderenfalls der Begrenzung der Reserve nicht bedurft hätte. Indessen wäre diese Begrenzung auch im Falle bloßer Anfechtbarkeit von Bedeutung, da durch sie die Anfechtung auf eine neue Rechtsgrundlage gestellt würde. Übersteigt die Reserve das Eigenkapital, so wäre das Anfechtungsrecht schon allein aus diesem Grund ohne Rücksicht auf Böswilligkeit oder Willkür gegeben, weil infolge des § 12[1] S. 2 eine nach § 271[1] HGB. zur Anfechtungsklage berechtigende Verletzung des Gesetzes immer vorläge. Mit Quassowski-Susat (Goldbilanzen S. 245) ist anzunehmen, daß der § 12[1] S. 2 nicht zwingend ist, ein Überschreiten der für die Reserve bestimmten Höchstgrenze vielmehr nur ein Anfechtungsrecht begründet. Der § 271[3] S. 2 HGB. setzt, wenn Rücklagen über das statthafte Maß hinaus beschlossen werden, auch nur die Anfechtbarkeit solcher Beschlußfassung voraus. Für die Umstellungsreserve ist eine abweichende Beurteilung durch sachliche Gründe nicht geboten. Der Schutz öffentlicher Interessen wird durch die gesetzliche Begrenzung der Reserve nicht bezweckt. Von einem Überschreiten des Eigenkapitals werden, da die Umstellungsreserve nach § 12[2.3] der Substanz erhalten bleibt, die Gläubiger nicht gefährdet. Die Reservebildung über das gesetzliche Höchstmaß hinaus berührt allein die durch Anfechtung wahrzunehmenden Interessen der Aktionäre.

3. Aufwertung der Hypotheken, Forderungen.

a) Wiedereintragung gelöschter Hypotheken: α) auf Grund der 3. StNVO. Beschwerde. Form und Zeit des Vorbehalts. Gutgläubiger Zwischenerwerb.

Kammergericht, 1. ZS. Beschluß v. 18. Sept. 1924 (X 363).

Auf Grund der Löschungserklärung von Ende 1923: „Der Eigentümer A. hat die Hypothekensumme von 16000 M. am 5. Okt. 1923 zurückgezahlt. Die Löschung der Hypothek wird bewilligt" ist auf Antrag des A. die Hypothek am 8. Januar 1924 gelöscht worden. Die Gläubigerin (Behörde) hat ihre Wiedereintragung, weil sie sich bei der Kündigung v. 5. Juli 1923 als auch in dem Begleitschreiben bei Übersendung des HypBriefes v. Ende 1923 ihre Rechte auf Aufwertung vorbehalten habe, im Februar 1924 erfolglos beantragt. Gegen diese Zurückweisung eines auf Beseitigung einer Eintragung abzielenden Berichtigungsantrages war die Beschwerde gegeben, weil es sich dabei nicht um eine ursprünglich unrichtig vorgenommene Eintragung, sondern um eine durch nachträgliche Ereignisse herbeigeführte Unrichtigkeit handelt (KGJ. 39 S. 282). Der Umstand, daß die 3 StNVO. rückwirkende Kraft hat, ist hierbei ohne Bedeutung; er besagt zwar, daß die Wirkungen der VO. auf den Zeitpunkt der Eintragung zurückbezogen werden, ändert aber nichts daran, daß die Löschung erst durch Einführung der VO. unrichtig geworden ist, ohne sie also richtig geblieben wäre. In der Sache selbst wird an dem Beschlusse vom 28. Februar 1924 (Rsp. 43 S. 174 a. E.) festgehalten.

a) § 11 VO. behandelt allgemein dingliche Rechte an Grundstücken im Sinne des § 1² Nr. 1, 2, sofern sie noch bestehen, die Löschung ist an sich für den Fortbestand des Rechts bedeutungslos, sie hat für sich allein keine rechtbeendende Wirkung (§§ 875¹, 876, 1183 BGB.). Die VO. besagt nichts darüber, daß die Löschung die Aufwertung des trotzdem weiter bestehenden Rechts ausschließt; besonders kommt dies auch in § 11 nicht zum Ausdruck; dieser schreibt nur gewissen Akten, nämlich der ohne Vorbehalt erfolgten Löschungsbewilligung oder Zahlungsannahme die Wirkung zu, daß nicht aufgewertet werden kann, auch wenn das Recht noch nicht gelöscht ist. Daraus ist der Gegenschluß in dem Sinne zu ziehen, daß die mit Vorbehalt erklärten Löschungen die entgegengesetzte Folge, Aufwertung des Rechts, haben, auch wenn das Recht schon gelöscht ist. Die von Ricks (Z. des D. NotarV. S. 196) erhobenen Bedenken erscheinen nicht begründet.

Daselbst 1, 3. Daraus, daß § 11 die Wiedereintragung für den Fall, daß der Gläubiger sich seine Rechte vorbehalten hat, nicht ausdrücklich zuläßt, folgt nicht, daß sie nach der Absicht des Gesetzgebers unzulässig sein sollte. § 11 spricht sich ausdrücklich nur über die Folgen der Unterlassung eines Vorbehalts aus, zwingt aber dazu, im umgekehrten Fall die Folgen des — ausdrücklichen oder stillschweigenden — Vorbehalts entsprechend weit zu bestimmen, nämlich dahin, daß in allen Fällen, also auch, wenn das Recht bereits gelöscht ist, Aufwertung verlangt werden kann. Wird die verfahrensrechtlich notwendige Löschungsbewilligung (§ 19 GBO.) in unbedingter Fassung und vorschriftsmäßiger Form vorgelegt, so hat das allerdings die Folge, daß die Löschung erfolgen muß. Wird aber durch eine im inneren Zusammenhang mit der Bewilligung stehende wenn auch äußerlich von ihr getrennte Vorbehaltserklärung dargetan, daß der Gläubiger sein dingliches Recht nur aufgeben wollte, wenn ihm etwaige künftige vom Gesetz Rechten dieser Art gewährte Vorteile, besonders Aufwertung, erhalten bleiben, so ist die tatsächliche Voraussetzung des § 11 erfüllt und, weil dieser dem Vorbehalt rückwirkende rechtserhaltende Wirkung beimißt, weiter dargetan, daß die außer der grundbuchmäßigen Löschung zum Erlöschen des Rechts nach § 875¹ erforderliche unbedingte Aufgabeerklärung nicht vorhanden ist. — Der § 3 VO. behandelt aber nur die Aufwertung der persönlichen, durch die Hypothek gesicherten Forderung und befaßt sich demgemäß auch nur mit dieser Forderung, mit deren dinglicher Sicherung dagegen überhaupt nicht; aus der Nichterwähnung der Wiederherstellbarkeit gelöschter Sicherungen können daher auf eine Stellungnahme des Gesetzgebers zu dieser Frage keinerlei Schlüsse gezogen werden.

Daselbst 2. Wenn § 2³ S. 2 VO. bestimmt: „Die Aufwertung ist", sofern das aufgewertete Recht eingetragen ist, „auf Antrag einzutragen", so kann das nicht als eine Einschränkung aufgefaßt werden. Der Senat schließt sich hier dem zutreffenden Beschlusse des Bay.ObLG. v. 12. Juli 1924 (Z. des D. NotarV. 1924 S. 310) voll an, daß an dieser Stelle nur die allgemeinen Grundsätze über Rang und Eintragung des Aufwertungsbetrages als solchen für den Regelfall aufgestellt werden sollten, daß dagegen der Sonderfall des Gläubigers mit Rechtsvorbehalt erst nachfolgend in § 11 mittelbar berührt werde. Der in § 11 enthaltene Bedingungssatz kann also nicht so gelesen werden, als ob er lautete, „sofern das aufgewertete Recht noch eingetragen ist". Wollte der Gesetzgeber dem Gläubiger eines unter Vorbehalt zur Löschung gestellten und gelöschten Rechts die Vorteile der Aufwertung zuteil werden lassen, so hat er dies, wie anzunehmen ist, in vollem Maße tun wollen, ihn also auch, soweit nicht zwingende allgemeine Vorschriften des Grundbuchrechts entgegenstehen, in die Lage setzen wollen, die Aufwertung zur grundbuchlichen Eintragung zu bringen und gegen die Gefahren des öffentlichen Glaubens (§ 892 BGB.) zu sichern.

Daselbst 4. Ist das Grundstück nach der Löschung in das Eigentum eines gutgläubigen Erwerbers übergegangen, so kann das gelöschte Recht allerdings mit Rücksicht auf § 892 nicht mehr eingetragen werden, weil es nunmehr als erloschen gilt. Ist nach der Löschung das Grundstück zugunsten gutgläubiger Rechtserwerber weiter belastet oder ein dem gelöschten nachstehendes Recht an einen gutgläubigen Dritten übertragen, so äußert § 892 seine Wirkung dahin, daß die Wiedereintragung nur im Range hinter den Zwischenrechten erfolgen kann. Sind noch aus der Zeit vor der Löschung Briefhypotheken eingetragen, die hinter der gelöschten stehen, so kann die gelöschte Hypothek nur hinter diesen wieder eingetragen werden, falls nicht nachgewiesen wird, daß diese Hypotheken nicht nach der Löschung außerhalb des Grundbuchs auf einen gutgläubigen Erwerber übergegangen sind (§§ 1154 f. 1140); denn bei einem Berichtigungsantrage muß der Antragsteller alle Möglichkeiten ausräumen, die der Richtigkeit der beantragten Eintragung entgegenstehen würden. Der allgemeine auch gegenüber Anträgen aus § 22 GBO. geltende Grundsatz, daß gutgläubiger Erwerb im Sinne des § 892 BGB nicht nachträglich durch außerhalb des Grundbuchs trotz Löschung fortbestehende Rechte beeinträchtigt werden kann, darf für das Aufwertungsrecht beim Fehlen einer das Gegenteil rechtfertigenden gesetzlichen Unterlage nicht außer Kraft gesetzt werden (so auch Schlegelberger, Bay. ObLG. aO.). Daß hiernach die Berichtigung, wenn gutgläubiger Dritterwerb in Frage kommt, nicht mehr „entsprechend dem wahren Bestande" herbeigeführt werden kann, besagt nichts gegen die grundsätzliche Zulässigkeit der Wiedereintragung, weil gegenüber jedem anderen Berichtigungsantrage die gleiche Rechtslage bei nachträglichem gutgläubigen Rechtserwerb Dritter eintritt, der Erfolg also von der Zufallstatsache späteren gutgläubigen Dritterwerbs mehr oder weniger abhängt.

b) Beim Fehlen einer Formvorschrift in der VO. ist anzunehmen, daß der Vorbehalt auch formlos außerhalb der Löschungsurkunde ausgedrückt werden kann, jedoch Wirkung nur äußert, wenn er dem Eigentümer oder dem Grundbuchamt spätestens in dem Zeitpunkt zugeht, in welchem die Löschungsbewilligung für den Gläubiger gemäß § 875² BGB. bindend wird. Wenn nach der Zahlung nur Quittung erteilt ist, muß er spätestens bis zu dem Zeitpunkt, in dem die Quittung dem Eigentümer zugeht, diesem gegenüber erklärt sein (§ 130 BGB.). Inhaltlich muß in Berücksichtigung des Umstandes, daß bei hypothekarisch gesicherten Forderungen der Hauptwert der Vermögensanlage in der dinglichen Sicherung liegt und daher bei den Gläubigern ein natürliches Interesse gerade an der Erhaltung der Sicherung vorauszusetzen ist, jede Erklärung ausreichen, die die Unzufriedenheit des Gläubigers mit der ihm gemachten Leistung und des auf sie gestützten Löschungsbegehrens, und die Absicht der Geltendmachung nachträglicher, ihn als Hypothekengläubiger günstiger stellenden Ansprüche erkennen läßt (so auch im wesentlichen Schlegelberger, Mügel). Es ist deshalb bei Auslegung der Vorbehaltserklärungen auch kein ausschlaggebendes Gewicht darauf zu legen, ob die vorbehaltenen Rechte in ihnen als dingliche Ansprüche oder als „Forderungen" bezeichnet werden; letzterenfalls wird eine Beschränkung auf die persönliche Forderung gemäß § 3 VO. nur gerechtfertigt sein, wenn auf eine beabsichtigte Beschränkung in diesem Sinne sonstige Umstände hindeuten, wie sie in 1 X 78. 24, Recht Nr. 696, für vorliegend erachtet sind[1]).

Reicht hiernach eine formlose Vorbehaltserklärung auch grundsätzlich aus, so daß sie eine auf Grund der Löschungsbewilligung erst beabsichtigte Löschung hindert, so ist sie doch zur grundbuchlichen Erhaltung des Aufwertungsanspruchs dann nicht geeignet, wenn die Hypothek bereits gelöscht ist, weil hier Berichtigung des Grundbuchs nötig ist und deren Voraussetzungen gemäß §§ 22, 29 in der Form des § 29 GBO. nachzuweisen sind; dabei ist jedoch wohl die Abgabe der Erklärung in der Form des § 29 nachzuweisen, nicht aber deren Zugang, der auch auf andere Weise nachgewiesen, auch aus Erfahrungstatsachen festgestellt werden kann.

c) Abgesehen vom Falle des ObLG. aO., wo der gezahlte Papiermarkbetrag bei der Zahlung ein wirtschaftliches Nichts bedeutete, muß die Hypothek zum aufgewerteten GMBetrag unter Abzug des Goldwerts der geleisteten Zahlung, weil nur so die Unrichtigkeit der Löschungseintragung vollständig beseitigt wird, eingetragen werden, zweckmäßig etwa so: „folgende ursprüngliche Hypothek:

---

[1]) Der Umstand, daß es sich hier um eine erst nach Inkrafttreten der StNVO. ausgestellte und deren Vorschriften Rechnung tragende Löschungserklärung handelt, kann zu keiner abweichenden Beurteilung führen. § 11 VO. behandelt nebeneinander die Vorbehalte bei der Zahlungsannahme und bei der Löschungsbewilligung, und mißt dem ersteren nur für die Aufwertung der gesicherten Forderung, dem letzteren für die Aufwertung des dinglichen Rechts Bedeutung zu; die Kenntnis und Berücksichtigung dieser Vorschrift bei Abgabe von Löschungserklärungen bietet keinerlei besonderen Auslegungsbehelf hinsichtlich eines in einheitlicher Quittungs- und Löschungsbewilligungsurkunde erklärten Aufwertungsvorbehalts (KG. 13. Nov. 1924, 1 X 512).

... aufgewertet auf ... GM.". Voraussetzung für diese Eintragung ist jedoch, daß ein dahingehender Antrag vorliegt. Vgl. § 2² VO., §§ 2, 3¹, 1. DurchfVO. vom 1. Mai 24, VO. vom 17. April 24 (§§ 1143, 1163, 1177 BGB.).

Aus diesen Erwägungen ergibt sich für den vorliegenden Fall: Der im Schreiben der Gläubigerin vom 5. Juli 1923 erklärte Vorbehalt hat die Wirkung, daß die gelöschten Hypotheken nicht untergegangen, sondern bestehen geblieben und gemäß §§ 1, 2 VO. aufgewertet sind. Der Vorbehalt ist erkennbar nicht auf die persönlichen Forderungen beschränkt, sollte vielmehr auch die dinglichen Sicherungen mitbetreffen, das kommt besonders im Begleitschreiben zum Ausdruck, wo von „Höherbewertung der Hypotheken" durch Gesetz oder Rechtsprechung gesprochen wird. Die Erläuterungen sind solche einer öffentlichen Behörde und in der Form des Art. 9 AG. zur GBO. abgegeben (dies wird durch die vorgelegten beglaubigten Abschriften gemäß § 29 GBO.nachgewiesen; vgl.Güthe-Triebel GBO. § 29 N. 36, 137. Die Tatsache, daß sie dem Eigentümer rechtzeitig im Sinne oben b) zugegangen sind, wird aus dem Umstand gefolgert werden können, daß er die Löschungsbewilligung und den Hypothekenbrief vorgelegt, also erhalten hat; mindestens das Begleitschreiben, das für sich allein schon einen beachtlichen persönlichen und dinglichen Aufwertungsvorbehalt enthält, muß ihm also mit zugegangen sein, da an der Tatsache der Absendung bei der behördlichen Eigenschaft der Gläubigerin nicht zu zweifeln sein dürfte. Der Eigentümer hat nach der Löschung nicht gewechselt, ebensowenig ist das Grundstück nachträglich belastet; auch stehen Hypotheken aus der Zeit vor der Löschung nicht mehr eingetragen. Der Antrag kann dahin aufgefaßt werden, daß die Wiedereintragung unter Aufwertung gemäß § 2 VO. erfolge. Die Höhe der Aufwertung ergibt sich aus § 2 Abs.1, Abs. 2 S. 1; ein Abzug wegen der gezahlten Papiermark kommt nicht in Frage, weil die 16000 Mark im Oktober 1923 keinen Wert hatten. Die Eintragung erfolgt nach Maßgabe der 1. DurchfVO. vom 1. Mai 24 §§ 2, 3 verb. mit der VO. vom 17. April 24 (vgl. zu d).

β) **Wenn die vorbehaltlose Löschung bewilligt worden war.**

Kammergericht, 1. ZS. Beschluß v. 20. Oktober 1924 (x 429).

Die 1905 für A. eingetragene Hypothek von 16 000 M. ist auf Grund folgender „löschungsfähigen Quittung" v. 11. 8. 1923:

„Der Eigentümer hat mir das erwähnte Darlehen in Papiermark heimbezahlt; es wird daher die vorbehaltlose Löschung der Hypothek bewilligt. In schuldrechtlicher Beziehung behalte ich mir alle Rechte und Mehransprüche vor, die sich auf Grund Gesetzes oder künftiga Rechtsprechung ergeben sollten."

am 10. 9. 23 gelöscht worden. Der Gläubiger hat nunmehr beantragt, diese Hypothek unter Aufwertung wieder einzutragen. Die Vorinstanzen haben abgelehnt. Die weitere Beschwerde, die beantragt, das Grundbuchamt anzuweisen, einen Widerspruch gegen die Richtigkeit des Grundbuchs einzutragen, ist nicht begründet.

... Ist wie hier der Vorbehalt in einer Urkunde niedergelegt, so ist seine Bedeutung und Tragweite durch Auslegung zu ermitteln. Die Vorinstanzen nehmen hier einen auf die persönliche Schuldforderung beschränkten Vorbehalt deshalb an, weil in der Löschungserklärung das dingliche Recht und die persönliche Schuldforderung bewußt in Gegensatz zu einander gestellt und die erstere ausdrücklich durch „vorbehaltlose“ Löschungsbewilligung ohne Vorbehalt aufgegeben, und nur die letztere durch den ausdrücklich nur in „schuldrechtlicher Beziehung“ gemachten Vorbehalt betroffen werde. Diese Auslegung läßt einen Rechtsirrtum nicht erkennen, verletzt besonders nicht die §§ 133, 157 BGB., sie steht mit dem, was der klare Wortlaut der Urkunde ausdrückt, voll im Einklang, zumal bei Berücksichtigung des Umstandes, daß der Gläubiger Professor der Rechte ist, der Wortlaut der Urkunde also in voller Erkenntnis seiner inhaltlichen Bedeutung gewählt ist. Darauf, daß der Gläubiger innerlich mit dem Erlöschen des Hypothekenrechts unzufrieden gewesen sein mag, wie wohl alle zu jener Zeit in Papiermark ausbezahlten Gläubiger, kommt es nicht an, weil diese innerliche Unzufriedenheit hinsichtlich des dinglichen Rechts in der Urkunde nicht Ausdruck gefunden hat (§ 116 BGB.). Daraus, daß die Hypothek nur als Nebenrecht zu der durch sie gesicherten Forderung angesehen wird, kann wohl bei einer allgemein in bezug auf die Hypothekenforderung gemachten, nicht aber bei einer ausdrücklich nur in Beziehung zur Schuldforderung gesetzten Vorbehaltserklärung auf das Mitbetroffensein des dinglichen Rechts geschlossen werden, um so weniger, wenn wie hier die Vorbehaltlosigkeit der auf die Aufgabe des dinglichen Rechts bezüglichen Erklärung — Löschungsbewilligung — durch den Zusatz „vorbehaltlos“ noch besonders betont wird.

Die Beschwerde macht weiter geltend, daß nach dem im August 1923 geltenden Rechte der Gläubiger gegen Empfang des Kapitals in Papiermark verpflichtet gewesen sei, die Löschung vorbehaltlos zu bewilligen. Ein Vorbehalt des dinglichen Rechts macht die Bewilligung in der Tat ungeeignet für den Grundbuchverkehr zwar nicht aus dem Grunde, weil er sie zu einer im Sinne des § 158 BGB. bedingten macht — sie ist nicht bedingt —, wohl aber wegen inneren Widerspruchs der Erklärung; denn der Vorbehalt besagt, daß der Gläubiger das Recht, dessen Löschung er bewilligt, das also nach dem in der „Löschungsbewilligung“ in Erscheinung tretenden Willen durch die Löschung enden soll, trotzdem behalten, also nicht im Sinne des § 875 BGB. aufgeben will. [So auch Beschluß v. 13. 11. 24, x 512.] Das Recht kann zwar außerhalb des Grundbuchs ohne Eintragung weiter bestehen; aber es darf nicht gelöscht werden, wenn es weiter bestehen soll; denn durch die Löschung eines Rechts, das der Gläubiger nicht aufgeben zu wollen erklärt, würde das Grundbuch unrichtig werden, weil es an einem wesentlichen Erfordernis für das Erlöschen fehlen würde (§ 875 BGB.). Das Grundbuchamt darf eine Eintragung nicht vornehmen, wenn es weiß, daß sie das Grundbuch unrichtig machen würde. Dies gilt auch für einen Vorbehalt: „wenn die Rechtsprechung oder Gesetzgebung das Fortbestehen anerkennt“, auch er besagt, daß der Gläubiger das Recht behalten will. Eine solche ungeeignete Bewilligung setzt in der Tat § 11 VO. voraus. Er tut das, obgleich der Vorbehalt dem Rechte widerspricht, und zwar mit Rücksicht darauf, daß trotzdem im größten Umfange solche Vorbehalte erklärt sind, entsprechend dem begreiflichen Bestreben der

Gläubiger, das Recht zu behalten, dessen Löschung zu bewilligen sie sich gezwungen sahen. Diese Behandlung ist von Bedeutung, soweit noch nicht gelöscht ist, als auch soweit schon gelöscht ist. Im letzteren Fall beruht die Löschung auf einer Gesetzesverletzung, wenn der Vorbehalt in der Bewilligung selbst enthalten ist oder wenn das Grundbuchamt von einem sonst rechtzeitig erklärten dinglichen Aufwertungsvorbehalt Kenntnis erlangt hatte (vgl. unter α).

Die jetzt erst beantragte Eintragung eines Widerspruchs (§ 54 GBO.) stellt einen neuen und deshalb unzulässigen Antrag dar. Auch die Eintragung eines Amtswiderspruches kommt hier nicht in Frage, weil weder eine unter Gesetzesverletzung erfolgte Löschung, noch eine dadurch herbeigeführte Unrichtigkeit des Grundbuchs vorliegt.

γ) **Wenn über Empfang in Papiermark quittiert ist.**

Kammergericht, 1. ZS. Beschluß v. 16. Okt. 1924 (x 420).

Die für A. seit 1897 eingetragene Ablösungshypothek von 8000 Mark ist auf Grund folgender Quittung vom 1. Oktober 1923: „Ich habe den genannten Kapitalbetrag (8000 Mk.) nebst Zinsen in Papiermark zum Nennbetrage ... zurückerhalten" am 8. Febr. 1924 gelöscht worden. A. hat die Wiedereintragung mit 1072 GM. beantragt und eine Berechnung vorgelegt, wonach das Kapital Ende 1917 7228 GM. betrug und durch 7 seitdem geleistete, in GM. umgerechnete Tilgungszahlungen auf 7151 GM. herunterging. Der Antrag ist mit Recht zurückgewiesen. Die Wiedereintragung setzt das Fortbestehen des Rechts trotz Löschung voraus, bedarf also des Nachweises, daß trotz der obigen Quittung die Zahlung unter Vorbehalt angenommen worden ist. Das Wesen dieses — gewöhnlich durch Inanspruchnahme der Anwendbarkeit einer künftigen Gesetzesänderung erklärten — Vorbehalts wurde in 1 X 24/24 (JW. 544) darin gesehen, daß er der Willenserklärung, der er hinzugesetzt wird, infolge § 11 VO. rückwirkend die Wirksamkeit nehme (ebenso BayObLG. v. 12. Juli 1924, NotZ. 310). Neuerdings hat der Senat aber in ihm einen schon aus allgemein rechtlichen Gründen Unwirksamkeit herbeiführenden offenen Vorbehalt des Nichtwollens des Erklärten gefunden und daher auch angenommen, daß die Verwendung einer derartigen Erklärung als Eintragungsunterlage das Gesetz verletzt und die Eintragung eines Widerspruchs von Amts wegen angeregt werden kann. Die Erklärung des A., die Forderung in Papiermark — also dem damaligen gesetzlichen Zahlungsmittel — zum Nennbetrage gezahlt erhalten zu haben, bringt aber den Willen, die Zahlungsannahme nicht als Befriedigung gelten lassen zu wollen, nicht mit der für das Grundbuchverfahren erforderlichen Zweifelsfreiheit zum Ausdruck, kann also als grundbuchmäßiger Nachweis einer Vorbehalts gemäß § 11 nicht genügen (vgl. OLG. 43 S. 174 N. 1 a). Das OLG. Dresden hat zwar einen gleichartigen Zusatz im Sinne einer Vorbehaltserklärung ausgelegt (FGJ. 1924 S. 477); die Entscheidung beruht aber nicht auf dieser Auslegung. Sollte sich die jetzt behauptete Erklärung des Vorbehalts durch besonderes Begleitschreiben gemäß § 29 GBO. dartun lassen, so wird ferner zu beweisen sein, in welcher Höhe die Forderung zur Zeit der Löschung noch bestanden hat; denn bisher ist nicht ersichtlich, aus welchem Grunde die 7 Abzahlungen nur mit ihrem Goldmarkwert angesetzt wurden.

d) Wenn inzwischen eine Vormerkung auf Hypothek eingetragen wurde.

Kammergericht, 1. ZS. Beschluß v. 8. Januar 1925 (x 593).

Die 1909 für A. eingetragene „Amortisations"-Hypothek von 42 000 Mark ist auf Grund folgender Löschungsurkunde vom 19. Juli 1923:

Von diesen 42 000 Mark hat der Grundeigentümer E. bis Ende 1922 insgesamt 2245 Mark getilgt, während das Darlehnskapital mit 39 754,70 Mark jetzt ebenfalls von E. in heutiger Papiermark zum Nennbetrage zurückgezahlt worden ist, worüber hiermit quittiert wird. A. bewilligt hiermit die Löschung dieser Post.

am 3. August 1923 gelöscht worden. Im September 1924 beantragte A., die Hypothek unter Abrechnung der getilgten Beträge und Aufwertung auf 15 % mit 5963 GM. abzüglich des Goldwerts der 39 754 Papiermark wiedereinzutragen. Der Antrag wurde zurückgewiesen. Die weitere Beschwerde ist begründet. Bei der Auslegung der maßgebenden Urkunden ist in weitherziger Weise jede Erklärung, die eine Unzufriedenheit mit dem gezahlten Betrage bekundet und nicht unzweideutig auf das persönliche Recht beschränkt ist, als ein inhaltlich zur Erhaltung des dinglichen Rechts ausreichender Vorbehalt anzusehen. Eine Quittung, die lediglich besagt, daß die Forderung in Papiermark gezahlt sei, hat der Senat, wenn sonstige, auf einen beabsichtigten Vorbehalt hinweisende Umstände fehlen, nicht als genügend angesehen. Vorliegend tritt jedoch der Wille des A., sich hinsichtlich des amortisierten Restes weitere Rechte zu wahren, dadurch deutlich in Erscheinung, daß er im Satz 1 die Forderung in Höhe der dort erwähnten Beträge als „getilgt", im Satz 2 den Rest als „ in heutiger Papiermark zum Nennbetrag „gezahlt" bezeichnet. Der hierin in unmittelbarer Beziehung zur Forderung gemachte Vorbehalt kommt, mangels unzweideutiger Beschränkung auf das Schuldverhältnis, auch dem dinglichen Recht zugute. Dem Antrage wird also stattzugeben sein, jedoch dergestalt, daß die Hypothek im Range nach der inzwischen für X. eingetragenen Vormerkung zur Sicherung des Anspruchs auf Eintragung einer Feingoldsicherungshypothek wiedereingetragen wird.

Wie der Senat (unter a α, S. 34) grundsätzlich ausgesprochen hat, kommt der Schutz des guten Glaubens auch einem zwischen Löschung und berichtigender Wiedereintragung eingetretenen Rechtserwerb anderer zuteil. Dort war allerdings nur an Rechte des § 892 BGB. gedacht. Zu diesen gehörte die Vormerkung anerkanntermaßen nicht, weil sie kein dingliches Recht an dem Grundstück oder dem dieses belastenden Rechte begründet, sondern nur eine Sicherung eines persönlichen Anspruchs gegen die Gefahr seiner Vereitelung oder Beeinträchtigung schafft (KGJ. 42 S. 300, 46 S. 207). Unmittelbar ist also hier der § 892 nicht anzuwenden (KGJ. 33 S. 277). Eine entsprechende Anwendung läßt jedoch der § 893 BGB. dann zu, wenn zwischen dem, für den ein Recht eingetragen ist, und einem anderen „ein Rechtsgeschäft vorgenommen wird, das eine Verfügung über das Recht enthält". Die Vormerkung wird nach § 885 BGB. entweder aus einer einstw. Verfügung oder auf Bewilligung desjenigen eingetragen, dessen Grundstück oder dessen Rechte von der Vormerkung betroffen werden. Im ersteren Falle, den auch KGJ. 33 S. 277 betrifft, kommt § 893 nicht in Frage, weil die einstw. Verfügung kein rechtsgeschäftlicher Verfügungsakt ist. Streit herrscht dagegen im

Schrifttum über die Anwendbarkeit des § 893 im letzteren Falle... Grundsätzliche Entscheidungen höherer Gerichte sind, soweit sich ermitteln läßt, bisher nicht ergangen. Das RG. (90 S. 398) nennt unter den nach der Rechtslehre als Verfügungen des § 893 anzusehenden Rechtsgeschäften auch die Bewilligung einer Vormerkung; es scheint dieser Annahme, wie der Zusammenhang mit dem folgenden andeutet, zuzustimmen. Der Senat hält den § 893 für anwendbar.

Entscheidend kommt es darauf an, wie man den Begriff der „Verfügung" bestimmt. Wie die in RG. aO. mitgeteilte Entstehungsgeschichte zweifelsfrei ergibt, auch vom RG. ständig angenommen ist (RG. 106 S. 109, Warn. 5 S. 428; JW. 1916 S. 908[7], 910), bedeutet „Verfügung" in § 893 dasselbe, was sonst im BGB. darunter zu verstehen ist, nämlich ein Rechtsgeschäft, das unmittelbar die Übertragung, Belastung, Änderung oder Aufhebung eines Rechts bewirkt oder doch bezweckt. Berücksichtigt man, daß dabei das wesentliche Merkmal — im Gegensatz zu den nur das Rechtsverhältnis von Person zu Person bestimmenden Verpflichtungsgeschäften — die unmittelbare Einwirkung des Berechtigten auf das Recht selbst bildet, daß diese sich nicht notwendig auf den Bestand des Rechts zu äußern braucht, sondern auch lediglich das Verhältnis des Berechtigten zum Recht betreffen kann (vgl. RG. 90 S. 109), so läßt sich in diese Begriffsbestimmung die Bewilligung einer Vormerkung unbedenklich einfügen; denn sie bezweckt, über das Ziel rein schuldrechtlicher Verpflichtungsgeschäfte hinaus, eine sachenrechtliche Bindung insofern, als der Bewilligende rechtlich gehindert werden soll, über das von der Vormerkung betroffene Grundstück oder Recht solche Verfügungen wirksam zu treffen, die den vorzumerkenden Anspruch vereiteln oder beeinträchtigen würden; sie bezweckt ferner einen dinglichen Rechtserfolg insofern, als für das einzuräumende Recht der dingliche Rang im voraus gesichert werden soll (§ 883[2,3]; vgl. hierzu bes. Planck und Rosenberg Sachenrecht § 883). Daß es zur Erreichung dieser Zwecke, des Eintritts dieser dinglichen Wirkungen, noch des Hinzutritts der Eintragung zu dem rechtsgeschäftlichen Verfügungsakt bedarf, ist eine allen rechtsgeschäftlichen Verfügungen im Liegenschaftsverkehr gemeinsame Wirkungsvoraussetzung (RGKomm. § 873[8]). Mit Rücksicht darauf, daß § 893 ein zwischen dem Rechtsinhaber und einem anderen vorgenommenes Rechtsgeschäft anführt, wird im Schrifttum zum Teil der § 893 auf die Bewilligung einer Vormerkung nur für den Fall angewendet, daß sie dem Gläubiger, nicht dagegen dann, wenn sie dem Grundbuchamt erklärt wird (vgl. Rosenberg § 893 II 1 c). Diese Frage braucht jedoch hier nicht entschieden zu werden. Denn da der Antrag auf Wiedereintrag einer zu Unrecht gelöschten Hypothek ein Berichtigungsantrag des § 22 GBO. ist, und bei ihm der Antragsteller alle Möglichkeiten auszuräumen hat, die der Richtigkeit der von ihm beantragten Eintragung entgegenstehen, also auch die Möglichkeit einer infolge gutgläubigen Dritterwerbs eingetretenen Rangverschlechterung, so ist die Hypothek im Range hinter einer inzwischen eingetragenen Vormerkung dann wiedereinzutragen, wenn die Möglichkeit eines gutgläubigen Erwerbs der Vormerkung besteht. Da nun die Bewilligung einer Vormerkung zwar als formelle Eintragungsunterlage der Form des § 29 GBO. bedarf, als materiellrechtlicher Verfügungsakt im Sinne der §§ 885, 893 BGB. jedoch formlos wirksam ist (Rosenberg § 893 III 2 a), schließt der Umstand, daß wie hier der Betroffene die formellrechtliche Bewilligung (§§ 19, 29 GBO.) dem Grundbuchamt eingereicht hat, die Möglichkeit nicht aus, daß dem Gläubiger gegenüber die Bewilligung formlos wirksam erklärt und dadurch das zur Entstehung der Vormerkung außer der Eintragung erforderliche Verfügungsgeschäft auf jeden Fall wirksam zustande gekommen ist. Die entsprechende Anwendung des § 892 BGB. äußert sich dahin, daß zugunsten des aus der Verfügung Berechtigten der Eingetragene als Inhaber des von ihr betroffenen Rechts gilt, und weiter dahin, daß das Recht des Verfügenden nur nach Maßgabe des Grundbuchinhalts als belastet und beschränkt gilt, daß also aus dem Grundbuche nicht ersichtliche Belastungen und Beschränkungen des Verfügenden den Berechtigten — bis zum Nachweise seiner Kenntnis von ihrem Bestehen — nicht schaden, daß diese mithin im Falle ihrer berichtigenden Grundbucheintragung einer für jenen vorher eingetragenen Vormerkung im Range nachstehen.

(e **Wiedereintragung. Wesen des guten Glaubens des Zwischenerwerbers.**
Kammergericht, 1. ZS. Beschluß v. 6. Nov. 1924 (X 485).

Auf Grund der Löschungsbewilligung des A. vom 29. 9. 23: „Ich bekenne, vom Eigentümer wegen der den Hypotheken zugrunde liegenden Forderungen befriedigt worden zu sein und willige in die Löschung dieser Hypotheken. Ich kann die Beträge ... nur unter dem Vorbehalt weiterer Ansprüche annehmen, falls Gesetz oder Rechtsprechung eine Aufwertung von Hypothekengeldern zulassen sollte" wurden die Hypotheken am 21. Januar 1924 gelöscht. Darauf wurde am 19. Mai 1924 das Pfandgrundstück an die Stadt M. vor dem Grundbuchamt aufgelassen und ihre Eigentumseintragung beantragt; diese erfolgte jedoch mit Rücksicht auf die später beigebrachte Steuerbescheinigung erst am 11. Juli. Am 26. Mai beantragte A. die Eintragung eines Widerspruchs gegen die Löschung und die Wiedereintragung der „alten Hypotheken in Höhe des Vorkriegswerts". Dies könnte er nur unter der Voraussetzung verlangen, daß die Hypotheken trotz Löschung außerhalb des Grundbuchs noch fortbestehen. Zur Führung dieses Unrichtigkeitsbeweises (§ 22 GBO.) wäre darzutun: 1. daß sie seinerzeit zu Unrecht gelöscht wurden und 2. daß ihr Fortbestand der neuen Eigentümerin zur Zeit der beantragten Eigentumseintragung bekannt gewesen sei (§ 892 BGB.).

Der Nachweis zu 1) liegt vor: Die Löschungserklärung drückt durch den allgemein gehaltenen Vorbehalt aus, daß der Gläubiger auch das dingliche Recht für den — eingetretenen — Fall einer gesetzlichen Aufwertung nicht aufgeben, also behalten wolle. Diese Bewilligung war also mit Rücksicht auf den Vorbehalt wegen inneren Widerspruchs als Löschungsunterlage ungeeignet und bewirkte daher nicht das Erlöschen der Hypothek (X 429/24 unter b, α).

Der Nachweis zu 2) war dagegen dem LG. nicht geführt; es war auch nicht gehalten, zum Nachweise der Kenntnis eine Zwischenverfügung zu erlassen oder der Nachweis hätte sich der Natur der Sache entsprechend nur auf die Kenntnis vom Vorbehalt richten können, während die aus ihm objektiv-rechtlich folgende Unrichtigkeit des Grundbuchs nur im Wege der Schlußfolgerung als der Erwerberin bekannt hätte festgestellt werden können. Dies hätte also zur Voraussetzung, daß die Vertreter der Stadt nicht nur den Vorbehalt zutreffend als einen das dingliche Recht mitbetreffenden erkannt, sondern daß sie auch die daraus folgende Nichteignung der Bewilligung zur Löschungsunterlage und weiter die hieraus sich ergebende Unrichtigkeit des Grundbuchs erkannt hätten. Dieser Nachweis ist in der Form des § 29 GBO. schwer zu erbringen; ein Zeugenbeweis ist im Grundbuchverkehr nicht zulässig. Wenn auch unter Umständen die Kenntnis der Tatsachen den zweifelfreien Schluß auf die Kenntnis der Unrichtigkeit selbst ohne weiteres zuläßt, wie z. B. bei Geschäftsunfähigkeit des Verfügenden (RG. 69 S. 268), so ist doch eine andere Beurteilung geboten, wenn bei unklarer Rechtslage die Rechtsfolgen für die Beteiligten nicht ohne weiteres erkennbar sind; denn das Gesetz verlangt Kenntnis der Unrichtigkeit selbst; diese liegt auch dann nicht vor, wenn die Nichtkenntnis auf Rechtsirrtum beruht, und wenn sie eine verschuldete ist (Gruchot 50 S. 988, 991; 58 S. 1023; JW. 1911 S. 153[11]; Warn. 12 Nr. 392; Rsp. 12 S. 132; Planck BGB. § 892 II 2 d, RGKom. N. 10[3]). Am 19. Mai 1924 war aber die Frage, unter welchen Voraussetzungen ein Vorbehalt des Gläubigers auf das dingliche Recht zu beziehen sei und die auf sie gegründete Löschung unrichtig mache, noch nicht hinreichend geklärt. Dies ist erst durch die an die Entsch. des KG. (JW. 1924 S. 544) anschließende Rechtsprechung des KG. geschehen (X 363/24, 429/24; oben S. 34). Selbst wenn also die Vertreter der Stadt damals den Vorbehalt gekannt haben sollten, würde diese Kenntnis ihren guten Glauben an die Richtigkeit der Löschung, also an das Erloschensein der Hypotheken, nicht ausschließen.

Bei der verfahrensrechtlichen Behandlung der beiden Anträge hätten allerdings die §§ 17, 18 GBO. beachtet werden müssen. Dann hätte der Eigentumsantrag unter Erlaß einer Zwischenverfügung wegen der Steuerbescheinigung durch eine Vormerkung gesichert und der zweite Antrag durch Wiedereintragung der Hypothek erledigt werden müssen (§ 18 Abs. 2 GBO.). Für die vorliegende Entscheidung kommt es hierauf jedoch nicht an, weil es sich nur um Ordnungsvorschriften handelt, deren Verletzung eine Unrichtigkeit des Grundbuchs nicht herbeigeführt hat (Güthe-Triebel GBO. Anm. 28 zu § 17). Übrigens wäre auch bei richtigem Vorgehen des Grundbuchamts die Rechtslage des Beschwerdeführers im Ergebnis die gleiche, wie sie es jetzt ist. Denn dann hätte die Wiedereintragung wieder gelöscht werden müssen, sobald nach Beibringung der Steuerbescheinigung das vorgemerkte Recht der Stadt endgültig geworden und zu ihrer Eintragung geführt hätte. Denn ein nach § 18 vorgemerktes Recht ist nach Beseitigung des Hindernisses so einzutragen, als wenn der Antrag sogleich zur Eintragung geführt hätte, der damalige Grundbuchstand ist durch Löschung gemäß § 18 eingetragener Rechte wiederherzustellen (KGJ. 53 S. 109, FGJ. 1 S. 310).

b) **Eintragung der normalen Aufwertung:** a) **auf Antrag des Eigentümers.**

Kammergericht, 1. ZS. Beschluß v. 5. Juni 1924.

Auf den Grundstücken des Beschwerdeführers A. steht seit 1920 für X. eine mit 6 % verzinsliche Darlehnshypothek eingetragen. A. hat beantragt, bei ihr auf

Grund der 3. SteuerNVO. eine Aufwertung von 15 % mit 52 614 GM. unter den in § 5² vorgeschriebenen Zinsbestimmungen einzutragen; dabei hat er den Dollarstand zur Zeit der Auszahlung des Darlehns zugrunde gelegt. Die Vorinstanzen erforderten zum Nachweise dafür, daß die Höhe der Aufwertung nicht streitig sei, eine Erklärung des X., andernfalls eine rechtskräftige Entscheidung der Aufwertungsstelle. Die weitere Beschwerde ist begründet.

Die Aufwertung einer Hypothek vollzieht sich, wenn die Voraussetzungen des § 1¹ gegeben sind, von selbst kraft Gesetzes außerhalb des Grundbuchs; die Hypothek besteht nicht mehr so, wie sie das Grundbuch verlautbart, nämlich zum eingetragenen Nennbetrag in Papiermark und mit den eingetragenen Zinsbedingungen, sondern zu einem gemäß § 2² zu errechnenden GMBetrage mit den aus § 5² sich ergebenden Zinsen. Das Grundbuch steht also mit der wirklichen Rechtslage nicht mehr im Einklang. Der Beseitigung dieser Unrichtigkeit dient der in § 2³ vorgesehene Antrag des Gläubigers oder Schuldners (Eigentümers); er hat also die Bedeutung eines Berichtigungsantrages des § 22 GBO. und kann, soweit die VO. oder die dazu erlassenen DurchfVO. keine Sonderbestimmungen enthalten, Erfolg nur unter den allgemeinen grundbuchrechtlichen Voraussetzungen haben (Schlegelberger aO., Mügel § 2⁹). Es ist also erforderlich: a) entweder eine in der Form des § 29 GBO. zu erklärende Bewilligung derjenigen, deren Rechte von der berichtigenden Eintragung betroffen werden, also des Eigentümers, des Gläubigers und der im Range gleich- oder nachstehenden Berechtigten, letztere deshalb, weil ihre dingliche Sicherheit durch die Aufwertung verschlechtert wird; oder b) der Nachweis der Unrichtigkeit des Grundbuchs. Dieser erfordert den Beweis sowohl der Zeit des Erwerbs, weil davon Zulässigkeit und Höhe der Aufwertung abhängt (§ 1¹, § 2² S. 1, 2), als auch der Höhe des Erwerbspreises, weil dieser statt des eingetragenen Nennbetrages der Berechnung zugrunde zu legen ist, wenn er niedriger ist als der letztere (§ 2², S. 3). Nach § 3² DurchfVO. vom 1. Mai 1924 ist für den Nachweis dieser Tatsachen die Form des § 29 GBO. nicht erforderlich. Maßgebende Erwerbszeit ist jedoch der Erwerb nicht der gesicherten Forderung (deren Aufwertung ist in § 3 geregelt), sondern der Hypothek, das ist bei der Briefhypothek, wenn vor der Eintragung die Aushändigung des Briefs gemäß § 1117¹ vereinbart ist und die Forderung gleichfalls vorher entstanden ist, der Tag der Eintragung, anderenfalls der Tag der Übergabe des Briefs (§ 1117⁴), bei späterer Forderungsentstehung aber der Tag der Entstehung der Forderung. Der für die Umrechnung in GM. nach § 3¹ VO. vom 1. Mai 1924 maßgebende amtliche Feingoldpreis wird als offenkundig im Sinne des § 29 S. 2 GBO. behandelt werden können.

Mit Unrecht folgert die Beschwerde aus § 2³ S. 2 VO., daß in jedem Falle der bloße Antrag des Eigentümers oder des Gläubigers zur Eintragung der Aufwertung ausreichen müsse. Allein dort ist bestimmt, daß der gemäß Abs. 2 errechnete Aufwertungsbetrag (also zunächst ohne Berücksichtigung der bis Ende 1924 möglichen Geltendmachung eines Herabsetzungsanspruchs) auf Antrag einzutragen ist. Schreibt nun im Anschluß daran S. 3 vor, daß, wenn die Herabsetzung rechtzeitig beantragt ist, auf Antrag des Eigentümers ein Widerspruch einzutragen ist, so soll damit nur der — durch Feststellung der Aufwertungsstelle bedingte — Herabsetzungsanspruch, der gleichfalls die Natur eines Berichtigungsanspruchs hat, gesichert werden. Daraus folgt aber nichts, unter welchen Voraussetzungen die Aufwertung im gesetzlichen Normalbetrage des § 2e einzutragen ist.

Hiernach war der Eintragungsantrag aus dem zweifachen Gesichtspunkte: der Bewilligung der Betroffenen und der nachgewiesenen Unrichtigkeit zu prüfen. Die Vorinstanzen haben ihn nur aus dem ersteren Gesichtspunkte geprüft und durch diese unvollständige, den § 22 GBO., § 2³ VO. verletzende Erledigung den Antragsteller beschwert, weil der Antrag auch ohne Beibringung der bezeichneten Belege (Bewilligung — Entscheidung der Aufwertungsstelle) Erfolg haben kann, wenn die Unrichtigkeit nachgewiesen wird, während er beim Bestehenbleiben der Zwischenverfügung aus deren Gründen nach Fristablauf zurückzuweisen wäre. Allerdings ist der Aufwertungsbetrag unrichtig nach dem Zeitpunkt des Forderungserwerbs berechnet. Da jedoch der Dollarstand zur Zeit des Hypothekerwerbs höher war, so braucht nur auf eine entsprechende Antragsbeschränkung hingewirkt zu werden, was durch Zwischenverfügung geschehen kann. ...

β) **ohne Vorlegung des Hypothekenbriefes.**

Kammergericht, 1. ZS. Beschluß v. 3. Juli 1924 (1 x 300).

Der Beschwerdeführer als Eigentümer hat die Eintragung der Aufwertung einer seit 1. 5. 22 eingetragenen Briefhypothek von 24 500 M. auf 204 GM. beantragt. Die Vorinstanzen haben die Vorlegung des Briefes verlangt. Nach § 42¹ GBO. besteht allerdings die Vorlegungspflicht auch bei Berichtigungsanträgen; als solcher ist der vorliegende Antrag anzusehen (1 x 230/24). Eine ausdrückliche Vorschrift des Inhalts, daß die Aufwertung ohne Vorliegen des Briefes eingetragen werden könne, ist zwar weder in der 3. SteuerNVO., noch in der VO. v. 1. u. 24. Mai 1924 enthalten, daß es jedoch trotzdem im Sinne der 3. SteuerNVO. liegt, die Eintragung der Aufwertung ohne Vorlegung des Briefes jedenfalls dann zuzulassen, wenn wie hier die Eintragung vom Eigentümer beantragt wird, geht zweifellos hervor aus den Zwecken der Art. 1, 2 das. einerseits und dem § 42¹ GBO. andererseits. Die erstere bezweckt, Rechtsstreitigkeiten über die Aufwertung möglichst auszuschließen; das kommt besonders darin zum Ausdruck, daß der einseitige Antrag des Gläubigers oder des Eigentümers genügen soll, und daß nach § 3² VO. v. 1. Mai 1924 für den Nachweis des Erwerbstages (preises) die Form des § 29 GBO. nicht erforderlich ist. Man wollte also die Eintragung der Aufwertung möglichst erleichtern. Der § 896 BGB. würde aber die Erreichung der Zwecke der SteuerNVO. insofern nicht gewährleisten, als der Eigentümer mit Rücksicht auf die Möglichkeit außergrundbuchlicher Übertragung oder Verpfändung der Briefhypothek den Besitzer des Briefes nicht immer ohne Zeitverlust wird ermitteln können, außerdem bei Verweigerung freiwilliger Vorlegung Rechtsbehelfe (§ 935 ZPO.) ergreifen müßten.

Kammergericht, 1. ZS. Beschluß v. 8. Januar 1925 (x 603/24).

Das OLG. Hamburg (unter δ) kommt zu seiner abweichenden Annahme deshalb, weil in jedem Falle der Gläubiger als ein von der Eintragung der Aufwertung Betroffener sie gemäß § 19 GBO. bewilligen müsse. Allein, wie der Beschluß (oben S. 44 unter b) ausführt, handelt es sich dabei um eine Berichtigung des § 22 GBO. Betroffen von ihr werden: der Eigentümer, der Gläubiger und etwaige Gleich- und Nachberechtigte. Eine Bewilligung der Betroffenen bedarf es aber dann nicht, wenn die für den Eintritt der Aufwertung maßgebenden Tatsachen in der Form des § 29 GBO nachgewiesen oder offenkundig sind. Verlangt der Eigentümer wie hier die Eintragung der gesetzlichen Aufwertung von 15 % gemäß § 2, so ergeben sich die dafür maßgebenden Tatsachen regelmäßig, so auch hier, schon aus dem Grundbuch und aus dem Gesetz, sind also beim Grundbuchamt offenkundig. Soweit dies im Einzelfalle nicht zutrifft, muß der Beweis in der erforderlichen Form erbracht werden, worauf nötigenfalls mit Zwischenverfügung hinzuwirken ist. Nur sofern die maßgebenden Tatsachen nicht nachgewiesen werden, oder eine von der gesetzlichen abweichende Aufwertung begehrt wird, bedarf es einer Bewilligung der Betroffenen. Der § 7 DurchfVO. vom 1. Mai 1924, den das OLG. Hamburg heranzieht, muß hier völlig außer Betracht bleiben, weil er überhaupt nur die Aufwertbarkeit der persönlichen, durch die Hypothek gesicherten Forderung (vgl. § 3 der 3. SteuerNVO.) behandelt, während es für die Aufwertung des dinglichen Rechts bei § 2 das. (§§ 2, 3 DurchfVO.) sein Bewenden hat, ohne Rücksicht darauf, ob die Forderung höher oder niedriger aufgewertet wird. Die Aufwertung der Hypothek wird immer — stillschweigend — unbeschadet einer im Betrag abweichenden Forderungsaufwertung eingetragen. . . .

γ) **Ohne Nachweis, daß kein Vorbehalt gemacht ist.**

Kammergericht, 1. ZS. Beschluß vom 19. Juni 1924.

Vorbehalte, von denen die Aufgabe eines eingetragenen Rechts abhängig gemacht werden soll, haben ihren natürlichen Platz in derjenigen urkundlichen Erklärung des Berechtigten, die nach dem Willen des Beteiligten zur Herbeiführung der Löschung und der dadurch bewirkten Beendigung des Rechts verwendet werden soll. Diese Erklärungen sind bei der Hypothek: Quittung und Löschungsbewilligung. Werden sie ohne Vorbehalt abgegeben und mit diesem Inhalt durch Übergabe an den Eigentümer oder an das Grundbuchamt wirksam, so muß im Grundbuchverkehr regelmäßig davon ausgegangen werden, daß die Löschung des Rechts gewollt ist. Das Verlangen des Nachweises, daß nicht schriftlich oder auch nur mündlich ein Vorbehalt gemacht sei, ist unbegründet, wenngleich mit Schlegelberger (§ 11³·⁴) und Mügel (N. 3) anzunehmen ist, daß auch ein vor Wirksamwerden der Erklärung erklärter mündlicher Vorbehalt wirksam ist. Ob ein anderes zu gelten hat, wenn begründeter Anlaß zu der Annahme vorliegt, daß trotz vorbehaltloser Löschungsurkunden die Aufgabe des Hypothekenrechts von einem Vorbehalt abhängig gemacht ist, kann hier auf sich beruhen. . . .

δ) **Trotz Kündigung der Hypothek. Vorlegung des Briefes.**

OLG. Hamburg, 1. ZS. Urteil v. 9. Juli 1924.

Der Klagantrag auf Löschung der Hypothek und Eintragung einer neuen GM.-Hypothek entspricht nicht dem § 2³ SteuerNVO., vielmehr kann der Kläger lediglich Eintragung der Aufwertung zu der bestehenbleibenden Hypothek verlangen. Es besteht kein Bedenken, dem Antrag in letzterer Fassung zu entsprechen, die nur ein weniger, nicht etwas anderes darstellt.

Beklagte wendet ein, der Kläger habe gekündigt und könne deshalb höchstens gegen Zahlung der dadurch fällig gewordenen 675 GM. Löschung der Hypothek verlangen. Allein die Kündigung bezog sich auf eine Hypothek von 4500 Papiermark, die derzeit eingetragen war. Diese ist durch § 1 der NVO., die vor Abwicklung des Rechtsverhältnisses in Kraft trat, unmittelbar auf einen Goldmarkbetrag aufgewertet und damit eine wesensandere Hypothek geworden. Eine solche hat der Kläger nicht gekündigt, vielmehr durch Änderung seiner Klaganträge alsbald die Folgen aus der veränderten Rechtslage gezogen und eine Kündigung bezüglich der GMHypothek nicht wiederholt noch aufrechterhalten, vielmehr ausdrücklich fallen gelassen. Ihn bei dieser Gesetzesänderung an seiner Kündigung festzuhalten, ist rechtlich nicht zu begründen und würde einen Grundstückseigner, der zu einer bei der Kündigung nicht voraussehbaren GMZahlung nicht in der Lage ist, schwer schädigen. Die unter anderer Rechtslage ausgesprochene Kündigung hat dem Eigentümer weder die Rechte aus § 5¹ noch die aus § 2³ VO. entzogen.

Fehl geht auch der weitere Einwand, daß der Antrag des Klägers auch ohne Bewilligung der Beklagten dem Grundbuchamte genügen müsse, da der § 42 GBO. auch eine reine Ordnungs-, keine Mußvorschrift darstelle und daher der Brief nach der Eintragung vorgelegt werden könne. Daß durch den kurzen Satz 2 des § 2³ VO. grundlegende Sätze des Grundbuchrechts stillschweigend beseitigt werden sollten, ist nach Wortlaut und Sinn der Vorschrift nicht anzunehmen. Die Regelung der Grundbucheintragung in der VO. hat andere begrenztere Ziele. Die Eintragungsfähigkeit der Goldmark mußte gegenüber § 28 GBO. festgelegt werden; die Bestimmung war auch nicht etwa durch die VO. über wertbeständige Hypotheken überflüssig. Daß sowohl Gläubiger wie Schuldner antragsberechtigt sind, sollte offenbar nicht das Erfordernis einer Bewilligung nach Grundbuchrecht ausschließen, sondern steht im Gegensatze zu einem Vorgehen von Amts wegen.

c) **Löschungsverpflichtung schon bei Angebot von 15% Aufwertung.**

OLG. Hamburg, 4. ZS. Beschluß v. 10. Oktober 1924.

Die Parteien streiten darüber, ob die Hypothekenforderung auf mehr als 15% aufzuwerten ist. Diesen Streit hat ausschließlich die Aufwertungsstelle zu entscheiden. Von ihm hängt aber nicht die Entscheidung des — vom LG. ausgesetzten — Rechtsstreits ab. Denn nach der 3. SteuerNV. kann das dingliche Recht unter keinen Umständen höher aufgewertet werden als auf 15%; diese Aufwertung ist unstreitig den Beklagten angeboten worden. Diese können aber die Löschung des dinglichen Rechts von einer höheren Aufwertung der Forderung auch dann nicht abhängig machen, wenn eine solche ihnen für ihre Forderung zustehen sollte. Denn nach der VO. ist die Forderung lediglich zu 15% dinglich gesichert. Da sonach das Grundstück keinenfalls für einen höheren Betrag beansprucht werden kann, ist der Hypothekar zur Löschung verpflichtet, wenn ihm dieser Betrag gezahlt wird. RG. 107 S. 93 ist vor der VO. ergangen, als noch grundsätzlich davon auszugehen war, daß die Hypothek der Sicherung der Forderung auch in ihrem aufgewerteten Betrage zu dienen hatte. Da dies nicht mehr der Fall ist, sondern zwischen der Aufwertung des dinglichen Rechts und der Forderung scharf geschieden wird, ist der Zusammenhang gelöst, aus dem heraus die Löschung bis zur Tilgung der ganzen Forderung verweigert werden könnte. Wollte man ein Zurückbehaltungsrecht zugestehen, würde die Hypothek gerade der über 15% aufzuwertenden Forderung dienen, was sie jetzt nicht mehr zu leisten hat. V.

d) **Aufwertung, wenn bei Weiterveräußerung der Erwerber die persönliche Schuld übernimmt. Feststellung der Genehmigung des Gläubigers.**

α) OLG. Dresden, 6. ZS. Beschluß v. 16. Dezember 1924 (Aufw. 12).

Der Beschwerdeführer A. hatte sein Grundstück 1920 an B. veräußert und sich eine Restkaufhypothek von 20 000 M. eintragen lassen. B. hat es 1921 an X. und dieser Ende 1922 an C. weiterveräußert; dabei haben die Erwerber die Hypothek auf den Kaufpreis übernommen und C. sich dem X. gegenüber zur selbstschuldnerischen Zahlung verpflichtet. Auf die Klage des C. wurde A. am 20. Mai 1924 rechtskräftig verurteilt, die Löschung der Hypothek gegen Zahlung von 200/2790 kg Feingold zu bewilligen. Demnächst hat das von A. als Aufwertungsstelle (ASt.) angerufene Amtsgericht die Aufwertung sowohl der Hypothek als der Forderung auf 201 GM. festgesetzt. Die sofortige Beschwerde des A., der volle Aufwertung verlangt, ist zum Teil begründet.

Der 3. SteuerNVO. kommt rückwirkende Kraft insofern zu, als sie auch in Rechtsstreitigkeiten eingreift, die bei ihrem Inkrafttreten noch nicht rechtskräftig erledigt sind (RG. 1. März 1924 in Michaelis 364). Deshalb steht hier das nachher ergangene rechtskräftige Urteil nicht der Entscheidung der ASt. entgegen. Welche Wirkung aber dem Urteil unter den Parteien zukommt und wie seine Entscheidung beseitigt werden könnte, hat die ASt. nicht nachzuprüfen. Andererseits hat sie nicht zu entscheiden, wenn die Parteien über die Aufwertung eine Vereinbarung getroffen haben (§ 13¹ VO.). Der Beschwerdeführer stützt sich aber nicht auf eine solche, und auch aus der im Kaufvertrag vereinbarten Zahlung des Restkaufgeldes in Gold folgert er nur, daß dieses im Verhältnis zum Grundstückswert auf den Goldwert anzunehmen und daß dieser Wert auch für die Aufwertung maßgebend sei.

Eine den normalen Höchstsatz übersteigende Aufwertung der Hypothek ist grundsätzlich ausgeschlossen, selbst wenn die gesicherte Forderung höher aufzuwerten ist. Dies folgt daraus, daß § 3 nur die Vorschriften des § 2¹·², nicht aber auch die des Abs. 3 für anwendbar erklärt, und daß deshalb eine nach den allgemeinen Vorschriften stattfindende höhere Aufwertung die dingliche Sicherung des Mehrbetrages nicht beeinflussen kann.

Dagegen wertet die 1. DurchfVO. § 7 S. 2 Nr. 3 nach den allgemeinen Vorschriften Restkaufgeldforderungen (für den Erwerb des belasteten Grundstücks) auf, sie läßt dies auch dann gelten, wenn sie bei ihrer Begründung in Darlehen umgewandelt worden sind. Dem Sinne der Vorschrift entspricht nicht, daß die persönliche Forderung des Gläubigers gegen den Eigentümer bestehen müsse, der das Grundstück von ihm erworben und hierbei für das Restkaufgeld Hypothek bestellt hat. Die Aufwertung betrifft vielmehr das Schuldverhältnis zwischen dem Gläubiger und dem — sei es ursprünglichen oder durch Schuldübernahme an dessen Stelle getretenen — persönlichen Schuldner. Ist dagegen der frühere Eigentümer der persönliche Schuldner geblieben, besonders weil die Schuldübernahme nicht nach § 416 BGB. wirksam geworden ist, so richtet sich die Forderung gegen ihn, obwohl er das Grundstück nicht mehr besitzt (Michaelis, Mügel zu § 3[4]); denn durch die Weiterveräußerung des Grundstücks tritt keine grundsätzliche Veränderung der Rechtslage ein. Den Grundsätzen der nach BGB. § 242 zu berücksichtigenden Billigkeit widerstreitet es, daß der Gläubiger von dem an Stelle des ursprünglichen Schuldners getretenen Dritterwerber Aufwertung nur in dem Maße verlangen könnte, das der erwähnte § 7 den sonstigen Forderungen zuteil werden läßt. Der Eigentumswechsel erlangt nur insofern Bedeutung, als bei der Abwägung der beiderseitigen Interessen die Lage des persönlichen Schuldners in Betracht zu ziehen ist. Ist der Erwerber persönlicher Schuldner geworden, so kommt es darauf an, in welcher Höhe ihm die Hypothek auf den Kaufpreis angerechnet ist und wie sich seitdem der Grundstückswert als Maßstab für den Aufrechnungsbetrag entwickelt hat; ist der frühere Eigentümer aber persönlicher Schuldner geblieben, so wird dafür der ihm gezahlte Kaufpreis und dessen Verwendung maßgebend sein (Mügel a. O.). Hieraus folgt, daß hier über den Aufwertungsbetrag der persönlichen Forderung überhaupt nur entschieden werden kann, wenn C. persönlicher Schuldner geworden ist.

Hierfür gebricht es aber an ausreichenden Feststellungen. Nach § 9[3] VO. gilt der § 12 FGG., und die Parteien haben deshalb die Verhältnisse darzulegen, ohne die jenem § 12 nicht genügt werden kann. Dem § 9[3] entspricht es, daß mit den Parteien in einem Termin verhandelt wird, den der vorgeschriebene Einigungsversuch erfordert. Es genügt jedoch nicht, daß in der Begründung lediglich auf das Vorbringen der vorbereitenden Schriftsätze verwiesen wird; vielmehr muß aus ihr hervorgehen, welche Tatsachen als festgestellt betrachtet sind. Nur auf Grund zureichender Feststellungen kann entschieden werden. Ungenügend ist aber die Feststellung, daß nach den Erklärungen der Parteien kein Streit darüber besteht, daß dem Antragsteller sowohl ein dingliches Recht als auch eine persönliche Forderung gegen C. zustehe. Es handelt sich ersichtlich um eine Schlußfolgerung, die weder den Erklärungen der Parteien noch ihren bisher festgestellten Rechtsbeziehungen gerecht wird. Wird die gesicherte Schuld durch Vertrag zwischen Veräußerer und Erwerber übernommen, so kann dem Gläubiger gegenüber die Wirkung nur mit seiner Genehmigung (BGB. §§ 415/6) eintreten. Ob sie hier vorliegt, ist nicht erörtert. Aus der beanspruchten Aufwertung ist sie nicht ohne weiteres und jedenfalls dann nicht zu folgern, wenn sie zuvor verweigert worden wäre. Von dieser Feststellung hängt nach dem Stande des Rechtsmittels die Aufwertung allerdings nur insoweit ab, als sie den bereits zugesprochenen Betrag übersteigt. Wird aber festgestellt, daß C. persönlicher Schuldner geworden ist, so sind auch die tatsächlichen Verhältnisse zu erörtern, die für die Aufwertung der persönlichen Forderung als maßgebend anzusehen sind. —e—

β) Kammergericht, 9. ZS. Beschluß v. 13. Nov. 1924 (AW. 18).

... Hat das Eigentum gewechselt und ist der Erwerber gemäß §§ 415/6 BGB. persönlicher Schuldner der Hypothek geworden, so ist die Sachlage in der Regel so anzusehen, als ob dem Gläubiger noch der ursprüngliche Schuldner gegenüberstände; der Erwerber haftet also auf alles, was der Verkäufer jetzt zu gewähren hätte, wenn er noch Eigentümer wäre (Probst WürttZ. 1924 S. 105). Der Standpunkt Mügels (3. StNVO. 53), daß entscheidend sein müsse, in welcher Höhe dem Erwerber die Hypothek angerechnet worden ist und wie sich seitdem der Grundstückswert entwickelt hat, ist jedenfalls in dieser Allgemeinheit nicht zu billigen. Dies beweist folgendes Beispiel: Erster Verkauf April 1919 (1 GM. = 3 M.) für 60 000 M., Restkaufpreis 30 000 M.; zweiter Verkauf Juli 1922 (1 GM. = 100 M.) für 1½ Millionen M., wobei die 30 000 M. nach § 416 BGB. als Papiermark übernommen werden. Es liegt auf der Hand, daß das Verhältnis der 30 000 M. zum Kaufpreise von 1½ Millionen M. für die Aufwertung der hypothekarischen Forderung in der Regel keine oder nur geringe Bedeutung haben kann; das Restkaufgeld ist vielmehr für den Regelfall nach dem Beschl. v. 24. 11. 24 (JW. 2002)[1]) aufzuwerten. N.

e) **Elterngutsforderungen. Voraussetzungen und Maß der Aufwertung.**

Bayer. Oberstes Landesgericht, ZS. Beschluß v. 13. Dez. 1924 (VIII 2).

... Der Fall, daß die „Forderungen auf den Beziehungen aus der Auseinandersetzung unter Miterben" (§ 1² Nr. 4), liegt nicht nur dann vor, wenn Forderungsberechtigter und Schuldner unter den Miterben und an der Auseinandersetzung beteiligt waren. Die Ausnahme des § 7 Nr. 2 DurchfVO. greift vielmehr immer dann Platz, wenn die Forderung auf den Beziehungen aus der Auseinandersetzung unter Miterben beruht, mag auch wie hier in der Person des Schuldners eine Rechtsnachfolge eingetreten sein. Das Amtsgericht hat also mit Recht eine höhere Aufwertung zugelassen. Es hat jedoch nicht abgewogen, welchen Einfluß die Geldentwertung auf die Verhältnisse des Gläubigers und des Schuldners gehabt hat. Eine sachgemäße Entscheidung setzt also hier vor allem die Feststellung voraus, in welchem Verhältnisse der Wert des verpfändeten Grundstücks zur Zeit der Entstehung der Forderung zu seinem jetzigen Wert steht. Ist der Wert und damit die Quote der Belastung ungefähr gleich geblieben, so ist unter Umständen eine Aufwertung von 100% zu rechtfertigen; ist aber der Wert in der Zwischenzeit stark gesunken, dann ist es billig, daß an dem Vermögensverfall auch die Gläubiger teilnehmen. Dabei kann es nicht darauf ankommen, durch eine ins einzelne gehende Beweiserhebung die in Betracht kommenden Werte

[1]) Danach ist davon auszugehen, daß der Kaufpreis dem damaligen Grundstückswert entsprach. Weiter ist festzustellen, welchen Wert das Grundstück (mit Zubehör und Inventar) hat, wobei Neuanschaffungen abzuziehen sind. Derselbe Bruchteil des Werts, den das Restkaufgeld im Verhältnis zum Grundstückswerte darstellt, ist vom jetzigen Grundstückswerte zu berechnen. Diese Summe stellt den Normalbetrag der Aufwertung oder wenigstens den Ausgangspunkt für ihre Berechnung dar. Von besonderer Bedeutung werden die Art des Grundstücks (städtisches, gewerbliches), der Einfluß der Zwangswirtschaft und die erhöhte steuerliche Belastung sein, endlich die persönlichen Verhältnisse der Parteien. Vgl. den Beschluß desselben ZS. v. 30. 12. 24 (JW. 1925 S. 268) und Nr. 3e.

auf den Pfennig genau festzustellen, vielmehr wird eine wenigstens annähernde Feststellung genügen. ... Der Vormund glaubt sofortige Bezahlung beanspruchen und Bezahlung der ganzen sich durch die Vervielfältigung des Forderungsbetrags durch den Aufwertungshundertsatz ergebenden Summe fordern zu können. Das ist irrig. Nach § 4 VO. kann die Zahlung nicht vor 1932 verlangt werden; was aber die Höhe betrifft, so ist zu berücksichtigen, daß auch die Mündel neben dem Stiefvater und den zweitehelichen Kindern Erben ihrer Mutter, also ihrer persönlichen Schuldnerin geworden sind, daß sich somit — soweit dies der Fall ist — Forderung und Schuld in ihrer Person vereinigt. Inwieweit aber durch diese Konfusion ihre Forderung erloschen ist, unterliegt der Entscheidung des Prozeßgerichts. ... Bay Z. 21 S. 31.

f) Fälligkeit, Verzinsung der aufgewerteten persönlichen Forderung.

OLG. Stuttgart, 1. ZS. Beschluß v. 3. Nov. 1924.

Am 1. Mai 1919 haben die jetzigen Gläubiger ihr Wohnhaus an B. um 43 000 M. verkauft, der vereinbarungsgemäß 10 000 M. schuldig blieb, beiderseits unkündbar bis 1. Juli 1924. Da das Haus jetzt unbestrittenermaßen 10 000 GM. wert ist, ordnete die Aufwertungsstelle an, daß der Kaufpreisrest auf 2500 GM. aufzuwerten sei, verzinslich zu 6% für das Jahr und zahlbar gegen dreimonatige Kündigung. Allerdings ist für Hypotheken eine Aufwertung nur von 15% des GMBetrages bestimmt. Dieser ist aber gemäß § 2[2] der 3. StNVO. und § 1 der jedenfalls insoweit nicht zu beanstandenden VO. vom 1. Mai 1924 ohne weiteres zu errechnen. Es ist deshalb kein Rechtsverstoß, wenn ihn mangels eines Herabsetzungsantrags das Amtsgericht nicht ausdrücklich in seinen Beschluß aufgenommen hat. Denn aus ihm ist deutlich ersichtlich, daß sich die Aufwertung ausschließlich auf die durch die Hypothek gesicherte (persönliche) Forderung bezieht. Diese hat das Amtsgericht mit Recht gemäß der überwiegenden Auffassung im Schrifttum nach allgemeinen Vorschriften gemäß § 3 2. Halbsatz StNVO. aufgewertet. Diese Aufwertung fällt aber nicht etwa aus dem Rahmen der 3. StNVO.; es kann sich dabei auch nicht um die Anwendung ihres § 12 handeln. Es bleibt dabei, daß eine durch Hypothek gesicherte Forderung in Frage steht; und wie § 2 für die Vermögensanlagen aus § 1[2] Nr. 1—3 und § 4 für die Vermögensanlagen aus Nr. 6—8 nähere Aufwertungsbestimmungen gibt, so gibt solche der § 3 für die durch Hypothek usw. gesicherten Forderungen. Für die in §§ 2—4 geregelten Aufwertungsfälle bestimmt nun der § 5 die Zwangsstundung bis 1932 und die dort festgesetzten Zinssätze. Weil aber die Fälligkeit für alle Aufwertungsfälle der §§ 2—4 auf 1932 hinausgerückt und für die regelmäßige Aufwertung eine für die Zeit der Festsetzung bestimme Summe ohne Rücksicht auf diese Zwangsstundung gegeben ist, entspricht es jedenfalls für die Regel nicht dem Sinn des Gesetzes, wenn bei der gemäß § 3 zu findenden Aufwertungssumme diese Hinausrückung der Fälligkeit berücksichtigt wird (so zwar Michaelis Aufw. § 5 N. 2). Festzustellen hat auch hier die Aufwertungsstelle, was heute der richtige Aufwertungsbetrag ist. Die Fälligkeit dieses Anspruchs wird gesetzlich hinausgerückt. Das entspricht auch dem Bedürfnis. Denn es ist unmöglich, zu sagen, welche Summe nach den unbekannten wirtschaftlichen Verhältnissen des 1. Januar 1932 alsdann dem richtigen Wert der ursprünglichen Papiermarkforderung entsprechend sein wird. Immerhin mag eine Berücksichtigung dieser gesetzlichen Stundung nach § 3 Halbsatz 2 im einzelnen Fall gerechtfertigt sein, etwa wenn ohne weiteres feststeht, daß die Forderung sofort bezahlt werden soll. Nach § 5 kann vorzeitige Zahlung nicht verlangt werden, es steht aber dem nichts im Wege, daß der Schuldner sie leistet (so auch Mügel Jur Z. 24 S. 509). Soweit die Parteien nachträglich einig werden, mögen sie der früheren Zahlung durch entsprechende Vereinbarung Rechnung tragen. Die Aufwertungsstelle hat nach § 9 nicht die Aufgabe, sich über eine Zahlungszeit oder über Zinsen entgegen § 5² auszusprechen. Sie hat nach § 9¹ ausschließlich die Höhe des Aufwertungsbetrags im Streitfalle festzustellen. Die Ausnahme des § 9⁷ kommt vorliegend nicht in Frage.

2. Die Aufwertung gemäß § 3, 2. Satzhälfte geschieht nach allgemeinen Vorschriften. Diese sind in erster Linie die §§ 157, 242 BGB. Darnach ist nach Treu und Glauben mit Rücksicht auf die Verkehrssitte festzustellen, welcher Betrag für die Umwertung angemessen erscheint. Diese Prüfung ist also an sich Ermessenssache und deshalb, soweit sie allein auf der tatsächlichen Grundlage des Einzelfalles beruht, nicht anfechtbar. Denn die sofortige Beschwerde ist nach § 9⁴ S. 2 nur zulässig, soweit das Gesetz verletzt ist. Nun können aber auch die §§ 157, 242 BGB. in rechtsirrtümlicher Auslegung angewendet sein; das kommt vor allem in Frage, wenn allgemeine Lebensregeln und Erfahrungssätze nicht richtig angewendet sind. In solchen Fällen hat bisher das RG. (76 S. 174, JW. 1906 S. 457) auch die Revision regelmäßig zugelassen, und die Bestimmungen über die sofortige Beschwerde des § 9 müssen nach Fassung des Gesetzes und Verweisungen gleichermaßen ausgelegt werden. In dieser Richtung stützt das Amtsgericht mangels anderer tatsächlicher Anhaltspunkte seine Aufwertung allein auf die Bemessung der Forderung im Hinblick auf die Bewertung des Grundstücks beim Kauf und den heutigen Wert. Es ist anzuerkennen, daß dieser Maßstab an sich der Berücksichtigung wert ist. Er darf jedoch, vor allem bei einer Entstehung der Forderung in der Zeit der Geldentwertung, nicht allein maßgebend sein. Auch das RG. (107 S. 87) hat nur gesagt, daß er für die Umwertung von erheblicher Bedeutung sein müsse. Zu sehr darf der in gewissem Maße dem Volksempfinden entsprechende Gedanke nicht in den Vordergrund gestellt werden, daß durch Bestellung einer Hypothek der Gläubiger eine Art von Anteilsrechten am Grundstückswert erwerbe. Die Wertsbeziehungen, die dadurch geschaffen werden, daß etwa in Höhe eines Bruchteils des Kaufpreises eine Hypothek eingetragen wird, verdienen an sich auch für die später veränderte Wirtschaftslage Berücksichtigung. Aber im übrigen kann sich durch Verbesserungen oder Verschlechterungen oder durch anders geartete Bewertungsgrundsätze der Maßstab für die Bewertung des Grundstücks in einer Weise verändern, die nicht mehr, jedenfalls nicht mehr ganz, in Beziehung zur Umwertung der Hypothek gesetzt werden darf. Bei der Hypothek, vor allem aber — wie hier wieder zu trennen ist — bei der Be-

wertung der durch sie gesicherten Forderung handelt es sich um eine Geldforderung, die vorzugsweise unter Berücksichtigung der Umstände umzuwerten ist, die für den veränderten Geldwert als solchen von Bedeutung sind. Dabei wird dann die Frage erheblich, ob für die besondere Aufwertung des § 3 Halbsatz 2 nicht die Umrechnung auf GM. die obere Grenze für die Umwertung bildet; vgl. RG. 107 S. 87: „Die Aufwertung hat nicht stets in gleichem Maße zu erfolgen, etwa ‚gar' im Wertverhältnis der Papiermark zur Goldmark." Die Auffassung, daß der Goldmarkwert die obere Grenze bilde, ist allerdings heute überholt. Der Dollarkurs ist im Inland zeitweilig künstlich niedergehalten worden. Die Kaufkraft der Papiermark war meist höher, als ihrem Goldwert entsprach. Auch hier kommt ferner wiederum in Betracht, daß die Grundstückspreise nicht im gleichen Verhältnisse wie die Wertung der Papiermark sich verändert haben. Kann so im Einzelfall unter Berücksichtigung anderer Maßstäbe (Lebenshaltung, Gehalts- und Lohnbewegungen, Zeilersche Zahlen u. a.) eine höhere Bewertung der Forderung, als dem Goldwert entspricht, angemessen sein, so darf andererseits wieder allgemeinhin und nach den besonderen Verhältnissen der Beteiligten der Erfahrungssatz nicht außer acht bleiben, daß in der Zeit der Geldentwertung wohl kaum jemand deren Folgen sich hat ganz entziehen können. Alle diese Umstände sind zu berücksichtigen und, in ihrer Wertung zusammengenommen, ist unter weiterer Berücksichtigung der besonderen Umstände des Einzelfalles die angemessene Aufwertung für die Forderung zu finden.

Ob das Amtsgericht nach allen diesen Richtungen die erforderlichen Erwägungen angestellt hat, ist nicht ausreichend zu ersehen. Es kann aber dahingestellt bleiben, ob und inwieweit es dabei das Gesetz verletzt hat. Eine Nachprüfung des festgestellten Sachverhalts auf Grund der dargestellten allgemeinen Erfahrungssätze ergibt, daß die Aufwertung auf 2 500 GM. im Ergebnis das Richtige getroffen hat. Die Summe hält sich unter dem, was nach den Zeilerschen Zahlen und was nach der Goldmarkrechnung als Umrechnungssumme sich ergeben würde. Andererseits war nach der Entstehungszeit dieser Schuld die Bewertung des Kaufobjekts im Verhältnis zur Hypothek beim Kauf in weitem Umfang gerechtfertigt.

g) **Begriff der Vereinbarung im § 13 VO über Aufwertung von Hypotheken.**

α) OLG. Hamburg, 5. ZS. Urteil v. 21. Nov. 1924.

Auf Grund der Vereinbarung vom 31. 10. 23 hat der Beklagte am 22. 11. 23 zur Aufwertung seiner 1920 für Restkaufgeld eingetragenen Hypothek von 125 000 M. 100 £, damals 12 000 GM., vom Kläger erhalten und ihm am 15. 1. 24 die löschungsfähige Quittung ausgehändigt. Die Klage auf Herausgabe des Hypothekenbriefs ist begründet. Es kann dahingestellt bleiben, ob im Sinne des § 11 der Beklagte die Löschung der Hypothek bewilligt hat, wenn er den dazu erforderlichen Brief nicht ausgeliefert hat. Denn § 13¹ hält ausdrücklich Vereinbarungen über die Aufwertung von Hypotheken und durch Hypothek gesicherter Forderungen des § 1² Nr. 1, 4 aufrecht; dazu gehört die Abmachung 31. 10. 23. Damals bestand, wie gerichtskundig, in den am Grundstücksbeleihungsgeschäft beteiligten Kreisen Hamburgs Ungewißheit darüber, ob ein Rechtsanspruch auf Aufwertung des persönlichen und dinglichen Rechts gegeben sei, ob in Zukunft die Rechtsprechung und gar die Gesetzgebung einen solchen Anspruch anerkennen werde, oder ob und wieweit sie etwa im Interesse der Wiederherstellung der Währung auf den von einer Belastung freigewordenen Grundbesitz zurückzugreifen genötigt sein werde. Es hatte sich damals noch weder eine feste Verkehrsauffassung noch eine Rechtsüberzeugung gebildet, wie die Tatsache zeigt, daß noch im Oktober 1923 zahlreiche Hypothekare nach Beratung mit Haus- und Hypothekenmaklern und Juristen, noch beeinflußt durch die im März abgegebene Erklärung des derzeitigen Justizministers, mit geringfügigen Bruchteilen des eingezahlten Goldkapitals sich haben abfinden lassen, während andere es auf eine Rechtsaustragung haben ankommen lassen. Die Vereinbarung der Parteien ist daher ein Vergleich. Sie haben bewußt darauf verzichtet, die Unsicherheit über die Prozeßlage im Rechtsweg auszutragen oder ein Eingreifen der Gesetzgebung abzuwarten, haben vielmehr die Ungewißheit im Wege gegenseitigen Nachgebens beseitigt. Ein Vorbehalt ist von keiner Seite gemacht. Darin, daß Beklagter den Brief nicht aushändigte, gab er dem Kläger nicht zu erkennen, daß er sich irgendwelche Ansprüche vorbehalte, übrigens war Beklagter schon am 31. 10. 23 gebunden, so daß ein im Januar gemachter Vorbehalt bedeutungslos gewesen wäre. B.

β) OLG. Dresden, 5 ZS. Urteil v. 16. Okt. 1924 (D. 176).

In dem Vorschlage des Gläubigers, daß er zur sofortigen Hereinnahme der bis Ende 1926 unkündbaren Hypotheken bereit sei, wenn er eine „Abfindung für vorzeitige Rücknahme" erhielte, und in der Annahme dieses Vorschlages durch Zahlung aller geforderten Beträge ist eine „Vereinbarung" des § 13 VO. nicht enthalten. Dagegen spricht zunächst die klare, eindeutige Fassung des Vorschlages. Auch sollte sich hinter diesem Wortlaut kein anderer Sinn verstecken; denn es war schon in Vorkriegszeiten durchaus üblich, für vorzeitige Rücknahme sich eine Abfindung auszubedingen. Weiterhin kommt auch die Geringfügigkeit der gezahlten Abfindung, gemessen am GM.Werte der Darlehen zur Zeit ihrer Auszahlung, in Betracht; denn unter Vereinbarung einer Aufwertung kann nur eine solche verstanden werden, die dem Gläubiger einen, wenn auch den Goldwert der Darlehen nicht erreichenden, so doch immerhin nicht derart geringfügigen, in Wahrheit völlig wertlosen Betrag sichern sollte. . . . —e—

h) Gültigkeit der Berichtigung des § 9⁴ VO.

Kammergericht, 9. ZS. Beschluß v. 20. Oktober 1924 (AW. 24).

Die Aufwertungsstelle (AST.) hat den Aufwertungsbetrag gemäß § 2¹ S. 2 herabgesetzt. Die Beschwerde des Gläubigers ist unstatthaft, weil nach § 9⁴ in Verbindung mit der Berichtigung v. 4. 3. 24 (RGBl. I S. 172) die Frage nach § 2¹ S. 2 — in der ursprünglichen Fassung des § 9⁴ steht § 1¹ S. 2 — nicht nachzuprüfen ist. Im Schrifttum sind allerdings Zweifel an der Gültigkeit der Berichtigung hervorgetreten; so erachtet Michaelis (§ 9⁸) nicht ohne weiteres für ersichtlich, daß es sich um ein Versehen oder einen Druckfehler gehandelt habe. Allein der § 9⁴ in der ursprünglichen Fassung würde nur geringe Bedeutung haben und nur bestimmen, daß die AST. endgültig darüber zu entscheiden habe, ob der verbliebene Goldwert 15 % des ursprünglichen Goldmarkbetrages erreicht oder übersteigt. Schon Mügel (§ 9⁴) wies zu einer Zeit, als die Berichtigung noch nicht erschienen war, darauf hin, daß nicht erhelle, weshalb gerade jene Vorschrift der Nachprüfung entzogen sein solle; man sei versucht, an einen Druckfehler zu denken und anzunehmen, daß die Entscheidung über eine Herabsetzung der 15 % nach § 2¹ S. 2 gemeint sei. Bei Schlegelberger (Aufwertung) steht in dem auf S. 66 abgedruckten Text des § 9⁴ im S. 3 zwar noch „§ 1" — entsprechend der ursprünglichen Fassung —, jedoch in Satz 5 bereits „§ 28 Abs. 2, 3" entsprechend der durch die Berichtigung v. 4. 3. 24 geänderten Fassung des § 9⁴ S. 5, was darauf hindeutet, daß die Berichtigung kurz vor der Drucklegung des Komm. vorgelegen hat. In Anm. 4 f zu § 9⁴ wird ausgeführt (S. 77): „Um tunlichst die Streitfälle im ersten Rechtszuge zu beenden, schließt die VO. die Frage der richtigen Anwendung des § 1¹ S. 2 (Herabsetzung aus besonderen Gründen) von der Nachprüfung durch das Beschwerdegericht aus". Der Verfasser denkt also offenbar bei Nennung des § 1 an den § 2. Dies ist um so bedeutsamer, als in dem Entwurf der § 1¹ nur aus einem einzigen Satze besteht, während § 2¹ S. 2 das. im wesentlichen die gleichen Bestimmungen enthält wie jetzt § 2¹ S. 2 VO.[1])

i) a) **Löschungsbewilligung als unentgeltliche Verfügung des § 2205 BGB. Zuweisung eines Zinsgenußrechts. Aufrechthaltung des § 54 GBO. aus anderer Unrichtigkeit.**

Kammergericht, 1. ZS. Beschluß v. 9. Oktober 1924.

Für die Geschwister A. stand eine Restkaufgeldhypothek von noch 424 000 Mark eingetragen, die an sie der frühere Gläubiger X. mit der Einschränkung, daß die Zinsen des Kapitals ihrer Mutter auf ihre Lebenszeit zustehen, abgetreten hatte. Bei der Eintragung der Abtretung war zugleich vermerkt worden, daß X. einen Vollstrecker ernannt und diesem die Verwaltung des Kapitals übertragen habe. Am 27. April 1923 hat der Justizrat S. dem Grundbuchamt ein Zeugnis, daß das Amt des Vollstreckers auf die Verwaltung des den Geschwistern A. ausgesetzten Vermächtnisses von 500 000 Mark beschränkt ist und bis zum Tode der Nießbraucherin fortdauert, vorgelegt und erklärt, daß die Eigentümerin die Hypothekenforderung bezahlt habe und er die Löschung bewillige. Nachdem die Hypothek am 11. Juni 1923 gelöscht war, wurde das Grundstück aufgeteilt und zum größten Teil auf andere Grundbuchblätter übertragen. Der Restbestand wurde am 18. 9. 23 an den Beschwerdeführer B. aufgelassen, der Eigentumswechsel jedoch erst am 28. Mai 1924 eingetragen. Am Tage vorher war auf Anregung des Vollstreckers folgender Amtswiderspruch:

> Widerspruch gegen die Löschung der restlichen 424 000 M., weil glaubhaft gemacht ist, daß sich die Löschungsbewilligung des Vollstreckers S. teilweise als eine unentgeltliche, daher unwirksame Verfügung darstellt. Zugunsten der Geschwister A. zu gleichen Rechten und Anteilen gemäß § 54 GBO. eingetragen mit der Maßgabe, daß die Berechtigten in der Verfügung über das Recht durch die von X. angeordnete Sondertestamentsvollstreckung beschränkt sind.

[1]) Der Klageanspruch auf Rückzahlung der vom Kläger bei seiner Anstellung geleisteten Kaution gehört unzweifelhaft nicht zu den im Art. I § 2 1 aufgezählten Vermögensanlagen und kann deshalb nicht nach § 10 VO. ausgesetzt werden (OLG. Dresden, 1. ZS. Beschluß v. 15. Mai 1924, C 156).

eingetragen worden. Die Beschwerde, das Grundbuchamt zur Löschung des Widerspruchs anzuweisen, hatte keinen Erfolg. Auch die weitere Beschwerde ist unbegründet. Der Widerspruch wäre allerdings von vornherein unzulässig gewesen, wenn der § 892 BGB. dem B. zugute käme und dadurch die durch die Löschung etwa nicht aufgehobene Hypthek nunmehr erloschen wäre (RG. 65 S. 98). Allein da der Widerspruch bereits am 27. Mai eingetragen worden ist, der Eigentumserwerb des B. sich dagegen erst am 28. Mai vollendet hat (§ 873¹ BGB.), so war bereits die Wirkung des Glaubens des Grundbuchs durch den Widerspruch ausgeschaltet. Unerheblich ist, daß die Eigentumseintragung vorher bei dem Grundbuchamte beantragt worden ist. Denn § 892² findet nach dem klaren Wortlaut auf den Widerspruch keine Anwendung; für seine Wirkung ist allein entscheidend, daß er in dem Zeitpunkt eingetragen war, als das Eigentum erworben wurde.

Das LG. erachtet die Voraussetzungen des § 54¹ GBO. für gegeben: das Grundbuchamt habe die Löschungsbewilligung für wirksam gehalten, während sie als unentgeltliche Verfügung hätte angesehen werden müssen. Da auch eine solche unrichtige Beurteilung und Würdigung der Eintragungserklärungen gesetzliche Vorschriften verletzt (KGJ. 40 S. 167; vgl. auch FGJ. 1 S. 480), ist der Ausgangspunkt des LG. nicht zu beanstanden. Es nimmt Unentgeltlichkeit nicht deswegen an, weil auch nicht einmal der Papiergeldnennbetrag gezahlt worden sei, sondern weil der Vollstrecker diesen Betrag trotz des gesunkenen Wertes der Mark als volle Erfüllung für die Aufgabe der Hypothek angenommen habe. Hierbei geht es in Anlehnung an das RG. (105 S. 248, 81 S. 365) zutreffend davon aus, daß dabei weder der objektive noch der subjektive Maßstab allein entscheidend sei, sondern daß der Begriff der ordnungsmäßigen Verwaltung mit heranzuziehen sei. Diese Grundsätze führen jedoch, wie für den gleich gearteten Fall des befreiten Vorerben in 1 X 8. 24 (Rsp. 43 S. 175) und in weiteren Beschlüssen ausgesprochen ist, dahin, daß eine unentgeltliche Verfügung dann nicht angenommen werden kann, wenn der Vollstrecker nach den bei Annahme des Geldes oder Erteilung der löschungsfähigen Quittung herrschenden Verhältnissen und Anschauungen die Zahlung ohne Vorbehalt als volle Erfüllung und als hinreichende Gegenleistung annehmen durfte. Das LG. rückt jedoch den objektiven Maßstab, nämlich das Wertverhältnis zwischen dem ursprünglichen GMBetrage der Hypothek und dem Goldwerte des zurückgezahlten Betrages in den Vordergrund und erklärt für die Frage der Unentgeltlichkeit nicht den Stand der Rechtsprechung, wie er zur Zeit der Verfügung war, sondern die Rechtsanschauungen für maßgebend, die sich allmählich durchgesetzt haben und j e t z t als richtig erkannt sind. Dieser Standpunkt ist rechtsirrtümlich. In Betracht kommen nur die Verhältnisse, wie sie bei Vornahme der Verfügung bestanden haben. In dieser Hinsicht haben die erwähnten Entscheidungen die Ansicht vertreten, daß in den ersten Monaten 1923 die Aufwertbarkeit von Hypotheken noch zu wenig geklärt war, als daß auch nur mit einer gewissen Wahrscheinlichkeit auf ihre Anerkennung durch die Rechtsprechung oder Gesetzgebung hätte gerechnet werden können, und daß sich daher der befreite Vorerbe oder der Vollstrecker im Rahmen einer ordnungsmäßigen Verwaltung hielt, wenn er die gezahlten Papiermark vorbehaltlos als volle Erfüllung entgegennahm. Dasselbe muß auch hier gelten; denn Ende April 1923 war die Rechtslage noch völlig ungewiß.

Die Ablehnung des Standpunktes der Vorinstanzen macht jedoch nur dann die Löschung des Widerspruchs notwendig, wenn auch in anderer Richtung keine gesetzlichen Vorschriften bei der Löschung verletzt worden sind oder etwaige die Hypothek erhaltende Verstöße durch den Widerspruch nicht gedeckt werden. Zunächst erheben sich Zweifel, ob überhaupt eine rechtswirksame Vollstreckung vorliegt. Nach der Grundbucheintragung und dem gemäß § 36² GBO. vorgelegten Zeugnis ist der Vollstrecker zur Verwaltung des den Geschwistern A. zugewendeten Vermächtniskapitals ernannt. Wenngleich der Inhalt des Zeugnisses für das Grundbuchamt maßgebend ist (KGJ. 34 S. 227, 37 S. 249, 42 S. 219), so folgt aus diesem Grundsatze doch nicht, daß die Verfügungsbefugnis des Vollstreckers selbst dann nachgewiesen ist, wenn dieser Inhalt selbst die Unwirksamkeit der Vollstreckung ergibt. Es braucht jedoch auf die Streitfrage, ob einem Vollstrecker lediglich die Verwaltung eines vollzogenen Vermächtnisses übertragen werden könne, nicht eingegangen zu werden. Ebenso kann dahingestellt bleiben, ob nicht aus dem Inhalt des Zeugnisses zu entnehmen ist, daß die Vollstreckung bei Vornahme der Löschung bereits geendet hatte. Denn in einem anderen Punkt ist gegen gesetzliche Vorschriften verstoßen worden, und zwar insofern, als zur Löschung nicht auch die Zustimmung der Mutter verlangt worden ist.

Das zugewiesene Zinsgenußrecht kann im einzelnen Falle eine verschiedene rechtliche Bedeutung haben. Wird eine Hypothek in der Weise abgetreten, daß die Hauptforderung an die eine, das Zinsrecht an eine andere Person übertragen wird, so liegt eine Teilung der Forderung vor; zur Löschung der für die Hauptforderung bestehenden Hypothek ist dann nicht die Zustimmung des Zinsberechtigten erforderlich. Werden dagegen die Zinsen ebenfalls an den neuen Gäubiger abgetreten und ist lediglich bestimmt, daß sie einem Dritten auf seine Lebenszeit zustehen sollen, so wird ein auf den Zinsgenuß beschränkter Nießbrauch an der Hypothek bestellt (RG. 74 S. 78, 86 S. 218). Als Nießbrauch ist auch das Zinsgenußrecht der Mutter zu beurteilen. Denn wie die Eintragung ergibt, ist die Hypothekenforderung mit den Zinsen an die Geschwister A. abgetreten, nur mit der Einschränkung, daß der Mutter der A. die Zinsen des Kapitals auf Lebenszeit zustehen sollen. Diese Fassung läßt erkennen, daß eine Beschränkung des Hypothekenrechts gewollt war. Auch spricht der Umstand, daß die Bezugsberechtigte die Mutter der Gläubiger ist, dafür, daß ein Nießbrauch gemeint war. Zur Aufhebung einer mit einem Nießbrauch belasteten Hypothek ist nach §§ 876, 1071 BGB. die Zustimmung des Nießbrauchers erforderlich. Ohne diese führt die Löschung nicht den Untergang der Hypothek herbei. Die Hypothek bleibt vielmehr außerhalb des Grundbuchs bestehen und zwar nicht bloß im Verhältnis zum Nießbraucher, sondern überhaupt (Planck § 876[3b], RGKomm. § 876[3]). Hier ist die Zustimmung der Mutter nicht beigebracht; sie ist aber auch nicht durch die Erklärung des Vollstreckers ersetzt, da dieser nur zur Verwaltung des Vermächtniskapitals bestellt ist. Er hat daher nur die Vermächtnisnehmer beschränkt und diese in entsprechender Anwendung von §§ 2211, 2203 BGB. von der Verfügung über die Hypothek ausgeschlossen. Er ist mithin, wenn von der Rechtswirksamkeit der Vollstreckung und ihrem Fortbestand ausgegangen wird, nur zur Verfügung über die Hypothek, aber nicht auch über den sie belastenden Nießbrauch befugt. Allerdings war die Zustimmung nur notwendig, wenn die Mutter damals noch lebte. Dies ist aber glaubhaft, da der Vollstrecker in seiner Löschungsquittung den Nießbrauch noch als bestehend erwähnt; auch gibt der Beschwerdeführer selbst an, daß die Nießbraucherin noch lebte. Die Ansicht der Beschwerde, daß es der Zustimmung deswegen nicht bedurft hätte, weil bereits bei Bestellung des Nießbrauches die Hypothek in der jetzt zur Herbeiführung der Löschung verwirklichten Weise kündbar gewesen sei, trifft nicht den Kern der Sache. Nicht darum handelt es sich, daß durch den Nießbrauch das Kündigungsrecht des Eigentümers beeinträchtigt worden sei, noch darum, daß ein Recht des Nießbrauchers, die Löschung der Hypothek zu verweigern, begründet worden sei, sondern allein darum, daß jetzt zur Aufhebung der Hypothek die Zustimmung der Nießbraucherin notwendig geworden ist. Daß diese nachträglich verstorben ist, ist nicht glaubhaft gemacht. Es kann daher auf sich beruhen, ob durch ihren späteren Tod die Unrichtigkeit beseitigt wäre (KGJ. 31 S. 271).

Der Widerspruch, der hiernach gerechtfertigt ist, beruht allerdings auf einer anderen Begründung als der eingetragene. Allein der Widerspruch, auch der von Amts wegen eingetragene, dient dazu, einen Anspruch auf Berichtigung des Grundbuchs gegen die aus dem öffentlichen Glauben entstehenden Gefahren zu sichern (KGJ. 23 S. 133, 36 S. 178). Aus diesem Zwecke folgt, daß aus der Eintragung u. a. hervorgehen muß, welchen Berichtigungsanspruch er betrifft. Zur Kennzeichnung des Anspruchs gehört aber neben anderen Erfordernissen nur die Angabe seines Inhalts, nicht auch der besondere Grund seiner Entstehung. Das KG. hat denn auch niemals verlangt, daß die besonderen Tatsachen, aus denen sich die Unrichtigkeit des Grundbuchs herleitet, beim Widerspruch vermerkt werden (Rsp. 4 S. 322, 8 S. 109, KGJ. 47 S. 210, vgl. auch RGKomm. § 899², § 892⁹). Ist hiernach eine Hypothek zu Unrecht gelöscht worden, so ist der Berichtigungsanspruch, der durch den Widerspruch geschützt werden soll, der Anspruch auf Wiedereintragung. Ist aber wie hier die besondere Grundlage des Berichtigungsanspruchs im Grundbuch angegeben, so wird dadurch die Wirkung des Widerspruchs, daß das gesicherte Recht, wenn es wirklich besteht, dem rechtsgeschäftlichen Erwerber eines anderen Rechts gegenüber als eingetragen gilt, nicht eingeschränkt. Der vorliegende Widerspruch bewirkt daher, daß die Hypothek gegenüber dem Erwerber des Grundstücks als nicht erloschen gilt. Er verhindert also, daß sich dieser auf die Löschung berufen kann, und weist ihn darauf hin, daß die Hypothek möglicherweise noch besteht. Nicht hat der Widerspruch die Aufgabe und die Wirkung, daß der Erwerber auch auf die Tatsachen, aus denen die Unrichtigkeit des Grundbuchs folgt, hingewiesen wird. Der Widerspruch behält daher seine Bedeutung und Wirkung, auch wenn der ursprünglich angenommene Grund für die Unrichtigkeit des Grundbuchs nicht zutrifft, wohl aber ein anderer vorliegt. Notwendig ist nur, daß die

Unrichtigkeit dieselbe bleibt. Das ist aber hier der Fall, auch wenn die Unrichtigkeit nicht auf der Unentgeltlichkeit der Verfügung, sondern auf dem Fehlen der Zustimmung der Nießbraucherin beruht.

Der Beschwerdeführer meint schließlich, daß die Eintragung des Widerspruchs dem § 11 der 3. SteuerNVO. widerspreche, da diese bewußt alle in der Vergangenheit vorgenommenen Löschungen, soweit nicht ein ausdrücklicher Vorbehalt gemacht sei, als gültig anerkenne. Allein der § 11 bestimmt lediglich, unter welchen Voraussetzungen keine Aufwertung stattfindet. Dagegen kann ihm nicht der Satz entnommen werden, daß jede auf Grund einer vorbehaltlosen Bewilligung gelöschte Hypothek auch wirklich erloschen ist. Ob dies der Fall ist, kann vielmehr allein nach dem BGB., das insoweit unberührt geblieben ist, beurteilt werden. Ein Mangel materiellrechtlicher Art hat denn auch hier die gelöschte Hypothek nicht untergehen lassen. Wegen der darauf beruhenden Unrichtigkeit des Grundbuchs, nicht zur Sicherung der Aufwertung ist der Widerspruch eingetragen worden.

Dazu: OLG. Hamburg, 1. ZS. Beschluß v. 29. September 1924 T 50.

Am 2. Januar 1923 mußte nach dem damaligen Stande der Rechtsprechung jeder, der sich weigerte, gegen Auszahlung des durch Kündigung fällig gewordenen Hypothekenkapitals in Papiermark Löschungbewilligung zu geben, damit rechnen, daß er gerichtlich dazu gezwungen werde. Danach aber mußten Hypotheken als der Entwertung der Papiermark entsprechend entwertet angesehen werden. Die Beteiligten stellten also die beiden Leistungen, die Auszahlung der Hypothekenvaluta und den Verzicht auf die Hypothek, einander gleich, und der beteiligte Testamentsvollstrecker handelte dabei durchaus im Rahmen einer ordnungsmäßigen Verwaltung (RG. 43 S. 403).

β) **Unentgeltliche Verfügung eines Vorerben.**

OLG. Hamburg, 1. ZS. Beschluß v. 17. November 1924 (F 69).

Als Grundstückseigentümerin ist die Witwe A. mit der Maßgabe eingetragen, daß sie als befreite Vorerbin durch das Recht der gleichzeitig eingetragenen Nacherben in der Verfügung über das Grundstück beschränkt ist. Die Gläubiger der Hypotheken haben, nachdem sie die Hypothekenkapitalien erhalten haben, die Löschung bewilligt. Auf den Löschungsantrag der A. hat das Grundbuchamt die Zustimmung der Nacherben gefordert. Das LG. hat aufgehoben. Die weitere Beschwerde ist begründet. Der erste Angriff ist allerdings verfehlt. Die Hypotheken waren schon eingetragen, als die A. auf Grund ihres Erbrechts eingetragen wurde; sie sind also Nachlaßschulden. Bei dieser Sachlage besteht eine tatsächliche Vermutung dafür, daß die Bezahlung aus Nachlaßmitteln erfolgte. Die A. hat aber nicht gemäß § 29 GBO. bewiesen, daß sie aus eigenen Mitteln bezahlt habe.

Dagegen ist der Angriff gegen die Feststellung der Unentgeltlichkeit begründet. Der Umstand, daß nach Löschung der Eigentümergrundschulden die nachfolgenden Hypotheken ohne Gegenleistung aufrücken, ist für die Unentgeltlichkeit der Verfügung über jene Grundschulden nicht entscheidend; das ist er nur für die Frage der Beeinträchtigung der Nacherben. Wie die Bezahlung einer Schuld ein entgeltliches Geschäft ist, weil durch sie die Befreiung von der Schuld eintritt, so kann auch die Verfügung über eine Eigentümergrundschuld durch Löschungsantrag schon deshalb entgeltlich sein, weil sie das Grundstück von der entsprechenden Belastung befreit. Ganz unzweifelhaft ist dies der Fall bei der Löschung einer rangletzten Eigentümergrundschuld; aber auch dann, wenn hinter der zu löschenden Eigentümergrundschuld Hypotheken stehen, die infolge der Löschung aufrücken, erhält der Eigentümer durch Befreiung von der Grundschuld ein Entgelt, sofern nur der Wert des Grundstücks die Hypothekenbelastung offensichtlich übersteigt. Ob objektiv ein Entgelt vorliegt, ist danach zu beantworten, ob diese letzte Bedingung erfüllt ist. Daneben aber ist nach RG. 81 S. 364, 105 S. 247 zu berücksichtigen, ob auch die subjektiven Merkmale für eine entgeltliche Verfügung vorliegen. . . . Selbstverständlich müssen im Einzelfall Zweifel des Grundbuchrichters darüber, ob nach diesen Gesichtspunkten eine entgeltliche Verfügung vorliegt, zu Lasten des verfügenden Vorerben gehen; denn nur, wenn die Entgeltlichkeit bestimmt gemäß § 29 GBO. feststellbar ist, kann seine Legitimation, ohne Zustimmung der Nacherben zu verfügen, mag diese Verfügung auch möglicherweise deren Rechte beeinträchtigen, festgestellt werden. Immerhin bedarf die Frage der Entgeltlichkeit im Einzelfall von dieser Rechtsgrundlage aus einer besonderen Nachprüfung, wenn der Vorerbe den vom RG. dargelegten Tatbestand geltend macht. Das LG. hat aber diese Nachprüfung nicht vorgenommen. V.

k) **Aufwertung von Restkaufgeldforderungen.**

OLG. Stuttgart, 1. ZS. Beschluß v. 23. Dezember 1924 (F 50).

I. Am 10. 9. 19 verkaufte A. sein Wohnhaus um 83 000 M., von denen 49 000 M. durch eine Hypothek sichergestellt wurden. A. verlangte die Aufwertung der persönlichen Forderung von 49 000 M. auf 12 000 GM. Das Amtsgericht wertete sie auf 8000 GM. auf, verzinslich zu 6% ab 1. Januar 1925, nicht kündbar vor 1. Januar 1932. Dabei geht es zutreffend nach den allgemeinen Vorschriften vor. Wenn es dabei die Berechnung auf GM.Basis ablehnt und den GMWert der Forderung mit etwa 4400 GM. nicht als obere Grenze ansieht, so befindet es sich damit in Einklang mit dem OLG. Zu beanstanden ist jedoch seine Annahme, der Gläubiger habe auf keinen Fall mehr zu fordern, als die Forderung bei ihrer Entstehung wert gewesen sei, umgerechnet auf die heutige Kaufkraft des Geldes. Damit lehnt es die Mügelsche Formel ab, die entscheidenden Wert auf das Verhältnis der Forderung zum Grundstückswert legt. Allerdings kann sie grundsätzliche Bedeutung nicht beanspruchen, es kommt ihr aber doch als Anhaltspunkt eine gewisse Bedeutung zu. Ihre Anwendung müßte besonders dann zu unangemessenen Ergebnissen führen, wenn die Parteien beim Kauf einen dem wirklichen damaligen Grundstückswert nicht entsprechenden, erheblich zu niederen Preis vereinbart haben; denn damit würde die Benachteiligung, die der Verkäufer sich selbst aus mangelnder Übersicht der Verhältnisse zugefügt hat, auf dem Wege der Aufwertung zum Nachteil des Käufers beseitigt. Wie das RG. (Richter-Z. 1924 S. 518) sagt, muß, wenn der vertragsmäßige Kaufpreis erheblich über dem angemessenen Grundstückswert liegt, das auch bei der Aufwertung dem Verkäufer zugute kommen und der aufgewertete Kaufpreis entsprechend höher ausfallen. Das gleiche muß bei der Vereinbarung eines erheblich zu niedrigen Kaufpreises gelten, d. h. es muß dieser Umstand zum Nachteil des Verkäufers ausschlagen. Inwieweit solche Verhältnisse hier vorliegen, ist bisher nicht ersichtlich.

Das Amtsgericht hält für zweckmäßig, die Aufwertung in Anlehnung an die Zeilerschen Aufwertungszahlen vorzunehmen; das Ergebnis erscheint ihm jedoch im Vergleich zu der nach dem Lebenshaltungsindex sich ergebenden Zahl zu hoch, weshalb es einen weiteren Abzug von 1600 GM. macht. Daraus ist zu ersehen, daß es sich keineswegs, wie die Beschwerde rügt, grundsätzlich auf jene Zahlen festlegt; übrigens stimmt es bei der Ablehnung des Ergebnisses von 9600 GM. durchaus mit Zeiler überein, der für seine Berechnung nicht durchaus beansprucht, daß sie auf jeden Fall zutreffe. Es irrt jedoch insofern, als es davon auszugehen scheint, daß die Zeilerschen Zahlen immer zu einer Senkung gegenüber dem Lebenshaltungsindex führen müßten; wie die Zeilersche Vergleichstabelle für die Umwertung ohne weiteres ersehen läßt, ergeben sich zum Teil höhere Beträge. Der Beschluß begründet die Herabsetzung um 1600 GM. mit der Wirtschaftslage des Schuldners, über die Näheres jedoch nicht gesagt ist. Zur Ablehnung und weiteren Senkung beruft es sich dagegen auf günstige Verhältnisse des Schuldners, der eine gutgehende Bäckerei erworben habe. Dagegen sind die persönlichen Verhältnisse des Gläubigers nicht berücksichtigt.

l) **Kann jetzt eine 1922 begründete PMForderung eingetragen werden?**
Kammergericht, 1. ZS. Beschluß v. 5. Februar 1925 (x 51).

A. hat 1922 notariell sein Grundstück verkauft und aufgelassen und sich für den gestundeten Kaufpreisteil von 500 000 M. Hypothek bestellen lassen. Der Antrag auf Umschreibung des Eigentums wurde 1924 dahin beanstandet, daß die Hypothek wegen völliger Wertlosigkeit nicht eintragungsfähig sei und deshalb ein „Verzicht der Vertragsparteien auf die Hypothek beizubringen" sei. Die weitere Beschwerde des Käufers ist unbegründet. Der Antrag auf Umschreibung des Eigentums steht mit dem auf Hypothekeintragung im Zusammenhange des § 16² GBO. und kann daher, solange dem letzteren Hindernisse entgegenstehen, nur im Einverständnis beider Antragsteller, also auch des A., allein durch Eintragung erledigt werden. Die in der Zwischenverfügung gemachte Auflage ist in diesem Sinne zu verstehen und ist zu Recht erfolgt.

Die 3. SteuerNVO. ist hier nicht unmittelbar anwendbar; denn sie setzt nach § 1 voraus, daß die Vermögensanlage vor Inkrafttreten der VO. rechtlich entstanden und durch einen nach dieser Entstehung eingetretenen Währungsverfall entwertet ist. Als solche Vermögensanlagen sind in Abs. 2 unter Nr. 1: Hypotheken, unter Nr. 4: durch Hypothek gesicherte Forderungen genannt. Die auf Rechtsgeschäft beruhende Hypothek als Vermögensanlage entsteht nach § 873 BGB. nicht vor der Eintragung. Die ihr zugrunde liegende Forderung ist eine „durch Hypothek gesicherte" erst nach Entstehung der Hypothek, also gleichfalls nicht vor deren Eintragung. Hier ist die Forderung im November 1922 begründet; ihr Leistungsgegenstand war die Papiermark als die damals geltende Währungseinheit.

Würde zu ihrer Sicherung jetzt eine Hypothek eingetragen werden, so erschiene also eine Hypothek als Sicherung einer PMForderung von 500 000 M. Nach § 28 S. 2 GBO. sind aber einzutragende Geldbeträge in der Bewilligung und demzufolge auch im Grundbuch in Reichswährung, also nach dem ReichsmünzGes. vom 30. August 1924 §§ 1, 5 in Reichsmark anzugeben.

Abgesehen hiervon hätte auch, da eine Forderung von 500 000 PM. zurzeit ein wirtschaftliches Nichts bedeutet, die Hypothek keinen wirtschaftlich darstellenden Wert. Da die Hypothek erst nach Inkrafttreten der VO. entstände — falls sie überhaupt entstehungsfähig ist —, wäre sie von der Aufwertung ausgeschlossen. Dieses Ergebnis entspricht den Zwecken der VO., die sie hinsichtlich der ihrer Regelung unterfallenden Hypotheken verwirklichen will. Denn durch sie sollte die in RGZ. (107 S. 78) offengelassene dingliche Aufwertbarkeit dahin geregelt werden, daß den Hypotheken, die zur Zeit ihres Erwerbs einen dem damaligen Währungsstand entsprechenden Goldwert hatten, von diesem Wert aber infolge des Währungsverfalls etwas eingebüßt hatten, ein Teil des verlorenen nach einem festen Prozentsatz des ursprünglichen Werts wiedergegeben würde. Es liegt also außerhalb ihrer Zwecke, Hypotheken, die schon bei ihrer Entstehung wegen vorgeschrittenen Währungsverfalls überhaupt keinen Goldwert hatten, solchen zu verleihen. Dies geht zweifelfrei aus § 2² hervor, wo für die der VO. unterfallenden, also vor deren Inkrafttreten erworbenen Hypotheken bestimmt ist, daß die 15prozentige Aufwertung nach dem Goldwert zu berechnen sei, den die Hypothek zur Zeit des Erwerbs hatte. War sie also damals ohne Goldwert, so wird ihr ein solcher auch durch die VO. nicht verliehen. Wenn auch der Ver-Verkäufer einen persönlichen Anspruch auf Aufwertung seiner Forderung und auf hypothekarische Sicherung dieser aufgewerteten Forderung haben mag, so ist doch dieser Anspruch nur durch neuen Bestellungsakt oder ein diesen ersetzendes rechtskräftiges Urteil (§ 895 ZPO.) zu verwirklichen. Die vom RG. aO. dahingestellt gelassene Frage, ob die Aufwertbarkeit der hypothekarisch gesicherten Forderung eine Aufwertung der Hypothek ohne weiteres nach sich zieht, bedarf keiner Entscheidung, weil hier eine Hypothek noch nicht besteht.

Zum Wesen der Hypothek gehört es nach § 1113 BGB., daß wegen einer bestimmten Forderung Befriedigung aus dem Grundstück verlangt werden kann. Ist der Leistungsgegenstand, auf den die Bezeichnung der Forderung hinweist, wegen völliger Wertlosigkeit der PMSumme wirtschaftlich gar nicht darstellbar, besteht also nicht die Möglichkeit, aus dem Grundstück irgendeine Geldleistung zu verlangen, so wäre die trotzdem eingetragene Hypothek nur dem Namen nach, nicht aber dem Wesen nach eine solche. Da die Eintragungsfähigkeit nach dem Rechtszustande zu beurteilen ist, der zur Zeit der Eintragung besteht, kann die Möglichkeit einer der Beschwerde günstigeren künftigen Gesetzgebung für die hier zu treffende Entscheidung nicht von Einfluß sein. Auch die Eintragung einer Hypothek für eine künftige oder bedingte Forderung, die nur auf einen bestimmten darstellbaren Geldbetrag lauten könnte, steht nicht in Frage. ...

m) **Zuständigkeit für Ansprüche gegen Privatsparkassen**[1]).

Bayer. Oberstes Landesgericht, ZS. Beschluß v. 16. Dez. 1924 (VIII 3).

Die Antragsgegner verlangen Aufwertung ihrer Einlagen bei der von der „Gewerbebank K." eingerichteten Privatsparkasse. Es handelt sich somit nicht um Vermögensanlagen der in Art. I § 1² Nr. 1—10 VO. bezeichneten Art, besonders nicht um solche gemäß Nr. 9 aO., da Guthaben bei einer öffentlichen oder unter Staatsaufsicht stehenden Sparkasse nicht in Frage kommen. Daher ist auch § 7 VO. hier nicht maßgebend. Die AStellen haben aber nur dann zu entscheiden, wenn die Höhe der nach §§ 1—8 VO. zu berechnenden Aufwertung streitig ist. Die hier fr. Ansprüche können nur als Vermögensanlagen im weiteren Sinne gemäß § 12 VO. erachtet werden; bei ihnen haben den Streit über die Aufwertbarkeit und die Höhe der Aufwertung die ordentlichen Gerichte zu entscheiden [1]).

n) **Ist die SteuerNVO. des Reichspräsidenten gültig?**

Bayer. Oberstes Landesgericht, ZS. Beschluß v. 10. Januar 1925 (VIII 3).

Nach der feststehenden Rechtsprechung des Senats im Einklange mit dem Schrifttum (bes. Grau, Diktaturgewalt 150) darf und kann sich die richterliche Rechtskontrolle gegenüber Erlassen nach Art. 48 ReichsVerf. nur auf die allgemeine Zuständigkeitsfrage erstrecken, nicht aber auf eine Prüfung der Frage, ob im Einzelfalle die vorhandenen Gefahren groß genug waren, um ein Eingreifen mit außerordentlichen Mitteln zu rechtfertigen. Hierzu fehlen dem Richter von vornherein die notwendigen tatsächlichen Unterlagen. Die maßgebende Kontrollstelle bildet vielmehr insoweit im Sinne des Art. 48 der Reichstag.

4. Familienrecht. Erbrecht.

a) **Kostenerstattung in Ehesachen.**

OLG. Hamburg, 1. ZS. Beschluß v. 14. Juli 1924.

Auf die Klage des Mannes ist die Ehe auf Kosten der Frau am 6. Februar 1924 geschieden; das Urteil ist am 22. März rechtskräftig geworden. Nachdem im Februar die Kosten des der Beklagten beigeordneten Armenanwalts auf 78 GM. festgesetzt und aus der Staatskasse vergütet worden, ist der Kläger aufgefordert worden, der Justizkasse den Betrag zu erstatten. Seine Erinnerung blieb erfolglos. Die Beschwerde hierüber ist begründet.

Bei der Frage, ob der Mann den Kostengläubigern seiner Frau aufzukommen habe, ist nach §§ 1387¹, 1388 erheblich, ob die Kosten dem Vorbehaltsgut zur Last fallen, ob also nach § 1416¹ nicht der Mann sie zu tragen hat. In diesem Fall ist er sonach zu ihrer Tragung nicht nur nicht der Frau gegenüber verpflichtet, sondern er hat für sie auch nicht den Kostengläubigern der Frau aufzukommen, also weder deren Anwalte noch der Staatskasse. Solange hier das Urteil nicht rechtskräftig war, bestand Ungewißheit darüber, ob die Frau mit den Kosten belastet bleiben

---

[1]) Der ASt. fehlt die Zuständigkeit für eine hypothekarisch nicht gesicherte Forderung, die dadurch entstand, daß der Gläubiger einige bei der Auseinandersetzung einer fortgesetzten GG. ihm zugefallene Grundstücke einem Mitbeteiligten überließ (Beschluß desselben ZS. v. 6. 12. 24 VIII 6); desgl. wenn nur streitig ist, ob der Anspruch erloschen ist, also sein Bestehen, sei es sein Entstehen oder Erlöschen, streitig ist (Beschluß v. 10. 1. 25 VIII 10/24, 1/25).

würde, und mochte nicht ausgeſchloſſen erſcheinen, daß, wenn ſie erfolgreich ein Rechtsmittel einlege, im Endergebnis doch der Mann die Koſten zu tragen habe. Ob dieſe Sachlage indeſſen geſtattete, den Mann wegen der dem Anwalte ſeiner Frau aus der Staatskaſſe — vielleicht unbegründeterweiſe — gewährten Entſchädigung (gemäß § 1388) in Anſpruch zu nehmen, unterliegt Zweifeln; es kann aber dahingeſtellt bleiben. Denn der Mann hat ſeine Beſchwerde auf die neue Tatſache geſtützt, daß das Urteil rechtskräftig geworden iſt. Hiervon iſt jetzt auszugehen. Es ſteht mithin nunmehr unabänderbar feſt, daß die Koſten des Scheidungsſtreites, da die Frau und nicht er ſie zu tragen hat, allen Umfangs dem Vorbehaltsgute zur Laſt fallen. Ebenſowenig wie er daher ſeiner früheren Frau gegenüber zu ihrer Zahlung verpflichtet iſt, können darnach die Koſtengläubiger der Frau die Prozeßkoſten von ihm verlangen. Das gilt beſonders auch von den Gebühren und Auslagen des Anwalts der Frau. Die Forderung der Juſtizkaſſe kann auch nicht etwa auf § 4 S. 1 Geſ. vom 6. Februar 1923 gegründet werden. Denn da die Koſten nicht dem Kläger auferlegt ſind, ſo ſtand dem Anwalte der Beklagten gegen ihn auch kein Erſatzanſpruch zu, der auf die Juſtizkaſſe hätte übergehen können. V.

b) Berichtigung des Heiratsregiſters im Falle des § 1342[1].

Kammergericht, 3S. 1a. Beſchluß v. 30. Januar 1925 (X 362/5).

Die Beſchwerdeführerin hatte am 20. Juli 1923 vor dem Standesamt die Ehe mit A. geſchloſſen, der ſich am Tage darauf erſchoß. Die Witwe hat mit der Behauptung, A. habe ſich zurzeit der Eheſchließung im Zuſtande vorübergehender Störung der Geiſtestätigkeit befunden, am 27. Juli durch notariell beglaubigte Erklärung die Ehe gegenüber dem Nachlaßgericht angefochten. Demnächſt hat ſie bei dem Amtsgericht erfolglos beantragt, dem Standesamt die Anfechtung zur Berichtigung des Standesregiſters bekanntzugeben. Die Beſchwerde wurde zurückgewieſen, denn die Anfechtung des § 1342[1] bewirke im Augenblicke des Zugehens die rückwirkende Vernichtung der Ehe und es bleibe jedem, der ſich auf dieſe Nichtigkeit berufe, überlaſſen, darzutun, daß die Vorausſetzungen der Anfechtung vorgelegen haben, daß die Anfechtungserklärung alſo begründet geweſen ſei; für nichtig werde die Ehe nicht erklärt. Während bei der Anfechtungsklage (§ 1341) das Urteil der Nichtigkeit der Ehe mit Rechtskraftwirkung gegen jeden Dritten feſtſtelle, müßten bei der Anfechtung nach dem Tode des einen Ehegatten die Vorausſetzungen der Anfechtung in jedem Einzelfalle nachgeprüft und von dem, der ſich auf die Nichtigkeit berufe, nachgewieſen werden. Die Tatſache der Anfechtung könne im Heiratsregiſter nicht vermerkt werden, weil die unter Umſtänden eingetretene Nichtigkeit der Ehe nicht ohne weiteres Wirkung gegen Dritte habe. Im § 55 PStG. ſei deshalb zwar der Fall der Nichtigerklärung der Ehe durch ein zwiſchen den Ehegatten ergangenes Urteil, nicht aber der durch Anfechtung gegenüber dem Nachlaßgericht erwähnt. Auch der Fall der Berichtigung nach § 65 PStG. liege nicht vor. Ebenſowenig der Fall des § 11 PStG.

Dieſe Ausführungen des LG. ſind im Ergebniſſe rechtlich nicht zu beanſtanden. Die Tätigkeit des Nachlaßgerichts im Falle des § 1342 BGB. iſt auf die Entgegennahme der Anfechtungserklärung und die in Abſ. 2 vorgeſehenen Verrichtungen beſchränkt, die gegenwärtig nicht in Frage ſtehen. Es kann ſich hiernach nur fragen, ob das Amtsgericht irgendwelche Maßnahmen auf Grund des PStG. zu treffen hatte. Dieſes unterſcheidet die Berichtigung des Regiſters (§§ 65 ff.) und die Vornahme nachträglicher Eintragungen. Erſtere trifft die Fälle, in denen das Regiſter von vornherein unrichtig geweſen iſt, letztere diejenigen, bei denen die Eintragungen in Übereinſtimmung mit den wirklich vorhandenen Tatſachen vorgenommen wurden, bei denen aber nachträglich eine Änderung eingetreten iſt, ſo daß das Regiſter mit der veränderten Sachlage in Übereinſtimmung gebracht werden muß. Auf letztere Fälle beziehen ſich der § 22³, 26, 55, 11³ (KGJ. 48 S. 67). Den Verwerk der Nichtigkeit einer Ehe behandelt das Geſetz nicht als Richtigſtellung einer zu Unrecht erfolgten Eintragung, ſondern als Eintragung einer neuen Tatſache (Stölzel-Spieler 55¹). Rechtlich bedenkenfrei iſt daher die Ausführung des LG., daß die Vorausſetzungen für eine Berichtigung nach § 65 ff. nicht vorlägen, weil die Eintragung im Heiratsregiſter nicht unrichtig ſei, ſondern nur ihre Ergänzung beantragt werde... Der Randvermerk des § 55 kann nun auch auf Antrag eines Beteiligten eingetragen werden, wenn dieſer dem Standesbeamten die Vorausſetzungen des Abſ. 1 nachweiſt. Im Falle der Weigerung könnte dann der Antragſteller bei Gericht beantragen, den Standesbeamten entſprechend anzuweiſen (§ 11³). Da hier der Standesbeamte um eine Eintragung gar nicht angegangen iſt, die Vornahme einer Amtshandlung alſo auch nicht abgelehnt hat, ſo iſt der Fall des § 11³ nicht gegeben. Der vorliegende Antrag war daher ohne weiteres unbegründet, ſo daß die Vorinſtanzen zu einer weiteren ſachlichen Prüfung keine Veranlaſſung hatten.

An dieſem Ergebniſſe kann auch das Vorbringen der weiteren Beſchwerde nichts ändern. Sie meint, wenn die nach dem Tode des einen Ehegatten notariell erklärte Anfechtung des Überlebenden die Ehe von Anfang an nichtig mache, ſo könnte dieſe Nichtigkeit nur im Wege der Nichtigkeitsklage geltend gemacht werden, vorausgeſetzt, daß eine ſolche Klage überhaupt erforderlich und möglich ſei. Da ſie aber nach dem Tode eines der Ehegatten ausgeſchloſſen ſei, ſo bliebe „mit zwingender Notwendigkeit nur die Berichtigung des Heiratsregiſters durch richterliche Anordnung übrig". Dieſe Auffaſſung iſt nicht zutreffend. Eine für und gegen jedermann wirkſame Entſcheidung (§ 629 ZPO.) darüber, daß die Ehe zufolge begründeter Anfechtung nichtig iſt, kann im Falle des § 1342 BGB. nicht ergehen. Die Anfechtbarkeit oder Nichtanfechtbarkeit wird hier nur von Fall zu Fall bei Geltendmachung der ſich aus der Anfechtung ergebenden Folgen feſtgeſtellt (Planck, BGB. § 1342³). Dieſe Regelung beruht darauf, daß nach dem Tode des nichtanfechtungsberechtigten Ehegatten die Frage, ob die Anfechtung begründet iſt, nur noch für die einzelnen Nachwirkungen der Ehe Bedeutung hat, bei denen das öffentliche Intereſſe nicht beteiligt iſt (Mot. 4 S. 96, 85, 58). Ein Bedürfnis dafür, daß dann dem anfechtungsberechtigten Ehegatten noch möglich wird, die Nichtigkeit der Ehe mit Wirkung für und gegen jedermann zur Feſtſtellung zu bringen, hat das Geſetz nicht anerkannt. Der § 55 PStG. regelt erſchöpfend die Fälle, in denen die Nichtigkeit einer Ehe im Heiratsregister zu vermerken ist; da er nun ein auf Nichtigkeits- oder Anfechtungsklage ergangenes, für und gegen jedermann wirksames, rechtskräftiges Urteil voraussetzt, so kann mithin die Anfechtung nach § 1342 BGB., die keine Nichtigerklärung im Sinne des § 55 zur Folge hat, im Heiratsregister nicht vermerkt werden (Staudinger, BGB. § 1342[8]; Stölzel-Spieler PStG. § 55[2]; s. a. LG. Hamburg ZentrBl. für freiwGer. 4 S. 503). Im übrigen würde auch schon daraus, daß im Falle des § 1342 die Möglichkeit widersprechender Entscheidungen über die Nachwirkungen der Ehe besteht (Mot. aO.), im Hinblick auf § 15[1] PStG. sich ergeben, daß eine Berichtigung nach §§ 65 ff. PStG. im Falle des § 1342 BGB. ausgeschlossen ist. Daß dieser Rechtszustand nicht im Sinne des Gesetzes liegen könne, trifft nicht zu. Es steht hier, ebenso wie in anderen familienrechtlichen Verhältnissen, in denen nach dem Tode Beteiligter Feststellungen mit Wirkung für und gegen jedermann nicht mehr getroffen werden können (RG 28 S. 290; 102 S. 361; Stölzel-Spieler, PStG. § 55 [2]), ein Weg zur Berichtigung des Standesregisters nicht zu Gebote [1]).

c) Kann § 1362[2] durch Vertrag ausgeschaltet werden?

Kammergericht, 13. ZS. Urteil v. 16. Juni 1924 (U 567).

Die Schmucksachen hat die Klägerin während der Ehe seit 1908 nach und nach von ihrem beklagten Mann erhalten. Wie dieser behauptet, haben die Parteien bereits am 1. 11. 1907 vereinbart, daß alle Schmucksachen, die die Klägerin von ihm erhalten werde, in seinem Eigentum verbleiben sollen. Diese Behauptung ist erheblich. Rechtsvermutungen können freilich nur durch das Gesetz und Parteiabrede normiert werden (Rosenberg, Beweislast [2] S. 260). Zulässig ist dagegen eine Abrede, durch die die Beteiligten für ihre bestehende oder in Aussicht genommenen Rechtsbeziehungen bestimmten Worten oder Handlungen einen von dem allgemeinen Sprachgebrauch oder der verkehrsmäßigen Bedeutung abweichenden Sinn beilegen (Oertmann, RechtsO. und Verkehrssitte S. 90). Sie hat die Wirkung, daß diesen Worten und Handlungen der vereinbarte Erklärungswert beizulegen ist, gleichviel wie sie nach der Verkehrssitte zu verstehen sein mögen, und ohne Rücksicht auf den Willen oder die Vorstellung der Beteiligten, so daß die vereinbarte Auslegung selbst dann maßgebend ist, wenn die Abrede den Beteiligten gar nicht mehr im Gedächtnis haftet (Oertmann 94). Um eine solche Vereinbarung über die Auslegung von Willenserklärungen handelt es sich hier. Die Abmachung bestimmt nicht, daß bei Schmucksachen abweichend von § 1362[2] im Verhältnis der Parteien zueinander eine Rechtsvermutung für das Eigentum des Beklagten sprechen solle, sie sieht vielmehr lediglich für eine in Aussicht genommenen rechtsgeschäftlichen Vorgang eine bestimmte Bedeutung vor: Durch die Bestimmung, daß alle Schmucksachen, die die Klägerin vom Beklagten erhalten werde, in dessen Eigentum verbleiben, ordnet sie an, daß in der Hingabe und Annahme der Schmucksachen nicht eine Schenkung durch Eigentumsübertragung,

[1]) Zu der im § 1702[1] vorausgesetzten „Bösgläubigkeit" der Mutter gehört, daß ihr nicht nur der die Anfechtung der Ehe begründende Irrtum des Mannes, sondern auch die Erheblichkeit des Irrtums bei der Eheschließung bekannt war (KG. 19. Jan. 1923, 1a X 947/22).

sondern nur die Überlassung der Schmucksachen zum Gebrauch, also der Abschluß eines Leihvertrages, gefunden werden soll, gleichviel wie der Vorgang sonst nach den begleitenden Worten und den vorliegenden Umständen zu verstehen sein möge. Ist die Vereinbarung zwischen den Parteien getroffen, so gehören die hier für Schmucksachen demnach dem Beklagten, auch wenn dieser sie bei der Übergabe als Geschenk bezeichnet hat und die Parteien an die Vereinbarung gar nicht mehr gedacht haben. Die Klägerin hätte nur dann das Eigentum daran erworben, wenn die Parteien bei der Übergabe übereinstimmend ausdrückten, daß das Abkommen in diesem Einzelfall nicht gelten und das Eigentum auf die Klägerin übergehen solle.

d) Bedeutung des § 1401. Begriff der Verfügung (§ 1395).

OLG. Hamburg, 3. ZS. Urteil v. 13. Mai 1924.

Zu den Erben des 1913 verstorbenen Gastwirts A. gehört dessen Witwe und die Frau des Klägers; der Nachlaß ist noch ungeteilt. Am 9. 12. 1922 hat die Witwe A. notariell das Nachlaßgrundstück namens und in Vollmacht der Erben an den Beklagten verkauft und ihn zugleich bevollmächtigt, es an sich selbst aufzulassen. Der Kläger, der Kapitän ist und sich damals auf See befand, ist erst nach sechs Wochen heimgekehrt und hat seiner Frau erklärt, daß er dem Vertrage nicht zustimme. Die Klage auf Herausgabe des noch nicht aufgelassenen Grundstücks an die Erbengemeinschaft ist unbegründet. In der Rechtslehre herrscht Streit, ob der § 1401 objektiv oder subjektiv auszulegen ist. Der zweiten Ansicht ist der Vorzug zu geben. Mit Recht weist Enneccerus (Lehrb., II. T. 2 § 54[4]) darauf hin, daß zwar nicht Gefahr in diesem Sinne genannt werden könne, was aus dem Unterlassen einer nicht objektiv ordnungsmäßigen Maßnahme drohe, daß aber genügen müsse, wenn die Frau die Handlung für erforderlich, den Aufschub für gefährlich hielt und halten durfte. Das trifft vorliegend zu, wenn man sich die Zeitumstände vor Augen hält, unter denen der Vertrag geschlossen wurde. Der Notar bezeugt, daß damals der Wunsch der ganzen Familie war, angesichts des Alters der Witwe A. das Grundstück mit der darin betriebenen Gastwirtschaft zu verkaufen. In Anbetracht der damaligen erheblichen inneren Kaufkraft des Papiergeldes mußte die Konjunktur günstig erscheinen. Andererseits bestand bei dem Schwanken der Währung die dringende Gefahr, daß der Kauflustige abspringen werde. Übrigens setzte gerade zu jener Zeit ein erheblicher Rückgang des Dollars ein. Bei pflichtgemäßem Ermessen (§ 1359) durfte nach allem die Frau des Klägers das Geschäft für erforderlich und Gefahr im Verzuge für vorliegend erachten.

Die Klage war aber auch deshalb abzuweisen, weil ein zustimmungspflichtiges Geschäft überhaupt nicht vorlag. Nur zu „Verfügungen“ über eingebrachtes Gut bedarf die im gesetzlichen Güterstande lebende Frau grundsätzlich der vorherigen Zustimmung des Mannes, nicht zu Rechtsgeschäften, durch die sie sich zu einer Leistung verpflichtet, also nicht zu schuldrechtlichen Verträgen. Es kann sich mithin nur fragen, ob die Auflassungsvollmacht eine „Verfügung“ bedeutet. Dieser Begriff ist im Gesetze nirgends ausdrücklich umschrieben; ihm muß aber entnommen werden, daß es darunter Willenserklärungen verstanden wissen will, durch die unmittelbar über ein Recht verfügt wird, dieses aufgehoben, übertragen oder inhaltlich geändert wird. Dahin gehört sicherlich der dingliche Vertrag der Auflassung, nicht aber die von der Frau erteilte Auflassungsvollmacht, durch die das hier fragliche Recht nicht übertragen, sondern die demnächstige Übertragung erst ermöglicht werden soll. Das Verwaltungsrecht des Mannes hinsichtlich der Übertragung selbst wird durch § 29 GBO. gewahrt. B.

c) α) Verweigerung des Geschlechtsverkehrs bei häuslicher Gemeinschaft.

OLG. Hamburg, 4. ZS. Urteil v. 2. Juli 1924.

Nach der Ansicht des LG. kann die Scheidung wegen Verweigerung der ehelichen Pflicht nicht verlangt werden, solange wie hier die häusliche Gemeinschaft fortbesteht und die Beklagte ihre Pflichten als Hausfrau erfüllt. Es hat jedoch, wenn es sich auf § 1567 beruft, übersehen, daß dort nur von der häuslichen, nicht der ehelichen Gemeinschaft die Rede ist und daß die eine ohne die andere bestehen kann, wenn auch freilich nach Aufhebung der ersteren regelmäßig auch ein ehelicher Verkehr nicht stattfinden wird. Eine Klage auf Herstellung der ehelichen Gemeinschaft würde dem Kläger — mangels Vollstreckbarkeit — nichts nützen, da § 1567 nur von Herstellung der häuslichen Gemeinschaft redet. Zweifellos liegt hier hartnäckige und grundlose Verweigerung der ehelichen Pflicht vor, die zwar nicht bei der Beklagten, so doch bei dem Kläger die eheliche Gesinnung zu zerstören und mithin die Ehe völlig zu zerrütten geeignet ist. Der Umstand, daß er früher die Ehe gebrochen hat, muß ihn an sich veranlassen, der Verfehlung der Beklagten mit Nachsicht zu begegnen, auch wenn der Ehebruch verziehen ist. Da die Verweigerung aber bereits seit mehr als 1½ Jahren dauert, so kann ihm nicht zugemutet werden, die Ehe noch weiter fortzusetzen. B.

β) Sind die einzelnen Eheverfehlungen oder das Gesamtverhalten Scheidungsgrund im Sinne des § 1571 BGB.?

OLG. Hamburg, 4. ZS. Urteil v. 13. Juni 1924.

Die Klägerin war als gesundes, geschlechtlich unerfahrenes Mädchen 1909 in die Ehe getreten. Der Kläger veranlaßte sie bereits bei der ersten Schwangerschaft (Juni 1909) und bei erneuter Schwangerschaft (November 1909) zu Abtreibungen; ebenso wurde eine solche im Sommer 1910 versucht; im Frühjahr 1913 erfolgte ein Umschlag, und die dann wieder einsetzende Schwangerschaft, die zur Geburt des Kindes führte, war dem Beklagten wiederum unwillkommen. Seine geschlechtlichen Ansprüche waren sehr intensiver Art; der Verkehr beschränkte sich auch nicht auf normale Beischlafsvollziehung. Die Klägerin setzte dem sowenig wie den Abtreibungen Widerstand entgegen, vielmehr war sie selbst starkem Sexualbegehren unterworfen, nachdem sie an intensiven Geschlechtsgenuß gewöhnt war. Die Parteien haben sich 1913 getrennt; eine 1914 erhobene Scheidungsklage ist rechtskräftig abgewiesen. Die Klägerin lebte dann, während Beklagter im Felde war, bis 1918 mit dem Kinde in Hamburg, von da ab in Hannover bei den Eltern. Während des Urlaubs des Beklagten sahen sich die Parteien; sie haben dann 1920 einige Monate in Hamburg zusammengelebt, auch in der früheren Weise den Geschlechtsverkehr fortgesetzt, wobei besonders

Beklagter auch — vergeblich — Befriedigung per os verlangte, bis die Klägerin ihren Widerwillen gegen ihn nicht mehr zu überwinden imstande war und sich von ihm endgültig trennte.

Nach alledem hat der Beklagte die bestehende Ehezerrüttung durch schwere Verletzung der durch die Ehe gebotenen Pflichten verschuldet. Er hat in einem ganz ungewöhnlichen Maße die moralische Verantwortung für die sittlichen Grundlagen der Ehe, wie sie in besonderer Weise einen älteren, erfahrenen Mann gegenüber einem unerfahrenen Mädchen trifft, außer Augen gelassen und dadurch die Klägerin seelisch und körperlich auf das erheblichste beeinträchtigt; er hat in einer Weise, die ein Höchstmaß an Frivolität verrät, die Klägerin in den ersten Jahren der Ehe zu Abtreibungen veranlaßt, die, selbst wenn sie an sich fachmännisch ausgeführt worden wären, wie nach allgemeiner Erfahrung nicht zu bezweifeln ist, den Grund zu dem bestehenden Siechtum der Klägerin legten; damit hat er nicht nur sie körperlich schwer geschädigt, sondern auch die sittliche Grundlage seines Verhältnisses zu ihr gestört und den Geschlechtsverkehr in brutalster Weise zu einer reinen Triebbefriedigung erniedrigt... An sich sind daher die Voraussetzungen des § 1568 gegeben. Sie lagen jedoch objektiv bereits mindestens seit 1913 vor; bereits damals war das geschilderte Verhalten des Beklagten in vollem Ausmaß in die Erscheinung getreten, und was Beklagter seitdem in den verhältnismäßig kurzen Zeiten des Zusammenlebens mit der Klägerin, während seiner Urlaubsbesuche und des hiesigen Aufenthalts getan hat, ist nicht geeignet, seinem Verhalten neue und belastende Züge hinzuzufügen, außer dem Verlangen auf Vornahme von Perversitäten. Es fragt sich daher, ob nicht der an sich gegebene Scheidungsgrund durch die Abweisung des Vorprozesses gemäß § 616 ZPO. verbraucht oder durch Fristablauf (Verzeihung) gemäß § 1571, 1573 erledigt ist. Beides ist zu verneinen.

Hier hatte sich nämlich das Gesamtverhalten des Beklagten, das den Scheidungsgrund des § 1568 darstellt, objektiv zwar bereits 1913 verwirklicht, aber die Klägerin hatte, nach ihrer Gesamteinstellung zum Beklagten und nach Maßgabe ihrer persönlichen Lebenserfahrung und Auffassung von der Ehe, noch nicht die Distanz gewonnen, die erforderlich ist, um nicht einzelne Vorfälle, sondern die aus ihnen erst zu erschließende Gesamtgesinnung und das Gesamtverhalten des Beklagten als die Ursache ihrer seelischen und körperlichen Beeinträchtigung und damit als Scheidungsgrund zu erkennen. Das ergibt sich klar aus der Begründung der ersten Klage, die außer auf die allgemeine Haltlosigkeit des Beklagten darauf, daß er im Hinblick auf die Schwangerschaft bestimmte herzlose Äußerungen getan habe, gestützt war und deshalb abgewiesen ist, weil die Scherzhaftigkeit nicht widerlegt sei, solche Äußerungen auch keinen Scheidungsgrund bildeten, da die Klägerin nicht behaupten könne, daß Beklagter ernsthafte Abtreibungsversuche habe vornehmen wollen, die Äußerungen auch durch nachfolgenden Geschlechtsverkehr verziehen seien. Wie daher diese Klagebegründung, ihre eigene glaubhafte Angabe, daß sie alles im Banne des Einflusses des Beklagten über sich habe ergehen lassen, und endlich die Bekundung des Sachverständigen ergibt, daß er sie erst jetzt über die verderblichen Folgen der Abtreibungen aufgeklärt habe, war sich die Klägerin 1913 nicht bewußt, daß Beklagter durch sein gesamtes Verhalten sich schwer gegen die Rücksichten vergangen habe, die sie als Frau und werdende Mutter beanspruchen durfte. In einer gewissen Beschränktheit, die darauf zurückzuführen sein mag, daß sie aus Schamhaftigkeit ihre geschlechtlichen Erfahrungen für sich behalten hatte und so nicht in der Lage war, den vergleichenden Maßstab für eine richtige Eheführung zu gewinnen, hatte sie Eheverfehlungen des Beklagten nur in vereinzelten Vorgängen, nicht in seiner grundsätzlich falschen Einstellung zu seiner Frau zu erblicken vermocht. Sie war daher auch nicht in der Lage, dies Gesamtverhalten des Beklagten in dem früheren Prozeß als Scheidungsgrund zu verwerten. In diese Lage ist sie vielmehr erst gekommen, nachdem Beklagter bei dem Zusammenleben 1920 aus der gleichen Einstellung heraus seine ehewidrige Gesinnung durch Übertreibung des Geschlechtsverkehrs und die Zumutung von Perversitäten aufs neue bewiesen hat. Dieses neue tatsächliche Verhalten, das unter Mitberücksichtigung der für die Klägerin erst jetzt in das richtige Licht gerückten früheren Vorgänge zu würdigen ist, bildet daher die Grundlage für die gegenwärtige Klage. Dieser steht daher der § 616 ZPO. nicht entgegen.

Aus den gleichen Erwägungen ist aber auch der Verlust des Scheidungsrechts durch Verzeihung oder Fristablauf zu verneinen. Denn die Klägerin ist sich erst schrittweise bei der während der Berufungsinstanz allmählich und mühsam erfolgenden Aufhellung ihrer Ehegeschichte klar geworden, daß Beklagter sie mißbraucht hat; erst infolge ihrer eingehenden Vernehmung vor diesem Gericht und vor dem Sachverständigen hat sie erkannt, was sie ihrer eigenen Würde von vornherein schuldig gewesen wäre, wenn sie nicht, in immer wieder auflebender Neigung, so lange im Banne des Beklagten gewesen wäre. Hat sie daher mit dem Beklagten wiederholt und so auch 1920 wieder zusammengelebt und in der gleichen Weise wie früher verkehrt, so hat sie das getan in der Meinung, ihrer Pflicht als Ehefrau zu genügen, nicht aber in der Absicht, damit sein gesamtes Verhalten, dessen Bedeutung als Eheverfehlung und im besonderen als Ursache ihrer körperlichen und seelischen Schädigung sie noch nicht kannte, zu billigen und zu verzeihen; vielmehr wäre sie, wenn sie die heute ihr innewohnende Erkenntnis gehabt hätte, unter keinen Umständen zum Beklagten zurückgekehrt.

Zusammenfassend läßt sich daher sagen: Das Verhalten des Beklagten hat, allmählich zunehmend, auf die Klägerin zwar so gewirkt, daß sie einen unüberwindlichen, wenn auch sinnliche Begehrlichkeit nicht einschließenden Widerwillen gegen den Beklagten faßte und so die jetzige Klage charakteristischerweise in erster Linie auf die mangelnde Fürsorge des Beklagten für seine eigene Person stützte, daß Beklagter aber, während der ganzen Dauer der Ehe, vom ersten Anfang an bis zur endgültigen Trennung im Jahre 1920, in unverantwortlicher Weise die Klägerin moralisch und körperlich mißbraucht und dadurch ihr bis zu der endgültigen Trennung einen Ehescheidungsgrund geboten hat. Klägerin hat dies erst erkannt, nachdem sie, im Laufe des Prozesses vom Beklagten getrennt lebend, die bis dahin fehlende innere Distanz zu den Ereignissen und zu seiner Person erlangt hat.

Dazu: OLG. Hamburg, 6. ZS. Urteil v. 6. Januar 1925 (3/24).

Im Vorprozesse (R II 152.19) hatte die jetzige Beklagte im Oktober 1919 auf Scheidung der 1914 geschlossenen Ehe wegen Verletzung seiner Unterhaltspflicht und wegen Ehebruchs geklagt, war jedoch vom LG. mangels Beweises am 26. März 1920 abgewiesen worden. Das Urteil war nicht zugestellt, als im Oktober 1921 der Mann die vorliegende Klage erhob; diese war jedoch ebenso wie die Widerklage während des Schwebens des alten Prozesses unzulässig. — Anders ist jetzt die Rechtslage nach der 1924 eingetretenen Rechtskraft des Urteils vom 26. März 1920. Die prozessuale Lage ist im wesentlichen ähnlich der des RG. 19 S. 408. Im Anschluß an die dort vertretene Auffassung besteht kein Bedenken, den vorliegenden Rechtsstreit fortzusetzen, da der Kläger Klaggründe geltend macht, die er im früheren Prozeß nicht vorbringen konnte (ZPO. § 616). Er hatte sich an dem früheren Rechtsstreite nicht einmal beteiligt und war durch das Urteil nicht beschwert. Bei dieser Sachlage war es ihm nach §§ 511, 614 ZPO. nicht möglich, seinerseits gegen das abweisende Urteil Berufung einzulegen, um erstmalig eine neue Widerklage zu erheben (Stein ZPO. § 614 II 2[1], § 511 I 1 2 a. E.). Festgestellt ist jetzt, daß Beklagte Anfang 1918 und Ende 1919 unehelich geboren, daß aber der Kläger dies erst 1921, also nach dem früheren Urteil erfahren hat. Er ist daher befugt, diese Geburten als Scheidungsgründe im jetzigen Rechtsstreit zu verwerten. Es war daher der Klage nach § 1565 BGB. stattzugeben.

Bezüglich der Widerklage ist die Rechtslage abweichend. Beklagte war in der Lage, Berufung einzulegen, sie ist an sich mit den vor 11. Februar 1924, der Rechtskraft des früheren Urteils zu ihrer Kenntnis gekommenen Scheidungsgründen ausgeschlossen, sofern sie sich nicht auf § 1573 BGB. stützen kann. Dies ist jedoch der Fall. Denn der Kläger hat seit Ende des Krieges Unterhalt weder der Beklagten noch dem ehelichen Sohne gezahlt, sondern die Sorge für diesen völlig der Beklagten überlassen, obwohl es als Dreher in Maschinenfabriken zur Ernährung des Sohnes und zum Unterhalt der Beklagten, die als Dienstmagd tätig war, in der Lage gewesen wäre. Diese völlige Vernachlässigung der Frau und des Kindes ist als schwere Verfehlung anzusehen, sie hat auch offensichtlich zur Zerrüttung der Ehe wesentlich beigetragen. Da dieser Scheidungsgrund auch zurzeit noch fortdauert, ist Beklagte auch in der Lage, auf die bereits erledigten Scheidungsgründe zurückzugreifen, besonders auf die lieblose und ehefeindliche Gesinnung, die der Kläger dadurch an den Tag gelegt hat, daß er der Beklagten, als sie ihn in Bremen 1916 aufsuchte, die eheliche Gemeinschaft versagte und sie von sich stieß, daß er ferner zu der Vortäuschung von Ehebrüchen und anderen unwahren Angaben sowie zu Drohungen griff, um sie nur unter allen Umständen zur Scheidungsklage zu bewegen; daß er endlich selbst sie auf den Weg der Untreue verwies und sie durch diese ganze lieblose Behandlung anreizte, sich anderen Männern hinzugeben. Hiernach war es zunächst der Kläger, der eine so tiefe Zerrüttung der Ehe verschuldet hat, daß auch der Beklagten die Fortsetzung der Ehe nicht zuzumuten war. B.

e) **Verkehrsregelung bei vergleichsweiser Übertragung des Personensorgerechts.**
Kammergericht, ZS. 1a. Beschluß v. 20. Juni 1924 (x 352).

Die Eheleute A. sind aus beiderseitigem Verschulden rechtskräftig geschieden und haben auf Grund einer zwischen ihnen getroffenen Vereinbarung die Kinder bei dem Vater untergebracht. Dieser hat unter dem 10. April 1923 bei dem Vorm.-Gericht beantragt, daß der Verkehr zwischen der wiederverheirateten und in E. wohnhaften Mutter und den Kindern nicht in E., sondern am dritten Ort und zu Zeiten, die das VormGericht bestimmt, stattzufinden hat. Die Vorinstanzen haben lediglich über diesen Antrag entschieden und ihn abgewiesen. Es fragt sich zunächst, ob das VormGericht überhaupt den Verkehr regeln konnte. In KGJ. 51 S. 28 war bereits als zweifelhaft hingestellt, ob an dem in KGJ. 44 S. 23 ausgesprochenen Grundsatz auch für den Fall festzuhalten sein möchte, daß die geschiedenen Eheleute vergleichsweise die Ausübung der Personensorge auf den nach § 1635 S. 1 nicht sorgeberechtigten Teil übertragen haben. Der Senat trägt nunmehr kein Bedenken, für diesen Fall den Grundsatz des KGJ. 44 S. 23 aufzuheben und im Anschluß und in weiterer Anknüpfung an den Grundgedanken und den Grundsatz des KGJ. 51 S. 26 das VormGericht zur Regelung des Verkehrs zwischen dem nach der gesetzlichen Norm sorgeberechtigten Teil und dem Kind in entsprechender Anwendung des § 1636 S. 2 für zuständig zu erachten. Vorliegend besteht eine solche Regelung nicht. Soweit etwa früher zwischen den Eltern eine Einigung über die Gestaltung des Verkehrs bestanden hat, liegt in dem Antrage des Vaters die Erklärung, daß er sich an die Einigung nicht mehr für gebunden halte. Dann hat aber das VormGericht den Verkehr zu regeln, ohne zu prüfen, ob diese Stellungnahme des Vaters durch die Sachlage gerechtfertigt ist (KGJ. 44 S. 20). Es hat aber bisher lediglich für besondere, einmalige Gelegenheiten (Ferien, Geburtstage) verkehrsregelnde Anordnungen getroffen, nicht aber grundsätzlich und einheitlich für die Dauer der vergleichsweisen Ausübung des Sorgerechts durch den Vater den Verkehr der Kinder mit der Mutter geregelt. Das zu tun war seine Aufgabe, nachdem der Vater den Antrag gestellt hatte. Dabei darf die Mutter, solange der Vater vergleichsweise das Sorgerecht ausübt, nicht anders behandelt werden als ein nicht sorgeberechtigter Elternteil. Das folgt notwendig aus der dem Vater vergleichsweise eingeräumten Stellung und der Erwägung, daß die Stetigkeit und Einheitlichkeit der Erziehung der Kinder nicht leiden darf. Die Grundsätze, die für den Verkehr eines nicht sorgeberechtigten Elternteils mit seinen Kindern gelten (vgl. KGJ. 48 S. 5), müssen also auf die hier dem Amtsgericht obliegende Verkehrsregelegung angewendet werden. Will die Mutter sich damit nicht begnügen, so ist ihr unbenommen, vom Vergleiche zurückzutreten und die Personensorge selbst zu übernehmen, Solange sie es aber in dieser Beziehung bei dem vergleichsweise geschaffenen Zustande beläßt, muß sie auch die sich aus ihm ergebende Folge hinnehmen, daß sie hinsichtlich des Verkehrs mit den Kindern nicht anders dasteht, wie ein nicht sorgeberechtigter Elternteil.

f) **JugendWG. a) Streit über Abgabe der Fürsorgeerziehung.**
Kammergericht, ZS. 1a. Beschluß v. 27. Juni 1924 (Gen. IV 1).

Zur Entscheidung des Abgabestreites ist das KG. als OLG. nach § 46² FGG.

berufen, da zu seinem Bezirke die Amtsgerichte A. und B. gehören, an die die Vormundschaft abgegeben werden soll. Zur Durchführung des FEVerfahrens gegen den Minderjährigen ist an sich nach dem JWG. das Amtsgericht T. als das ordentliche VormGericht zuständig. Hieran ändert auch nichts der Umstand, daß das Amtsgericht A. die vorläufige FE. gemäß § 5 Pr. FEG. gegen den ihm damals vorgeführten obdachlosen Jugendlichen angeordnet hat (vgl. Begründung des Entw. § 70. Drucks. 1920 S. 1272). Zu Unrecht nimmt das Amtsgericht T. wegen dieser Maßnahme und wegen der später erfolgten Unterbringung des Minderjährigen in die im Bezirk des Amtsgericht B. belegene Erziehungsanstalt sowie mit Rücksicht auf den Abgabeantrag des Jugendamtes und die Zustimmung des Vormundes an, daß die Gerichte A. und B. gemäß § 57³ bez. § 65⁷ JWG. zur Übernahme der Vormundschaft aus Zweckmäßigkeitsgründen verpflichtet sind. Nach diesen übereinstimmenden Gesetzesstellen soll auf Antrag des Jugendamtes, wenn das zur Beschlußfassung berufene VormGericht nicht das des gewöhnlichen Aufenthaltsortes des Minderjährigen ist, die Abgabe an dieses Gericht gemäß § 46 FGG. stattfinden, sofern nicht besondere Gründe dagegen sprechen. Der Begriff „gewöhnlicher Aufenthaltsort", der sich im JWG. an verschiedenen Stellen, z. B. in §§ 7¹, 23, 57³, 65⁷ findet, ist nicht gleichbedeutend mit „Aufenthalt" im § 36 FGG. Das JWG. geht vielmehr hierbei von neuen, die Zuständigkeit des Jugendamtes bez. des VormGerichts begründenden Gesichtspunkten aus, wie in der Begründung zu § 8 (Ges. § 7) ausdrücklich hervorgehoben wird (aO. S. 1245): „Es kommt darnach nur auf den Umstand für das Eingreifen des Jugendamtes an, ob der Jugendliche sich tatsächlich gewöhnlich in seinem Bezirk aufhält. Für die Fälle des vorübergehenden Aufenthaltes, z. B. bei Besuchsreisen, Entlaufen u. a. wird im Abs. 1 Satz 2 ergänzend bestimmt, daß zu vorläufigen Maßnahmen das Jugendamt des zufälligen Aufenthaltsortes einzugreifen befugt und verpflichtet ist. Hierhin gehören z. B. Maßregeln, die ein vorläufiges Unterkommen eines aufgegriffenen Minderjährigen, seine Rückreise an den Wohnsitz . . . betreffen." Daraus ergibt sich zunächst, daß das Amtsgericht A., in dessen Bezirk der Jugendliche als obdachlos und sich umhertreibend aufgegriffen ist, nicht als Gericht des gewöhnlichen Aufenthaltsortes anzusehen ist, denn dort hatte er nur „einen zufälligen Aufenthaltsort." Aber auch im Bezirke B. hat er keinen gewöhnlichen Aufenthaltsort, denn in die Erziehungsanstalt ist er nur einstweilen mit Rücksicht auf die vom Amtsgericht A. angeordnete vorläufige Unterbringung, die jetzt als vorläufige FE. im Sinne des § 67 JWG. anzusehen und zu behandeln ist (vgl. § 31¹·³ Pr. AG.z.JWG.), gebracht worden, damit er einstweilen ein Unterkommen und eine geregelte Erziehung hat. Daß er dauernd in der dortigen Anstalt untergebracht werden soll, wodurch vielleicht ein „gewöhnlicher Aufenthaltsort" unter Umständen begründet werden könnte (vgl. Friedeberg-Polligkeit, JWG. § 7³) ist aus den Akten nicht ersichtlich. Hiernach sind weder das Amtsgericht A., noch das Amtsgericht B. gehalten, die Sache zu übernehmen.

β) Anordnung der Fürsorgeerziehung aus § 63 Nr. 1 oder (nicht und) Nr. 2.

Kammergericht, ZS. I a. Beschluß v. 21. Nov. 1924 (x 924).

Das Amtsgericht hat unter Billigung des LG. auf Grund des § 63 Nr. 1 und 2

JWG. die minderjährige Tochter der Beschwerdeführerin der Fürsorgeerziehung überwiesen. Die weitere Beschwerde ist nach §§ 65⁶, 67 JWG. mit §§ 27, 29 FGG. zulässig. Sie ist auch begründet, denn die Rechtsansicht der Vorinstanzen, die die Unterbringung der Minderjährigen sowohl aus Nr. 1 als auch aus Nr. 2 des § 63 JWG. für geboten erachten, widerspricht dem Wortlaut und der Absicht des Gesetzes. Die FE. aus Nr. 1 soll eine noch nicht bestehende, aber wegen Mißbrauchs des Fürsorgerechts der Eltern zu befürchtende Verwahrlosung des Minderjährigen verhüten; besonders ergibt die Anführung des § 1666 BGB., daß Voraussetzung hier eine schuldhafte Vernachlässigung des elterlichen Sorgerechtes ist. Im Gegensatz hierzu verlangt die Nr. 2, daß die FE. zur Beseitigung der Verwahrlosung wegen Unzulänglichkeit der Erziehung erforderlich ist. Vorausgesetzt ist also, daß das VormGericht feststellt, der Minderjährige sei bereits tatsächlich verwahrlost. Daß die Eltern diese Verwahrlosung durch ungenügende Erziehung verschuldet haben, wird nicht vorausgesetzt; es genügt rein objektiv eine Unzulänglichkeit der Erziehung. Während also die FE. nach Nr. 1 eine Maßnahme rein vorbeugenden Charakters ist und an die Feststellung eines Verschuldens des sorgeberechtigten Elternteils geknüpft ist, stellt ihre sich auf Nr. 2 gründende Anordnung einen Eingriff zur Beseitigung eines bestehenden Zustandes dar, der nicht auf solchem Verschulden beruht. Der Tatbestand, auf Grund dessen die Nr. 1 angewendet werden muß, ist also nicht bloß ein ganz anderer als der Nr. 2, sondern steht zu letzterem in einem Gegensatze: der Tatbestand der einen Nr. schließt das die tatsächlichen Voraussetzungen der anderen Nr. aus. Daraus ergibt sich weiter, daß die FE. nur aus Nr. 1 oder 2, nicht aber aus Nr. 1 und 2 angeordnet werden kann (Friedeberg-Polligkeit zu § 63 JWG., Pr.AusfAnw.VI 6). Weiter begründen die Vorinstanzen die Notwendigkeit der FE. mit Tatsachen, die bereits 1½ Jahr lang zurückliegen. Neue eingehende Ermittelungen sind nicht vorgenommen, obwohl dazu um so mehr Anlaß vorlag, als das Kind sich seit langer Zeit in einer Erziehungsanstalt befindet und dem unmittelbaren persönlichen Einflusse beider Eltern entzogen ist (vgl. KGJ. 45 S. 77, 48 S. 29) und als auch nach Behauptung der Beschwerdeführerin jetzt hinsichtlich ihrer eigenen persönlichen Verhältnisse eine völlige Wandlung eingetreten ist, nachdem ihre frühere Ehe endgültig geschieden ist.

γ) Feststellung der Erziehungsfähigkeit nach § 63.

Kammergericht, ZS. 1a. Beschluß v. 21. November 1924 (x 959).

Die Ausführung des LG., daß die Erziehungsfähigkeit stets erst die Fürsorgeerziehungsbehörde festzustellen habe, ist unzutreffend. Allerdings wird man bei einer Person unter 18 Jahren im allgemeinen davon ausgehen können, daß Erziehungsmaßregeln nicht völlig aussichtslos sein werden; daraus erklärt sich der § 63¹ JWG. Die Tatsache, daß Abs. 2 die FE. bei Personen von 18 bis 20 Jahren nur für den Fall anordnet, daß Aussicht auf Erfolg bestehe, rechtfertigt nicht den Schluß, daß sie bei Personen unter 18 Jahren auch dann anzuordnen ist, wenn deren Erfolglosigkeit von vornherein feststeht. In der Begründung des Entwurfs, der eine dem § 63² entsprechende Bestimmung nicht enthielt, heißt es zwar: „Der Entwurf sieht von einer Einschränkung der Anordnungsmöglichkeit auf Erfolgsaussicht ab, da bei Minderjährigen von 16 bis 18 Jahren fast ausnahmslos ein sicheres Urteil über den Erfolg der Ersatzerziehung vor ihrer Ausführung nicht möglich ist und die einschneidende Bestimmung demgemäß ohne wesentliche Bedeutung geblieben wäre" (Drucks. 1920 Nr. 1640 S. 1269). Diese Ausführung hat aber den Sinn, daß bei normal veranlagten Minderjährigen sich in den seltensten Fällen wird feststellen lassen können, ob sie im Hinblick auf ihr vorgeschrittenes Alter noch erziehungsfähig sind. Demgemäß erschien nicht angebracht, allgemein zu bestimmen, daß bei Minderjährigen von 16 bis 18 Jahren die FE. nur angeordnet werden kann, wenn Aussicht auf deren Erfolg besteht. Daraus, daß später doch eine entsprechende Bestimmung für jene Minderjährige aufgenommen worden ist, folgt mithin nicht ohne weiteres, daß Minderjährige, deren Unerziehbarkeit von vornherein feststeht, der FE. überwiesen werden dürfen.

Der Wortlaut der Nr. 1, 2 des Abs. 1 § 63 ergibt, daß die FE. die Verwahrlosung verhüten (beseitigen) soll. Sie setzen also voraus, daß eine erziehliche Einwirkung möglich ist. Bereits zur Zeit des FEG. vom 2. Juli 1900/7. Juli 1915 wurde die FE. bei solchen Personen für unzulässig erachtet, deren Handeln nicht der Ausfluß eines zwar geschwächten, aber doch durch Erziehung in richtige Bahnen zu lenkenden Willens, sondern der eines unabänderlichen mechanisch wirkenden Triebes eines Geisteskranken ist (KGJ. 26 S. 188, 32 S. 68, Rsp. 30 S. 90). Das Ziel jeder Erziehung ist, die sittliche Persönlichkeit des Minderjährigen zu entwickeln und aus ihm ein brauchbares Mitglied der bürgerlichen Gesellschaft zu machen. Ist dies von vornherein ausgeschlossen, so kann keine Erziehungsmaßregel, besonders auch nicht die FE. angeordnet werden. Dieser Grundsatz gilt auch für die Anordnung gemäß § 63 JWG. Auf § 73 daselbst kann sich das LG. nicht berufen, denn er betrifft die Fälle, in denen sich erst nach der Anordnung der FE. herausstellt, daß bei dem Minderjährigen nach seiner Veranlagung die Erziehung unausführbar ist. Der § 73 setzt im übrigen voraus, daß eine anderweitige gesetzlich geregelte Bewahrung des Minderjährigen sichergestellt ist; ein Verwahrungsgesetz ist aber bisher nicht erlassen worden.

Gemäß § 12 FGG. hatte hier das Amtsgericht zu ermitteln, ob die 1913 geborene Barbara erziehbar ist, weil dies zweifelhaft erscheint. Es hat festgestellt, daß sie drei Jahre zu spät in die Schule gekommen ist und oft wegen Krankheit fehlt; ferner, daß sie körperlich und geistig anormal ist. Diese Feststellungen beruhen nur auf der schriftlichen Äußerung des Lehrers. Sie enthält nichts darüber, worin die geistige und körperliche Anormalität besteht. Da sie erst drei Jahre zu spät in die Schule gekommen ist und diese nur unregelmäßig besucht, scheint ihr Leiden schwer zu sein. Das Amtsgericht hätte ermitteln müssen, welche Erkrankungen oder Verletzungen sie gehabt hat, welche besonders auffälligen Erscheinungen in ihrem Verhalten aufgetreten sind, wie ihre Schulleistungen waren, und ob etwa in ihrer Familie erbliche Krankheiten aufgetreten sind. Es hatte zu erwägen, ob gemäß § 65[4] JWG. die ärztliche Untersuchung der Barbara, vielleicht auch ihre Unterbringung in einer Anstalt zu ihrer Beobachtung angebracht ist.

Dazu: Kammergericht, ZS. 1a. Beschluß vom 20. Februar 1925 (X 125).

Das Verfahren ist auf Antrag des Jugendamts eigeleitet. Als der Antrag bei dem VormGericht einging, hatte die Minderjährige bereits das 18. Lebensjahr vollendet. Für den Fall, daß Aussicht auf Erfolg der FE. besteht, kann diese freilich auch noch angeordnet werden, wenn, wie hier, der Minderjährige das 18., aber noch nicht das 20. Lebensjahr vollendet hat. Es muß dann aber stets individuell die Erfolgsmöglichkeit geprüft werden, und es bedarf, da auch dieser Punkt jetzt nachzuprüfen ist, einer diesbezüglichen ausdrücklichen Feststellung des LG., an der es aber fehlt... Schon wegen Verletzung des § 63² mußte hiernach die Sache an das Amtsgericht zurückverwiesen werden, das nunmehr auch das tatsächliche Vorbringen der weiteren Beschwerde zu berücksichtigen haben wird.

Dabei mag noch darauf hingewiesen werden, daß die Vorinstanzen die Voraussetzungen des § 63¹ Nr. 1 JWG. für gegeben erachtet haben. Insoweit wird es bei der erneuten Erörterung, ob die Voraussetzungen des § 1666 BGB. vorliegen, auch einer Würdigung des Umstandes bedürfen, daß die Minderjährige 5 Jahre hindurch bei X. beschäftigt war. Angesichts dieses Umstandes wird bei der Prüfung, ob ein Verschulden des § 1666 anzunehmen ist, zu erwägen sein, ob denn die Eltern gleich mit dem Schlimmsten rechnen mußten, wenn etwa in der letzten Zeit die Minderjährige öfters in den Räumen des X. genächtigt haben sollte. Der § 63 Nr. 1 setzt ferner voraus, daß die Entfernung des Minderjährigen aus seiner bisherigen Umgebung zur Verhütung der Verwahrlosung erforderlich ist, eine nach dem Ermessen des VormGerichts geeignete Unterbringung aber anderweit nicht erfolgen kann. Handelt sich es um einen bereits selbständig erwerbsfähigen Minderjährigen, so wird § 63 Nr. 1 regelmäßig unanwendbar sein, da dann meist auf dem Wege des § 1666 BGB. eine geeignete Unterbringung durch den — nach Sorgerechtsentziehung gegenüber dem schuldigen Elternteile — zu bestellenden Pfleger wird erfolgen können. Anders steht es hier nur, wenn unbedingt planmäßige Anstaltserziehung erforderlich ist. Da nun ein Minderjähriger über 18 Jahre regelmäßig schon selbständiger werbsfähig ist, so ergibt sich für den Bereich des § 63² JWG., daß die FE. eines Minderjährigen, der das 18., aber noch nicht das 20. Lebensjahr vollendet hat, auf Grund des § 63¹ Nr. 1 in aller Regel nur dann angeordnet werden kann, wenn festgestellt wird, daß eine planmäßige Anstaltserziehung erforderlich und auch erfolgversprechend ist. Sollte sich hiernach ergeben, daß § 63; Nr. 1 nicht Platz ereifen kann, so wird weiterhin zu prüfen sein, ob etwa die Vorraussetzungen des § 63 **Nr.** 2 RJWG. gegeben sind.

δ) Wann wird das Vorm.Gericht des § 65⁷ zuständig?

Kammergericht, ZS. I a. Beschluß v. 11. Juli 1924 (x 553).

Die weitere Beschwerde des Jugendamts, die das Amtsgericht A. nicht zur Anordnung der FE. für zuständig erachtet, ist nach § 65⁶ JWG.. verb. mit § 18 PrAG. v. 29. März 1924 und §§ 27, 29 FGG. zulässig, aber nicht begründet. Die Zuständigkeit zu dieser Anordnung bestimmt sich auch nach dem JWG. nach §§ 43, 36¹·² FGG., wie schon aus der Sondervorschrift des § 68 S. 1 JWG. erhellt. Nach § 36 FGG. ist aber das Gericht zuständig, in dessen Bezirke der Minderjährige seinen Wohnsitz oder in Ermangelung eines inländischen Wohnsitzes seinen Aufenthalt hat. Das nach § 65^1 JWG. berufene VormGericht ist sonach in erster Linie das Gericht des Wohnsitzes des Minderjährigen — sofern er einen solchen hat — und daneben nach § 68^1 aO. für schleunige Maßregeln auch das Gericht, in dessen Bezirk das Bedürfnis der Fürsorge hervortritt. Durch § 65^7 wird nicht, wie das Jugendamt annimmt, schon von vornherein eine Zuständigkeit des VormGerichts begründet, in dessen Bezirk der Minderjährige seinen gewöhnlichen Aufenthaltsort hat, sondern diese Zuständigkeit tritt erst dann ein, wenn die Abgabe an es gemäß § 46 FGG. erfolgt ist. Da nach § 43^1 FGG. für jede einzelne Angelegenheit der Zeitpunkt entscheidet, in welchem das Gericht mit ihr befaßt wird, also nicht wie nach § 36^1 der Zeitpunkt, in welchem sich die Maßregel als erforderlich herausstellt, so war das Amtsgericht A. zur Anordnung der Fürsorgeerziehung an sich zuständig, sofern in seinem Bezirke der Minderjährige den Wohnsitz hatte. Die einmal begründete Zuständigkeit wurde auch nicht dadurch hinfällig, daß im Laufe des Beschwerdeverfahrens der Antrag des Jugendamtes bei Gericht einging, denn nicht schon die Stellung dieses Antrages führt nach § 65^1 JWG. die Zuständigkeit des Gerichts des gewöhnlichen Aufenthaltsortes herbei, sondern, da der § 46 FGG. Platz greift, erst die Übernahmeerklärung dieses Gerichts oder die sie ersetzende Entscheidung des OLG. bei einem Abgabestreite. Daraus, daß nach Sinn und Wortlaut des § 46 FGG. nur ein erstinstanzliches Gericht an ein anderes die Sache abgeben kann, ergibt sich weiter, daß der Antrag des Jugendamtes spätestens bis zu dem Zeitpunkte gestellt sein muß, in welchem das Vorm.Gericht gemäß 65 JWG. Beschluß gefaßt hat. Ein Antrag, der wie hier erst nachher eingeht, ist nicht mehr zulässig und beachtlich, zumal das VormGericht zur Abänderung seines der sofortigen Beschwerde unterliegenden Beschlusses nach § 65 JWG. mit 18^2 FGG. nicht befugt ist.

Daß aber der Minderjährige im Bezirke des Amtsgerichts A. zu der Zeit, wo dieses Gericht mit der Angelegenheit befaßt wurde, seinen Wohnsitz hatte, haben die Vorinstanzen zutreffend angenommen, denn nach § 11 BGB. teilt ein eheliches Kind den Wohnsitz seines Vaters, und zwar auch dann, wenn wie hier dem geschiedenen Vater gemäß § 1635 BGB. die Personensorge nicht zusteht. (RGKomm. BGB. § 11^1; Staudinger 2a zu § 11^{2a}; Schlegelberger FGG. § 36^5.)

ε) Abgabe des FEVerfahrens bei schwebender Vormundschaft?

Kammergericht, ZS. 1a. Beschluß v. 13. Februar 1925 (x 74).

Das Amtsgericht in W. hat am 11. 10. 24 auf Grund des § 63 Nr. 1 JWG. den Schulknaben Adolf Sch. der Fürsorgeerziehung überwiesen, nachdem das VormGericht in H. den Antrag des Jugendamtes auf FE. gemäß § 65^7 dorthin abgegeben hatte. Auf die sofortige Beschwerde des Landeshauptmanns wurde das Verfahren auf 6 Monate ausgesetzt und die Schutzaufsicht über den Minderjährigen angeordnet. Die sofortige weitere Beschwerde rügt, das Amtsgericht W. sei örtlich nicht zuständig gewesen, weil es die beim Amtsgericht H. schwebende Vormundschaft über den Minderjährigen nicht mitübernommen habe. Dieser Ansicht ist beizutreten. Hinsichtlich des Pr.FEG. hat das KG. im Beschlusse vom 6. 12. 1906 (Frankf.

Rundschau 40 S. 211) ausgesprochen, daß zuständig für das FEVerfahren lediglich das VormGericht ist, d. h. das Gericht, bei dem die Vormundschaft tatsächlich geführt wird, oder, falls eine solche nicht geführt wird, das für die Führung zuständig wäre. Werde die Vormundschaft an ein anderes Gericht rechtswirksam abgegeben, so werde dieses VormGericht und damit zu allen ihm als solchem obliegenden Verrichtungen zuständig. Das abgebende Gericht sei dagegen nicht mehr VormGericht und ihm fehle deshalb die ihm nur als VormGericht zustehende Befugnis, die FE. anzuordnen. Es erscheine deshalb unzulässig, zwar die Vormundschaft an ein anderes Gericht abzugeben, ein gleichzeitig anhängiges FEVerfahren dagegen nicht abzugeben. Sei dies aber der Fall, dann gehe mit der Abgabe und Übernahme der Vormundschaft zugleich und ohne daß es einer besonderen Abgabe und Übernahme bedarf, auch ein etwa anhängiges FEVerfahren auf das neue VormGericht über. Der gleiche Gedankengang liegt dem Beschlusse vom 31. 1. 1910 (1 Gen. III 8. 12. 24) zugrunde: Aus § 43[1] FGG. ergebe sich, daß nach der Absicht des Gesetzes einzelne Verrichtungen des VormGerichts über eine Person, für die eine Vormund-(Pfleg)schaft anhängig ist, von demselben Gericht wahrgenommen werden sollen, bei dem die Vormund(Pfleg)schaft geführt werde. Gegen die Übertragung dieser Obliegenheiten auf verschiedene Gerichte würden auch in der Regel erhebliche praktische Bedenken bestehen. Daher müsse, wenn über einen Mündel das FE-Verfahren eingeleitet werde, angenommen werden, daß unter dem „VormGericht" des Ges. vom 2. Juli 1900 nicht das nur im allgemeinen für vormgerichtliche Verrichtungen zuständige, sondern gerade dasjenige Gericht verstanden sei, bei welchem die Vormundschaft geführt werde. Endlich hat der Beschluß vom 24. 11. 1911 (1a X 1038. 11) ausgeführt, daß, wenn über einen Minderjährigen, dessen Überweisung zur FE. in Frage stehe, eine Vormund(Pfleg)schaft anhängig sei, das Gericht, das diese führe, auch für das FEVerfahren zuständig sei, ohne Rücksicht darauf, ob es mit Recht seine Zuständigkeit angenommen habe...

Das JWG. vom 9. Juli 1922 bestimmt nun ebensowenig wie das Pr. Gesetz darüber, welches Gericht für die Einleitung und Durchführung des FEVerfahrens örtlich zuständig ist. Es bewendet deshalb auch jetzt noch bei § 43[2] FGG., wonach bei dem Bestehen einer Vormundschaft, Pflegschaft, Beistandschaft und ferner nach § 68[2] JWG. auch beim Anhängigsein einer Schutzaufsicht das Gericht zuständig ist, bei dem die Vormundschaft anhängig ist. Daraus ergibt sich aber weiter, daß, wie für das frühere Recht, so auch jetzt noch die Vormundschaft nur zusammen mit dem FEVerfahren und letzteres nicht ohne die Vormundschaft an ein anderes Gericht gemäß § 46 FGG. abgegeben und von diesem übernommen werden kann. Hieran wird auch durch § 65[7] JWG. nichts geändert. Wenn dort gesagt ist: „soll auf Antrag des Jugendamts die Abgabe an dieses Gericht gemäß § 46 FGG. stattfinden, sofern nicht besondere Gründe dagegen sprechen", so kann nicht etwa gefolgert werden, daß nunmehr ein FEVerfahren in jedem Falle für sich allein, lediglich mit Rücksicht auf einen diesbezüglichen Antrag des Jugendamts abgegeben werden soll. Eine derartige Auslegung würde zu dem eigenartigen Ergebnis führen, daß das Gericht auf der einen Seite, wenn es bei bestehender Vormundschaft aus eigener Initiative gemäß § 46¹ ³ die Vormundschaft oder das FEVerfahren abgeben wollte, dies nur beim Vorliegen eines wichtigen Grundes tun dürfte, während es andererseits auf Antrag des Jugendamts zwar das FEVerfahren stets abzugeben hätte, sofern nicht besondere Gründe dagegen sprächen, die Vormundschaft dagegen weiter führen müßte, wenn für ihre Abgabe nicht ebenfalls besondere, wichtige Gründe vorlägen. Dem § 65⁷, der ebenso wie der gleichlautende § 57³ JWG. im Entw. nicht enthalten war, sondern erst vom Ausschuß eingefügt ist, der jedoch in seinem Bericht (Drucks. 1920 Nr. 3959) Gründe hierfür nicht angibt, wird deshalb eine praktische Bedeutung nur in denjenigen Fällen zukommen, in denen die Voraussetzungen des Zusammenhanges gemäß § 43² FGG., § 68² JWG. nicht vorliegen, m. a. W.: die Abgabe eines FEVerfahrens für sich allein ist auf Antrag des Jugendamts gemäß § 65⁷ JWG. nur dann zulässig, wenn eine Vormund(Pfleg)schaft nicht anhängig ist. Ist dies dagegen der Fall, dann kann das VormGericht jenes Verfahren nur zusammen mit der Vormundschaft usw. und nur beim Vorliegen wichtiger Gründe gemäß § 46 FGG. abgeben. Der Beschwerdeführer darf die Unzuständigkeit des Amtsgerichts W. unbeschadet des § 7 FGG. geltend machen, weil hier nur eine einzelne vormgerichtliche Verrichtung des § 43¹ FGG. in Frage steht, die von einem örtlich unzuständigen Gerichte erlassen ist, bei dem eine Vormundschaft über den Minderjährigen nicht anhängig ist (KGJ. 48 S. 55; 53 S. 27; FGJ. 1, 38).

ζ) Genügt nachträgliche Zustimmung dem Pr. Ag. § 21²?

Kammergericht, 3S. 1a. Beschluß v. 6. März 1925 (x 122).

Das Amtsgericht hatte auf Grund des § 1 Nr. 1, 3 Pr. FEG. die minderjährige Agnes der F.-E. überwiesen. Einen Antrag der verw. Mutter auf Aufhebung der F.-E. hat der Landeshauptmann am 4. 12. 1923 abgelehnt. Dagegen hat das rechtzeitig angerufene Vorm.-Gericht durch rechtskräftigen Beschluß vom 29.11.1924 die F.-E. unter Vorbehalt des Widerrufs aufgehoben. Diese Aufhebung hat darauf der Landeshauptmann durch Beschluß vom 17. 12. aus § 21² AG. zum zum JWG. widerrufen und hat unterm 18. 12. das Vorm.-Gericht E. um nachträgliche Zustimmung dazu erfolglos ersucht. Darüber, ob gegen diese Weigerung der F.-E.-Behörde ein Rechtsmittel zusteht, enthält § 21 aO. keine Bestimmung; die Begründung (Drucks. 1921 Nr. 5396) ergibt ebenfalls nichts. Gleichwohl muß mit Rücksicht auf das bestehende Bedürfnis und im Hinblick auf die für ähnliche Verhältnisse in § 69⁴ JWG. getroffene Regelung angenommen werden, daß auch im Falle des § 21² AG. zum JWG. der Behörde gegen die Verweigerung der Zustimmung die sofortige Beschwerde und demgemäß gegen die Beschwerdeentscheidung die sofortige weitere Beschwerde (§ 29² FGG zusteht. Das Rechtsmittel ist aber nicht begründet.

Die Vorinstanzen haben angenommen, die in § 21² S. 4 aO. erwähnte „Zustimmung" bedeute im Gegensatze zur „Genehmigung" vorheriges Einverständnis. Von diesem sei innerhalb der ersten drei Monate nach Aufhebung der FE. die Gültigkeit des Widerrufs der FE.-Behörde abhängig. Eine nachträgliche Genehmigung des Vorm.-Gerichts sei im Gesetze nicht vorgesehen. Schon deshalb habe es eine solche nicht erteilen können. . . Diese Ausführungen sind im Ergebnisse rechtlich nicht zu beanstanden. Bei dem Widerrufe der Behörde nach § 21 ² handelt es sich um einen behördlichen Akt öffentlichrechtlicher Natur. Der Sprachgebrauch des BGB. kann deshalb für die Frage, in welchem Sinne die im § 21 ² vorgesehene „Zustimmung" zu verstehen ist, nicht herangezogen werden; er liegt dem § 21 ² völlig fern. Nebenbei mag darauf hingewiesen werden, daß im BGB. die Zustimmung des Vorm.-Gerichts stets „Genehmigung" heißt, ohne Rücksicht darauf, ob sie dem Hauptgeschäfte vorangeht oder ihm nachfolgt (Staudinger BGB. § 182 ²). Die Bedeutung der „Zustimmung" in § 21 ² kann hiernach nur aus dem Sinne dieser Vorschrift entnommen werden. Dabei ist zu erwägen: Auch die Aufhebung unter Vorbehalt des Widerrufs kann das Vorm.-Gericht nur auf Grund der ausdrücklichen Feststellung aussprechen, „daß" der Zweck der FE. erreicht oder anderweitig sichergestellt ist (§ 72 ², JWG., § 21 ¹ S. 2 AG.). Es entspräche nicht der Bedeutung dieser Feststellung, wenn die Behörde die Möglichkeit hätte, trotzdem alsbald durch Widerruf die entgegengesetzte Auffassung zur Geltung zu bringen. Daher war erforderlich, für einen gewissen Zeitraum das Widerrufsrecht dahin einzuschränken, daß die FE.-Behörde es nur dann und erst dann ausüben darf, wenn auch das Vorm.-Gericht den Widerruf für geboten erachtet und ihr sein Einverständnis erklärt hat. Bei Zulassung einer nachträglichen Zustimmung des Vorm.-Gerichts wäre die gebotene Rücksicht auf die gerichtlichen Feststellungen nicht genügend gewahrt und Unstimmigkeiten zwischen dem Gericht und der Behörde nicht vorgebeugt. Demgemäß heißt es in der Begründung (aO. S. 6356): . . . um Unstimmigkeiten zwischen FE.-Behörde und Vorm.-Gericht möglichst hintanzuhalten, war innerhalb der ersten drei Monate nach der Aufhebung den Widerruf von der Zustimmung des Gerichts abhängig zu machen". Schon die Widerrufserklärung der Behörde sollte also innerhalb der dreimonatigen Frist von der Zustimmung des Gerichts „abhängig" sein, d. h. ohne Vorliegen dieser Zustimmung nicht erfolgen dürfen. Diesen Standpunkt vertritt offensichtlich auch die AusfAnw. VI 27. . . Hier ist deutlich ausgedrückt, daß die Behörde, solange die Zustimmung des Gerichts zum Widerrufe noch nicht vorliegt, in dringenden Fällen zwar gewisse „vorläufige" Maßnahmen im Interesse des Minderjährigen treffen, daß sie aber den Widerruf erst erklären kann, wenn sie dazu die Zustimmung des Gerichts erlangt hat. Damit erledigen sich auch die von der Beschwerde erhobenen praktischen Bedenken, die angesichts der Bedeutung des § 21 ², S. 4 ohnehin nicht entscheidend ins Gewicht fallen können.

g) α) Darf der Pfleger die vorbehaltlose Löschung der Hypothek ohne Genehmigung bewilligen?

Kammergericht, 1. ZS. Beschluß v. 19. Februar 1925 (x 79).

Der Eigentümer A. hat die Löschung der Restkaufgeldhypotheken beantragt, die für den unter Pflegschaft stehenden X. eingetragen sind. Er hat die öffentlich beglaubigte Erklärung des Pflegers vom 15. Januar 1923 vorgelegt, in der dieser ohne Vorbehalt die Zahlung der Hypotheken nebst Zinsen bescheinigt und die Löschung bewilligt. Die Vorinstanzen haben Nachweis der vormgerichtlichen Genehmigung zu der Erklärung des Pflegers mit Recht verlangt. Ohne Rechtsirrtum geht das LG. davon aus, daß Zahlungsannahme und Löschungsbewilligung gemäß §§ 1812, 1915 BGB. genehmigungspflichtige Rechtsgeschäfte sind, und daß diese Genehmigung nicht in der des Kaufvertrages mitzusehen sei; denn hier handelt es sich gerade um die Aufgabe der durch den Kaufvertrag begründeten Rechte. Ob die weitere Annahme des LG., daß in der unbeanstandeten Abnahme der Verwaltungsrechnungen eine — stillschweigende — Genehmigung des VormGerichts nicht enthalten sei, rechtlich zu beanstanden ist, bedurfte keiner Nachprüfung. Der Senat hatte bisher die Auffassung, daß nur wirksame vorbehaltlose Zahlungsannahme das Erlöschen der gesicherten Forderung und daher gemäß §§ 1163, 1177 BGB. den Übergang der Hypothek auf den Grundstückseigentümer zur Folge habe, vertreten und sie auch in der dem RG. gemäß § 79 GBO. vorgelegten Sache x. 575/24 näher dargelegt. Das RG. ist jedoch im Beschluß v. 13. Februar 1925 (V 1) bei seiner im Urteil v. 3. 12. 24 (RG. 109 S. 111) ausgesprochenen Ansicht verblieben. Daraus folgt hier, daß eine infolge der vorgeschriebenen Genehmigung wirksame Zahlungsannahme des Pflegers das Fortbestehen und die Aufwertbarkeit des Hypothekenrechts für X. unberührt ließe. Deshalb kann dahingestellt bleiben, ob die Zahlungsannahme genehmigt worden ist, ob zur Wirksamkeit eine nachträgliche Genehmigung ausreichte oder gemäß § 1831 BGB. eine vorherige erforderlich gewesen wäre (vgl. Gruchot 49, S. 558, 562, 564, Böhm, VormR. 124). Auch bei Unterstellung einer wirksamen Zahlungsannahme könnte nur auf Grund einer wirksamen, vorbehaltlosen *Löschungsbewilligung* des Pflegers gelöscht werden. Eine solche liegt jedoch nicht vor, weil die in jener Bewilligung liegende Aufgabe des Hypothekenrechts (§ 875 BGB.) ein einseitiges Rechtsgeschäft des § 1831 BGB. ist, das zu seiner Wirksamkeit der *vorherigen* Genehmigung bedarf und bei deren Fehlen nur im Wege einer mit Genehmigung in der Form des § 29 BGB. erklärten Bestätigung (§ 141 BGB.) Wirkung äußern kann. Hier ist aber eine *vorherige* Genehmigung zur vorbehaltlosen Löschungsbewilligung, abgesehen von dem rechtlich verfehlten Hinweise auf die Genehmigung des Kaufvertrages, gar nicht behauptet.

β) Form der Mitteilung der Genehmigung nach § 1829 S. 2.

Kammergericht, ZS. 1a. Beschluß v. 13. Juni 1924 (x 503).

Dem 86jährigen gebrechlichen Beschwerdeführer A. ist auf seinen Antrag zur Sorge für seine Person und sein Grundvermögen ein Pfleger bestellt worden. Dieser schloß Ende 1923 mit den drei Töchtern des A. und dem erstehelichen Sohne der verstorbenen Ehefrau A. einen Auseinandersetzungsvertrag über das Grundvermögen der Eheleute A. Am Schlusse des Protokolles heißt es: „Vormundschaftsgerichtliche Genehmigung wird erbeten und erteilt und verkündet." Am selben Tage erklärten die sämtlichen vorbezeichneten Personen vor dem Amtsgericht die Auflassung der verteilten Grundstücke, wobei sie auf die Pflegschaftsakten und auf die darin erteilte Genehmigung Bezug nahmen. Nachdem auf Antrag des A. die Pflegschaft wieder aufgehoben worden, beschwerte sich A. über die Genehmigung, weil er durch die Güterteilung benachteiligt sei. Das LG. hat die Beschwerde mit Recht zurückgewiesen. Nur die Mitteilung des Vormundes —

nicht etwa die des Gerichts — an den anderen Teil macht die erteilte Genehmigung wirksam (KGJ. 34 S. 49). Nach KGJ. 38 S. 62 (vgl. RGKomm. § 1828[1], Schlegelberger FGG. § 55[27], Staudinger § 1829[3b]) bringt diese Mitteilung die Wirkung des § 1829 S. 2 nur dann hervor, wenn sie sich nicht als bloße Kenntnisgabe von einer Tatsache, sondern als eine Willenserklärung — einseitiges empfangsbedürftiges Rechtsgeschäft — darstellt, die der Vormund in dem Sinn abgibt, daß er die Verfügung des Gerichts als endgültige, für ihn die Sache erledigende betrachtet. Daraus folgt aber weiter, daß sie gleich den übrigen Willenserklärungen, abgesehen von den im Gesetz bezeichneten Fällen, weder in bestimmter Form, noch ausdrücklich, sondern formlos und auch stillschweigend abgegeben werden kann. „Bloß schlüssige Handlungen genügen nur dann nicht, wenn eine formelle oder eine ausdrückliche Erklärung im eigentlichen Sinne des Wortes gefordert wird. Eine stillschweigende Willenserklärung darf nur in einer solchen Handlung gefunden werden, die nach Lage der Sache keine andere Auslegung zuläßt" (RGKomm. N. 2 vor § 116). Selbst wenn also vorliegend der Pfleger die anderen Vertragsteile von der in ihrer Gegenwart mündlich erteilten Genehmigung nicht nochmals ausdrücklich in Kenntnis gesetzt hatte, so hat er doch seinen Willen, von ihr Gebrauch zu machen, und seine Ansicht, daß er die Verfügung als endgültige, für ihn die Sache erledigende betrachte, zweifelsfrei den anderen Vertragsteilen dadurch ausgedrückt, daß er ihnen persönlich die Auflassung der zugewiesenen Grundstücke erteilte und daß er sowohl wie die sämtlichen übrigen Beteiligten bei jeder einzelnen Auflassungsverhandlung erklärten, die Genehmigung sei in den Pflegschaftsakten erteilt und enthalten. Unter diesen Umständen hat das LG. ohne Gesetzesverletzung angenommen, daß die Genehmigung Dritten gegenüber wirksam geworden ist und demnach nicht mehr abgeändert werden kann. War aber ihre Abänderung nicht mehr zulässig, dann erübrigte sich auch die Frage, ob das Gericht seine Prüfungspflicht gemäß § 12 FGG. ordnungsmäßig erfüllt hat. Ob jene Bezugnahme auf die Genehmigungserteilung in den Pflegschaftsakten den § 29 GBO. verletzt hat und ob der Beschwerdeführer dem Pfleger oder dem Gericht Entlastung erteilt hat, ist hier unerheblich.

h) Entlassung des Vormunds wegen Religionswechsels.

Bayer. Oberstes Landesgericht, ZS. Beschluß v. 6. Februar 1925 (III 18).

... Ob ein Beschwerdebeschluß rechtlich zutrifft, bestimmt sich nach dem Zeitpunkte seiner Erlassung. Das Gericht der weiteren Beschwerde hat also zu prüfen, ob die Entscheidung nach der in diesem Zeitpunkte gegebenen Rechtslage zutrifft. Wie hier festgestellt, ist das Mündel nunmehr, u. z. vor dem Beschlusse des LG. aus der kath. Religionsgemeinschaft ausgetreten und zum Judentum übergetreten. Die dadurch geschaffene tatsächliche Lage ist jetzt maßgebend. Durch diesen Glaubenswechsel ist ein dauernder Widerstreit in der beiderseitigen Lebensauffassung, ein unüberbrückbarer Gegensatz zwischen den Erziehungszielen des Vormunds A. und der Lebenssphäre des Mündels eingetreten. Darüber ist sich auch A. selbst klar, denn er hat wiederholt erklärt, daß er die Vormundschaft sofort niederlegen würde, wenn das Mündel übertreten sollte. Infolge des Übertritts sind also — allerdings ohne jegliches Verschulden des A. — Verhältnisse eingetreten, die eine Fortführung der Vormundschaft durch A. als nicht im Interesse des Mündels gelegen erscheinen lassen. Nach §§ 1779² S. 2, 1801 sollen Vormund und Mündel regelmäßig demselben Religionsbekenntnis angehören, und zweifellos wäre A. nicht zum Vormunde bestellt worden, wenn das Mündel von Anfang an der israelitischen Religion angehört hätte. Ein Glaubenswechsel des Vormunds oder Mündels ist zwar an sich noch kein zwingender Grund, den Vormund zu entlassen, er wird es aber, wenn durch ihn ein so tiefgehender Unterschied in der gesamten Lebensauffassung herbeigeführt wird, wie es zwischen A., einem kath. Geistlichen, und einem vom Katholizismus zum Judentum übergetretenen Mündel notwendig der Fall sein muß. Unter solchen Umständen ist eine gedeihliche Fortführung der Vormundschaft durch A. ausgeschlossen, da der bestehende tiefe Gegensatz geeignet ist, das Interesse des Mündels zu gefährden.

i) α) Unterhaltspflegschaft. Anhörung nach § 1847. Entlassung nach § 1886.
OLG. Hamburg, 1. ZS. Beschluß v. 7. Januar 1925 (F 83/24).

Die Eheleute A. sind aus Verschulden des Mannes, jetzt wohnhaft in Lübeck, rechtskräftig geschieden. Die Frau, die die beiden aus der Ehe stammenden minderjährigen Kinder bei sich hat, lebte früher in Rostock, wohnt jetzt gleichfalls in Lübeck. Auf ihren Antrag hat das VormGericht Lübeck den Kindern am 10. 11. 1923, während die Frau A. noch in Rostock wohnte, einen Pfleger D. zur Geltendmachung des Unterhalts gegen ihren Vater bestellt. Mit diesem hat er sich im Prozesse dahin verglichen, daß A. an jedes Kind zu Händen des Pflegers monatlich bis Ende 1924 110 RM. zahlt. Nach der Genehmigung dieses Vergleichs beantragte die Frau A. erfolglos, die Pflegschaft ihr selbst zu übertragen. Die Beschwerde hierüber und über die Genehmigung des Vergleichs ist mit Recht zurückgewiesen.

1. Die Ausführungen des LG., ein Recht der Mutter, vor der Genehmigung des Vergleichs gehört zu werden, habe nach § 1847 nicht bestanden; das Vorm.-Gericht habe sie allerdings hören können, aber mit Recht davon abgesehen, weil sie dem Vergleiche unzweifelhaft nicht zugestimmt hätte, lassen einen Rechtsirrtum nicht erkennen. Die Beschwerdefüherin meint jedoch, ihre Zustimmung zum Vergleiche habe eingeholt werden müssen, da die dort vorgesehene Überwachung der Verwendung des vom Vater gezahlten Geldes ihr Personensorgerecht beschränke. Allein der Vergleich ist nicht so zu verstehen, daß der Pfleger zu überwachen habe, wie die Unterhaltszahlungen für die Pfleglinge verwendet würden, sondern er soll nur überwachen, daß sie für diese verwendet werden. Überdies verpflichtet der Vergleich in keiner Weise die Mutter, sich etwa eine Beschränkung ihres Sorgerechts gefallen zu lassen, die allerdings ohne ihre Zustimmung nicht hätte erfolgen können. Daß der Pfleger sich dazu verstand, gemäß dem übrigens durchaus begreiflichen und auch berechtigten Verlangen des Vaters, dafür besorgt sein zu wollen, daß die Beträge auch wirklich seinen Kindern zugute kämen und nicht anderen Zwecken zugeführt würden, schuf eine solche Beschränkung nicht. . .

2. Ebenso rechtsirrig ist die Ansicht der Beschwerdeführerin, daß es, nachdem

sie nach Lübeck verzogen war, sich also an demselben Orte, wie der Vater ihrer Kinder, befand, einer besonderen Pflegschaft nicht mehr bedurft habe. Mag ihr auch die Personensorge zustehen, so ist doch das Recht des Vaters zur Vertretung der Kinder an sich unberührt geblieben. Als es sich jedoch darum handelte, Unterhaltsansprüche gegen ihn geltend zu machen, mußten die Kinder gemäß § 1909 einen Pfleger erhalten, einerlei, ob dies beantragt wurde oder nicht. In der Auswahl des Pflegers hatte das Vorm.Gericht völlige Freiheit, besonders hatte die Mutter keinerlei Anspruch, zum Pfleger bestellt zu werden. Vorschriften, wie sie über die Berufung zur Vormundschaft bestehen, sind für die Pflegschaft aus § 1909 nicht gegeben (§ 1916). Überhaupt könnte die einmal notwendig gewordene Pflegschaft nur dann aufgehoben werden, wenn der Grund für ihre Anordnung weggefallen wäre. Das ist nicht der Fall. Die Notwendigkeit, Ansprüche auf Gewährung angemessenen Unterhalts zu erheben, allenfalls sogar die Verurteilung des Vaters dazu zu erwirken, besteht nach wie vor, da der Vergleich nur bis Ende 1924 galt.

Eine andere Frage ist, ob sich die Mutter darüber beschweren kann, daß das LG. nicht, wie beantragt, den D. seines Amtes enthoben und sie damit betraut habe. Allein sie hat auch jetzt kein Recht darauf, nunmehr selbst zum Pfleger deshalb ernannt zu werden, weil keine örtliche Entfernung sie mehr an nachhaltiger Wahrnehmung des Unterhalts hindert. Ebenso wie bei der ersten Auswahl eines Pflegers stand es auch jetzt im freien Ermessen des VormGerichts, ob die bislang von D. geführte Pflegschaft etwa aus Zweckmäßigkeitsgründen der Mutter zu übertragen sei. Daß dies geschehen könne, auch ohne daß ein besonderer Grund, den bisherigen Pfleger zu entlassen, vorliege, hat das LG. nicht verkannt, aber ohne Rechtsverstoß für untunlich erachtet. ...

Endlich war die Entlassung des D. wegen nicht pflichtgemäßen Vorgehens in der Beschwerdeschrift berührt, und das LG. hatte auch ohne eigentlichen Antrag darüber zu befinden, ob nach § 1886 zu verfahren sei. Dies hat es aber auch keineswegs übersehen, vielmehr ausdrücklich erklärt, D. erscheine als neutrale Persönlichkeit, die für die Person des Pflegers allein in Frage komme, durchaus geeignet. Es darf angenommen werden, daß es zu diesem Urteil unter Würdigung des ganzen Sachverhalts gelangt ist, wenn es das auch im einzelnen nicht weiter ausgeführt hat. Das erhellt auch aus seiner Feststellung, daß die Mutter gegen die Person des Pflegers an sich keine Gründe vorbringen könne...

β) Verkehrsregelung nach Entziehung des Personensorgerechts.

Kammergericht, ZS. 1a. Beschluß v. 6. März 1925 (x 162).

Der Witwe ist das Personensorgerecht hinsichtlich der Tochter Emilie entzogen. Der Sorgerechtspfleger ist daher allein befugt, über den Verkehr der Tochter mit anderen Personen, also auch mit der Mutter, zu bestimmen. Er hat nach pflichtmäßigem Ermessen zu entscheiden, in welchem Umfang er ihn gestatten will. Das Vorm.-Gericht kann insoweit nur einschreiten, wenn sich der Pfleger einer Pflichtwidrigkeit schuldig macht (§§ 1915, 1837). Eine solche kann unter Umständen darin liegen, daß er den Wünschen des Elternteils mit einer durch die

Zwecke der Erziehung nicht gebotenen Härte entgegentritt (RJA. 4 S. 139; RGKomm. § 1666[4]). Von diesen Gesichtspunkten aus ist es nach dem festgestellten Sachverhalte die Zurückweisung der Beschwerde rechtlich nicht zu beanstanden. Das LG. führt aus, gerade mit Rücksicht auf die schädlichen Einwirkungen, die die Besuche im Hause der Mutter auf die Emilie ausgeübt hätten, habe der Vorm.-Richter der Mutter das Sorgerecht entzogen. Die Emilie, die sich seit Jahren im Erziehungsheim des Frl. X. befindet, bekundet, daß sie über die abschreckenden Gespräche der Mutter und die andern unerwarteten Erlebnisse in deren Hause gar nicht hinwegkommen könne. Die Gefahr einer solchen Verletzung des unbefangenen Gemüts des Mädchens wiederhole sich aber mit jedem Besuch, bei dem die Mutter ihre Tochter allein bei sich im Hause habe, ja, sie steigere sich in dem Maße, als die Mutter seit neuerer Zeit die Erzieherin X. mit jenen auf das sinnliche Gebiet abzielenden Beschuldigungen überschütte. Ein unbewachter Verkehr im Hause der Mutter würde somit den Zweck der angeordneten Schutzmaßnahme vereiteln, zumal Emilie an ihrer fast blödsinnigen älteren Schwester und ihrem geistig zurückgebliebenen und unreifen Bruder keine Stütze gegenüber den Redensarten der Mutter finde und Emilie selbst ein leicht beeinflußbarer Charakter sei. Auf Grund dieser Erwägungen ist das LG. ebenso wie das Amtsgericht, das die Bestimmung des Pflegers ausdrücklich als keine mißbräuchliche bezeichnet hat, zu dem Ergebnisse gelangt, daß die in Verfolg der Bestimmung des Pflegers Platz greifende Beschränkung des persönlichen Verkehrs durch das Interesse der schutzbedürftigen Emilie gerechtfertigt werde. Damit ist aber rechtlich bedenkenfrei festgestellt, daß die Anordnung des Pflegers, die Tochter dürfe die Mutter nicht aufsuchen, die Mutter aber die Tochter zeitweise im Erziehungsheim besuchen, keineswegs eine durch die Zwecke der Erziehung nicht gebotene Härte bedeutet, eine Pflichtwidrigkeit des Pflegers (§§ 1915, 1837 BGB.) also nicht vorliegt. Weder die Mutter noch deren Bevollmächtigter brauchten zu dem Beweistermine zugezogen zu werden; die §§ 12, 15 FGG. sind also nicht verletzt. Ebensowenig ist nach dem oben dargelegten die Rüge einer Verletzung der §§ 1684, 1686, 1631, 1628 BGB. begründet. In der angeregten Beherbergung der Emilie bei dem Bruder der Mutter hat das LG. mit ausreichender Begründung einen genügenden Schutz nicht gefunden.

k) Anspruch einer wiederverheirateten Witwe auf Umbettung der Leiche ihres Mannes.

OLG. Hamburg, 6. ZS. Urteil v. 12. Juli 1924 (Bf. 430/23).

Hat wie hier, der Verstorbene selbst über seine Begräbnisstelle nicht verfügt oder sonst nichts geäußert, so bestimmt über Ort und Zeit der Beerdigung, wer die Kosten der Beerdigung getragen hat (RG. 5. Juli 1923), hier also die Beklagte. Da sie als Witwe neben dem gemeinsamen Kinde zugleich die nächste Hinterbliebene ist, hat sie danach grundsätzlich das Recht, die Grabstätte ihres Mannes Heinrich A. zu bestimmen. Darin ist aber das Recht auf Umbettung der Leiche eingeschlossen (Rsp. 16 S. 262, RG. 71 S. 20; 100 S. 172). Allerdings steht der Gewahrsam an einer schon bestatteten Leiche nicht den Angehörigen, sondern dem zu, der die Verfügung über den Friedhof hat, also regelmäßig der kirchlichen oder politischen

Gemeinde, der der Friedhof gehört (Warn. 5 Nr. 219; Olshausen, StGB. § 168⁴); dabei kommen vor allem öffentlich-rechtliche Interessen, besonders die Wahrung der Totenruhe in Betracht. Da aber vorliegend die im Grabkontrakte v. Ende 1916 für die Umbettung vorgesehene polizeiliche Genehmigung und Zustimmung des Ausschusses erteilt ist, so können aus jenen öffentlich-rechtlichen Gesichtspunkten, deren Berücksichtigung in erster Linie Sache der genannten Behörden ist, keine durchschlagenden Bedenken mehr erhoben werden. Wohl aber kommt die Wahrung der Totenruhe noch insofern in Betracht, als sie nicht nur durch die öffentlich-rechtliche Zweckbestimmung des Friedhofes gefordert wird, sondern grundsätzlich auch der sittlichen Volksanschauung entspricht. Daher müssen zunächst besonders dringende Gründe für die Umbettung vorliegen. Daß aber Mann und Frau, die sich im Leben am nächsten standen, auch im Tode zusammengehören, entspricht dem natürlichen menschlichen Empfinden (vgl. Rsp. 16 S. 262). Der dort behandelte Fall deckt sich mit dem vorliegenden insoweit, als hier wie dort die Beklagte mit dem verstorbenen Mann nur durch eine Umbettung vereinigt werden kann. Denn wenn auch sie selbst an der jetzigen Grabstätte — diese hatte der Vater des Verstorbenen und der beiden Kläger 1916 für sich und „seine gesetzlichen Erben" erworben — mitberechtigt ist, so muß sie nach der ausgesprochenen Stellungnahme der Kläger doch erwarten, daß diese die Beisetzung ihres zweiten Mannes auf diesem Platze später nicht dulden werden. Verschieden liegt der Fall der Beklagten freilich insofern, als sie nicht mehr eine alleinstehende Witwe, sondern durch ihre Wiederverheiratung in die Familie ihres jetzigen Mannes eingetreten ist. Dadurch ist aber, wie gerade ihr Wunsch der Umbettung in die von ihr 1918 neu erworbene, dem Widerstande der Kläger nicht erreichbare Grabstätte zeigt, ihr inneres Verhältnis zu ihrem ersten Gatten nicht berührt. Wohl aber hat sie infolge der Wiederverheiratung durch das Vorgehen der Kläger besonders zu leiden: sie sollte sich entscheiden, entweder bei ihrem ersten oder bei ihrem zweiten Mann beerdigt zu werden und dadurch im ersten Fall ihren zweiten Mann und im anderen Fall ihren Sohn erster Ehe zu verletzen; man wolle ihr nicht erlauben, neben ihrem ersten und neben ihrem zweiten Manne zu ruhen. — Nach dem Beweisergebnisse stehen ihr aber auch die im Volke, besonders in der Gemeinde B. vorherrschenden sittlichen Anschauungen zur Seite... Andrerseits wird der Widerstand der Kläger durch keinerlei Gründe rechtlicher oder sittlicher Art gerechtfertigt. Schon ihre Berufung auf den angeblichen Willen ihres 1918 verstorbenen Vaters ist verfehlt. Denn dieser hat durch den Erwerb des Grabes für „seine gesetzlichen Erben" wohl das Recht auf Beisetzung eröffnet, nicht aber eine Verpflichtung dazu begründet. Ein derartiges Bestimmungsrecht, das ihre Persönlichkeitsrechte unzulässig beeinträchtigt, stand ihm weder als Vater, noch aus dem Grabkontrakte zu. Auch die Kläger geben jetzt zu, daß sie nicht daran denken, für sich und ihre Familie den Platz als Grabstätte zu gebrauchen. Der väterliche Wille soll nur bezüglich des Heinrich A. für die Hinterbliebenen die Verpflichtung begründet haben, dessen Leiche auf dieser Grabstätte beizusetzen unter Ausschluß jeder Umbettung, und zwar mit der jetzt neu beigebrachten Begründung, weil der Verstorbene den väterlichen Hof übernommen hatte. Diese Annahme ist indessen völlig willkürlich, da sie sich weder auf den Grabkontrakt, noch auf sonstige Anhaltspunkte stützen kann. In B. gibt es schon seit 1904 keine Erbbegräbnisse mehr, d. h. solche, die mit einem bestimmten Besitztum, z. B. einem Hofe, unmittelbar zusammenhängen. Auch ist der 1912 von Heinrich A. übernommene Hof nicht mehr im Besitz der Familie. Jene Annahme ist aber schon im Hinblick auf die geringe Größe der Grabstelle, die nach der Beisetzung des Heinrich nur noch 5 freie Stellen hat, unhaltbar. Denn da auch vom Standpunkt der Kläger aus die Hofbesitzer nicht für sich allein, sondern neben ihrer Familie dort beigesetzt werden sollten, so hätte die Grabstätte kaum für mehr als die Familie des nächsten Besitzers ausgereicht. Hiervon abgesehen würde ein dahingehender Wille des Vaters für die Hinterbliebenen auch in dieser Beschränkung nicht verbindlich sein...

Mit Unrecht berufen sich die Kläger weiter auf ihre Stellung als Vollstrecker ihres Vaters. Denn der Grabkontrakt ist, jedenfalls soweit er zugunsten der gesetzlichen Erben des Heinrich A. abgeschlossen ist, keine letztwillige Verfügung, noch gehört das ihnen darin verbriefte Nutzungsrecht zum Nachlaß des Verstorbenen. Jenes Recht haben die Berechtigten vielmehr unmittelbar durch den Grabkontrakt erworben. Als Vollstrecker sind die Kläger auch nicht etwa Vertreter der Erben im allgemeinen oder des minderjährigen Sohnes des Heinrich im besonderen. Sie sind daher auch nicht dazu berufen, dafür zu sorgen, daß dessen Rechte an der Grabstätte erhalten bleiben; das haben sie, falls diese Rechte ihm streitig gemacht werden sollten, dem gesetzlichen Vertreter zu überlassen... Als Miterben haben die Kläger an dem Grabe aber keine weitergehenden Rechte, als die übrigen Erben oder als die Beklagte, die als Witwe unstreitig das gleiche Nutzungsrecht an dem Grabe hat, wie ihr verstorbener Mann. Die „Verfügung", von der im § 14 des Grabkontraktes die Rede ist, hat nach §§ 7, 13 im wesentlichen nur das Recht zur Benutzung des Grabes nach der Begräbnisordnung zum Inhalt. Dieses Nutzungsrecht schließt wohl ein Verbietungsrecht gegen die Beerdigung solcher Personen in sich, die am Grabe nicht berechtigt sind (Nöldecke, Hamb. Privatrecht § 62d), nicht aber ohne weiteres auch ein Widerspruchsrecht gegen die Ausgrabung und Umbettung einer dort bestatteten Leiche. Denn abgesehen davon, daß der Gewahrsam an einer solchen grundsätzlich der Gemeinde zusteht, der der Friedhof gehört, wird das Nutzungsrecht am Grabe durch solche Umbettung für die übrigen Berechtigten an sich nicht beeinträchtigt. Wohl wäre eine ideelle Störung jenes Rechts anzuerkennen, wenn ein sittliches Anrecht am Verbleiben der Leiche in dem Grabe verletzt wird; das ist aber dann zu verneinen, wenn die Umbettung durch stärkere sittliche Gründe gerechtfertigt wird...

l) Erbeinsetzung oder Vermächtnis? Ermittelungen des Grundbuchrichters.

Kammergericht, 1. ZS. Beschluß v. 12. Juni 1924 (X 236).

Der 1922 verstorbene Eigentümer A. ernannte in notariellem Testamente vom 31. Mai 1918 seine beiden Töchter Emma und Anna mit der Maßgabe zu seinen Erben, daß Emma die gesamte Wirtschaft mit allem Inventar und Mobiliar erhalten, dafür jedoch verpflichtet sein sollte, an die Anna „deren Erbteil" mit 7000 M. herauszuzahlen. Ferner sollte die Tochter, die das Testament anficht, auf den Pflichtteil gesetzt sein. Falls eine der Töchter den Erbfall nicht erlebt, treten an ihre Stelle ihre Kinder, für die ebenfalls die Bestimmung wegen der Anfechtung gelte. Auf den Antrag der Emma, sie aufgrund dieses Testaments als Eigentümerin einzutragen, verlangte das Grundbuchamt, da die Anna als Miterbin in Frage komme, die Auflassung durch sie. Das LG. trat dieser Ansicht bei. Von ihr aus hätte es jedoch den Antrag zurückweisen müssen. Denn er geht auf Berichtigung des Grundbuchs, wobei die Beschwerdeführerin sich zum Nachweise ihres Eigentums und damit der Unrichtigkeit des Grundbuchs auf das Testament ihres Vaters stützt (§ 22 GBO.). Ist sie nun nicht Alleinerbin, so kann der Antrag durch die Auflassung nicht die fehlende rechtliche Grundlage erhalten. Da dann kein behebbares Hindernis zu beseitigen ist, so hätten die Vorinstanzen von ihrem Standpunkt aus die Berichtigung ohne weiteres gemäß § 18 GBO. ablehnen müssen. Die Beschwerdeführerin ist also durch die Zwischenverfügung nicht beschwert. Dagegen sind aus einem anderen Grunde die Vorentscheidungen aufzuheben.

Das LG. hat zur Erforschung des Willens des Erblassers besondere Ermittelungen verwertet, nämlich eine Auskunft des Gemeindevorstehers über den Bestand und Umfang des Nachlasses eingeholt und festgestellt, wie die verwandtschaftlichen Beziehungen des Erblassers zu Anna entstanden sind. Wie aus § 36[1] S. 2 Halbs. 2 GBO. hervorgeht, ist allerdings das Grundbuchamt, dem zum Nachweise der Erbfolge eine in einer öffentlichen Urkunde enthaltene Verfügung von Todeswegen und das Eröffnungsprotokoll vorgelegt werden, verpflichtet, auf Grund dieser Urkunden selbständig zur Frage der Erbfolge Stellung zu nehmen, den Willen des Erblassers durch Auslegung zu ermitteln und etwaige Bedenken und Zweifel durch Anwendung des Gesetzes auf die Verfügung zu lösen. Es kann sich jedoch hierbei auf den Inhalt der Urkunden beschränken. Wird nach seiner Überzeugung „durch die Urkunden" die Erbfolge nicht nachgewiesen, sind vielmehr besondere Ermittelungen über außerhalb jener Urkunden liegende Umstände erforderlich, so kann es die Vorlegung eines Erbscheins verlangen (KGJ. 24 S. 221, 29 S. 159, 34 S. 233, 38 S. 225). Damit ist freilich noch nicht entschieden, ob es nicht von sich aus die gebotenen Ermittelungen vornehmen und so anstelle des Nachlaßgerichtes die Zweifel beseitigen darf. Nach der Rechtsprechung (KGJ. 48 S. 194) ist gemäß Art. 1 PrFG. mit Art. 1 AG. zur GBO. der § 12 FGG. nicht für das Grundbuchverfahren anwenbar; eine Ausnachme ist nur anerkannt für Fälle, in denen das Grundbuchamt wie z. B. im Fall des § 54 GBO. von Amtswegen tätig zu sein hat. Seine Verpflichtung, die Frage der Erbfolge aus den vorgelegten Urkunden selbständig zu prüfen, macht jedoch das ganze Verfahren ebensowenig zu einem von Amtswegen zu betreibenden wie seine Pflicht, die sonstigen Eintragungsunterlagen auf ihre Rechtswirksamkeit und Bedeutung zu erforschen. Befreit streng genommen die Nichtanwendbarkeit des § 12 FGG. das Grundbuchamt auch nur von der Pflicht, von Amtswegen die erforderlichen Ermittelungen vorzunehmen, so führt sie im Zusammenhang mit anderen Grundsätzen des formellen Grundbuchrechts doch auch zu der Annahme, daß auch ein Recht dazu nicht besteht. Den §§ 13, 29 ist zu entnehmen, daß der Antragsteller von sich aus alle für die Eintragung erforderlichen Unterlagen in vorgeschriebener Form beizubringen hat. Unterläßt er in dieser Hinsicht etwas, so ist nach § 18 GBO. zu verfahren; für irgendwelche ergänzende Ermittelungen des Grundbuchamts ist kein Raum. Der Benutzung ihres Ergebnisses würde in der Regel auch die Formvorschrift des § 29 entgegenstehen. Der Nachweis der Erbfolge ist in § 36 GBO. noch besonders geregelt, zunächst dahin, daß er ebenfalls dem Grundbuchamte zu führen ist, dann daß er nur durch Erbschein oder durch Vorlegung der in öffentlicher Urkunde enthaltenen Verfügung von Todeswegen und des Eröffnungsprotokolls geführt werden kann. Reichen Verfügung und Protokoll dazu nicht aus, so tritt nunmehr der in § 36 S. 1 ausgesprochene Grundsatz wieder in Kraft, wonach die Erbfolge nur durch einen Erbschein bewiesen werden kann. Damit werden die zur Auslegung des Testaments erforderlichen Ermittlungen dahin verwiesen, wo sie nach den dafür gegebenen besonderen Vorschriften (§§ 2358 BGB., 12 FGG.) hingehören und ungehindert durch Formvorschriften vorgenommen werden können, nämlich an das Nachlaßgericht. Zugleich werden dadurch abweichende Ergebnisse bei Grundbuchamt und bei Nachlaßgericht und die daraus für die Beteiligten folgende Unsicherheit verringert. Hier sind — darin ist dem LG. beizupflichten — noch besondere Ermittlungen über außerhalb des Testaments liegende Umstände geboten; nach dem sachlichen Inhalt der Verfügung kann Anna Vermächtnisnehmerin sein, obwohl der Erblasser sie als „Erbin" bezeichnet.

Für diese Feststellung ist die Ermittlung notwendig, welchen Umfang der Nachlaß hat, besonders ob neben der Wirtschaft und Mobiliar noch weiteres Vermögen vorhanden ist. Denn hat der Erblasser abgesehen von Kleidungsstücken nur die Wirtschaft samt Inventar besessen, so hat er der Emma sein ganzes Vermögen zugewendet und diese damit nach §§ 2087, 1922[1] BGB. zu Alleinerbin gemacht. Die 7000 M. sind dann neben dem der Beschwerdeführerin zugewendeten Vermögen nicht vorhanden und stellen daher keinen besonderen Teil des Nachlasses dar; es ist vielmehr der alleinige Erbe mit einem Vermächtnisse beschwert (KGJ. 35 S. 80). Auch der übrige Inhalt des Testaments rechtfertigt nicht ohne weiteres die Annahme, daß Anna nach dem Willen des Erblassers auf jeden Fall Erbin sein soll. Wenn das LG. dies aus den Folgen der Anfechtung entnimmt und meint, daß auf den Pflichtteil nur der Erbe gesetzt werden könne, so ist in dieser Allgemeinheit die Ansicht unzutreffend. Auch der Erbe kann nur dann auf den Pflichtteil gesetzt werden, wenn er überhaupt zu den Pflichtteilsberechtigten gehört (§ 2303 BGB.). Andererseits ist die letztwillige Bestimmung unter Umständen rechtlich möglich und von verständlichem Sinn, daß der Vermächtnisnehmer, der mit der Zuwendung unzufrieden ist, auf den Pflichtteil gesetzt sein soll, nämlich dann, wenn ein Pflichtteilsberechtigter mit einem Vermächtnisse bedacht ist, das über den Wert des Pflichtteils hinausgeht. Ist der Erblasser davon ausgegangen, daß er die Anna mit 7000 M. in höherem Maße bedachte, als ihr durch den Pflichtteil zugeflossen wäre, so könnte der erwähnten Anordnung sein Wille entnommen werden, daß Anna für den Fall der Anfechtung des Testaments nicht den zugewendeten höheren Betrag, sondern lediglich den geringeren Pflichtteilsbetrag erhalten sollte. Hiernach ist auch der Wert festzustellen, den der Nachlaß bei Errichtung des Testaments gehabt hat. Aber auch die weitere Anordnung, daß, falls Anna den Erbfall nicht erlebe, ihre Kinder an ihre Stelle treten, spricht nicht unbedingt für eine Miterbschaft. Das LG. führt aus, daß ein Vermächtnis gewöhnlich eine Vermögenszuwendung an den Vermächtnisnehmer persönlich ist, ohne daß der Erblasser dabei an diesen Erben denke. Allein der § 2069 vermutet auch beim Vermächtnis das Vorliegen eines der Testamentsbestimmung entsprechenden Willens des Erblassers. Die Bestimmung über die Folgen der Anfechtung hat schließlich den Kindern gegenüber keine andere Bedeutung als gegenüber der Anna selbst. Hiernach sind Ermittelungen notwendig, die dem Nachlaßgericht im Erbscheinsverfahren zufallen.

m) Vorerbschaft[1]: α) Zur Auslegung des § 2104 BGB.

Kammergericht, 1. ZS. Beschluß v. 20. Nov. 1924 (X 488).

Der 1922 kinderlos verstorbene A. und seine Frau ordneten im gemeinschaftlichen Testament folgendes:

„Wir setzen uns gegenseitig als Vorerben mit der Maßgabe ein, daß dem Überlebenden von uns die von aller Aufsicht und Rechnungslegung befreite Verwaltung unseres beiderseitigen Vermögens bis zu seinem Tode oder bis zur etwaigen Wiederverheiratung behält. Für den Fall, daß Kinder aus unserer Ehe hervorgehen, sind diese Nacherben. Der Überlebende ist berechtigt, unter Lebenden über die Substanz zu verfügen, namentlich Grundstücke zu veräußern und Hypotheken einzuziehen und abzutreten. Was nach dem Tode des Letztlebenden übrig ist, teilen dann unsere Kinder nach der gesetzlichen Erbfolge."

Auf Antrag der Frau erteilte das Nachlaßgericht einen ihr alleiniges Erbrecht als Vollerbin ausweisenden Erbschein und wies den Antrag des Bruders des Erblassers, den Erbschein wegen Unrichtigkeit einzuziehen, zurück. Das LG. dagegen nahm an, daß aus dem Testament ein Wille des Mannes, seine Frau für den Fall der kinderlosen Ehe zur unbeschränkten Erbin einzusetzen, nicht sicher zu entnehmen sei. Diese Auffassung offenbart eine unrichtige rechtliche Einstellung bei Beurteilung der Nacherbschaftsfrage. Nach dem Testamente sind zu unterscheiden der Fall, daß aus der Ehe Kinder hervorgehen, und der Fall, daß die Ehe kinderlos bleibt. Für den ersten Fall ergibt die Verfügung unzweideutig, daß der Überlebende Vorerbe und bei seinem Tode oder seiner Wiederverheiratung die Kinder Nacherben sein sollen. Für den zweiten Fall findet sich keine ausdrückliche Regelung. Die gesetzlichen Erben des Mannes können hier nur dann als Nacherben in Betracht kommen, wenn § 2104 Anwendung findet, also der Wille des Erblassers dahin zum Ausdruck gelangt ist, daß der Erbe nur bis zu dem Eintritte eines bestimmten Zeitpunktes oder Ereignisses Erbe sein sollte. Die Nacherbfolge der gesetzlichen Erben des Mannes tritt mithin für den Fall der kinderlosen Ehe nur ein, wenn nach dem Testamente der Wille des Manns feststeht, daß seine ihn überlebende

---

[1]) Über den Begriff der außerordentlichen Lasten des § 2126 vgl. Bayer. ObersteLG. 20.10.23 (Samml. 22 S. 323).

Frau auf jeden Fall, also gleichviel ob Kinder aus der Ehe hervorgehen oder nicht, nur bis zu ihrer Wiederverheiratung oder bis zu ihrem Tode die Erbschaft behalten solle. Nur dieser Wille ist für die Anwendung des § 2104 von Bedeutung... Nach dem Wortlaut der Bestimmung, in der sich die Eheleute gegenseitig zu Vorerben einsetzen, könnte es scheinen, als solle der Überlebende ganz allgemein nur Vorerbe sein. Die weiteren Verfügungen ergeben aber, daß die Eheleute bei der Nacherbschaft nur den Fall im Auge gehabt haben, daß Kinder aus der Ehe hervorgehen. Für diesen Fall haben sie bestimmt, daß die Kinder Nacherben sein sollen. Vor allen Dingen aber spricht der Satz des Testaments, daß das, was nach dem Tode des Letztlebenden übrig ist, dann die Kinder nach der gesetzlichen Erbfolge teilen sollen, für den Willen der Erblasser, daß nur eine Nacherbschaft ihrer Kinder in Frage kommen soll. Der Umstand, daß die Eheleute für den Fall, daß die Ehe kinderlos bleiben sollte, keine Nacherbenbestimmung getroffen haben, weist ebenfalls daraufhin, daß sie nur bei Vorhandensein von Kindern den Eintritt der Nacherbfolge gewollt haben. Im Testament ist jedenfalls der Wille der Eheleute nicht zum Ausdruck gekommen, daß der Überlebende auch dann nur bis zu seiner Wiederverheiratung oder bis zum Tode Erbe sein solle, wenn die Ehe kinderlos bliebe. Außerhalb des Testaments liegende Umstände, die eine solche Auslegung des Testaments rechtfertigen, sind nicht beigebracht....

Der Antrag, dem Beschwerdeführer sämtliche Kosten aufzuerlegen, kann nur auf Art. 9 Pr. FG. gestützt werden. Dieser gibt dem Gericht aber nur das Recht, auf Antrag einen Beteiligten in gewisse Kosten des Verfahrens zu verurteilen; ob es davon Gebrauch machen will, ist in sein Ermessen gestellt. Der vorliegende Fall eines Streites über die Auslegung eines Testaments bietet keinen Anlaß, die Verurteilung auszusprechen.

β) Beschränkung des Vorerben über das Gesetz hinaus.

Kammergericht, 1. ZS. Beschluß v. 11. Dez. 1924 (X 481).

Der 1914 verstorbene A. hatte 1895 zusammen mit seiner Frau ein wechselseitiges Testament errichtet, in welchem sie sich gegenseitig und neben sich die aus der Ehe hervorgehenden Kinder zu Erben einsetzten. Ferner sollte der Überlebende, gleichviel ob Kinder vorhanden sind oder nicht, das Alleineigentum an allen zum Nachlaß gehörigen beweglichen Sachen mit Ausschluß des baren Geldes und des Kapitalvermögens erhalten. Für den Fall, daß Kinder vorhanden sind, ordneten sie an:

Es erbt der Überlebende bis zu seiner Wiederverheiratung eventuell also auf Lebenszeit den Nießbrauch am gesamten Nachlasse, soweit er ihm nicht... zum ausschließlichen Eigentum überwiesen ist oder wird. Substanzerben sind die Kinder.

Ist die Frau die Überlebende, so steht ihr, so lange sie Witwe bleibt, die Verwaltung und Verfügung über die Substanz des Nachlasses in Gemeinschaft mit den Kindern oder mit ihren gesetzlichen Vertretern zu. Überlebt der Mann die Frau, so führt der Witwer allein die Verwaltung und Verfügung über die den Kindern angefallene Substanz.

Schreitet der Überlebende zur ferneren Ehe, so fällt ihm vom Tage der Wiederverheiratung ab, das Eigentum an der Substanz — Hälfte — des Nachlasses zu, während die andere Hälfte den Kindern verbleibt.

Auf Antrag der Witwe hat das Nachlaßgericht 1914 einen Erbschein dahin erteilt, daß sie Vorerbin und die vier Kinder je zu ¼ Nacherben des Erblassers sind, und daß die Nacherbfolge mit dem Tode der Vorerbin hinsichtlich des gesamten, im Falle ihrer Wiederverheiratung hinsichtlich der Hälfte des Nachlasses eintrete. Der Antrag des Sohnes Adolf, den Erbschein wegen Unrichtigkeit einzuziehen, wurde zurückgewiesen. Die weitere Beschwerde ist begründet.

Die rechtliche Möglichkeit, ein Testament, durch das der Erblasser seine Frau und seine Kinder ohne nähere Bezeichnung zu Erben einsetzt, aber der Witwe bis zu einem bestimmten Zeitpunkte den Nießbrauch und die Verwaltung des Nachlasses sowie die Verfügung über dessen Substanz unter Lebenden einräumt, dahin aufzufassen, daß die Frau Vorerbin und die Kinder Nacherben sein sollen, ist bereits in KGJ. 38 S. 124 anerkannt.... Diese Annahme wird vorliegend nicht schon durch die Bestimmung ausgeschlossen, wonach der überlebenden Frau, solange sie Witwe bleibt, die Verwaltung und Verfügung über die Substanz nur in Gemeinschaft mit den Kindern zustehen soll. Damit wird zwar ihre Verfügungsbefugnis über die §§ 2113/5 hinaus beschränkt, so daß sie abweichend von § 2112 auch über das zum Nachlaß gehörige Handelsgeschäft des Mannes nur zusammen mit den Kindern zu verfügen berechtigt ist. Eine solche über das Gesetz hinausreichende Beschränkung ist aber mit der Stellung eines Vorerben nicht unvereinbar. Das RG. (JW. 1918 S. 434[3]) hat daher eine Vorerbschaft nicht deswegen abgelehnt, weil nach dem Testamente der Vorerbe zur Verfügung über die Substanz des Nachlasses nur mit Zustimmung der zu Nacherben eingesetzten Kinder befugt sein sollte. Zu berücksichtigen ist indes, daß eine Bestimmung, durch die die Verfügungsberechtigung des Vorerben über den gesetzlichen Umfang hinaus eingeengt wird, nach § 137 nur verpflichtende, nicht dingliche Kraft haben kann (vgl. Kipp a. a. O. Note). Diese Rechtslage führt jedoch nicht dahin, hier eine Vorerbschaft schon dann zu verneinen, wenn die Frau derart an die Mitwirkung der Kinder gebunden sein sollte, daß bei deren Fehlen sie der Verfügungsbefugnis überhaupt ermangelt. Denn wie aus dem Gesamtinhalte der Anordnungen hervorgeht, sollte die Rechtsstellung der beiden Ehegatten grundsätzlich gleich sein. Eine Abweichung ist nur insoweit vorgesehen, als die überlebende Frau die erwähnte Einschränkung erleiden soll. Da auf Seiten des Mannes die aus dieser Beschränkung der Frau von der Beschwerde hergeleiteten Bedenken nicht in Betracht kommen, so stände nichts im Wege, den überlebenden Mann als Vorerben anzusehen. Daraus folgt aber, daß der Wille der Erblasser dahin gegangen ist, auch die Frau als Vorerbin einzusetzen. Als Besonderheit sollte bei ihr nur die Einschränkung in der Verwaltung und Verfügung hinzutreten. Da diese, falls ihr nach dem Testamente dingliche Wirkung zukommen sollte, mit Rücksicht auf § 137 nicht zum Inhalt der Vorerbschaft gemacht werden kann, so ist die vorgeschriebene Mitwirkung der Kinder bei der Verwaltung und Verfügung des Nachlasses auch als eine neben der Vorerbschaft getroffene besondere Anordnung zu verstehen. Als solche kommt allein die Testamentsvollstreckung in Frage. Rechtliche Bedenken, die Bestimmung bei gewollter dinglicher Bindung der Frau dahin aufzufassen, daß die Kinder zu Vollstreckern lediglich mit der Aufgabe ernannt werden, bei der Verwaltung der Vorerbin und ihrer Verfügung über den Nachlaß mitzuwirken, liegen nicht vor (vgl. auch Rsp. 40 S. 136). Aber auch die anderen Einwendungen der Beschwerde sind nicht gerechtfertigt. Zutreffend ist allerdings, daß, wer Vorerbe sein soll, auch wahrer Erbe und demgemäß Eigentümer der Nachlaßsachen sein muß. Es ist jedoch irrig, daß Vorerbschaft hier schon im Hinblick auf die Bestimmung, wonach die Kinde die Substanzerben sein sollen, nicht in Frage kommen könne. Eine solche Auslegung würde entgegen dem § 133 der Wortfassung, nicht dem aus dem Gesamtinhalte des Testaments zu entnehmenden wirklichen Willen der Erblasser maßgebende Bedeutung beilegen. Es ist aber auch nicht einzusehen, warum das eine Wort mehr Gewicht haben soll als das andere, nämlich, daß auch die Frau Erbe sein soll. Im Hinblick hierauf ist es nicht rechtsirrtümlich, wenn das LG. den Ausdruck „Substanzerbe" nicht im engsten, d. h. buchstäblichen Sinne auslegt. Mit Recht beruft es sich auf die für den Fall der Wiederverheiratung getroffene Regelung. Wie aus seinen Ausführungen zu diesem Punkte hervorgeht, nimmt es offensichtlich an, daß die die Wiederverheiratung betreffende Anordnung auf eine Minderung und Einschränkung der bisherigen Rechte des Ehegatten abziele. Es legt daher augenscheinlich die erwähnte Bestimmung dahin aus, daß der Überlebende bei der Wiederverheiratung die Hälfte des Nachlasses an die Kinder herauszugeben habe. Diese Auslegung ist rechtlich möglich und verstößt nicht gegen gesetzliche Auslegungsregeln. Sie vermeidet auch das gekünstelte, lebensfremde und ausschließlich von einer mißglückten Wortfassung abzuleitende Ergebnis, daß der Überlebende mit der Wiederverheiratung Nacherbe der Kinder wird. . . .

Liegen hiernach gegen die Annahme der Vorerbschaft keine Bedenken vor, so hat das LG. doch weiter zu prüfen, ob nicht die angeordnete Einschränkung dinglich wirken und als Anordnung einer Vollstreckung nach § 2364[1], in dem Erbschein anzugeben war. Die Unterlassung dieser Prüfung führt daher zur Aufhebung der Entscheidung und gibt zugleich die Möglichkeit, die Prüfung jetzt nachzuholen. Der Wortlaut und der offensichtliche Zweck der Anordnung ergeben nun, daß der überlebenden Frau die Verfügungsberechtigung nur in Gemeinschaft mit den Kindern zustehen, ohne Mitwirkung der Kinder aber entzogen sein solle. Die Beschränkung soll also dingliche Wirkung haben. Daraus folgt, daß die Kinder zu Vollstreckern ernannt sind mit der Aufgabe, bei der Verwaltung und Verfügung der Vorerbin mitzuwirken.

n) Aufwertung des Übernahmepreises bei Vermächtnis.

OLG. Stuttgart, 3. ZS. Urteil vom 2. Juli 1924.

Der Anfang 1923 gestorbene M. räumte der Klägerin, seiner Nichte, im Testament vom 20. Febr. 1920 das Recht ein, aus dem Nachlasse das Wohnhaus nebst Garten um 25000 M. zu übernehmen. Sie verlangt vom beklagten Erben die Auflassung gegen Bezahlung der 25000 PM. Allein M., der die Liegenschaft 1915 beim Tode seiner Frau um 16000 M. übernommen hatte, war sich, als er wissentlich den unter den damaligen Wert bleibenden Übernahmepreis festsetzte, der inzwischen eingetretenen Entwertung der Mark bewußt und bestrebt, ihn in angemessene Beziehung zum Wert des Grundstücks zu setzen. Er wollte das Anwesen nicht nahezu unentgeltlich zuwenden; denn die 25000 M. stellten zur Zeit der Testamentserrichtung $^5/_6$ des damaligen Grundstückswertes, nach den Lebenshaltungszahlen etwa 3000 GM. dar; er hatte aber dabei auf die ihm von der Klägerin 20 Jahre lang geleisteten Dienste erhebliche Rücksicht nehmen wollen und genommen. Mit einer so gewaltigen Entwertung der Mark, wie sie bis 1923 eintrat, hatte er nicht gerechnet. Ist davon auszugehen, daß er den Übernahmepreis auf einen dem damaligen Wert von 25000 PM. entsprechenden Betrag festsetzen wollte, so kommt es darauf nicht an, wie er sich in der Folge zu der durch die weitere Geldentwertung geschaffenen Lage gestellt hat. Maßgebend ist lediglich sein im Testament ausgedrückter Wille. Er hatte bei dem lange ziemlich gleichbleibenden Wert der Mark zunächst keinen Anlaß, sich mit den Folgen der Geldentwertung für die Höhe des Übernahmepreises zu beschäftigen; ob und welche Gedanken er später sich darüber machte und vielleicht auch äußerte, ist für die Bemessung des Preises nicht maßgebend. Die Klägerin hat ihre Zahlungspflicht nach § 242 zu erfüllen, daher nicht mit wertlosem Papiergeld; ihre Leistung muß in angemessenem Verhältnis zur Gegenleistung stehen, wie es der Erblasser bestimmte. Bei dem Maß der Aufwertung ist zu berücksichtigen, daß sich die Grundstückspreise zur Zeit der Testamentserrichtung dem gesunkenen Wert der Mark noch nicht angepaßt hatten und daher in Papiermark ausgedrückt unverhältnismäßig niedrig waren. Es erscheint angemessen, nicht die damaligen Preise, von denen der Erblasser kaum eine genügende Vorstellung hatte, sondern die ihm geläufigen Kosten der Lebenshaltung zugrunde zu legen und demgemäß den Preis auf 3000 GM. aufzuwerten. S.

o) α) Haftung des Vollstreckers wegen Entwertung. Neuer Anspruch.
OLG. Hamburg, 3. ZS. Urteil v. 20. Mai 1924 (Bf. 241).

Die Kläger haben jetzt im Einverständnis der Beklagten erklärt, die Klage gegen diese auch in deren eigenem Namen gerichtet wissen zu wollen. Damit ist nicht etwa die Klage geändert oder erweitert, vielmehr tatsächlich eine neue Klage erhoben gegen Personen, die als solche bis dahin nicht Prozeßpartei waren. Denn bislang waren die Beklagten in ihrer Eigenschaft als Vollstrecker verklagt, jetzt dagegen würden sie im eigenen Namen belangt. Wäre dieses Verfahren zulässig, so könnte folgerichtig noch im zweiten Rechtszuge die Klage gegen ein ganz anderes Rechtssubjekt als gegen die bisher verklagte neu gerichtet werden können. Das wäre gleichbedeutend mit der Anstellung einer neuen Klage auf einem dafür von der ZPO. nicht vorgesehenen Wege, der, weil öffentlichen Rechtens, auch mit Zustimmung des Gegners nicht beschritten werden darf (RG. JW. 1903 S. 46[1]). . . .

Die Kläger verlangen Aufwertung ihrer Forderung auf Herausgabe des ihnen zukommenden Gesamtguthabens. Allein dieses Verlangen ist trotz des seit der Klageerhebung (März 1922) bestehenden Verzuges der Beklagten nicht gerechtfertigt, eben weil diese nicht persönlich, sondern als Vollstrecker belangt worden sind. Eine Verpflichtung oder Veranlassung, die in ihrer Verwaltung befindlichen Werte anders als in damals mündelsicheren, also heute wertlosen Papieren, anzulegen, bestand für sie nicht. V.

Dazu: OLG. Hamburg, 1. ZS. Beschluß v. 26. Januar 1925 (F 9).

Das Gericht hat sich bereits F 76/24 (vgl. Rsp. 43 S. 403) dahin entschieden: erst am 1. Oktober 1923 sei die Geldentwertung soweit fortgeschritten und die Möglichkeit, eine Aufwertung gerichtlich durchzusetzen, soweit gesichert gewesen daß die Löschungsbewilligung gegen Rückzahlung des dem Nennbetrag entsprechenden PMBetrags objektiv und subjektiv nicht mehr als entgeltliche Verfügung habe angesehen werden können. Daran ist festzuhalten. Die Beschwerdeführer berufen sich auf den Beschluß (oben S. 60) mit Unrecht. In jenem Falle ist nicht entschieden, daß eine am 30. Juni 1923 getroffene Verfügung der gedachten Art unentgeltlich sei. Diese Frage ist vielmehr als zweifelhaft hingestellt; nur deshalb hat das Gericht keine Rechtsverletzung darin sehen können, daß von einem befreiten Vorerben, von dem der nach § 29 GBO. zu erbringende Nachweis der Entgeltlichkeit seiner Verfügung zu fordern ist (anders als beim Vollstrecker), die Zustimmung der Nacherben verlangt wurde. V.

β) Zur Anwendung des § 2224[1] BGB.[1]).

OLG. Hamburg, 1. ZS. Beschluß v. 12. Juni 1924 (F 27).

Das Testament ermächtigt die Vollstrecker, einen Mitvollstrecker zu ernennen, wenn ihnen das im Interesse der Abwicklung des Testaments nützlich erscheint. Die Auslegung des LG., daß nur der übereinstimmende Wille beider Vollstrecker dazu führen könne, einen dritten Vollstrecker zu ernennen, nicht aber das Nachlaßgericht auf Anrufung des einen und gegen den Willen des anderen diese Ernennung verfügen dürfe, verstößt nicht gegen anerkannte Auslegungsregeln. Dann ist aber für eine Meinungsverschiedenheit über die Nützlichkeit jener Zuwahl über die das Nachlaßgericht gemäß § 2224[1] zu entscheiden habe, kein Raum. V.

κ) Entlassung des gemäß § 2222 bestellten Vollstreckers. Gehören die vom Vorerben infolge Kapitalserhöhung hinzuerworbenen Geschäftsanteile zum Nachlaß?

Kammergericht, 1. ZS. Beschluß v. 10. April 1924 (X 121).

... Wendet man die Grundsätze der Beschlüsse (Rsp. 9 S. 407, 37 S. 259, KGJ. 36 S. 73) auf den hier mit dem besonderen Wirkungskreise des § 2222 bestellten Vollstrecker an, so war sein Einschreiten gegen den Vorerben gegeben, wenn die seiner Tochter abgetretenen Geschäftsanteile Bestandteile der durch die Nacherbfolge gebundenen Nacherbschaft geworden sind. Auch bei entgeltlicher Verfügung müßte er zum Schutze der Nacherben tätig werden, da der Vorerbe durch ordnungswidrige Verwaltung die Herausgabepflicht (§ 2130) verletzen würde. Die hinzuerworbenen Anteile der Zuckerfabrik, soweit sie auf die vererbten 30 Anteile zurückgehen, haben, da es um einen Erwerb des Vorerben handelt, Nachlaßeigenschaft nur dann erlangt, wenn § 2111[1] eingreift. Nach

[1]) Der § 2224 S. 1 bezieht sich nur auf eine den Vollstreckern als solchen obliegende, und von ihnen gemeinschaftlich vorzunehmende Amtsausübung, also nicht auf die Weitergabe eines von dem einen Vollstrecker verfaßten Rundschreibens, das eine Klärung darüber, wer von den Vollstreckern noch das Vertrauen der Erben genieße, herbeiführen und eine Auswahl unter ihnen treffen will, um die Verteilung des Nachlasses zu beschleunigen (KG. 7. Sept. 1922, 1 x 250).

Angabe des Beschwerdeführers handelt es sich bei den durch die Kapitalserhöhungen infolge der Geldentwertung geschaffenen neuen Anteilen nicht um Gratisanteile in dem Sinne, daß die Gesellschafter überhaupt nichts zahlten. Vielmehr sind 3/4 des Nennbetrages aus den von der Gesellschaft nicht verteilten Erträgnissen entnommen und der Rest durch Zuzahlung aufgebracht worden. Die wirtschaftliche Ursache für die mehrmaligen Erhöhungen, die eine Zuckerfabrik in den letzten Jahren in solcher Weise bis zur Verzwanzigfachung ihres ursprünglichen Stammkapitals vornimmt, ist nicht der Geldbedarf, sondern ein Geldüberfluß. Das ziffernmäßige Anschwellen der Gewinne gestattet nicht mehr eine Ausschüttung auf das geringe Stammkapital in der Form einer nicht als hoch erscheinenden Dividende. Die Erhöhungen bezweckten, jenes Kapital in ein ziffermäßig angemessenes Verhältnis zu den Erträgnissen zu bringen. Natürlich ging die Schaffung der neuen Anteile auf Kosten des inneren Wertes der alten; nunmehr stellt der einzelne Anteil eine um das 20 fache geringere Beteiligung am Unternehmen dar. Demgegenüber kann sich dessen Goldwert nicht nennenswert gehoben haben, da der Gesellschaft durch die Begabung der neuen Anteile zum Nennbetrag in Papiermark nur ganz geringe Mittel zugeflossen sind. Der Anteilsinhaber wäre daher schwer geschädigt, wenn er nicht an Stelle eines Anteils nun deren 20 besäße. Dieser Ausgleich für die Entwertung, die den einzelnen Anteil betroffen hat, will der Beschwerdeführer nicht den Nacherben zugestehen, sondern ihr Recht auf die alten 30 Anteile beschränken. Welche Nachteile sich aus diesem Standpunkte für die Nacherben ergeben, läßt sich deutlich aus den Wirkungen der Umstellung erkennen, zu der die Gesellschaft auf Grund der VO. v. 28. Dez. 1923 genötigt sein wird. Das Stammkapital kann wieder auf den ursprünglichen Betrag zurückgeführt werden. Das Ergebnis kann sein, daß den Nacherben bei Eintritt der Nacherbfolge 30 Geschäftsanteile nicht mehr über je 1000 M., sondern über je 50 M. zufallen (vgl. §§ 5[1], 10[1] VO.).

Nach § 2111[1] ist nun die Zugehörigkeit der neuen Anteile zur Erbschaft kraft dinglicher Surrogation anzuerkennen. Ein Erwerb der ersten Gruppe ist allerdings nicht gegeben (KGJ. 50 S. 210). Ob ein Erwerb als Ersatz für Beschädigung vorliegt, ist zweifelhaft; es fragt sich, ob dem mit der Vorstellung einer körperlichen Sache verknüpften Begriff auch die Wertminderung unterfallen kann. Das kann hier unentschieden bleiben. Denn jedenfalls läßt sich der Erwerb in die dritte Gruppe zwangslos einreihen. Der rechtsgeschäftliche Erwerb der neuen Anteile ist dem Vorerben nur durch den Besitz der zur Erbschaft gehörenden Anteile möglich geworden. Diese sind zwar nicht aufgegeben, haben aber durch den Erwerb der neuen an Wert eingebüßt. Wirtschaftlich betrachtet, sind die neuen Anteile mit den alten bezahlt worden. Bei der Maßgeblichkeit wirtschaftlicher Anschauungen für den Ausdruck „mit Mitteln" ist ein mit Mitteln der Erbschaft erfolgter Erwerb anzunehmen. Die Eigenschaft von Nutzungen haben die neuen Anteile; es finden hier die für das Bezugsrecht anerkannten Grundsätze entsprechende Anwendung (Rsp. 24 S. 239, 36 S. 282)....

Die Entlassung des Vollstreckers wäre aber auch ohne bestimmte Stellungnahme zur Frage der Surrogation gerechtfertigt. Es mußte genügen, daß sich der Standpunkt der Nacherben durchaus vertreten ließe, ihre Rechte also mit Aussicht auf Erfolg geltend gemacht werden können. Schon bei solcher Sachlage ist es Pflicht des Vollstreckers, gegen den Vorerben, gegebenenfalls auch gegen die Empfängerin der Anteile zum Schutze der Nacherben vorzugehen.

Dazu: Kammergericht, 1. ZS. Beschluß v. 13. März 1924 (X 96).

In dem Rechtsbegriffe des „Eigennutzes" vom Gesichtspunkt einer groben Pflichtverletzung des § 2227 sieht das LG. zutreffend eine durch die Sachumstände nicht gebotene und deshalb die gesetzlichen Verwaltungspflichten eines Vollstreckers (§ 2216 f.) verletzende Bevorzugung der eigenen geldlichen Interessen vor den der Erben. Als den hervortretendsten Ausdruck für ein solches Verhalten sieht es zutreffend in der dem Abkommen über Abänderung der Vergütung beigefügten Verrechnungsklausel, daß Vorschüsse in Papiermark bei der Schlußabrechnung nach dem zu dieser Zeit geltenden Markkurs abzurechnen seien und in dem ausschließlich zur Honorardeckung veranlaßten und verwerteten Verkauf der 45 Aktien, des wesentlichen Teils der überhaupt greifbaren Nachlaßwerte.

p) **Testament**[1]**; α) Errichtung an mehreren Tagen.**

Kammergericht, 1. ZS. Beschluß v. 4. Januar 1923 (x 360).

Nach RG. 43 S. 379 ist ein stückweise entstehendes Privattestament gemäß franz. Rechte nach dem Tage zu datieren, an dem der letzte Teil geschrieben wird. Die Rechtsprechung zum BGB. hat diesen Gesichtspunkt übernommen und dahin begründet, daß das vor dem Abschlußtage Geschriebene rechtlich nur Entwurf sei (Rsp. 12 S. 377, 18 S. 346/8, 24 S. 92/5). Sie trifft aber nicht einen Fall, wie den hier vorliegenden; denn bei einheitlicher, über mehrere Tage sich erstreckender Errichtung ist das an den vorhergehenden Tagen Geschriebene nicht Entwurf, sondern Abschnitt oder Bestandteil der Errichtung selbst und es gibt keine Vorschrift, die die Fiktion rechtfertigte, daß nur der letzte Tag der alleinige Errichtungstag sei. Vielmehr wird der Datierungsvorschrift bei genauer Erfüllung dadurch zu genügen sein, daß die fortschreitende Schrift je nach dem Tage der Niederschrift datiert wird, wie in gleichem Fall ein Richter (Notar) verfahren würde. Der Erblasser hätte mithin der am 3. Okt. geleisteten Unterschrift die

[1] a) Die „Zession" überschriebene Urkunde läßt sich nicht als formloses Testament gemäß § 140 (vgl. JW. 1910 S. 467[3]) aufrechterhalten, weil sie Gegenleistungen für die unter Lebenden beabsichtigte Rechtsübertragung voraussetzt, also ein einseitiger, nur auf eine Zuwendung gerichteter Wille, wie er beim Testament geäußert wird, nicht bestanden hat (RG. 31. Mai 1923, 1 x 128).

b) Mit dem 4. ZS. des RG. (85 S. 120; JW. 1918 S. 368[7]) ist die Frage, ob die Erklärung des letzten Willens und die Vorlesung des Protokolls zu einem Akte zusammengefaßt werden dürfen, zu verneinen; ob der entgegengesetzten Ansicht des 3. ZS. (RG. 92 S. 27) für den dort behandelten Fall der Übergabe des Testaments beigetreten werden kann, ist hier nicht zu entscheiden (RG. 10. April 1924, 1 x 147).

c) Dem § 2241[2] ist genügt, wenn im Eingange der Niederschrift nur der Name des Richters A. aufgeführt ist, am Schluß aber unter der Unterschrift des Erblassers noch das Wort „Nachrichtlich" mit den Unterschriften „A" und „M" steht, die dadurch als die Unterschriften derer gekennzeichnet werden, die damals mit dem Erblasser verhandelt und die Niederschrift aufgenommen haben OLG. Jena, 3 ZS.Urteil v. 26. Mai 1924; JW. 387).

Worte „Fortgesetzt" oder „zu Ende geführt in A. am 3. Okt. 1921" hinzusetzen müssen. Es fragt sich also, ob die hier nur nach dem ersten Tage datierte Akt die Nichtigkeit des Testaments herbeiführt. Wer dies bejaht, muß auch das nach Mitternacht beendete, nicht neu datierte Testament für nichtig halten. Der RGKomm. (§ 2231[5]) erörtert einen gleichartigen Fall; seine Ansicht steht im Einklang mit der Rechtsprechung, die die Richtlinien erkennen läßt, die Formvorschriften nicht zu übertreiben (RG. 75 S. 374, 81 S. 97, 84 S. 163, 86 S. 385, 92 S. 27, 97 S. 295) und die Ungültigkeit wegen Formverstoßes nach Möglichkeit abzuwenden (RG. 50 S. 16, 62 S. 1). Diese Entscheidungen betreffen öffentliche Testamente. Daß aber gerade auch beim eigenhändigen Testamente die Rechtsprechung von zu enger Gesetzesauslegung abgegangen ist, zeigt die obige Rechtsprechung, die den Tatbestand des § 2231 Nr. 2 auch dann als gewahrt ansieht, wenn der Erblasser einen von ihm früher geschriebenen Entwurf — gleichgültig ob zur Zeit seiner Niederschrift Errichtungsfähigkeit bestand (Gößler, Datierung S. 15) — verwendet, wenn er also bei der Errichtung nicht das ganze Testament niederschreibt.... Hiernach ist die Datierung hier zwar nicht genau, stellt aber noch keine zur Nichtigkeit führende Unrichtigkeit dar. Der Erbscheinsantrag ist daher nicht zu beanstanden, da das LG. nicht ein Abbrechen des am Sonntag begonnenen Rechtsgeschäfts, sondern lediglich eine aus äußeren Gründen — weil er sich zu müde gefühlt — verursachte Unterbrechung feststellt. Eine Unterbrechung schließt aber die Einheitlichkeit der Errichtung nicht aus, bildet vielmehr den Anlaß für die Aufstellung des Rechtsbegriffs des einheitlichen Errichtungsaktes.

β) Erfordernisse der Übergabe einer Schrift.

OLG. Stuttgart, 1. ZS. Urteil v. 18. Januar 1924.

... Allerdings wird nach § 2238 ein Testament in der Weise errichtet, daß, der Erblasser dem Notar eine Schrift mit der mündlichen Erklärung übergibt daß sie seinen letzten Willen enthalte. Der Erblasser hat die Urkunde nicht unmittelbar aus seinen Händen in die des Notars gegeben. Allein dieser hat das von ihm geschriebene Schriftstück, nachdem er es verlesen hatte, auf den in nächster Nähe des Erblassers befindlichen Tisch niedergelegt, so daß die Urkunde damit als in den Besitz des Erblassers getreten angesehen werden darf. Wenn sie der Notar dort wegnahm, dem Erblasser auf nächste Nähe vor die Augen hielt und ihn fragte, ob er ihm diese Urkunde als sein Testament übergebe, und der Erblasser dies, wenn auch die Urkunde nicht berührend, bejahte, so ist damit die Übergabe aus dem Besitz des Erblassers in den des Notars bewirkt. S.

γ) Erfordernisse des Gemeindetestaments[1]).

Kammergericht, 1. ZS. Beschluß v. 11. Oktober 1923 (X 359).

Unter der Angabe des Orts und des Datums befindet sich auf der Vorderseite

---

[1]) a) Ein offenbares Versehen bei der Niederschrift — z. B. daß nicht der Erblasser, sondern die Ortsbehörde das Gesuch um die Testamentsaufnahme wiederholt und den letzten Willen erklärt hat — verstößt dann nicht gegen § 2241, wenn es aus der Niederschrift selbst berichtigt werden kann; vgl. Recht 1914 Nr. 83 (KG. 8. Februar 1923, 1 x 32).

b) Der Schlußvermerk des Gemeindetestaments „Dieses Testament wurde dem Erblasser

des Blattes: „Gegenwärtig: P., Gemeindevorsteher, M. und N. Zeugen; darunter befindet sich die Einsetzung der Kinder als Erben sowie die Unterschrift des Erblassers A. und des P. mit Gemeindesiegel. Auf der Rückseite des Blattes ist niedergeschrieben: „Der dem GemVorsteher bekannte A. ist schwer krank, es erschien demnach die Besorgnis begründet . . . Das Protokoll ist dem Erblasser vorgelesen, von ihm genehmigt und eigenhändig unterschrieben; es folgen die Unterschriften des A., des P., M. und N. Das Protokoll genügt bei einer dem § 133 entsprechenden Auslegung dem § 2242 und den besonderen Erfordernissen des § 2249.

δ) Veröffentlichung widerrufener Testamente. Beschwerde.

OLG. Hamburg, 1. ZS. Beschluß v. 11. Dez. 1922 (F 22).

Der Erbe hat ein Recht darauf, daß der Wille des Erblassers befolgt wird; das genügt nach § 20 FGG.; auf die Frage, ob durch die Eröffnung des Testamentes neue Rechte geschaffen werden, kommt es für das Beschwerderecht nicht an. Das Rechtsmittel ist aber unbegründet. Allerdings ist streitig, ob ein widerrufenes Testament zu veröffentlichen ist. Staudinger verneint, wenn ein offensichtlich gültiger Widerruf vorliegt, weil dann eben kein Testament mehr vorliege; dagegen bejahen KGG. 37 B. S. 18, Planck, RGKomm. (§§ 2259/60). Man wird sich jedenfalls in zweifelhaften Fällen für die Veröffentlichung zu entscheiden haben; denn Zweifelsfälle zu entscheiden, ist das Nachlaßgericht nicht berufen. Die Gültigkeit des Widerrufs ist hier aber zweifelhaft. Als Widerruf der Kodizille kommt der Brief von 1922 in Betracht. Der Satz: „Der Inhalt hat inzwischen seine Bedeutung verloren" läßt sich auch in Verbindung mit der Bitte um Rücksendung der Kodizille als eine für die spätere Aufhebung erst vorbereitende Begründung lesen; auch als Beurteilung, nicht als Aufhebung der früheren Bestimmung läßt sich dieser Satz lesen. Der weitere Satz: „Mir liegt außerordentlich viel daran, von Ihnen die Mitteilung zu erhalten, daß der Inhalt als erledigt zu betrachten ist", ist unklar, aber als Aufhebung der Kodizille läßt er sich dem Wortlaut nach nicht lesen, höchstens als eine für die Aufhebung gewünschte Vorbereitungshandlung. V.

q) Gemeinschaftliches Testament; α) Abänderungsbefugnis des Überlebenden.

Kammergericht, 1. ZS. Beschluß v 3. Januar 1924 (X 518/23).

Die Eheleute A. haben im gemeinsch. Testamente sich gegenseitig zu alleinigen Erben und ihre 2 Kinder zu Erben des Überlebenden eingesetzt. Im ersten Nachtrage sind für die Zeit nach dem Tode des Längstlebenden Testamentsvollstrecker ernannt; zurzeit sind dies die beiden Beschwerdeführer und M. In einem späteren Nachtrag haben sie dem Überlebenden das Recht, „unsere bisherigen Bestimmungen nach Belieben selbständig zu ändern", gewährt und zum Vollstrecker ihren Sohn und, falls dieser nicht Vollstrecker werden will oder kann, die Deutsche Bank ernannt und zwar mit der Bestimmung, daß ihr Amt mit dem Tode des Mannes beginnen und sie nach dem Tode beider Gatten als Mitvollstreckerin neben den Sohn, jedoch nur für den Erbteil der Tochter treten soll. Nach § 3 ist der Mann

---

vorgelesen, von ihm genehmigt und infolge Handschwäche unterkreuzt" ist in Verbindung mit den darauffolgenden drei Handzeichen als hinreichende Feststellung der Erklärung des Erblassers, daß er nicht zu schreiben vermöge, anzusehen (KG. 17. Januar 1924, 1 x 504/23).

auch nach dem Tode der Frau berechtigt, anstelle des ernannten Vollstreckers (Mitvollstreckers) andre Personen allein oder gemeinsam zu ernennen. Nach dem Tode der Frau (1921) hat der Mann die Erbschaft nach ihr als Testaments- und als gesetzlicher Erbe ausgeschlagen und 1922 zwei neue Testamente errichtet; in denen er unter Aufhebung des gemeinsch. Testaments über seinen Nachlaß verfügt und über Testamentsvollstreckung bestimmt hat. Er ernennt den Sohn zu seinem Vollstrecker, und ermächtigt ihn zugleich, sich Mitvollstrecker sowie Nachfolger zu ernennen und sie in der Verwaltung auf bestimmte Teile, besonders auf den Nachlaß, soweit er den Abkömmlingen der Tochter zufällt, zu beschränken. Endlich hebt er unter Berufung auf den angeführten § 3 bezüglich des Vermögens der Frau die im gemeinsch. Testament für die Vollstreckung getroffenen Bestimmungen auf und ersetzt sie durch die für seinen Nachlaß getroffenen. Nachdem der Sohn den X. zum Mitvollstrecker hinsichtlich des Erbanteils der Schwester an den Nachlässen beider Ehegatten ernannt hatte, erteilte das Nachlaßgericht ein entsprechendes Vollstreckerzeugnis, zog es aber wegen Unrichtigkeit wieder ein, weil der angeführte § 3 den Mann nur dann zur Ernennung anderer Vollstrecker berechtigt hätte, wenn er Testamentserbe seiner Frau geworden wäre. Diese Auffassung hat das LG. mit Recht abgelehnt. Die Erbausschlagung auch in Verbindung mit der Aufhebung des gemeinsch. Testamentes durch den Mann macht den übrigen von der Frau getroffenen Verfügungen, besonders die Erbeinsetzung der Kinder und die Testamentsvollstreckung nicht unwirksam (§§ 2271² Halbsatz 2, 2270). Denn wie die Auslegungsregel des § 2270² ergibt, ist für die Erbeinsetzung der Kinder nicht ohne weiteres das dort erwähnte Abhängigkeitsverhältnis anzunehmen, sodaß der in der Testamentsaufhebung liegende Widerruf der durch den Mann erklärten Erbeinsetzung der Kinder nicht auch die Unwirksamkeit der entsprechenden Erbbestimmung der Frau zur Folge hat (JW. 1909 S. 62). Demgemäß sind die Kinder nach der Ausschlagung des Mannes Erben der Frau geworden u. z. gemäß § 1 des gemeinsch. Testamentes der Sohn zu $^2/_3$, die Tochter zu $^1/_3$. Das gem. Testament enthält nämlich nach seinem in erster Linie maßgebenden Inhalt Erbeinsetzungen gemäß § 2269; bei ihnen ist der Wille jedes Erblassers dahin gerichtet, daß der Dritte, hier die Kinder, nur für den Fall als sein Erbe eingesetzt sein soll, daß der an erster Stelle berufene andre Ehegatte vorher verstirbt, also nicht Erbe sein kann. Der Dritte ist daher nur als Ersatzerbe des Überlebenden eingesetzt (§ 2093, RG. 60 S. 117). Zu der Annahme, daß abweichend hiervon die Erblasser ihre Kinder nur zu ihren Nacherben bestimmt haben, bietet der Inhalt des Testaments keinen Anhalt. Nach § 2097 treten aber die Kinder der Frau anstelle des durch die Ausschlagung von der Erbfolge ausgeschiedenen Mannes als ihre Erbe u. z. zu den im gemeinsch. Testamente bestimmten Erbteilen (vgl,. auch Kretzschmar Erbrecht S. 313). Bleibt aber die von der Frau erklärte Erbeinsetzung ihrer Kinder hinsichtlich ihres Nachlasses wirksam, so fallen auch ihre Anordnungen über die Vollstreckung nicht weg, zumal dieser gerade für die Ersatzerben angeordnet ist. Ist hiernach der erwähnte § 3 als Anordnung der Frau in Kraft geblieben, so sind aus anderen Gründen der § 3 selbst und die vom Mann in seinem Testament v.

24..4. 22 getroffenen Anordnungen über die Vollstreckung bezüglich des Nachlasses der Frau wirkungslos. Nach § 2197 kann nämlich nur der Erblasser durch Testament für seinen Nachlaß Vollstrecker ernennen. Eine Vertretung in dieser Richtung ist weder im Willen noch in dessen Erklärung statthaft (§ 2064). Der Erblasser kann daher auch einen anderen nicht ermächtigen, seine Verfügungen über die Ernennung von Vollstreckern durch abänderndes Testament umzustoßen. Ebensowenig vermag er einem andren das Recht einzuräumen, den ernannten Vollstrecker zu ermächtigen, Mitvollstrecker zu ernennen. Diese Ermächtigung kann nach § 2199[1] allein der Erblasser selbst durch Testament dem ernannten Vollstrecker erteilen. Soweit daher der Mann in seinem Testamente die von der Frau im gemeinsch. Testamente bezüglich ihres Nachlasses vorgenommenen Ernennungen von Vollstreckern aufgehoben und den Sohn ermächtigt hat, für den Nachlaß der Frau Mitvollstrecker zu ernennen, sind diese Anordnungen unwirksam. — Die Frau konnte dagegen letztwillig ihrem Manne die Bestimmung der Person des Vollstreckers überlassen (§ 2198). Es bedarf hier keiner Entscheidung, ob die Bestimmung auch dahin gehen darf, daß anstelle der von der Erblasserin ernannten Vollstrecker andre bezeichnet werden und ob die im § 3 ausgesprochene Ermächtigung im Sinne des § 2198 verstanden werden kann. Der andre Vollstrecker mußte jedenfalls durch edn Mann selbst bestimmt werden. Vor allem aber konnte die Bestimmung nach § 2198 S. 2 nur durch öffentlich beglaubigte Erklärung gegenüber dem Nachlaßgericht getroffen werden. Hier ist aber, wenn auch die Beglaubigung nach § 129[2] durch die notarielle Beurkundung der Erklärung ersetzt wird, das notarielle Testament nicht als eine dem Nachlaßgericht gegenüber abgegebene Erklärung i. S. des § 2198 anzusehen.

β) Kammergericht, 1. ZS. Beschluß v. 28. Febr. 1924 (X 74).

... Beim gemeinsch. Testamente tritt nach dem Tode des einen Ehegatten und nach Annahme der Erbschaft nach ihm für den Überlebenden diejenige Gebundenheit ein, die im Erbvertrage von vornherein besteht (RGKomm. § 2271[3]); diese aber hat zur Folge, daß Anordnungen des Überlebenden insoweit nicht wirksam, als ihnen wechselseitige Verfügungen des Testaments entgegenstehen (§ 2289[2]). Aus diesem Grunde ist hier das Testament, in welchem der Überlebende seine Haushälterin für den ganzen Nachlaß zur Alleinerbin eingesetzt hat, nur insoweit unwirksam, als er durch das gemeinsch. Testament gebunden war, nämlich hinsichtlich der den Seitenverwandten seiner vorverstorbenen Frau zugewendeten Vermögenshälfte. Dagegen ist es hinsichtlich der den engeren Seitenverwandten des Überlebenden zugewendeten Hälfte aufrechtzuhalten, da ihm im gemeinsch. Testament das Recht eingeräumt ist, hinsichtlich dieser Verwandten besondere und andere Verfügungen zu treffen.

γ) Kammergericht, 1. ZS. Beschluß v. 20. März 1924 (X 92).

Die Eheleute A. haben im notariellen Erbvertrage v. 1906 bestimmt: „Wir setzen uns gegenseitig zu unseren Alleinerben ein, dergestalt, daß nach dem Tode des Letztlebenden das auf den Namen der Frau A. eingetragene Grundstück nebst den — einzelbezeichneten — Sachen den gesetzlichen Erben der Frau und eine

Summe von 3500 M. den gesetzlichen Erben des Mannes zufallen und daß der ganze übrige Nachlaß zur Hälfte den gesetzlichen Erben des Mannes und zur andren Hälfte den der Frau zufallen soll. Nach dem Tode der Frau ist der Mann als Eigentümer des Grundstücks eingetragen worden. Hiergegen hat der Beschwerdeführer die Eintragung eines Amtswiderspruchs beantragt, weil er und sein Bruder die Nacherben der Frau A. geworden seien. Die Vorinstanzen haben in der Zuwendung des Grundstücks nebst den Sachen Vermächtnisse und nur bezüglich des übrigen Nachlasses Erbeinsetzungen gefunden. Diese Auffassung trägt dem § 2087 Rechnung und ist frei von rechtlichen Bedenken. Auch die Annahme, daß die Eheleute A. bei der Zuwendung des übrigen Nachlasses das beiderseitige Vermögen als eine einheitliche Masse behandelt haben, ist durchaus vereinbar damit, daß sie bei den Vermächtnissen an die beiderseitigen Verwandten die dem Mann und der Frau gehörenden Vermögensmassen auseinandergehalten haben, da es sich dabei um eingebrachtes, bei den Erbeinsetzungen um nachträglich erworbenes Vermögen handelte. Demgemäß haben die Vorinstanzen mit Recht die Auslegungsregel des § 2269 angewendet. Demgegenüber macht der Beschwerdeführer geltend, daß die Erblasserin stets ihren Willen zu erkennen gegeben habe, das aus dem Nachlaß ihres Vaters stammende Grundstück ihm und seinem Bruder zu erhalten. Diese angebliche Willenskundgebung hat aber nach Auslegung des LG. im Testamente nur in der Weise Ausdruck gefunden, daß das Grundstück den gesetzlichen Erben der Frau A. als Vermächtnis zugewendet worden ist. Sie kann daher, da eine solche Zuwendung sowohl mit einer Erbeinsetzung nach § 2269 als auch mit einer Vorerbschaft verbunden werden kann, gleichfalls für die Auslegung des Erbvertrages in dem einen oder anderen Sinne nicht verwertet werden. Andrerseits spricht, wie das LG. ohne Rechtsirrtum erwogen hat, für die Erbeinsetzung nach § 2269, daß sich die Eheleute gegenseitig zu Alleinerben ohne irgend eine Beschränkung eingesetzt haben, und daß das glückliche Eheverhältnis den Willen der Eheleute nahelegt, den Überlebenden so günstig als möglich zu stellen.

d) Auslegung der Erbeinsetzung der Kinder. Begriff der Vorerbschaft.
Kammergericht, 1. ZS. Beschluß v. 20. Dez. 1923 (499).

Die Eheleute A. haben in gemeinschaftlichem Testament ihre 5 Kinder zu Erben eingesetzt und weiter die Kotstelle Nr. 8 dem Sohne Heinrich vermacht, der die Stelle erst nach dem Tode des Letztlebenden antreten soll, doch kann dieser sie auch vorher ihm übertragen. Bis zum Tode des Letztlebenden bez. bis zur Abgabe der Stelle steht ihm am Nachlasse des Erstverstorbenen Nießbrauch und Verwaltung zu ... Bei der Auslegung des Testaments ist davon auszugehen, daß die Eheleute zwar über ihren gemeinsamen Nachlaß haben verfügen wollen, daß sie sich aber nicht gegenseitig als Erben eingesetzt haben, so daß § 2269[1] nicht Platz greift. Aber auch die Annahme, daß der Überlebende Vorerbe sein sollte, ist auszuschließen. Die Zuweisung von Nießbrauch und Verwaltung spricht für sich allein nicht dafür. Der Nießbrauch kann, wie besonders aus § 1089 hervorgeht, als selbständiges Recht an einer Erbschaft zugewendet werden. Mit ihm sind aufgrund der §§ 1036 ff., 1068[2], 1085, 1089 gewisse Verwaltungsbefugnisse verbunden. Daß das zugewiesene Verwaltungsrecht darüber hinausgehen sollte, erhellt nicht aus dem Testamente. Das dem Überlebenden schließlich eingeräumte Recht, den Kothof schon vor seinem Tode dem Sohne zu übertragen, rechtfertigt ebenfalls nicht die Annahme einer Vorerbschaft. Es handelt sich dabei entweder um die Zuweisung von Vollstreckerbefugnissen dahin, für den Fall, daß mehrere Erben in Frage kommen, den Zeitpunkt der Teilung zu bestimmen und dabei dem Heinrich den Kothof zu übertragen, oder um einen bloßen Verzicht auf das Nießbrauchsrecht, falls nur ein Erbe als vorhanden anzusehen ist. Kommt hiernach auch Vor- und Nacherbschaft nicht in Betracht, so bleibt nur noch die Auslegung, daß die Erben sogleich mit dem Tode des Erstversterbenden dessen Erben werden sollten. Es kann sich daher lediglich darum handeln, wer aufgrund des Testaments Erbe des Vaters geworden ist, ob alle 5 Kinder oder nur Heinrich. Dabei ist ausschließlich der sachliche Inhalt der Zuwendungen entscheidend und nicht die Art, wie der Erblasser die Bedachten bezeichnet hat (§ 2087). Nach dem Testamente besteht das Vermögen der Erblasser außer den Kleidungsstücken nur aus dem Kothofe. Diesen aber haben sie dem Heinrich zugewiesen, so daß er das ganze Vermögen der Erblasser erhält, falls auch das Ackerstück 173/21 von 52 a im Sinne des Testaments zum Kothofe gehört. Schon die Fassung, daß die Kotstelle nebst sämtlichen zugehörigen Ländereien dem Heinrich vermacht wird, läßt erkennen, daß die Kotstelle hier nicht als rechtliche, sondern als wirtschaftliche Einheit gemeint ist. In diesem Sinne gehören dazu auch die Ländereien, die im Grundbuche rechtlich selbständige Grundstücke bilden...

ε) Bleibt die Testierfähigkeit der Ehegatten?

Bayer. Oberstes Landesgericht, ZS. Beschluß v. 21. Okt. 1922.

Die Eheleute A. verstarben am 9. Febr. 1922 u. z. der Mann um 9 Uhr Vorm. und die Frau Mittags. Diese hatte am 3. Febr. 1922 ein Testament errichtet und darin den Beschwerdeführer B. als Alleinerben eingesetzt. B. nahm am 3. März die Erbschaft der Frau an, schlug die des Mannes aus und erhielt einen Erbschein dahin, daß er als Alleinerbe die Frau beerbt habe. Als sich jedoch später ein gemeinsch. Testament fand, durch das sich 1911 die Eheleute gegenseitig zu Alleinerben einsetzten und etwaige Kinder zu Erben des Letztversterbenden bestimmten, wurde die Einziehung des Erbscheins verfügt, weil das Testament der Frau nach §§ 2270 f. unwirksam sei. Die weitere Beschwerde ist begründet.

Daß Frau A. ihre 1911 getroffene Verfügung nicht bei Lebzeiten ihres Mannes gemäß § 2269 durch eine notariell beurkundete Erklärung widerrufen hat, ist außer Zweifel. Sie hat aber auch nach dem Tode des Mannes nicht das ihr Zugewendete ausgeschlagen. Dagegen hat dies der Beschwerdeführer frist- und formgerecht getan. Allerdings vererbte sich das Ausschlagungsrecht der Frau A. auf ihren Erben (§§ 1952, 2180[1]). Allein dieser leitet sein Erbrecht selbst aus dem von Frau A. einseitig errichteten Testamente her, seine Berufung soll erst durch die Ausschlagung Kraft gewinnen, vorher entbehrte jenes Testament die Wirksamkeit. Der Frau A. aber wäre, wenn die Ausschlagung das gemeinsch. Testament beseitigte, mit ihr die Legitimation dazu entzogen (RG. 95 S. 219, Planck § 2271[1]).

Die Ausschlagung des B. konnte mithin nicht die Folge haben, die durch das gemeinsch. Testament geschaffene Bindung der A. aufzuheben. Die Errichtung eines korrespektiven Testaments hat aber nicht zur Folge, daß die Testierfähigkeit der Ehegatten dadurch aufgehoben oder gemindert würde. Dies zeigt sich besonders darin, daß, wenn der Überlebende das ihm zugewendete ausschlägt, er nicht nur jetzt in der Errichtung letztwilliger Verfügungen frei ist, sondern daß auch sein bei Lebzeiten des andren Ehegatten errichtetes einseitiges Testament wirksam wird. Dieses ist mithin nicht schon an sich nichtig, sondern kann nach dem Tode des andren Ehegatten wirksam werden. Die Wirksamkeit kann aber nicht nur dadurch eintreten, daß der Überlebende ausschlägt, sondern auch dadurch, daß sich hinterher herausstellt, daß der Inhalt des korrespektiven Testaments infolge der nach seiner Errichtung eingetretenen Umstände gegenstandslos geworden ist. Hätte Frau A. nach dem Tode ihres Mannes letztwillig verfügt, daß B. sie beerbe, so wäre diese Verfügung auch dann gültig gewesen, wenn die A. das ihr zugewendete nicht ausgeschlagen hätte. Denn die dort angeordnete Einsetzung der Kinder war gegenstandslos geworden, da die Ehe beim Tode des Mannes kinderlos war. Das Testament der A. widerspricht also nicht dem gemeinsch. Testamente. Es ist aber nicht einzusehen, warum das Testament der Frau A., wenn nach dem Tode des Mannes errichtet, zulässig ist, bei einer früheren Errichtung dagegen unzulässig sein sollte und nicht wirksam werden könnte. Vielmehr hängt lediglich seine Wirksamkeit noch von einem weiteren Moment ab, nämlich davon, daß der Verfügende den andren Gatten überlebt. Es besteht also ein Schwebezustand insofern, als ungewiß ist, welcher Gatte den andren überleben wird und deshalb unsicher ist, ob die einseitige Verfügung infolge der durch das korrespektive Testament geschaffenen Bindung überhaupt jemals wirksam werden wird. Infolge des Vorablebens des Mannes ist dieser Schwebezustand weggefallen.

r) Pflichtteil; α) Abschätzung des Geschäftswerts eines Apothekenanwesens.

Bayer. Oberstes Landesgericht, ZS. Beschluß v. 7. März 1923 (I 278/22).

Unter „Wert" des § 2311 ist der gemeine Wert nach allgemeiner Verkehrsanschauung zu verstehen. Daher müssen hier bei einer Apotheke für die Abschätzung des Geschäftswertes (RG. 55 S. 125) die allgemeinen Grunsätze einer Abschätzung maßgebend sein. Jedenfalls dürfen die in §§ 11^2, 14 bay. ApothO. mit Nr. 20 Vollz-Bek. v. 28. 6. 13 aufgestellten Richtlinien (nicht im Sinn einer absolut bindenden Norm hier verwertet werden, da sie teilweise zu enge Schranken ziehen und den Faktor der Hebung des Geschäfts ausschließlich auf nachweisbare Leistungen des Besitzvorgängers abstellen, während alle sonstigen wertsteigernden Momente allgemeiner und besonderer Art ausgeschlossen sein sollen. Nach den allgemeinen Grundsätzen müssen aber gerade auch letztere (z. B. Zunahme der Bevölkerung im Absatzgebiete usw.) maßgeblich werden, ebenso auch der Umstand, daß das Handelsgeschäft tatsächlich fortgeführt wird. Es ist ferner nicht ausgeschlossen, daß etwa die besondere Eignung des Anwesens infolge seiner günstigen Lage zu einem Geschäftshause überhaupt ein wertsteigerndes Moment abgibt. In die Berechnung nach allgemeinem Maßstabe muß auch eine gute Auswirkungsmöglichkeit in der Zukunft mit herangezogen werden.

β) Haben sich die Eheleute gegenseitig zu Erben eingesetzt und erst als Erben des Letztversterbenden den Kläger eingesetzt, so ist dieser nicht Nacherbe des Erstversterbenden, sondern lediglich Erbe des Letztversterbenden; der pflichtteilsberechtigte gesetzliche Erbe des ersteren kann daher, ohne daß es noch wie im Falle des § 2306 S. 1, Abs. 2 einer Ausschlagung bedarf, sofort nach Eintritt des Erbfalls nach § 2303[1] seinen Pflichtteil, der $^{3}/_{16}$ des Nachlaßwertes beträgt, beanspruchen (OLG. Kiel, 3. ZS. Urteil v. 10. Juli 1924, Anz. 173).

x) Wer einen Pflichtteilsberechtigten als Erben mit der Beschränkung durch eine Nacherbschaft eingesetzt und für den Fall seines Ausschlagens auf den Pflichtteil setzt, will ihm nicht ein Vermächtnis zuwenden, sondern ihn lediglich auf den Pflichtteil verweisen, so daß § 2318[1] nicht gegen ihn anwendbar ist (OLG. Dresden, 1. ZS. Urteil v. 30. März 1922, SächsArch. 1923 S. 35).

δ) Die Enterbung des Beschwerdeführers ist nach § 2338 begründet, wenn er, auf die Gutserträge angewiesen, dauernd mehr verbrauchte als bei ordnungsmäßiger Wirtschaft zulässig war u. z. Beträge von auch objektiv erheblicher Höhe und wenn er so dem Gut das nötige Betriebskapital entzog, so daß die Gefahr bestand, daß über kurz oder lang das Gut nicht mehr zu halten war und die Erwerbsquelle ganz versiegte. Daß seine Entmündigung inzwischen aufgehoben wurde, ist, da lediglich die Zeit der Testamentserrichtung und des Erbfalls maßgebend ist, ohne Bedeutung; auch ist sie nicht deshalb aufgehoben, weil ihre Voraussetzungen nicht vorgelegen hätten, sondern weil diese später durch den Verkauf des Guts fortgefallen seien. Daß ein Teil der verbrauchten Summen zum Ankauf von Kunstgegenständen verwendet wurden, steht der Annahme der Verschwendung nicht entgegen, auch wenn sie inzwischen einen höheren Wert erlangt haben sollten (KG. 14. Juni 1923, 1 X 38).W

s) Erbschein[1]; α) „Unverhältnismäßige Schwierigkeiten" [2]) (§ 2356).

Kammergericht 1. ZS. Beschluß v. 26. Okt. 1922 (X 299).

... Bei der Ausnahme des § 2356[1] mag der Gesetzgeber nicht daran gedacht haben, daß einmal die Kosten die Beschaffung einer öffentlichen Urkunde unverhältnismäßig erschweren könnten; denn damals waren sie, auch wenn die Urkunden im Auslande beschafft werden mußten, regelmäßig nicht allzu erheblich. Es hindert aber nichts, unter dem ganz allgemein gehaltenen Ausdruck „unverhältnismäßige Schwierigkeiten" solche jeglicher Art zu verstehen, deren Überwindung dem Antragsteller nicht wohl zugemutet werden kann. Bei der gewaltigen Entwertung der Mark können heute aber leicht Fälle eintreten, in denen die Beschaffung öffentlicher Urkunden im Auslande einen Kostenaufwand verursacht,

---

[1]) Der Erbanteilserwerber ist berechtigt, einen Erbschein auf den Namen des Veräußerers zu beantragen (RGKomm., Staudinger, Planck, Leonhard). AA. ist zwar Schlegelberger (FGG. § 64[2]), doch sprechen die von ihm angeführten RG. 64 S. 175, KGJ. 30 S. 101, 36, S. 109 dem Anteilserwerber nicht das Recht ab, einen Erbschein auf den Namen des veräußernden Erben zu beantragen (KG. 11. Jan. 1923, 1 X 370).

[2]) Die Bezugnahme auf das bei demselben Gericht aufbewahrte standesamtliche Nebenregister ist wenigstens dann ausreichend, wenn die Geburtstage der Erben genauer angegeben, die Urkunden also ohne weiteres zu ermitteln sind (KG. 4. Januar 1923, 1 X 368).

der im Verhältnis zu den gewöhnlich erforderlichen Kosten unverhältnismäßig hoch ist und die Nachlaßmasse ganz oder wesentlich aufzehrt oder gar übersteigt. Würde das Nachlaßgericht in solchem Falle auf der Beschaffung der Urkunden bestehen, so müßte der Antragsteller unter Umständen noch aus eigenen Mitteln zuzahlen, ohne etwas aus dem Nachlasse zu erhalten. Aber auch wenn nur [wie hier für die Beschaffung der Sterbeurkunde in den Vereinigten Staaten] ein erheblicher Teil der Nachlaßmasse aufzuwenden wäre, wird er überlegen müssen, ob sich wegen des verbleibenden Restes die Erwirkung eines Erbscheines noch lohnt. Auch hier würde, wie die Motive sagen, „das Institut des Erbscheines seinen praktischen Nutzen verlieren", wenn auf Beschaffung der Urkunden bestanden würde.

β) **Bescheinigung von Tatsachen an Stelle des Erbscheins.**

Kammergericht, 1, ZS. Beschlüsse v. 29. März und 19. April 1923 (X 83).

... Der Beschwerdeführer A. verlangt eine solche nachlaßgerichtliche Bescheinigung, die ihn im Rechtsverkehr als zur Verfügung über den Nachlaß nach dem Testament berechtigten Vollstrecker ausweist. Würde das Nachlaßgericht ihm bescheinigen, daß er 1) zum Vollstrecker ernannt sei, 2) das Amt angenommen habe, so würde es damit bezeugen, daß er Vollstrecker sei und ihn in die Lage setzen, hinsichtlich des Nachlasses rechtsgeschäftlich mit dieser Bescheinigung zu verfahrenwie mit einem gemäß §2368 erteilten Zeugnis. Eine Bescheinigung kann nur auf dem für dieses nach § 2368¹, 2354 vorgeschriebenen Wege erlangt werden; die Erteilung wäre nur zulässig, wenn das Gericht auf dem gesetzlich nachgewiesenen Wege feststellte, daß A. zum Vollstrecker in einem rechtswirksamen Testament ernannt sei und daß er das Amt rechtswirksam angenommen habe. Die Bescheinigung würde also nicht lediglich, wie es im Sinne des Art. 31 PrFG. liegt, urkundlich verlautbaren, daß bestimmte Tatsachen, 1) daß der Erblasser im Testament erklärt habe, er ernenne den A. zum Vollstrecker; 2), daß eine Erklärung des A., er nehme das Amt an, bei dem Nachlaßgericht eingegangen sei, zur amtlichen Wahrnehmung des Nachlaßrichters gelangt seien, sondern sie würde bekunden, daß das Nachlaßgericht aufgrund amtlich wahrgenommener Tatsachen rechtliche Schlüsse gezogen habe (vgl. 1 X 269.22 v. 19. Okt. 1922).

γ) Ist im zweiseitigen Erbvertrage dem Überlebenden ausdrücklich das Recht vorbehalten, über Kapital und Fahrnis auch letztwillig frei zu verfügen, so liegt darin ein auf Kapital und Fahrnis beschränkter Rücktrittsvorbehalt i. S. des § 2298³. Dieser muß nach § 2368 S. 2 in das Vollstreckerzeugnis selbst angegeben werden; der bloße Hinweis auf das die Ernennung des Vollstreckers enthaltene Testament genügt nicht (KG. 31. Mai 1923, 1 X 172)[1]).

---

[1]) a) Ist die Nacherbschaft nicht in den Erbschein aufgenommen, so wird gemäß § 2365 vermutet, daß der Erbe nicht durch eine Nacherbschaft in irgend einem Grade beschränkt wird (OLG. Karlsruhe, 4. ZS. Beschluß v. 5. Nov. 1921; Rgr. 1922 S 74).

b) Läßt das Grundbuch ersehen, daß die Nacherbfolge beim Tod der Vorerben eintritt, so können in diesem Falle die Nacherben ohne neuen Erbschein als Eigentümer eingetragen werden, wobei der gegenstandslose Nacherbenvermerk zu löschen ist (KG. 31. August 1922, 1 X 212).

c) Gemäß § 2364 ist die Anordnung der Vollstreckung auch in den Teilerbschein aufzunehmen,

t) Sicherung des Pflichtteilanspruchs Minderjähriger.

Bayr. Oberstes Landesgericht, ZS. Beschluß v. 20. Februar 1925 (III 23/25).

Der Pflichtteilsanspruch der minderjährigen Abkömmlinge bildet fraglos einen Vermögensgegenstand, der mangels abweichender Anordnung des Erblassers (§ 1638) nach §§ 1628, 1684, 1686 der Verwaltung der Mutter unterliegt. Deshalb hat diese ihn in das von ihr nach §§ 1640, 1686 einzureichende Verzeichnis des Kindes aufzunehmen. Hierbei genügt aber (RG. 80 S. 65), wenn dieses eine bezifferte Angabe über die Höhe der durch den Pflichtteilsanspruch begründeten Geldforderung und die Versicherung seiner Richtigkeit und Vollständigkeit enthält. Erscheint dem VormGericht die Angabe der Mutter über den Betrag des Pflichtteils unzutreffend, so kann es anordnen, daß das ganze Verzeichnis oder doch dessen auf den Pflichtteil bezüglicher Teil gemäß § 1640² aufgenommen wird. Dagegen ist es auf Grund des § 1640 nicht befugt, zur Berechnung des Pflichtteils für das Kind einen Pfleger zu bestellen. Auch auf Grund des § 1795 mit § 1630 darf es nicht zur Berechnung des Pflichtteils oder zur Aufnahme des Verzeichnisses einen Pfleger bestellen; denn die Mutter erfüllt mit dem Verzeichnisse keine dem Kinde gegenüber obliegende rechtsgeschäftliche Pflicht (Planck § 1640⁴).

Der Pflichtteilsberechtigte, der nicht Erbe ist, kann nach § 2314 S. 1 verlangen, daß ihm der Erbe über den Bestand des Nachlasses Auskunft gibt. Dann ist er bei der Aufnahme des ihm nach § 260 vorzulegenden Verzeichnisses zuzuziehen und kann weiter verlangen, daß der Wert der Nachlaßgegenstände ermittelt wird (§ 2314 S. 2). Diese Befugnisse hat natürlich auch das Kind, das von der Mutter als dem Erben des Vaters den Pflichtteil zu beanspruchen hat. Glaubt das VormGericht Grund zur Annahme zu haben, daß die Mutter diesen Anspruch gefährdet und daß deshalb Veranlassung besteht, die Rechte aus § 2314 geltend zu machen, so kann es der Mutter auf Grund des § 1796 mit § 1630 die Vertretungsmacht entziehen und einen Pfleger bestellen (vgl. Planck a. O.). Glaubt es die Richtigkeit und Vollständigkeit des Verzeichnisses hinsichtlich des in ihm verzeichneten Pflichtteils bezweifeln zu müssen oder einen hinreichenden Grund zu der Annahme zu haben, daß das der Verwaltung der Mutter unterliegende Vermögen, insoweit es im Pflichtteilsanspruche des Kindes besteht, wegen unrichtiger Angabe der Höhe des Pflichtteils gefährdet sei, dann kann es auch von Amts wegen gemäß § 12 FGG. die erforderlichen Ermittlungen veranstalten und die ihm geeignet erscheinenden Beweise erheben und unter Umständen aus §§ 1667, 1687 Nr. 3 oder 1909 einschreiten (RG. 80 S. 65). Dr. G.

u) Rechtsmißbrauch des Mannes (§ 1353 BGB.).

OLG. Hamm, 1. ZS. Urteil v. 21. Februar 1925 (U 9/25).

Als die Beklagte im April 1924 mit ihren erstehelichen Kindern zu Verwandten nach Ostpreußen fuhr, geschah das im Einverständnisse des Klägers. Das nötige Reisegeld wurde durch Versilberung von Möbeln aus dem früheren

es sei denn, daß der in Frage kommende Erbteil von ihr nicht betroffen wird. Fehlt diese Angabe, weil sie nicht in den Antrag aufgenommen war, so ist der Erbschein als unrichtig einzuziehen und zunächst auf Ergänzung des Antrages durch Zwischenverfügung hinzuwirken (KG. 9. Mai 1923, 1 X 151).

Haushalte der Beklagten gewonnen. Auf die Briefe des Klägers hat diese niemals die Rückkehr geweigert, aber stets entgegnet, sie habe kein Reisegeld und der Kläger müsse ihr solches senden. Die Ansicht des Klägers, bei gutem Willen sei sie in der Lage, die Rückreise auszuführen, ist abzulehnen. Ihr steht an Geldmitteln nur die Rente zur Verfügung, die ihr vom Versorgungsamt 1924 im Betrage von 83 RM. monatlich für ihre Kinder ausgezahlt wurde. Daß sie sich das Reisegeld durch eigene Arbeit hätte verdienen können, wird nicht behauptet. Ihre Absicht, ihren Anteil am elterlichen Nachlasse flüssig zu machen, hat der Kläger dadurch vereitelt, daß er seine Genehmigung verweigerte, somit ist die Frau für die Rückreise ausschließlich auf die ihr von dem Manne zu beschaffenden Mittel angewiesen. Der Kläger muß es ihr ermöglichen, mit den sechs Kindern und dem Gepäck die Heimkehr auszuführen. Nt.

v) Beschwerde des Vaters über die Aussetzung des FEVerfahrens.

Kammergericht, ZS. 1a. Beschluß v. 8. April 1925 (x 278/25).

Das Amtsgericht hat auf Grund des § 63 Nr. 2 JWG. die Tochter des Beschwerdeführers der FE. überwiesen und auf Grund des § 67 die vorläufige FE. angeordnet. Das LG. hat am 18. 2. 25 diese Entscheidung, soweit sie die vorläufige FE. anordnet, aufgehoben und im übrigen durch einen weiteren, jetzt allein angefochtenen Beschluß v. 21. März das Verfahren auf 6 Monate ausgesetzt und zugleich Schutzaufsicht angeordnet. Nach dem Wortlaut des § 66² könnte scheinen, als ob nur den beiden dort bezeichneten Behörden das Beschwerderecht gegeben werden solle. Das ist aber offenbar nicht der Sinn des Gesetzes. Der § 66² ist im Entw. (§ 68) nicht enthalten gewesen (Drucks. 1920 Nr. 1666 S. 1233), vielmehr erst vom Reichstag eingefügt. Auch der Entwurf (a. O. 1271) ging aber bereits davon aus, daß zwar die Aussetzung nicht förmlich an die Zustimmung des Antragsberechtigten oder der FEBehörde geknüpft sei, diesen Beteiligten aber die Beschwerdebefugnis zustehe. Lediglich dies ist im Gesetze nochmals ausdrücklich hervorgehoben, ohne daß daraus zu schließen wäre, es sei jene Befugnis auf Jugendamt und FEBehörde beschränkt. Der Entw. hatte auch den § 66³ noch nicht enthalten, wonach für die Dauer der Aussetzung eine Schutzaufsicht gemäß §§ 56 ff. angeordnet werden muß. Er ging vielmehr, wie die Begründung zu § 68 ergibt, davon aus, daß sich nur neben der Aussetzung die Anordnung der Schutzaufsicht empfehlen werde. Verträte auch das Gesetz diesen Standpunkt, so wäre allerdings die Befugnis zu der sofortigen Beschwerde gegen die Aussetzung auf Jugendamt und FEBehörde zu beschränken. Denn ebensowenig wie die Einleitung des Verfahrens greift die Aussetzung bereits in Rechte des Minderjährigen, der Eltern oder des gesetzlichen Vertreters ein. Wohl aber wären diese und darüber hinaus alle, die ein berechtigtes Interesse an der Wahrnehmung dieser Angelegenheit haben, zur Einlegung der — einfachen — Beschwerde gegen die Schutzaufsicht befugt, die wegfallen könnte, ohne daß zugleich die Aussetzung aufgehoben werden müßte. Die §§ 56 ff. JWG., die von der Schutzaufsicht handeln, bestimmen allerdings nichts über das Beschwerderecht. Daraus folgt aber nicht, daß eine Beschwerde überhaupt nicht gegeben ist, vielmehr treten, wie allgemein anerkannt ist, die §§ 20, 57 Nr. 9 FGG. ergänzend ein. Daß das Gesetz ein Beschwerderecht nicht versagen wollte, ergibt sich schon daraus, daß es im § 57² die Bekanntmachung der Schutzaufsicht nicht nur an die nach Abs. 1 das. Antragsberechtigten, sondern auch an den über 14 Jahre alten Minderjährigen anordnet, und zwar offenbar mit Rücksicht darauf, daß ein solcher nach § 59 FGG. befugt ist, das Beschwerderecht in den seine Person betreffenden Angelegenheiten ohne Mitwirkung seines gesetzlichen Vertreters auszuüben. Nach dem ins Gesetz aufgenommenen § 66³ ist aber eine Aufhebung nur der Schutzaufsicht bei gleichzeitigem Bestehenlassen der Aussetzung nicht zulässig, beide sind untrennbar verbunden. Nach dem Gesetz greift also im Gegensatz zum Entw. — und auch dem früheren preuß. FEG. — die Aussetzung bereits in die Rechte des Minderjährigen, seiner Eltern oder seines gesetzlichen Vertreters ein, insoweit sie zwangsläufig zugleich die Anordnung der Schutzaufsicht bedingt. Es ist nicht anzunehmen, daß das Gesetz ein Beschwerderecht, das an sich gegen die Anordnung der Schutzaufsicht gegeben ist, hier nur deshalb versagen wollte, weil die Anordnung in einem schwebenden FEVerfahren erfolgt. Eine Einschränkung ist allerdings zu machen. Die von der FE. handelnden §§ 62 ff. JWG. lassen überall da, wo sie überhaupt über die Beschwerde bestimmen, stets nur die sofortige Beschwerde zu. Es ist daraus zu entnehmen, daß überhaupt nur die sofortige Beschwerde stattfinden soll, was der Art dieses Verfahrens entspricht, die dringend eine beschleunigte Erledigung und eine möglichst baldige Herstellung fester unangreifbarer Verhältnisse erfordert. Es ist deshalb auch im Falle des § 66² gegen die Anordnung der Schutzaufsicht und damit zugleich auch die Aussetzung nur die sofortige Beschwerde zuzulassen. Daraus folgt weiter, daß § 57 Nr. 9 FGG. mit Rücksicht auf Abs. 2 das. ausscheidet und daß außer Jugendamt und FEBehörde lediglich die Personen, in deren Recht die Schutzaufsicht eingreift, also der Minderjährige, sofern er über 14 Jahre alt ist, seine Eltern und sein gesetzlicher Vertreter, m. a. W. die in § 65⁶ JWG. bezeichneten Personen das Beschwerderecht haben (so auch Blaum JWG. § 66¹). Auch vorliegend steht hiernach dem Vater das Recht der sofortigen weiteren Beschwerde zu, da die Aussetzung nach § 66², die mit der Anordnung der Schutzaufsicht verbunden ist, jedenfalls als eine bloße Zwischenverfügung nicht mehr angesehen werden kann (KG. in RJA. 14 S. 85).

Das Rechtsmittel ist auch sachlich begründet. Im Gegensatze zu dem Amtsgericht, dessen Beschluß auf völlig unzureichender Grundlage, lediglich auf Grund der Angaben im Antrag, der Äußerung von Kirche und Schule und nach Anhörung der Eltern erlassen ist, hat das LG. Ermittelungen angestellt und mit Recht durch seinen ersten Beschluß zunächst die vorläufige FE. beseitigt. Wenn es dann am 21. März das Verfahren ausgesetzt hat, so war dies nur möglich, wenn es zwar noch die Voraussetzungen der FE. zurzeit für gegeben hielt. — denn anderenfalls hätte es zur Einstellung des Verfahrens kommen müssen —, aber andererseits hoffte, daß innerhalb der Aussetzungsfrist die Verhältnisse sich so bessern würden, daß die Durchführung der FE. sich erübrige. Im früheren Beschlusse hat es für festgestellt erachtet, daß die Minderjährige noch nicht verwahrlost, vielmehr gutartig und sittenrein sei; ihr dreimaliges Fortgehen vom Elternhause sei nicht einem Hange zum Herumtreiben entsprungen, habe vielmehr natürliche und verständliche Ursachen gehabt; auch daß sie einmal ihrem Vater 12 M. entwendete, wiege nicht so schwer. Wie gegenüber diesen Ausführungen auch jetzt noch die Voraussetzungen des § 63 Nr. 2 JWG. gegeben sein sollen, ist aber bisher nicht dargelegt und wird näher zu erörtern sein. Bemerkt sei hierbei, daß die im Beschluß vom 18. 2. 1925 berührten Streitigkeiten zwischen den Eltern der Minderjährigen für das vorliegende Verfahren nicht erheblich sein dürften. Sie könnten zur Rechtfertigung der FE. aus § 63 Nr. 1 herangezogen werden. Da aber die Minderjährige im erwerbsfähigen Alter steht, würde, sofern nicht § 63 Nr. 2 gegeben ist, eine Maßregel aus § 1666 BGB. genügen.

w) Überweisung minderjähriger Ausländer zur Fürsorgeerziehung.

OLG. Hamburg, 1. ZS. Beschluß v. 28. Januar 1925 (F 63/24).

Die hier wohnhafte Beschwerdeführerin war mit dem österr. Staatsangehörigen A. verheiratet, der 1915 in Galizien gefallen ist. Sie hat später drei Kinder geboren, die 1924 der FE. überwiesen sind. Über ihre weitere Beschwerde hat das OLG. zu entscheiden. Im § 18² JWG. ist allerdings ganz allgemein bestimmt: „Bei Rechtsbeschwerden aus diesem Gesetz entscheidet im letzten Rechtszug das Reichsverwaltungsgericht." Aber es ist anzunehmen, daß § 18² nur für Fälle des Abs. 1 gelten will, d. h. nur dann, wenn die Rechtmäßigkeit von Entscheidungen der eigentlichen JWBehörden in Frage gezogen wird, für die der § 18¹ Einrichtung eines Beschwerdeverfahrens durch die Landesgesetzgebung vorsieht. Im übrigen greift jedoch auch bei Beschwerden aus dem JWG., was den Instanzenzug angeht, mangels einer abweichenden Vorschrift das FGG. Platz. Das Rechtsmittel ist aber nicht begründet.

Die Witwe A. ist allerdings nicht deutsche, sondern tschechoslovakische Staatsangehörige, so daß auch die von ihr außerehelich geborenen Kinder nicht die deutsche Staatsangehörigkeit besitzen. Es können daher Zweifel entstehen, ob sie der FE. überwiesen werden können. Denn aus § 1 JWG. in Verbindung damit, daß der Ausschuß verschiedene Anträge, jedem in Deutschland lebenden, auch nicht reichsdeutschen Kinde das Erziehungsrecht des § 1 zuzubilligen, abgelehnt hat, ist zu entnehmen, daß das JWG. darunter auch die Bestimmungen über FE. nur für reichsdeutsche Kinder schlechthin Geltung haben, dagegen auf ausländische Kinder, jedenfalls zunächst, nicht anwendbar sind. Das KG. (Rsp. 43 S. 372) hat allerdings die FE. gegen ausländische Jugendliche auch unter der Geltung des JWG., wenigstens soweit es sich um die heilende FE. nach § 63 Nr. 2 handelt, schlechthin für zulässig erklärt. Allein nicht darauf wird es ankommen, ob eine ausdrückliche Bestimmung, daß Ausländer nicht in FE. gebracht werden dürfen, nirgends in das Gesetz aufgenommen ist; vielmehr ist, da es nach § 1¹ das „deutsche", d. h. das Kind deutscher Staatsangehörigkeit ist, dem die Fürsorge des Gesetzes zuteil werden soll, zu fragen, ob denn eine reichsrechtliche Bestimmung gestattet, ebenso ausländischen Kindern gegenüber eine solche öffentliche Fürsorge, wie sie für jedes deutsche Kind vorgesehen ist, ohne weiteres anzuwenden. Das ist zu verneinen. Doch braucht der § 28 FGG. nicht befolgt zu werden; denn das KG. beschäftigt sich nur mit der Frage, ob die FE. aus § 63 Nr. 2 gegen ausländische Minderjährige ohne weiteres zulässig sei. Hier ist zu prüfen, ob sie gemäß § 63 Nr. 1, deren Tatbestand das LG. als erfüllt angesehen hat, schlechthin der staatlichen Ersatzerziehung unterworfen werden können. Daß das KG. auch dies hat bejahen wollen, ist aus seinem Beschluß nicht zu entnehmen.

Der Senat ist also nicht gehindert, selbst über die Beschwerde zu entscheiden. Auszugehen ist davon, daß das EinfG. Art. 23[1] die Möglichkeit gewährt, auch bei ausländischen Kindern unter Umständen FE. eintreten zu lassen, darauf weist auch die Begründung zu 63, 64 JWG. hin. Allerdings mag die Maßregel gegenüber Ausländern nicht unmittelbar aus § 23 getroffen werden können. Jedenfalls kann von ihr aber im Rahmen einer bereits eingerichteten Vormundschaft Gebrauch gemacht werden. Denn sie ist nicht als etwas von der vormundschaftlichen Fürsorge begrifflich Verschiedenes anzusehen; sie ist keine Maßnahme, die, auch wenn diese bereits besteht, als etwas ganz Selbständiges neben sie tritt und daher bei ausländischen Minderjährigen immer nur auf Grund einer besonderen gesetzlichen Erlaubnis angewandt werden dürfte. Sie erscheint vielmehr als eine Art der Ausführung einer eingerichteten Vormundschaft, sie kann sich aus ihrer Führung ohne weiteres entwickeln und fällt unter diejenigen Mittel, die zu ihrer geeigneten Durchführung gehören.

Vorliegend ist für die drei Kinder eine Vormundschaft im Inlande bereits eingerichtet: die VormBehörde hat den Kindern das Jugendamt Hamburg gemäß § 41 JWG. zum Vormund bestellt. Diese Bestellung setzte gemäß § 23 EinfG. die Nichtübernahme der Fürsorge durch den Heimatstaat voraus, die bezüglich der beiden älteren Kinder auf Grund des Schreibens des Generalkonsulats als feststehend gelten kann, während dies nach Inhalt der Akten für das dritte Kind nicht erkennbar ist. Die Vormundsbestellung für dieses Kind ist jedoch von keiner Seite angefochten, so daß auch für es die deutsche Vormundschaft als rechtmäßig eingerichtet gelten muß.

Die FE. nach § 63 Nr. 1 setzt allerdings noch voraus, daß das tschechoslovakische Recht ähnliche Bestimmungen enthält, wie die dem Schutze der Kinder dienenden §§ 1666, 1838 BGB. Denn diese Vorschriften sind, wenn es sich wie hier um Ausländerkinder handelt, nach der aus Art. 19 EG. zu entnehmenden grundsätzlichen Auffassung des internationalen Privatrechts für die Regel nicht anwendbar. Das LG. hat dies auch nicht verkannt und hat mehrere Bestimmungen des österr. BGB. aufgeführt, die es als dem Rechte des tschechoslowakischen Staates angehörig bezeichnet und als hier einschlägig ansieht. Der Senat hat diese Feststellungen selbständig nachgeprüft und nichts gefunden, was sie als unrichtig erscheinen ließe. Danach sind ferner die Kinder einmal ganz allgemein der Fürsorge bedürftig. Mit dem LG. sind die angeführten Vorschriften ihres Heimatsrechts aber auch als der besonderen Vorschrift des § 1666 BGB. entsprechend zu erachten; vor allem gilt dies von § 178 österr. BGB.

Das LG. hat auch rechtlich einwandfrei die Voraussetzungen festgestellt, von deren Bestehen die FE. aus § 63 Nr. 1 abhängt, und wie sie aus § 1666 BGB. zu entnehmen sind. Es hat als erwiesen angesehen, daß die Mutter die Gesundheit ihrer drei ohnedies schon an Rachitis erkrankten Kinder aufs schwerste gefährdet und auch ihre Erziehung erheblich vernachlässigt hat.... Endlich sind die übrigen Momente, durch die die FE. gesetzlich bedingt ist, als vorliegend zu erachten. Das LG. hat, wenn es das auch nicht ausdrücklich ausgesprochen hat, doch klar erkennbar den obwaltenden Umständen nach als dargetan betrachtet, daß eine Entfernung der drei Kinder aus ihrer bisherigen Umgebung geboten und eine anderweite geeignete Unterbringung nicht möglich sei. V.

5. Allgemeiner Teil des BGB.

a) Das „von" als Adelsbezeichnung oder Teil des Namens. Entscheidungen des früheren Heroldsamts.

a) Kammergericht, 2. FerienZS. Beschluß v. 29. August 1924 (1a x 530).

Das Amtsgericht hat angeordnet, daß die Geburtsurkunde des Beschwerdeführers A. durch Beischreibung folgenden Vermerks zu berichtigen ist: Nebenstehend muß es statt „von A." richtig: „A." ohne den Zusatz „von" heißen. Das LG. hat die Beschwerde zurückgewiesen. Seine Stellungnahme ist jedoch zum Teil rechtlich zu beanstanden. Nach Art. 109³ S. 2 Reichsverf. gelten Adelsbezeichnungen künftig nur als Namensteile und sie werden nicht mehr nach Adelsrecht, sondern nach bürgerlichem Recht übertragen. Hatte A. vorher das Adelsrecht, den Namen von A. zu führen, so hat er den Namen als bürgerlichen behalten. Hatte er vorher das Recht, den Namen von A. als bürgerlichen zu führen, so bleibt dieses Recht unberührt. Nur die erste dieser beiden Fragen hat bisher das LG. erörtert und ist auf Grund der „tatsächlichen Feststellungen" des Heroldsamts zu dem Ergebnisse gelangt, daß die Vorfahren des A. und dieser selbst nicht zu den geadelten Stämmen von A. gehörten, so daß die Berechtigung zur Führung des Wörtchens „von", früher als Adelsprädikat, heute (d. h. nach Art. 109³ S. 2 RV.) als Namensbestandteil fortfalle. Dieses Ergebnis ist nicht zu beanstanden, wenn auch die Ansicht des LG., daß die Entscheidung des Heroldsamts vom 6. Juni 1914 über die Nichtzugehörigkeit des Beschwerdeführers zum Adelsstande und die Nichtberechtigung zur Führung des Adelsprädikats gegenstandslos geworden sei, nicht zutrifft. Die Aufhebung des Heroldsamts (VO. v. 3. 11. 1919) war eine Folge seiner durch die Aufhebung der Adelsrechte gegenstandslos gewordenen Amtsverrichtungen und selbstverständlich ohne Rückwirkung auf die Geltung und Bedeutung seiner früheren Entscheidungen. Diese waren auf dem Gebiete der Berichtigung des Standesregisters hinsichtlich der Frage, ob eine Person dem preuß. Adel angehörte, für die Gerichte bindend (KGJ. 36 S. 54; 42 S. 66; 44 S. 65; 45 S. 93). Dabei ist es insoweit geblieben als die Frage, ob eine Person dem preuß. Adel angehörte, für die Zeit bis zur Aufhebung des Heroldsamts zu beantworten ist. Denn während dieses Zeitraums stand ihm für jenes Gebiet allein die Entscheidung darüber zu, ob jemand adlig war. Deshalb hätte auf Grund des Beschlusses vom 6. Juni 1914 jederzeit ohne weitere Nachprüfung ein Randvermerk des Inhalts, daß A. dem preuß. Adel nicht angehöre, im Standesregister eingetragen werden müssen. Der zufällige Umstand, daß dies nicht geschah, ist für die Wirkung des Beschlusses ohne Belang. Die Aufhebung des Heroldsamts hat hier nur die Folge, daß der Standesregisterrichter zu prüfen hat, ob nachher Umstände eingetreten sind, die zu einer von der heroldsamtlichen Entscheidung abweichenden Beurteilung zwingen. Daß dies hier der Fall sei, hat das LG. nicht angenommen und hiergegen sind rechtliche Bedenken nicht zu erheben. Das Ergebnis, A. habe bis zur Reichsverf. vom 11. 8. 1919 nicht das Recht gehabt, das Wörtchen „von" als Adelsprädikat zu führen und er habe es deshalb auch nicht als Namensbestandteil gemäß Art. 109^3 S. 2 RV. behalten, ist daher nicht zu beanstanden.

Auf diese Prüfung durfte es sich aber nicht beschränken. Vielmehr hatte es weiterhin zu prüfen, ob A. das — gegebenenfalls durch Art. 109^3 S. 2 gar nicht berührte — Recht hatte und hat, den Namen „von A." als bürgerlichen zu führen. Diese Frage, über die das Heroldsamt nicht zu entscheiden hatte und auch nicht entschieden hat, hatte durchweg der Standesregisterrichter selbständig zu prüfen; er hat aber darüber bisher nicht entschieden. Die Sache war daher an das LG. zurückzuverweisen.

β) Gebrauch von Gemeindenamen bei gewerblichen Leistungen.

OLG. Karlsruhe, 4. ZS. Urteil v. 22. Februar 1924 (BR. 374/23).

1. . . . Wollen die Beklagten das Wort „Oberammergau" zur Bezeichnung ihrer Spiele verwenden, so müssen sie dartun, daß sie dazu ein Recht haben, das die Rechte der klagenden Gemeinde aus § 12 ausschließt. Ein Verbietungsrecht ist z. B. ausgeschlossen, wenn der von einem Ort oder Land entnommene Zusatz zu einer Gattungsbezeichnung geworden ist (Teltower Rübchen) oder wenn es sich um ein geschichtliches Ereignis (Pariser Bluthochzeit, Sizil. Vesper). Das gleiche gilt für sprichwörtliche Redensarten (Nürnberger Trichter). Dagegen ist die willkürliche Verwendung von Orts- und Ländernamen unzulässig, wenn damit im geschäftlichen Verkehr die Herkunft von Waren oder Leistungen ausgedrückt werden sollen. In neuerer Zeit sind auch die „Passionsspiele" zum Gegenstande gewerblicher Leistungen geworden und bilden die Gattungsbezeichnung für alle Darstellungen, in denen das Leiden Christi schauspielerisch dargestellt wird. Andrerseits ist der Ausdruck in den christlichen Ländern ausreichend und eindeutig. Der Zusatz O. ist daher kein notwendiger Teil der Gattungsbezeichnung, sondern weist auf die gerade in O. gespielten und zu Weltruhm gelangten hin.

2. Nach dem Gesagten haben die Beklagten auch „zu Zwecken des Wettbewerbs" gehandelt, als sie 1919 „O. Passionsspiele unter Leitung der berühmten Christus- und Judasdarsteller A. und G. aus Bayern" ankündigten. Hier sind in öffentlichen Bek. über geschäftliche Verhältnisse irreführende Angaben gemacht. . . . Die Veröffentlichungen mit dem Zusatz „nach Art der O. Passionsspiele" fallen gleichfalls unter das Wettbewerbsverbot, wenn der Zusatz so klein und unscheinbar gemacht ist, daß der nicht genau Hinsehende lediglich „Passionsspiele O." sieht. Wird aber für den Zusatz die gleiche Größe und Druckstärke

gewählt, so weist er zwar darauf hin, daß weder eine Herkunftsbezeichnung gemeint sei noch auch auf O.er Darsteller sicher gerechnet werden könne. Allein gerade die Volkskreise, die solchen Darstellungen ihre besondere Teilnahme entgegenbringen, werden keineswegs scharf logisch prüfen, wie der absichtlich unklar gefaßte Zusatz gemeint sei. Freilich kann den Beklagten nicht verwehrt werden, in begleitendem Text in nicht auffälliger Form wahrheitsgemäß mitzuteilen, daß ihr Spiel eine Nachahmung der O. Spiele ist. Immerhin aber war es geboten, den Gebrauch des Namens O. auch in Schranken zu halten, wenn ihm Zusätze beigefügt werden. Denn auch dann denkt bei einer schlagwortartigen Fassung der Spielankündigung eine große Zahl von Lesern nicht bloß an die Passionsspiele im allgemeinen, sondern noch an die O. im besonderen. Daher ist es eine unlautere Erwerbshandlung, wenn die Beklagten den Namen O. in auffallender, großer Schrift oder in marktschreierischen Worten mit der Ankündigung ihrer Aufführungen verbinden. Rpr.

b) Vereinsregister. Eintragung der besonderen Vertreter.

Kammergericht, 1. ZS. Beschluß v. 2. Oktober 1924.

. . . Der im KGJ. 29 S. 213 für das Handelsregister ausgesprochene Grundsatz, daß der Kreis der einzutragenden Tatsachen gesetzlich begrenzt sei, gilt für alle Zweige des Registerrechts (RG. 85 S. 139). Für das Vereinsregister eine Ausnahme zu machen und hier nicht nur notwendige, sondern bloß zulässige Eintragungen zu gestatten, besteht kein Anlaß. An der Rechtsansicht (KGJ. 31 S. 220), daß der § 64 sich nur über die unbedingt vorzunehmenden Eintragungen verhalte und anderweite als zweckmäßig erscheinende Eintragungen nicht ausschließe, ist nicht festzuhalten. Die hiernach zu entscheidende Frage, ob der § 64 die Eintragung der gemäß 30 bestellten besonderen Vertreter vorschreibt, ist aber entgegen der im Schrifttume herrschenden Meinung (RGKom., Staudinger, Planck) zu bejahen.

Wenn der § 64 die Eintragung von Bestimmungen verlangt, die den Umfang der Vertretungsmacht des Vorstands beschränken, so geschieht dem bei einer am Wortlaute haftenden Auslegung allerdings schon durch die bloße Eintragung Genüge, daß für gewisse, näher zu bezeichnende Geschäfte besondere Vertreter bestellt sind. Allein zu den Aufgaben des Registers gehört, darüber Aufschluß zu geben, wie die Vertretung des eingetragenen Verbandes gestaltet ist, mag es sich um Handelsgesellschaften, Genossenschaften oder Vereine handeln. Der veröffentlichte Registerinhalt soll die Grundlage des Verkehrs zwischen dem Verband und Dritten bilden, aus ihm soll sich der Dritte unterrichten können, ob der Verband durch das Handeln der in seinem Namen Handelnden berechtigt und verpflichtet wird. Hieraus hat das RG. (85 S. 138) entnommen, daß durch das GenG. nach seinem Sinn und Zusammenhang (§§ 10, 12) die Bezeichnung der Inhaber von Ämtern, die verfassungsmäßig bei Erklärungen des Vorstands mitwirken müssen, zwingend geboten sei, ob eine ausdrückliche Vorschrift fehle. Im Falle der Bestellung besonderer Vertreter gemäß § 30 BGB. erscheint es als sinnwidrig, dem Dritten die Nachprüfung, ob der Verein durch eine für ihn abgegebene Erklärung gebunden wird, durch den Registerinhalt nur bei einer zulässigen Vertretung durch Vorstandsmitglieder und nicht auch dann zu ermöglichen, wenn nach der Satzung die besonderen Vertreter zur Vereinsvertretung unter Ausschluß des Vorstands berufen sind. Jenen Vertretern können gerade die wichtigsten Geschäfte übertragen werden, so daß im Verkehre dieser Registerangabe größere Bedeutung als der Angabe der Vorstandsmitglieder zukommen kann. Der dem Vereinsrecht eigentümliche § 30 nötigt daher, wenn anders der Registerinhalt nicht eine den Verkehr erschwerende Lücke aufweisen soll, zu der hier gegebenen Auslegung.

c) α) Anwendung des § 29 auf bergrechtliche Gewerkschaften, Unterschied von Bergwerks- und Sacheigentum.

Bayer. Oberstes Landesgericht, ZS. Beschluß v. 14. März 1925 (III 33/25).

Ob § 29 BGB. auf das Bergrecht anwendbar ist, ist strittig, weil dafür in den einzelnen Ländern Sonderbestimmungen bestehen. Für Bayern kommt Art. 170 Berggeſ. v. 13. 8. 1910 (inhaltlich übereinstimmend mit § 127 PrBerggeſ.) in Betracht. Man wird davon ausgehen dürfen, daß diese Vorschrift den § 29 BGB. nicht ausschließt, da die Zwecke und Voraussetzungen beider verschieden sind. Für die Anwendung des Art. 170 ist in erster Reihe das bergpolizeiliche Interesse maßgebend, während § 29 die Belange der beteiligten Privatpersonen, hauptsächlich der Gewerken und der Gläubiger, wahren will. Andererseits ist der Rahmen des § 29 insofern weiter gespannt, als das Amtsgericht hiernach auch dann einen Vertreter bestellen kann, wenn der vorhandene Vorstand aus tatsächlichen oder rechtlichen Gründen verhindert ist, während Art. 170 von der Sach- und Rechtslage ausgeht, daß zur Zeit überhaupt keine gesetzliche Vertretung der Gewerkschaft vorhanden ist. Auch ist die weite, im Art. 170 zugelassene Frist für dringliche Fälle überhaupt nicht dienlich, der § 29 hingegen will gerade für dringliche Fälle vorsorgen, so auch Isay, AllgBerggeſ. 1 S. 722 C; Müller-Erzbach, Bergrecht S. 249; abweichend Rſp. 29 S. 83, 40 S. 255). Der Beschwerdeführer A. bezweckt, eine Hypothek auf Grundbesitzungen der Gewerkschaft für seine Gehaltsansprüche zu bestellen; daß dem Antrage in dieser Form nicht stattgegeben werden kann, ergibt sich schon daraus, daß vorerst noch festgestellt werden muß, ob ihm Gehaltsansprüche zustehen und in welcher Höhe. Mit der beantragten Begrenzung der Aufgabe des zu bestellenden Vertreters wäre dem A. auch dann nicht gedient, wenn etwa die Ansprüche bestritten und deshalb von ihm gegen die Gewerkschaft eingeklagt werden müssen. Dies könnte aber nicht gegen den Vertreter geschehen, weil seine Vertretungsbefugnis hierzu nicht ausreicht. Was A. will, ist offenbar, daß er in die Lage versetzt wird, gegen die Gewerkschaft seine Ansprüche zu verfolgen. Da er übrigens seine Ansprüche gegenüber der Gewerkschaft ausdrücklich nur hinsichtlich deren Grundbesitz verfolgen will, so stehen seinem Antrage die Vorschriften des Berggeſ., die sich mit dem Bergwerkseigentum beschäftigen, nicht entgegen. Denn dieses ist kein Sacheigentum, sondern nur der Inbegriff der Berechtigungen, die dem Zwecke des Bergbaues dienen, und völlig verschieden von dem Grundeigentum der Gewerkschaft (vgl. Art. 46 bay. Berggeſ., § 54

Pr. Berggeſ., RG. JW. 1915 S. 528, RG. 87 S. 400, Gruch. 59 S. 1058, Iſay § 50 B, Meißner, Nachbarrecht § 36, Wolff, Sachenrecht § 97).

Läßt man den § 29 auch im Rahmen des bay. Bergrechts zu, ſo ergibt die nähere Prüfung, daß ſeine Vorausſetzungen als erfüllt gelten dürfen. A. iſt bei dem beabſichtigten Vorgehen im Hinblick auf § 181 behindert, ſelbſt als Vertreter der Gewerkſchaft zu handeln. Es „fehlt" im Falle des § 181 bei der gegebenen Sachlage der Vorſtand im Sinne des § 29 BGB. Weitere Vorſtandsmitglieder kommen hier nicht in Frage (vgl. Planck Bem. 2 a, Staudinger Bem. III, 1 zu § 29 BGB.). Ein „dringender Fall" darf gleichfalls angenommen werden, da A. ein dringliches Intereſſe hat, ſeine Gehaltsanſprüche entſprechend zu verfolgen. Soweit er zu ſolchen Zwecken ferner zugleich in die Lage kommt, gerichtlich gegen die Gewerkſchaft vorgehen zu müſſen, ſchlägt § 29 gleichfalls ein, denn § 57 ZPO., der eine nicht prozeßfähige Partei vorausſetzt, kann ſolchen Falles nicht dienlich ſein (vgl. Planck Bem. 1, Staudinger III 2 a. O.). Dr. S.

β) § 45 bei Vereinsauflöſung nach öffentlichem Rechte.

Kammergericht, 1. ZS. Beſchluß v. 10. Januar 1924 (x 522/23).

Der § 45 gilt nicht nur für die nach § 41 durch Beſchluß der Mitgliederverſammlung, ſondern auch für die nach öffentlichem Recht (VO. v. 26. Juni 1922) erfolgende Vereinsauflöſung, ſofern dieſes nicht den Vermögensanfall abweichend ordnet. Nach §§ 18, 26 des nach der Auflöſung des Verbandes in Kraft getretenen Geſ. v. 21. Juli 1922 wäre zwar eine Beſchlagnahme oder Einziehung des Vereinsvermögens zugunſten des Reiches unter Ausſchaltung des § 45 BGB. zuläſſig geweſen. Eine ſolche in das Ermeſſen geſtellte Maßnahme iſt indeſſen nicht getroffen. Die Vorausſetzungen des § 45³ hat das LG. ohne Rechtsirrtum angenommen. Die Satzung des Verbandes enthält keine Beſtimmung der Anfallberechtigten für den Fall der Auflöſung; ſie ſieht nur die Überlaſſung des Vermögens an eine nationale Stiftung vor, die der die Auflöſung beſchließende Vertretertag zu beſtimmen hat. Dies kommt nach der Auflöſung durch Verwaltungsakt nicht mehr in Frage. Da der Verband auch nicht ausſchließlich den Intereſſen ſeiner Mitglieder diente, hat das Vermögen an den Fiskus des Landes zu fallen, in deſſen Gebiete der Verband ſeinen Sitz gehabt hat. Die Satzung benennt ausſchließlich Berlin als Sitz (§§ 24, 57¹). Demgegenüber kann die Tatſache, daß der Verband ſeine Organiſation über das ganze Reich erſtreckt, nicht die Annahme mehrerer, auch außerhalb Preußens belegener Vereinsſitze und damit das fiskaliſche Anfallrecht verſchiedener Länder (§ 936 S. 2) begründen.

d) Nicht rechtsfähiger Verein; α) Anhörung des auszuſchließenden Mitglieder.

OLG. Kiel, 1. ZS. Urteil v. 22. Mai 1924 (U. 359/23).

Der Kläger, der bei dem beklagten nicht rechtsfähigen Verein gegen Glasſchaden verſichert iſt, wurde durch Vorſtandsbeſchluß wegen der trotz zweimaliger Aufforderung unterlaſſenen Entrichtung ſeiner Beiträge ausgeſchloſſen. Nach der Rechtſprechung des RG. kann die Satzung die Entſcheidung über den Ausſchluß einem Organ des Vereins übertragen, wie dies hier in § 15 geſchehen iſt. Die Grenzen des richterlichen Nachprüfungsrechts derartiger Beſchlüſſe ſind nicht unzweifelhaft, doch geht die neuere Rechtſprechung auch für nicht rechtsfähige

Vereine mit Recht dahin, daß eine sachliche Nachprüfung des Ausschließungsbeschlusses den Gerichten nicht zusteht (RG. 82 S. 248, JW. 1920 S. 1039; Rsp. 22 S. 178). Hier ist daher nur zu prüfen, ob das gehörige Verfahren bei der Ausschließung inne gehalten wurde. In dieser Beziehung bemängelt der Kläger nur, daß ihm vor der Beschlußfassung kein Gehör geschenkt worden sei. Allein die Satzung bestimmt über die Anhörung nichts. Aus allgemeinen Grundsätzen läßt sich ihre Notwendigkeit jedenfalls nicht für alle Fälle des Ausschlusses begründen. Das RG. hat sie (Warn. 6 Nr. 182) in einem besonderen Falle für gegeben erachtet, wo dem ausgeschlossenen Mitglied ehrenrührige Handlungen vorgeworfen wurden und die Ausschließung den Charakter einer Bestrafung trug. Ob in andern Fällen ein Anhörungsrecht besteht, ist aus dem Sinne der Satzung zu entscheiden. Hier ist die Ausschließung an einen so einfachen und klar liegenden Sachverhalt geknüpft, daß ein Anhörungsrecht nicht im Sinne der Satzung liegt. Die Gefahr einer willkürlichen Ausschließung und eines schrankenlosen Mißbrauchs durch den Vorstand erscheint hier als völlig ausgeschlossen.

Dazu: OLG. Hamm, 1. ZS. Urteil v. 5. November 1924 (U 153/24).

... Auf eine Ladung zur Vorstandssitzung hatte der Kläger keinen Anspruch. Dagegen war ihm ausreichend Gelegenheit gegeben, von den ihm gemachten Vorwürfen Kenntnis zu nehmen und sich zu verteidigen. Die Beschlüsse des Vorstandes vom 11. und 22. Mai sind zusammenfassend und in Verbindung mit seinem Schreiben vom 11. Mai zu beurteilen. Durch dieses Schreiben hat der Kläger, wenn er auch zunächst nicht gehört worden ist, Kenntnis davon erhalten, welche Vorwürfe ihm gemacht wurden, und er hat, wie seine Antwort ergibt, Gelegenheit vor dem Beschlusse vom 22. Mai gehabt, sich gegen die Vorwürfe zu verteidigen. Demgemäß brauchten diese auch nicht in jenem Beschlusse wiederholt zu werden. — Der Einwand des Klägers, der Vorstand sei nicht ordnungsmäßig von der Generalversammlung gewählt gewesen, hat zwar an sich das Gericht nachzuprüfen. Er hat aber nicht angegeben, inwiefern bei der Vorstandswahl die Satzungen nicht beachtet sein sollen. Die Protokolle der maßgebenden Generalversammlung vom 11. Oktober 1921 und 9. Juni 1923 ergeben aber auch, daß diejenigen Personen, die bei der Beschlußfassung am 11. und 22. Mai 1923 mitgewirkt haben, von der Generalversammlung entsprechend den Vorschriften der Satzungen gewählt worden sind. Insbesondere gilt dies auch von dem Vorstandsmitglied Bomke, der an Stelle des ausgeschiedenen Vorstandsmitgliedes Neckermann in der Generalversammlung vom 9. Juni 1923 zum Schriftführer des Beklagten gewählt wurde.

Dafür, daß der Vorsitzende H. nicht die Sitzungen vom 11. und 22. Mai geleitet habe, hat der Kläger keinen Beweis angetreten. Nach den Protokollen ist aber auch H. beide Male anwesend gewesen und er wird darin an erster Stelle aufgeführt. Schon dieser Umstand spricht dafür, daß er die Sitzungen auch geleitet hat. Überdies bestimmt die Satzung nicht, daß der Vorsitzende die Sitzungen leiten müsse. — Der Kläger bestreitet sodann, daß durch § 9 der Satzung die vorgeschriebene einfache Stimmenmehrheit gefaßt worden sei. Allein der § 9, der die

Anwesenheit von fünf Mitgliedern erfordert, ist beachtet, da an der Sitzung vom 11. Mai sieben und an der vom 22. Mai fünf Vorstandsmitglieder teilgenommen haben. Wenn die Protokolle über die Stimmenzahl, mit denen die Beschlüsse gefaßt wurden, keine Angabe enthalten, so ist davon auszugehen, daß sie einstimmig gefaßt worden sind. . . . Rt.

β) Haftung für unerlaubte Handlungen der Vertreter.

OLG. Hamburg, 2. ZS. Urteil v. 8. April 1924.

Nach § 54 finden allerdings auf nicht rechtsfähige Vereine die Gesetze über die Gesellschaft Anwendung. Allein über die Haftung für unerlaubte Handlungen der Gesellschaftsvertreter sind Bestimmungen nicht gegeben, wie denn auch in §§ 705 ff. im wesentlichen nur das Innenverhältnis der Gesellschafter geregelt wird. Der § 31 kann auch nicht in der Weise herangezogen werden, daß er die Haftung jener Vereine ausschließen sollte. Ebenso ist aus Art. 163 EinfG. hierfür nichts zu entnehmen. Steht hiernach keine positive Vorschrift entgegen, hat das Gericht so zu entscheiden, wie es nach allgemeinem Rechtsempfinden und nach der Anschauung des Verkehrs gerechtfertigt erscheint. Nach Dernburg (BürgRecht 1 § 66 IV) „sträubte sich schon unter dem alten Rechte das gesunde Rechtsgefühl dagegen, den Vereinen, die damals als juristische Personen galten, die Vorteile des Rechtsverkehrs zu verschaffen und sie von der Verantwortlichkeit für angerichteten Schaden zu entbinden" (vgl. Mot. 1 S. 103; Rsp. 22 S. 116). Es wäre in der Tat dem Rechtsgefühl unerträglich, wenn ein großer Verein, der die Vorteile des Rechtsverkehrs genießt und dem nichts fehlt als die Eintragung, um als juristische Person auch für die im Rechtsleben vorkommenden Verletzungen fremder Rechte verantwortlich gemacht werden zu können, von der Haftung für die in seinem Namen und von seinen Organen begangenen Rechtsverletzungen frei und den Verletzten auf eine Klage gegen die schuldigen Vorstandsmitglieder zu verweisen berechtigt sein sollte. V.

e) Stillschweigende Einwilligung des gesetzlichen Vertreters [1].

OLG. Hamburg, 2. ZS. Urteil v. 8. April 1924 (Bf. 515/23).

Der 1902 geborene Beklagte hat mit Einwilligung seines in Kopenhagen zuständigen Vaters eine Volontärstellung in Hamburg angenommen und 1923 einen Handelskursus bei dem Kläger belegt. Die Klage auf das Unterrichtshonorar ist begründet. Allerdings verbietet sich eine rechtsähnliche Anwendung des § 113, der sich als Ausnahme von der in §§ 107/8 aufgestellten Regel darstellt, wie denn auch die Aufstellung besonderer Vorschriften für Studierende, die auf den Beklagten Anwendung finden könnten, nach den Mot. 1 S. 145 mit der Absicht abgelehnt worden ist, deren Verpflichtungsfähigkeit den allgemeinen Grundsätzen zu unterstellen. Der § 113, der gemäß Art. 7^3 EinfG. auch für Ausländer gilt, muß daher hier außer Betracht bleiben. Dagegen ist nach Sachlage anzunehmen, daß der Vater als gesetzlicher Vertreter — als solcher gilt er

[1]) Der vom Minderjährigen ohne Einwilligung des gesetzlichen Vertreters eingegangene Söldnervertrag wird durch Weiterdienen nach der Volljährigkeit nicht ohne weiteres genehmigt (OLG. Dresden, StrafS.Urteil v. 19. 12. 1923, SächsArch. 1 S. 182).

unbestritten auch nach dänischem Rechte — seine, wenn auch nur stillschweigende Einwilligung im Sinne der §§ 107, 183 zu einem Vertrage wie dem vorliegenden erteilt hat, als er seinen fast schon großjährigen Sohn zur kaufmännischen Ausbildung nach Deutschland schickte. Eine solche Verkehrsanschauung besteht zweifellos in diesem Lande, und sie ist gemäß Art. 7³ EinfG. auch für die Geschäftsfähigkeit von Ausländern maßgebend. Die Belegung eines Handelskursus hält sich durchaus innerhalb der Grenzen einer solchen Ermächtigung für einen Volontär.

V.

g) **„Zugehen" bei eingeschriebenen Briefen.**

Kammergericht, 7. ZS. Urteil v. 6 Oktober 1922.

Die Beklagte hat im eingeschriebenen Briefe vom 5. 12. 1921 dem Kläger eine Nachfrist gesetzt; der Brief ist jedoch durch den Postboten am 6. vergeblich, weil der Kläger verreist war, zur Annahme vorgezeigt und erst am 13. ausgehändigt worden. Wie das RG. (95 S. 317) ausführt, hat ein Kaufmann, der auf Reisen geht, dafür zu sorgen, daß Einschreibebriefe ihn oder einen Vertreter unter allen Umständen erreichen, wenn er Verträge abgeschlossen hat und bis zu einem bestimmten Termin entscheidende Erklärungen des Gegners erwarten muß. Hier befand sich der Kläger im Abnahme- und Zahlungsverzuge, als er verreiste. Die Beklagte hatte schon vorher mehrfach auf Zahlung und Abnahme der Bretter gedrängt. Unter diesen Umständen mußte er damit rechnen, daß sie ihm während seiner Abwesenheit wichtige Erklärungen, besonders eine Nachfristsetzung zusenden werde. Daß solche Mitteilungen durch Einschreibebrief erfolgen würden, war als unter Kaufleuten in Berlin verkehrsüblich nach der Sachlage zu erwarten. Es würde den Anschauungen des Handelsverkehrs und den durch die großen Entfernungen in Berlin verursachten Schwierigkeiten nicht gerecht werden, wenn infolge formalistischer Auslegung des § 130 verlangt wurde, daß die Beklagte den rechtzeitigen Zugang ihres Briefes durch Übersendung mittels eines besonderen Boten sicherstellt. . . .

h) α) **Auslegung [1]) eines Ruhegehaltversprechens nach § 133.**

OLG. Hamburg, 8. ZS. Urteil v. 3. April 1924 (Bf. 16).

Dem Kläger A., der von 1896 bis 1912 Werkmeister bei dem beklagten Verein war, ist in der Vorstandssitzung v. 8. April 1903 ein Ruhegehalt zugesichert worden. Das Protokoll hierüber lautet: „Den Antrag, dem A. für den Fall der Invalidität ein Ruhegehalt gemäß den Bestimmungen für die staatlichen Beamten, anfangend nach 10 jähriger Dienstzeit mit 40% und steigend um 2% für jedes weitere Jahr bis zu 80% des Gehaltes (einschl. der freien Station) von 3000 M. zu bewilligen, nimmt der Vorstand an und erklärt sich auch damit einverstanden, daß die Berechtigung bereits eintreten soll, falls A. schon vor Vollendung des 10. Dienstjahres Invalide werden sollte." Dieser Wortlaut gibt keinen Anhalt dafür, daß der Kläger in jeder Richtung den bremischen Staatsbeamten gleichgestellt werden

[1]) Ist nach dem Kaufvertrage die sofortige Diskontierbarkeit des zur Zahlung des Kaufpreises hingegebenen 3 Monatswechsels vereinbart, so gilt dies nach §§ 133, 157 als Vorbehalt des Rücktritts und kann der Verkäufer zurücktreten, wenn der Wechsel von keiner Bank gekauft wird (OLG. Karlsruhe, 2. ZS. Urteil v. 8. 1. 25, N r. 90 S. 185).

sollte. Die Bezugnahme auf die staatlichen Beamten hat, wie der Zusammenhang ergibt, nur den Sinn, daß die Höhe des Anspruches des Klägers festgelegt werden sollte nach den damals gültigen Pensionssätzen und zwar derart, daß sein Ruhegehalt wie bei einem Beamten mit der Zahl der Dienstjahre bis zu seiner Pensionierung steigen sollte. Daß dies die Meinung gewesen ist, zeigt der über den Vorstandsbeschluß an den Kläger gerichtete Brief, wo es heißt: „Darnach würden Sie nach 10 Dienstjahren ein Ruhegehalt von 40% Ihres Gehaltes und mit jährlicher Steigerung von 2% innerhalb 20 Jahren beziehen." Weiter wird am Schluß gesagt: „Die Bewilligung schon vor Ablauf von 10 Dienstjahren berührt das Aufsteigen im Ruhegehalt nicht. Gleich bremischen Staatsbeamten steigen Sie erst nach zurückgelegtem 11. Dienstjahr um 2%, also zuerst am 1. 10. 1907 um 60 M." Es ergibt sich also, daß der Beklagte dem Kläger ein Ruhegehalt lediglich in der Höhe der damals gültigen Pensionssätze für Beamte zugesagt hat. Dementsprechend ist denn auch, als der Kläger wegen Invalidität entlassen werden mußte, sein Ruhegehalt durch Vorstandsbeschluß vom 15. Mai 1912 auf 1820 M. festgesetzt worden, und der Kläger hat seinerzeit nichts dagegen zu erinnern gehabt. Wenn nun nachträglich durch Gesetz die Pensionssätze der Beamten geändert worden sind und der Staat auch den Altpensionären erhöhte Bezüge bewilligt hat, so wurde dadurch der Anspruch des Klägers nicht berührt. Etwaigen künftigen Pensionsgesetzen für Beamte hat sich der Beklagte nicht unterworfen, noch weniger hat er sich verpflichtet, nachdem der Pensionsfall bereits eingetreten war, die Pensionssätze zu erhöhen. Wie der Beschluß vom 8. 4. 1903 zeigt, wollte der Beklagte nur eine ziffernmäßig festgelegte Verbindlichkeit eingehen, nicht aber eine in ihrer Höhe unübersehbare Verpflichtung übernehmen. B.

β) Haftungsübernahme des Geldmanns, der einen Vertragschlußbrief mit „bestätigt" versieht?

OLG. Hamburg, 6 ZS. Urteil v. 17. November 1923 (Bf. 278/23).

Die Beklagte finanzierte geschäftliche Transaktionen des X. bis zu einer festgelegten Höhe und verlangte, um sich über die Verwendung ihrer Unterstützung zu unterrichten, Einsichtnahme in die von X. bestätigten Abschlüsse. Das geschah regelmäßig in der Form, daß X. Durchschläge seiner Bestätigungsschreiben ihr vorlegte und sie diese ausdrücklich als Abschriften bezeichneten Schriftstücke unterschrieb, doch sollte diese durch Unterschrift erklärte Kenntnisnahme lediglich ein innerer Vorgang sein und niemals Verbindlichkeiten der Beklagten Dritten gegenüber erzeugen. Vorliegend hatte aber der Kläger die Mithaftung oder Bürgschaft der Beklagten gewünscht und dies dem X. klar ausgedrückt. X. hat dann mit der Beklagten gesprochen, ihr aber von diesem Wunsche nichts gesagt, sondern nur seine Absicht mitgeteilt, dem Kläger die Schreiben vom 7., 8. Juli vorzulegen. Diese entsprachen ferner nicht dem geschilderten Geschäftsgange; sie sind ihrem Äußern nach Urschriften, tragen auch nicht die Bezeichnung „Abschrift" und stellen sich als an den Kläger gerichtete Bestätigungsschreiben des X. dar. Unten rechts findet sich auf beiden ein vom Geschäftsführer der Beklagten unterzeichneter und teilweise sogar handschriftlich von ihm hergestellter Vermerk: „Bestätigt. J. F. GmbH." . . . Daß die hierin Erklärung liegen soll, Beklagte trete neben dem Verkäufer X. als Mitverkäufer auf, behauptet auch der Kläger nicht. Er will eine Garantie, eine Art Bürgschaft, herauslesen; das ist aber jenem Worte nicht klar zu entnehmen. Es wird hier nur der Inhalt der voraufgehenden Erklärung des X., verkauft zu haben, „bestätigt". Von irgendeiner Garantie enthält der Wortlaut nichts. Der Kläger wußte, daß Beklagte das Unternehmen des X. finanzierte, d. h. mit ihrer wirtschaftlichen Kraft hinter ihm stand. Wenn solchenfalls Beklagte einen Abschluß des X. „bestätigte", so konnte das sehr wohl nur bedeuten, daß sie von dem Vorhaben des X. Kenntnis genommen hatte, es billigte und diesen in seiner Ausführung stützen werde, ohne eine eigene Verpflichtung einem Dritten gegenüber einzugehen. X. aber war durchaus selbständiger Geschäftsmann, nicht Vertreter der Beklagten. Dieser kann ein zweideutiges oder unehrliches Verhalten des X. nicht ohne weiteres zur Last fallen. Der Kläger mußte sich mit ihr über den Inhalt der Erklärung ins Benehmen setzen.

i) **Handelserlaubnis**[1]**; α) für Waren im Freihafen.**

OLG. Hamburg, 6. ZS. Urteil v. 14. Juli 1923 (Bf. 143.)

Wenn auch die Ware (Sprit), die die Beklagte im Freihafen selbst hergestellt hat, frei Schiffsseite Hamburg und unter der Versicherung des Käufers verkauft ist, daß sie lediglich zur eigenen Ausfuhr in das politische Ausland bestimmt sei, so würde es sich doch um ein im beschränkten Transitverkehr geschlossenes Geschäft handeln. Denn die Ware hat nicht von vornherein als Auslandsware die Bestimmung, ins Ausland zu gehen, getragen und nicht aus verkehrstechnischen Gründen nur vorübergehend den Freihafen berührt (reiner Transitverkehr), sondern war von vornherein der Möglichkeit unterworfen, im Freihafen von Hand zu Hand zu gehen oder von dort ins Inland weitergeleitet zu werden. In diesem Fall befürwortet auch die hiesige Handelskammer (Mitteilungen vom 13. 9. 1922) die Anwendbarkeit der Bestimmungen über Handelserlaubnis, während sie sie hinsichtlich des reinen Transitverkehrs — entgegen dem hiesigen StrafS. (HRZ. 1921 S. 155), verneint. Hiernach käme es hier auf die Handelserlaubnis des Klägers an, es sei denn, daß er sich mit Recht auf die Urteile vom 17. März 1923 (Bf. 396/497 22) berufen könnte, wonach im § 2² VO. v. 3. 9./13. 10. 1919 (RGBl. 1515) auch die Bestimmungen über die Handelserlaubnis ohne weiteres unter die „Bestimmungen für die Bewirtschaftung von Waren" mit zu begreifen seien und deshalb wegfielen. Allein der Handel mit Waren, die in die Freibezirke eingeführt sind, besteht der Hauptsache nach in deren Wiederausfuhr,

---

[1]) Sah sich der Gesetzgeber veranlaßt, durch die VO. vom 13. Juli 1923 festzustellen, daß die Nichtigkeit des ohne Erlaubnis geschlossenen Geschäftes nicht zum Nachteil dessen wirke, der den Mangel der Erlaubnis weder kannte noch kennen mußte, hat er also in dieser Weise unter Bestätigung der Nichtigkeit schon früher von ihm für nichtig erklärten Rechtsgeschäfte lediglich die Rechtsfolgen dieser Nichtigkeit zur Beseitigung bestehender Rechtsunsicherheit und zur Herbeiführung einer einheitlichen der Billigkeit entsprechenden Regelung dem Verkehrsbedürfnisse angepaßt und festgelegt, so wird der Richter auch vorher begründete Rechtsverhältnisse in ihren Rechtsfolgen nach dieser gesetzlichen Regelung zu beurteilen haben (OLG. Hamburg, 1. ZS. Urteil v. 26. Januar 1925 Bf. 363/24).

wenn die Ware natürlich auch zunächst im Freibezirke selbst durch mehrere Hände gehen kann. Wenn aber in der VO. vom 13. 10. 1919 der Ton auf die in die Freibezirke eingeführten Waren und deren Bewirtschaftung liegt, so kann unter letzterem Begriff die Ausfuhr aus dem Freibezirke zweifelsfrei nicht mit verstanden werden, zumal die VO. nicht von den in den Freibezirken befindlichen Waren spricht. Hier aber ist die Ware im Freihafengebiete selbst hergestellt. — Infolge der Nichtigkeit des Kaufs muß die Ware zurückgewährt werden. Daß der Beklagten von vornherein das Fehlen der Handelserlaubnis bekannt gewesen sei, ist nicht behauptet. Es kann daher auch nicht zugestanden werden, daß sie irgendwie aus sittlichen Gründen das Recht verwirkt hätte, die Rückgewähr zu fordern. Der Umstand, daß der Kläger die Ware nach der Lieferung bei der Beklagten eingelagert hatte, ist nicht geeignet, seine Lage zu verbessern. Er hätte sie auch dann zurückgeben müssen, wenn sie bei ihm verblieben gewesen wäre. V.

β) OLG. Hamburg, 1. ZS. Urteil v. 7. März 1923 (Bf. 489/22).

Der vorliegende Fall gibt dem Gericht auch keinen Anlaß, näher auf die Ansicht der Handelskammer in Hamburg einzugehen. Die VO. v. 24. 6. 1919 mag ihrer ganzen Tendenz nach mit reinen Transitgeschäften nichts zu tun haben, wenn man hierunter Geschäfte versteht, auf Grund deren Ware aus einem nichtdeutschen Land abgeladen und nach einem nichtdeutschen Land geliefert wird, ohne Deutschland zu berühren. Ein solches Geschäft liegt hier nicht vor. Fraglich kann es sein, ob die VO. auch dann nicht gilt, wenn die Ware zwischen 2 nichtdeutschen Ländern in der Weise ausgetauscht wird, daß sie in einem deutschen Freihafen mit Durchfuhrbewilligung umgeladen wird. Aber selbst bei Bejahung der Frage müßte das zugrunde liegende Geschäft so abgeschlossen sein, daß es sich tatsächlich nur um eine Umladung handelt und daß die Ware sich im Freihafen nicht länger aufhält, als dazu erforderlich ist. Hier hatte aber die Ware vor Abschluß des Vertrages 7 Wochen im Freihafen gelagert und der Vertrag ist zwischen zwei in Hamburg ansässigen Kaufleuten abgeschlossen. Die Ware konnte von Hand zu Hand gehen, wenn auch unter gleicher Ausfuhrvereinbarung, wie zwischen den Parteien gehandelt wurde. Wollte man der Auffassung des Klägers beitreten, müßte man schon das Freihafengebiet im Sinne der VO. nicht als deutsches Gebiet, sondern als Ausland betrachten. Die VO. ist jedoch auf Geschäfte abgestellt, die in Deutschland geschlossen werden, und darunter fällt das vorliegende. Übrigens erscheint es nicht so bedenklich, wenn Kaufleute ohne Handelserlaubnis auch von Transitgeschäften ferngehalten werden, solange der Gesetzgeber eine solche Handelserlaubnis für notwendig erachtet. V.

γ) OLG. Kiel, 1. ZS. Urteil v. 15. Februar 1923 (U 471/21).

Der Kläger hat 1920 zehn Fässer Sprit verkauft und verlangt Schadensersatz wegen ihrer Nichtabnahme. Der Anspruch ist unbegründet, weil der Kläger für Sprit keine Handelserlaubnis besaß. Diese war nach der VO. v. 24. 6. 1919, da aus Sprit Getränke, Arzneien und Futtermittel hergestellt werden, für den Handel mit Sprit notwendig. Unerheblich ist, daß der Sprit im Hamburger Freihafen lagerte, aus dem Auslande gekommen und für das Ausland bestimmt war. Allerdings sind nach § 10 VO. v. 8. 5. 1918 die Bestimmungen dieser VO. auf Lieferungen nach dem Auslande nicht anwendbar; diese VO. betrifft jedoch die Handelserlaubnis überhaupt nicht, und ihr Zweck, die deutsche Volkswirtschaft gegen unwirtschaftliche Überteuerungen zu schützen (RG. 100 S. 236), hat mit dem Zweck der VO. v. 24. 6. 1916, insoweit sie unzuverlässige Personen vom Handel mit Lebens- und Futtermitteln fernhalten will, nichts zu tun. Diese Fernhaltung liegt im öffentlichen Interesse nicht nur dann, wenn es sich um inländische Verbraucher handelt, sondern auch dann, wenn der Händler Ware nach dem Ausland ausführt. Wäre überdies eine Handelserlaubnis nur für den Inlandshandel erforderlich, so läge darin die Gefahr von Verschleierungen der wahren Natur des einzelnen Geschäftes und fehlte vielfach jede Gewähr dafür, daß der Händler nur wirklich Auslandsgeschäfte und nicht etwa unter ihrem Deckmantel auch Inlandsgeschäfte betreibt, zumal die Grenze zwischen beiden Geschäftsarten häufig recht flüssig und schwer erkennbar ist. Dr. B. p.

δ) auch für Gelegenheitsgeschäfte. Form der Erteilung.

OLG. Kiel, 1. ZS. Urteil v. 15. Februar 1923.

Der Kläger hat 1000 Zentner Hafer für je 170 M. verkauft und ihn dann im Wege des Selbsthilfeverkaufs für je 135 M. verkauft. Die Klage auf den Preisunterschied ist wegen Fehlens der Handelserlaubnis unbegründet. Zu Unrecht beruft sich der Kläger darauf, daß er sonst nicht mit Futter handele; solch ein Gelegenheitsgeschäft, wie es hier vorliege, bilde keinen „Handel", höchstens einen Kleinhandel, in welchem Futtermittel unmittelbar an den Verbraucher abgesetzt würden. Allerdings hat das KG. am 12. 12. 1919 diesen Standpunkt mit der Begründung vertreten, das Wort Handel setze stets eine Gewerbsmäßigkeit voraus. Allein diese Auslegung würde den Zweck des Gesetzes zum großen Teil vereiteln; denn gerade die vielen wilden Geschäfte, die verhindert werden sollen, werden von Gelegenheitsgeschäftsleuten geschlossen, denen meist nicht nachgewiesen werden kann, daß sie noch andere Geschäfte vorgenommen haben. Auch erfordert der „Handel" nach deutschem Sprachgebrauche nicht eine Gewerbsmäßigkeit, sondern nur die Gewinnabsicht. Deshalb hat auch das RG. alle derartigen Geschäfte für strafbar erklärt (so RGSt. 51 S. 379; 53 S. 310, 316; 54 S. 94; ebenso auch ObLG. LZ. 1920 S. 251). Der Kläger behauptet sodann, von dem hierzu ermächtigten Beamten B. mündlich eine Großhandelserlaubnis erhalten zu haben. Allein die VO. vom 27. 11. 1919 geht ersichtlich davon aus, daß solche Erlaubnis immer in bestimmter förmlicher Weise, nicht bloß durch mündliche Eröffnung erteilt werden muß. Denn die Konzessionierten haben nach § 8 a VO. auf ihren schriftlichen oder gedruckten „Mitteilungen", die sie im geschäftlichen Verkehre verwenden, den Tag der Erteilung und die Stelle zu vermerken. Bei bloß mündlicher Erlaubnis wäre eine Nachprüfung für die Aufsichtsbehörde schwer durchführbar. Auch wären Versehen, Mißverständnisse in bezug auf Person, Datum usw. nicht ausgeschlossen und keine unbedingte Gewähr für die mit einer solchen Person Handelnden gegeben. Es muß auch gemäß § 3 VO. angegeben werden, worauf sich die Erlaubnis bezieht und für welchen Bezirk sie glit. Schließlich ist auch nur bei förmlicher Erlaubnis Gewähr dafür geboten, daß vorher nicht nur Beamte, sondern auch die von der VO. vorgeschriebenen Vertreter des Handels gehört worden sind. Eine vorläufige Erteilung allein durch einen Beamten kennt die VO. nicht, wenn sie erteilt sein sollte, ist sie unwirksam [1a, b, c]). Dr. B. p.

k) Versprechen einer Abfindung beim Wohnungstausch. [2])

OLG. Hamburg, 6. ZS. Urteil v. 3. Februar 1923 (Bf. 743/22).

... Nach der Ausführung des LG. besteht der Inhalt eines Wohnungstausches der Hauptsache nach nur darin, daß die Bereitschaft des Hauswirts dargeboten werde, die Miete statt mit dem ursprünglichen Mieter mit dem Tauschgegner fortzusetzen. Selbst wenn der Kläger gewisse Unbequemlichkeiten und Auslagen möglicherweise in Kauf nähme, bleibe die im August 1922 ausbedungene Entschädigung von 500 000 M. ungebührlich hoch. Alle Arbeit, die Wohnungsnot zu überwinden, werde eitel, wenn Kapital aus den Verlegenheiten der Wohnungssucher geschlagen werde. Allerdings stellt, wie die Wohnungsnot ein schwerer Schaden des Wirtschaftslebens ist, es zweifellos auch eine ungesunde Entwicklung dar, wenn heute die Zahlung mehr oder minder großer Abstandssummen für die Zurverfügungstellung einer Wohnung üblich geworden ist. Von da bis zu einem sittenwidrigen Handeln ist aber noch ein weiter Schritt. So wie die Dinge sich entwickelt haben, ist die Möglichkeit, die eigene Wohnung zum gedachten Zweck auszunutzen, zu einem wirtschaftlichen Gute geworden, das grundsätzlich wenigstens den Interessen des Gemeinwohls keineswegs zu widerstreiten braucht. Zum Schutze der Beteiligten wie der Gesamtheit sind die einschlägigen Behörden, in erster Linie der Bezirkswohnungskommissar, berufen. Von dessen Genehmigung hängt ab, ob ein Tausch überhaupt Wirklichkeit gewinnen kann. Läßt er sich hierbei schlechthin von sachlichen Erwägungen leiten, dann werden eben die Interessen der Beteiligten wie der Allgemeinheit im Einzelfall ausreichend berücksichtigt, so daß eine Bevorzugung einzelner auf Kosten anderer ausscheidet und die Gunst der Umstände, die den Tausch ermöglicht, an sich einen sittenwidrigen Faktor nicht in sich zu bergen braucht. Besondere Verhältnisse, die zu einer anderen Auffassung führen könnten, liegen hier nicht vor. Daß § 138² vorliege, nimmt auch das LG. nicht an. Dem Beklagten, einem wohlhabenden Bankier, war offenbar sehr viel daran gelegen, das von ihm in W. erworbene Landhaus selbst beziehen

[1]) Der Begriff: Gegenstand des täglichen Lebens, setzt einen entsprechenden täglichen Umsatz in diesen Gegenständen voraus, und daran fehlt es bei den Pferden, so wichtig sie auch für gewisse Betriebe, namentlich für die Landwirtschaft sind (OLG. Hamburg, 3. ZS. Urteil v. 2. März 1922).

b) Nach dem Sinne der VO. v. 8. 9. 19/10. 5. 21 (RGBl. 1921 S. 25) soll jede Kette vermieden und die eingeführte Kohle nur besonders qualifizierten Verbrauchern zugeführt werden, dagegen verstoßende Verträge sind nach § 134 nichtig (OLG. Hamburg, 6, ZS. Urteil v. 20. Oktober 1923.)

c) Radium als Arzneimittel der VO. v. 22. März 1917: RGSt. 57 S. 114.

[2]) Ebenso KG., 31. ZS. im Urteil v. 17. März 1924 (JW. 2032). Derselbe Grundsatz muß auch in dem Falle gelten, wenn der Vermieter bei gewerblichen Räumen für den Eintritt eines Dritten in den Mietvertrag sich eine Entschädigung ausbedingt; denn er ist gesetzlich nicht verpflichtet, jenen Eintritt zu gestatten (Rechtsentscheid oben S. 3).

zu können. Da aber der Verkäufer nur ausziehen wollte, wenn ihm eine zusagende Wohnung verschafft wurde, vereinbarten die Parteien, daß der Kläger seine Wohnung Bieberstraße dem Verkäufer überließ und eine Wohnung in der Kielerstraße übernahm. Diese war aber im Vergleich zur bisherigen Wohnung Bieberstraße derartig minderwertig, daß ihre Aufgabe zugunsten der ersteren für die davon Betroffenen, mochten dies der Kläger selbst oder zugleich Dritte sein, denen er die Beteiligung am Tausch zumutete, ein sehr erhebliches Opfer an Vorteilen bedeutete. Mit Rücksicht hierauf hat sich der Beklagte ohne weiteres zur Zahlung der hohen Abstandssumme bereit erklärt. V.

l) Spritfahrt nach „trockengelegten" Ländern.

OLG. Hamburg, 6. ZS. Urteil v. 25. November 1924 (Bf. 495).

Der Kläger (Kapitän) ist Ende 1922 von der Beklagten für eine sog. „Spritfahrt" angeheuert. Die Ladung Sprit sollte außerhalb der finnischen Hoheitsgrenze gegen Barzahlung abgegeben werden, um dann von den Käufern in das „trockengelegte" Finnland heimlich eingeführt zu werden. Der Mannschaft war an Stelle fester Entlohnung ein prozentual verschiedener Anteil am Erlös der Ware zugesagt. Die Ladung ist aber auf Kredit verkauft und der Kaufpreis ist nicht bezahlt. Die Klage auf den entgangenen Anteil des Erlöses ist unbegründet. Es mag sein, daß die Beklagte und die Mannschaft mit dem Transport des Sprits in die Nähe der finnischen Hoheitsgrenze und dem Verkauf auf hoher See kein inländisches Gesetz verletzt haben, und daß daher für Behörden und Versicherungsgesellschaften keine Handhabe besteht, da sie den Zweck des Handels nicht übersehen, die ordnungsgemäße Abfertigung und Versicherung des Dampfers und der Ladung zu versagen. Anders liegt die Beurteilung für das Gericht, das aus dem Vorbringen der Parteien die Erkenntnis gewinnt, daß die Verbringung des Sprits zu dem Zwecke geschieht, den Käufern die heimliche Einfuhr der Ware zu ermöglichen. Dieser Zweck macht das Geschäft zu einem unsittlichen, und die deutsche Rechtsordnung gewährt dem Kläger, der sich bewußt auf die Förderung gewerbsmäßigen und gewinnsüchtigen Schleichhandels einläßt, keinen Rechtsschutz (vgl. RG. 42 S. 295; 56 S. 281; 96 S. 282; Josef Niemeyers Z. 29 S. 27).

m) Schenkung zu unsittlichem Zwecke. Bedeutung des § 817 S. 2.

OLG. Hamburg, 2. ZS. Urteil v. 4. November 1924 (Bf. 298).

Ehebrecherische Verhältnisse sind auch nach der allgemeinen Volksanschauung unsittlich; trotzdem wird nach ihr keineswegs jedes Geschenk des Ehebrechers an seine, wenngleich verheiratete, Geliebte als unsittlich aufgefaßt werden. Das gilt aber nur dann, wenn es sich um Geschenke handelt, wie sie in solchen Fällen nach den Verhältnissen des Schenkers gemacht zu werden pflegen. Hier war der Schenker kein so ungewöhnlich reicher Mann, daß die Hingabe des Grundstücks für ihn eine Kleinigkeit war. Die Beklagte hat das auch gewußt. Es handelt sich um das, was der Sprachgebrauch im Gegensatz zum Geschenk eine Schenkung nennt, und zwar um eine Schenkung, die bezweckte, ihren Gegenstand der Ehefrau zu entziehen und der Ehebrecherin zuzuwenden und auch nach der allgemein herrschenden Anschauung als Unsittlichkeit empfunden wird. Das gilt auch dann, wenn der Ehebrecher die Ehebrecherin für alle Fälle sicherzustellen beabsichtigte. Bedeutungslos ist, daß die Schenkung nach der damaligen Sachlage nicht den Pflichtteil der Klägerin verletzt hat. Die Hinterlassung des Pflichtteils ist eine Rechtspflicht des Mannes. Entscheidend sind aber seine sittlichen Pflichten. Bliebe der Witwe des Schenkers, die jetzt im Armenrecht klagt, das Grundstück entzogen und käme weiter der Ehebrecherin und tatsächlich auch ihrem Manne zugute, so widerspräche dieses Ergebnis dem gesunden Rechtsgefühl.

Hat die Schenkung sonach die guten Sitten verletzt, so ist doch die dingliche Übertragung des Eigentums als solche nicht nichtig (RG. 109 S. 201). Daß das die Meinung des Gesetzes ist, ergibt sich schon aus § 817. Ginge bei der Übereignung zu unsittlichem Zwecke das Eigentum nicht über, so könnte der Leistende die Sache auf Grund des bei ihm verbliebenen Eigentums zurückfordern und der § 817 hätte dann keine Bedeutung. Das kann nicht beabsichtigt gewesen sein. Es läßt sich aber auch hier kein Kausalgeschäft feststellen, das die guten Sitten verletzt und dessen Nichtigkeit einen Anspruch nach § 812 BGB. herbeiführt. Vor der Auflassung hat der Verstorbene nur die Absicht geäußert, der Beklagten das Grundstück zu übertragen. Hierin ist kein Rechtsgeschäft zu sehen, sondern nur ein rechtlich bedeutungsloses Inaussichtstellen. Dann erfolgte ohne vorherige vertragliche Bindung die Auflassung, die als solche wegen ihres abstrakten Charakters gültig ist. Der Rückforderungsanspruch der Klägerin ergibt sich daher lediglich aus § 817, weil die Beklagte durch die Annahme des Grundstücks gegen die guten Sitten verstieß. Es war daher zu prüfen, ob Satz 2 die Rückforderung ausschließt. Das LG. hat angenommen, daß der Verstorbene zwar nicht geisteskrank, aber doch moralisch so geschwächt war, daß er nicht das Bewußtsein von der Verwerflichkeit seiner Handlung hatte. Allein man kann unmöglich sagen, daß ein solcher Mann ein Rückforderungsrecht gemäß § 817 S. 2 nicht hat, wohl aber derjenige, der sittlich durch eigenes Verschulden so tief gesunken ist, daß ihm die Vorstellung dafür, was sittlich und was unsittlich ist, abhanden gekommen ist, es hat, weil er selbst nicht die guten Sitten i. S. des § 817 verletzen konnte. Nicht einmal eine Geistesschwäche, sondern nur eine Aufhebung der freien Willensbestimmung i. S. des § 827 würde das Bewußtsein der Rechtswidrigkeit vorliegend ausschließen (RG. 105 S. 273). Der § 817 S. 2 ist aber aus einem anderen Grund unanwendbar. Nach RG. 48 S. 297 kann der Empfänger eines unsittlichen Geschenks Dritten, die durch die nichtige Schenkung in ihren Vermögensinteressen verletzt sind, nicht entgegenhalten, daß der Schenker ebenfalls durch die Hingabe die guten Sitten verletzt habe. Das Urteil (99 S. 162), das allerdings lebhaften Widerspruch gefunden hat, beschränkt den § 817 S. 2 auf den Leistenden, der die guten Sitten verletzt hat, so daß der Satz 2 dem Konkursverwalter des Leistenden nicht entgegengehalten werden kann, obwohl dieser im allgemeinen für die Masse nicht mehr Rechte zu beanspruchen hat als der Gemeinschuldner. Der Senat stimmt dem Grundgedanken dieser Urteile dahin zu, daß der § 817 S. 2 dann nicht eingewendet werden darf, wenn der Anspruch auf Rückgewähr der Leistung, der ursprünglich höchstens für den Leistenden hätte entstanden sein können, kraft Erbganges oder aus sonstigen Gründen von jemandem geltend gemacht werden kann, gegen den sich die Unsittlichkeit des Geschäfts richtet. Es kann nicht die Meinung des Gesetzes sein, daß der Satz auch in solchem Falle gelten sollte. Hier war aber die Schenkung gerade deshalb unsittlich, weil ihr Gegenstand der Ehefrau entzogen und der Ehebrecherin zugewandt wurde. V.

n) **Veräußerungsvollmacht. Anfechtung wegen Betruges. Bestätigung nach § 144. Bedeutung des § 177.**

OLG. Hamburg, 3. ZS. Zwischenurteil v. 27. September 1923 (Bf. 325).

Am 25. 10. 22 hat der Kläger die Vollmacht (Anlage 1) zum Verkauf seines Grundstücks dem X. ausgestellt. X. hat es demgemäß an den Beklagten verkauft und aufgelassen, den Kaufpreis jedoch unterschlagen. Der Kläger hatte zunächst angenommen, daß X. zur Empfangnahme des Kaufpreises nicht bevollmächtigt gewesen sei, und ist nach fruchtloser Fristsetzung vom Vertrage zurückgetreten. Er behauptet ferner, daß Beklagter gar nicht Eigentümer des Grundstücks geworden sei; denn die Vollmacht sei durch Betrug von X. erlangt und deshalb ihm gegenüber angefochten worden. Der Beklagte hätte den Betrug erkennen müssen, und habe daher darein zu willigen, daß der Kläger wieder als Eigentümer eingetragen wird. Der Anspruch ist jedoch unbegründet.

Bei der Auflassung bestand die Vollmacht noch zu Recht, das Eigentum hatte also ein Berechtigter übertragen. Die spätere Anfechtung der Vollmacht bewirkte, daß *diese* von Anfang an nichtig wurde. Dadurch wurde aber auch, soweit nicht § 892 Anwendung findet, die Eigentumsübertragung hinfällig; diese war nunmehr von einem Vertreter ohne Vertretungsmacht vorgenommen (RGKomm. § 166[4]). Es fragt sich daher, ob der Kläger diesen Vertrag *genehmigt* hat (§ 177). Allein dadurch, daß er mit Anlage 2 Zahlung an sich forderte, obwohl er wußte, daß der Beklagte an X. gezahlt hatte, gab er zu erkennen, daß er den X. nicht für bevollmächtigt ansah, den Kaufpreis entgegenzunehmen. Aus der Anlage war daher nicht ersichtlich, ob sich der Kläger auf den Standpunkt stellen wollte, die an sich gültige Vollmacht schließe nur jene Ermächtigung nicht ein, oder die ganze Vollmacht sei zwar ungültig, er sei aber geneigt, den Vertrag zu genehmigen, wenn der Beklagte den Kaufpreis zahle. Bei der letzteren Auslegung würde die Anlage 2 keine einseitige Genehmigung, sondern das vertragsweise Angebot einer Genehmigung enthalten. Aber auch aus der Anlage 3, in der der Kläger vom Vertrage zurücktritt, läßt sich nicht folgern, daß er diesen genehmigen wollte. Zwar setzt streng logisch der Rücktritt voraus, daß ein gültiger Vertrag vorlag, aber in Verbindung mit dem übrigen Verhalten des Klägers läßt sich aus der Anlage 3 nur folgern, daß er den Vertrag und die daraufhin erfolgte Eigentumsübertragung nicht gelten lassen und, falls die Anfechtung der Vollmacht nicht durchdringen sollte, sich auch auf die Nichterfüllung des Vertrages berufen wollte. — Eine Bestätigung des Vertrages im Sinne des § 144 konnte aber in diesen Erklärungen nicht gesehen werden. Das anfechtbare Rechtsgeschäft war vorliegend nur die Erteilung der Vollmacht, nicht aber der Vertragschluß, der infolge der Anfechtung ohne Erklärung gegenüber dem Beklagten ohne weiteres unwirksam wurde. Eine Bestätigung konnte daher nur gegenüber X. erfolgen, da auch die Vollmacht nur ihm gegenüber, nicht aber durch Erklärung gegenüber dem Beklagten erteilt ist (so RGKomm. aO.). . . .

Die vom Kläger vorgebrachten Tatsachen beweisen nicht, daß der Beklagte wissen mußte, daß X. bereits, als er sich die Vollmacht erteilen ließ, auf Betrug ausgegangen ist. Die vom Anwaltsschreiber vorgenommene Änderung der Vollmacht sollte nur verdeutlichen, welches Grundstück gemeint war. Daraus brauchte der Beklagte keinen Verdacht zu schöpfen, daß die Vollmacht durch arglistige Täuschung erlangt war. Ebensowenig aber aus der Tatsache, daß der Kaufpreis unter Umgehung des Notars erlangt war, oder daß der Preis des Grundstücks ein Schleuderpreis war, nachdem X. zunächst den vom Kläger selbst als angemessen bezeichneten Preis verlangt hatte. Diese Tatsachen würden höchstens den Verdacht rechtfertigen, daß der Beklagte sich darüber klar wurde, daß X. das Grundstück unter Benachteiligung seiner Vollmachtgeber verschleudern wollte, und würden, wenn bewiesen, den Beklagten aus § 826 ersatzpflichtig machen; er wäre dann schuldrechtlich zur Rückübertragung des Eigentums verpflichtet. Hierüber waren noch Beweise zu erheben. B.

o) Voraussetzungen eines Vertragsantrages. Annahmefrist.

α) OLG. Rostock, 1. ZS. Urteil v. 6. April 1922.

. . . Ein bindender Vertragsantrag setzt voraus, daß ein bloßes Ja oder Nein des anderen Teiles über den Vertragschluß entscheidet, indem alle wesentlichen Bestandteile schon durch den Antrag gegeben sind. Dazu gehört aber beim Kaufe die Bestimmtheit (Erkennbarkeit) nicht bloß des Kreises, sondern auch der Ware selbst, also, wenn es sich nicht um einzelne Sachen handelt, auch der Menge, die der Gegenstand des Vertrages sein soll. Der Beklagte spricht nirgends davon, welche Menge Butter er willens oder imstande sei, dem Kläger zu liefern. Auch durfte dieser nicht voraussetzen, daß ihm der Beklagte, der nicht Butterhändler, sondern Erzeuger ist und erkennbar nur sein eigenes Erzeugnis zum Verkaufe bringen wollte, die Bestimmung des Umfanges der Lieferung überlassen wollte, zumal der Kläger ein neuer Kunde war und der Beklagte seine frühere Kundschaft nicht beiseite setzen konnte und wollte. Auch ist eine Menge von 5 Tonnen Butter keineswegs so unbedeutend, daß der Kläger davon ausgehen durfte, sie würde dem Beklagten jederzeit zur Verfügung stehen. Dr. Br.

β) OLG. Hamburg, 3. ZS. Urteil v. 27. Februar 1923 (Bf. 635/22).

Die Beklagte sieht in dem Schreiben (Anl. 1) überhaupt keinen Vertragsantrag, sondern nur eine Aufforderung, einen solchen zu machen. Allein dem Schreiben ging ein Vertragsantrag des Klägers voraus. Diesen bedauert der Unterzeichner X., der sich selbst als Agent der Beklagten bezeichnet und für sie „in Vollmacht" unterschreibt, „nach Rückfrage bei meiner Fabrik" nicht annehmen zu können; erklärt sich aber bereit, die Bestellung zum „Grundpreis mit 150% Aufschlag, frei Tetschen" auszuführen. Darin liegt die auftragsgemäße Ablehnung des Angebots, verbunden mit einem solchen der Beklagten. Ob X. Abschlußvollmacht hatte, kann dahingestellt bleiben. Unstreitig war er befugt, namens der Beklagten abzulehnen und gleichzeitig die Bedingungen, zu denen sie abzuschließen bereit sei, mitzuteilen. Diese Mitteilung durfte und mußte als Vertragsantrag der Firma aufgefaßt werden.

Dieses Schreiben ist beim Kläger am Sonnabend, 1. Juli vorm., eingegangen. Hätte er den Antrag sofort noch am 1. Juli schriftlich angenommen, so wäre diese Erklärung dem Agenten am 3. Juli zugegangen. Da es aber nach § 147 auf den Zeitpunkt des Empfanges ankommt, so konnte es dem Kläger nicht schaden, wenn er die Annahme durch den Fernsprecher zu einer Zeit erklärte, zu der annähernd auch das unverzüglich abgesandte Annahmeschreiben dem anderen Teil zugegangen wäre. Nur wenn der Vertragsantrag mittels Fernsprechers erfolgte, schreibt das Gesetz auch die sofortige mündliche oder telephonische Annahme vor. Ließ aber die Beklagte ihren Antrag durch X. als ihren hiesigen Agenten erklären, so muß sie sich auch gefallen lassen, daß die Annahme nicht ihr gegenüber unmittelbar erklärt wurde, sondern daß der Kläger sich derselben Person zur Übermittlung seiner Annahmeerklärung bediente. Er lief damit zwar das Botenrisiko, andererseits konnte ihm die dadurch etwa eintretende Verzögerung des Eingangs seiner Erklärung bei der Adressatin nicht schaden, vorausgesetzt, daß wie hier die Übermittlungsperson die Erklärung ohne schuldhaftes Zögern weitergab. V.

γ) OLG. Hamburg, 6. ZS. Urteil v. 20. Januar 1925 (Bf. 529/24).

Wenn Beklagte auf den Empfang der Mitteilung bis Freitag (4. Mai 1923) vormittags, d. h. bis 12 Uhr warten mußte, hat der Kläger rechtzeitig, nämlich um 10 Uhr, die Annahme des Angebots erklärt. Mußte er sich aber schon Freitag „früh" erklären, so ist er zu spät gekommen. Der Trennstrich zwischen diesen beiden Zeitbestimmungen liegt um 9 ½ Uhr. Die Geschäftszeit beginnt regelmäßig um 8, spätestens um 9 Uhr morgens. Die erste Post trifft gegen ½9 Uhr ein, ihre Prüfung wird, von besonderen Umständen abgesehen, um 9½ Uhr beendet sein; die nächsten geschäftlichen Mitteilungen durch die Post treffen erst gegen 11 Uhr ein. Wenn morgens „früh" gesagt wird, so kann das nur heißen, im ersten Anfang und im Rahmen der Geschäftszeit, wo die ersten geschäftlichen Übermittlungen durch Post, Telegramm oder Telephon gemacht werden können. Diese Zeit darf nicht zu lang gespannt werden, um den Kaufmann in seinen Entschlüssen nicht ungebührlich oder doch unzweckmäßig zu binden. Danach war, um die Zeit „früh" nur bis um ½10 Uhr auszudehnen, nicht erforderlich, daß ausdrücklich hinzugesetzt wurde „bis zum Eingang der ersten Post". V.

δ) Annahme einer Teilmenge bei größerem Angebote?

OLG. Hamburg, 6. ZS. Urteil v. 25. November 1924 (Bf. 79/24).

... Es ist stets eine Frage der Auslegung im Einzelfall, ob Teilung bei der Annahme eines Angebots erlaubt ist oder nicht (Planck § 150[2]). Es ist möglich, daß ein Angebot größerer Mengen als eine Verbindung mehrerer Aufträge aufzufassen ist; es ist aber auch möglich, daß dem Antragsempfänger freisteht, von einer größeren Menge marktgängiger Ware, einen Teil anzunehmen. Dies kann aber nicht gestattet sein, wenn es sich um eine bestimmte Partie oder um eine bestimmte kleinere Menge besonders eingeteilter und verpackter Ware handelt. Angeboten sind hier zwei Tonnen Kakaopulver, und zwar je 1/3 in Halb-, in Viertel- und in Einpfundpaketen. Der Kläger mußte aus diesem Angebot den Willen der Beklagten erkennen, diese Partie nur einheitlich abzugeben, denn es ist wahrscheinlich, daß bei Teilannahme besondere und höhere Auslagen beim Verpacken, beim Versand usw. entstanden wären, die wieder den Preis der Ware beeinflußt hätten. Sollte daher in Dresden auch ein Handelsbrauch für den Kakaohandel im allgemeinen dahin bestehen, daß bei Festofferten für eine bestimmte Menge Teilmengen angenommen werden dürfen, so könnte er doch hier aus obigen Gründen nicht angewendet werden. B.

ε) Auseinandergehen der Parteien über den Umfang der Mietsache.

OLG. Hamburg, 5. ZS. Urteil v. 2. Juni 1922 (Bf. 96).

Die Parteien haben sich in Wirklichkeit über einen wesentlichen Punkt, nämlich die Mieträume nach ihrer Anzahl und Lage, nicht geeinigt: Der Kläger hat die Mietwohnung von früher her gekannt und daher angenommen, daß das Zimmer jenseits der Treppe zu ihr gehöre; andererseits wollte der Sekretär als Vertreter des beklagten Staats nur vermieten, was frei war. Hat dieser, nachdem sich die verschiedene Auffassung herausgestellt hatte, erklärt, wenn das Zimmer noch zur Wohnung gehöre und der andere Mieter es unberechtigt innehabe, so wolle er gegen diesen vorgehen, so daß dann der Kläger das Zimmer noch erhalte, so bedeutet das keineswegs, daß er unter allen Umständen dem Kläger das Zimmer verschaffen wolle, sondern nur den guten Willen, den Zustand wieder herzustellen, wie er früher gewesen und wie er ordnungsmäßig sei. Die Vertragschließenden waren also über einen sehr erheblichen Punkt, nämlich über den Gegenstand des Vertrags in seinem Umfang, nicht einig; der Wortlaut „Laden mit Wohnung" ist ohne nähere Bezeichnung der Räumlichkeiten, die vermietet werden sollten, nicht verständlich. Der Anspruch des Klägers auf Schadensersatz wegen dieser angeblichen Nichterfüllung ist danach nicht begründet.

Unrichtig ist aber die weitere Folgerung, der Kläger sei nicht verpflichtet, Miete zu zahlen, oder doch nur aus der nicht geltend gemachten Bereicherung. Als er die Wohnung bezog, war bereits klar, daß ihm das fernere Zimmer nicht gewährt werden konnte, die Nichtigkeit des Vertrages, wenn auch rechtlich noch nicht klargestellt, war von Anfang an vorhanden. Wenn der Kläger trotzdem einzog, offenbar weil er keine andere Wohnung fand, so beruhte das auf seinem freien Willen; in solchem Falle können die Vorschriften über Bereicherung nicht herangezogen werden, vielmehr wird stillschweigend ein neuer, vorläufiger Mietvertrag geschlossen, der mangels vertraglicher Abmachungen unter den Regeln

---

1) Ist der tatsächliche Sinn der vereinbarten „Jahresstelle" in Kurorten mit Saisonbetrieben der, daß innerhalb des ersten Jahres nur nach §§ 123/4 GewO. gekündigt werden kann, waren sich aber darüber die Streitteile nicht einig, so liegt ein Fall des § 155 nicht vor; vielmehr soll sich nach beiderseitiger Anschauung alles beim Vertragschluß nicht eindeutig Geregelte nach dem maßgebenden Tarifvertrag, der tägliche Kündigung vorsieht, richten (OLG. Karlsruhe, 4. ZS. Urteil v. 8. 1. 25; Rpr. 90 S. 189).

des Gesetzes und im übrigen unter denen des billigen Ermessens steht. Es ist selbstverständlich, daß der Vermieter die Wohnung dem Benutzer nicht unentgeltlich überlassen will, wenn dies nicht erklärt wird oder sich sonst aus den Umständen ergibt, andererseits kann er nicht den im nichtigen Vertrage festgesetzten, sondern nur den angemessenen Mietzins beanspruchen. Unter welchen Regeln dieses Vertragsverhältnis im übrigen steht, ist hier nicht zu erörtern, es genügt, darauf hinzuweisen, daß bei Verneinung eines Vertragsverhältnisses der Mieter schutzlos wäre, falls er durch Mängel der Wohnung (§ 538) Schaden erlitte. Auch hinsichtlich der Kündigungsfristen mag ein solches Mietverhältnis unter besonderen Normen stehen, doch handelt es sich lediglich um die Vergütung, die mit der Widerklage beansprucht wird. B.

p) **Befugnisse des Bevollmächtigten mehrerer Versicherungsgesellschaften.**

OLG. Hamburg, 6. ZS. Urteil v. 8. April 1924 (Bf. 67).

X. hat dem Kläger eine Warensendung durch Dampfer Delta übersandt und sie für die Reise von Hamburg nach Constanza bei der Nebenintervenientin N. gedeckt. Diese war die hiesige Generalbevollmächtigte sowohl der beklagten als auch der Berliner VersicherungsAG. und hatte darüber den Seeversicherungsschein unterm 8. Juni 1922 ausgestellt, der die ADVB. für anwendbar erklärt. Der durch Fernsprecher erteilte Versicherungsauftrag besagte nicht, für welche Gesellschaft er bestimmt sei; die Auswahl blieb vielmehr der N. überlassen. Derartige Versicherungsaufträge kommen häufig vor, sei es, daß der Agent mehrere dem Auftraggeber als zuverlässig bekannte Gesellschaften vertritt, sei es, daß dem Agenten oder Makler die Auswahl vollständig überlassen wird, weil der Kunde ihm das Vertrauen, daß er eine zuverlässige Gesellschaft wählen werde, entgegenbringt und schon eine Deckungszusage des Vermittlers für genügend hält. Andererseits ist der Agent in der Lage, mehrere Gesellschaften zu vertreten, weil jede die Risiken für bestimmte Dampferreisen nur bis zu einer Höchstsumme übernimmt und er deshalb die Aufträge so verteilen muß, daß er diese Summe nicht überschreitet. Der Zeuge Weber, der die vorliegende Angelegenheit für N. bearbeitete, gibt an, daß er diesen Auftrag für die Beklagte annehmen wollte und mußte, weil die Berliner AG. an dem Dampfer bereits genügend beteiligt gewesen sei. Er habe deshalb, nachdem er den Schein selbst ausgeschrieben hatte, das Kontorfräulein beauftragt, den Stempel der Beklagten darunter zu setzen; es habe aber aus Versehen den Stempel der Berliner AG. darunter gesetzt. X. hat seine Rechte aus der Versicherung auf den Kläger übertragen. Unstreitig hat die N. bis zum Eintritt des Schadens weder den X. noch dem Kläger die Beklagte als Versicherer genannt, sondern sie in dem Glauben belassen, daß die Berliner AG. auch nach wie vor Versicherer sei. Es fragt sich also, ob anstelle des dem Versicherungsnehmer im Scheine genannten Versicherers die Beklagte durch bloße Willensmeinungen Webers und durch eine Aufgabe als Versicherer verpflichtet werden konnte, die er gegenüber der Berliner Gesellschaft unterlassen und gegenüber der Beklagten gemacht haben mag, ohne jedoch diese Behandlung der Angelegenheit dem Versicherungsnehmer mitzuteilen. Die Frage ist zu verneinen.

X. hat die N. keineswegs, wie der Kläger meint, ermächtigt, ihn dauernd über den Namen des Versicherers im unklaren zu lassen und nur sich selbst gegenüber diesen Namen zu bestimmen. Im Gegenteil, X. erwartete, erhielt und brauchte einen Schein, der mit dem Namen des wirklichen Versicherers gezeichnet war, da er diesen Schein mit den übrigen Dokumenten an den Kläger weiterzugeben hatte. X. hat also die N. nur ermächtigt, die Person des Versicherers auszuwählen. Diese Ermächtigung war aber erschöpft, sobald die N. die Auswahl getroffen und sie dem X. durch Übersendung des im Namen der Berliner AG. gezeichneten Scheins bekanntgegeben hatte. Da die N. Bevollmächtigte auch dieser Gesellschaft war, so war hierdurch ein Versicherungsvertrag zwischen X., für Rechnung wen es anging, und der Berliner AG. zustandegekommen. Dieser Vertrag konnte auf einen anderen Versicherer, wie es die Beklagte ist, nur mit Einverständnis der Versicherungsnehmer umgestellt werden. Der Fall ist analog dem in § 95 HGB. behandelten Fall des „Maklers an Aufgabe". Wie der Handelsmakler, der sich in seiner dem Verkäufer erteilten Schlußnote die Bezeichnung des Käufers vorbehalten hat, berechtigt ist, den Käufer nachträglich auszuwählen und zu nennen, so war die N. durch den Auftrag ermächtigt, die Person des Versicherers auszuwählen. Wie aber der Handelsmakler, der einen Käufer aufgegeben hat, nicht nachträglich ohne eine neue Ermächtigung diese Aufgabe ändern kann, so war auch mit der erfolgten Aufgabe die der N. erteilte Ermächtigung erschöpft. Es ist unmöglich, daß Versicherungsdokumente, die zur Weitergabe an Empfänger oder Cif-Käufer bestimmt sind, durch die Hände der Beteiligten gehen und daß der bei diesen Dokumenten genannte Name des Versicherers unverbindlich sei und jederzeit vom Versicherungsmakler (-agenten) durch einen anderen Versicherer ersetzt werden darf, ohne daß dies dem Interessenten bekanntgegeben wird. Allerdings kommt es vor, daß übernommene Risiken von einem Versicherer auf einen anderen umgestellt werden; das sind aber Vorgänge, die eine rechtliche Bedeutung nur im Verhältnisse zwischen dem Makler (Agenten) und den beteiligten Gesellschaften untereinander haben mögen. Je nach Lage des Falles mögen sie als Rück-, Mitversicherung oder Abdeckung bezeichnet werden und als wirksam oder als mißbräuchlich anzusehen sein (Pauly HRZ. 1924 Sp. 81) . . .

Es fragt sich schließlich, ob dem Kläger Rechtsansprüche durch den weiteren Verlauf der Angelegenheit erwachsen sind. Am 4. 11. 22 hat die N. als Generalagentur der Beklagten folgenden Nachtrag gezeichnet: „Es ist davon Anmerkung zu nehmen, daß obige Versicherung nicht wie in der Police angegeben, von der Berliner AG., sondern von der unterzeichneten beklagten Gesellschaft übernommen wurde." Unstreitig war sie damals noch Bevollmächtigte der Beklagten und glaubt, in dieser Eigenschaft auch nach Eintritt des Versicherungsfalles und nach Ausbruch des Streites noch im Rahmen ihrer Vollmacht gehandelt zu haben, wenn sie die Haftung der Beklagten anerkannte oder übernahm. Allein der § 5 ADVB., der dies zuläßt, setzt voraus, daß der Eintritt des Versicherungsfalles den Beteiligten noch unbekannt ist. Darüber hinaus kommt es auch vor, daß in einem Streitfall eine Gesellschaft die Regelung eines eingetretenen Schadens übernimmt, obwohl sie zunächst den Standpunkt vertreten hat oder vielleicht auch zu vertreten in der Lage war, es sei kein Versicherungsvertrag mit ihr zustandegekommen; dann ist sie natürlich an ihre nachträgliche Erklärung gebunden. Fraglich ist aber, ob die Vollmacht des Generalagenten so weit geht, daß er eine solche Erklärung abgeben darf. Dies mag, da die Vollmacht der N. nicht vorliegt, dahingestellt bleiben. Sollte sie aber auch ausdrücklich ermächtigt gewesen sein, Rechtsgeschäfte jeder Art für die Beklagte abzuschließen, so hätte sie doch vorliegend diese Vollmacht mißbraucht, indem sie den Nachtrag zeichnete. Durch die instruktionswidrige oder versehentliche Benennung der Berliner AG. hatte sie sich dieser Gesellschaft gegenüber verantwortlich gemacht und mußte sie von diesem Risiko freihalten. Die Angelegenheit ordnungsmäßig dadurch zu regeln, daß durch eine neue Vereinbarung mit X. der Vertrag storniert und ein Vertrag mit der Beklagten zustandegebracht wurde, hatte Weber versäumt. Als nun der Schadensfall eintrat und die zunächst belangte Berliner AG., die weder eine Anmeldung noch eine Prämie erhalten hatte, ablehnte, geriet die N. in Gefahr, für die Versicherungssumme verantwortlich gemacht zu werden. Selbst wenn sie bereits vor Eintritt des Schadensfalles die Anmeldung und die Prämie an Beklagte weitergeleitet haben sollte, war sie doch nicht befugt, die zweifelhafte Angelegenheit dadurch in einem für sie selbst günstigen Sinn aus der Welt zu schaffen, daß sie gestützt auf ihre Generalvollmacht durch den Nachtrag die Erfüllung des Versicherungsvertrages übernahm, zumal am 3. 11. der Prokurist der Beklagten eigens nach Hamburg gekommen war und den Verdacht einer Schiebung auch gegenüber dem X. geäußert hatte. X. konnte also nicht verkennen, daß die N. ihre Vollmacht nicht im Interesse ihrer Machtgeberin gebrauchte, sondern sie benutzte, um zu ihrer eigenen Entlastung die Beklagte festzulegen. Auf eine solche Ausnutzung der Vollmacht kann X. keine Rechte stützen; er vertrat aber den Kläger, in dessen Namen er den Schaden angemeldet hatte und die Verhandlungen über den Schadensfall führte. B.

q) Haftung des Vertreters aus § 179 oder § 812?

OLG. Darmstadt, 1. ZS. Urteil v. 3. März 1925 (U 432/24).

Durch notariellen Vertrag hat der Beklagte als Bevollmächtigter seiner großjährigen Tochter und als gesetzlicher Vertreter seiner drei minderjährigen Söhne am 10. 10. 1922 das Haus seiner Kinder unter Vorbehalt der Genehmigung des VormGerichts der Klägerin gegen Zahlung von 526 000 M. verkauft und aufgelassen. Das VormGericht hat die Genehmigung versagt, weil ein gültiger Kaufvertrag nicht vorliege, da der Beklagte von seiner Tochter keine Vollmacht hatte und der älteste Sohn zurzeit des Vertragsschlusses volljährig war und ebenso wie die Tochter den Kaufvertrag ablehnte. Hierauf hat der Beklagte am 13. 2. 1923: 536 000 M. zurückgezahlt. Die Klägerin macht nun einen Geldentwertungsschaden von 727 RM. geltend, den sie in erster Linie auf § 179 stützt. Allein der § 179 setzt, wie sein Wortlaut zeigt, voraus, daß der vom Vertreter geschlossene Vertrag, abgesehen von dem Mangel der Vertretungsmacht, bindend ist; denn nur dann kann eine Verpflichtung des Vertreters zur Erfüllung in Betracht kommen. Hier war aber der Hauskauf bedingt durch die Genehmigung des VormGerichts. Daß diese versagt wurde, weil der Beklagte ohne Vertretungsmacht für zwei Volljährige gehandelt hat, kann die Anwendung des § 179 nicht rechtfertigen, denn der Vertrag war nach § 1829 schwebend unwirksam. Der Vertrag und jedenfalls die Auflassung war aber auch deshalb nicht vollwirksam, weil nach der Hess. VO. vom 14. Mai 1920 juristische Personen zum Erwerb von Grundstücken über 5000 M. Wert der Genehmigung bedürfen, daß es sich dabei um den PM Wert handelt, hat das Gericht im Beschluß vom 13. 11. 1923 (Hess. Rspr. 1925 S. 25) dargelegt. Indem sich die Klägerin bei dieser Sachlage zur Vorauszahlung verpflichtete, obwohl noch nicht feststand, daß der Kaufvertrag unbedingt bindend war, lief sie nicht nur die Gefahr, daß der Beklagte keine Vertretungsmacht hatte, sondern auch, daß die Ausführung des Vertrags an seiner Nichtgenehmigung durch Gericht und Ministerium scheitern könnte. Daß, wenn der Beklagte Vertretungsmacht gehabt hätte, diese Genehmigung erteilt worden wäre, ist nicht dargetan.

Dagegen haftet der Beklagte aus §§ 812 ff. Der Beklagte, der in dem Hause der Kinder auf den Namen seiner Frau ein Metzgergeschäft betreibt und selbst vermögenslos ist, behauptet zwar, daß er den empfangenen Betrag bis zur Rückgabe unbenutzt habe liegen lassen, da er ihn zum Ankauf eines anderen Hauses bestimmt habe, zu dem es nicht gekommen sei. Allein er hat offenbar das Geld mindestens zum Teil und zeitweise im Geschäft nutzbringend verwendet und so vor Entwertung geschützt. Jedenfalls hätte er das Geld nicht einfach liegen zu lassen, sondern er hätte es nach Möglichkeit der Entwertung entziehen müssen. In welchem Maße die Bereicherung, die an sich unstreitig eingetreten war, bis zu der erst Ende April 1923 erfolgten Klagerhebung weggefallen war, bedarf keiner näheren Erörterung, denn der Beklagte ist jedenfalls nach § 242 nach Treu und Glauben zur Aufwertung verpflichtet. Es würde jeder Billigkeit gröblich widersprechen, wollte man ihm gestatten, sich von seiner Schuld durch Rückgabe von 81 RM. zu befreien, während er das Papiergeld einige Monate vorher empfangen hatte, als es 808 RM. wert war. Dieser Nachteil ist nach Billigkeit zu verteilen, und es erscheint eine Zahlung von 400 RM. als angemessen. W. n.

6. Grundbuchrecht. Freiwillige Gerichtsbarkeit.

a) α) § 6 bei Sicherung der Übertragung eines realen Teiles des Bergwerkseigentums.

Kammergericht, 1. ZS. Beschluß v. 17. April 1925 (1 x 184/25).

Die Gewerkschaft E. hat vom Bergwerksverein das Bergwerk V. erworben und es mit ihrem Bergwerk E. unter dem Namen E. konsolidiert; das konsolidierte Bergwerk ist im Grundbuche von E. (Bergwerke) Bl. 31 eingetragen, als Eigentümerin ist die Gewerkschaft verzeichnet. Gegen sie hat der Bergwerksverein auf Rückübertragung und Rückauflassung des Bergwerks V. geklagt und auf Grund einer einstweiligen Verfügung auf Bl. 31 eine Vormerkung zur Sicherung des Klageanspruchs eintragen lassen. Die Gewerkschaft hält die Eintragung für unzulässig, weil nach der Konsolidation ein Bergwerk V. grundbuchlich nicht mehr bestehe. Ihre Beschwerde auf Löschung der Vormerkung ist mit Recht zurückgewiesen.

Bei Eintragungen aus einstw. Verfügungen wird die Bewilligung des § 19 durch den die Eintragung anordnenden Beschluß ersetzt. Im übrigen hat das Grundbuchamt, wenn es auch die Voraussetzungen der einstw. Verfügung und deren Zulässigkeit nicht nachzuprüfen hat, eine Pflicht der Prüfung besonders in der Richtung, ob die angeordnete Eintragung dem Inhalt des Grundbuchs entspricht und ihrerseits inhaltlich zulässig ist. Ob der dem Bergwerksverein gegebenenfalls zustehende Anspruch hier, im Hinblick auf die für das Bergwerkseigentum und seinen Erwerb bestehenden Vorschriften, zutreffend und erschöpfend formuliert ist, haben die Grundbuchinstanzen nicht nachzuprüfen. Die Beschwerdeführerin hat allerdings durch die Konsolidation am konsolidierten Bergwerk das Bergwerkseigentum erworben, während es an den einzelnen Bergwerken erloschen ist; auch liegt ursprünglicher, nicht abgeleiteter Erwerb vor; ein besonderes Eigentum an V. besteht seitdem nicht mehr; V. tritt grundbuchlich nicht als Bestandteil des auf Bl. 31 verzeichneten Bergwerkseigentums in Erscheinung. Es ist aber andrerseits genügend gekennzeichnet, um den Gegenstand einer Vormerkung zur Sicherung eines Anspruchs der in Betracht kommenden Art bilden zu können. Nach den in KGJ. 29 S. 135 aufgestellten Grundsätzen, die auf das Bergwerkseigentum mit den aus dessen besonderer Gestaltung sich ergebenden Maßgaben entsprechend anzuwenden sind, bedarf es nicht der vorgängigen Abschreibung des Teiles vom Stammgrundstück gemäß § 6, da die Vormerkung zur Sicherung des Übertragungsanspruchs keine Belastung, sondern lediglich eine Verfügungsbeschränkung darstellt, und weiter keiner katastermäßigen Bezeichnung des von der Vormerkung betroffenen Grundstücksteiles; wohl aber muß der Teil so genau bezeichnet sein, daß sich seine Lage und Größe in einer dem Verkehrsbedürfnis entsprechenden Weise ergibt. Dieses letztere wesentliche Erfordernis ist als erfüllt anzusehen. Das Bergwerk V. ist, gleich einem realen Grundstücksteil, ein realer Teil des auf Bl. 31 verzeichneten Bergwerkseigentums. Wenn es zurzeit auch nicht der Gegenstand selbständigen Eigentums ist, so ist doch der Inbegriff dessen, was vor der Konsolidation unter dem Bergwerkseigentum an V. verstanden wurde, jederzeit feststellbar. V. läßt sich im früheren Bestande aus dem konsolidierten Eigentum wieder herauslösen. Warum eine solche „Entkonsolidierung" nicht angängig sein soll, ist nicht einzusehen (vgl. Brassert, Isay BergG. § 51). Die Eintragung einer Vormerkung zur Sicherung des Anspruchs auf Übertragung eines realen Teiles eines Bergwerkseigentums muß für zulässig erachtet werden, weil dieser Teil durch Feldesteilung, hier durch Entkonsolidierung, Gegenstand besonderen Eigentums zu werden oder wieder zu werden vermag.

β) **Apothekenbetriebsrecht. Eintragung als selbständige Gerechtigkeit.**
Kammergericht, 1. ZS. Beschluß v. 4. Dezember 1924 (x 474).

Das (wegen Unübersichtlichkeit 1918 umgeschriebene) Grundbuchblatt weist im BestVerz. I ein Grundstück . . . , im BestVerz. II „die Apothekengerechtigkeit laut den darüber lautenden Privilegien" und in Abt. I den Beschwerdeführer als Eigentümer aus. Dieser hat die Abschreibung der Gerechtigkeit vom Grundstück und die Anlegung eines besondern Grundbuchblatts für sie erfolglos beantragt.

Das LG. stellt fest: Das Privileg sei durch Urkunde des poln. Königs Johannes III. vom 6. 6. 1687 dem Apotheker Neans zum Betrieb einer Hofapotheke in Elbing verliehen worden, der Betrieb sei bis auf den heutigen Tag im selben Grundstück ausgeübt worden, eine größere Anzahl im einzelnen aufgeführter urkundlicher Akte wiesen auf die Zusammengehörigkeit von Grundstück und Apotheke hin. Die weitere Beschwerde ist begründet.

Die ursprünglich deutsche Rechtsform für das Apothekenbetriebsrecht war das Privileg. Die formell noch heute für große Teile Preußens, darunter das hier in Betracht kommende Gebiet, gültige Rev. ApothekerO. vom 11. 10. 1801 (Böttger-Urban, Preuß. Apothekenges. 5 S. 244, 245; Lewinsky, Apothekenbetriebsrechte 2 S. 27) erfordert außer dem Approbationspatent ein landesherrliches Privileg und bezeichnet in § 2 dieses als regelmäßig vererblich und veräußerlich. Nach dem grundsätzlichen Übergang zur Gewerbefreiheit im Edikt vom 2. 11. 1810 ist die Apothekengesetzgebung zur Real- und später zur Personalkonzession übergegangen (Böttger-Urban 259, Lewinsky 37). Die GewO. hat in § 6 ihre Anwendung auf das Apothekenwesen in verschiedenen Beziehungen, darunter die Errichtung einer Apotheke, ausgeschlossen; auch der Art. 74 EG. BGB.hat die landesgesetzlichen Vorschriften über Zwangsrechte, Bannrechte und Realgewerbeberechtigung unberührt gelassen. Die vor dem Edikt entstandenen Privilegien sind bestehen geblieben (Reskr. v. 19. 3. 1840 JMBl. 113; Böttger-Urban 282; RG. 106 S. 224; s. a. Rsp. 7 S. 190). Diese Privilegien enthalten entweder ein mit einem Grundstücke verbundenes, subjektiv-dingliches oder ein als selbständige Gerechtigkeit auftretendes Betriebsrecht (Lewinsky 102, 103, 122). Wenn das LG. zu dem Ergebnisse gelangt, das Betriebsrecht trete hier subjektiv-dinglich in Verbindung mit dem Grundstück auf, so bestehen gegen dieses — nach der Grundbucheintragung bereits zu vermutende — Ergebnis keine rechtlichen Bedenken. Damit ist aber noch nicht die Ablehnung des Antrags entschieden. Es fragt sich vielmehr, ob der Beschwerdeführer als Privileginhaber in der Lage ist, das Betriebsrecht vom Grundstücke zu trennen, es zu einer selbständigen Gerechtigkeit zu machen. Wird dies bejaht, so hat die Anlegung eines Grundbuchblatts für eine selbständige Gerechtigkeit auf Antrag des Berechtigten zu geschehen (Art. 27² AG. GBO., KGJ. 34 S. 218, auch 33 S. 216).

Die Frage, ob subjektivdingliche, ihrem Inhalte nach eine Realgewerbeberechtigung enthaltende Rechte in selbständige Gerechtigkeiten umgewandelt werden können, ist in KGJ. 43 S. 128 eingehend erörtert und für die nach ihrem Inhalt mit dem Grundstück nicht notwendig zusammenhängenden Rechte bejaht, für die auf Privileg beruhenden Rechte jedoch mit der Einschränkung, daß die Verstattung des Berechtigten zu solcher Umwandlung in der Verleihung ausgedrückt ist. Zu den Gerechtigkeiten, die durch ihren Inhalt mit einem bestimmten Grundstück zusammenhängen, gehört nicht das Apothekenbetriebsrecht. Daß hier das Privileg der Annahme einer Verstattung des Inhabers zur Umwandlung in eine selbständige Gerechtigkeit nicht entgegensteht, kann schon aus der Feststellung des LG., wonach es zum Apothekenbetrieb „in Elbing" befuge, entnommen werden; einer Zurückverweisung zur Feststellung über die Beschwerdebehauptung, wonach ausdrücklich das Wort „allenthalben" gebraucht sei, bedarf es nicht. Gegen die Umwandlung sind daher keine Bedenken zu erheben. Mit dieser Auffassung steht das bereits erwähnte Reskr. v. 19. 3. 1840 im Einklang.

b) Ablehnung einer Eintragung; α) wegen Wuchers, Sittenwidrigkeit.

Kammergericht, 1. ZS. Beschluß v. 26. Februar 1925 (x 56).

Der Eigentümer A. hat in notarieller Urkunde bekannt, von X. ein Darlehn von 4000 M. erhalten zu haben, das mit 24% jährlich verzinst und 3 Monate nach Kündigung zurückgezahlt werden sollte. Die darin beantragte Eintragung einer RMHypothek wurde abgelehnt, weil das Darlehnsgeschäft sowohl gegen § 4 der PreistrVO. vom 13. 7. 1923 wie gegen den § 138² verstoße. Diese Beurteilung vermag jedoch nur dann die Zurückweisung des Antrages zu rechtfertigen, wenn der Charakter des Grundrechtsgeschäfts zugleich die Nichtigkeit der Hypothek herbeiführt. Abgesehen von diesem Fall unterliegt jenes Geschäft grundsätzlich nicht der Prüfung des Grundbuchrichters (KGJ. 30 S. 207, 51 S. 178, Rsp. 8 S. 303, 23 S. 324). Dies gilt auch bei der Eintragung einer Hypothek. Obwohl diese eine Forderung nach § 1113 BGB. voraussetzt, liegt dem Grundbuchrichter nicht ob, ihr rechtswirksames Bestehen zu prüfen; er hat sich auf die Feststellung zu beschränken, ob die zu sichernde Forderung bezeichnet ist (Güthe-Triebel, Vorb. zum 2. Abschnitt A. 99). Die Nichtigkeit der Forderung berührt den Bestand der Hypothek nicht, sondern bewirkt nur, daß sie nicht in der Hand des eingetragenen Gläubigers, sondern in der des Eigentümers entsteht (§ 1163 BGB.). Nur wenn die Nichtigkeit der Forderung auch die Hypothek ergreift, darf der Grundbuchrichter die Rechtswirksamkeit der Forderung prüfen und bei Feststellung der Nichtigkeit die Eintragung der Hypothek ablehnen, da ihm die Amtspflicht obliegt, das Grundbuch mit der Wirklichkeit in Übereinstimmung zu halten und daher unrichtige Eintragungen zu verhindern. Von dieser Auffassung geht auch das LG. aus, denn es führt aus, daß bei Wuchergeschäften sich die Nichtigkeit auch auf das dingliche Rechtsgeschäft erstrecke. Es nimmt hiernach an, daß der Leistungswucher gemäß § 4 PreistrVO. das Darlehnsgeschäft nichtig macht. Allein nach anerkannter Rechtsprechung (RG. 93 S. 106, 98 S. 293, Alsberg, PreistrStrafr. 7 S. 377, 380, 381) führte ein Verstoß gegen den in § 1 Nr. 1 VO. vom 8. 5. 1918 (RGBl. S. 395) geregelten Preiswucher keine Nichtigkeit des Vertrages herbei, sondern gab nur ein Recht, den Preis auf das erlaubte Maß herabzusetzen. Dieselbe Wirkung muß sich an den Preiswucher der neuen VO. und an den ihm nachgebildeten Leistungswucher knüpfen. Sollte daher im vorliegenden Darlehnsgeschäft ein Leistungswucher liegen, so erwüchse dem A. nur ein Recht auf Herabsetzung des Zinssatzes. Jener Wucher bei dem Darlehnsgeschäfte führte hiernach, auch wenn er die Hypothek nicht ergriffe, nicht zu deren Nichtigkeit und zwar weder zur vollen noch zur teilweisen. Aus diesem Grunde könnte dahingestellt bleiben, ob überhaupt die Annahme von Leistungswucher möglich ist; doch soll kurz darauf eingegangen werden. Der 1. StrS. des RG. hat im Urteile (JW. 1924 S. 1744), auf das sich offensichtlich das LG. stützt, auch die Darlehnshingabe als „Leistung" des erwähnten § 4 und damit die Kreditgewährung als Gegenstand des Leistungswuchers bezeichnet. Als eine Leistung zur Befriedigung des täglichen Bedarfs, um die es sich dabei handeln muß, hat der Senat jedenfalls den Kredit aufgefaßt, der im Erwerbsleben und geschäftlichen Verkehr gewährt wird. Eine solche Hingabe liegt hier offensichtlich nicht vor, wo der Kreditnehmer Ackerer ist. Sollte sie aber auch als eine Leistung zur Befriedigung des täglichen Bedarfs zu beurteilen sein, so muß doch zur Annahme des Leistungswuchers festgestellt werden, daß eine Vergütung für das Darlehn gefordert, gewährt oder versprochen worden ist, die unter Berücksichtigung der gesamten Verhältnisse einen übermäßigen Verdienst enthält. In dieser Beziehung läßt es das landgerichtliche Urteil an jeder Begründung vermissen. Das LG. kehrt jedoch mit seiner Ausführung, daß 24% Zinsen zum mindesten im September 1924 mangels Darlegung besonderer Umstände für wucherisch zu halten seien, die Rechtslage um. Allerdings kann das Grundbuchamt, wenn ihm der Zinssatz wucherisch erscheint, vom Antragsteller Aufklärung verlangen (Güthe-Triebel § 1[44]). Zur Annahme von Leistungswucher ist es jedoch nur berechtigt, wenn es feststellt, daß die vereinbarte Verzinsung unter Berücksichtigung der gesamten Verhältnisse einen übermäßigen Verdienst enthält. Eine solche Feststellung wird im Rahmen des auf Antrag eingeleiteten Grundbuchverfahrens in der Regel nicht möglich sein. Auf die bloße Möglichkeit hin, daß eine übermäßige Zinsgewährung vorliegt, darf jedoch die Eintragung nicht abgelehnt werden.

Anders verhält es sich bei dem Wucher gemäß § 138[2] BGB., der das ganze Darlehnsgeschäft nichtig macht und auch die Hypothek erfaßt (RG. 57 S. 95, 75 S. 76), daher ihrer Eintragung entgegenstände. Das LG. hat, um sich eine tatsächliche Unterlage zu verschaffen, den Eigentümer vernommen. Dieses Verfahren widerspricht der ständigen Rechtsprechung, nach der für das Grundbuchverfahren der § 12 FGG. keine Anwendung findet und im Antragsverfahren auch kein Recht zur Anstellung von Ermittelungen besteht (KGJ. 48 S. 194); das Ergebnis der Vernehmung kann daher nicht verwertet werden. Auch hiervon abgesehen würden die Feststellungen nicht ausreichen. A. hat angegeben: Er habe im Sommer 1924 ein neues Wohnhaus erbaut, das ihn 10 000 M. kostete; 6000 M. habe er von der Sparkasse erhalten. Am 1. 9. 1924 habe er den M. gebeten, ein weiteres Darlehn zu vermitteln; auf dessen Mitteilung, daß er in X. einen Darlehnsgeber gefunden habe, seien alle drei zum Notar gegangen; hier habe X. 24 % Zinsen verlangt, weil es sich nur um ein kurzfristiges Darlehn handele. Er habe sich gegen den hohen Zinsfuß nicht gesträubt und sich nicht an andere Stellen gewendet, weil er geglaubt habe, daß Geld nicht billiger zu haben sei. Das LG. entnimmt dem Umstande, daß sich A. nicht auch anderweit umgetan habe, dessen geschäftliche Unerfahrenheit und meint, daß der Gläubiger diese ausgebeutet habe. Damit sind aber noch nicht alle Tatbestandsmerkmale des § 138[2] gegeben. Selbst wenn die erwähnten Folgerungen aus dem Sachverhalte gezogen werden könnten, müssen noch die versprochenen Zinsen in einem auffälligen Mißverhältnis zur Leistung stehen. Eine dahin gehende Feststellung kann aber nur unter Berücksichtigung aller Verhältnisse getroffen werden, die im September 1924 im Kreditwesen, besonders hinsichtlich des üblichen Zinssatzes, ferner auf Seiten des Gläubigers und des Schuldners geherrscht haben. Die tatsächlichen Unterlagen dafür fehlen ganz und sind auch nach den das Grundbuchverfahren beherrschenden Grundsätzen nicht zu beschaffen.

Dazu: Bayer. Oberstes Landesgericht, 3S. Beschluß v. 22. September 1924.

. . . Die bloße Auflassung vor der Eigentumseintragung steht Eintragungen auf Bewilligung des Verkäufers oder im Zwangswege nicht entgegen (RG. 81 S. 68). Die Vorinstanzen halten jedoch den Grundbuchrichter für befugt, die Eintragung der Hypothek abzulehnen, weil die Bestellung gegen Treu und Glauben verstoße. Allein die bloße Möglichkeit einer Schädigung der Gegenpartei genügt unter keinen Umständen. Die hier getroffenen Feststellungen reichen aber zu der sicheren Annahme eines arglistigen, gegen Treu und Glauben verstoßenden, schädigenden Verhaltens keinesfalls aus. Da die schuldrechtliche Gültigkeit des Kaufvertrages bis auf weiteres feststeht, kann dem Beschwerdeführer nicht verwehrt werden, aus ihm (auch der Kaufpreis ist fällig geworden) seine Rechte weiterhin geltend zu machen. Es ist ihm zu glauben, daß er selbst in eine mißliche Lage geraten ist, da er mit einer Vertragserfüllung des Käufers gerechnet hat. Wenn er in dieser Lage das Anwesen wirtschaftlich ausnutzt, um Gelder oder Kredit zu erhalten, so kann hierin eine Arglist mangels weiterer Anhaltspunkte jedenfalls nicht gefunden werden. Selbstverständlich hat er die so noch gezogenen wirtschaftlichen Vorteile auf den Kaufpreis entsprechend anzurechnen. Solche Ausgleichung bildet aber eine innere Angelegenheit der Vertragsteile; der Grundbuchrichter hat sie nicht weiter zu berücksichtigen.

β) **wegen eingetragener „Heimstätteneigenschaft".**

Kammergericht, 1. 3S. Beschluß v. 19. März 1925 (x 109).

Am 16. März 1922 ist in Abt. II Nr. 1 die Heimstätteneigenschaft des Grundstücks und als Ausgeberin die Stadt T. vermerkt und in Abt. I Sp. 4 als Entgelt für den Boden der Heimstätte der Betrag von 750 Mk. angegeben. Der Beschwerdeführer hat auf Grund eines gegen den eingetragenen Eigentümer Otto lautenden Arrestbefehls vom 14. 1. 1925 über 1108 RM. die Eintragung einer Arresthöchsthypothek beantragt. Die Vorinstanzen haben mit Recht abgelehnt. Unter „Heimstätteneigenschaft" werden Bindungen des Eigentümers, Verfügungsbeschränkungen und Belastungen, zusammengefaßt, die einem Grundstücke dadurch auferlegt werden, daß es Heimstätte im Sinn des Ges. v. 10. Mai 1920 wird (vgl. Enneccerus-Wolff, Sachenrecht § 92; Krüger, Reichsheimstättenges. § 4[1]). Die Eigenschaft wird durch Ausgabe des Grundstücks als Heimstätte seitens eines Ausgebers an den Heimstätter oder durch Auftragung eines Grundstücks seitens des Eigentümers an einen Ausgeber begründet (§§ 1, 25 Ges.). Sie entsteht durch Eintragung in das Grundbuch (§§ 4, 25, Krüger aO.). Nach § 6 ist ferner der im Begründungsvertrag festzulegende, allein auf den Boden ohne Baulichkeiten und sonstige Verbesserungen entfallende Entgelt im Grundbuch einzutragen. Diesen Vorschriften ist hier genügt. Eine der Äußerungen jener Eigenschaft ist die Beschränkung in der Belastbarkeit des Grundstücks. Diese ist in §§ 17, 18, 20 verschieden geregelt, je nachdem es sich um rechtsgeschäftliche Bestellung der Hypothek durch den Heimstätter oder um Zwang gegen ihn durch einen persönlichen Vollstreckungsgläubiger handelt; erstenfalls ist die Belastung statthaft, sofern der Ausgeber zustimmt, letztenfalls ist sie unzulässig und nur ausnahmsweise wegen der beim Erwerbe schon bestehender Schulden möglich (Wolff IV 1, 3). Über die Gründe zu dieser Unterscheidung spricht sich die Begründung bei § 20 aus (Drucks. Nr. 2487 der NatVers.). . . Bei dieser gesetzlichen Lage kommt es darauf nicht an, daß der Eigentümer bei Beantragung einer Hypothek von 3000 RM. eine Erklärung des Ausgebers vorgelegt hat, wonach die Belastung bis zur Höhe von 9000 RM. (unter Einschluß jener 3000 M.) mit der Maßgabe genehmigt ist, daß bei Aufnahme des weiteren Betrages die bei Aufnahme der 3000 M. festgelegten Hergabebedingungen nur zugunsten des Heimstätters geändert werden dürfen. Der Beschwerdeführer meint, daß auch die von ihm begehrte Arresthypothek in die bereits genehmigte Belastungshöhe hineinfiele. Das LG. verneint es, weil die Genehmigung des Ausgebers nur als auf vertragsmäßige Hypotheken bezüglich auszulegen sei und weil auch die Arresthypothek eine Verschlechterung zuungunsten des Heimstätters mit sich bringen würde. Beide Auffassungen übersehen das Wesentliche, daß es sich um eine persönliche Schuld handelt und daß, da die Übergangsbestimmung des § 20² nicht in Betracht kommt, die Zwangsvollstreckung in die Heimstätte überhaupt unzulässig ist.

7) **wegen nicht nachgewiesener Nichtausübung des Vorkaufsrechts des § 4 RSG.**

Kammergericht, 1. ZS. Beschluß v. 11. Dezember 1924 (x 541/24).

Der Antrag, auf Grund notarieller Auflassung die Grundstücke Nr. 141, 494, 496 auf A. umzuschreiben und auf das letztere Grundbuchblatt zu übertragen, haben die Vorinstanzen abgewiesen, weil die Nichtausübung des Vorkaufsrechts der Siedlungsgesellschaft Rote Erde nicht nachgewiesen sei. Wenn auch in der Auflassungsverhandlung eine Urkunde über das Veräußerungsgeschäft nicht vorgelegt ist, so handelt es sich doch hier um einen Verkauf oder ein sonstiges nach § 11 SiedlG. gleichgestelltes entgeltliches Veräußerungsgeschäft (Rsp. 43 S. 50), dessen Vornahme dem gemeinnützigen Siedlungsunternehmen — für Westfalen die erwähnte Siedlungsgesellschaft (AusfAnw. II des Min. für Landw. vom 29. 1. 1920; Krause PrSiedlungsges. S. 200) — das Recht zur Ausübung des gesetzlichen Vorkaufsrechts gibt. Es ist nach § 10 auch richtig, daß jenes Vorkaufsrecht anders wie ein rechtsgeschäftliches, die Eintragung des Eigentumsübergangs hindert, solange seine Nichtausübung nicht nachgewiesen ist (KGJ. 53, 161). Nach § 4 setzt es aber voraus, daß es sich um ein landwirtschaftliches Grundstück im Umfang von 25 ha aufwärts oder Teile eines solchen handelt. Nach der Feststellung des LG. beträgt die Größe der aufgelassenen Grundstücke (sie ist in der Auflassungsverhandlung nicht angegeben) unter 25 ha, der Grundbesitz des Veräußerers ist aber erheblich größer. Es ist nun frei von Irrtum, daß das LG. die Frage aufgeworfen hat, ob die ihrer eigenen Größe nach nicht dem § 4 unterfallenden Grundstücke etwa im wirtschaftlichen Sinne Teile eines Grundstücks von 25 ha aufwärts sind; denn die den Grundstücksverkehr betreffenden neueren Gesetze gehen, wenn sie an gewisse Mindestgrößen rechtliche Folgen knüpfen, vom wirtschaftlichen Begriff des Grundstücks aus, weil ihre Vorschriften, wenn sie das Grundstück im Grundbuchsinne meinten, jederzeit durch Teilung umgangen werden könnten (KGJ. 53 S. 139; 51 S. 155/6, 163). Es ist aber irrig, wenn es diese Frage lediglich deswegen bejaht, weil der Veräußerer einen über 25 ha großen Grundbesitz hat. Es darf nicht ohne weiteres der gesamte Grundbesitz einer Person als wirtschaftliche Einheit angesehen werden. Der Standpunkt der Vorinstanzen führt zu dem unannehmbaren Ergebnis, für die Frage, ob ein (im Grundbuchsinne selbständiges) Grundstück Teil eines andern im Umfang von 25 ha aufwärts ist, nicht einen feststehenden wirtschaftlichen sondern einen zufälligen persönlichen Maßstab zu geben. Es fehlt hier also eine Feststellung darüber, ob die veräußerten Ländereien, wirtschaftlich betrachtet, Teile eines über 25 ha großen Grundstücks oder wirtschaftlich selbständige kleinere Grundstücke (oder Teile solcher) sind. Hierüber hat nunmehr das Amtsgericht zu entscheiden; etwa beizubringende Nachweise bedürfen nicht der Form des § 29 GBO. (KG. in PrJMBl. 1919 S. 457).

c) Zurücknahme des Eintragungsantrags, nachdem die Bewilligung bindend geworden war.

Bayer. Oberstes Landesgericht, ZS. Beschluß v. 24. September 1924.

Die notarielle Urkunde v. 10. Juni 1924, in der der Eigentümer A. die Eintragung einer Feingold-Sicherungshypothek von 22 000 GM. und zwar an ausschließend dritter Rangstelle bewilligte, ging am 16. Juni beim Grundbuchamt ein und wurde, da inzwischen am 14. Juni eine Sicherungshypothek für M. eingetragen war, an den Notar zurückgeleitet. Unterm 3. Juli ergänzte A. seinen Antrag dahin, daß Eintragung an nächstoffener Stelle begehrt wurde; diese Urkunde ging am 3. Juli ein, nachdem am 30. Juni die Geschäftsaufsicht über A. angeordnet worden war. Am 4. Juli widerrief A. notariell die gestellten Anträge, worauf das Grundbuchamt die Urkunde v. 10. Juni am 7. Juli zurückgab, „weil der Eintragungsantrag zurückgenommen wurde". Die Beschwerde blieb erfolglos. Die weitere Beschwerde ist begründet. Bei den grundbuchamtlichen Geschäften ist zu unterscheiden: Einigung, Eintragungsbewilligung und -antrag. Letzterer bildet nur eine Verfahrenshandlung. Die zweiseitige Einigung ist die materiellrechtliche Grundlage der Rechtsänderung nach BGB. §§ 873, 875. BGB. Die (formale) Eintragungsbewilligung richtet sich als einseitige empfangsbedürftige Willenserklärung an das Grundbuchamt, für das sie ihrem alleinigen Zwecke gemäß die Grundlage für die Eintragung als solche bildet. Sie ist zunächst nur nach der GBO. zu würdigen (bes. § 19). Sie soll — als keineswegs begrifflich identisch mit der Einigung — den Nachweis der Einigung im Rahmen des Grundbuchverkehrs ersetzen. Ihre Wirkung ist sohin lediglich eine f o r m a l e, d. h. sie hat nur die Eintragung herbeizuführen, nicht aber für sich die bezweckte Rechtsänderung zu erzeugen. Ihr Adressat ist Grundbuchamt. Die EBewilligung ist, sobald sie bei diesem eingereicht ist, bindend und wirksam. Die GBO. hat aber über den Widerruf selbst nichts bestimmt, es gelten daher hierfür die allgemeinen bürgerlichen

Vorschriften. Aus § 130 folgt, daß eine wirksam gewordene Willenserklärung nicht mehr widerrufen werden kann; die Widerruflichkeit ist eine Ausnahme, die nur Platz greift, wenn das Gesetz sie ausdrücklich vorschreibt (Recht 1911 N 2463). Diese Grundsätze sind hier, wo es sich nur um die formale Frage der grundbuchmäßigen Eintragung als solcher handelt, anzuwenden und führen zu folgenden Ergebnisse: Die erstmalige Einreichung der Urkunde am 10. Juni konnte allerdings noch zu keiner endgültigen Bindung des Antragstellers führen, weil der hierin begehrte Rang, der hierbei als wesentlicher Bestandteil der Bewilligung zu erachten ist, nicht mehr frei war. Die Ergänzungsurkunde gelangte aber noch vor dem Widerruf des Schuldners in den Einlauf. Damit war sie bindend und unwiderruflich, so daß auch der zeitlich nachgefolgte Widerruf, soweit die Eintragungsbewilligung als solche in Frage kommt, wirkungslos bleiben mußte.

Die Zurücknahme des Eintragungs**antrags**, die in vorgeschriebener Form erfolgte, war an sich rechtswirksam (§ 32 GBO.). Da aber die Bewilligung des Schuldners als solche bereits bindend geworden war, so konnte der Notar im Hinblick auf § 13² als Bevollmächtigter des Gläubigers, zu dessen Gunsten die Hypothek eingetragen werden soll, den Eintragungsantrag wirksam stellen (RG. Recht 1911 Nr. 2463). Die Verhängung der Geschäftsaufsicht muß für die rechtliche Beurteilung der Beschwerde ohne Einfluß bleiben, da durch sie die Verfügungsfähigkeit des Schuldners an sich nicht behindert ist.

d) Frist zur Nachbringung der Genehmigung des Landrats aus der BRV. v. 15. März 1918.

Kammergericht, 1. ZS. Beschluß v. 28. Mai 1924 (x 168/24).

A. ist als Eigentümer des Grundstücks auf Grund der Auflassung vom 6. Juni 1923 eingetragen. Diese hatte der zuständige Landrat am 5. Mai 1923 gemäß der BRV. vom 15. März 1918 mit der Auflage genehmigt: „Das Grundstück ist weitgehend landwirtschaftlich zu nutzen; doch steht einer parzellenweisen Veräußerung nach Maßgabe der mit dem Magistrat gepflogenen Verhandlungen nichts entgegen. Die Kleinsiedler sind aber bei der Auflassung zu verpflichten, das erworbene Grundstück mindestens 5 Jahre landwirtschaftlich zu nutzen und es innerhalb dieser Zeit nicht weiterzuveräußern." A. hat das Grundstück parzelliert und die Parzellen an die Beschwerdeführer veräußert und aufgelassen. Im § 6 der einzelnen Kaufverträge hat sich der Erwerber verpflichtet, das Grundstück mindestens 5 Jahre lang weitgehend landwirtschaftlich zu nutzen und es innerhalb dieser Frist nicht weiter zu veräußern. Die Eigentumseintragungsanträge der Erwerber sind jedoch zurückgewiesen worden, weil die Auflassungen mangels vorher erteilter Genehmigungen des Landrats nichtig seien. Die weitere Beschwerde ist begründet.

Die behördliche Genehmigung der Auflassungen ist nach § 1 BRV. vom 15. März 1918, wenn auch die einzelnen Parzellen weniger als 5 ha groß sind, erforderlich, da die Gesamtfläche des Grundstücks 5 ha übersteigt (KGJ. 51 S. 157). Das LG. ist davon ausgegangen, daß in der dem A. erteilten Genehmigung bereits die Auflassung an die Parzellenerwerber unter der Auflage enthalten sei, daß die Abreden mit dem Magistrat eingehalten werden. . . Indessen ist dieser Ausgangspunkt nicht zutreffend. Der Landrat war nach der VO. nicht befugt, die Weiterveräußerung der Parzellen an beliebige Erwerber unter bestimmten Voraussetzungen schon vor Eintritt des Verkaufsfalles zu genehmigen und sich durch eine solche im voraus und allgemein erteilte Genehmigung der Prüfung, ob jene Voraussetzungen erfüllt, namentlich auch, ob die Erwerber als Kleinsiedler anzusehen seien und ob aus der Person der Erwerber ein Versagungsgrund nach § 3 Nr. 2 VO. zu entnehmen sei, zu begeben. Hiernach muß auch angenommen werden, daß der Landrat mit der Bemerkung über die parzellenweise Veräußerung nur den Veräußerer, der das Grundstück von vornherein als Parzellant erworben hat, darüber hat unterrichten wollen, unter welchen Voraussetzungen er mit Genehmigung der Auflassung an die Parzellenerwerber zu rechnen haben werde. Gegen die Annahme des LG. spricht auch die Erwägung, daß die Strafandrohung des § 7 Nr. 2 nur für die vom Landrate bestimmte Auflage gilt, während eine Gewähr für die Erfüllung der Auflage, die der Veräußerer gemacht hat, nicht gegeben ist. Nach der Übung des Senats ist die der vorgängigen Genehmigung entbehrende Auflassung nach § 134 BGB. nichtig. Nunmehr hat aber das RG. (V 81/23) entschieden, daß die Auflassung durch die nachfolgende Genehmigung Rechtswirksamkeit erlange. Bei dieser Stellungnahme des RG. und der Zweifelhaftigkeit der Rechtsfrage vermag der Senat an seiner bisherigen Rechtsprechung nicht mehr festzuhalten. Da vorliegend also die Auflassungen durch nachträgliche Genehmigung des Landrats wirksam werden können, so steht den Anträgen ein leicht behebbares Hindernis (§ 18 GBO.) entgegen.

e) Umwandlung der Höchst- in Verkehrshypotheken.

Kammergericht, 1. ZS. Beschluß v. 15. Januar 1925 (x 609/24).

Für den Kassenverein ist eine Höchsthypothek von 3000 GM. zur Sicherung für seine Forderungen aus der Geschäftsverbindung mit dem Eigentümer gebucht. Beide beantragen die Eintragung der Umwandlung jener Hypothek in eine gewöhnliche Darlehnshypothek für eine vom Eintragungstage an verzinsliche Forderung und die Aushändigung des Briefs an den Gläubiger. Der Antrag ist ohne Grund abgewiesen. Die Höchsthypothek sichert eine erst künftiger Feststellung vorbehaltene, die Verkehrshypothek sichert dagegen eine bestimmte vorhandene Forderung. Folgerichtig gehört zu einer nach § 1186 BGB. statthaften Umwandlung aus ersterer in letztere Hypothekenform eine Feststellung der Forderung. Mehr besagt der Beschluß (KGJ. 25 S. 173) nicht. Ob sie, so verstanden, der im Schrifttum allgemein gebilligten RGE. 60 S. 243 (Planck, Staudinger, RGKomm. zu § 1190, u. a.; s. a. Güthe GBO. 2 S. 1707, Bd. 1 Vorbem. 54 vor § 19) überhaupt widerspricht wie Planck und Staudinger annehmen, kann dahingestellt bleiben. Es kommt hier nämlich neben der Umwandlung der dinglichen Rechtsform nach § 1186 auch eine Auswechselung der gesicherten Forderung nach § 1180 in Betracht. Sie ist auch bei der Höchsthypothek statthaft (KGJ. 45 S. 286). Sie ist hier aus der allerdings knappgefaßten Urkunde zu entnehmen. Dadurch ist eine bestimmte Darlehnsforderung anstelle der künftiger Feststellung vorbehaltenen Forderung in die Hypothek eingetreten und daher die Notwendigkeit der Feststellung letzterer weggefallen (RJA. 11 S. 240).

Bei der Höchsthypothek steht das dingliche Recht, solange oder soweit eine Forderung nicht entstanden ist, dem Eigentümer zu RG. 75, S. 250, KGJ. 45 S. 286). Unterbleibt bei einem Vorgange wie dem hier einzutragenden, die Feststellung, so bleibt die Möglichkeit offen, daß die Hypothek ganz oder teilweise Eigentümergrundschuld ist. Wäre die Höchsthypothek infolge Wegfalls der zu sichernden Forderungen endgültig Eigentümergrundschuld geworden, so bedurfte es um das dingliche Recht wieder zu einer Verkehrshypothek des Gläubigers werden zu lassen, einer Abtretungserklärung des Eigentümers (RJA. 14 S. 186, KGJ. 45 S. 282). In einem Falle wie hier, wo nach den Erklärungen der zu sichernde Forderungskreis nicht weggefallen und damit das dingliche Recht nicht endgültig als Grundschuld auf den Eigentümer übergegangen ist, genügt für die begehrte Eintragung eine von beiden Beteiligten, Gläubiger und Eigentümer, erklärte Bewilligung (KGJ. 45 S. 286). Die durch die Eintragung entstehende Verkehrshypothek haftet erst vom Eintragungstag an für Zinsen (KGJ. 40 S. 321).

f) Kann bei der Hypothekenabtretung die Aufwertung zurückbehalten werden?

Kammergericht, 1. ZS. Beschluß v. 12. Februar 1925 (x 616/24).

Eine für A. 1904 eingetragene Hypothek von 15 000 Mark ist auf Grund seiner Erklärung vom 9. April 1923:

Ich trete diese Hypothek und die ihr zugrunde liegende Forderung im Betrage von 15 000 PM. nebst Zinsen davon seit 1. April 1923 an M. ab, bekenne den Abtretungspreis erhalten zu haben und bewillige und beantrage die Eintragung der Abtretung.

Alle etwaigen, 15 000 PM. übersteigenden persönlichen Ansprüche gegen den Grundstückseigentümer sind nicht mit abgetreten und stehen mir nach wie vor zu.

ist am 23. April 1923 auf M. umgeschrieben. Nach Inkrafttreten der 3. SteuerNVO. beantragte A. erfolglos, daß gemäß § 54, 62² GBO. ein Widerspruch gegen die Abtretung eingetragen werde. Die Entscheidung hängt davon ab, ob die Urkunde den Willen des A., die ganze eingetragene Hypothek nebst der durch sie gesicherten Forderung auf M. zu übertragen (§§ 398, 1153, 1154 BGB.), ausdrückt und als Unterlage für die Umschreibung der Hypothek benutzt werden durfte. Das LG. nimmt dies an, seine Erwägungen sind jedoch insofern rechtlich zu beanstanden, als sie die der Hypothek zugrunde liegende Forderung nicht als einheitlichen Anspruch behandelt, sondern in einen durch den PMNennwert ausgedrückten und einem daneben bestehenden Aufwertungsanspruch sondert, und weiter insofern als es die Abs. 1 und 2 der Urkunde nicht im Zusammenhalt miteinander, sondern gesondert für sich betrachtet und die maßgebende Grundlage für seine Auslegung erkennbar in Abs. 1 ohne die gemäß § 133 BGB. gebotene der Eigenart der Sachlage entsprechende Mitberücksichtigung des Abs. 2 findet. Seine Auslegung ist daher nicht bindend, würde vielmehr schon für sich allein die Aufhebung der Vorentscheidung rechtfertigen, so daß der Senat in der Lage ist, den Inhalt der Urkunde zu würdigen. Diese Würdigung führt zu folgendem Ergebnis: Die Erklärungen beider Absätze haben zum Gegenstande das einheitliche Hypothekenrecht. Für sich allein betrachtet, würde der Abs. 1 zwar klar besagen, daß das eingetragene Hypothekenrecht so wie es dem A. zustand, auf den neuen Gläubiger übergehen solle. Diese Klarheit beseitigt aber der Abs. 2, der im Gegensatz zu Abs. 1 besagt, daß A. aus dem Hypothekenrecht mehr beanspruchen zu können glaubte, als den durch den PMBetrag ausgedrückten Wert, und daß er insoweit das Recht nicht übertragen, es vielmehr für sich behalten wolle. Das, was nach der Vorstellung des A. ihm möglicherweise aus dem Hypothekenrecht als Aufwertung zukam, war kein neuer Anspruch, sondern Bestandteil des den einheitlichen Gegenstand der Abtretung bildenden, einer wertverändernden Entwicklung fähigen Rechts, das Hypothekenrecht drückte also mit dem eingetragenen PMBetrage, der damals geltenden Reichswährung, nach der Vorstellung des A. nicht die wirkliche Höhe des Rechts aus. Er wollte es behalten, soweit es im Wert gegenwärtig oder künftig über den PMNennbetrag hinausging. Dieses Ingegensatzstellen von PMBetrag in Abs. 1 und des ihn übersteigenden Anspruchs in Abs. 2 macht den Gegenstand der Abtretung zu einem unbestimmten, und zwar vornehmlich deswegen, weil der PMWert nicht eine feststehende gleichbleibende, sondern fortgesetzten ungewissen Entwicklungseinflüssen unterworfene Rechnungsgröße war und die Abtretungsurkunde nicht ersehen läßt, daß ein bestimmter Stichtag für die Wertbemessung jenes Betrages entscheidend sein solle. Wegen dieser Unbestimmtheit entbehrt hiernach die Urkunde der Rechtswirkung; das Gesetz ist durch ihre grundbuchliche Benutzung objektiv verletzt. Nach § 19 GBO. genügt zwar verfahrensrechtlich eine formgemäße Umschreibungsbewilligung, ohne daß sich das Grundbuchamt um das materielle Abtretungsgeschäft zu kümmern hätte; anders aber, wenn ihm die diesem Geschäft anhaftenden Mängel bekannt sind, besonders wenn die Bewilligung in einer Urkunde mit jenem Geschäfte verbunden, und die dem letzteren anhaftende Unklarheit auch die Klarheit der Bewilligung hinsichtlich des Gegenstandes des von ihr betroffenen Rechts ausschließt.

Da die hier erklärte Abtretung den Hypothekenübergang nicht bewirkte, und zwar auch nicht zu einem Teilbetrage (so Hansen DNotV. 1925 Nr. 80), und ein anderes wirksames Rechtsgeschäft zwischen den Beteiligten offensichtlich nicht geschlossen ist, ist das Grundbuch durch die Umschreibung unrichtig geworden. Gegen diese ist also die Eintragung eines Widerspruchs, und zwar ohne Einschränkung hinsichtlich des Betrages, zugunsten des A. geboten, falls nicht inzwischen das Hypothekenrecht auf einen gutgläubigen Dritten übergegangen ist (§§ 1154, 892, 1138, BGB.) und den endgültigen Verlust des Rechts für A. herbeigeführt hat. Eine Glaubhaftmachung nach dieser Richtung ist jedoch dem A. nicht anzusinnen, vielmehr ist das Grundbuchamt, da es sich um einen Amtswiderspruch handelt, gehalten von sich aus festzustellen, ob ein gutgläubiger Dritterwerb stattgefunden hat. Im Nichtfalle steht die Hypothek nach wie vor dem A. zu und ist deshalb für ihn gemäß § 2^2 der 3. SteuerNVO. aufzuwerten, ohne daß er der Heranziehung des § 11 bedarf. Den Hypothekenbrief hat das Grundbuchamt gemäß § 62^2 GBO. herbeizuschaffen.

g) Berichtigung oder neue Auflassung bei Parzellenverwechslung?

Kammergericht, 1 ZS. Beschluß v. 8. Januar 1925 (x 532/24).

In dem von A. mit seiner Tochter geschlossenen notariellen Überlassungsvertrage vom 6. Juni 1922 ist als Gegenstand der Überlassung sein im Grundbuche von K. Bd. 1 Blatt Nr. 8 und B. 7 Nr. 24 eingetragener Grundbesitz, ein Haus mit Garten, Land und Moorparzelle, belegen in K. und L. bezeichnet. In § 5 erklärten die Beteiligten, daß das Eigentum am veräußerten Grundbesitz auf die Erwerberin übertragen und diese eingetragen werden solle. Sie bevollmächtigten im Anschluß daran für sich und ihre Erben den Bürovorsteher W. die erforderlichen Erklärungen abzugeben. Am 25. Juli 1922 ließ darauf W. vor dem Grundbuchamte die Grundstücke 8 und 24 auf, die dann auf die Tochter umgeschrieben wurden. Diese beantragte 1924 nach dem Tode des A., sie auch als Eigentümerin der im Grundbuche von K. Bd. 7 Nr. 18 verzeichneten, auf den Namen der Eheleute A. eingetragenen Parzelle Nr. 266/8 einzutragen. Denn die Beteiligten hätten außer der Moorparzelle das neben den Ländereien des Pastors gelegene Hausgrundstück mit angrenzendem Land, bestehend aus der bei Nr. 18 verzeichneten Parzelle Nr. 266/8 und der im Grundbuche von K. Bd. 7 Nr. 24 verzeichneten Parzelle Nr. 265/8 verkaufen und übereignen wollen. Anstatt dessen sei im Vertrage und in der Auflassungsverhandlung außer der Moorparzelle (Bd. 1 Bl. Nr. 8) der ganze Bestand des Grundbuchs Bd. 7 Nr. 24 und damit das andere, neben der Meierei gelegene bebaute, als Altenteilswohnung jedoch nicht geeignete Grundstück angegeben worden. Sie überreichte zum Nachweise der vorgekommenen Verwechselung drei in notarieller Form abgegebene eidesstattliche Versicherungen und ferner Katastermaterial. Die Vorinstanzen haben mit Recht abgelehnt. Der nicht auf Berichtigung des Grundbuchs, sondern auf Vornahme einer rechtsändernden Eintragung gerichtete Antrag setzt voraus, daß die Parzelle Nr. 266/8, hinsichtlich der das Eigentum der Tochter eingetragen werden soll, dieser bereits aufgelassen ist (§ 20 GBO.). Das LG. geht in Anlehnung an KGJ. 37 S. 262 (vgl. auch RG. 60 S. 340, 66 S. 21, 77 S. 33, RGKomm. § 925[6]) zutreffend davon aus, daß trotz der Nichterwähnung der Parzelle im Vertrage und in der Auflassung doch die rechtliche Möglichkeit besteht, daß die Parzelle von der früheren Auflassung mit erfaßt worden ist, nämlich dann, wenn die Beteiligten mit der von ihnen gewählten Bezeichnung des Auflassungsgegenstandes in Wirklichkeit übereinstimmend auch diese Parzelle gemeint haben. Vorliegend muß daher die Übereignung des neben dem Lande des Pastors gelegenen Hausgrundstücks gewollt gewesen, ferner die Parzelle Teil dieses Grundstücks sein. Der dahingehende Wille der Beteiligten ist in den Formen des § 29 GBO. nachzuweisen (KGJ. 37 S. 262). Das LG. führt nun aus: Die überreichten Versicherungen machten zwar die Behauptung der Beschwerdeführerin glaubhaft, seien aber zum Nachweis der Richtigkeit nicht geeignet. Dieser dürfte auch nicht möglich sein, da der Hauptbeteiligte inzwischen gestorben sei, andere Personen aber nur Schlußfolgerungen aus seinem Verhalten ziehen könnten; das genüge aber für den Grundbuchverkehr nicht. Das LG. geht also offenbar davon aus, daß die notariell beurkundeten Erklärungen Dritter für die Beweisführung nicht in Frage kommen. Diese Ansicht ist im Ergebnis richtig. Die Eignung solcher Erklärungen fällt allerdings nicht deshalb fort, weil die Erklärungen nur der Glaubhaftmachung zu dienen vermögen, auch nicht weil die Personen, die hier Erklärungen abgegeben haben, nur Schlußfolgerungen aus dem Verhalten des Verkäufers gezogen hätten. Der Grund ist vielmehr ein anderer.

Der § 29 GBO. schreibt nicht bloß die Form der Beweismittel vor, sondern bestimmt auch, was in der festgesetzten Weise bewiesen werden muß. Vor allen Dingen aber drückt er für das Grundbuchverfahren den Grundsatz aus, daß die Eintragungsgrundlagen nur durch Urkunden, und zwar durch diese selbst darzutun sind. Es kommen also als Beweismittel nur Urkunden in Betracht, die für sich allein vollen Beweis erbringen. Für die Bewilligung und die sonstigen zur Eintragung erforderlichen Erklärungen folgt dies aus S. 1; denn nach seinem Sinn und Zweck sind die erwähnten Willenserklärungen unmittelbar durch die Urkunden selbst nachzuweisen. Dasselbe muß auch für den Nachweis gemäß S. 2 gelten. Es würde dem § 29 nicht entsprechen, wenn zB. der Nachweis, daß der Nießbraucher der Löschung der Hypothek zugestimmt hat (§ 876 BGB.) dadurch zu führen versucht würde, daß eine notariell beurkundete Erklärung eines Dritten vorgelegt wird, wonach dieser mit angehört habe, wie der Nießbraucher seine Zustimmung dem Gläubiger erklärt habe. Zweck des § 29 ist, dem Grundbuchamt sichere und zweifelsfreie Unterlagen für die Eintragung zu geben. Ließe man als Beweismittel formgerecht abgegebene Erklärungen Dritter zu, so bürdete man dem Grundbuchrichter auf, den Wert dieser Erklärungen für den zu beweisenden Umstand zu erwägen und abzuschätzen. Dadurch belastete man ihn mit einer Beweiswürdigung, die gerade nach § 29 von ihm ferngehalten werden sollte, und beraubte ihn so der sicheren Grundlage für die von ihm vorzunehmenden Eintragungen (vgl. auch Rsp. 12 S. 153). Die Zulassung von Erklärungen Dritter würde nichts anderes bedeuten, als auf einem Umwege dem Zeugenbeweis Eingang zu verschaffen. Denn durch die notariellen Urkunden wird nach § 415 ZPO. lediglich voller Beweis dafür erbracht, daß die Erklärung vor dem Notar, wie beurkundet, abgegeben worden ist. Zur Feststellung ihrer Bedeutung für die Beweisfrage ist noch eine Würdigung ihres Inhalts erforderlich. Der Grundbuchrichter müßte also Angaben Dritter, die er nicht gesehen hat und für deren Glaubwürdigkeit ihm möglicherweise jeder Anhalt fehlt, auf ihre Beweiskraft für die nachzuweisenden Erklärungen oder Eintragungsvoraussetzungen bewerten. Vorliegend handelt es sich um solche notariell abgegebene Erklärungen, die nicht ohne weiteres die unrichtige Bezeichnung der Parzellen nachweisen, sondern erst zu einer Würdigung dieser Erklärungen in Richtung auf den erforderlichen Nachweis nötigen. Sie scheiden daher als Beweismittel, die nach § 29 GBO. zulässig sind, ganz aus.

Auf sich beruhen kann es, ob, wie in KGJ. 37 S. 262 angenommen ist, der Nachweis der unrichtigen Bezeichnung der Grundstücke durch eine formgerechte Erklärung der bei der Auflassung beteiligten Personen, also durch eine sog. Geständnisurkunde geführt werden kann. Hier würde diese Annahme selbst dann nicht der Beschwerde Erfolg geben, wenn die Auflassung nicht bereits in § 5 des Vertrages, sondern erst vom Bevollmächtigten am 25. Juli 1922 erklärt sein sollte. Denn in diesem Falle könnte zwar durch dessen in der vorgeschriebenen Form eidesstattlich erhärtete Erklärung vielleicht als nachgewiesen angesehen werden, daß er bei der Auflassung das Grundstück unrichtig bezeichnet hat. Zur Annahme einer wirksamen Auflassung müßte aber noch der Nachweis hinzukommen, daß auch die Beteiligten beim Vertragschluß und bei Erteilung der Auflassungsvollmacht unter den im Vertrag angegebenen Grundbuchblättern außer der Moorparzelle das erwähnte Hausgrundstück gemeint haben. Zur Führung dieses Nachweises, der auch geboten ist, wenn bereits in § 5 des Vertrages die Auflassung zu finden ist, sind allein die eidesstattlichen Erklärungen Dritter beigebracht.

h) α) Hypothek in Reichsmark zum Werte von 1/2790 kg Feingold?
Kammergericht, 1. ZS. Beschluß v. 5. März 1925 (x 119/25).

Der Eigentümer A. hat notariell erklärt: „Ich bewillige und beantrage die Eintragung einer Hypothek für X. in Höhe von RM. 2500. In jedem Fall ist für jede RM. der Gegenwert von 1/2790 kg Feingold zu entrichten.“ Ohne Rechtsirrtum legen zunächst die Vorinstanzen die Bewilligung und den Antrag dahin aus, daß der Schlußsatz mit zum Inhalt der Hypothek gemacht, also mit eingetragen werden solle. Eine Hypothek mit diesem Inhalt ist jedoch nicht eintragungsfähig. Nach § 1113 BGB. besteht ihr Wesen in dem Recht, wegen einer bestimmten Geldforderung Befriedigung aus dem Grundstück zu verlangen. Gemäß § 28 GBO. ist der gemäß § 1115 einzuschreibende Geldbetrag in Reichswährung zu bezeichnen. Die hierfür maßgebende Rechnungseinheit ist die „Reichsmark“ (MünzGes. v. 30. 8. 24 § 1); die geldbestimmte Hypothek muß also auf einen festen Betrag in RM. lauten. Daneben ist — abgesehen von den sog. Valutahypotheken (VO. 13. 2. 1920) — die wertbestimmte wertbeständige Hypothek gemäß dem Ges. vom 23. Juni 1923 gegeben, die den aus dem Grundstück zu zahlenden Geldbetrag von vornherein nicht erkennen läßt, vielmehr einen von der Reichswährung unabhängigen und im Verhältnis zu ihr ständig wechselnden Forderungsbetrag sichert (Schulze LZ. 1924 S. 568). Sie ist deshalb von der in bestimmtem Währungsbetrag bezeichneten Hypothek ihrem Wesen nach insofern verschieden, als der zu zahlende Geldbetrag bei ihr erst am Zahlungstage nach dem Preise des gewählten Wertmessers feststellbar ist. Welcher Art die gesicherte Forderung ist, muß aus dem Grundbuch ersichtlich sein. Diesem Erfordernis entspräche eine gemäß der Bewilligung eingetragene Hypothek nicht; denn sie wiese nach dem Satz 1 auf eine geldbestimmte Hypothek, im Satz 2 dagegen auf eine wertbestimmte, dem Geldbetrage nach aber unbestimmte — nur bestimmbare — Hypothek hin. Hieran ändert nichts, daß nach § 3 MünzGes. 1 RM. dem Werte von 1/2790 kg Feingold gleichsteht. Denn durch den Zusatz will der Gläubiger gerade für den Fall einer Währungsverschlechterung über den RMNennbetrag hinaus umsoviel gesichert sein, als der Wert von 2500/2790 kg Feingold den etwa sinkenden Goldwert von 2500 RM. übersteigt. Der Zusatz bedeutet also inhaltlich eine Goldwert- oder Kursgarantieklausel, die bei einer in Reichswährung bezeichneten Hypothek, weil dem Bestimmtheitsgrundsatz zuwiderlaufend, unzulässig ist (RG. 101 S. 145, 103 S. 387). RG. 108 S. 176 befaßt sich mit der Goldmünzklausel, die im Gegensatz zur Goldwertklausel den in RMWährung ausgedrückten Betrag nicht zu einem unbestimmten macht, sondern nur besagt, daß die Forderung in einer bestimmten Geldsorte, nämlich der Goldmünze zu tilgen sei (vgl. auch das. 146). Die hier angestrebte Sicherung gegen eine Wertverschlechterung der RM. läßt sich nur durch eine Feingoldhypothek des § 1 Ges. vom 23. Juni 1923 oder eine RMHöchsthypothek des § 1190 BGB. erreichen.

β) Eintragung der Aufwertung in Gold- oder in Reichsmark?

Kammergericht, 1. ZS. Beschluß v. 26. März 1925 (x 135).

Auf dem Grundstücke des A. sind unter Nr. 1, 2 Hypotheken eingetragen, die auf Grund einer Abtretungserklärung vom 12. am 18. Januar 1923 auf M. umgeschrieben worden sind. A. hat unter Zugrundelegung des 12. Januar 1923 als Erwerbstag beantragt, bei ihnen die Aufwertung in Höhe von 2 und 3,26 RM. im Sinne des MünzGes. vom 30. August 1924 einzutragen. Die weitere Beschwerde ist über die Zurückweisung dieses Antrages unbegründet.

Nach § 3[1] der 1. VO. zur Durchführung des Art. I der 3. SteuerNVO. ist bei der Eintragung der Aufwertung der gemäß § 2[1] der 3. SteuerNVO. nach dem Dollarkurse errechnete GMBetrag einzutragen; hierbei ist eine GM. die Bezeichnung für den amtlich festgestellten Preis von 1/2790 kg Feingold. Wie die Fassung ergibt, muß die Aufwertung in GM. eingetragen werden. Hieran hat das am 11. 10. 1924 in Kraft getretene Münzges. nichts geändert. Es hat eine neue Reichswährung, und zwar die Goldwährung, deren Rechnungseinheit die RM. bildet, eingeführt (§ 1). Diese wirkt allerdings in gewisser Hinsicht auf das Grundbuchrecht ein. Sie hat besonders zur Folge, daß einzutragende Geldbeträge nach § 28 GBO. in Zukunft in RM. anzugeben sind. Gewöhnliche Hypotheken können daher jetzt nur in RM. eingetragen werden. Die besonderen reichsrechtlichen Vorschriften, welche Ausnahmen von § 28 S. 2 zugelassen haben, werden jedoch durch das neue Münzges. nicht berührt. Mithin werden u. a. weder das Ges. vom 23. Juni 1923 nebst seinen DurchfVO., besonders der die Eintragung von GM Hypotheken gestattenden 5. DurchfVO. vom 17. April 1924, noch der § 3 der 1. DurchfVO. zur 3. StNVO. vom Münzges. aufgehoben oder abgeändert. Dieses wirkt nur insoweit auf sie ein, als die Geldsumme, deren Höhe durch die besonders zugelassenen Maßstäbe, also bei der Aufwertung durch den für den Tag der Fälligkeit im Reichsanzeiger amtlich bekannt gegebenen Londoner Goldpreis (§ 2 der 1. DurchfVO. zur 3. StNVO. und § 2 VO. zur Durchf. des Ges. über wertb. Hyp. vom 29. Juni 1923) bestimmt wird, in den durch das Münzges. (§ 5) und die 1. VO. zu seiner Durchf. vom 10. 10. 1924 festgesetzten Zahlungsmitteln zu entrichten ist. Hiernach hat trotz des inzwischen in Kraft getretenen Münzges. die Aufwertung nach wie vor gemäß § 3 der 1. VO zur 3. StNVO. zu erfolgen. Die Eintragung in RM. wäre daher auch dann nicht statthaft, wenn, wie die Beschwerde behauptet, der Begriff der GM. sich mit dem der RM. deckte. Diese Behauptung ist aber auch nicht richtig. Die GM. der 1. DurchfVO. z. 3. StNVO. ist die Bezeichnung für den amtlich festgestellten, in Reichswährung auszudrückenden Londoner Preis von 1/2790 kg Feingold. Die RM. dagegen ist die Rechnungseinheit der neuen Währung und stellt nach

§ 3 Münzges. den 2790 Teil eines kg feinen Goldes dar. Die 2. VO. zur Durchf. des Münzges. v. 12. 12. 1924 (RGBl. I S. 775) kommt vorliegend nicht zur Anwendung. Sie beruht auf § 19 Münzges., wonach die Reichsregierung ermächtigt wird, die zur Durchführung dieses Gesetzes, besonders für die Überleitung der bisherigen in die neuen Währungsverhältnisse notwendigen Rechts- und Verwaltungsvorschriften zu erlassen. Sie ist zuerst im Reichsanzeiger Nr. 293 vom 12. 12. 1924 veröffentlicht und damit mangels einer besonderen Bestimmung gemäß §§ 1, 2 Ges. über die Verkündung von RechtsVO. v. 13. 10. 1923 am 13. 12. 1924 in Kraft getreten. Da das LG. bereits am 11. 12. 1924 entschieden hat, so kam für es die genannte VO. nicht in Frage. In dieser Instanz könnte sie nur berücksichtigt werden, wenn ihr rückwirkende Kraft zukäme, was jedoch zu verneinen ist. Aber auch wenn sie hier heranzuziehen wäre, so änderte sich dadurch doch nichts am Ergebnis. Denn es ist nicht richtig, daß, wie die Beschwerde meint, auf Grund der VO. überall an Stelle der GM. die RM. trete. Dies gilt vielmehr nach § 2 nur für die Gesetze und VO. des Reiches, in denen für Geldbeträge die GM. als Rechnungseinheit in der Weise bestimmt ist, daß für die Umrechnung der GM-Beträge in die Währungseinheit der vom Reichsminister der Finanzen bekannt gegebene Goldumrechnungssatz maßgebend ist. Es handelt sich also um Vorschriften, die die sog. SteuerGM. als Rechnungseinheit verwenden. In § 3[1] der 1. DurchfVO. zur 3. SteuerNVO. bildet dagegen die sog. FeinGM. den Umrechnungsstab und ihre Ersetzung durch die RM. könnte sich nur auf § 2[2] gründen. Jene VO. fällt jedoch nicht unter die in Anl. 3 das. aufgeführten Gesetze und VO. des Reichs.

i) α) Form der Vollmacht zur Grundstücksübertragung.

OLG. Hamburg, 3. ZS. Urteil v. 23. Oktober 1924 (Bf. 384).

Das zwischen den Parteien bestehende Rechtsverhältnis ist als Maklervertrag zu bezeichnen. Dies hat jedenfalls keine Bedenken bezüglich des Zweitbeklagten, der selbst nicht vorgetragen hat, daß er irgendwelche Rechte bezüglich des L.schen Hofes gehabt habe. Es trifft aber auch für den Erstbeklagten A. zu; denn soweit dieser sich von L. Rechte auf den Hof hat geben lassen, geschah dies nicht, um sie auszuüben, sondern um beim Verkaufe des Hofes nicht ausgeschaltet zu werden. Es kommt aber nicht einmal darauf an, welcher Vertragsart die Rechtsbeziehungen der Parteien zu unterstellen sind. Nach dem Gang der Verhandlungen hat zweifellos, der Kläger den Beklagten 3 Millionen PM. nur unter der Voraussetzung gezahlt, daß es zu einem gültigen Kaufabschluß zwischen ihm und L. käme, so daß der Kläger nur die beiden Gefahren zu tragen hatte, daß der Landrat die Genehmigung versagte und daß die Höfebank ihr Vorkaufsrecht ausübte. Diese Voraussetzung ist auch den Beklagten bewußt geworden, von ihnen gebilligt und damit zum Bestandteil des Vertrages geworden. Sollte die Äußerung gefallen sein, der Kläger müsse sich darüber klar sein, daß er die 3 Millionen los sei, was sich auch immer ereignen möge, so kann sie sich nur auf den Fall bezogen haben, daß die Genehmigung nicht erteilt oder das Vorkaufsrecht ausgeübt würde; denn dies waren die einzigen ungünstigen Möglichkeiten, mit denen gerechnet werden mußte.

Die Voraussetzung eines rechtsgültigen Kaufvertrages ist nun tatsächlich eingetreten. A. hat das notarielle Angebot des Klägers angenommen kraft einer unwiderruflichen Vollmacht des L. Durch diese Vollmacht war L. bereits vollkommen an die Entschlüsse des A. über das Grundstück gebunden. Das wäre allerdings nicht der Fall gewesen, wenn es sich um eine abstrakte Vollmacht gehandelt hätte, d. h. eine solche, der kein Rechtsgeschäft zugrunde gelegen hätte; denn dann wäre die Unwiderruflichkeitsklausel bedeutungslos gewesen. Tatsächlich lag die Sache aber so, wie stets in derartigen Fällen, daß die Vollmacht im Interesse des A. erteilt war, und daß sie nach den stillschweigend zugrunde gelegten Abmachungen nicht widerrufen werden sollte. Es war also nicht nur die Vollmacht, sondern auch das Grundgeschäft unwiderruflich. Unter diesen Umständen hätte aber die Vollmacht, entsprechend der ständigen Rechtsprechung, der im § 313 BGB. vorgeschriebenen Form bedurft.

Mit Unrecht berufen sich die Beklagten darauf, daß durch die Auflassung des Hofes an die Höfebank ein etwaiger Mangel der Form geheilt sei. Allerdings wird durch die Auflassung ein ohne die Form des § 313 BGB. geschlossener Vertrag gültig, aber doch nur dann, wenn sie sich als Erfüllung dieses Vertrages darstellt, d. h. an den darin bezeichneten Erwerber oder seinen Nachmann erfolgt. Die Auflassung an den Vorkaufsberechtigten aber erfolgt auf Grund des Vertrages oder der Rechtsnorm, durch die das Vorkaufsrecht begründet ist, der Kaufvertrag ist dafür nur auslösendes Moment. Die Klage auf Rückerstattung der 3 Millionen PM. ist daher nach § 812 begründet. V.

β) Form der im Ausland erklärten Vollmacht zur Veräußerung inländischer Grundstücke.

Kammergericht, 1. ZS. Beschluß v. 19. März 1925 (x 146).

. . . Es kann unerörtert bleiben, ob die für die Form des § 313 BGB. bei Vollmachten mit Bindungszweck aufgestellten Grundsätze (RG. 81 S. 51, 97 S. 334, 104, S. 236, JW. 1920 S. 966[5]) hier rechtfertigen könnten, die Vollmacht hinsichtlich der Formbedürftigkeit einem Veräußerungsvertrage des § 313 gleichzuachten. Denn auch als — schuldrechtliches — Veräußerungsgeschäft aufgefaßt, würde sie hier nicht jener Form bedürfen. Das RG. (63 S. 18) behandelt die Frage, ob ein auf Veräußerung eines ausländischen Grundstücks gerichteter schuldrechtlicher Vertrag der Form des § 313 BGB. bedürfe und verneint sie mit der Begründung, daß sich die Form nach dem für die Rechtsverhältnisse des Grundstücks überhaupt gemäß Art. 11^1 S. 1 EG. zum BGB. maßgebenden örtlichen Recht, das sei das der belegenen Sache, richten müsse. Es erkennt aber ausdrücklich an, daß Art. 11^2 auf dingliche Rechtsgeschäfte zu beschränken sei und spricht sich, wozu der Fall auch keinen Anlaß bot, darüber gar nicht aus, ob das im Auslande geschlossene Verpflichtungsgeschäft zur Veräußerung eines im Inlande belegenen Grundstücks trotz Art. 11^1 S. 2 und der auf dingliche Geschäfte beschränkte Abs. 2 der für Inlandskäufe vorgeschriebenen Form bedürfe. Für letzteren Fall hat es vielmehr unter Hinweis auf RG. 63 S. 20 in RG. 79 S. 78 ausdrücklich dahin entschieden, daß zur Wirksamkeit des schuldrechtlichen Veräußerungsgeschäfts über Grundstücke die Form des Errichtungsorts genüge (ebenso

Planck, Staudinger, Lindemann, Niedner; ferner Klein SeufBl. für RA. 1910 S. 272; Walker, Int. Privatr. 2 S. 306, Zitelmann, Int. Privatr. 2 S. 336). Dieser Standpunkt ergibt sich auch klar aus Art. 11. Nach seinem in S. 1 als Grundregel aufgestellten Satze würde für Rechtsgeschäfte, welche Rechtsverhältnisse des Grundstücks zum Gegenstande haben, in allen Fällen das Recht des Landes anzuwenden sein, in dessen Gebiet das Grundstück liegt. Hiervon macht S. 2 eine Ausnahme dahin, daß auch die nach dem Recht des Errichtungsortes erforderliche Form genügt. Beim Fehlen weiterer Vorschriften genügte also diese Form für alle Rechtsgeschäfte, die ein Grundstück betreffen, gleichviel ob sie schuldrechtlicher oder dinglicher Art sind, mithin sowohl für Verpflichtungs- als auch für Vollziehungsgeschäfte. Diesen allgemeinen Inhalt des S. 2 schränkt Abs. 2 dahin ein, daß er den S. 2 für anwendbar erklärt auf Rechtsgeschäfte, durch die „ein Recht an einer Sache begründet wird oder über ein solches Recht verfügt wird", das sind die unmittelbar wirkenden dinglichen Rechtsgeschäfte. Für die Verpflichtungsgeschäfte beläßt es Abs. 2 also bei der Ausnahme des Abs. 1 S. 2 ohne Unterschied, ob es sich um Rechtsverhältnisse handelt, die nach der Regel des Abs. 1 S. 1 dem Sachstatut, Recht der belegenen Sache, oder ob sie einem anderen Statut unterstehen. Nach dem am Orte der Ausstellung der Urkunde vom 3. 9. 1924 (Wien) geltenden Rechte bedürfen aber schuldrechtliche Verträge keiner Form, auch wenn sie die Veräußerung von Grundstücken betreffen (§ 883 A.BGB. Schey [16] und die überreichte Auskunft des öst. Generalkonsulats vom 13. 11. 1924 Zi. 8480). Selbst wenn also für jene Urkunde die für Grundstücksveräußerungsverträge maßgebenden Formvorschriften zu gelten hätten, wäre die — notariell beglaubigte — Vollmacht hier als formell wirksam zu behandeln.

Zu Unrecht nimmt das LG. an, daß Art. 11[2] hier durch Art. 30 ausgeschlossen werde, weil die Anwendung gegen den Zweck des § 313 BGB. verstieße. Allein wie in RG. 60 S. 296, 63 S. 19 zutreffend ausgeführt wird, liegt ein solcher Verstoß nur dann vor, „wenn der Unterschied zwischen den staatspolitischen oder sozialen Anschauungen, auf denen das nach den Vorschriften des internationalen Privatrechts an sich maßgebende Recht des Auslandes und das davon abweichende deutsche Recht beruhen, so erheblich ist, daß die Anwendung direkt die Grundlagen des deutschen staatlichen oder wirtschaftlichen Lebens angriffe. Diese Bedeutung kann dem § 313 BGB. jedenfalls, wie auch RG. 63 S. 19 darlegt, nicht beigemessen werden, zumal der dem § 313 zugrunde liegende Zweck der Verhinderung übereilter Verkäufe nach der Ansicht des Gesetzes nur der deutschen Bevölkerung zugute kommen soll und in Fällen, wie der vorliegende, wo ein Eigentumswechsel zwischen Ausländern in Frage kommt, gegenstandslos ist. Der Gefahr einer Überfremdung des inländischen Grundbesitzes vorzubeugen, ist nicht der Zweck des § 313, sondern nach Art. 88 EG. der landesgesetzlichen Sonderregelung überlassen (Niedner, Art. 11 Note 7b und Art. 30[5], Klein 274).

7) Begriff der öffentlichen Urkunde nach § 29 GBO.

OLG. Dresden, 6. ZS. Beschluß v. 2. Juli 1923 (Reg. 92).

Für den Post-, Spar- und Darlehnsverein zu Chemnitz ist eine Hypothek von

3000 M. eingetragen. Der Vereinsvorsitzende, Präsident der dortigen Oberpostdirektion, hat in der mit dem Stempel jener Direktion versehenen Urkunde vom 11. 1. 1923 über den Empfang des Kapitals quittiert und die Löschung der Hypothek bewilligt. Die Vorinstanzen haben jedoch diese Urkunde nicht als eine öffentliche des § 29 angesehen. Die weitere Beschwerde des Vorsitzenden ist begründet.

Der Verein ist nach der Satzung eine juristische Person (Genossenschaft) gemäß dem sächs. Ges. über die juristischen Personen vom 15. Juni 1868, das für die Personenvereine in Kraft geblieben ist, die vor 1900 die Rechtsfähigkeit durch Eintragung in das GenRegister erlangt haben (EG. zum BGB. Art. 166). Nach seinem Zwecke dient der Verein als Wohlfahrtseinrichtung für die Beamten und Angestellten des Oberpostdirektionsbezirks, auf deren Förderung und Ausgestaltung die Reichspostverwaltung bedacht ist. Hierauf beruhen die Beziehungen der Vereins zu der Reichspostverwaltung, die in den Bestimmungen der Satzung über den Vorstand (§§ 19, 20) sowie in gewissen Aufsichtsbefugnissen des Reichspostministers und der Bereitstellung von Einrichtungen der Postverwaltung für die Verwaltungszwecke (§§ 21, 24) ihren Ausdruck finden. Der Vorstand besteht aus dem Direktionspräsidenten, dem Rendanten, einem Schriftführer und 6 Beisitzern; bei Behinderung der ersteren treten an deren Stelle die amtlichen Stellvertreter. Den Vorsitz im Vorstande hat der Präsident; er vertritt den Vorstand nach außen hin in allen Angelegenheiten sowohl vor Gericht und anderen Behörden als auch Privatpersonen gegenüber. Der Vorstand im Sinne der §§ 18 fg. Ges. ist somit allein der Vorsitzende; nur ihm kommt die Stellung des gesetzlichen Vertreters des Vereins zu, während die übrigen Mitglieder je nach der Art der ihnen übertragenen Aufgaben die Stellung von Gehilfen des Vorstandes oder eines Aufsichtsrats einnehmen. Dem Minister ist ein Einfluß auf die Ordnung der Vereinsverfassung eingeräumt; vor allem bedürfen Satzungsänderungen seine Genehmigung. Der Verein ist nun zwar keine juristische Person des öffentlichen Rechts, sondern eine solche des Privatrechts. Deshalb kann der Vorstand allerdings von sich aus nicht die Eigenschaft einer öffentliche Behörde haben. Aber sowohl dem Minister als dem jeweiligen Direktionspräsidenten sind Obliegenheiten zugewiesen, die sie nicht als Privatpersonen, sondern als öffentliche Behörden wahrnehmen. Wohl nehmen diese Obliegenheiten ihren Ausgang von der privatrechtlichen Satzung; es steht jedoch nichts im Wege, daß die Personenvereinigung in der Satzung sich dahin entschließt, bestimmte verfassungsmäßige Obliegenheiten durch eine öffentliche Behörde vornehmen zu lassen. Nach dem öffentlichen Rechte bemißt sich dann, ob diese Obliegenheiten von ihr übernommen werden dürfen und ob in den Bereich ihrer Amtsobliegenheiten fallen. Hier ist dem Präsidenten die Vertretung des Vereins durch die VO. des Reichspostamts vom 15. 9. 1923 ausdrücklich als Teil seiner Amtsobliegenheiten zugewiesen. Die in der Satzung bestimmte Vertretung widerspricht auch nicht dem § 18³ Ges., wonach die Bestellung des Vorstandes jederzeit widerruflich ist. Allerdings ist diese Vorschrift, wie die des § 27² BGB., zwingenden Rechts. Der Widerruf hat die Folge, daß der Verein keinen Vertreter hat, und daß nötigenfalls das Gericht einen Vertreter zu bestellen hat (§ 76 Ges.).

Der Widerruf kann zwar die in der Satzung bestimmte Vertretung hinfällig machen; keinesfalls bedeutet er aber, wie das LG meint, einen Eingriff in die Organisation des Amtes. Danach fällt die Vertretung des Präsidenten in den Bereich der Amtsbefugnisse, die der von ihm gebildeten öffentlichen Behörde zustehen. Insofern aber die vorzunehmenden Privatrechtsgeschäfte, wie bei Post-, Eisenbahn- und ähnlichen Behörden, in diese Funktion fallen, sind auch die Urkunden über solche Geschäfte öffentliche Urkunden (RGSt. 8 S. 409, 24, S. 230). Dies muß auch von den Urkunden gelten, die der Präsident über die von ihm als Vorstand des Vereins vorgenommenen Privatrechtsgeschäfte ausstellt. An ihre Form sind höhere Anforderungen als die Unterschrift des die Behörde bildenden Beamten und die Beidrückung des Siegels (Stempels), dessen sich die Behörde zu bedienen berechtigt ist, nicht zu stellen. Hiernach ergibt sich auch nach dem sächs. Rechte keine Abweichung vom Beschluß des KG. v. 3. 10. 1910 im gleichliegenden preußisch-rechtlichen Fall (1 X 294). Kr.

δ) Hypothekenlöschungsbewilligungen der preuß. Kreise.

Kammergericht, 1. ZS. Beschluß v. 22. Januar 1925 (x 4).

Über ein 1921 laut Schuldurkunde aus den Mitteln der Kriegshilfskasse gegebenes Hypothekendarlehn hat der Kreisausschuß folgende mit Stempel und 3 Unterschriften versehene „Löschungsfähige Quittung." erteilt:

„Der unterzeichnete Vertreter des Gläubigers erkennt an, daß die Pfandschuldner die Hypothek bezahlt haben, quittiert deshalb vorbehaltlos über den Empfang der 4000 Mk. und bewilligt die Löschung. Der Kreisausschuß hat ist seiner heutigen Sitzung beschlossen, die vorstehende Quittung zu erteilen.

Die Löschung wurde abgelehnt. Das LG. führt aus, daß es sich hier um eine Verfügung über Kapitalvermögen des Kreises handele und die Beschlußfassung hierüber nach § 116 Nr. 3 der KreisO. v. 13. 12. 72/19. 3. 81 in die Zuständigkeit des Kreises falle. Allerdings hat der Beschluß (KGJ. 17 S. 107) angenommen, daß eine Hypothekenlöschungsbewilligung nach § 137³ KreisO. der Anführung des Beschlusses des Kreistages bedürfe. Der Beschluß (Rsp. 18 S. 206) hat jedoch den § 137³ auf solche Fälle, in denen eine Leistungsverpflichtung übernommen wird, beschränkt und daher auf eine Auflassung nicht angewendet. Entsprechend ist der eine ähnliche Vorschrift enthaltende § 56 Nr. 8 StädteO. vom 30. Mai 1853 nicht auf die Löschungsbewilligung für anwendbar erklärt (KGJ. 33 S. 198). Auch Schoen (ErgBd. zu Rönnes Pr. Staatsrecht) spricht zu § 137 lediglich von Urkunden, „mittels deren die Kreiskorperation Verpflichtungen übernimmt" (§ 117 II; vgl. auch RG. 82 S. 7). — Zu der Frage, welche Anforderungen an rechtsgeschäftliche Erklärungen des Kreises außerhalb des Falles des § 137³ zu stellen sind, nimmt die Entsch. (Rsp. 18 S. 206) an, daß der Kreis als juristische Person gesetzlich durch den Kreistag vertreten wird und daß der den Kreisausschuß nach außen vertretende Landrat bei einer grundbuchlich zu vollziehenden Verfügung über Vermögensgegenstände des Kreises dem Grundbuchamt nachzuweisen hat, daß der Kreistag die Verfügung beschlossen hat. Diese Auffassung läßt sich nicht aufrecht erhalten. In welcher Weise die einzelnen Organe des Kreises zu einer Willensäußerung zusammenwirken müssen, ist eine Frage der inneren Organisation. Dem Grundbuchamt muß genügen, wenn der Landrat in einer dem Art. 9 AG. zur GBO. entsprechenden Form den Willen des Kreises nach außen erklärt, denn er vertritt nach § 137[2] KreisO. den Kreisausschuß nach außen und dieser wiederum ist nach § 134 Nr. 1 das geschäftsführende Verwaltungsorgan des Kreises. Es ist daher Schoen § 106 zuzustimmen, der ausführt: „Der Wille des Kreises wird gebildet durch die Beschlüsse des Kreistags, des obersten Organs der Kreisgemeinde. Nach Maßgabe dieser Beschlüsse wird der Kreis durch den Kreisausschuß, das Verwaltungsorgan des Kreises in Kommunalangelegenheiten, vertreten und den Kreisausschuß vertritt wiederum nach außen, also Dritten gegenüber, der Landrat. Dieselbe Vertretung wie beim Abschluß von Rechtsgeschäften findet auch den Gerichten gegenüber statt." In gleichem Sinn ist die Bemerkung bei Bitter (Handw. der pr. Verwaltung 1 S. 1115) zu verstehen, wonach dem Kreistag keinerlei Exekutive zusteht.

e) Löschungsbewilligungen der kath. Kirchengemeinden.

Kammergericht, 1. ZS. Beschluß v. 12. Februar 1925 (x 49).

Die für die kath. Kirchengemeinde eingetragene Hypothek ist 1924 gelöscht worden, nachdem eine vom Kirchenvorstand unterzeichnete, mit 3 Unterschriften und einem nur teilweise leserlichen Stempelabdruck versehene Löschungsbewilligung vom 29. Mai 1923 vorgelegt worden war. Sie hat die Eintragung eines Widerspruchs von Amtswegen angeregt, weil jene Bewilligung des nach § 19 Ges. vom 20. Juni 1875 für Verpflichtungserklärungen nötigen Siegels des Kirchenvorstandes entbehre, während der vorhandene Siegelabdruck anscheinend vom Pfarrsiegel herrühre, und weil die darin enthaltene Verfügung über Rechte der Kirchengemeinde nach §§ 647, 648, 662 II 11 ALR. der Genehmigung der kirchlichen Aufsichtsbehörde bedurft hätte. Die Eintragung eines Widerspruchs wurde abgelehnt. Die weitere Beschwerde ist unbegründet. . . . Das hier anzuwendende Gesetz vom 20. Juni 1875 (s. a. Ges. vom 13. Mai 1918 Art. 11, GS. 53 und das jetzige Ges. über die Verwaltung des kath. Kirchenvermögens vom 24. Juli 1924, GS. 585) überträgt die Vertretung der Kirchengemeinde in vermögensrechtlicher Beziehung dem Kirchenvorstand (§ 8). Er ist öffentliche Behörde und auf die von ihm für den Grundbuchverkehr abgegebenen Erklärungen findet Art. 9 AG. zur GBO. Anwendung. Weitere Vorschriften bestehen für Löschungsbewilligungen nicht. Die besondere Formvorschrift des § 19 Ges. v. 20. Juni 1875 bezieht sich nur auf Verpflichtungsgeschäfte (vgl. wegen der entsprechenden Vorschriften für Stadtgemeinden: KGJ. 33 S. 198 und für Kreise: vorstehend unter d). Ebensowenig kommen die Vorschriften des ALR. II 11 §§ 227 (Verpfändung unbeweglichen Kirchenvermögens), 645 (Anleihen), 648 (Verfügung über Grundstücke), 662 (Vergleiche), soweit sie überhaupt noch nach der neueren Gesetzgebung Gültigkeit haben, in Betracht, da ihre besonderen Voraussetzungen nicht gegeben sind. Allerdings vertreten einige Schriftsteller, nämlich Hermes (Verwaltung des Kirchenvermögens[2] S. 172) ohne Angabe von Gründen, und Schilgen (Kirchl. Vermögensrecht[2] 3 S. 85) die Ansicht, zur Löschungsbewilligung bedürfe es der Genehmigung des geistlichen Obern, also des Bischofs. Schilgen, der auch irrigerweise S. 180 die Löschungsbewilligung unter die Verpflichtungen aus § 19 rechnet, beruft sich auf § 639 II 11, wonach bei Ausleihen eines Kapitals von mehr als 50 Talern beim geistlichen Oberen anzufragen ist. Diese Bestimmung und die folgenden mit ihr zusammenhängenden erfordern aber die Genehmigung zu Geschäften wegen deren möglicher Unsicherheit und sind daher auf die Einziehung ausgeliehenen Geldes nicht anwendbar. KGJ. 2 S. 150 hat die Genehmigung des Bischofs bei Löschungsbewilligungen nicht für erforderlich gehalten; an dieser auch bei Güthe (GBO.³ 2 S. 1722) und Oberneck (GBO. 564) vertretenen Ansicht ist festzuhalten. Hier war mithin lediglich darüber zu befinden, ob die Urkunde vom 29. Mai 1923 eine vom Kirchenvorstand bewilligte Löschung nach §§ 5, 8 Ges. v. 20. Juni 1875 und Art. 9 AG. zur GBO. nachwies und ob, falls dies unter Gesetzesverletzung angenommen worden wäre, eine dadurch herbeigeführte Unrichtigkeit des Grundbuchs glaubhaft ist (KGJ. 47 S. 185). Schon an letzterem fehlt es. Im übrigen reicht der Sachverhalt auch nicht zur Annahme einer Verfahrensverletzung aus; es entspricht dem Art. 9, daß das Siegel oder Stempel (über den Unterschied: Güthe § 1[88]) auf die sich seiner bedienenden Behörde mit ausreichender Deutlichkeit hinweisen muß (Güthe Art. 9[7]); die Annahme der Beschwerde, es sei ein Stempel des Kirchenvorstandes nötig gewesen, entbehrt der Begründung; daß der Grundbuchrichter den hier beigebrachten Stempel trotz teilweiser Unleserlichkeit nicht bemängelt hat, gibt keinen Anlaß, sein Verfahren als Gesetzesverletzung anzusehen.

k) Ersuchen um Eintragung des Enteignungsvermerks aus § 6 AG. zum RSiedlG.

Kammergericht, 1 ZS. Beschluß v. 23. April 1925 (x 165/25).

Der Präsident des Landeskulturamts hat dem Amtsgericht unter Hinweis auf § 24⁴ Pr. EnteignG. und § 6 Pr. AG. RSiedlG. v. 15. 12. 1919 einen Beschluß des ständigen Ausschusses (§ 15² RSG.) übersandt, wonach auf Antrag des Landlieferungsverbandes durch unanfechtbare Entscheidung die Enteignung des Gutes unter Ausschluß der zusammenhängenden Waldflächen, deren Abgrenzung einem weiteren Beschluß vorbehalten ist, auf Grund des Ges. v. 7. 6. 1923 für zulässig erklärt ist. Das Grundbuchamt hat gemäß § 18 GBO. den Beschluß als dem § 1¹ AG. RSG. nicht entsprechend erklärt, weil die ausgenommenen Flächen katastermäßig angegeben werden müßten. Die Beschwerde des Präsidenten ist zurückgewiesen, weil er zu Eintragungsersuchen nicht befugt sei; denn der in § 6 AG. angezogene § 24⁴ EnteignG. stehe im Abschnitt „Feststellung der Entschädigung", während es sich hier um die Einleitung des Verfahrens handle. Die Vorbeschlüsse sind abwegig. Nach § 24¹⁻³ EnteignG. hat der Unternehmer die Feststellung der Entschädigung bei der Bezirksregierung zu beantragen und einen Grundbuchauszug vorzulegen, zu dessen Erlangung er sich durch den (rechtskräftigen: KGJ. 40 S. 130) Planfeststellungsbeschluß oder eine sonstige Bescheinigung der Regierung ausweisen muß. Das Grundbuchamt hat den Auszug zu erteilen und nach Abs. 4 gleichzeitig ohne weiteren Antrag eine Vormerkung einzutragen. Diese ist keine Vormerkung des § 883 BGB., sondern nur ein tatsächlicher Kundmachungsvermerk; sie beschränkt nicht die Verfügungsmacht am Grundstück. Der genannte Abs. 4 ist eine Schutzvorschrift zugunsten der Realberechtigten, die getroffen ist, weil nach §§ 44, 45 EnteignG. mit der Zustellung des Enteignungsbeschlusses das Grundstückseigentum frei von allen, nicht übernommenen privatrechtlichen Verpflichtungen auf den Unternehmer übergeht. Irgendeine Prüfung der Zulässigkeit oder Ordnungsmäßigkeit des Enteignungsverfahrens steht dem durch den Abs. 4 befaßten Grundbuchamt nicht zu. Das Pr. Enteignungsrecht ist auf der reichsrechtlichen Grundlage des § 15[3] RSG. durch das Pr. AG. §§ 1 ff. mit abändernden und das Verfahren beschleunigenden Bestimmungen auf die Siedlungslandbeschaffung für anwendbar erklärt (Krause, Pr. Siedlungsges.[2] Vorb. S. 19). Danach tritt u. a. als Enteignungsbehörde an Stelle der Regierung der Präsident des Landeskulturamts und bei der Enteignung großer Güter ein ständiger Ausschuß, dessen Vorsitzender, Geschäftsführer und Vertreter nach außen der genannte Präsident ist (Krause S. 228). Während nach § 2 AG. der EnteignEinleitungsbeschluß anfechtbar ist, ist durch das Ges. v. 7. 6. 1923 (RGBl. I 364) dem Eigentümer des Gutes nur eine Frist zur Verhandlung über Art und Höhe des Verfahrens zu gewähren, woraus sich ergibt, daß eine Anfechtung des Einleitungsbeschlusses selbst dem Eigentümer nicht freigestellt ist. Dadurch, daß hier der Präsident des Kulturamts die auf Grund jenes Ges. beschlossene Enteignungseinleitung dem Grundbuchamt mitteilte, war diesem Anregung zum Verfahren gemäß § 24[4] gegeben. Daß der Tatbestand dieser Vorschrift nicht in wortgemäßer Genauigkeit vorlag, ist belanglos, denn § 6 PrAG. schreibt nur die entsprechende Anwendung der §§ 24—30 EnteignG. vor. Das Grundbuchamt hatte daher — zur Vermeidung eigner Haftung bei Verzögerung — die Vornahme des Enteignungsvermerks zu prüfen, und es beruht auf völliger Verkennung der Rechtslage, daß es dem lediglich amtlich eine Mitteilung machenden Präsidenten durch Zwischenverfügung eine die Gesetzmäßigkeit des Enteignungsverfahrens anzweifelnde Auflage machte und daß das LG. die Befugnis zu einem — gar nicht gestellten — Eintragungsersuchen verneinte.

Während gegen die Zulässigkeit des Beschwerdeverfahrens keine Bedenken bestehen, ist das Beschwerderecht des Präsidenten, da es sich um eine von Amts wegen zu erledigende Eintragung handelt, zu erörtern. Der Senat verneint im allgemeinen ein Beschwerderecht von Behörden, die nur kraft eines Aufsichtsrechts oder sonstiger allgemeiner Gesichtspunkte zu der Angelegenheit in Beziehung stehen und erkennt es nur da an, wo besondere Umstände bestehen, besonders wo die Behörde befugt ist, gemäß § 39 GBO. um die Eintragung zu ersuchen oder wo es sich um von ihr wahrzunehmende privatrechtliche Belange handelt (Güthe § 71[24]). Das letztere wird hier angenommen werden müssen. Denn da die Enteignung ein Eingriff in Privatrechte ist und § 24[4] eine Schutzvorschrift zugunsten der Beteiligten ist, so wird für die Enteignungsbehörde Befugnis und Pflicht anzunehmen sein, über die Beachtung dieser Vorschrift zu wachen und zu ihrer Befolgung den Beschwerdeweg zu betreten. Übrigens läßt sich das Beschwerderecht auch daraus herleiten, daß dem Beschwerdeführer eine Auflage gemacht ist.

Sachlich bestehen gegen die Vornahme des Vermerks keine Bedenken. Nach KGJ. 35 S. 261 darf die Eintragung nicht davon abhängig gemacht werden, daß das Katasteramt die zu enteignende Fläche mißt und mit besonderer Parzellennummer versieht, vielmehr genügt die Angabe der Größe und wörtliche Beschreibung der Grenzen. Wie ferner KGJ. 41 S. 192 ausführt, ist, auch wenn das dem Grundbuchamt gegebene Material zur Grenzbeschreibung dienende Angaben nicht enthält, die Eintragung dennoch vorzunehmen und die Enteignungsbehörde um Mitteilung weiteren Materials zu ersuchen, nach dessen Eingang die Vormerkung zu ergänzen ist. Da hier die Abgrenzung der nicht zu enteignenden Waldflächen einem weiteren Beschluß vorbehalten ist, so bedarf es eines derartigen Ersuchens nicht.

l) Bedeutung des § 42. Herausgabe des zur Löschung eingereichten Briefes auf Grund einer Arrestpfändung. Person des Beschwerdeführers.

Kammergericht, 1 ZS. Beschluß v. 23. April 1925 (x 120/25).

A. hat sein Grundstück, auf dem für ihn eine Grundschuld eingetragen war, durch den vom Notar W. beurkundeten Vertrag vom 17. 9. 1924 (Nr. 284) an die Brüder T. verkauft und aufgelassen; gleichzeitig haben die Vertragsparteien die Löschung der Grundschuld beantragt. Die Urkunde hat der Notar alsbald mit dem Antrag auf Bewirkung der danach vorzunehmenden Eintragung und Löschung überreicht. Am 18. 9. hat er dem Grundbuchamt die von ihm unter Nr. 285 beglaubigte Löschungsbewilligung des A. mit dem Antrag auf Löschung übersandt und den Brief beigefügt. Am 20. 9. hat das LG. in Sachen der GmbH. gegen A. durch Arrestbefehl und Pfändungsbeschluß die Grundschuld sowie den Anspruch des A. gegen das Grundbuchamt auf Herausgabe des Briefs gepfändet und angeordnet, daß der Brief an den zuständigen Gerichtsvollzieher herauszugeben sei. Dieser hat noch am 20. 9. auf der Gerichtsschreiberei unter Vorzeigung jenes Beschlusses die Herausgabe des Briefes verlangt. Der Gerichtsschreiber hat zwar zunächst erklärt, daß er den Brief nicht herausgeben könne, hat aber auf die Äußerung des Gerichtsvollziehers, daß er die Anordnung im Arrestbefehl ausführen müsse und unter Umständen Gewalt anzuwenden berechtigt sei, geschehen lassen, daß letzterer den Brief aus den auf einem Pult liegenden Grundakten an sich und in Besitz nahm. Nunmehr hat das Grundbuchamt durch die an den Notar gerichtete Zwischenverfügung vom 29. 9. den Löschungsantrag (zu Nr. 285) wegen Nichtvorliegens des Briefes (§ 42 GBO.) unter Hinweis auf dessen Wegnahme beanstandet und eine — demnächst mehrfach verlängerte — Frist zur Beibringung des Briefes gesetzt. Der Beanstandung haben sowohl der Notar wie die Brüder T., diese vertreten vom Rechtsanwalt Dr. H., widersprochen. Durch einen dem Notar zugestellten, dem H. mitgeteilten Bescheid wurde jedoch die Beanstandung aufrechterhalten. Gegen diesen Bescheid hat H., ohne seinen Vollmachtgeber nochmals ausdrücklich zu nennen, Beschwerde erhoben. Das LG. hat sie als von A. eingelegt angesehen und sie auf dessen Kosten zurückgewiesen. Die von H. namens der Brüder T. eingelegte weitere Beschwerde ist begründet.

Aus dem Umstande, daß Dr. H. der Beanstandung im Namen der T. widersprochen hatte, ergibt sich, daß er auch die Beschwerde für sie und nicht für A. erhoben hat. Bei dem angefochtenen Beschlusse handelt es sich also lediglich um eine unrichtige Bezeichnung des Beschwerdeführers, die für die Beurteilung der Rechtslage bedeutungslos war. Eine Beschwerde des A. lag nicht vor; entschieden ist nur auf die der T. Der Beschluß hat als auf deren Beschwerde hin ergangen zu gelten; sie sind als von dem Kostenausspruch betroffen zu erachten.... Ihr Beschwerderecht kann nicht bezweifelt werden. Sie sind als Erwerber und jetzige Eigentümer des Grundstücks durch die Beanstandung des Löschungsantrags in ihrer Rechtsstellung beeinträchtigt. Selbst wenn man die auf den Antrag des Notars (Nr. 285) hin erfolgte Beanstandung als dem A. gegenüber erfolgt ansehen will, ist doch die Löschung schon in der Urkunde (Nr. 284) und bei deren Einreichung durch den Notar auch von ihnen beantragt; der Bescheid ist auch auf ihre der Beanstandung gegenüber erhobene Vorstellung ergangen und ihnen mitgeteilt.

In der Sache ist der Sinn der §§ 42 S. 1, 43 S. 1 der, daß der Brief dem Richter bei der Bearbeitung der Sache, bei der Verfügung und Eintragung vorliegen soll. Nur dann erfüllen sie ihren Zweck, die Übereinstimmung von Grundbuch und Brief aufrecht zu erhalten. Die dazu erforderlichen Vermerke auf dem Brief und dessen Unbrauchbarmachung (§§ 62, 69, 70) kann der Richter nur bewirken, wenn der Brief ihm bis zur Durchführung der Eintragung vorliegt. Hier ist der Brief bei Einreichung der Löschungsbewilligung vorgelegt worden und fraglich ist nur, ob dessen Wiederherbeischaffung, die das Grundbuchamt den Beteiligten aufbürdet, ihm selber obliegt. Die Möglichkeit des Bestehens einer solchen Pflicht ist nicht von der Hand zu weisen. Sie kann allerdings nicht schon daraus hergeleitet werden, daß es den Löschungsantrag noch nicht erledigt hatte, als der Gerichtsvollzieher erschien. War dessen Herausgabeverlangen gerechtfertigt, so mußte ihm ohne Rücksicht darauf entsprochen werden, ob sich das Grundbuchamt einer Säumnis bei Erledigung des Antrags schuldig gemacht hatte; es kann danach in diesem Falle auch nicht zur Wiederbeschaffung gehalten sein; irgendwelche Mittel dazu ständen ihm nicht zur Verfügung. Vielmehr ist lediglich zu prüfen, ob bezüglich der Herausgabe selber das Grundbuchamt ein Vorwurf trifft, aus dem sich seine Pflicht zur Wiederherbeischaffung ergibt. Eine solche Pflicht ist als bestehend anzuerkennen, wenn es unter Verletzung gesetzlicher Vorschriften den Brief an einen Nichtberechtigten herausgegeben hat. Hier ist dem Verlangen des Gerichtsvollziehers, das keine beachtliche Gewaltandrohung enthielt, ein ernstlicher Widerstand überhaupt nicht entgegengesetzt worden; die Wegnahme ist ohne weiteres geduldet und damit ein der Herausgabe gleichzustellendes Verhalten betätigt. Die freiwillige Herausgabe war gerechtfertigt, wenn sie dem Gesetz entsprach und an einen Berechtigten erfolgte. Eine privatrechtliche Herausgabeverpflichtung des Justizfiskus besteht aber gegenüber dem, für den aus der Sach- und Rechtslage der Rückgabeanspruch herzuleiten ist; dieser unterliegt der Pfändung. Die Herausgabe an den Gerichtsvollzieher war somit berechtigt, wenn ein Herausgabeanspruch des A. bestand und wirksam gepfändet war.

Nach § 857[6] ist zur Pfändung der Briefgrundschuld gemäß § 830 ZPO. außer dem Pfändungsbeschlusse die Übergabe des Briefes an den Gläubiger erforderlich, die nötigenfalls im Zwangswege zu erwirken ist. Besitzt ein Dritter den Brief, so muß der Gläubiger den Anspruch des Schuldners auf Herausgabe pfänden und gemäß § 847 ZPO. die Anordnung seiner Herausgabe an einen Gerichtsvollzieher erwirken. Dieser ist bei einer Weigerung des Dritten zur Wegnahme des Briefes nicht befugt; der Gläubiger hat sich vielmehr den Herausgabeanspruch zur Einziehung überweisen zu lassen und auf Ablieferung des Briefes zu klagen (RG. 63 S. 217; 74 S. 83). Die Pfändung dieses Anspruchs wird mit der Zustellung des Beschlusses an den dritten Besitzer des Briefes als den Drittschuldner wirksam. Von der Zustellung des Beschlusses an den Grundeigentümer als Drittschuldner in Ansehung der Grundschuldpfändung (und an den Pfändungsschuldner, den Gläubiger der Grundschuld) ist die Wirksamkeit jener Pfändung und damit der Pfändung des Herausgabeanspruchs nicht abhängig. . . . Vorliegend ist nach § 830 ZPO. gepfändet und bezüglich des im Besitze des Grundbuchamts befindlichen Briefes dem Vorstehenden gemäß verfahren. Der Brief mußte also beim Bestehen eines Herausgabeanspruchs des A. herausgegeben werden, wenn der die Pfändung dieses Anspruchs anordnende Beschluß dem Drittschuldner ordnungsmäßig zugestellt war. Die Zustellung des Arrestbefehls und Pfändungsbeschlusses an A. hatte die Justizbehörde auch nicht aus dem Gesichtspunkte des Arrestbefehls als des Vollstreckungstitels zu prüfen. Ihr mußte genügen, daß dessen Vollziehung schon vor seiner Zustellung zulässig war. Wurde die Pfändung der Grundschuld später nach § 929[3] S. 2 ZPO. wirkungslos, so hatte das nur die Folge, daß dem Schuldner ein Anspruch auf Wiederherausgabe des Briefes gegen den Pfändungsgläubiger erwuchs.

A. konnte aber die Herausgabe des Briefes beanspruchen. Mag die Löschungsbewilligung mit dem Eintragungsantrage des Notars im Namen beider Vertragsparteien oder nur des A. überreicht sein, so mußte doch der Brief, den bis dahin, wie anzunehmen war, der verfügungsberechtigte A. besessen und dem Notar ausgehändigt hatte, als von A. und in seinem Namen vorgelegt angesehen werden. Nur zwischen ihm und der Justizbehörde war also bezüglich des Briefes ein dem Verwahrungsvertrag ähnliches Verhältnis entstanden. Ein Anspruch der Brüder T. kam auch auf den unbrauchbar gemachten Brief nicht in Frage. A. aber konnte die Wiederherausgabe noch vor der Löschung der Grundschuld und der Unbrauchbarmachung des Briefes verlangen. Aus der Vertragsurkunde und der Löschungsbewilligung ist seine, die Grundschuld betreffende Rechtsaufgabeerklärung (§ 875 BGB.) zu entnehmen; er war daran seinen Vertragsgegnern gegenüber gebunden, da er sie durch die Einreichung der Urkunden dem Grundbuchamt gegenüber abgegeben hatte (§ 875[2]). Andererseits durfte er bis zur Bewirkung der Löschung den Löschungsantrag zurücknehmen, soweit er diesen gestellt hatte (Güthe-Triebel, GBO. § 13[37]). Daraus ist aber der privatrechtliche Anspruch auf Rückgabe des Briefes herzuleiten, dem keine Vorschrift des öffentlichen Rechts entgegensteht. Daß dadurch die Erledigung des Antrags vor der Hand unmöglich wurde, kommt nicht in Betracht; dasselbe trat ein, wenn A. den Brief von vornherein nicht vorlegte; und auch zur Vorlegung konnte das Grundbuchamt ihn nicht zwingen.

Dagegen erscheint zweifelhaft, ob der Herausgabeanspruch wirksam insofern gepfändet ist, als der Beschluß dem Justizfiskus (KGJ. 31 S. 341; 40 S. 322) richtig zugestellt war. Nach den Akten ist er nur dem Grundbuchamt erst nach der Herausgabe des Briefes am 24. 9. zugestellt worden. Der in der vorzeitigen Herausgabe liegende, im Verhalten des Grundbuchamts bestehende Mangel wäre allerdings, soweit es sich um die Pflicht der Wiederbeschaffung des Briefes handelt, durch nachträgliche ordnungsmäßige Zustellung geheilt; mindestens nachher hätte sich, wenn innerhalb der Frist des § 929² zugestellt worden, der Richter auf den Standpunkt stellen können, daß die Wiederbeschaffung Sache der Beteiligten sei. In diesem Falle wäre durch die Zustellung nachträglich das Recht und die Pflicht zur Herausgabe des Briefes begründet.... Daß aber ordnungsmäßig der Pfändungsbeschluß an den Justizfiskus zugestellt worden, ist bis auf weiteres nicht ersichtlich. Die Vertretung des Justizfiskus als Drittschuldners bei der Pfändung von Herausgabeansprüchen ist jetzt durch die AVf. v. 6. März 1914 Nr. 2 b (JMBl. 281) dahin geregelt, daß sie dem Vorstande der Justizbehörde obliegt, die den Gegenstand verwahrt. Als die den Brief verwahrende Behörde kann, da das Grundbuchamt keine selbständige Behörde innerhalb des Amtsgerichts darstellt, nur das letztere in Betracht kommen; die Zustellung war an seinen Vorstand, dh. an den aufsichtführenden Amtsrichter, zu bewirken. Daß die AVf. eine Rechtsvorschrift darstellt, deren Nichtbefolgung die Zustellung unwirksam macht, kann nicht bezweifelt werden; wie aus Nr. 8 ersichtlich ist, schreibt sie sich selber rechtliche Bedeutung in diesem Sinne zu. Sie ist allerdings nicht etwa auf Grund der durch das Ges. v. 14. März 1885 erteilten Ermächtigung ergangen; die Vertretung in einer „Rechtsstreitigkeit" steht in den in ihr behandelten Fällen nicht in Frage, und sie bezeichnet sich selbst nicht als in Ausführung jenes Ges. erlassen. Ihre Eigenschaft als bindende Rechtsvorschrift für die Zustellung der hier fr. Pfändungsbeschlüsse ergibt sich aber daraus, daß nach den Vorschriften des bürgerlichen und Prozeßrechts an die Justizverwaltung zuzustellen ist und daß dem Justizminister verwaltungsrechtlich die Befugnis zusteht, soweit nicht gesetzliche Bestimmungen entgegenstehen, die verwaltungsmäßigen Zuständigkeiten und Kompetenzen der Justizbehörden, also auch für die Vertretung des Fiskus als Pfändungsdrittschuldners, zu regeln. Die innere Organisation der Behörden ist, unbeschadet gesetzlicher Regelung, Sache der obersten Verwaltungsbehörde. Die Anordnung auf Grund verwaltungsrechtlicher Befugnis steht in ihrer rechtlichen Bedeutung und Wirksamkeit der gesetzlichen Anordnung gleich (Fritze-Weiner, Prozeßvertr. des Fiskus §§ 1, 2). Danach war die Zustellung an das Grundbuchamt nicht wirksam; dieses hat also die Pflicht, den von ihm unrechtmäßig herausgegebenen Brief wieder herbeizuschaffen, wozu die Art. 15 ff. PrFG. ihm die Möglichkeit gaben (vgl. Beschluß unter m).

Sollte dagegen, worüber aus den Akten nichts erhellt, der Pfändungsbeschluß auch an den Aufsichtsrichter zugestellt sein, so wäre die nachher bewirkte Herausgabe zu Recht erfolgt und das an die Beteiligten gerichtete Wiederbeschaffungsverlangen berechtigt. Ist aber die Zustellung erst nach der Herausgabe erfolgt, so kann es sich nur um eine durch sie bewirkte Heilung des in der vorzeitigen Herausgabe liegenden Mangels handeln. Die Heilung wäre nach Obigem eingetreten, wenn bei der Zustellung an den Aufsichtsrichter die Vollziehung des Arrestbefehls durch Pfändung von Grundschuld und Herausgabeanspruch noch statthaft war, während ein späteres Wirkungsloswerden der Vollziehung (§ 929[3] S. 2) nicht in Betracht käme. Bei alledem ist — hier und im Obigen — davon ausgegangen, daß für die Beurteilung der Rechtsmäßigkeit der geschehenen Herausgabe unerheblich ist, wenn etwa der Aufsichtsrichter, insofern er als zur Entscheidung über die Herausgabe berufen anzusehen wäre, den Herausgabeanspruch — irrigerweise — nicht als begründet anerkannt haben sollte.

m) **Rückgabe des Stammbriefs nach Bildung des Teilbriefs.**
Kammergericht, 1. ZS. Beschluß v. 5. März 1925 (x 581/24).

Nach der Rechtsprechung (KGJ. 25 S. 322, 31 S. 341; vgl. auch Güthe § 60[8], § 62[16]) ist der eingereichte Hypothekenbrief dem, der ihn im eigenen Namen vorgelegt hat, und, falls der Brief in fremdem Namen überreicht ist, dem zurückzugeben, in dessen Namen er eingereicht ist. Da der Beschwerdeführer A. durch das Ersuchen, ihm den Stammbrief wieder zurückzugeben, ausgedrückt hatte, daß er im eigenen Namen ihn eingereicht habe, so hätte ihm das Grundbuchamt den Brief nach Erledigung der Eintragung aushändigen müssen. Dieser Verpflichtung stand nicht entgegen, daß der bisherige Gläubiger X. nur die Aushändigung des zu bildenden Teilbriefs an A. bewilligt hatte. Denn die Rückgabe des Stammbriefs ergab sich aus der Tatsache, daß A. ihn im eigenen Namen überreicht hatte. Gegen die hiervon abweichende Anordnung des Grundbuchamts ist dem Einreichenden die Beschwerde gegeben, denn die die Aushändigung des Briefes betreffenden Verfügungen sind Entscheidungen im Sinne von § 71[1] (Güthe § 71[14]). Die Beschwerde wird aber noch nicht dadurch, daß das Grundbuchamt den Brief entsprechend der unrichtigen Verfügung einem anderen ausgehändigt hat, sondern erst dann gegenstandslos, wenn der Einreichende nachträglich den Brief auf andere Weise in seinen Besitz bekommen hat. Ist dies wie hier nicht der Fall, so kann es sich nur um die Frage handeln, ob die Aushändigung an den Dritten rückgängig gemacht und so der Brief dem A. verschafft werden kann. Wäre dies nicht möglich, so könnte allerdings die Beschwerde von vornherein keinen Erfolg haben. Nun ist aber das Grundbuchamt berechtigt, den in Verletzung des § 60 einem anderen als dem Empfangsberechtigten ausgehändigten Brief von dem Empfänger zurückzufordern und die Rückgabe gemäß Art. 15 ff. PrFG. zu erzwingen (KGJ. 38 S. 283, Beschluß v. 9. 10. 1911 x 345; vgl. auch Güthe § 60[10], § 62[17]). Dieser Rechtssatz ist zwar nur aufgestellt hinsichtlich der Rückforderung eines vom Grundbuchamt erst erteilten Briefes. Er muß aber ebenso gelten für die zu Unrecht erfolgte Aushändigung eines bereits vorhandenen, zum Zweck einer Eintragung eingereichten Briefes. Hiernach kann auch mit der Beschwerde die Beschaffung des Briefes gefordert werden. Sollte der Brief noch nicht an die Bank ausgehändigt sein, so ist er nunmehr an A. zurückzugeben; andernfalls ist er zurückzufordern. Ein Eingriff in wohlerworbene dingliche Privatrechte an dem Briefe, deren Vorliegen die Rückforderung ausschlösse, findet hierbei nicht statt. Denn da der bisherige Gläubiger X. den Stammbrief nicht zu den Grundakten eingereicht hat, so liegt in der auf seine Anweisung durch das Grundbuchamt an die Bank vorgenommenen Aushändigung keine Übergabe des Briefes durch X.

n) Verfügungsverbot. Nachträgliche Zufügung des Berechtigten.

Kammergericht, 1. ZS. Beschluß v. 13. November 1924 (x 505).

Das LG. erließ auf Antrag des Beschwerdeführers P. gegen den Eigentümer A. durch einstw. Verfügung ein Verfügungsverbot. Dieses wurde am 19. 7. 1922 in Abt. II Nr. 1 dahin eingetragen: Dem A. ist verboten, über das Grundstück zu verfügen. Eingetragen auf Grund der einstw. Verfügung des LG. M." Der am 12. 9. 1922 als Eigentümer eingetragene B. hat 1924 die Löschung von Amtswegen aus § 54 GBO. angeregt. Das Grundbuchamt hat zu obiger Eintragung in Spalte „Veränderungen" am 14. 8. 24 von Amtswegen hinzugefügt: „Das . . . Veräußerungsverbot ist zugunsten des P. in M. erlassen. Von Amtswegen hier eingetragen zum Zwecke der Berichtigung." Auf Beschwerde ist es zur Löschung beider Eintragungen angewiesen. Die weitere Beschwerde, die nur noch mit dem Ziel aus §§ 54, 71² GBO. gegen die inzwischen erfolgte Löschung möglich ist (Güthe³ § 78⁵), ist erfolglos. Daß die Eintragung eines durch einstw. Verfügung erlassenen Verfügungsverbots inhaltlich unzulässig ist, wenn die begünstigte Person in der Eintragung nicht genannt ist, ist in KGJ. 4 S. 254 dargelegt. Ist die Eintragung vom 14. 8. 24, wie das LG. meint und wie das KGJ. 46 S. 200 als möglich bezeichnet, als Neueintragung anzusehen, so ließe das Fehlen der Zustimmung oder Verurteilung des B. diese Eintragung jedenfalls als verfahrensmäßig unstatthaft erscheinen; sie muß aber auch als inhaltlich unzulässig im Sinne des § 54 GBO. angesehen werden, denn es ist gesetzlich unmöglich und daher auch dem Inhalte nach unstatthaft, auf dem Grundstück, als dessen Eigentümer zur Zeit dieser Neueintragung B. ausgewiesen war, ein Verbot der Verfügung über das Grundstück gegen A. einzutragen.

o) Widerspruch: a) von Amtswegen wegen fehlender behördlicher Genehmigung. Zu wessen Gunsten?

Kammergericht, 1. ZS. Beschluß v. 30. April 1925 (x 217/25).

A. hatte das Grundstück am 24. Juli 1922 gekauft und in notarieller Verhandlung vom 9. Januar 1923 aufgelassen erhalten; die Eigentumsveränderung wurde am 19. Mai 1923 vermerkt. Anfang 1925 trug das Grundbuchamt aus § 54 GBO. von Amts wegen einen Widerspruch dahin ein, „daß die Eigentumseintragung des A. wegen Fehlens der Genehmigung der Gemeindebehörde nichtig ist, zugunsten a) der Stadt Berlin; b) der Witwe M.". Das LG., das die Voraussetzungen für den Amtswiderspruch für gegeben erachtet, hätte von diesem Standpunkt aus der Beschwerde zum mindesten insoweit stattgeben müssen, als die Stadt als Berechtigte bezeichnet ist. Denn wie KGJ. 47 S. 182 ausgeführt hat, dient der Widerspruch auch im Falle des § 54 dem Schutze der nicht oder nicht richtig eingetragenen Rechte gegen die Gefahren des öffentlichen Glaubens des Grundbuchs. Ein solches Recht steht aber bei Annahme der Genehmigungspflicht lediglich dem Veräußerer, also dem früheren Eigentümer zu. Dessen Eigentumsrecht ist, da die Auflassung unwirksam ist, trotz der Eintragung des neuen Eigentums außerhalb des Grundbuchs bestehen geblieben. Den Schutz dieses nicht eingetragenen Rechts bezweckt der eingeschriebene Amtswiderspruch. Ein Recht der Stadt kommt nicht in Betracht. Die Zuständigkeit des Bezirksamts für die Erteilung der Genehmigung hat mit der Frage, wer bei ihrem Fehlen einen Berichtigungsanspruch hat (§ 894 BGB.), nichts zu tun. Ebenso folgt aus der in § 11 Ges. bestimmten Befugnis des Bezirksamts, um Eintragung eines Widerspruchs zu ersuchen, nicht, daß der auf § 54 beruhende Amtswiderspruch auch zugunsten der von ihm vertretenen Stadt einzutragen sei. Im übrigen handelt es sich um die Frage, ob sich der § 15 S. 2 ein beschränkte Rückwirkung dahin beilegt, daß es auf die nach 1. 1. 1923, aber vor seinem Inkrafttreten vorgenommenen Rechtsgeschäfte des § 1 Anwendung findet, sofern nicht auch die Eintragung vor 16. 2. 1923 erfolgt ist. Das RG. (108 S. 356) hat — in einer wegen einer anderen Frage gemäß § 79², GBO. vorgelegten Grundbuchsache — auch hierzu Stellung genommen und die Rückwirkung des Ges. im erwähnten Umfange bejaht. Das KG. hat dagegen den § 15 dahin aufgefaßt, daß bei Veräußerungen die behördliche Genehmigung nicht erforderlich ist, wenn das Verpflichtungsgeschäft und die Auflassung vor dem Inkrafttreten des Ges. erklärt sind und nach diesem Zeitpunkt nur noch die Eintragung zu erfolgen hat. Es hat seinen bisherigen Standpunkt aufrecht erhalten und noch einmal in 1 x 404.24 eingehend dahin begründet:

Enthielte das Gesetz nur den § 15 S. 1, so wäre die Genehmigung nur für die nach § 1 genehmigungspflichtigen Rechtsgeschäfte erforderlich, die nach dem Inkrafttreten des Ges. vorgenommen worden sind; zu ihnen gehört aber nicht der behördliche Akt der Eintragung. Sind daher Kaufvertrag und Auflassung vor 16. 2. 1923 erklärt, so erfolgt nach § 1 durch die spätere Eintragung kein genehmigungspflichtiger Rechtsvorgang. Aber auch § 10, der auf eine nach dem Inkrafttreten beantragte Eintragung des Eigentumswechsels Anwendung findet, führt nicht zu der Annahme, daß die Genehmigung beizubringen ist. Wenn es dort unter Nr. 2 heißt, daß dem Antrag auf Eintragung einer Rechtsänderung nur stattgegeben werden darf, wenn die Genehmigung nachgewiesen wird, so setzt dies voraus, daß eine Genehmigung überhaupt notwendig ist. Das Grundbuchamt wird daher durch § 10 zu der Prüfung genötigt, ob die vorliegenden Rechtsgeschäfte, auf Grund deren eingetragen werden soll, überhaupt genehmigungspflichtig sind, was es nach § 15 S. 1 zu verneinen hat, wenn Kaufvertrag und Auflassung bereits vor dem Inkrafttreten wirksam vorgenommen worden sind. Indem § 15 S. 2 bestimmt, daß das Gesetz auf gewisse Rechtsvorgänge keine Anwendung findet, stellt er damit eine Ausnahme von S. 1 auf Er schließt also die Geltung des Ges. aus, obwohl dieses nach S. 1 anzuwenden wäre. Der § 15 S. 2 geht hiernach, soweit die Genehmigungspflicht in Frage kommt, dahin, daß die Rechtsgeschäfte, die nach S. 1 genehmigungspflichtig wären, weil sie erst nach dem Inkrafttreten des Gesetzes erklärt worden sind, doch dann nicht der Genehmigung bedürfen, wenn sie in Erfüllung eines vor 1923 abgeschlossenen gültigen Rechtsgeschäfts erfolgen.

Daß in diesem Zusammenhang unter Rechtsvorgängen nichts anderes als die in § 1¹ S. 3 erwähnten dinglichen Rechtsgeschäfte zu verstehen sind, ergibt sich aus dem Nebensatze. Denn nur diese, nicht der behördliche Akt der Eintragung, können in Erfüllung eines obligatorischen Rechtsgeschäfts vorgenommen werden. Zu den dinglichen, nach § 1 genehmigungspflichtigen

Erfüllungsgeschäften gehört aber nicht nur die in § 15 S. 2 aufgeführte Auflassung, sondern auch die in § 1[1] S. 3 erwähnte Bewilligung eines Erbbaurechts oder eines Nießbrauchs. Denn zweifellos bedürfen auch diese dinglichen Rechtsgeschäfte grundsätzlich der Genehmigung, wenn sie nach dem Inkrafttreten erklärt werden und nicht die Ausnahme des S. 2 vorliegt. Daraus folgt zugleich, daß die Aufzählung der Rechtsvorgänge in S. 2 (§ 15) keine genaue und vollständige ist, so daß keine erheblichen Bedenken gegen die in dem Beschlusse vom 26. April 1923 niedergelegte Ansicht bestehen, daß in S. 2 mit „Eintragung im Grundbuche" in Wirklichkeit die Bewilligung der Eintragung gemäß § 1 S. 3 gemeint ist. Jedenfalls aber schränkt S. 2 nach seiner Wortfassung und seinem Zusammenhange mit S. 1 nur die in S. 1 gegebene Vorschrift ein. Es kann mithin auch in S. 2 die „Eintragung" nur dieselbe Bedeutung wie in S. 1 haben, d. h. die nach dem Inkrafttreten erfolgende Eintragung macht für sich allein die Genehmigung nicht erforderlich und schließt sogar beim Vorliegen der Voraussetzungen des S. 2 die Anwendung des § 10 aus.

Das LG. meint nun allerdings, daß das Grundbuchamt wegen der Regreßgefahr auf die höchstrichterliche Rechtsprechung Rücksicht zu nehmen habe und daher einen Amtswiderspruch eintragen dürfe, wenn es Bedenken gegen die Wirksamkeit der Eigentumsübertragung habe. Diese Ausführungen sind selbst dann nicht einwandfrei, wenn sie keine von § 54 S. 1 abweichende Rechtsauffassung ausdrücken sollen. Die Regreßpflicht des Staates und des Grundbuchrichters bei gesetzwidrigen Eintragungen ist der gesetzgeberische Grund für die Zulassung des Amtswiderspruchs gewesen. Indem dieser den nicht eingetragenen Berechtigten gegen die aus dem Glauben des Grundbuchs sich ergebenden Gefahren schützt, soll er zugleich den dem Staate und dem Grundbuchrichter drohenden Schaden abwenden (vgl. Rsp. 36 S. 179). Seine Eintragung setzt aber stets voraus eine Gesetzesverletzung bei der Eintragung, gegen deren Richtigkeit er sich wendet. Die letzte Entscheidung über das Vorhandensein der Voraussetzungen steht dem Gericht der weiteren Beschwerde zu. Dieses ist für Preußen das KG. und nur im Rahmen des § 79[2] das RG. Die Beschlüsse des KG. sind hiernach in grundbuchrechtlichen Fragen für die Grundbuchämter Preußens höchstrichterliche Entscheidungen. Soweit es sich um preußische Landesgesetze handelt, ist das KG. für die Auslegung einer grundbuchrechtlichen Vorschrift allein die höchste Instanz, da eine Vorlegung nach § 79[2] nicht in Frage kommt. Die Beachtung seiner Entscheidungen durch die Grundbuchämter schafft daher nicht, wie das LG. glaubt, in der vorliegenden Frage Rechtsverwirrung, sondern vielmehr, soweit das Grundbuch in Frage kommt, Rechtseinheit in der Anwendung des Gesetzes. Die Möglichkeit, daß die Prozeßgerichte eine abweichende Stellung einnehmen und vielleicht u. a. im Wege der einstw. Verfügung die Eintragung eines Widerspruchs anordnen, würde die nach der Rechtsprechung des KG. für die Frage des Amtswiderspruchs mögliche Rechtseinheit nicht beeinträchtigen. Im übrigen kann diese fast in allen Grundbuchsachen gegebene Möglichkeit für sich allein nicht dahin führen, von einer nach nochmaliger Prüfung für richtig erkannten Rechtsprechung abzugehen.

Dazu: OLG. Darmstadt, 1. ZS. Beschluß v. 16. Januar 1925 (W 108/25).

Nachdem dem Beschwerdeführer A. ein Grundstück verkauft und aufgelassen worden, gelangte das Grundbuchamt zu der Überzeugung, daß der Erwerber

Pole sei, und hat, da nach Art. 15 Hess. AG. zum BGB. Ausländer zum Erwerb von Grundstücken, insoweit nicht Gegenseitigkeit verbürgt ist, der staatlichen Genehmigung bedürfen, und diese nicht erteilt war, gemäß § 54 von Amts wegen einen Widerspruch mit Recht eingetragen. A. ist 1881 in Galizien geboren und seit 1901 in Hessen wohnhaft. Das Heimatrecht, das er durch Geburt besaß, konnte er nach österr. Recht nicht infolge Abwesenheit verlieren. Er ist auf Grund des Art. 70 des Vertrags von St. Germain polnischer Staatsangehöriger geworden. Über die Zulassung von Ausländern zum Grunderwerb sind zwischen Deutschland und Polen Vereinbarungen nicht getroffen worden. (Auskunft des Ausw. Amtes vom 15. April 1925 VS. 3916, B. 20 537.) W.

β) auf Ersuchen der Genehmigungsbehörde aus § 11 Ges. v. 10. 2. 23.

Kammergericht, 1. ZS. Beschluß v. 30. April 1925 (x 235/25).

Die GmbH. W. hatte das Grundstück in notarieller Verhandlung vom 10. 1. 1923 vom Eigentümer Paul K. gekauft und aufgelassen erhalten. Die gemäß dem Ges. vom 10. 2. 1923 nachgesuchte Genehmigung wurde endgültig versagt. Die Beschwerdeführerin wurde jedoch auf Anweisung des LG. am 13. 7. 1923 als Eigentümerin eingetragen. Mit Rücksicht auf RG. 108 S. 356 trug auf Ersuchen des Bezirksamts das Grundbuchamt am 25. 2. 1925 ein: „Widerspruch gegen die Eintragung des Eigentums der GmbH. W. wegen mangelnder Genehmigung des Veräußerungsgeschäfts zugunsten a) des Paul, b) der Stadt Berlin". Die Beschwerde hatte keinen Erfolg. Die weitere Beschwerde ist nur zum Teil begründet.

Zunächst stand dem Widerspruch der Umstand nicht entgegen, daß der Eigentumswechsel auf Anweisung des LG. eingetragen worden ist. Dabei handelt es sich nicht um eine gemäß § 54 von Amts wegen, sondern um eine nach § 11 Ges. vom 10. 2. 1923 auf Ersuchen der Genehmigungsbehörde vorgenommene Eintragung, deren Löschung mit der Beschwerde nur erreicht werden kann, wenn der Widerspruch zu Unrecht eingetragen worden ist. Dies ist aber zu verneinen. Denn nach § 11 kann jene Behörde, wenn auf Grund eines nicht genehmigten Rechtsgeschäftes eine Rechtsänderung eingetragen worden ist, um die Eintragung eines Widerspruchs ersuchen, falls nach dem Ermessen der Behörde die Genehmigung erforderlich war. Damit ist für die Eintragung des Widerspruchs auf Grund des Ersuchens die Prüfung der Genehmigungspflicht des Rechtsgeschäfts der Behörde zugewiesen und die Entscheidung darüber in ihr Ermessen gestellt. Gegenüber dem gemäß § 11 S. 1 gestellten Ersuchen ist dadurch dem Grundbuchamt das Recht entzogen, die Frage des Genehmigungserfordernisses zu prüfen; denn es hat bei dem Ersuchen einer Behörde, der das Gesetz eine dahin gehende Befugnis verliehen hat, nicht nachzuprüfen, ob die Voraussetzungen des Ersuchens auch tatsächlich vorliegen. Zu ihnen gehört aber nach § 11 die Annahme der Behörde, daß die Genehmigung erforderlich gewesen sei. Diese Nachprüfung kann auch nicht mit der Erwägung begründet werden, daß § 11 nur im Rahmen des ganzen Gesetzes gelte und daher dort nicht angewendet werden könne, wo das ganze Gesetz nicht anwendbar sei. Die Anwendbarkeit des Gesetzes fällt aber, abgesehen von § 3, mit der Frage zusammen, ob im gegebenen Fall das Rechtsgeschäft genehmigungspflichtig ist. Es würde also, falls die erwähnte Auffassung zuträfe, dem Grundbuchamt entgegen den allgemeinen Grundsätzen und entgegen der ausdrücklichen Vorschrift des § 11 das Recht gegeben, die Genehmigungspflicht des Geschäfts und damit die Grundlage des Ersuchens nachzuprüfen. Von der Auffassung aus dürfte auch bei Grundstücken des § 1² der § 11 nicht angewendet werden, wenn das ganze Gesetz nicht anwendbar ist. Gegenüber dem Ersuchen auf Eintragung eines Widerspruchs, weil z. B. nach Ansicht der Behörde die vom Grundbuchamt als offenkundig angenommene landwirtschaftliche Nutzung des Grundstücks (§ 10 Nr. 1) tatsächlich nicht vorliegt, wäre es daher berechtigt und verpflichtet, zu prüfen, ob die Voraussetzungen des § 1²ᵃ gegeben sind und damit das Gesetz überhaupt anwendbar ist. Es erhellt ohne weiteres, daß dies nicht der Standpunkt des Gesetzes ist. Die Beschwerde will denn auch für den Fall des § 1² den von ihr oben vertretenen Grundsatz nicht gelten lassen. Der § 11 macht aber für die Berechtigung des Ersuchens keinen Unterschied, aus welchem Grunde die Behörde die Genehmigung für erforderlich erachtet. Für die Auffassung der Beschwerde, daß sich § 11 vornehmlich auf die Fälle des § 1² erstrecke, ergibt seine ganz allgemein gehaltene Fassung nichts. Es kann auch nicht zweifelhaft sein, daß er in dem Falle des § 3 anwendbar ist, wenn z. B. das Grundbuchamt den Nachweis der Genehmigung nicht erfordert hat, die Behörde aber das Vorliegen eines dort geregelten Falles nicht für gegeben erachtet. Schließlich bieten der Wortlaut und der Zweck des § 11 keinen Anhalt dafür, daß er sich jedenfalls auf die Frage der zeitlichen Anwendung des Gesetzes nicht bezöge. Er wird z. B. auch dann Platz greifen, wenn das Grundbuchamt aus einem ihm vorgelegten notariellen Kaufvertrage vom 1. 12. 1922 gemäß § 15 S. 2 die Genehmigung nicht für notwendig erachtet hat, die Behörde aber feststellt, daß die Auflassung nicht auf Grund dieses vorgelegten (wegen unrichtiger Preisangabe nichtigen), sondern auf Grund eines anderen, erst nach dem 1. 1. 1923 geschlossenen Vertrages vorgenommen worden ist. In solchem Falle würde es sich um die zeitliche Geltung des Gesetzes nach § 15 S. 2 handeln. In anderen Fällen, wo seine zeitliche Geltung ebenfalls von Bedeutung ist, einen anderen Standpunkt einzunehmen, liegt kein Grund vor. Bei allen Eintragungen, wo Zweifel über die Anwendung des Gesetzes und damit über die Genehmigungspflicht des zugrunde liegenden Rechtsgeschäfts entstehen können, ist vielmehr die Behörde befugt, um die Buchung eines Widerspruchs zu ersuchen, falls nach ihrem Ermessen die Genehmigung erforderlich war. Dem Ersuchen ist, wenn gegen seine Form oder gegen seinen Inhalt keine Bedenken bestehen, zu entsprechen. Hinsichtlich der Anwendung des Gesetzes genügt, daß der § 11 bei Eingang des Ersuchens gilt. Das KG. hält hiernach an den Grundsätzen fest, die es bereits im Beschlusse (Recht 1924 Nr. 258) ausgesprochen hat. Die Rechtmäßigkeit des Widerspruchs ist daher unabhängig davon, ob nach richtiger Auslegung des Gesetzes in einem Falle wie dem vorliegenden tatsächlich die Genehmigung notwendig war. Die weitere Beschwerde ist mithin, soweit die Löschung der ganzen Eintragung verlangt wird, unbegründet.

Dagegen unterscheidet sich, wenn auch für die Zulassung des Ersuchens allgemeine und öffentliche Interessen maßgebend gewesen sein mögen, inhaltlich der auf Ersuchen vermerkte Widerspruch in keiner Weise von dem Amts- und dem Widerspruch nach § 899 BGB. Durch § 11 S. 1 ist lediglich zu den sonst zugelassenen Eintragungsgrundlagen, nämlich der einstw. Verfügung und der Bewilligung des Betroffenen. (§ 899² BGB.) sowie der Amtsentschließung nach § 54 S. 1 GBO. noch das Ersuchen der Behörde getreten. Der Widerspruch selbst kann indessen nur zugunsten desjenigen eingetragen werden, dessen Recht nicht oder nicht richtig gebucht ist. Ein solches Recht steht hier nur dem Veräußerer zu. Der Widerspruch ist daher insoweit zu löschen, als die Stadt Berlin als Berechtigte aufgeführt ist. Im übrigen kann nach den in FGJ 1 S. 392 entwickelten Grundsätzen, die besonders auch für den nach § 11 S. 1 eingetragenen Widerspruch aufrecht zu erhalten sind, der ordnungsmäßig eingetragene Widerspruch nur unter der Voraussetzung des § 11 gelöscht werden.

Diese Entscheidung widerspricht nicht dem vorstehenden Beschlusse unter α durch den die Löschung eines Amtswiderspruches bei sonst gleicher Sachlage angeordnet worden ist. Die Rechtslage ist eben eine andere, je nachdem der Widerspruch von Amts wegen nach § 54¹ GBO. (§ 11 S. 2 Ges.) oder auf Ersuchen der Behörde gebucht worden ist. Im ersten Falle hat das LG. nachzuprüfen, ob eine Genehmigung erforderlich war und daher das Grundbuchamt das Gesetz verletzt hat, wenn es die Eigentumsveränderung ohne Nachweis der Genehmigung eintrug. Im zweiten Fall ist dagegen eine solche Nachprüfung nicht statthaft.

γ) bei Rentengütern wegen fehlender Genehmigung der Kulturbehörde.
Kammergericht, 1. ZS. Beschluß v. 14. Mai 1925 (x 244/25).

Das als Rentengut „Waldhaus" bezeichnete Grundstück, auf dem in Abt. II Nr. 1 seit Juli 1896 die Rentenpflichtigkeit und Nr. 2 die Eigenschaft eines Anerbengutes eingetragen ist, hat der Beschwerdeführer A. 1917 an den Rittergutsbesitzer D. und dieser 1923 an seinen minderjährigen, durch einen Pfleger vertretenen Sohn Egmont weiter übereignet. Da die Genehmigung der Landeskulturbehörde zur Veräußerung nicht beschafft ist, hat A. die Eintragung einer Vormerkung von Amts wegen beantragt. Ohne Irrtum hat das LG. angenommen, daß die Frage, ob die Veräußerung der Genehmigung bedurfte, nur nach § 4 Ges. v. 7. Juli 1891 zu entscheiden ist. Der § 7 Ges. v. 8. Juni 1896 kommt hier nicht in Betracht, da die Rentenpflicht bereits vor seinem Inkrafttreten (1. 10. 96) begründet ist (KGJ. 19 S. 72). Nach jenem § 4 kann aber, solange eine Rentenbankrente auf dem Rentengut haftet, dessen wirtschaftliche Selbständigkeit, worunter besonders die Aufsaugung durch den Großgrundbesitz zu verstehen ist (Haack, Peltasohn § 4; KGJ. 47 S. 153), nur mit Genehmigung der Generalkommission aufgehoben werden. Die Bedeutung des § 4 ist streitig. Der Senat (aO.) hat aus der Entstehungsgeschichte nachgewiesen, daß die Abhängigmachung aller Veräußerungen von der Zustimmung der Generalkommission nicht im Sinne der Gesetzgebung gelegen habe. Diese Entscheidung ist im allgemeinen aufrechtzuerhalten, eine hier ausreichende Grundlage gibt sie aber nicht.

Die Ausführung, der § 4 beziehe sich, da er als Folge des Fehlens der Genehmigung die Rechtsunwirksamkeit ausspreche, auf einen rechtlichen, nicht einen bloß wirtschaftlichen Vorgang, ist zwar bedenkenfrei. Auch dem weiteren Satz, daß der vom § 4 betroffene Rechtsvorgang die Aufhebung der wirtschaftlichen Selbständigkeit des Rentenguts bewirken müsse, kann zugestimmt werden. Wenn aber weiter gesagt wird, daß die Einverleibung des Rentenguts in den wirtschaftlichen Verband eines anderen Gutes nur, wenn sie durch einen Rechtsakt erfolge, und die Einbeziehung des Rentenguts in den rechtlichen Verband eines andern Gutes nur in Betracht komme, wenn sie den Verlust der wirtschaftlichen Selbständigkeit zur Rechtsfolge habe, so kann solchen Anforderungen überhaupt nicht genügt werden, weil wirtschaftliche und rechtliche Einverleibung verschiedenartige Begriffe sind. Bei solcher Auslegung wird die tatsächliche Aufsaugung des Rentenguts durch Großgrundbesitz nicht gehindert, mindestens so lange nicht, als der Besitzer des letzteren sich auf Eigentumserwerb am Rentengut und wirtschaftliche Betriebsvereinigung beschränkt. Wenn das Gesetz hier einen bestimmten Rechtssatz aufstellt, indem es einem Vorgang Rechtsunwirksamkeit beilegt, diesen Vorgang selbst aber nicht nach seiner rechtlichen Art, sondern seiner wirtschaftlichen Wirkung bezeichnet, so muß die Rechtsprechung unter Beachtung von Zweck und Willen des Gesetzes das Fehlende ergänzen. Gesetzgeberischer Grund war wohl das finanzielle Interesse des Staates an der Sicherheit der Rentenbriefe wie besonders das allgemeine staatliche Interesse an der Selbständigkeit des durch die Rentengutsgesetzgebung zu schaffenden Kleinbauernstandes (vgl. AusfErlaß v. 16. 11. 1891, bes. zu 9, bei Krause Siedlungsges. [2] S. 392). Als Rechtsvorgang, der die wirtschaftliche Selbständigkeit des Rentenguts aufhebt, ist aber schon der Eigentumserwerb eines andern Grundbesitzers am Rentengut anzusehen, der den Zweck hat, die Bewirtschaftung der Rentengutsfläche nicht mehr im selbständigen bäuerlichen Betrieb fortzuführen, sondern in einen anderen landwirtschaftlichen Betrieb einzubeziehen. Dem Grundbuchamt, zu dessen Aufgabe die Prüfung der Gesetzmäßigkeit des einzutragenden Vorgangs gehört, liegt demnach ob, bei Veräußerung eines Rentenguts im ganzen und Anwendbarkeit des Ges. v. 7. Juli 1891 den Antrag in bezug auf Notwendigkeit der Genehmigung zu prüfen und bei Bedenken auf Klärung zu dringen. Die Umstände des Falles wiesen hier auf Bedenken hin, denn der Erwerber war, wie es scheint, der Besitzer des benachbarten Ritterguts. In der Unterlassung einer Beanstandung lag daher eine — objektive — Gesetzesverletzung. Die weitere Voraussetzung, daß das Grundbuch glaubhaft unrichtig geworden ist (KGJ. 47 S. 185), ist durch die Eigentumsumschreibung erfüllt. Allerdings wäre, wenn durch den Eigentumswechsel von 1923 gutgläubig Eigentum erworben ist, ein Widerspruch jetzt nicht mehr möglich (KGJ. 48 S. 149, Güthe GBO. [4] § 54[22]). Indessen ist es Sache des Grundbuchamts, nunmehr von Amts wegen zu prüfen, nötigenfalls durch Ermittelungen, ob bei Egmont, für dessen Erwerb nach § 166 BGB. es auf die Kenntnis seines Pflegers ankommt, gutgläubiger Erwerb oder nicht vielmehr Kenntnis der Unrichtigkeit des Grundbuchs anzunehmen ist. Beachtlich dürfte hierbei auch sein, daß 1917 der Kauf vorbehaltlich der etwa erforderlichen Genehmigung der Generalkommission geschlossen war.

d) wegen Löschung auf Grund vorbehaltloser Bewilligung. Anwendung des § 563 ZPO. Kostenpflicht.

Kammergericht, 1. ZS. Beschluß v. 30. April 1925 (x 233/25).

Der weiteren Beschwerde war nicht stattzugeben. Nach dem bisherigen Standpunkte, wie er in 1 X 552. 24 (= D. Not. V. 1925 S. 75) dargelegt ist, wurde die Beschwerde nur dann als unzulässig erachtet, wenn die Wiedereintragung der gelöschten Hypothek mit dem ursprünglichen Inhalt verlangt wurde, dagegen in Fällen, wie der vorliegende, wo die Wiedereintragung unter Berücksichtigung der Aufwertung begehrt wurde, deshalb zugelassen, weil auch die Beseitigung einer erst nach der Löschung durch die 3. StNV. geschaffenen Unrichtigkeit des Grundbuchs herbeigeführt werden solle. Abweichend hiervon hat nunmehr das RG. (V B 8.25) angenommen, daß auch in Fällen der letzteren Art die Beschwerde mit dem Ziel der Wiedereintragung unzulässig sei, weil es sich auch hier ausschließlich um die Beseitigung einer durch die Löschung verursachten sog. ursprünglichen Unrichtigkeit handele; eine dem Wortlaute nach auf Wiedereintragung gerichtete Beschwerde sei aber, falls nicht die Umstände klar einen gegenteiligen Willen erkennen lassen, dahin auszulegen, daß auch die Eintragung eines Widerspruchs im Sinne des § 71² S. 2, 54¹ S. 1 GBO. gewollt sei. Da hier auf Grund einer klaren, vorbehaltlosen Löschungsurkunde gelöscht und der angeblich mündlich bei deren Unterzeichnung gemachte Vorbehalt dem Grundbuchrichter nicht bekannt gewesen ist, hat die Löschung nicht gesetzliche Vorschriften verletzt, die Eintragung eines Amtswiderspruchs ist also nicht zulässig und deshalb auch nicht als mit der Beschwerde bezweckt anzusehen. Hieraus ergibt sich, daß die erste Beschwerde als unzulässig hätte verworfen werden müssen. Für Fälle solcher Art ist in KGJ. 37 S. 218 zwar grundsätzlich ausgesprochen, daß die Beschwerdeentscheidung aufzuheben und die erste Beschwerde als unzulässig zu verwerfen sei. Dieser Standpunkt ist jedoch nicht aufrecht zu erhalten.

Nach § 78 GBO. findet im Verfahren der weiteren Beschwerde § 563 ZPO. entsprechende Anwendung. Danach ist für den Erfolg des Rechtsmittels das maßgebende Gewicht auf die Richtigkeit des Entscheidungs*ausspruchs* gelegt und den Gründen jede Bedeutung abgesprochen. Bei der allgemeinen Fassung kommt auch nichts darauf an, ob die Gründe formeller oder sachlicher Natur sind (Stein ZPO. § 563 II, RG. 76 S. 345). Richtig ist der Beschwerdebeschluß dann, wenn das, was sie im entscheidenden Teil ausspricht, objektiv zu Recht besteht; eine der Beschwerde den Erfolg versagende Entscheidung ist also dann richtig, wenn auch die Prüfung im dritten Rechtszuge zu dem Ergebnis führt, daß die Beschwerde zu Unrecht erhoben und abzulehnen war. Es kann also keinen Unterschied machen, ob diese Entscheidung in der Form einer Zurückweisung (als sachlich unbegründet) oder einer Verwerfung (als formell unzulässig) ergeht. In beiden Fällen wird inhaltlich dasselbe, nämlich die Erfolglosigkeit des Rechtsmittels ausgesprochen. Der § 563 geht also davon aus, daß der Beschwerdeführer nicht beschwert, zur Anrufung der dritten Instanz mithin nicht veranlaßt ist, wenn seiner Beschwerde von der zweiten Instanz auf Grund unrichtiger verfahrensrechtlicher oder sachlicher Beurteilung der Erfolg versagt ist, ihr der Erfolg aber auch bei richtiger Beurteilung zu versagen gewesen wäre. Für Grundbuchsachen weist das RG. (V B 8.25) zudem mit Recht darauf hin, daß die Entscheidungen keiner materiellen Rechtskraft fähig sind. Dem Umstande, in welchem Sinne die Beschwerde zurückgewiesen wird, mißt der lediglich auf das Ergebnis — Erfolg oder Nichterfolg — abgestellte § 563 keine Bedeutung bei. Daß die Gründe des LG. das Grundbuchamt nicht binden, kommt allerdings nur bei der bisher geforderten Fassung nach außen zum Ausdruck. Nachteilige Folgen werden aber bei der nunmehr für richtig gehaltenen, die Zurückweisung der weiteren Beschwerde aussprechenden Fassung für den Beschwerdeführer in Wirklichkeit nicht entstehen.

Ein Anlaß, einen Beteiligten von Gebühren frei zu stellen, wenn er sich über eine im Ergebnis zu Recht erfolgte Zurückweisung beschwert, besteht nicht. Auch die Erwägung, daß bei richtiger Begründung der Unzulässigkeit der Beschwerde, möglicherweise weitere Beschwerde nicht erhoben wäre, muß versagen, weil sie sich mit gleichem Recht anstellen ließe, wenn die Beschwerdeinstanz eine zulässige erste Beschwerde nicht aus dem objektiv richtigen, sondern aus unzutreffenden sachlichen Gründen zurückgewiesen hätte.

In sachlicher Beziehung ist dem LG. beizupflichten. Es wird besonders auf die Entsch. des Senats (JW. 1924, S. 2043; Recht 1924 Nr. 1267, Jur. Rundschau 1925 Beil. Nr. 25) verwiesen. Auch der Eintragung der 15% Aufwertung in der Weise, daß der Goldwert der gezahlten Papiermark nach dem Zahlungstage — als solcher kann der Tag der Quittungsausstellung zugrunde gelegt werden — abgezogen wird, steht nach dem Beschlusse des RG. (VB. 8. 1925) nichts im Wege. Der formgerechte Nachweis des mündlichen Vorbehalts kann durch eine den §§ 31, 54 Pr. FG. entsprechendes Zeugnis des Notars geführt werden; es genügt, wenn die bei den Grundakten befindliche Bescheinigung mit Siegel oder Stempel versehen wird. Geschieht dies, so wird einem erneut gestellten Antrag auf Wiedereintragung der aufgewerteten Hypothek stattzugeben sein.

ε) wegen Versäumung der Frist des § 929³ ZPO.

Kammergericht, 1. ZS. Beschluß v. 14. Mai 1925 (x 265/25).

Aus dem Arrestbefehl v. 19. ist am 23. 2. 1925 eine Sicherungshypothek zum Höchstbetrage von 21 000 RM. eingetragen. Die am 7. März beantragte „nochmalige Eintragung der Sicherungshypothek“ ist mit Recht abgelehnt. Die Arresthypothek ist, wenn der Arrestbefehl dem Schuldner nicht innerhalb der Frist des § 929³ S. 2 ZPO. zugestellt ist, wirkungslos, die Eintragung aber weder inhaltlich unzulässig noch unter Verletzung gesetzlicher Vorschriften im Sinne des § 54 GBO. geschehen. Sie kann daher von Amts wegen weder gelöscht noch durch einen Widerspruch als unrichtig gekennzeichnet werden (Stein ZPO. § 932 II²; OLG. 10 S. 400, 23 S. 348; RG. 81 S. 288). Auch darin ist dem LG. beizustimmen, daß die Hypothek unter dem Schutze des § 892 BGB. steht, dem gutgläubigen Erwerber gegenüber also als wirksam entstanden zu gelten hätte. Nur hinsichtlich der **Forderung** kommt der Glaube des Grundbuchs nicht in betracht (§§ 1184, 1190, 1138 BGB., RG. Komm. [5] § 1184[2]). Solange die Hypothek für die Gläubiger im Grundbuch steht, ist sie nach formellem Grundbuchrecht als bestehend zu behandeln. Daraus folgt, daß vor Beseitigung dieser Hypothek wegen derselben Arrestforderung eine Sicherungshypothek nicht eingetragen werden kann. Die zweite Eintragung würde als unzulässige Doppelsicherung der bereits durch die erste Eintragung betroffenen Arrestforderung erscheinen (FGJ. 1, S. 490). Sie wäre auch nicht etwa in der Weise zulässig, daß sie auf die Wirkungslosigkeit der alten Arresthypothek in irgendeiner Form hinwiese. Denn ein derartiger Vermerk würde der rechtlichen Bedeutung entbehren, besonders den gutgläubigen Erwerb der alten Hypothek nicht hindern, weil das einzige auf die Unrichtigkeit einer Eintragung hinweisende und gegen die Gefahr des öffentlichen Glaubens (§ 892 BGB.) schützende Mittel der Widerspruch im Sinne des § 899 BGB., 54 GBO. ist.

Ist eine Vollziehungsmaßnahme wirkungslos, weil der Arrestbefehl nicht dem Arrestschuldner zugestellt ist (§ 929[3], S. 2 ZPO.), so verliert dadurch der Arrestbefehl selbst nicht seine Wirksamkeit, sofern die für die Vollziehungsfähigkeit in Abs. 2 bestimmte Frist noch läuft. Die Vornahme einer neuen Vollziehungsmaßnahme ist daher innerhalb der Monatsfrist zulässig (Stein § 929, III 3; Petersen Busch 10 S. 163). Die gegenteilige Ansicht von Sydow-Busch (§ 932[7]) wird durch die angef. RG. 67 S. 165, 81 S. 291, Rsp. 10 S. 399 nicht gestützt; die erstere sagt sogar am Schluß das Gegenteil, die beiden andern behandeln Fälle, in denen auch die Monatsfrist des § 929[2] verstrichen war. Nach § 932[3] ZPO. gilt bei Vollziehung des Arrestes in Grundstücke der Antrag auf Eintragung einer Sicherungshypothek im Sinne des § 929[2, 3] als Vollziehung. Diese Wirkung hat aber nur ein **wirksamer und begründeter** Eintragungsantrag. Stehen seiner Erledigung Hindernisse entgegen, so gilt er als Vollziehung nur dann, wenn die Hindernisse vor Ablauf der Monatsfrist beseitigt werden (KGJ. 31 S. 332). In Fällen wie hier ist das der erneuten Eintragung entgegenstehende Hindernis die bereits eingetragene Arresthypothek. Der Antrag auf nochmalige Eintragung ist also ein wirksamer Vollziehungsakt im Sinne des § 929[2, 3] nur dann, wenn die alte Arresthypothek vor Ablauf der Monatsfrist beseitigt wird entweder durch Löschung der alten Hypothek oder durch Eintragung eines Verzichts auf diese Hypothek (§ 1168). Die Löschung erfolgt auf Grund einer Löschungsbewilligung des Gläubigers oder des formgemäßen (§§ 22, 29 GBO.) Nachweises der Wirkungslosigkeit der alten Hypothek. In beiden Fällen ist außerdem die Zustimmung des Eigentümers gemäß § 27 GBO. erforderlich. Die Eintragung des Verzichts setzt eine in der Form des § 29 GBO. abgegebene Verzichtserklärung der Gläubiger gemäß § 1168 BGB. voraus. Der Zustimmung des Eigentümers bedarf es hierbei nicht, weil dessen Recht nicht betroffen wird. Zwar erwirbt er bei wirkungsloser Arresthypothek keine Eigentümergrundschuld (1 X. 21.25. Jur. Rdsch. 1925 Nr. 286), eine solche kann daher auch nicht infolge der Eintragung eines Gläubigerverzichts für ihn entstehen, aber es wird auch sein Eigentumsrecht durch Eintragung des Verzichts nicht verschlechtert. Die Eintragung eines Verzichts kann dadurch nicht in Frage gestellt werden, daß die davon betroffene Hypothek materiell nicht besteht. Ist sie buchmäßig als bestehend zu behandeln und bildet sie aus diesem Grund ein Eintragungshindernis für den späteren Antrag, so muß auch möglich sein, das Hindernis zu beseitigen in derselben Weise, wie wenn die Hypothek auch materiell zu Recht bestände. Die Verzichtserklärung des Gläubigers, durch deren Eintragung ein ihm materiell zustehendes Gläubigerrecht wegfällt, muß auch geeignet sein, ein materiell wirkungsloses, aber buchmäßig als vorhanden erscheinendes Recht als nicht dem Gläubiger zustehend zu kennzeichnen. Dieser Weg ist für den Arrestgläubiger der einfachste und rascheste, weil er keine Mitwirkung des Eigentümers bedarf. Die Beseitigung der wegen Ablaufs der Frist des § 929[3] S. 2 wirkungslosen Hypothek ist gemäß § 18 GBO. dem Gläubiger aufzugeben, wenn sie vor Ablauf jener Frist zu erwarten ist. Hier ist aber diese Frist inzwischen abgelaufen.

ζ) wenn wegen Fehlens einer „bestimmten" Forderung gelöscht ist.

Kammergericht, 1. ZS. Beschluß v. 28. Mai 1925 (x 297/25).

Voraussetzung für den Widerspruch ist nach §§ 71[2] S. 2, 80[3] mit § 54 GBO., daß das LG. die — inzwischen bewirkte — Löschung der Hypothek unter Verletzung gesetzlicher Vorschriften angeordnet hat, wobei eine unrichtige rechtliche Beurteilung ebenfalls als solche Verletzung anzusehen ist (KGJ. 40 S. 167). Die Auffassung des LG., daß die Hypothek wegen Fehlens einer bestimmten Forderung nach ihrem Inhalt unzulässig und daher nach § 54 S. 2 GBO. von Amts wegen zu löschen sei, ist jedoch nicht zu beanstanden. Nach § 873 BGB. bedarf es zur Begründung einer Hypothek der Eintragung ihres gesetzlichen Inhalts, zu dem nach § 1113 BGB. auch die Forderung gehört. Diese muß (KGJ. 21 S. 140, 35 S. 279) bestimmt und von anderen Forderungen unterscheidbar sein, sofern nicht die Feststellung der Forderung vorbehalten wird (1190 BGB.). Die Eintragung der Hypothek muß also, wenn sie den gesetzlichen Inhalt haben soll, ergeben, für welche bestimmte Forderung das Grundstück haftet. Unter Eintragung ist dabei sowohl die Einschreibung im Grundbuche selbst wie die Bezugnahme auf die Eintragungsbewilligung zu verstehen (§§ 874, 1115[1] BGB.). Alles dies gilt sowohl für die Verkehrs- wie für die Sicherungshypothek, jedoch mit Ausnahme der Höchsthypothek (KGJ. 35 S. 279). Wird eine Forderung geteilt und für jeden Teil eine selbständige Hypothek bestellt, so ist die Teilforderung die für die Hypothek maßgebende Forderung; sie muß also ebenfalls bestimmt bezeichnet sein. Hierfür wird allerdings bei gewöhnlichen, nicht noch besonders verbrieften Geldforderungen die Angabe des realen Teils der im übrigen nach Schuldgrund, Gläubiger und Schuldner bestimmten Forderung genügen. Bei der hier fraglichen Eintragung einer Sicherungshypothek des § 1187 BGB. ist hiernach die zu sichernde Forderung genau anzugeben. Dazu gehört besonders die unzweideutige Bezeichnung der Schuldverschreibung auf den Inhaber oder des Orderpapiers. Ist die Forderung (Anleihe) in Teile zerlegt und werden für die Forderungen aus den einzelnen Teilschuldverschreibungen (TSchV.) selbständige Hypotheken eingeräumt, so ist bei jeder Hypothek die durch sie gesicherte Teilschuld in einer sie von den anderen unterscheidenden Weise zu bezeichnen. Werden, was nach § 51 GBO. auch bei Forderungen aus Orderpapieren (RJA. 2 S. 147, KGJ. 50 S. 198) zulässig ist, eine Anzahl von ihnen zusammengefaßt und die für sie bestellten Hypotheken durch einen gemeinsamen Eintragungsvermerk gebucht, so müssen aus der Eintragung die gesicherten Schuldverschreibungen hervorgehen. Da in solchem Falle die einzelnen TSchV. ihre Sicherung nur in der für sie bestimmten Hypothek finden, so ist durch die Eintragung außer Zweifel zu stellen, welchen die Hypothek als Sicherung dient. Dies ist auch aus dem Grunde notwendig, weil nach § 1187[1] S. 3 BGB. mit der Übertragung der Forderung, also mit der Übergabe des Inhaber- oder mit der Indossierung des Orderpapiers, gemäß § 1153[1] die für die Forderung bestellte Hypothek unmittelbar auf den neuen Gläubiger übergeht. Unerheblich ist, ob für die jeweiligen Gläubiger gemäß § 1189 BGB. ein Vertreter bestellt ist. Eine Eintragung, die nicht erkennen läßt, für welche Schuldverschreibungen eine Hypothek eingeräumt ist, hat daher einen unzulässigen Inhalt (vgl. auch KGJ. 53 S. 210, 213; FGJ. 1 S. 490).

Vorliegend ist, wie sich aus dem Grundbuche verb. mit der in Bezug genommenen Eintragungsbewilligung ergibt, keine Gesamthypothek, sondern für einen 1 Million RM. betragenden Teil der — in indossable TSchV. verschiedenen Betrages zerlegten — Anleihe von 13 Millionen RM. eine besondere selbständige Hypothek bestellt worden. Sollte diese also für die Million die alleinige Sicherung darstellen, so mußte für sie der aus der Gesamtmenge von 13 Millionen RM. in Betracht kommende Teil der Schuldverschreibungen in einer Weise gekennzeichnet werden, daß er gegenüber den anderen, von der Hypothek nicht betroffenen Schuldverschreibungen zweifelsfrei feststand. Daran fehlt es, denn es ist nicht angegeben, aus welchen Schuldverschreibungen sich die Million RM. zusammensetzt. Aus der Eintragung ist mithin nicht ersichtlich, für welche TSchV. die Hypothek die Sicherung bildet. Damit geht aus der Eintragung selbst (RG. 88 S. 83) hervor, daß sie nicht mit dem gesetzlich gebotenen Inhalte eingetragen ist. Diese Unzulässigkeit beruht hiernach nicht auf der Verletzung des nur eine Ordnungsvorschrift enthaltenden § 51 GBO., sondern darauf, daß eine Hypothek gebucht worden ist, die des durch § 1113 BGB. geforderten bestimmten Inhalts hinsichtlich der gesicherten Forderung entbehrt. Das LG. hat daher eine inhaltlich unzulässige Eintragung (KGJ. 44 S. 169, 46 S. 200) mit Recht nicht zugelassen und die Löschung von Amts wegen gemäß § 54 S. 2 GBO. angeordnet. Demgegenüber führt die Beschwerde aus, daß auf den verschiedenen anderen Grundstücken zur Sicherung der Forderungen aus dem TSchV. Sicherungshypotheken für Teilbeträge der 13 Millionen RM. eingetragen worden und daß diese Hypotheken zwar nicht als Gesamthypotheken für den Gesamtbetrag der Anleihe bestellt seien, andererseits aber jede von ihnen in Höhe ihres Teilbetrages der Gesamtheit der Schuldverschreibungen in der Weise als Sicherheit diene, daß die Inhaber aller Obligationen an den einzelnen Hypotheken in dem Verhältnis teilnähmen, in dem der Nennbetrag ihrer Obligationen zu dem Betrag der ganzen Anleihe stehe. Allein dies hat im Grundbuche keinen Ausdruck gefunden; dort ist nicht für einen Bruchteil jeder TSchV., sondern für einen realen Teil der in TSchV. zerlegten Anleihe, also für einen Teil dieser TSchV. eine Hypothek eingeräumt worden. Dem steht auch nicht der § 8 der in die Eintragungsbewilligung einbezogenen Anleihebedingungen entgegen. Wenn es dort heißt: „Die legitimierten Inhaber der TSchV. nehmen entsprechend dem Nennwert der letzteren an der Sicherungshypothek teil", so wird damit nur die sich aus der Hypothekeneintragung ergebende gesetzliche Folge festgelegt, daß jede zu dem Teilbetrage von 1 Million RM. gehörende TSchV. entsprechend ihrem Nennbetrage an der Sicherungshypothek von 1 Million beteiligt ist. Diese Bestimmung bringt also die ständig (KGJ. 35 B 29, 38 B 68, 50 S. 198) vertretene Auffassung zum Ausdruck, daß die für eine Mehrheit von TSchV. bestellte Hypothek keine einheitliche, sondern eine zusammengefaßte Hypothek ist, die so viele Hypotheken oder Teilhypotheken enthält, als TSchV. durch sie gesichert werden. Es kann daher dahingestellt bleiben, ob eine Eintragung, wie die Beschwerde sie annimmt, überhaupt möglich und zulässig ist.

p) α) **Zuschreibung unter „sinngemäßer" Übertragung der Lasten.**
OLG. Hamburg, 1. ZS. Beschluß v. 9. März 1925 (Bf. 9/25).

Die Beschwerdeführer haben beantragt, ihr Grundstück Nr. 369, das in der Abt. II mit 8 Lasten zugunsten der Stadt Hamburg belastet ist, dem Grundstück 875 unter „sinngemäßer" Übertragung jener Lasten auf dieses in Abt. III unbelastete Grundstück zuzuschreiben. Dieser Antrag mag zu unbestimmt sein, um erkennen zu lassen, in welchem Umfange die Rechte und Pflichten der Beteiligten nach deren Willen übergehen sollen. Das LG. hat aber unterlassen, nachzuprüfen, ob und inwieweit der Mangel des Antrags die Auflage des Grundbuchamts, sämtliche Eintragungen l ö s c h e n zu lassen, rechtfertigt. Diese Auflage wäre berechtigt, wenn nur durch die Löschung das dem Antrag entgegenstehende Hindernis gehoben werden kann. Die Beschlüsse der Vorinstanzen bringen aber zum Ausdruck, daß bei genauer Darlegung der Beteiligten darüber, in welcher Weise die Lasten übergehen sollen, die Zuschreibung möglich sein möge. Das Grundbuchamt spricht nur aus, daß es von einer reinen Übertragung Verwirrung befürchte. Das LG. hätte prüfen und im einzelnen darlegen müssen, ob und inwieweit diese Befürchtung begründet sei, weil im Falle ihrer Grundlosigkeit zur Beseitigung des Eintragungshindernisses die Auflage, das Wort „sinngemäß" zu streichen, genügt hätte, und weil es seine Aufgabe war, eine unberechtigt angeordnete Auflage durch eine den Antragsteller minder beschwerende Anordnung zu ersetzen. Erst wenn und soweit sich jene Befürchtung als begründet erwies, wäre die Auflage gerechtfertigt gewesen, durch genaue tatsächliche Klarstellung den Antrag zu ergänzen. Die Auflage der Löschung wäre nach Lage der Sache nur in der Form einer Alternative oder insoweit nicht zu beanstanden, als etwa ein eingetragenes Recht auch in näher präzisierter Beschränkung nicht zu übertragen sein sollte.

V.

β) **Umwandlung einer Arrest- in eine Zwangshypothek.**
Kammergericht, 1. ZS. Beschluß v. 14. Mai 1925 (x 296/25).

Für A. ist auf dem Grundstücke des X. am 22. 1. 1924 eine Arresthypothek zum Höchstbetrage von 3260 RM. eingetragen. Nachdem am 20. 2. 1924 Kr. als Eigentümer eingetragen worden, hat A. beantragt, nunmehr auf Grund eines gegen X. wegen der Arrestforderung erwirkten rechtskräftigen Urteils die Arrest- in eine Zwangshypothek von 3260 RM. umzuschreiben. Allein die Höchstbetragshypothek (§ 1190) belastet ihrem Inhalte nach das Grundstück in anderer Weise als die gewöhnliche Sicherungshypothek (§ 1184 BGB.), so daß Arrest- und Zwangshypothek verschiedenartige Belastungen sind und der Übergang der ersten in die letztere nach rechtskräftiger Verurteilung des Arrestschuldners sich nicht kraft Gesetzes vollzieht, sondern nur nach den allgemein für dingliche Rechtsänderungen geltenden liegenschaftsrechtlichen Grundsätzen herbeigeführt werden kann (KGJ. 40 S. 314). An diesen Rechtsgrundsätzen, die, soweit ersichtlich, im Schrifttum nirgends Widerspruch gefunden haben (vgl. bes. Güthe-Triebel GBO. § 19[121], Predari [2] S. 131 d, RGKom. § 1186 [1]), ist festzuhalten. Daraus folgt, daß die rechtskräftige Feststellung der Arrestforderung den Inhalt der Arresthypothek nicht kraft Gesetzes dahin ändert, daß an ihrer Stelle nunmehr eine Zwangshypothek entstände, das Grundbuch also unrichtig geworden und gemäß § 22 GBO. zu berichtigen sei. Es ist vielmehr die Begründung einer Zwangshypothek gemäß §§ 866, 867 ZPO. im Wege einer Umwandlungsvereinbarung im Sinne der §§ 877, 1186 BGB. erforderlich, wobei das rechtskräftige Urteil gemäß § 867 [1] S. 2 ZPO. sowohl die sonst nach materiellem Recht erforderliche Einigung (§§ 1186, 877, 873 BGB.) als auch die formellrechtlich vorgeschriebene Bewilligung des betroffenen Eigentümers (§ 19 GBO.) ersetzt. Von der Umschreibung einer Arrest- in eine Zwangshypothek wird der betroffen, dem das Grundeigentum im Zeitpunkt der Eintragung der Zwangshypothek zusteht. Dessen Bewilligung oder ein diese ersetzendes gegen ihn erlassenes rechtskräftiges Urteil ist also außer dem — keiner Form bedürftigen — Antrag des Gläubigers erforderlich. Ein gegen den früheren Eigentümer ergangenes Urteil ersetzt nur dessen Bewilligung und ist wie diese keine geeignete Eintragungsunterlage, weil ihm in dem maßgebenden Zeitpunkt, in dem die Eintragung erfolgen soll, das Verfügungsrecht nicht mehr zusteht (KGJ. 37 S. 289, 43 S. 146, FGJ. 1 S. 338).

γ) **„Wertbeständige" Zwangshypothek der Bek. v. 13. Mai 1924 § 14.**
Kammergericht, 1. ZS. Beschluß v. 8. April 1925 (x 174/25).

Nachdem A. den vollstreckbaren Zahlungsbefehl vom 28. 11./10. 12. 1924 über eine Warenforderung von 409 „Mark" erwirkt hatte, hat er unterm 26. 1. 1925 beantragt, wegen des Restes der Forderung nebst Zinsen pp. auf dem Grundstücke des Schuldners gemäß §§ 866 ff. ZPO. eine Sicherungshypothek einzutragen. Der Antrag ist mit Recht zurückgewiesen.

Die im Zahlungsbefehl aufgeführten Forderungsbeträge sind sämtlich nach 11. 10. 1924 entstanden. Der Wille des Gerichts konnte daher nur auf Schaffung eines Schuldtitels über RM. gerichtet sein; auch hinsichtlich der Kosten handelt es sich nach § 2 V. vom 12. 12. 1924 verb. mit den KostenV. vom 13. 12. 1923 um RM. Demnach ist davon auszugehen, daß die im Antrag aufgeführten Beträge, besonders der nach § 866³ S. 3 mit § 4 ZPO. hier maßgebliche Forderungsrest als RM.Beträge zu verstehen sind, wenn auch der Ausdruck „RM." weder im Schuldtitel noch im Antrage gebraucht ist. Nach § 14 Bek. v. 13. Mai 1924 könnte somit eine Zwangshypothek, da der zu sichernde Betrag unter 500 RM. zurückbleibt, nur eingetragen werden, wenn eine wertbeständige Hypothek in Frage käme.

Forderungen über RM. können der Natur der Sache nach auch im Zwangswege durch eine RM.Hypothek gesichert werden. Eine solche will die Beschwerde auch, wie ihre Begründung ergibt, mindestens in erster Linie eingetragen haben. Sie erachtet das trotz § 866³ ZPO. für angängig, indem sie dem Schuldtitel und der einzutragenden Zwangshypothek die Eigenschaft der Wertbeständigkeit beimißt. Allein im § 9 Bek. v. 13. Mai 1924 ist der Begriff der wertbeständigen Schuldtitel derart umgrenzt, daß er zu den auf gesetzliche Zahlungsmittel, also auch auf RM. lautenden im Gegensatz steht, und die V. vom 27. Juni 1924 befaßt sich nur mit den GMTiteln und den Titeln gemäß den für wertbeständige Hypotheken zugelassenen Maßstäben. Unter wertbeständigen Hypotheken versteht das Gesetz solche, bei deren Bestellung zur Bestimmung der Höhe der aus dem Grundstück zu zahlenden Geldsumme gewisse nach dem Ges. v. 23. Juni 1923 und den Durchf.V in Betracht kommende Maßstäbe, nämlich die Preise von Roggen, Weizen, Feingold, Kohle, Kali und für gewisse Fälle der Dollar, benutzt werden. Die Eintragung wertbeständiger Hypotheken im Zwangswege kommt nur beim Vorliegen eines wertbeständigen Schuldtitels und zwar — abgesehen vom Art. II V. v. 27. Juni 1924, wonach auch bei den auf Steuer- oder DollarGM. lautenden Schuldtiteln die Eintragung einer Feingoldmarkhypothek möglich ist — nur dann in Frage, wenn auch der Schuldtitel auf eine jener Werteinheiten abgestellt ist, die dann bei Eintragung der Hypothek zu benutzen ist. Das ist die Bedeutung des erwähnten § 14 S. 1: „ist die Forderung in der Art bestimmt, daß für sie eine wertbeständige Hypothek eingetragen werden kann" (Lucas Beschl.V. v. 22. 12. 1924 S. 44 e, f). Die RM. gehört nicht zu den für die Eintragung wertbeständiger Hypotheken zugelassenen Maßstäben . . .

Aus dem Vorbringen der Beschwerde ist allerdings zu entnehmen, daß, falls eine RMZwangshypothek im Hinblick auf die Wertgrenze nicht eingetragen werden kann, auch eine Feingold- oder Feingoldmarkhypothek genügen würde. Eine Eintragung dieser Art, die zudem eine bisher nicht vorgenommene Umrechnung voraussetzte, ist aber ebensowenig möglich. In Frage kommt insoweit nur, da die Forderung nicht auf Feingold oder Feingoldmark lautet und die im § 14 S. 1 geforderte Kongruenz von Schuldtitel und einzutragender Hypothek daher nicht vorliegt, der schon angeführte Art. II V. vom 27. Juni 1924, wonach u. a. für auf SteuerGM. lautende Schuldtitel eine Feingoldmarkzwangshypothek — ohne Wertgrenze — eingetragen werden kann. Wäre auch in dieser V. auf Grund des § 2 der Durchf.V v. 12. 12. 1924 die RM. an die Stelle der SteuerGM. getreten, dann ergäbe sich daraus und aus jenem Art. II die Zulässigkeit einer Feingoldmarkhypothek aufgrund eines RMSchuldtitels. Jener § 2 berührt jedoch nicht die V. v. 27. 6. 1924. Im Art. I[1] dieser V. ist die SteuerGM. nicht als Rechnungseinheit bestimmt, sondern lediglich deren Gebrauch in wertbeständigen Schuldtiteln zur Bezeichnung der Höhe der zu zahlenden Geldsumme zugelassen; Art. I[2] gibt nur eine ergänzende Vorschrift dahin, daß mangels anderweiter Bestimmung der Parteien oder des Gerichts der im Schuldtitel gebrauchte Ausdruck „Goldmark" im Sinne der SteuerGM. zu verstehen ist. Der erwähnte § 2 S. 1 findet hier also keine Anwendung; auch Art. II V. vom 27. 6. 1924 kann nicht auf RMSchuldtitel bezogen werden.

q) **Rechtshilfe zur Entlastung des bisherigen Vormunds.**

OLG. Hamburg, 1 ZS. Beschluß v. 18. Februar 1925 (F. 11/25).

Das VormGericht zu Warin hat die hiesige VormBehörde ersucht, den Ende 1924 großjährig gewordenen Mündel über die Entlastung des Vormunds zu hören, und gegen den ablehnenden Bescheid zulässigerweise gemäß §§ 2 FGG., 160 GVG. auf Entscheidung des OLG. angetragen. Abweichend vom KG. (Rsp. 40 S. 1) ist mit Darmstadt und Kiel (aO. 21 S. 191, 35 S. 383) anzunehmen, daß, wenn auch das BGB. § 1892 dem Gerichte nur die Vermittlung der Abnahme der vom Vormunde gelegten Rechnung ausdrücklich auferlegt, doch auch die Herbeiführung einer Erklärung des bisherigen Mündels darüber, ob es dem Vormund Entlastung erteile, in den Rahmen dessen fällt, was der VormRichter nach Sachlage als im Interesse einer zweckmäßigen und gedeihlichen Abwicklung der Vormundschaft) angemessen und geboten erachten darf. Keineswegs stellt eine solche Ausdehnung der Vermittlungstätigkeit des VormGerichts eine gesetzlich unzulässige oder gar verbotene Handlung dar; das nimmt auch das KG. nicht an. Ist hiervon aber auszugehen, so war hier die Ablehnung des Ersuchens, ganz abgesehen davon, daß schon nach § 159[2] GVG. schwerlich Raum für sie war, nicht gerechtfertigt.

r) **Beschwerde eines Gläubigers über die Löschung der G. m. b. H.**

OLG. Karlsruhe, 1 ZS. Beschluß v. 24. November 1924 (29/24).

Das LG. hat mit Recht die „Beschwerde" des Gläubigers A. gegen die Löschung der GmbH. für unzulässig erklärt und sie nur als Anregung zu einem Verfahren des § 143 FGG. behandelt. Es hat hierauf als Gericht erster Instanz entschieden; hiergegen ist nicht die weitere, sondern nur die erste Beschwerde gegeben. Für das Beschwerderecht des A. ist aber entscheidend nur die Frage, ob er beeinträchtigt ist (FGG. § 20). Dies ist zu verneinen. Daraus, daß nach § 11 GmbHG. die Eintragung konstitutiv wirkt, kann nicht hergeleitet werden, daß auch die Löschung extinktiv wirke. Eine GmbH. hört vielmehr erst dann auf, wenn nach oder infolge ihrer Auflösung kein Vermögen vorhanden ist. Ebenso hat die GmbH., wenn der Konkurs über ihr Vermögen beendet ist, damit nicht immer auch aufgehört zu bestehen; dies trifft nur dann zu, wenn das Verfahren mit einer vollständigen Ausschüttung der Masse endete. Ergibt sich nachträglich, daß noch Vermögen vorhanden ist, so ist auch das Rechtssubjekt wieder vorhanden.... In Rsp. 9 S. 246 war gerade die Löschung von wesentlicher Bedeutung für die Ansprüche des Gläubigers im Prozeß. Hier ist aber A. an der Einklagung seiner Ansprüche durch die die Löschung des Eintrags ablehnende Verfügung nicht dadurch gehindert, daß die GmbH. — vielleicht mit Unrecht gelöscht ist. . . . Rpr.

s) **§ 36 FGG. wird durch JWG. §§ 35, 39 nicht berührt.**

Kammergericht, 3S. 1a. Beschluß v. 14. November 1924 (Gen. 1).

Die 1924 in Marburg außerehelich geborene Margot ist eine Tochter der berufslosen Alwine B., die nach Angabe des M. 21 Jahre alt ist und bei ihren Eltern in V. wohnt. Das Kind befindet sich in Wiesbaden bei der Familie M. in Pflege. Das Jugendamt Marburg hat Weiterführung der Vormundschaft bei dem Jugendamt Wiesbaden beantragt und dies dem dortigen Amtsgericht angezeigt. Letzteres hat die Sache dem über V. zuständigen Amtsgericht Elberfeld übersandt, das jedoch die Übernahme abgelehnt hat. Der Streit der Amtsgerichte betrifft die Frage der örtlichen Zuständigkeit für die einzuleitende Vormundschaft über das uneheliche Kind. Nach § 36 FGG. ist das Gericht zuständig, in dessen Bezirke der Mündel seinen Wohnsitz hat. Das uneheliche Kind teilt nach § 11[1] BGB. den Wohnsitz der Mutter. Ist letztere, wie es nach der allerdings recht unbestimmten Bekundung des M. anscheinend der Fall ist, volljährig, dann könnte sie einen selbständigen Wohnsitz haben, ist sie aber noch minderjährig, dann würde sie als eheliches Kind den Wohnsitz ihres Vaters teilen. Der Aufenthalt des Kindes würde nur dann bestimmend sein, wenn es keinen inländischen Wohnsitz hätte. Der § 36 FGG. ist durch das JWG., besonders seine §§ 35, 39, nicht berührt worden. Wenn § 35[1] sagt: „Mit der Geburt eines unehelichen Kindes erlangt das Jugendamt des Geburtsortes die Vormundschaft", und wenn weiter § 39[1] anordnet: „Sobald es das Wohl des Mündels erfordert, soll das die Vormundschaft führende Jugendamt bei dem Jugendamt eines anderen Bezirkes die Weiterführung der Vormundschaft beantragen . . .", . . . so wird dadurch nicht etwa eine von der Regelvorschrift des § 36 FGG. abweichende Zuständigkeit des VormGerichtes für uneheliche Kinder begründet, wie man aus der Begründung zu § 35 Entw. (Drucks. 1920 Bd. 366 Nr. 1666 S. 1258) entnehmen könnte und wie auch anscheinend Goeze (JWG. § 35[2]) annimmt. Das geht deutlich aus dem vom Reichstagsausschuß hinzugefügten § 35[2] hervor, der besagt: „Bis zum Eingreifen des zuständigen VormGerichts hat das Amtsgericht des Geburtsorts die erforderlichen vormundschaftsgerichtlichen Maßnahmen zu treffen." Sollte also der Entwurf durch den § 35 eine Änderung der Zuständigkeitsvorschriften beabsichtigt haben, wie es nach der Begründung: „die Vorschrift führe in vielen Fällen tatsächlich zu einer Aufgabe des in § 36 FGG. enthaltenen Grundsatzes" den Anschein hat, dann ist doch diese Absicht durch die Einfügung des § 35[2] ausdrücklich beseitigt, wie aus dem „Eingreifen des zuständigen VormGerichts" und aus der Erklärung, daß das Amtsgericht des Geburtsorts nur bis zu diesem Zeitpunkte zur Vornahme der erforderlichen Maßnahmen berechtigt sei, unzweideutig hervorgeht. Der § 35[1] und die weitere Vorschrift des § 39, daß diese Vormundschaft auf ein anderes Jugendamt übertragen werden könne, hat also nicht den Sinn, daß das Amtsgericht, in dessen Bezirk sich das die Vormundschaft führende Jugendamt befindet, auch zuständiges VormGericht wird; die örtliche Zuständigkeit regelt sich vielmehr auch jetzt nur nach § 36 FGG. Da aber vorliegend noch nicht genügend feststeht, wo die Mutter ihren Wohnsitz hat, konnte das für die Vormundschaft zuständige Amtsgericht noch nicht bestimmt werden, vielmehr war einstweilen nur das Amtsgericht Wiesbaden für die vorläufigen Ermittlungen nach diesem Wohnsitze für zuständig zu erklären.

t) Abgabe einer Pflegschaft zur Wahrnehmung des Unterhalts.

OLG. Hamburg, 1. ZS. Beschluß v. 12. Juni 1924 (F 33).

Es handelt sich um eine Pflegschaft zur Wahrnehmung von Unterhaltungsansprüchen des Kindes gegen den in A. wohnhaften Vater. Wie der Senat ständig angenommen hat, sprechen überwiegende Gründe dafür, eine solche Pflegschaft am Wohnort des Unterhaltungspflichtigen zu führen. Denn ihr Zweck, diesen zur Erfüllung seiner Pflicht anzuhalten und notfalls zu zwingen, wird am besten durch eine Behörde und einen Pfleger verwirklicht, der zu ständiger Fühlungnahme mit dem Pflichtigen in der Lage ist. Demgegenüber tritt der Umstand zurück, daß Behörde und Pfleger nicht in der Lage sind, mit der Mutter mündlich Rücksprache zu nehmen. Auch wird die Behörde ohne Schwierigkeit amtliche Auskunft über die am Wohnorte der Mutter üblichen Unterhaltssätze und erforderlichen Beiträge einziehen können. Daß der derzeitige Pfleger in Hamburg wohnt, kann die Übernahme der Pflegschaft hierher schon deshalb nicht rechtfertigen, weil er trotz Widerspruchs der hiesigen Behörde, unzweckmäßig bestellt worden ist. Es ist nicht angängig, daß ein VormGericht zunächst einen auswärts wohnenden Pfleger bestellt und dann die Übernahme der Pflegschaft deshalb verlangt, weil der Pfleger dort wohne. Es wird umgekehrt zu erwägen sein, ob nicht der hier bestellte Pfleger, der damit sicherlich einverstanden sein wird, zu entlassen und durch einen am Wohnort des Vaters wohnenden Pfleger zu ersetzen ist [1]). V.

u) Straffestsetzung aus § 140 nicht ohne Verschulden.

Kammergericht, 1 ZS. Beschluß v. 23. April 1925 (x 215/25).

Gegen Franz S., der die eingetragene Firma „Papier S. Inh. Fanny S." führt, hat das Amtsgericht auf Grund der rechtskräftigen Verfügung vom 8. Mai 1924 am 21. 10. 1924 abermals eine Ordnungsstrafe von 300 RM. festgesetzt, „weil er sich in der Zeitung wiederum der Firmenbezeichnung Papier S. bedient hat". Eine weitere Strafe ist gegen ihn am 22. 10. ergangen, „weil er am 21. 10. Geschäftskarten mit der abgekürzten Firma „Papier S." verbreitet hat". Das LG. hat gegegüber dem Vorbringen des Beschwerdeführers, daß die Anzeige ohne sein Verschulden in der beanstandeten Form in die Zeitung gesetzt sei und daß er seine Angestellten streng angewiesen habe, die Firma nur mit dem Zusatz

[1]) a) Ist die Genehmigung nach § 55 einem Dritten gegenüber wirksam geworden, so kann ihre Rücknahme nicht deshalb beantragt werden, weil sich das VormGericht geirrt oder die Tragweite des § 242 BGB. (vgl. RG. 107 S. 361) verkannt oder weil der Dritte sie erschlichen habe (OLG. Karlsruhe, 1. ZS. Beschluß v. 28. Juni 1924, Rpr. 90 S. 138).

b) Das zuständige Nachlaßgericht (§ 73) ist nicht befugt, die Aufnahme eines Nachlaßverzeichnisses einem anderen, nicht zuständigen Gerichte (Behörde, § 194[1] FGG.) zu übertragen. Ebenso ist ein Rechtshilfeersuchen unzulässig, das sich auf die Vermittelung der Auseinandersetzung nach § 86 erstreckt (Beschluß desselben ZS. v. 29. 12. 1922). Ebenso KGJ. 49 S. 86; a. A. OLG. Dresden, ZBl.FG. 3 S. 253.)

„Inh. Franz S." zu bezeichnen, auf Grund einer Beweisaufnahme festgestellt, daß die Anzeige in der unzulässigen Form aufgegeben sei, ohne daß aufgeklärt sei, ob ein Angestellter oder der Beschwerdeführer selbst sie abgefaßt und unterschrieben habe. Es meint aber, daß dieser Sachverhalt die Ordnungsstrafen rechtfertige, da der Firmeninhaber, ohne daß es auf ein eigenes Verschulden ankomme, für die Handlungen seiner Angestellten innerhalb ihres geschäftlichen Wirkungskreises verantwortlich sei. Allein das Ordnungsstrafverfahren des § 37[1] HGB. richtet sich gegen den, der eine ihm nach den firmenrechtlichen Vorschriften nicht zustehende Firma gebraucht. Ein unbefugter Firmengebrauch in der Person des Beschwerdeführers liegt aber nicht vor, wenn ohne dessen Wissen und Willen und ohne daß er es verhindern konnte, die Firma in der unzulässigen Form durch Angestellte oder sonstige Dritte entgegen den allgemein erteilten Anweisungen gebraucht ist. Der Umstand, daß das Ordnungsstrafverfahren ein der Erfüllung öffentlich-rechtlicher Pflichten dienendes Verwaltungsverfahren ist, kann nichts an dem Strafcharakter der Ordnungsstrafe ändern und nicht die Haftbarkeit des Firmeninhabers im Falle eines durch Dritte ohne sein Verschulden für ihn vorgenommenen unbefugten Firmengebrauchs nach der Art einer zivilrechtlichen Verantwortlichkeit begründen (so auch Bay. ObLG., Recht 1913 Nr. 740). Das LG. wird nunmehr weitere Ermittelungen in der Richtung anzustellen haben, ob dem Beschwerdeführer selbst ein irgendwie schuldhaftes Verhalten zur Last fällt; das wäre der Fall, wenn er nicht hinreichend Vorsorge und Vorkehrungen getroffen hat, daß die unzulässige Firma von den Angestellten nicht mehr verwendet wird.

v) **Vereinbarung eines von HGB. § 727 abweichenden Ortes.**

OLG. Hamburg, 1 ZS. Beschluß v. 25. Februar 1925 (F 29/25).

Der aus § 153[1] an das Amtsgericht Hamburg gestellte Antrag wurde zurückgewiesen, weil nach § 727 HGB. Königsberg zuständig und die Vereinbarung eines anderweiten Gerichtsstandes unzulässig sei. Allein der Hauptgrund hierfür, daß nämlich in der freiw. Gerichtsbarkeit die Vereinbarung eines *willkürlichen Gerichtsstandes* unzulässig wäre, trifft jedenfalls in denjenigen Fällen nicht ausnahmslos zu, in welchen die für die Regelung der örtlichen Zuständigkeit der Gerichte maßgebenden Momente lediglich durch freie Parteibestimmung im Rahmen eines rein vermögensrechtlichen Vertrages gegeben sind (Schlegelberger FGG. 3 vor § 3). Die Zuständigkeit eines Vormundschafts(Nachlaß)-Gerichtes unterliegt mangels dieser Voraussetzungen und mit Rücksicht auf mitsprechende weitere Belange, auch öffentlichrechtlicher Natur, nicht der freien Vereinbarung, zumal der Kreis der Beteiligten schwer abzugrenzen ist. Dagegen ist dem § 164 FGG. — und §§ 64[2], 184[2] BVG. — ein Grund nicht *gegen*, sondern, wegen Analogie dieser Fälle mit dem hier erörterten, *für* die Ansicht zu entnehmen, daß eine — nach allgemein anerkannten Rechtsgrundsätzen zulässige — vom § 727 abweichende Vereinbarung *sämtlicher* Beteiligten über den Ort, an dem die Havarieschäden verteilt werden sollen, zugleich die Zuständigkeit des Amtsgerichts *dieses* Ortes nach § 149 FGG. begründet. Eine willkürliche Vereinbarung des Gerichts eines anderen als des durch Gesetz oder Einigung der Beteiligten für jene Verteilung bestimmten Orts ist dagegen den Beteiligten nicht zu gewähren.

Josef (D. Not B.4 S. 344) legt allerdings die Schlußworte des § 149 dahin aus: „nach der Vorschrift des § 727 HGB. zu erfolgen hat", während sie, wenn § 149 einer Parteivereinbarung hätte Bedeutung beimessen wollen, lauten müßten: „erfolgt". Der Wortlaut des Gesetzes bietet jedoch keinen Anhalt für eine derartig enge Auslegung, zumal auch eine Parteivereinbarung die lex contractus bildet und die Ausdrucksweise in Verträgen, daß etwas zu erfolgen habe, sowohl im täglichen Leben wie in juristischer Betrachtung durchaus üblich und unbedenklich zulässig ist. Auch die Denkschrift zum FGG., die offensichtlich lediglich erläuternd hinter die wörtlich übernommenen „zu erfolgen hat": „(HGB. § 727, BSchG. § 86)" gefügt hat, bietet keinerlei Anhalt für die Gegenmeinung. Die Frage, ob Parteivereinbarung über den Ort der Havereischädenverteilung und dadurch über einen vom gesetzlichen Erfüllungsort abweichenden Erfüllungsort einen neuen „Gerichtsstand des Erfüllungsortes" in der hier gegebenen Begrenzung begründet, wird zu bejahen sein (vgl. § 29 ZPO.). Auch die weiteren Ausführungen der Denkschrift, daß es wegen der Konnossementsklauseln, wonach die Dispache nicht am Bestimmungsorte (HGB. § 727), sondern im deutschen Hafen aufgemacht werden solle, keiner besonderen Vorschrift bedarf, „da nach § 145 [jetzt 149] die Bestimmungen des Entwurfs überhaupt nur für Dispachen gelten, die auf Grund des HGB. oder des BSchG. im Inlande aufzumachen sind", zwingen nicht, die Maßgeblichkeit von Vereinbarungen *sämtlicher* Beteiligten über den Verteilungsort für die Gerichtszuständigkeit nach § 149 abzulehnen. Daß durch Konnossemente über *einzelne* Verladungen nicht etwa der § 727 HGB. mit Wirkung auf §§ 149, 155 ff. FGG. und für die *anderen* an diesem Dispacheverfahren Beteiligten abgeändert werden kann, und daß eine örtliche Zuständigkeit *mehrerer* Amtsgerichte für das nur einheitlich mögliche Verfahren nach § 153 FGG. ausgeschlossen sein muß, liegt auf der Hand. Diese Bedenken fallen weg, sobald *sämtliche* Beteiligten einen Verteilungsort vereinbart und damit ihr Interesse daran bekundet haben, hier die ganze Angelegenheit zu erledigen. Ob dieser Gesichtspunkt in obiger Fassung der Denkschrift „auf Grund des HGB. oder des BSchG." klar ausgedrückt ist oder nicht, ist für die Auslegung des Gesetzestextes nicht maßgebend.

Daß der ganze Sinn des gerichtlichen Dispacheverfahrens und zwingende Zweckmäßigkeitsgründe für die Berücksichtigung der Parteivereinbarung in dem hier erörterten Umfange sprechen, hat das LG. Bremen (ZBl. FG. 1902 S. 292) überzeugend dargelegt. Irgendein privat- oder öffentlichrechtliches Interesse an einer Beschränkung freier Parteivereinbarung in dieser Richtung besteht nicht. Die gänzliche Zwecklosigkeit eines Dispacheverfahrens vor dem Amtsgerichte Königsberg bedarf keiner Begründung, da sämtliche Beteiligte hier und in Antwerpen, der Dispacheur hier ansässig sind und erstere Hamburg als Verteilungsort vereinbart haben. B.

w) **Löschung eines Vereins nach §§ 159, 142.**

Kammergericht, 1. ZS. Beschluß v. 14. Mai 1925 (x 252/25).

Der seit Ende 1924 im Vereinsregister eingetragene Verein „Kammer der Buch- und Schriftsachverständigen Deutschlands" wurde davon in Kenntnis gesetzt, daß seine Löschung gemäß §§ 159, 142 FGG. beabsichtigt werde, da sich nachträglich herausgestellt habe, daß sein Zweck auf einen wirtschaftlichen Geschäftsbetrieb gerichtet sei. Verfehlt ist zunächst die Rüge der weiteren Beschwerde, daß das Löschungsverfahren auf Antrag der nach § 126 nur in den Angelegenheiten des Handelsregisters zuständigen Industrie- und Handelskammer nicht habe eingeleitet werden dürfen. Jenes Verfahren ist, ob es sich gegen Eintragungen im Handels- oder im Vereinsregister handelt, ein Amtsverfahren, das jeder Dritte anregen kann. Die Person des Dritten ist nur für das Beschwerderecht im Ablehnungsfalle von Bedeutung.

Wenn die Vorinstanzen angenommen haben, daß der Zweck des Vereins „in Wahrheit", also im Gegensatze zu der Satzung, in der Hauptsache auf einen wirtschaftlichen Geschäftsbetrieb gerichtet sei, so ist diese Begründung und das Heranziehen einer außerhalb der Satzung liegenden Betätigung des Vereins allerdings rechtlich nicht bedenkenfrei. Wird der Verein durch die Satzung als ein idealer Verein gekennzeichnet, stellt sich aber nach der Eintragung heraus, daß er einen wirtschaftlichen Geschäftsbetrieb verfolgt, so liegt keine von Anfang an unzulässige Eintragung vor. Es ist dann nicht ein Anlaß zur Löschung des Vereins von Amts wegen gemäß §§ 159, 142, sondern die Voraussetzung gegeben, unter der nach §§ 43², 44 BGB. dem Vereine die Rechtsfähigkeit im Verwaltungsstreitverfahren entzogen werden kann. Offenbar hat aber das LG. auch annehmen wollen, und es konnte ohne Rechtsirrtum annehmen, daß sich der auf einen wirtschaftlichen Geschäftsbetrieb gerichtete Zweck schon aus der Satzung ergebe. Der Verein setzt sich zu 3 der Satzung Aufgaben als Berufseinigung, als Forschungs- und als Übungsvereinigung. Als Forschungsvereinigung will er seine Ziele dadurch verwirklichen, daß die Kammer Gutachten erstattet, sowie an Behörden, Korporationen, Firmen und Einzelpersonen Auskünfte auf dem gesamten Gebiete der Buchhaltungs- und Handelswissenschaft, des Steuerrechts, der Buch- und Steuertechnik und der Schriftenanalyse erteilt. Als Übungsvereinigung will er durch seminaristische Übungen Angehörige des Kaufmannsstandes in das Praktikum der Buchhaltungs- und Handelswissenschaft, des Steuerrechts, der Steuertechnik und der Schriftenanalyse einführen und sie gegebenenfalls zu selbständigen wissenschaftlichen Spezialisten anleiten. Diese Geschäftszweige weisen auf eine dem Gelderwerbe dienende Betätigung des Vereins hin und stempeln ihn zu einem Unternehmen gewerblicher Art. Wenn es in dem auch vom LG. verwerteten Schreiben des Vereins in bezug auf die seminaristischen Vorträge und Vorlesungen heißt „es wird sich mit der Zeit ein ganz gutes Geschäft damit anlassen", so erhellt daraus für die im Rahmen der Satzung liegende Tätigkeit klar der wirtschaftliche Charakter des Geschäftsbetriebes.

Das Verfahren ist aber auch dadurch zulässig, daß es infolge des irreführenden Namens des Vereins an einer wesentlichen Voraussetzung für seine Eintragung gefehlt hat. Wenn der § 57² BGB. über den Namen des Vereins auch nur bestimmt, daß er sich von den Namen der an demselben Orte (Gemeinde) bestehenden eingetragenen Vereine deutlich unterscheiden soll, so muß der firmenrechtliche Grundsatz, daß die Firma nicht zu Täuschungen über die Art des Unternehmens Anlaß geben darf, doch entsprechend auf den Namen des Vereins übertragen werden. Daß die Bezeichnung „Kammer", die den Eindruck einer öffentlichrechtlichen Organisation erweckt, für ein privates Unternehmen schlechthin ausgeschlossen ist, ist bereits in der für das Firmenrecht ergangenen Entscheidung (1 X. 515.23, DNotV. 1925 S. 12) ausgesprochen. Aus dem Gesichtspunkte der Täuschungsgefahr darf sich auch ein eingetragener Verein nicht „Kammer" benennen. Ein derart täuschender Vereinsname muß im öffentlichen Interesse die Löschung von Amts wegen, wenn auch eine Verletzung der Sollvorschrift des § 57² BGB. zur Löschung nicht zu führen vermag, rechtfertigen.

x) **§ 163, wenn der Schuldner zur Eidesleistung verurteilt ist.**
Kammergericht, ZS. 1a. Beschluß v. 30. Dezember 1924 (x 1003).

Die Frage, ob der Offenbarungseid gemäß § 163 FGG. auch noch abgenommen werden darf, wenn der Schuldner bereits zur Leistung des Eides verurteilt ist, oder ob dieser lediglich gemäß § 889 ZPO. vor dem Prozeßgericht erster Instanz geleistet werden kann, ist umstritten. Entschieden ist die Frage, soweit ersichtlich, bisher nicht; doch ist mehrfach (OLG. Hamm Rsp. 35 S. 219, BayObLG. das. 2 S. 190 und Samml. 1 S. 405/6) beiläufig ausgesprochen, daß nach einer Verurteilung nur noch die Eidesleistung vor dem Prozeßgericht statthaft sei. Auch im Schrifttum herrscht diese Meinung vor (Stein ZPO. § 889 II A I³; Rausnitz; Fuchs; Josef; Ebert zu § 163 FGG.). Die gegenteilige Ansicht begründen Schlegelberger (§ 163⁵) und Unger („Recht" 1908 S. 223¹) . . . damit, es müsse dem Schuldner unbenommen bleiben, die geschuldete Leistung freiwillig zu bewirken. In der Tat kann der Schuldner ein erhebliches Interesse daran haben, daß er in der Lage bleibt, das Schuldverhältnis zu beendigen, während nach der herrschenden Meinung der Gläubiger diese Beendigung beliebig hinausschieben kann. Auch geldlich kann dem Schuldner daran gelegen sein, das Verfahren aus § 163 FGG. einzuschlagen, da im Verfahren des § 889 ZPO. der Gläubiger sich ohne weiteres eines Anwaltes bedienen kann und dessen Vollstreckungsgebühr dem Schuldner zur Last fällt. Auch wird diesem häufig das nach § 261 BGB. zuständige Gericht bequemer liegen als das Prozeßgericht. Alle diese Erwägungen reichen aber nicht aus, um auch nach der Verurteilung die Eidesleistung nach § 163 FGG. zuzulassen. Daß Denkschrift zum FGG. S. 83 und Motive zur ZPO. 2 S. 895 davon ausgehen, nach der Verurteilung könne der Eid nur noch vor dem Prozeßgericht geleistet werden, besagt allerdings noch nicht, daß diese Ansicht auch im Gesetze zum Ausdruck gekommen ist; der Wortlaut der Bestimmungen ist nicht derart, daß er eine andere Auffassung ausschlösse. In § 163 ist zwar gesagt, daß § 79 in den Fällen entsprechende Anwendung finde, in denen der Eid „nicht vor dem Prozeßgerichte zu leisten ist". Daraus ist zunächst lediglich ein

Hinweis auf § 889 ZPO. zu entnehmen. Das gleiche gilt von § 261 BGB. Der § 889 S. 1 lautet allerdings uneingeschränkt; dabei ist aber zu berücksichtigen, daß er im 3. Abschnitt „Zwangsvollstreckung zur Erwirkung" steht. Er bezieht sich also überhaupt nicht auf freiwillige Leistung, sondern nur auf die Fälle, in denen der Eid im Zwangswege geleistet werden soll. Ist aber der Schuldner bereits verurteilt und erbietet er sich erst dann zur Eidesleistung, so kann von einem freiwilligen Erbieten, wie es der § 163 begrifflich voraussetzt, nicht mehr gesprochen werden, der Schuldner handelt vielmehr schon unter dem Zwange des Urteils, um einer Vollstreckung vorzubeugen. Vor allem aber muß eine weitere Erwägung dahin führen, die Eidesleistung vor dem Richter der Fr. Gerichtsbarkeit wenigstens in Fällen wie dem vorliegenden für nicht statthaft zu halten. Er ist an die Eidesnorm, wie sie das Prozeßgericht gefaßt hat, nicht gebunden, er kann also den Eid in abgeändertem Wortlaut abnehmen. Durch Leistung eines solchen Eides wäre aber der Schuldner nicht befreit, der Gläubiger könnte vielmehr nochmalige Leistung des Eides vor dem Prozeßgericht in der von diesem festgesetzten Norm erzwingen. Es kann aber nicht im Sinne des Gesetzes gelegen haben, eine zweimalige Leistung des gegenständlich gleichen Eides zuzulassen. Ob in den Fällen, in denen nach der Verurteilung Gläubiger und Schuldner sich auf Leistung des Eides vor dem Richter der Fr. Gerichtsbarkeit einigen, dieser noch den Eid abnehmen kann, mag dahingestellt bleiben; dann würde, da damit der Gläubiger auf Vollstreckung des Urteils verzichtet, vielleicht wieder von einem freiwilligen Erbieten des Schuldners zur Eidesleistung gesprochen werden können. Wenn dem aber der Gläubiger wie hier widerspricht, so kann der durch Urteil auferlegte Eid jedenfalls nur nach § 889 ZPO. vor dem Prozeßgericht geleistet werden.

y) **Festsetzung von Ordnungsstrafen aus § 3 Hamburger FGG.**

OLG. Hamburg, 1 ZS. Beschluß v. 13. Februar 1925 (F 6/25).

Die VormBehörde Hamburg hat dem Beschwerdeführer A. bei 100 RM. Ordnungsstrafe auferlegt, seinen minderjährigen Sohn binnen drei Tagen zu seiner Mutter nach Weimar zu schicken. Da A. dem Beschlusse nicht nachgekommen ist, wurde die Strafe festgesetzt, die das LG. auf 10 RM. herabgesetzt hat. Die weitere Beschwerde ist begründet.

Nach § 3 des hamb. FGG., auf den sich hier die Festsetzung der Strafe gründet, kann zwar jemand, dem durch eine gerichtliche Verfügung auferlegt ist, eine ausschließlich von seinem Willen abhängige Handlung vorzunehmen, dazu durch Ordnungsstrafen angehalten werden. Allein um seinen Sohn nach Weimar schicken zu können, mußte der Vater Geldaufwendungen machen. Handlungen, deren Bewirkung nur ganz geringfügige, alltägliche Geldausgaben, wie Straßenbahngeld, erfordern, mögen allenfalls als allein vom Willen des Verpflichteten abhängig anzusehen sein. Handlungen hingegen, deren Ausführung wie hier darüber hinausgehende Geldaufwendungen nötig macht, können, da die Fähigkeit, diese zu machen, ein äußerer Umstand ist, nicht als solche gelten, die ausschließlich vom Willen des Verpflichteten abhängen (RG. 13 S. 339, auch

Rsp. 42 S. 198 o). Deshalb bedarf es keiner Erörterung, ob die Vorinstanzen vielleicht noch aus einem anderen Grunde das Gesetz verletzt haben, weil sie nämlich erst dann, als dem Beschwerdeführer die Vornahme der Handlung überhaupt nicht mehr möglich war, die Strafe festsetzten, obschon die Ordnungsstrafe des § 3 nicht eine Sühne für die Nichtbefolgung, sondern nur ein Mittel der Willensbeugung sein, nur dem Erfüllungszwange („zur Befolgung anhalten") dienen soll. Nur mag bemerkt werden, daß obere Gerichte die Anwendung des dem § 3 entsprechenden § 888 ZPO. auch dann abgelehnt haben, wenn der Verpflichtete sich selbst und sogar schuldhaft die Vornahme einer ihm auferlegten Handlung unmöglich gemacht hatte. V.

7. Handelsrecht.

a) Zeichnung des Prokuristen zum Zweigregister.

Kammergericht, 1. ZS. Beschluß v. 19. Februar 1925 (x 32).

Die Kölner AG. für Bergbau unterhält in R. eine Zweigniederlassung unter der Firma „AG. für Bergbau Abt. R." Die beiden Beschwerdeführer, die zu Prokuristen ohne Beschränkung auf den Betrieb einer Zweigniederlassung bestellt sind, haben die Firma zum Zweigregister ohne den Zusatz „Abt. R." gezeichnet. Für die Frage, ob der ohne Beschränkung bestellte Prokurist bei der nach §§ 53^2, 13^1 zum Zweigregister einzureichenden Firmenzeichnung die Firma der ZweigN., sofern sie von der der HauptN. verschieden ist, zeichnen muß, oder ob er diese Firma zeichnen kann, gibt der Wortlaut des Gesetzes keinen Anhalt. Aus den Worten „in gleicher Weise" im § 13^1 folgt nichts, da sie sich nur auf die Formvorschrift des § 12 beziehen. Die auf den Wortlaut gestützte Ansicht des LG., daß unter der Firma des § 53^2 bei dessen Anwendung auf die ZweigN. gemäß § 13^1 die Firma der letzteren verstanden werden müsse, ist nicht begründet. Es ist aber auch nicht anzuerkennen, daß der für den gesamten Betrieb bestellte Prokurist, wenn er im Rahmen des durch die ZweigN. zusammengefaßten Teiles des Betriebes Erklärungen abgibt, die besondere Firma der ZweigN. zeichnen, aus diesem Grunde daher auch die zur Aufbewahrung bei dem Zweigregister bestimmte Firmenzeichnung die besondere Firma der ZweigN. enthalten müsse. Ein allgemeiner Grundsatz, daß schon die Firmenzeichnung ersehen lassen müsse, ob eine Vertretung des Prokuristen im Betriebe der Haupt- oder der ZweigN. vorliege, ist dem Gesetze fremd, denn beide können die gleiche Firma haben (§ 30^3). Der Prokurist, dessen Vertretungsmacht auf den Betrieb der ZweigN. beschränkt ist, muß deren Firma im Geschäftsverkehre zeichnen, da er zur Zeichnung einer anderen Firma nicht befugt ist. Der ohne solche Beschränkung bestellte Prokurist kann auch für die ZweigN., die ja kein selbständiges Rechtssubjekt ist, die Firma so zeichnen, wie er sie auf Grund seiner, den Betrieb im ganzen umfassenden Vertretungsmacht zu zeichnen berechtigt ist; er steht in dieser Hinsicht nicht anders da wie der Vorstand. Selbst wenn er die besondere Firma der ZweigN., für die er im Verkehr handelnd auftritt, zeichnet, wird der mit der Zeichnung bei dem Registergerichte verbundene Zweck, die Prüfung der Echtheit und Rechtsverbindlichkeit der Unterschrift zu ermöglichen (RG. 54 S. 171), nicht dadurch gefährdet, daß der Prokurist zur Aufbewahrung bei dem Zweigregister die Firma der HauptN. zeichnet. Dieser Zweck wird schon durch die Namensunterschrift des Prokuristen, die nach § 53² der Firmenzeichnung beizufügen ist, erreicht. Das Gesetz begnügt sich ja auch für die von den Vorstandsmitgliedern zu bewirkenden Zeichnungen mit der Namensunterschrift (§ 195²). Mehr als die bloße Vergleichung der Unterschriften ist aber auch dann nicht möglich, wenn die Gesellschaft sich im geschäftlichen Verkehr zur Zeichnung der Firma eines Stempeldrucks bedient [1]).

b) Firma: α) Gebrauch des Vornamens in abgekürzter Rufform.

Kammergericht, 1. ZS. Beschluß v. 15. Januar 1925 (x 614/24).

Seit 1923 ist die Firma „Willy M. Lederfabrik" und als alleiniger Inhaber der Kaufmann Willy M., d. i. der Beschwerdeführer, dessen Vornamen nach der Eintragung im Personenstandsregister „Wilhelm" lautet, eingetragen. 1924 hat er zum Handelsregister angemeldet, daß die Firma in „Willy M., Lederfabrik und Ledergroßhandlung" geändert sei. Nach Ablehnung der Eintragung hat das Amtsgericht ihm aufgegeben, sich des Gebrauchs beider Firmen, d. h. der eingetragenen Firma und der Firma in ihrer veränderten Gestalt, bei Vermeidung einer Ordnungsstrafe zu enthalten, da nach § 18¹ die Aufnahme des abgekürzten Vornamens „Willy" in die Firma nicht zulässig sei. Den Einspruch hat es verworfen. Die sofortige Beschwerde wurde zurückgewiesen. Die von den Vorinstanzen vertretene Ansicht deckt sich mit dem Beschlusse (KGJ. 23. S. 205), der allgemein ausspricht, daß der Einzelkaufmann für seine Firma als ausgeschriebenen Vornamen nicht einen ihm zustehenden Vornamen in der verkleinerten Form wählen dürfe. Diese Auffassung ist nicht aufrecht zu erhalten. Der § 18¹ untersagt nach seinem Wortlaute nur eine Abkürzung durch nicht vollständiges Ausschreiben des Vornamens und nicht auch eine Abkürzung durch Umformung längerer Vornamen in kürzere. Aus der Entstehungsgeschichte des § 18¹, wie der erwähnte Beschluß sie entwickelt, ist wohl auf die gesetzgeberische Absicht zu schließen, daß der Vorname nicht in einer abgekürzten Form gebraucht werden soll; es fehlt aber an einem Anhalte dafür, daß an eine andere als eine buchstabenmäßige Abkürzung gedacht ist. Daß die Verwendung des Vornamens in der abgekürzten Rufform, sofern er nur in der Firma voll ausgeschrieben wird, unzulässig sei, kann aber auch dem Zwecke der Vorschrift, die Firmenwahrheit zu erhalten und Täuschungen und Verschleierungen zu verhüten, nicht entnommen werden. Wohl verbietet dieser Zweck die Aufnahme willkürlicher Vornamen in die Firma; der abgekürzte Vorname, der bisher nicht geführt wurde, kann daher nicht, lediglich um ihn in der Firma erscheinen zu lassen, angenommen werden. Ist aber der in der Firma enthaltene abgekürzte Vorname derjenige, dessen sich der Firmeninhaber im bürgerlichen Leben ständig bedient, so werden die durch § 18¹ zu schützenden Interessen nicht verletzt. Ein Zwang, in der Firma den vom Rufnamen

[1]) Die im Zweigregister erfolgte Eintragung hat das Gericht der HauptN. auch dann bekannt zu machen, wenn es in Unkenntnis der ZweigN. nicht gemäß § 4¹ S. 2 VO. v. 14. 2. 24 verfuhr. Ebenso muß es die Bekanntmachung wiederholen, wenn das Gericht der ZweigN. sie entgegen dem § 4 VO. schon bekanntgemacht hat (KG., 1. ZS. Gutachten v. 19. Juni 1924; JMBl. 353).

abweichenden Vornamen in der im Personenstandsregister eingetragenen Form zu gebrauchen, wäre geradezu geeignet, den Zweck des § 18¹ zu gefährden und Unklarheit über die Person des Firmeninhabers herbeizuführen, auch eine beabsichtigte Täuschung und Verschleierung zu begünstigen. Die Unvereinbarkeit des früher aufgestellten Grundsatzes mit dem Zwecke des Gesetzes zeigt deutlich der vorliegende Fall. Seit nahezu zwei Jahren führt der Beschwerdeführer die Firma „Willy M. Lederfabrik", er ist in der Geschäftswelt also unter dem abgekürzten Rufnamen „Willy" bekannt. Sollte er nunmehr bei Änderung der Firma in diese den dem Personenstandsregister entsprechenden Vornamen Wilhelm aufzunehmen genötigt sein, so müßten gerade die Zweifel an der Personenidentität entstehen, die der § 18¹ verhindern will.

β) **Der Genossenschaft mit dem Zusatz „Landesbank".**

OLG. Karlsruhe, 1. ZS. Beschluß v. 25. Februar 1925 (5/25).

Die Eintragung der Firma „Landesbank für Haus- und Grundbesitz EGmbH." ist ohne Grund abgelehnt. Allerdings ist im Zeitpunkte der Gründung die Kapitalkraft der Gen. nur gering zu bewerten. Auch versteht man im Handelsverkehr unter „Bank" nur ein Unternehmen größeren Umfanges mit bedeutendem Kapital. Deshalb ist im allgemeinen daran festzuhalten, daß die Bezeichnung nur dann geführt werden darf, wenn diese Voraussetzung zutrifft. Die Gefahr einer Täuschung wird aber nicht bestehen, wenn eine Gen., die Bankgeschäfte betreibt, in ihrer Firma den Zusatz „Bank" führt. Da die Firma die Bezeichnung „eing. Gen." enthalten muß, ist für Außenstehende hinreichend erkennbar, daß es sich nicht um ein Bankunternehmen mit bedeutendem Kapital handelt. Hinzu kommt, daß im Hinblick auf die Bedeutung, die den Bestrebungen der Grund- und Hausbesitzer zukommt, das Unternehmen mit einer erheblichen Kapitalvermehrung rechnen kann. — Da sich der Interessentenkreis über das ganze Land Baden erstreckt, ist auch die Bezeichnung „Landesbank" nicht irreführend. Ebensowenig erweckt sie den Anschein, als handle es sich um eine behördliche Anstalt. Der Zusatz „EGmbH" läßt allgemein im Verkehr erkennen, daß es sich nicht um ein staatliches oder staatlich unterstütztes Unternehmen handelt [1]. Rpr.

c) **Kann eine juristische Person Liquidator sein?**

OLG. Karlsruhe, 1. ZS. Beschluß v. 14. April 1925 (14/25).

Die herrschende Meinung nimmt an, daß der Liquidator selbständig kraft eigener Entschließung zu handeln hat; dazu eigne sich nur die natürliche Person (Staub GmbHG. § 66¹⁸, Brodmann § 6¹, Parisius-Crüger ⁹ § 9¹; KG. 18. 7. 03 eisenbE. 20 S. 244). Zuzugeben ist, daß jede Gesellschaft als Repräsentanten natürliche Personen besitzen muß. Solche Vertreter erhält sie aber auch, wenn eine jur. Person Liquidator ist, der dann als Vertreter natürliche Personen hat. Diese sind als gesetzliche Vertreter des Liquidators berufen, Repräsentant der Liquidationsgesellschaft zu sein. Die hiernach lediglich mittelbare Bestimmung

---

[1] Die Firma „Deutsche Bunker-Öl-GmbH. in Hamburg" ist mit der Firma „Bunker-Öl-Gesellschaft Brunsbüttel GmbH." zu verwechseln (OLG. Kiel, 2. ZS. Urteil v. 16. Mai 1924, Anz. 177).

der natürlichen Person ist mit dem Wesen des Liquidators vereinbar; auch stehen ihr ausdrückliche Vorschriften nicht entgegen. Allerdings hat man ein Hindernis aus den strafrechtlichen Normen hergeleitet: Wo nämlich bestimmte Handlungen des Liquidators unter Strafe gestellt seien (bes. §§ 82 Nr. 3, 84 GmbHG.), könne die Strafe nicht verhängt werden, wenn eine jur. Person die Liquidation besorge. Ob diese Schlußfolgerung zutrifft, ist nicht unzweifelhaft. Es läßt sich sehr wohl sagen, der Vorstand trage die strafrechtliche Verantwortung für alles, was er namens der zum Liquidator bestellten Körperschaft tue, genau so als ob er selbst Liquidator wäre (Veit-Simon, LZ. 1908 S. 21, RG. 13. 11. 24 im Recht 29 S. 63). Mag aber auch diese Verantwortung nicht bestehen, so ergibt sich hieraus nur eine Lücke im Strafrecht. Aber so wenig die Straflosigkeit eines Grubenvorstandes wegen Bankerottverbrechen (RGSt. 38 S. 200) den Schluß rechtfertigt, daß es keinen Grubenvorstand geben, so wenig nötigt der Umstand, daß eine jurPerson als Liquidator keinen Raum für die Liquidationsstrafen gibt, zu der Ansicht, es gebe keinen Liquidator, der eine jurPerson sei.

Das Gegenteil ergibt die neuere Rechtsentwicklung bei der offenen HG., deren Gesellschafter eine jurPerson sein kann (RG. 105 S. 101). Jeder Gesellschafter aber ist Liquidator, sofern nicht der Gesellschaftsvertrag oder ein Gesellschafterbeschluß anders bestimmt (§ 146). Das damit begründete Gesellschafterrecht muß auch der jurPerson zuerkannt werden, die Gesellschafter ist. Nur zwingende Gründe könnten dazu führen, dieser Art von Gesellschaftern gegenüber eine Rechtsminderung eintreten zu lassen. Daraus ist für die offene HG. aus dem Gesetze geradezu zu entnehmen, daß eine jurPerson Liquidator sein kann (Düringer, Staub zu HGB. § 146). Ist sie aber dazu bei der offenen HG. fähig, so besitzt sie notwendig auch die Fähigkeit, die ganz gleichartige Stellung des Liquidators bei allen anderen Gesellschaften zu bekleiden. Es wäre auch nicht leicht verständlich, weshalb die jurPerson, die anerkanntermaßen Testamentsvollstrecker und Vertreter der Rechte der Schuldverschreibungsbesitzer sein kann, der Fähigkeit, Liquidator zu sein, entbehren sollte. Dies würde um so weniger einleuchten, als damit praktischen Bedürfnissen Abtrag getan würde. Ist es doch eine kaum zu leugnende, von Marcus (Holdh. MSch. 1911 S. 107) noch besonders bezeugte Tatsache, daß die gerichtliche Aufstellung von Liquidatoren nicht selten auf Schwierigkeiten stößt. Hier Treuhandgesellschaften mit der Aufgabe zu betrauen, dazu ist gewiß ein Bedürfnis vorhanden, das befriedigt werden kann. Denn das Gesetz so wenig wie die Rechtslogik verbieten, eine jurPerson als Liquidator zu berufen. Damit soll nicht verkannt werden, daß es im allgemeinen näher liegt, natürliche Personen mit diesem Amte zu betrauen und daß auch bei Schaffung der gesetzlichen Bestimmungen schon vielfach davon ausgegangen wurde. Aber Fesseln sind der Rechtsentwickelung dadurch nicht angelegt. Sie hat dahin geführt, daß im Gesellschaftsrechte der jurPerson eine stets zunehmende Bedeutung zukommt. Die schon mehr als 20 Jahr zurückliegenden Darlegungen des KG. tragen die damals ergangene Entscheidung nicht und können die Vorlage der Sache an das RG. nicht rechtfertigen.

d) α) **Verpflichtungen des Agenten. Wertberechnung.**

Kammergericht, 3S. 1a. Beschluß v. 19. September 1924 (x 705/24).

Der Beschwerdeführer (Notar) hat einen Agentur-, also einen Dienstvertrag beurkundet. Bei Verträgen, die den Austausch von Leistungen zum Gegenstande haben, kommt für die Wertberechnung gemäß § 38¹ S. 2 Pr. GKG. nur der Wert der Leistungen des einen Teils und, wenn der Wert der beiderseitigen Leistungen verschieden ist, der höhere in Betracht. Als Leistungen, die gegeneinander ausgetauscht werden, stehen sich nach dem Vertrage nur die Vermittlertätigkeit des Agenten einerseits und die Provisionsgewährung der Dienstberechtigten andrerseits gegenüber. Die im § 10 festgesetzten Verpflichtungen des Agenten, für die Firma jedes Jahr Waren zum Verkaufspreise von mindestens 60000 RM. umzusetzen, und die der Firma, ihm „demgemäß" monatlich Waren für mindestens 5000 RM. zu liefern, scheiden für die Wertberechnung völlig aus. Der Agent hat nicht die Verpflichtung, einen bestimmten Umsatz zu erzielen; übernimmt er sie wie hier, so bedeutet das regelmäßig nicht, daß er für einen solchen Umsatz Gewähr leistet und deshalb den Schaden zu ersetzen hat, der dem Geschäftsherrn aus der Nichteinhaltung der Zusage erwächst; es bedeutet vielmehr nur, daß der Agent ohne einen Umsatz keine Provision erhält (Staub § 84¹⁶ ª). Die Verpflichtung der Firma ist nur bestimmt, dem Agenten die zum Verdienste der Provision erforderliche Umsatztätigkeit zu ermöglichen, und steht deshalb zu dieser nicht im Austauschverhältnis, soll vielmehr den Austausch von Tätigkeit und Provision lediglich vorbereiten. Der § 4 des Vertrages endlich, wonach der Agent für den Kaufpreis der durch ihn verkauften Waren selbstschuldnerisch hafte, hat für die Wertberechnung ebenfalls keine selbständige Bedeutung, da die Delkrederehaftung durch die Provision mit abgegolten wird, die, wie ohne weiteres anzunehmen ist, dem Agenten eine seinen Leistungen und Pflichten gleichwertige Entschädigung bieten soll. Aus letzterem Grunde ist auch der Wert der einander gegenüberstehenden Austauschleistungen als gleich zu behandeln, so daß hier nur der Wert der Leistungen des einen Teiles in Betracht kommt.

Dieser Wert kann — entgegen der Auffassung des LGPräsidenten — nicht auf dem Wege des § 20⁵ Pr. GKG. gefunden werden. Schon dessen Wortlaut ergibt, daß er sich nicht auf den Provisionsverdienst des Agenten bezieht. Es bedarf hier keiner Entscheidung, ob überhaupt oder wenigstens unter besonderen Umständen der Arbeitsverdienst des Dienstverpflichteten unter § 20⁵ gebracht werden kann. Der Provisionsverdienst des Agenten fällt keinesfalls darunter; seine Tätigkeit wird regelmäßig nicht als solche vergütet, sondern nur, wenn sie zu bestimmten Erfolgen führt, die wiederum der Natur der Sache nach zeitlich nicht gleich verteilt sind, sondern wechseln und sich im voraus nicht abmessen lassen. Wenn § 20⁵ auch nicht nur für Leistungen gilt, die in regelmäßigen Terminen wiederkehren, vielmehr auch für ständige Nutzung (wie beim Nießbrauch oder beim Wohnungsrecht) anwendbar ist, so fällt doch die Agentenprovision weder unter das eine, noch unter das andere. Ihre Beweglichkeit und Unsicherheit läßt ausgeschlossen erscheinen, sie als ein Recht auf wiederkehrende Nutzungen oder

Leistungen aufzufassen. Noch weniger fällt naturgemäß die Umsatztätigkeit selbst oder gar der erzielte Umsatz unter § 20[5]; vielmehr muß der Wert, sei es der Umsatztätigkeit des Agenten oder der Provisionspflicht des Geschäftsherrn, auf andere Weise ermittelt werden. Hier läßt sich freilich nicht mit dem angefochtenen Beschlusse sagen, daß der jährliche Provisionsverdienst auf 20% von 60000 = 12000 RM. zu veranschlagen sei. Ob und welchen Verdienst der Agent haben wird, ist vielmehr völlig ungewiß und entzieht sich jeder Schätzung. Das gleiche gilt von der Bewertung seiner Umsatztätigkeit. Unter diesen Umständen greift aber § 22[2] Pr. GKG. ein, wonach der Wert des Vertrages nicht über 100000 RM. angenommen werden kann. Da der LGPräsident den Wert auf 150000 RM. angenommen hat, so ist der Notar keinesfalls beschwert.

β) Berechnung der Provision von „Nettorechnungsbeträgen".

OLG. Naumburg, 2. ZS. Urteil v. 16. Juni 1924.

„Nettorechnungsbeträge" sind die Beträge, die der Käufer nach Abzug von Skonto, Dekort, Fracht, Zöllen bar zahlt (Staub § 88[13]; Apt Gutachten 1910 S. 241, 1914 S. 276). Hätte die Beklagte die (auf 5% festgesetzte) Provision nur von den Beträgen zahlen wollen, die ihr nach Abzug ihrer gesamten Spesen, Provision und Unkosten verbleiben, so hätte sie dies ausdrücken müssen. Darüber, daß die Provision nur von den Nettowarenbeträgen, d. h. von dem nach Abzug der Provision verbleibenden Rechnungsbeträgen gezahlt werden sollte, ergibt sich nichts aus dem Vertrage. Insbes. ist der Zusatz „usw." zu den Worten „ausschließlich Fracht, Verpackung, Rollgeld" nicht geeignet, eine geringere Provision zu rechtfertigen. Infolge jenes Zusatzes sollten vielmehr nur etwaige sonstige dem Transport ähnliche berechtigte Abzüge des Käufers, nicht erst solche von der Beklagten vorzunehmende zu berücksichtigen sein. Der Kläger soll grundsätzlich an dem, was der Geschäftsherr aus dem Geschäft erhält, im vereinbarten Maße teilnehmen (vgl. RG. in LZ. 1921 S. 20). Die prozentual berechnete Provision ist daher ein bestimmter Anteil am Geldwerte des einzelnen Geschäfts, also auch an dem dadurch erzielten Geschäftsgewinne; die Grundlage ist der Nettobetrag der eingegangenen Zahlungen. Diese Berechnungsart ist auch allgemeiner Handelsbrauch geworden und darf daher bis auf weiteres als maßgebend betrachtet werden [1]).

γ) Provisionspflichtige Verkäufe an „Grossisten".

OLG. Hamm, 12. ZS. Urteil vom 7. April 1922 (U 676/21) [2]).

Durch Vertrag vom 14. 11. 1910 übertrug die Beklagte die Vertretung für den Vertrieb ihrer Webwaren im Ruhrkohlenrevier dem Kläger und sicherte ihm

[1]) Eine Handelsübung, daß ein Messevertreter als zu festen Abschlüssen bevollmächtigt gelte, besteht nicht; sie wäre dem Senat bisher nicht entgangen und sicher schon vor der K. für HS. auf Grund ihrer eigenen Sachkunde und Wissenschaft berücksichtigt worden. Mit Rücksicht auf die Osterfeiertage mußte die dem Beklagten nach § 85 für seine Entschließung zu gewährende Zeit etwas reichlicher bemessen werden. Wenn er sich einen vollen Tag zur Entschließung freihielt, so hat er nicht länger gezögert als ihm für die Antwort im Interesse einer ordnungsmäßigen Geschäftsführung gestattet werden mußte (OLG. Karlsruhe 27. Okt. 1923, Rpr. 90 S. 121).

[2]) Die Revision ist am 7. 2. 23 zurückgewiesen (V 356/1922).

von dem Nettoeingang aller direkten und indirekten Aufträge eine Provision zu, die bei „Grossisten" 2% betragen sollte. Ende Sept. 1902 schloß sie mit dem Zechenverband in Essen Verträge über Lieferung von 1 Million M. Webwaren ab. Der Kläger hält mit Recht diese Geschäfte für provisionspflichtig. Der Vertrag ist dahin zu verstehen, daß alle Geschäfte, die die Beklagte innerhalb ihres Handelsgewerbes in Webwaren mit Kunden des übertragenen Bezirks abschließt, provisionspflichtig sein sollen, gleichviel, ob es sich um ein nur für den Einzelfall abgeschlossenes sog. Gelegenheitsgeschäft oder um den Abschluß von Geschäften auf Grund dauernder Geschäftsverbindung handelt. Eine Ausnahme mag für den Fall zuzulassen sein, daß aus Gefälligkeit an Angestellte, Verwandte, gute Bekannte zum eigenen Gebrauch kleinere Mengen abgegeben werden; derartige Privatgeschäfte mögen nicht in den Bereich des Handelsgewerbes eines Fabrikanten fallen. Um solche Geschäfte handelt es sich aber hier nicht. Es ist möglich, daß die Beklagte nicht wieder Gelegenheit haben wird, an den Verband zu verkaufen. Denn die Abschlüsse mit ihm beruhen auf dem Abkommen von Spaa über die Verwendung der vom Feindbund für die Ausfuhr deutscher Kohlen bewilligten Zulage, die zur Beschaffung von Lebensmitteln und Kleidung für deutsche Bergarbeiter verwendet werden mußte. Die Abschlüsse fallen aber zweifellos in den Bereich des Handelsgewerbes der Beklagten.

Andererseits muß der Verband als „Grossist" angesehen werden. Regelmäßig ist zwar eine Vertragspartei, wie sie der Verband darstellt (ob er Rechtspersönlichkeit hat oder nur als Vertreter gemeinschaftlicher Interessen der ihm angeschlossenen Zechen zu gelten hat, kommt hier nicht in Betracht), nicht als „Grossist" in dem Sinne zu bezeichnen, wie ihn der Gewerbebetrieb in Webwaren auffaßt, d. i. als Großkaufmann, der Webwaren in größeren Mengen vom Fabrikanten bezieht, um sie unverarbeitet an andere Groß- oder Kleinkaufleute desselben Geschäftszweiges für deren Betrieb weiter zu veräußern. In diesem Sinne ist das Wort „Grossist" hier nicht zu verstehen; vielmehr soll es jeden Großabnehmer von Webwaren bedeuten. Diese Auffassung entspricht der in der kaufmännischen Welt geltenden Anschauung über die Rechte eines Bezirksagenten. Die Provision soll ihm für alle Großbezüge, die in seinen Bezirk fallen, zustehen, gleichviel, ob der Abnehmer Grossist im eigentlichen Sinn ist oder nicht. Die Parteien mögen zwar beim Vertragschluß nicht an Abnehmer, wie es der Verband, die Gemeinden sind, gedacht haben. Sie hätten aber, wenn sie an solche Lieferungen gedacht hätten, diese nicht von der Provisionspflicht ausgeschlossen, da der Vertrag alle Aufträge von Kunden des Bezirkes umfassen sollte. Danach ist auch unerheblich, ob der Verband die Waren zum Selbstkostenpreise an die ihm angeschlossenen Zechen überlassen hat, ebenso ob die Beklagte bei ihrer Preisberechnung die Provision eingerechnet hat oder wegen des vereinbarten Ausschlusses jeder Vermittelung durch Agenten nicht mitberücksichtigen konnte. Dr. N.t.

e) **Haftung des Maklers bei Nichterfüllung der Vertragspflicht.**

OLG. Hamburg, 6. ZS. Urteil v. 7. Nov. 1922.

Die Klägerin, die von der Firma A. als Maklerin mit dem Verkauf von

200000 Ztr. Kartoffeln beauftragt war, nahm den Beklagten als Untermakler an und versprach ihm einen Provisionsanteil, falls er eine Zeche oder eine Gemeinde als Käufer nachweise und einen Kauf zustandebrächte. In Ausführung dieses Auftrags teilte Beklagter ihr am 20. August 1920 mit, daß er an eine Zeche verkauft habe und sandte ihr den Schlußschein, in welchem als Verkäuferin die Firma A. und als Käuferin die Hütten AG. Abt. Dortmund angegeben war. Dieser Inhalt war objektiv unrichtig. Dem Beklagten als Makler liegt deshalb ob, sich zu rechtfertigen. Er beruft sich auf seine Verhandlungen mit dem Nebenintervenienten X., aber er hat nicht bewiesen, daß er durch diese Verhandlungen ohne sein Verschulden in den Glauben versetzt worden ist, er habe einen gültigen Abschluß mit der HüttenAG. zustandegebracht. Die Zeugenaussagen ergeben, daß er keineswegs klare Abmachungen mit X. getroffen hat. X. hat sich dem Beklagten gegenüber als Aufkäufer für Gemeinden und Zechen ausgegeben, in dieser Eigenschaft die 200000 Ztr. akzeptiert und erklärt, er werde die Gemeinden oder Zechen noch aufgeben. Die Bedeutung des Worts „Aufkäufer" ist so unklar, daß Beklagter klarstellen müßte, ob X. im eigenen Namen oder als „Makler an Aufgabe" oder in welcher sonstigen Eigenschaft kaufe. Ehe er dies klargestellt hatte, durfte er nicht der Klägerin erklären, daß er an eine Zeche verkauft habe. Beklagter hat sich darauf beschränkt, dem X. unter dem 20. August den Schlußschein zu erteilen, in welchem es heißt: Verkauft an X. für noch aufzugebende Gemeinden oder Zechen. Dieser Ausdruck entbehrt der nötigen Klarheit, weil ihm nicht sicher zu entnehmen ist, in welcher rechtlichen Eigenschaft X. auftritt. Drückte aber Beklagter sich schon so unklar aus, so mußte er mindestens der Klägerin den gleichen Schlußschein zugehen lassen, damit sie die Sachlage übersah.

Dies Verhalten des Beklagten wäre vielleicht zu entschuldigen, wenn er nach Eintreffen von X.s Aufgabe die Angelegenheit klargestellt hätte. Am 23. August gab X. ihm auf, daß die Kartoffeln an die DHüttenAG. gehen sollten. Daraufhin erteilte Beklagter — nicht X. — der Klägerin den Schlußschein (Anl. 1). Die Mitteilung des X. ließ aber wiederum im unklaren, ob jene Gesellschaft Käuferin oder nur Versandadresse sei. Beklagter durfte sich daher mit dieser Mitteilung nicht begnügen, zum mindesten mußte er dem X. denselben Schlußschein wie der Klägerin zur Weitergabe an die HüttenAG. zugehen lassen, damit durch Annahme dieses Scheins die Rechtslage klargestellt werde.

Die Klägerin mußte jedenfalls annehmen, daß Beklagter von der AG. selbst oder deren legitimierten Vertreter ermächtigt sei, den Vertrag mit der AG. zu bescheinigen. Sie konnte nicht voraussetzen, daß er mit einem anderen Mittelsmann (X), und dieser wieder mit einem Mittelsmann K. verhandelt habe. Er wußte, daß zwischen dem Verkäufer A. und ihm selbst schon die Klägerin als Maklerin stand, und mußte sich sagen, daß die Gefahr von Mißverständnissen und Reibungen sehr vergrößert wurde, wenn durch seine Handlungsweise die Maklerkette sich weiter vergrößerte. Wenn er sich also schon nicht, wie es das sicherste gewesen wäre, auf unmittelbare Verhandlungen mit Zechen oder Gemeinden beschränkte, so mußte er jedenfalls, wenn er mit Mittelsmännern verhandelte, äußerste Vorsicht in der Prüfung ihrer Legitimation und in der Klarheit seiner Abmachungen und Beurkundungen anwenden oder durch erschöpfende und offene Bekanntgabe der Sachlage an alle Beteiligten diese zu eigener Beurteilung der Sachlage in den Stand setzen. Diese Sorgfalt hat er vermissen lassen und dadurch verschuldet, daß die Klägerin einen Abschluß mit der HüttenAG. als zustandegekommen ansehen mußte, obwohl er tatsächlich nicht zustandegekommen war.

Hiergegen ließe sich einwenden, daß die Klägerin gegenüber ihrer Auftraggeberin A. ähnlich verfahren sei, wie der Beklagte und daher füglich nicht behaupten könne, daß dessen Verhalten gegen die Sorgfalt eines ordentlichen Maklers verstoßen habe. Allerdings hat auch die Klägerin der Firma A. bereits am 20. August mitgeteilt, die Kartoffeln seien verkauft, ohne dabei zu erwähnen, daß sie sich eines Untermaklers bediente und nicht unmittelbar mit dem Käufer verhandelte. Auch hat sie nur ihrer Auftraggeberin A. einen Schlußschein erteilt, nicht aber dem Beklagten. Indessen liegen doch große Unterschiede zwischen dem Verhalten der Klägerin und des Beklagten vor. Zunächst war die Bedingung, daß der Käufer eine Zeche oder Gemeinde sein müsse, nicht von A. der Klägerin, sondern nur von dieser dem Beklagten auferlegt. Schon aus diesem Grunde war die Klägerin freier in der Frage, mit wem sie verhandeln wollte. Ferner hat sie vom Beklagten einen Schlußschein erhalten, den sie wortgetreu als von sich kommend an A. weitergegeben hat. Sie hatte nicht nötig, dem Beklagten nochmals eine Abschrift seines eigenen Schlußscheins zu geben. Er dagegen hat von X keine schriftliche Bestätigung erhalten und ihm auch selbst keinen Schlußschein erteilt, in welchem die HüttenAG. als Käuferin aufgeführt worden wäre. Diese Unterschiede sind so wichtig, daß aus dem Verhalten, das die Klägerin ihrer Auftraggeberin gegenüber beobachtet hat, nicht geschlossen werden kann, daß nach der Auffassung der Beteiligten die Sorglosigkeit, mit der der Beklagte die Angelegenheit behandelte, zu dulden war.

Sollte man aber selbst annehmen, daß eine ausdrückliche gesetzliche Grundlage für eine Haftung des Beklagten aus § 95³ HGB., 179 BGB. nicht vorliegt, so fordert jedenfalls die geschilderte Sachlage eine analoge Anwendung des in diesen §§ ausgedrückten Gedankens. Der Beklagte hat der Klägerin erklärt, daß ein Abschluß zustandegekommen sei, ohne sie in den Stand zu setzen, die Wahrheit dieser Erklärung selbst nachzuprüfen. Vielmehr hat er ihr Vertrauen in die Wahrheit seiner Erklärung beansprucht und damit die Verpflichtung übernommen, für die Wahrheit seiner Erklärung einzustehen; er muß daher der Klägerin den Schaden ersetzen, der dadurch entstanden ist, daß sie zu Unrecht auf die Richtigkeit der Erklärungen des Beklagten vertraut hat. Ein solcher Schaden ist aber entstanden. Die Klägerin wäre, falls Beklagter die Kartoffeln nicht als verkauft aufgegeben hätte, in der Lage gewesen, sie anderweitig zu verkaufen und dadurch mindestens den eingeklagten Betrag an Provision (nach Abzug der Unterprovision) zu verdienen. . . . B.

f) Offene HG: α) Testamentsanordnung zum Eintritt.

OLG. Hamm, 1. ZS. Urteil v. 22. November 1924 (U 51/24).

A. hatte 1915 sein Geschäft für 1500 M., jedoch ohne das auf seinen Namen eingetragene Grundstück seinen Söhnen Adolf und Walter verkauft, die es seitdem als offene HG. betreiben. Im Testamente von Ende 1917 hat A. seine 7 Kinder zu gleichen Teilen zu Erben eingesetzt und sodann (§ 2) bestimmt: „Jeder Erbe muß sich den Wert dessen anrechnen lassen, was er aus meinem Vermögen erhalten hat und sich nach den Gesetzen anrechnen lassen muß; besonders müssen Adolf und Walter den Wert des ihnen übertragenen Geschäfts zurzeit meines Todes einwerfen und den entsprechenden Anteil an ihre Miterben auskehren.... Wenn einer oder der andere der forderungsberechtigten Miterben in das Geschäft eintreten will, so ist ihm das zu gewähren; dafür fällt seine Abfindungsforderung fort." Nachdem das Grundstück auf die Kinder als Miteigentümer in ungeteilter Erbengemeinschaft umgeschrieben worden, beansprucht der Kläger von Adolf und Walter die Anerkennung, daß er vollberechtigter Teilhaber der offenen HG. sei. Allein der Schlußsatz des § 2 des Testaments stellt sich als ein die Beklagten belastendes Vermächtnis (§§ 1939, 2147 BGB.) dar, das für sie infolge der Nichtausschlagung der Erbschaft bindend ist. Der Umstand, daß das Geschäft nicht mehr dem Erblasser gehörte, berührt nicht die Wirksamkeit des Vermächtnisses. Für die Anfechtung des Testaments wegen Irrtums fehlt es aber an der Frist des § 2082 BGB. Richtig ist nur, daß der Erblasser augenscheinlich davon ausgegangen ist, daß zu dem übertragenen Geschäfte auch der Grundbesitz, auf dem das Geschäft betrieben wurde, gehöre, was offenbar unrichtig war. Hieraus könnte aber höchstens gefolgert werden, daß die Absicht des Erblassers dahin ging, daß bei der Auseinandersetzung der eine Abfindung verlangende Miterbe seinen Anteil am Grundvermögen auf die Geschäftsinhaber übertragen sollte. Das Recht zum Eintritt in das Geschäft ist zwar dadurch bedingt, daß der Miterbe auf seine Abfindung verzichtet, nicht aber dadurch, daß ihm überhaupt eine Abfindung zusteht.

Aus der Vermächtnisanordnung folgt aber nicht, daß der Kläger auf Grund seiner den Beklagten abgegebenen Erklärung, daß er in das Geschäft aufgenommen werden wolle, bereits Teilhaber der offenen HG. geworden sei und daß er deshalb von ihnen die Anerkennung dieser Teilhaberschaft verlangen könne. Allerdings kann eine offene HG. auch durch letztwillige Verfügung unmittelbar begründet werden, nämlich dann, wenn der Erblasser sein eigenes Geschäft mehreren Erben hinterläßt. Da aber hier das Geschäft nicht mehr dem Erblasser gehörte, kann der Schlußsatz des § 2 nur dahin verstanden werden, daß die Geschäftsinhaber verbunden sein sollten, den Miterben auf Grund eines noch abzuschließenden Gesellschaftsvertrages aufzunehmen. Mehr als eine solche obligatorische Verpflichtung der Beklagten läßt sich nicht dem vorliegenden Testament entnehmen. Bevor daher ein Vertrag zwischen den Parteien nach Maßgabe der §§ 109 ffg. nicht zustande gekommen ist, besteht keine „vollberechtigte Teilhaberschaft" des Klägers. Wäre er schon auf Grund seiner Erklärung Teilhaber geworden, so hätte er die Möglichkeit, durch Kündigung gemäß § 132 das Gesellschaftsverhältnis alsbald wieder aufzuheben und sich gegebenenfalls auf Kosten der Beklagten zu bereichern. Andererseits könnten auch die Beklagten das Verhältnis sofort nach § 132 kündigen. Wenn das LG. ausführt, daß der Kläger keinen Anteil an dem habe, was die Beklagten nach dem Tode des Vaters in das Geschäft gesteckt haben, so spricht das für die Notwendigkeit eines zwischen den Parteien zu schließenden Gesellschaftsvertrages, dessen näherer Inhalt im Fall einer Nichteinigung zunächst durch Richterspruch festzusetzen wäre, soweit das die Rechtslage überhaupt gestattet. N.t.

β) **Verzicht auf die Haftung des Ausgeschiedenen aus § 128.**

OLG. Hamburg, 5. ZS. Urteil v. 7. November 1924 (Bf. 387/24).

Die Haftung aus § 128 kann der Gesellschafter durch sein Ausscheiden aus der Gesellschaft nicht beseitigen. Sie erstreckt sich auf alle zu dieser Zeit abgeschlossenen, wenn auch noch nicht abgewickelten Geschäfte. Der Beklagte will aber ein Erlöschen seiner Haftung daraus herleiten, daß sein Ausscheiden dem Kläger vor der Lieferung der Waren mitgeteilt ist. Diese Mitteilung ist jedoch für die Haftung bedeutungslos. Ebensowenig ist Beklagter dadurch befreit worden, daß, ohne ihn zu benachrichtigen, X., der als Rechtsnachfolger der offenen HG. das Geschäft abgewickelt hat, trotz der vereinbarten Zahlungsbedingung netto Kasse gegen Dokumente statt Barzahlung einen eigenen Scheck dem Kläger gegeben hat. Darin mag eine nachträgliche Kreditierung liegen, eine solche Stundung des Kaufpreises berührt aber nicht die Haftung des Gesamtschuldners nach §§ 422 ff. BGB. Eine stillschweigende Entlassung des Beklagten liegt in diesem Abkommen nach den ganzen Umständen des Falles nicht. Der Kaufpreis war in ausländischer Währung zu zahlen, es lag daher nahe, einen Scheck, wenn auch vielleicht keinen eigenen, zu geben, und wenn sich der Kläger der Einfachheit halber auf einen eigenen Scheck des X eingelassen hat, so dachte er dabei doch sicherlich nicht daran, daß sich dadurch an der Haftung des Beklagten, die zu dieser Zeit gar nicht in Betracht kam, irgend etwas ändern sollte. Wenn sich auch seine Lage verschlechtert hat, indem statt baren Geldes ein Scheck, dessen Eingang unsicher war, gegeben ist, so kann das allein ihn nicht befreien. Es mag Fälle geben, in denen ein schwebendes Geschäft auf Grund nachträglicher Vereinbarungen so anders abgewickelt wird, daß ein Verzicht auf die Haftung des Ausgeschiedenen anzunehmen ist oder dessen Inanspruchnahme Treu und Glauben widerspräche. Ob dies der Fall ist, läßt sich aber immer nur nach den Umständen des Einzelfalles beurteilen (Lehmann, Z. für HandR. 79 S. 57), die hier gegebene Sachlage rechtfertigt einen solchen Schluß nicht. B.

γ) **Im Gesellschaftsvertrage der KommGes. kann der Mehrheit die Aufnahme beliebiger neuer Gesellschafter überlassen werden.**

Kammergericht, 1. ZS. Beschluß v. 8. Juli 1924 (x 285/24).

... Die grundsätzliche Gestaltung der KommGes. als eines eng an die Personen der Gesellschafter geknüpften Verbandes verbietet nicht schlechthin, die Aufnahme neuer Mitglieder, vielmehr können unter Fortbestand der Gesellschaft mit Zustimmung aller Gesellschafter neue Mitglieder eingeführt werden und kann, wie auch das LG. gelten läßt, im Gesellschaftsvertrage die Aufnahme bestimmter oder bestimmbarer Personen durch Mehrheitsbeschluß vorgesehen werden.

---

[1]) Ein Urteil auf Auflösung der offenen HG. kann nicht für vorläufig vollstreckbar erklärt werden (JW. 1924 S. 1179).

Es ist deshalb nicht einzusehen, warum einer dort von sämtlichen Gesellschaftern getroffenen Vereinbarung, daß die Mehrheit über den Beitritt beliebiger Dritter zu entscheiden habe, ungültig sein soll. Das gegenseitige persönliche Vertrauensverhältnis, das die Grundlage des Gesellschaftsvertrags bildet, bedingt allerdings eine Geschlossenheit der Gesellschaft in dem Sinne, daß keinem Gesellschafter gegen seinen Willen ein neuer Mitgesellschafter aufgedrängt werden darf. Das geschieht aber auch nicht, wenn jeder einzelne Gesellschafter sich hinsichtlich des Beitritts neuer Mitglieder im voraus der Entscheidung der Mehrheit unterwirft und damit erklärt, daß seine ablehnende Stimme kein Hindernis sein soll, wenn die Mehrheit die Aufnahme eines neuen Mitglieds gutheißt. Dessen Beitritt findet dann im Willen jedes einzelnen Gesellschafters ebenso seinen Ursprung wie die Aufnahme eines neuen Gesellschafters, die mangels einer Vereinbarung von allen Gesellschaftern beschlossen wird. Es erscheint auch als willkürlich und hat keinen wirtschaftlichen Sinn, die Gültigkeit der fr. Bestimmung davon abhängen zu lassen, daß die Aufzunehmenden bestimmt oder doch mindestens bestimmbar sind. Es fehlt an der Sicherheit dafür, daß eine selbst bestimmte Person, deren späterer Beitritt im Vertrage in Aussicht genommen ist, auch noch bei ihrer Aufnahme jedem einzelnen Gesellschafter genehm ist. Es ist auch nicht gesagt, daß der einzelne Widerspruch immer den Rücksichten auf das Wohl der Gesellschaft entspringt. Regelmäßig wird eine Vereinbarung des hier vorliegenden Inhalts einem praktischen Bedürfnis entsprechen, weil sich das Erfordernis allseitiger Zustimmung als Hemmnis für die Entwickelung der Gesellschaft erweisen kann. Auch die Urteile des RG. (Holdh. 14 S. 163, BankA. 1918 S. 190) stehen nicht entgegen ..., in beiden Fällen hatte ein Gesellschafter über die Aufnahme eines neuen Mitgliedes zu befinden. Daß eine entsprechende Anwendunn dieser Entsch. zu dem Erfordernisse der Begrenzung des Personenkreises auch in dem Falle führen müsse, daß der Mehrheit die Aufnahme übertragen ist, kann nicht anerkannt werden. Entscheidet darüber nur ein Gesellschafter und ist die Entscheidung mangels jeglicher Begrenzung seiner Willkür überlassen, so kann es, wenn ihm durch eine Vereinbarung unter sämtlichen Gesellschaftern ein so schrankenloses Recht verliehen ist, doch zweifelhaft sein, ob die Aufnahme nicht dem Körperschaftswillen entgegen ist. Der Zusammenhang mit diesem Willen bleibt aber jedenfalls gewahrt, wenn die Mehrheit das ihr durch sämtliche Gesellschafter vorbehaltene Recht der Aufnahme neuer Mitglieder ausübt. Eine solche Vereinbarung enthält aber auch nicht, wie RG. 52 S. 161 für den Fall der Hinzuziehung neuer Mitglieder durch den Komplementär angenommen hat, einen unzulässigen Eingriff in die Sonderrechte der Gesellschafter. Ist eine Vereinbarung der hier fraglichen Art getroffen, so besteht kein Sonderrecht des Inhalts, daß sich der Anteil am Gesellschaftsvermögen sowie am Gewinn und Verlust ein für allemal nach dem ursprünglichen Mitgliederbestande bestimme und sich nicht durch Hinzutreten neuer Mitglieder verändere. Ebensowenig ist der — für den anders gearteten Fall des RG. aO. durchschlagende — Grund zu verwerten, daß nicht ohne Zustimmung aller Gesellschafter der Vertrag abgeändert und die Gesellschaft auf eine neue Grundlage gestellt werden könne. Der durch die Mehrheit beschlossene Beitritt neuer Gesellschafter hat nicht diese Wirkung, wenn die Möglichkeit des Eintretens neuer Gesellschafter durch Mehrheitsbeschluß im Vertrage vorgesehen ist. Der Senat schließt sich hiernach, ohne daß die Sache dem RG. vorzulegen war, der auch von Düringer (HGB. § 130[5]) und Lehmann-Ring (HGB. § 109[6]) vertretenen Ansicht an. Diese wird übrigens durch RG. (Recht 1917 Nr. 599) gestützt, wo gesagt ist, daß die Aufnahme neuer Mitglieder in die Gesellschaft des bürg. Rechts begrifflich, weil sie die vertragliche Grundlage der Gesellschaft verändere, die Zustimmung aller Gesellschafter erfordere, wenn nichts andres vereinbart ist.

δ) **Beschränkung der Vertretungsbefugnis des Gesellschafters [1]).**

OLG. Hamm, 12 ZS. Urteil v. 13. Februar 1923 (U 27/23).

Nach § 4 des Vertrages vom 1. 12. 21 sind „zur Vertretung der Gesellschaft die Klägerin (einzige Kommanditistin) und der Beklagte (Komplementär) nur gemeinsam oder jeder von ihnen gemeinsam mit einem Prokuristen ermächtigt". Diese Bestimmung widerspricht dem Gesetze; denn dem Beklagten stand nach § 170 HGB. als dem alleinigen p. h. Gesellschafter die Vertretung der Gesellschaft ausschließlich zu und konnte durch den Gesellschaftsvertrag weder ausgeschlossen noch beschränkt werden (Staub HGB. §§ 117[4], 127[3]). Aus der Nichtigkeit des § 4 folgt aber die Nichtigkeit des ganzen Vertrages, da ohne weiteres anzunehmen ist, daß die Parteien ihn ohne den § 4 nicht geschlossen hätten. Daran ändert auch nichts, daß die Gesellschaft im Handelsregister noch eingetragen steht; diese Eintragung ist unwirksam. Demgemäß kann auch keine der Parteien die Übernahme des bisher betriebenen Geschäftes verlangen; denn der § 142 setzt eine rechtswirksam zustandegekommene Gesellschaft voraus. Die Klägerin hat denn auch erklärt, daß sie die einstw. Verfügung nicht aus § 142, sondern zur Sicherung ihrer Ansprüche bei der Auseinandersetzung der mit dem Beklagten bezüglich des Vermögens der Firma bestehenden Gemeinschaft aufrecht erhalte. Hierdurch wird die Klage nicht geändert, weil es sich nur um eine andere rechtliche Begründung des auf dieselben Tatsachen gestützten Anspruchs handelt (§ 268 ZPO.). Eine Auseinandersetzung des Gesellschaftsvermögens kann aber die Klägerin gegenüber dem Beklagten beanspruchen, da an diesem Vermögen gemeinschaftliche Rechte der Parteien im Sinne der §§ 741 ffg. BGB. bestehen und die Klägerin nach § 749 jederzeit die Aufhebung dieser Gemeinschaft verlangen kann. . . .

Dr. N.t.

g) **AktienG: α) Bedeutung der in der Satzung vorgeschriebenen Zustimmung eines Gesellschaftsorgans für den Gegenstandswert.**

Kammergericht, ZS. 1a. Beschluß v. 5. Dezember 1924 (x 676/24).

Zutreffend geht der LGPräsident davon aus, durch § 24 zu c der Satzung sei die Vertretungsbefugnis des Vorstands für das Innenverhältnis zulässigerweise der doppelten Beschränkung unterworfen, daß er für die Aufnahme einer

---

[1]) Haftung des Kommanditisten aus § 176, wenn das Unternehmen des § 2, das sich zur Eintragung als KommGesellschaft gebildet hat, kurz vor der Eintragung ein den Geschäftsbetrieb vorbereitendes Rechtsgeschäft namens jener Gesellschaft abschließt: JW. 1924 S. 1181.

Anleihe der Zustimmung sowohl des Aufsichtsrats als auch der Generalversammlung bedürfe. Der vorliegende GVBeschluß v. 22. 12. 23 sei, wenn er auch den der Aufnahme der Anleihe zustimmenden Beschluß des Aufsichtsrats genehmige, sachlich doch nichts anderes als die Zustimmung der Versammlung zur Aufnahme der Anleihe. Es handle sich dabei um die Begründung eines Rechtsverhältnisses, und zwar sei dieses die Aufnahme der Anleihe bis zum Höchstbetrage von 5 Millionen Dollar. Das Wesentliche des Beschlusses sei hiernach, daß die vom Vorstande beabsichtigte und vom Aufsichtsrate schon genehmigte Aufnahme einer Anleihe bis zu einer bestimmten Höhe auch dem Willen der Versammlung entspreche und von ihr genehmigt werde und daß sie dadurch zu ihrem Teile dazu mitwirke, daß das Anleihegeschäft in Erfüllung der zwar nur für das Innenverhältnis gegebenen, aber gleichwohl nach dem Gesetze (§ 235[1]) zu beobachtenden Vorschriften der Satzung ordnungsmäßig zustande komme. Deshalb sei jenes Geschäft das Rechtsverhältnis, dessen Begründung den Gegenstand des Beschlusses bilde. Daß der Beschluß allein noch nicht ausreiche, dieses Geschäft vielmehr wirksam nach außen erst noch durch den Vorstand abgeschlossen werden müsse, sei unerheblich. Ebensowenig sei nach § 38 GKG. geboten, daß das beurkundete Geschäft sich auch nach außen hin als notwendiger Bestandteil des zu begründenden Rechtsverhältnisses erweise, daß es auch den Vertragsgegner berühre. Es genüge, daß es nach dem Innenverhältnis unter den verschiedenen Gesellschaftsorganen zur ordnungsmäßigen Begründung des Rechtsverhältnisses der Anleihe erforderlich gewesen sei.

Diesen Ausführungen tritt der Senat bei. GVBeschlüsse haben einen bestimmten Geldwert im Sinne des § 46[3] S. 2 GKG., wenn es sich um Begründung eines neuen Rechtsverhältnisses von bestimmtem Geldwerte handelt (Mügel § 48[7]). Die Frage, ob und wann kostenrechtlich die Mitwirkung der Versammlung der Begründung eines Rechtsverhältnisses dient, fällt nicht mit der Frage zusammen, ob und wann ein Rechtsgeschäft zu seiner Gültigkeit jener Mitwirkung bedarf. Eine solche wie zivilrechtliche Grenzziehung wäre zu eng und würde dahin führen, daß ein „bestimmter Geldwert" nur in den verhältnismäßig seltenen Fällen in Betracht käme, in denen das Gesetz selbst die Vertretungsmacht des Vorstands nach außen hin einschränkt (z. B. in §§ 205, 207, 270, 279, 303 ff. HGB.). Wäre dies der Sinn des Kostengesetzes, so hätte nahegelegen, es gleich im § 46 durch Hinweis auf die einschlägigen materiellrechtlichen Vorschriften klarzustellen. Der § 46 umfaßt vielmehr das ordnungsmäßige Zustandekommen des Rechtsgeschäfts im allerweitesten Sinne ohne Beschränkung auf die bloße Wirksamkeit nach außen. In seinem Sinne dient daher die Mitwirkung der Versammlung allemal dann der Begründung des Rechtsverhältnisses, wenn sie mit Rücksicht auf dieses irgendwie, sei es auch nur im Innenverhältnisse zwischen den Gesellschaftsorganen, erforderlich ist. Hierunter gehören nicht nur die Fälle, in denen — über das Gesetz hinaus — der Gesellschaftsvertrag die Zustimmung der Versammlung fordert. Auch dann, wenn weder das Gesetz noch der Gesellschaftsvertrag sie besonders vorschreiben, muß die Versammlung einberufen werden, falls es sich um Eingehung ungewöhnlicher Geschäfte handelt und auch bei üblichen Geschäften, wenn der Vorstand sich bewußt ist oder bewußt sein muß, daß die Versammlung das Geschäft möglicherweise nicht genehmigen würde (§ 253²; vgl. Staub, HGB. § 253⁴·⁶). Aus diesen Ausführungen folgt aber nur, daß es sich bei dem beurkundeten Beschluß um die Begründung eines neuen Rechtsverhältnisses handelte, nicht aber auch schon, daß dieses einen bestimmten Geldwert hat, besonders nicht, daß dieser 5 Millionen Dollar entspräche. Der Inhalt der abzuschließenden Darlehnsverträge war noch ganz ungewiß, ja es war dem Vorstand sogar noch überlassen, mit welchen ihm geeignet erscheinenden Banken er auf Grund der Ermächtigung in Verhandlungen treten und welche Abreden im einzelnen er mit ihnen treffen wollte. Der Senat hat bereits in einem ähnlich liegenden Falle (Beschluß v. 4. 5. 23, x 282) — ein Gesellschaftsorgan war ermächtigt, einen Versicherungsvertrag abzuschließen, für den nichts weiter bestimmt war, als daß die bisherige Summe verdreifacht werden solle — angenommen, daß mangels Fehlens jeglicher Angaben über Vertragsinhalt und Vertragsgegner, und wegen völliger Ungewißheit, ob und zu welchem Werte (im Kostensinne) schließlich ein Vertrag zustande kommen würde, hier ein neues Rechtsverhältnis von bestimmtem Geldwerte nicht begründet wird. Wie der vorliegende Fall zeigt, ist diese Auffassung auch die einzige, die zu einem praktisch haltbaren Ergebnis führt; der gegenteilige Standpunkt würde dahin führen, daß fast das ganze Ergebnis der schließlich erzielten Anleihe zur Deckung der Kosten der Beurkundung der Ermächtigung allein verbraucht werden würde.

Der Gegenstandswert des Beschlusses ist demnach gemäß § 46² GKG. (Fassung v. 4. 10. 23) zu ermitteln. Als normaler Betrag gilt hiernach 2000 Mark Grundzahl, doch rechtfertigt es sich, erheblich darüber hinauszugehen; denn es handelte sich um erhebliche Anleihepläne einer der bedeutendsten und wegen ihres geschäftlichen Rufes auch trotz der damaligen schwierigen Wirtschaftslage kreditwürdigen Firma. Andererseits mußte wegen der politischen und wirtschaftlichen Unsicherheit gerade im Dezember 1923 damit gerechnet werden, daß, wie sich später auch herausstellte, das in Aussicht genommene Höchstmaß der Anleihe bei weitem nicht erreicht wurde. Unter Berücksichtigung aller dieser Umstände erschien angemessen, als Wert des beurkundeten Beschlusses eine Grundzahl von 500000 Mark anzunehmen. . . .

β) Hat das Gericht die Einhaltung des § 238 S. 1 zu prüfen?

Kammergericht, 1. ZS. Beschluß v. 30. Oktober 1924 (x 453/24).

. . . Vorliegend ist von der Regel des § 238 S. 1 nicht abgewichen; der Gesellschaftsvertrag hält vielmehr am Erfordernisse der Zustimmung des Aufsichtsrats bei der Bestellung von Prokuristen ausdrücklich fest. Für einen solchen Fall ist in KGJ. 22 S. 111, 41 S. 132 das Registergericht für berechtigt und verpflichtet erachtet, den Nachweis dieser Zustimmung zu verlangen. Maßgebend hierfür war wesentlich die Erwägung, daß die unbeschränkte und unbeschränkbare Befugnis des Vorstandes zur Prokuraerteilung nur im Verhältnisse zu Dritten, die mit der Gesellschaft in rechtsgeschäftliche Beziehung treten, also nicht im Verhältnisse des Vorstandes zum Registergerichte wirke. Diese Rechtsauffassung ist nicht aufrecht zu erhalten. Die Erteilung der Prokura ist nach § 53 eintragungspflichtig; ihre Wirksamkeit wird jedoch nicht erst durch die Eintragung begründet. Nach § 238 S. 2 besteht für die Wirksamkeit nach außen hin kein Unterschied, ob der Vorstand die Prokura unter Einhaltung oder Außerachtlassung der ihm gesetzlich zugezogenen Schranke erteilt. Hat er den Prokuristen ohne die erforderliche Zustimmung des Aufsichtsrats bestellt, so ist diese Überschreitung seiner Befugnisse nur für das Innenleben der Gesellschaft von Bedeutung. Eine im Außenverhältnisse wirksame, eintragungsbedürftige Tatsache aber muß das Registergericht eintragen, ohne daß es nach der Innenwirkung jener Tatsache zu fragen hat. Wenn der S. 2 § 238 die Wirksamkeit der Beschränkung des Vorstandes Dritten gegenüber ausschließt, so folgt daraus nicht, daß der Registerrichter als Nichtdritter die Beschränkung zu beachten, sich der Eintragung also zu enthalten habe. Für ihn entscheidet allein, ob er die Prokuraerteilung als ein Dritten gegenüber wirksames Rechtsverhältnis anerkennen muß. Da der S. 2 hierüber keinen Zweifel läßt, hat er seiner Amtspflicht durch Eintragung zu genügen, ohne daß es auf seine Stellung als Dritter oder Nichtdritter ankommt. Sich durch Versagen der Eintragung zum Beschützer der Aktionäre aufzuwerfen, ist er nicht berufen. Diesen Erwägungen gegenüber kann kein Gewicht darauf gelegt werden, daß die Motive zum Aktienges. jenes Prüfungsrecht — übrigens ohne nähere Begründung — als selbstverständlich ansehen. Der Senat folgt hiernach der fast im gesamten Schrifttume vertretenen Ansicht (Staub[11] § 238[8]).

γ) Hat der Beschluß, den Gewinn vorzutragen einen bestimmten Geldwert?

Kammergericht, ZS. 1 a. Beschluß v. 20. Februar 1925 (x 53).

Der Notar hat im Auftrage der AG. in deren Geschäftsräumen das Protokoll einer Generalversammlung beurkundet. Ihr Gegenstand war neben der Genehmigung der Bilanz, der Entlastung der Verwaltung, einer Satzungsänderung und der Umstellung nach der GoldBV. auch die Beschlußfassung, den nach der Bilanz auf M. 1 060 171 Bill. ermittelten Reingewinn auf neue Rechnung vorzutragen. Streitig ist hier lediglich, ob dieser Beschluß neben den erstbezeichneten, auf insgesamt 650 000 RM. bewerteten Beschlüssen einen bestimmten Geldwert im Sinne des § 46 Pr. GKG. hat und deshalb den übrigen Werten hinzuzurechnen ist. Das ist im wesentlichen Tatfrage. Ob hierher auch die Fälle zu rechnen sind, in denen der Beschluß keine eigentliche Begründung oder Änderung eines Rechtsverhältnisses zum Gegenstande hat — worüber die Beteiligten im Anschlusse an Mügel § 48[3] streiten — bedarf keiner Erörterung; denn der Beschluß, den Gewinn vorzutragen, enthält eine Rechtsbegründung und Rechtsänderung, die auch im Rahmen jener Erläuterung — wie die Beschwerde sie versteht — den dort gestellten Voraussetzungen für die Annahme eines Beschlusses von bestimmtem Geldwerte genügt.

Bei der gesetzlichen Regelung des Aktienrechts ist von dem Grundsatz ausgegangen, daß an sich aller Gewinn (nach Kürzung um die gesetzlichen und satzungsmäßigen Abzüge) an die Aktionäre verteilt werden soll. Zwar steht der Gewinn ihnen nicht unmittelbar kraft Gläubigerrechts zu; jedoch haben sie auf Grund ihrer Mitgliedschaft den Anspruch darauf, daß in ihrem Interesse die Versammlung über die Gewinnverteilung beschließt. Dieser Beschluß hat aber einen bestimmten Geldwert (vgl. KGJ. 16 S. 254, 17 S. 219). Nicht anders ist der Beschluß zu beurteilen, den gesetzlich zur Verteilung bestimmten und damit der anderweiten Verfügung der Gesellschaft zunächst entzogenen Gewinn nicht zu verteilen, sondern ihn für die Gesellschaft nutzbar zu machen. Letzteres kann in der Weise geschehen, daß beschlossen wird, den Gewinn in bestimmter Weise zu außerordentlichen Abschreibungen und Rücklagen zu verwenden. Für diesen Fall ist bereits in KGJ. 49 S. 287, wo es sich um die Verwendung des sog. Sanierungsgewinns handelte, das Vorliegen eines Beschlusses von bestimmtem Goldwerte bejaht. . . . In gleicher Weise ist die Rechtslage zu beurteilen, wenn die Versammlung den Gewinnvortrag auf neue Rechnung beschließt. Auf die Frage, wann eine derartige Schmälerung der Rechte der Aktionäre zulässig ist, braucht nicht eingegangen zu werden; hier genügt die Tatsache, daß ihnen ihre gesetzliche Aussicht auf den Dividendenbezug genommen wird. Schon insofern hat der Beschluß rechtsändernden Charakter und für die Aktionäre eine außerordentliche wirtschaftliche Tragweite, die für sie nicht anders zu bewerten ist als der Beschluß über die Verteilung des Reingewinns. Darin aber erschöpft sich nicht die Bedeutung des Beschlusses. Der Zweck des Gewinnvortrages ist regelmäßig — abgesehen von den häufigen Fällen der Abrundung der Verteilungsmasse durch Beseitigung von Spitzen — die Ansammlung von Kapital zur Verwendung für künftige Gesellschaftszwecke. Durch die Beschlußfassung hierüber hat sich auch für die Gesellschaft die Rechtslage geändert. Zwar ist der Gewinn Gesellschaftsvermögen geblieben. Er ist jedoch zu einer echten Rücklage des Bilanzjahres, zu einem wirklichen Reservefonds geworden, der zwar im folgenden Jahre seine Selbständigkeit wieder verliert, aber doch z. B. insofern seine Eigenart wahrt, als von ihm ein Tantiemebezug nicht zulässig ist (RG. 91 S. 318; Staub § 237[15]). Vor allem aber wird für die Gesellschaft die rechtliche Unterlage der Kapitalansammlung, die Befugnis zur Verwertung des bisher gebundenen Gewinns für Zwecke der weiteren Geschäftsführung begründet. Hiernach schafft der Beschluß neues Recht, und zwar Rechtsverhältnisse mit dem bestimmten Geldwerte des vorzutragenden Gewinns. Dabei kann es nicht entscheiden, ob der zum Vortrag gebrachte Gewinn tatsächlich nicht nur Gewinn, vielmehr infolge des Währungszusammenbruchs auch den wesentlichsten Teil des Stammvermögens umfaßt. Insoweit kann auf den gleichliegenden Fall des Sanierungsgewinns, der gleichfalls keinen eigentlichen Gewinn darstellt, Bezug genommen werden. Der Einwand endlich, daß der Notar die Gesellschaft auf die durch die Protokollierung des Beschlusses entstehenden besonders hohen Kosten hätte hinweisen müssen, betrifft die Zahlungspflicht, über die im Prozeßverfahren zu entscheiden ist.

δ) Behandlung nicht voll eingezahlter Aktien bei der Umstellung.

Kammergericht, 1. ZS. Beschluß v. 12. März 1925 (x 65/25).

Die 1923 gegründete VersicherungsAG. hat ein Grundkapital v. 500 Millionen

PM., das in 5000 Namensaktien über je 10 000 M. eingeteilt und mit 50% des Nennbetrags eingezahlt ist. In der Generalversammlung vom 1. 11. 1924, in der sämtliche Aktionäre vertreten waren, wurde die RMEröffnungsbilanz genehmigt. Diese weist, abgesehen von den noch ausstehenden 50% Einzahlungen, ein Reinvermögen von 400 000 RM. aus. Die Forderung an die Aktionäre auf Nachzahlung der 50% ist in der Aktivseite der Bilanz mit 400 000 RM. bewertet. Demgemäß wurde das Grundkapital auf 800 000 RM., eingeteilt in 1000 mit 50% eingezahlte Namensaktien über je 800 RM., ermäßigt. Anschließend an die Umstellung wurde eine Kapitalserhöhung um 3 200 000 RM. mit 25 proz. Einzahlung beschlossen. Das Amtsgericht hat die Umstellung als unzulässig erachtet, weil die Aufwertung der nicht eingezahlten 50% auf 400 000 RM. wenigstens teilweise den Versuch, die durch die GoldbilV. vorgezeichneten Wege zu umgehen, darstelle, und die Aufwertung allenfalls nur im Verhältnisse des Wertes der ersten Einzahlungen statthaft sei. Das LG. hat schon allein auf Grund der Tatsache, daß die Umstellung Einzahlungsverpflichtungen von 400 000 RM. vorsieht, eine unter § 9¹ der 2. DurchfV. fallende Vermehrung des Vermögens durch neue Einlagen für vorliegend und deshalb ein voll eingezahltes Grundkapital von 800 000 RM. für geboten erachtet. Dem hiefür angezogenen Beschlusse (1 X 416.24 bei Michaelis-Schachian, Goldmarkbilanz S. 174) lag aber ein wesentlich anderer Tatbestand zugrunde. Es war bei voll eingezahlten Aktien ein Reinvermögen von 250 000 RM. festgestellt und das Grundkapital auf 1 Million RM. derart umgestellt, daß die Aktien zu 25% als eingezahlt gelten sollten. Diese Art der Umstellung mußte ohne weiteres an den zwingenden §§ 5² GoldbilV., 9¹ der 2. DurchfV. scheitern. Hier steht dagegen ein Verstoß gegen diese Vorschriften nicht von vornherein fest. Vom Standpunkte der Gesellschaft aus, die die ausstehenden Einzahlungen von 50% mit 400 000 RM. bewertet, wird das Grundkapital nicht auf einen das Reinvermögen übersteigenden Betrag umgestellt. Kann der sich als ein Aktivum darstellende Anspruch im Rahmen der Umstellung mit 400 000 RM. bewertet werden, so liegt eine nach § 5² GBV. zulässige entsprechende, d. h. auf den Betrag des RMReinvermögens erfolgte Ermäßigung des Eigenkapitals vor. Eine Umstellung mittels Vermehrung des Vermögens durch neue Einlagen, auf die der § 9¹ der 2. DurchfV. anzuwenden wäre, käme nicht in Betracht. Es bedarf mithin der Entscheidung, ob der Anspruch auf die ausstehenden 50% mit 400 000 RM. bewertet werden darf.

In dieser Frage verfährt die eine Ansicht nach dem Grundsatze der Quotenhaftung (Hartmann BankA. 1923 S. 273). . . . Dagegen hat nach Quassowski (Goldbil. 283) der Anspruch auf die ausstehenden Einzahlungen gemäß §§ 211, 221 die Zahlung einer bestimmten Geldsumme zum Gegenstand und kann so wenig wie ein sonstiges Aktivum von einer Veränderung des Grundkapitals und des Nennbetrags der Aktien berührt werden, während die Einzahlungsquote nicht notwendig dieselbe bleiben muß. Wie alle auf einen bestimmten Betrag lautenden Geldforderungen soll auch jener Anspruch der Aufwertung unterliegen, die für alle Aktionäre gleichmäßig ohne Berücksichtigung der Verhältnisse des Einzelfalls zu erfolgen hat. Nach diesem Grundsatz wäre hier, wenn man den Anspruch nach den Regeln der Aufwertung etwa mit 100 000 RM. bewertet (der Goldwert der Ersteinzahlung von 50% ist offenbar erheblich geringer), bei einem noch vorhandenen Reinvermögen von 400 000 RM. auf 500 000 RM. umzustellen. Das vor der Umstellung mit 50% eingezahlte Grundkapital wäre daher nach der Umstellung mit 80% eingezahlt.

Der Senat schließt sich der letzteren Ansicht an. Die schematische Aufwertung ist eine Folge des von allen Aktionären mit dem Erwerbe der Mitgliedschaft als verbindlich anerkannten aktienrechtlichen Grundsatzes der gleichmäßigen Behandlung und mit dem die Aufwertungslehre beherrschenden Grundsatze von Treu und Glauben vereinbar (vgl. auch Breit, GBV. 2 S. 37). Die Anwendung der Quotenhaftung führt praktisch zu unhaltbaren Ergebnissen. Dem von Quassowski erwähnten Beispiel, in welchem sich bei einem Reinvermögensüberschusse vom Standpunkte der Quotenhaftung aus die Nachzahlungsverpflichtung entsprechend erhöhte, diese also bei einer 50proz. Einzahlung auf eine Tausendmarkaktie auf über 500 RM. anwüchse, läßt sich der vorliegende Fall an die Seite stellen, in dem, um den bisherigen Prozentsatz der Einzahlung unverändert bestehen zu lassen, der Anspruch auf die ausstehenden Einzahlungen auf einen seinen ursprünglichen Goldwert um ein Vielfaches übersteigenden Betrag bemessen wird. Um dieses Ergebnis zu rechtfertigen, kann auch nicht gesagt werden, daß das bei 50 proz. Einzahlung außer dem Nachzahlungsanspruche festgestellte Reinvermögen von 400 000 RM. den Wert des halben Aktienkapitals darstelle, und deshalb das ganze Aktienkapital mit dem doppelten Betrage zu beziffern sei. Das Reinvermögen von 400 000 RM. ist eben nicht der Wert des halben, sondern des ganzen Aktienkapitals, ohne Berücksichtigung der noch ausstehenden, unabhängig vom Reinvermögen zu bewertenden 50%. Abraham (Übergang zur GMBil. 92), der den Gegenwartswert der Aktien als entscheidend ansieht, nimmt denn auch als selbstverständlich an, daß über den ursprünglichen Goldwert hinaus niemals eine Einzahlungspflicht des Aktionärs bestehen kann. Damit ist aber der Maßstab der Quotenhaftung als allgemeiner Grundsatz aufgegeben. In dem Regelfalle, daß das noch vorhandene RMReinvermögen den Goldwert der geleisteten Einzahlugen nicht übersteigt, wird sich häufig, auch wenn der Nachzahlungsanspruch nach Aufwertungsregeln bewertet wird, das Einzahlungsverhältnis nach der Umstellung nicht zu ändern brauchen. Verschiebt sich dieses Verhältnis aber wie hier, so muß diese zunächst befremdliche Erscheinung als unvermeidliche Folge der Umstellung als einer Angleichung des Grundkapitals an das Reinvermögen hingenommen werden (vgl. Quassowski 280). — Die Bewertung der ausstehenden Einzahlungen auf ein Vielfaches des ursprünglichen Goldwertes konnte auch bei allseitiger Zustimmung der Aktionäre nicht unter den Gesichtspunkt der Aufwertung gebracht werden. Ist aber dieser Posten von 400 000 RM. in voller Höhe als Aktivum nicht vorhanden, so verstößt die Umstellung gegen §§ 5² GBV., 9¹ der 2. DurchfV. Die Gesellschaft kann im Rahmen der Umstellung zu einem Grundkapital von 800 000 RM. nur durch Einstellung eines Kapitalentwertungskontos oder durch neue, in voller Höhe einzuzahlende Einlagen gelangen. Will sie von diesen Maßnahmen absehen, so muß sie zunächst das Grundkapital auf den Betrag umstellen, der sich aus dem Reinvermögen von 400 000 RM. unter Hinzurechnung des nach Aufwertungsgrundsätzen mit Rücksicht auf den Goldwert der Ersteinzahlung zu ermittelnden Nachzahlungsanspruchs ergibt. Daran anschließend hat sie dann, sofern das Grundkapital von 4 Millionen M. beibehalten werden soll, die zur Erreichung dieser Summe erforderliche, den Regeln des HGB. unterworfene Kapitalserhöhung vorzunehmen.

e) Tätigkeit des einen Generalversammlungsbeschluß beurkundenden Notars. Gebührenberechnung.

Kammergericht, 1 a. Beschluß v. 30. Januar 1925 (x 16/25).

1. Der Notar hatte das Protokoll einer Versammlung geführt, in der die Bilanz festgestellt und das Kapital auf 1240 RM. eingestellt, außerdem neue Satzungen beschlossen waren. Als Gegenstandswert hatte er 1240 + 10 000 RM. angenommen, indem er die Satzungsänderung zur Hälfte des Normalsatzes des § 46² Pr.GKG. von 20 000 RM. ansetzte. Dem war der LGPräsident gefolgt. Für die Anmeldung dieser Beschlüsse zum Handelsregister hatte dieser aber nicht, wie der Notar es wollte, auch 11 240 RM. als Gegenstandswert zugrunde gelegt, sondern nur 1240 + 1500 = 2740 RM. Insoweit der Notar Festsetzung der Gebühren für die Anmeldung auch nach einem Gegenstandswert von 11 240 RM. verlangt, war seiner Beschwerde nicht stattzugeben. Er übersieht, daß der Normalsatz des § 46² für GVBeurkundungen 20 000 RM., der für Anmeldungen gemäß § 38³ mit § 22 Pr.GKG. dagegen nur 3000 RM. ist. Sind aus der geringen Bedeutung der betroffenen Gesellschaft Gründe zu entnehmen, den Gegenstand bei GVBeschlüssen nur auf 50% des Normalsatzes zu schätzen, so muß dies gleicherweise für die Anmeldung derselben Gegenstände gelten. Da der Notar im ersten Falle der Bewertung auf die Hälfte des Normalsatzes zugestimmt hat, muß die gleichartige Bewertung auch für die Anmeldung gelten; sonst wäre für die Beurkundung der Beschlüsse 50%, für die Anmeldung aber mehr als das Dreifache des Normalsatzes zu rechnen. Das würde eine ganz verschiedene Schätzung desselben Vorgangs darstellen, auch dem Gedanken des Gesetzes widersprechen, das eben durch die verschiedene Höhe des Normalsatzes ausdrücken wollte, daß die Gebühren für bloße Anmeldungen der Einfachheit des Geschäfts entsprechend geringer sein sollten.

2. Der Notar verlangte ferner eine Betriebsgebühr von 18 M. aus § 16 NGebO., weil er eine beratende Tätigkeit vor der Generalversammlung ausgeübt, besonders bei der Aufstellung der Bilanz und der neuen Satzungen mitgewirkt; weil er die Bilanz dem Finanzamt eingereicht und bei dem Registergericht eine Beschwerdeschrift mit Rechtsausführungen in der Angelegenheit der Anmeldung der Beschlüsse eingereicht habe. Der LGPräsident hat nur für die Beschwerdeschrift eine Gebühr von 5 RM. aus § 10, 2 NGO. nach einem Gegenstand von 1500 M. zugebilligt, im übrigen aber gebührenfreie Nebengeschäfte angenommen. Hierüber beschwert sich der Notar. Allein für die Einreichung der Bilanz kann er

keine Betriebsgebühr verlangen. Die Bilanz stellt einen Teil des von ihm aufgenommenen GVProtokolls dar, wofür er die vorgesehene Gebühr erhalten hat. Nach § 10[1] RGebO. hat der Notar aber keine Gebühr zu fordern, wenn er einer Behörde die von ihm aufgenommene Urkunde einsendet und für diese schon Gebühr bezogen hat.

Dagegen hat er eine besondere Vergütung für seine beratende Tätigkeit zu beanspruchen. Vom gebührenrechtlichen Standpunkt aus wird durch die Gebühr des § 46 Pr. GKG. nurdie mehr passive Tätigkeit der Protokollierung der GVBeschlüsse abgegolten. Im Gegensatz zu seiner Tätigkeit bei Aufnahme sonstiger, besonders Vertragsurkunden hat er hier auf den Inhalt der Beschlüsse keinen Einfluß, während er sonst verpflichtet ist, dafür zu sorgen, daß der Wille der Parteien in einer Weise beurkundet wird, der nach Form und Inhalt den von ihnen erstrebten rechtlichen Erfolg habe. Wenn er bei sonstigen Urkunden zu dieser beratenden Tätigkeit verpflichtet ist und seine diesbezügliche Tätigkeit deshalb durch die Beurkundungsgebühr mit abgegolten wird, ist er bei Protokollführung in der Generalversammlung nicht ohne weiteres verpflichtet, auf Form und Inhalt der Beschlüsse einzuwirken. Dafür trägt die Versammlung allein die Verantwortung. Gewährt er aber seinen sachkundigen Rat vor der Versammlung, hilft er bei der Aufstellung der zu beschließenden Bilanz, unterwirft er die zu erörtende neue Satzung, faßt er Anträge ab, die in der Versammlung gestellt werden sollen (vgl. KGJ. 43 S. 362, Mügel § 8[2] § 15[4] NGebO.), so geht dies über seine durch § 46 GKG. erfaßte Tätigkeit hinaus. Ob er für sie als Anwalt oder gemäß § 16 RGebO. ansetzen will, steht ihm frei. Hier hat er sie aus § 16 berechnet, sie kann daher in diesem Verfahren festgesetzt werden. Die Tätigkeit bezog sich auf sämtliche Gegenstände der Generalversammlung, die Gebühr ist daher nach dem gleichen Gegenstande von 11 240 GM. mit 18 M. zu berechnen. Diese können neben der Gebühr von 5 M. aus § 10, 2 RGO. zugesprochen werden, denn der jetzt zuzubilligende Gesamtbetrag von 121 M. bleibt im Rahmen der in der Kostenrechnung geforderten Gesamtsumme von 136 M., der Notar wollte seine Rechnung auch für seine gesamte Tätigkeit, wie sie im vorliegenden Verfahren erörtert ist, aufstellen. Dabei kommt für dieses Verfahren nichts darauf an, ob er seine Tätigkeit kostenrechtlich richtig bezeichnet hat. Es ist auch hier Sache des Gerichts, die richtigen, anzuwendenden Gebührenvorschriften zu finden. Es bestehen daher keine Bedenken, dem Notar eine Betriebsgebühr aus § 16 und daneben eine von ihm nicht erwähnte Gebühr aus § 10, 2 RGO. zuzusprechen, wenn nur erkennbar ist, daß er für alle diese Tätigkeiten Gebühren berechnen wollte und der Gesamtbetrag nicht über die in der Kostenrechnung geforderte Summe hinausgeht.

z) Abänderung des Geschäftsjahrs nach seinem Ablauf.

OLG. Hamburg, FerienZS. Beschluß v. 12. Aug. 1924.

Der Beschluß v. 29. März 1924, daß das erste, nach der Satzung am 31. März ablaufende Geschäftsjahr erst am 30. 9. 1924 ende, ist erst im April 1924, also in einem Zeitpunkte beim Handelsregister angemeldet, als das satzungsmäßige Geschäftsjahr bereits abgelaufen war mit der im Interesse der Aktionäre und Dritter daraus folgenden Pflicht zur Bilanzaufstellung auf 31. März 1924. Die Hinausschiebung des Endzeitpunkts eines Geschäftsjahres ist aber begrifflich nur möglich durch einen vor seiner Beendigung wirksam werdenden Beschluß. Aus der Fassung des § 277³ ergibt sich, daß die Eintragung nicht auf den Zeitpunkt der Beschlußfassung zurückwirkt (KGJ. 53 Nr. 34). V.

η) Ist die Umstellung auf RM. stets eine Kapitalserhöhung oder Herabsetzung?
Kammergericht, ZS. 1 a. Beschluß v. 27. Februar 1925 (x 49).

Auf die Anmeldung der AWerke GmbH., die ihr ursprüngliches Stammkapital von 150 000 M. Ende 1922 auf 10 Millionen erhöht hatte, ist am 1. 10. 1924 seine Umstellung auf 835 000 RM. eingetragen. Die Gebühr hiefür ist unter Zugrundelegung des nach der 3. DurchfV. zur GoldBilV. auf 280 500 RM. umgerechneten Stammkapitals auf 388 RM. berechnet. Die Vorinstanzen sehen in der Umstellung auf RM. stets eine Erhöhung oder Herabsetzung des Stammkapitals im Sinne des § 69 Nr. 3 a Pr.GKG. Allein das Kapital wird nur dann erhöht, wenn der Gesellschaft neue Werte zugeführt werden (§ 278 ff. HGB., § 55 GmbH.). Mit der Umstellung auf RM. kann eine Kapitalserhöhung oder Herabsetzung verbunden werden, die Umstellung als solche ist aber keine solche. Daß die GoldBilV. diesen Standpunkt vertritt, zeigt sich schon darin, daß sie für die sich aus der Umstellung ergebenden Veränderungen nicht „Erhöhung" und „Herabsetzung" gebraucht, sondern „Herabsetzung" und „Ermäßigung" des Eigenkapitals. Dies ist offenbar absichtlich geschehen, um anzudeuten, daß die Vorgänge eine andere rechtliche Bedeutung haben sollten (vgl. auch §§ 15¹, 17¹ 2. DurchfV.). Von einer „Erhöhung" oder „Herabsetzung" kann nur dann gesprochen werden, wenn das bisherige und das neue Eigenkapital bei unveränderter Rechnungseinheit in erhöhten oder veränderten Ziffern ausgedrückt wird. Eine PMZiffer und eine RMZiffer lassen sich aber in diesem Sinne nicht vergleichen. Werden nur die Zahlen verglichen, dürfte bei der Umstellung die RMZahl wohl stets die geringere sein, man müßte dann stets Kapitalsherabsetzung annehmen. Vergliche man aber die Werte des alten Nennbetrages und des umgestellten RMKapitals, so wäre wohl stets ersteres gleich Null anzunehmen; man hätte dann also stets eine Kapitalserhöhung. Bei der Umstellung als solche handelt es sich vielmehr um die Feststellung des in der Gesellschaft arbeitenden reinen Goldvermögens. Der Sinn der GoldBilV. ist, den gegenstandslos gewordenen Nennbetrag des Stammkapitals zu ersetzen durch das reine Goldvermögen (Breit, Jur. Rdsch. 1925, S. 1). Dies sind, und waren auch früher, ganz verschiedene Begriffe. Zur wirtschaftlichen Gesundung soll beitragen, wenn jetzt das reine RMVermögen nach außen erkennbar zum Eigenkapital erklärt wird. Diese Ersetzung des Stammkapitals ist ein Vorgang eigener Art, der mit Kapitalserhöhung und Herabsetzung begrifflich nichts zu tun hat. Der § 69 Nr. 3 a GKG. bezieht sich aber nur auf Erhöhung und Herabsetzung des Gesellschaftskapitals in seinem eigenen, typischen Sinne. In den Fällen, in denen nur eine sog. Bewertungsbilanz aufgestellt und das reine RMVermögen dann als umgestelltes Eigenkapital festgesetzt und dieses im Register eingetragen wird, liegt nur eine „sonstige Eintragung" des § 69 Nr. 3 b vor (vgl. Quassowski-Susat GoldBilV. 414, Oberneck DNotV. 1924 S. 328). Für diese werden die Sätze zu 1 b erhoben, d. h. $^6/_{10}$ der Sätze zu 1 a, die nach dem Gewerbeertrag (Kapital) abgestuft sind. Als Gewerbekapital kommt vorliegend das umgestellte RMKapital in Frage. Es beträgt 835 000 RM. oder nach 3. DurchfV. im Kosteninteresse umgerechnet 280 500 RM., die Kosten sind daher nach der 2. Stufe der Nr. 1 a zu berechnen.

ϑ) Zustimmung nach § 207[1], wenn die AG. nach dem Vertragschluß in Konkurs gerät.

Bayer. Oberstes Landesgericht, ZS. Beschluß v. 22. Mai 1925 (III 50/25).

... Im § 207 handelt es sich nicht um ein Rechtsgeschäft, das gegen ein gesetzliches Verbot verstößt. Auch unterstellt er, wie seine Fassung ergibt, als Regelfall, daß der Vertrag von der Versammlung geschlossen wird. In der Tat werden die Verhältnisse meist so liegen, daß die für die AG. bestimmenden Umstände in einer Versammlung, deren Beratungen doch mehr oder weniger der Öffentlichkeit bekannt werden, nicht vor dem Vertragschluß erörtert werden können, ohne ihn zu gefährden. Hiernach hängt nur die volle Wirksamkeit von der Genehmigung ab. Auf diesen Rechtsfall sind die §§ 177 ff. (Handeln ohne Vollmacht) entsprechend anzuwenden, nicht die §§ 182 ff. BGB., da die GenVers. ein Organ der Gesellschaft als Vertragsteil ist. Der Ankauf, wenngleich nur durch den Vorstand, hat aber immerhin Rechtswirkungen; es besteht die Möglichkeit, daß der vollgültige Erwerb noch eintritt im Sinn einer Anwartschaft hierauf und daß er sich auf den Zeitpunkt des Vertragsschlusses zurückbezieht. Diese Rechtslage gehört mit zum Vermögensbestande der Gesellschaft und wurde, als diese in Konkurs ging, von der Beschlagnahme des § 1 KO. ergriffen. Zur Konkursmasse gehört also auch der Anspruch der AG. auf das ihr übertragene Grundvermögen. Es fragt sich nur, ob die Bedingung, von der er abhing, durch die Konkurseröffnung berührt wurde.

Die Vorinstanzen nehmen an, daß die Zustimmung der Versammlung durch die des Verwalters ersetzt wird. Allein das im § 207 bestimmte Erfordernis bedeutet nur eine Beschränkung des Vorstands. Wäre es nur eine Vertretungsbeschränkung, so fiele es mit der Konkurseröffnung weg, wie in den Fällen, daß in der Satzung der Erwerb oder die Veräußerung von Grundstücken an diese Genehmigung geknüpft ist oder wie im Konkurse Minderjähriger die nach BGB. §§ 1643, 1821 notwendige Genehmigung des VormGerichts wegfällt. Das Erfordernis des § 207 ist jedoch in erster Linie als ein Recht der Aktionäre zu deren Schutz aufgestellt: es soll eine Umgehung des § 186 verhütet werden. Dieser Schutz ist auch nach der Konkurseröffnung wichtig, wenn z. B. mit dem Erwerbe für die AG. schwere Nachteile verbunden sind oder wenn der Erwerb die Möglichkeit schafft, um nach Befriedigung der Gläubiger auch für die Aktionäre noch greifbare Mittel zu gewinnen. Die Entscheidung darüber, ob zu genehmigen sei, fällt demnach auch in den Rahmen der mit Rücksicht auf die Zwecke des Konkurses noch zu erfüllenden Aufgaben der GenVers. Andrerseits fällt die Frage auch in das Arbeitsfeld des Verwalters, da es sich hierbei um die Auswertung der zum Konkursvermögen gehörigen Anwartschaft im Sinn eines Verwaltungsakts handelt

Eine gedeihliche Lösung dieses an sich bestehenden Widerstreits wird sich nur ermöglichen lassen, wenn man dafür hält, daß hier einer jener Fälle vorliegt, in denen GenVers. und Verwalter zusammen wirken müssen. Diese beiden Organe müssen daher in ihrem Willen übereinstimmen, um einen endgültigen Erwerb für die Masse herbeizuführen. Vorliegend hat die GenVers. die Genehmigung verweigert; dieser Beschluß ist zwar angefochten, er besteht aber zunächst zu Recht. Auch der Umstand, daß der Kaufvertrag wegen Irrtums angefochten ist, kann vor rechtskräftiger Entscheidung keinen weiteren Einfluß üben. Der Antrag des Verwalters auf Eintragung des Eigentumswechsels ist daher zurzeit unbegründet.

h) **Goldbilanz: α) Ist der Bericht des § 13[1] GoldBV. in Urschrift einzureichen?**

Kammergericht, 1. ZS. Beschluß v. 14. Mai 1925 (x 226/25).

Die AG. hat in der Versammlung vom 31. 12. 1924 die Umstellung beschlossen. Im notariellen Protokolle heißt es: „Es wurde auf die GMEröffnungsbilanz für 1. 1. 1924 sowie den Bericht des Vorstandes und des Aufsichtsrats nebst dem Plan der Umstellung des Gesellschaftskapitals auf GM. Bezug genommen. Die Vorlagen lagen zur Einsicht aus und wurden alsdann zum Protokoll als Anlagen überreicht." Mit der Anmeldung der Umstellung wurde eine auch den Bericht des Vorstandes und Aufsichtsrats umfassende Ausfertigung überreicht. Die Vorinstanzen halten dagegen die Einreichung der Urschrift für erforderlich. Dabei verkennen sie aber, daß der Bericht des § 13 GoldBV. eine andere Bedeutung hat als der nach §§192[1], 193[2] schriftlich zu erstattende Bericht des Vorstandes und des Aufsichtsrats über die Gründung der Gesellschaft, der nach § 195[2] Nr. 5 der Anmeldung der Gesellschaft beizufügen ist. Letzterer Bericht folgt der Versammlung, in der die Gründung beschlossen wird, nach, während der Bericht des § 13 GoldBV. in der über die Umstellung beschließenden Versammlung vorzuliegen und als Unterlage der Beschlußfassung zu dienen hat. Es kann daher auch nur der Bericht des § 13 in der notariellen Verhandlung in bezug genommen und dem Protokoll als Anlage beigefügt werden. Ist damit aber der Bericht gemäß § 176[2] FGG. zum Teil des Protokolls geworden, dessen Urschrift gemäß Art. 42 PrFG. in der Verwahrung des Notars zu bleiben hat, so kann die Pflicht zur Einreichung des Berichts nicht auf die Urschrift bezogen werden; vielmehr muß eine beglaubigte Abschrift des Berichts oder eine auch auf die Anlagen sich erstreckenden Ausfertigung der Verhandlung genügen. So hält auch Quassowski S. 235 die Einreichung der Urschrift des Berichts nur dann, wenn er dem Protokoll nicht beiliegt, für erforderlich. Der hier in Frage kommende Bericht ist mit dem in § 260[2] vorgesehenen, der Generalversammlung vorzulegenden und nach § 265[2] mit der Bekanntmachung der Jahresbilanz zum Handelsregister einzureichenden Berichte des Vorstandes zu vergleichen. Es paßt daher nicht die vom LG. angezogene Bem. 23 zu § 195, sondern die Bem. 4 zu § 265 des Staubschen Komm.

β) **Keine Ausgabe von Anteilscheinen unter 5 RM.**

Kammergericht, 1 ZS. Beschluß vom 4. Juni 1925 (x 306/25).

Nach dem GVBeschlusse v. 31. 1. 1925 ist das Grundkapital von 40 Millionen PM auf 80 000 RM. in der Weise zu ermäßigen, daß 10 Aktien über je 1000 M. zu einer Aktie über 20 RM. zusammengelegt werden; soweit ein Aktionär Aktien in einer zum Ersatze durch eine neue Aktie nicht genügenden Zahl einreicht, hat die Gesellschaft ihm auf seinen Antrag für je 1 000 M Nennbetrag einen auf den Inhaber lautenden Anteilschein über 2 RM. auszuhändigen. Die Vorinstanzen haben die Anmeldung der Umstellung mit Recht beanstandet. Die Beschwerdeführerin schließt aus der Fassung des § 17⁶ S. 1 der 2 DurchfV., daß nur die in Abs. 2 festgestellte Verpflichtung der Gesellschaft zur Ausgabe von Anteilscheinen, wenn diese über einen geringeren Betrag als 5 RM. lauten würden, aufgehoben sei, während der Gesetzgeber die Ausgabe von Anteilscheinen über einen geringeren Betrag als 5 RM. nicht habe hindern wollen, wenn die Generalversammlung selbst es so beschließe. Allerdings führt der § 17² für die Gesellschaften einen Zwang zur Ausstellung von Anteilscheinen unter den bezeichneten Voraussetzungen ein. Es wäre aber verfehlt, deswegen anzunehmen, daß mit der im Abs. 6 bestimmten Nichtgeltung des Abs. 2 bei Nichterreichung der 5 RM. nur jener Zwang beseitigt sei. Diese Annahme wäre nur dann begründet, wenn sich die Befugnis zur Ausstellung von Anteilscheinen in dem hier fr. Falle schon aus anderen gesetzlichen Vorschriften ergäbe und der § 17² eben nur die Festsetzung des Zwanges bezweckte. Nun ist aber die rechtliche Möglichkeit für eine Aushändigung von Anteilscheinen bei einer Zusammenlegung von Aktien erst durch § 17² geschaffen. Damit fehlt es, wenn der Abs. 6 den Abs. 2, sofern die Anteilscheine von unter 5 RM lauten würden, aufhebt, in diesem Fall an jeder gesetzlichen Grundlage für die Aushändigung von Anteilscheinen. Daß der Abs. 6 Anteilscheine unter 5 RM überhaupt hat verbieten und es der Versammlung nicht hat freistellen wollen, die Gewährung von Anteilscheinen über einen geringeren Betrag zu beschließen, wird aber auch dadurch klargestellt, daß der Abs. 6, wenn der Betrag von 5 RM für den Anteilschein nicht erreicht wird, nicht nur den Abs. 2, sondern auch die Abs. 3, 4, 5 außer Geltung setzt. Wäre die Ausgabe von Anteilscheinen von unter 5 RM auf Grund eines GVBeschlusses zulässig, so müßten auf sie mangels anderweiter Bestimmungen jene Abs. 3, 4, 5 Anwendung finden und der Abs. 6 hätte sich auf die Aufhebung des Abs. 2 (der Pflicht zur Aushändigung) beschränken müssen. Gleicher Ansicht: Quassowski-Susat² 163; Byk, DurchfBest. 74; Rosendorff 169; Fürnrohr² 72, 105; Breit² S. 277, Abraham 69.

γ) Sind §§ 28¹, 29 der 2. DurchfV. zwingend?

Kammergericht, 1 ZS. Beschluß v. 18. Juni 1925 (x 248/25).

Das Grundkapital der im April 1923 gegründeten AG. beträgt 100 Millionen Mark und ist eingeteilt in 95 Millionen Stammaktien und 5 Millionen Mark bei einer Kapitalserhöhung ausgegebene Vorzugsaktien, die als Mehrstimmrechtsaktien im Sinne des § 29 der 2. DurchfV. ausgestaltet sind. In der Versammlung vom 9. 8. 1924 wurde nach Genehmigung der RMEröffnungsbilanz das Grundkapital auf 40 000 RM ermäßigt. Die Vorzugsaktien wurden ohne Rücksicht auf den Wert der auf sie geleisteten Einzahlungen ebenso wie die Stammaktien behandelt und auf 2000 RM mit der Maßgabe umgestellt, daß im Wege der Herabsetzung des Nennbetrages und der Zusammenlegung auf 50 000 M. alte Aktien eine neue Aktie über 20 RM entfällt. Nach dem Schlußsatze des genehmigten Umstellungsplanes des Vorstandes und Aufsichtsrats sollen alle Vorzugsrechte dieser Aktiengattung fortfallen. Vorliegend ist also nicht in der Weise verfahren, daß vor der Umstellung die Vorzugsaktien, um die Anwendung des § 28[1] der 2. DurchfV. auszuschalten und die Voraussetzungen für die Umstellung nach dem Verhältnisse des Nennbetrages gemäß § 27 zu schaffen, in Stammaktien umgewandelt sind; vielmehr sind die Vorzugsaktien ihrer Vorzugsrechte erst anschließend an die Umstellung entkleidet. Der § 28[1] ist also nicht umgangen; er ist vielmehr durch die Gleichstellung beider Aktiengattungen bei der Umstellung verletzt worden. Die Ansicht, daß der § 28[1] zwingend sei, wird im Schrifttum mit Recht fast einhellig verworfen (Breit 2 S. 45). Ebensowenig hat aber die vom LG. vertretene Meinung, daß vom § 28[1] abweichende Beschlüsse nur mit Zustimmung aller Aktionäre gefaßt werden können, Anerkennung gefunden (Quassowski-Susat[2] § 28 S. 311 VIII). Zwingend ist der § 28[1] nicht, weil eine hiergegen verstoßende Beteiligung verschiedener Aktiengattungen am umgestellten Kapital nur die Aktionäre und nicht öffentliche Interessen berührt. Er ist allerdings auch nicht nachgiebig in dem Sinne, daß der benachteiligte Stammaktionär den Mehrheitsbeschluß der Versammlung ohne Beanstandung hinnehmen müßte. Mangels eines Interesses der Allgemeinheit muß ihm aber die Wahrnehmung seiner Rechte, durch Erhebung der Anfechtungsklage gemäß § 271 HGB. oder durch Anrufen der Spruchstelle gemäß § 28[4] der 2. DurchfV. überlassen bleiben. Der § 28[1] ist eine Schutzvorschrift zugunsten der Stammaktionäre; wollen sie diesen Schutz nicht, so braucht er ihnen nicht aufgezwungen zu werden; sie sind als einverstanden zu behandeln. Aus gleichen Erwägungen verneint das RG. (110 Heft 5) den zwingenden Charakter des § 11 GoldBV.; auch in diesem Falle sind außerhalb des Kreises der Aktionäre bestehende Interessen an der Befolgung des § 11 nicht anzuerkennen.

5) **Bedeutung des § 29 a der 2. Durchf.V. zur GBB.**

Kammergericht, 1 ZS. Beschluß v. 11. Juni 1925 (X 249/25).

Das Grundkapital der AG. von 30 Millionen M. ist in 29½ Millionen M. Stamm- und 2000 Stück über je 250 M. lautende Vorzugsaktien eingeteilt. Letztere sind mit 7%iger Vorzugsdividende und bei bestimmten Gegenständen der Beschlußfassung mit zehnfachem Stimmrecht ausgestattet und werden im Falle der Liquidation sowohl wie der Einziehung nur mit den auf sie geleisteten Einzahlungen berücksichtigt. Sie befinden sich in den Händen eines Konsortiums und sind im Juni 1923 zum Nennbetrag ausgegeben; der Wert der auf die ganze Aktiengattung geleisteten Einzahlungen beträgt höchstens 100 RM. In der Versammlung vom 10. 12. 1924 wurde beschlossen, die Stammaktien auf 5 015 000 RM derart, daß die Aktien über 1000 M. auf 150 RM herabgesetzt werden und auf jede alte Aktie über 1000 M. eine neue über 20 RM gewährt wird, und die Vorzugsaktien unter entsprechenden Zuzahlungen auf 10 000 RM derart, daß jede Vorzugsaktie über 5 RM lautet, umzustellen. Die Zahlungen sind in der GMEröffnungsbilanz auf Konto „Debitoren" verbucht, sie sind nach der Erklärung des

Vorstandes geleistet und in seinem Besitze. Die Anmeldung der Umstellung wurde zurückgewiesen, weil Zuzahlungen nur bis zur Erreichung der Mindestgrenzen des § 29 a der 2. DurchfV. geleistet werden können. Allein der Annahme der Vorinstanzen, daß die Vorzugsaktien hier solche schuldverschreibungsähnlicher Art im Sinne des § 28¹ aO. seien, kann nicht gefolgt werden, da ihre Beschränkung in Ansehung des Anteils am Liquidationserlöse und des Rückzahlungsbetrags bei der Einziehung nicht durch einen Hundertsatz des Nennbetrags, sondern durch die auf die Vorzugsaktien geleisteten Einlagen bestimmt wird. Es handelt sich vielmehr um Mehrstimmrechtsaktien im Sinne des § 29 aO.. Für die Behandlung der Aktien bei der Umstellung ist diese Unterscheidung nicht von Bedeutung. Für die Aktien beider Arten gilt die grundsätzliche Regel, daß ihre Beteiligung am umgestellten RMKapital durch den in RM umgerechneten Wert der auf sie geleisteten Einlagen begrenzt wird (§§ 28¹, 29). In gleicher Weise bestimmt der § 29 a für die Aktien des § 28, wenn sie mit mehrfachem Stimmrecht ausgestattet sind, wie für die Aktien des § 29, daß ihr Nennbetrag nach der Umstellung auf eine RM oder ein Vielfaches davon und der gesamte Nennbetrag der Aktien auf mindestens 5000 RM lauten muß und daß bei Nichterreichung dieser Beträge die Aktionäre berechtigt sind, die für die Einhaltung der Mindestgrenzen erforderlichen Beträge, sowie den Betrag der entstehenden Kosten zu zahlen. Der § 29a ist gegenüber dem § 5² GoldBV. keine lex spezialis in dem Sinne, daß Zuzahlungen, die nach § 5² bei Überschuß des Eigenkapitals über das Reinvermögen bis zum Betrage des alten Eigenkapitals zulässig sind, für die Vorzugsaktiengattung nur bis zu 5000 RM erfolgen dürfen. Der § 29 a bezweckt nicht den Schutz der Stammaktionäre; sein Sinn ist vielmehr der, daß diese bei Nichterreichung der Mindestgrenzen, sofern ihr Aktienrecht und die Aktiengattung erhalten bleiben soll, die fehlenden Beträge zuzahlen müssen, daß sie in dieser Höhe Zuzahlungen zu leisten aber auch ohne Zustimmung der Gesellschaft berechtigt sind . . . Die Frage, ob sie auf Grund eines GVBeschlusses Zuzahlungen über 5000 M. leisten können, wird durch § 29 a nicht gelöst.

Die über 5000 RM geleistete Zuzahlung bis zu 10 000 RM dient hier dem teilweisen Ausgleiche zwischen Reinvermögen und Eigenkapital. Es fragt sich daher, ob sie als eine nach § 5² GoldBV. zulässige Umstellungsmaßnahme angesehen werden kann. Dagegen erhebt sich das Bedenken, ob Zuzahlungen im Rahmen einer Umstellung nur die eine Aktiengattung mit der Wirkung zu leisten vermag, daß die Vermögensvermehrung ihr allein durch stärkere Beteiligung an dem umgestellten Kapital zugute kommt. Ein solches Verfahren verstößt gegen § 8 GoldBV., wonach das Verhältnis der mit den Aktien verbundenen Rechte zu einander durch die Umstellung nicht berührt wird. Die dort vorbehaltene nähere Regelung ist in der 2. DurchfV. §§ 28 ff. getroffen, die sich über die Zulässigkeit einer Zuzahlung der Vorzugsaktionäre über die Mindestgrenze von 5000 RM nicht verhalten. Ein Verstoß gegen die gesetzlichen Regeln der Umstellung, wie er hier vorliegt, bedingt aber nicht die Nichtigkeit der Beschlußfassung. Der Senat hat bereits (Rsp. 44 S. 33) den Grundsatz befolgt, daß die Verletzung einer lediglich die Interessen der Aktionäre berührenden Vorschrift nur Anfechtbarkeit begründe. Gegen den abweichenden Beschluß des OLG. Hamburg (aO. S. 28) hat das RG. am 19. Mai 1925 im Sinne der Anfechtbarkeit entschieden. Dieser Beschluß ist zwar nur zu § 11 GoldBV. ergangen, in seinen allgemeinen Grundsätzen aber auch anwendbar, wenn ein GVBeschluß andere Vorschriften des Umstellungsrechts verletzt. Danach ist ein Beschluß über die Umstellung, der gesetzlichen Vorschriften zuwiderläuft, nur dann nichtig, wenn er gegen die guten Sitten oder gegen solche Bestimmungen verstößt, die nicht ausschließlich die Interessen der zur Zeit vorhandenen Aktionäre betreffen und auf deren Innehaltung daher im Einzelfalle nicht gültig verzichtet werden kann. Kommt nur der Schutz einer Minderheit von derzeitigen Aktionären in Frage und kann ein darüber hinausreichendes Interesse der Allgemeinheit nicht anerkannt werden, so genügt, wenn dem benachteiligten Aktionär die Möglichkeit gegeben ist, seine Rechte im Wege der Anfechtung geltend zu machen. Will er dies nicht, so steht nichts entgegen, daß er auf sie verzichtet. Gerade für die Wahrung von Rechten und Interessen, die den derzeitigen Aktionären und nur diesen eigen sind und nicht über ihren Kreis hinaus die Allgemeinheit (spätere Aktionäre, Gläubiger) angehen, ist die Anfechtungsklage der gegebene Rechtsbehelf.

Nach diesen Grundsätzen ist aber vorliegend der GVBeschluß nur anfechtbar. Sittenwidrig ist er nicht; die Absicht, eine Minderheit von Aktionären zu benachteiligen, ist nicht erkennbar; die Verschiebung von Kapitalbeteiligung durch die Zuzahlung ist so unbedeutend, daß sie sich als Benachteiligung der Stammaktionäre kaum auswirken kann. Am 10. 12. 1924 hatten die Aktien einen amtlichen Börsenkurs von 14¾; eine Aktie, die auf 170 RM umgestellt wird, war also für 147,50 RM käuflich. Es ist daher kein gutes Geschäft, wenn für eine weitere Kapitalbeteiligung von 5000 RM ohne Stimmenzuwachs 5000 RM zugezahlt wurden. Hiernach war es der Gesellschaft in der Tat, wie sie geltend macht, nur um eine Abrundung der Kapitalziffer zu tun. Eine ungleichartige Behandlung der Aktionäre liegt nicht vor, da nur eine Änderung in dem Verhältnis der beiden Aktiengattungen in Frage steht, über die als Umstellungsmaßnahme gemäß § 5 der 2. DurchfVO., und nicht gemäß § 275³ HGB. zu beschließen war. Außerhalb des Kreises der Aktionäre hatte hatte niemand ein Interesse daran, daß die die Mindestgrenze von 5000 RM überschreitende Zuzahlung der Vorzugsaktionäre unterblieb.

ε) Abänderung der auf Grund der 2. DurchfV. eingetragenen Aktienstückelung.

Kammergericht, 1. ZS. Beschluß v. 7. Mai 1925 (x 224/25).

Das Grundkapital der AG. betrug 100 Millionen M. Stamm- und 5 Millionen M. Vorzugsaktien. In der Versammlung v. 27. Juni 1924 wurden erstere auf 4 Millionen RM. umgestellt. Da nach der damaligen Fassung des § 35 der 2. DurchfV. zur GoldBV. für umgestellte Aktien nur Nennbeträge von 20 RM. (sofern die Aktien wie hier Ende 1923 einen geringeren Kurswert als 40 Billionen für 100 M. hatten), 100 oder ein Vielfaches von 100 RM. zulässig waren, wurde beschlossen, an Stelle jeder Aktie über 1000 M. zwei Aktien über je 20 RM. dergestalt zu setzen, daß je eine Aktienurkunde über 40 RM. (Zweifach-Aktie) ausgegeben werden sollte. Das Vorzugsaktienkapital wurde auf 5000 RM. eingeteilt in 5000 Aktien über je 1 RM. umgestellt. Nachdem am 3. 10. 1924 die Umstellung in das Handelsregister eingetragen war, hat infolge der 5. DurchfV. die Generalversammlung vom 19. 12. 24, in der 133 000 Stammaktien und die Vorzugsaktien vertreten waren, einstimmig beschlossen, die 200 000 Stammaktien über je 20 RM. in 100 000 Stammaktien über je 40 RM. und die 5000 Vorzugsaktien über je 1 RM. in 2500 über je 2 RM. umzuwandeln.; zugleich erfolgte die hieraus sich ergebende Neufestsetzung des Stimmrechts. Die Vorinstanzen erachten die Einwilligung sämtlicher überhaupt vorhandener Aktionäre für notwendig. Die weitere Beschwerde ist nicht begründet. Zunächst kann die Eintragungsfähigkeit der Beschlüsse nicht schon aus der Art. III 5. DurchfV. gefolgert werden, der den Art. I, also auch die Neufassung des § 35 der 2. DurchfV. und damit die Zulassung der Aktienstückelung auf durch 20 und 50 teilbare Beträge mit Wirkung vom Inkrafttreten der 2. DurchfV. Geltung verleiht. Die rückwirkende Kraft des Art. I, soweit es sich um die Aktienstückelung handelt, hat nur die Bedeutung, daß eine nach dem Inkrafttreten der 2., aber vor der Verkündung der 5. DurchfV. beschlossene Aktienstückelung, die nach der damaligen Gesetzgebung unzulässig war wirksam wird, sofern sie der 5. DurchfV. entspricht, und daß anderseits ein zwar dem bisherigen, aber nicht mehr dem neuen Recht entsprechender Beschluß über die Aktienstückelung unwirksam wird (Quassowski-Susat 2 S. 447, Breit 2 S. 250[66]). Dagegen hat die im Art. III bestimmte Rückwirkung nicht zur Folge, daß eine bereits wirksam vollzogene Umstellung als solche durch eine der 5. DurchfV. angepaßte Neustückelung der Aktien im Wege einer Nachumstellung geändert werden kann. Es kann sich mithin nur fragen, ob die hier gefaßten Beschlüsse unter dem Gesichtspunkt einer den Regeln des HGB. unterworfenen Satzungsänderung zulässig sind. Das muß verneint werden.

Allerdings ist eine Zusammenlegung von Aktien auch ohne Kapitalsherabsetzung möglich (Staub § 290 Einl.). Einer Gesellschaft, die gemäß § 35² 2. DurchfV. die Aktien auf 20 RM. gestückelt hat, wird man auch, obschon bei Neugründungen und Kapitalserhöhungen die Aktien auf mindestens 100 RM. zu stellen sind (§ 43 das.), das Recht einer Zusammenlegung in der Weise zugestehen müssen, daß der neue Aktiennennbetrag unter 100 RM. auf ein Vielfaches von 20 lautet. Indessen kann für den Zusammenlegungsbeschluß die für gewöhnliche Satzungsänderungen vorgeschriebene $^3/_4$ Mehrheit des bei der Beschlußfassung vertretenen Aktienkapitals (§ 275¹ HGB.) nicht genügen. Da im Falle der Zusammenlegung ohne Kapitalsherabsetzung das Zwangsverfahren des § 290 nicht eingreift, muß, wenn die Durchführung der Zusammenlegung gesichert sein soll, die Zustimmung aller von dieser überhaupt betroffenen Aktionäre verlangt werden. Eine andere Beurteilung kann hier auch nicht deshalb eintreten, weil die Aktionäre noch nicht aufgefordert worden sind, die Aktien zur Abstempelung gemäß der am 27. Juni 1924 beschlossenen Umstellung einzureichen. Es kann nicht gesagt werden, daß diese Einreichung, wie sie zur Zusammenlegung erforderlich ist, ohnehin auf Grund der Umstellung stattfinden müsse. Denn im Falle der Ermäßigung des Eigenkapitals durch Denomination besteht kein Zwang zu dieser Einreichung; die Aktien können vielmehr in unveränderter Form im Verkehr bleiben, da die Abstempelung nur deklaratorisch wirkt.

i) **Genossenschaft: α) Zusammenlegung der Anteile. Umstellungen in RM.**
Kammergericht, 1 ZS. Beschluß v. 22. Januar 1925 (x 571/24).

Nach § 29 der Satzung der EGmbH. vom 29. Mai 1923 ist der Geschäftsanteil und die Haftsumme auf je 50 000 Mark festgesetzt und kann ein Genosse bis zu 500 Anteile erwerben. In der Versammlung vom 29. Juni 1924 wurde nach Genehmigung der RMEröffnungsbilanz beschlossen, die bisherigen Anteile für jeden Genossen zu einem Anteil zusammenzulegen und diesen sowie die Haftsumme auf je 100 RM umzustellen. Die zulässige Höchstzahl der Anteile, die ein Genosse erwerben kann, wurde auf 100 bestimmt. Weiterhin wurde eine Aufwertung der Geschäftsguthaben mit 75% der eingezahlten RMBeträge beschlossen und der Erwerb weiterer Anteile aus den 100 RM übersteigenden Beträgen der aufgewerteten Guthaben unter näher festgesetzten Bedingungen zugelassen. Die Beschlüsse wurden größtenteils einstimmig, im übrigen gegen eine Stimme gefaßt. Die Eintragung der Erhöhung der Anteile und der Haftsumme sowie der Zusammenlegung der Anteile ist ohne Grund abgelehnt. Das Bedürfnis für die Zusammenlegung (Herabsetzung der Zahl) hat sich aus Anlaß der Erhöhung von Geschäftsanteilen herausgestellt. Bei der EGmbH. bedingt eine Erhöhung des Anteils nach § 131¹ ein Steigen der bisherigen Haftsumme auf den erhöhten Betrag. Die auf mehrere Anteile Beteiligten müßten ferner ohne Zusammenlegung ihre Einlagen auf sämtliche Anteile mit Ausnahme des letzten auf den neuen Höchstbetrag bringen, da andernfalls ein Widerspruch mit § 136 einträte. Für die weniger leistungsfähigen Genossen wären daher mit der Erhöhung der Anteile ohne deren Zusammenlegung untragbare Belastungen verbunden. Der Einwand Waldeckers (eingetr. Gen. 160²), die Zusammenlegung bedeute eine kritiklose Übertragung aktienrechtlicher Vorstellungen, ist nicht berechtigt. Der nichtkapitalistische Charakter der Genossenschaft, der die Übertragung eines oder einiger Anteile des mit mehreren Anteilen beteiligten Genossen mit der Wirkung seiner Weiterbeteiligung an der Genossenschaft verbietet (KGJ. 15 S. 57; Rsp. 19 S. 361), bleibt hier gewahrt. Eine Zusammenlegung, die mit einer Erhöhung Hand in Hand geht, ist auch ohne Herabsetzung der Anteile, d. h. ohne daß die Summe der neuen erhöhten Anteile eines Genossen geringer ist als die Summe seiner bisherigen, mithin auch ohne die Erschwerungen der §§ 22, 133 durchführbar. Sie verstößt auch nicht gegen § 22², weil eine ohne gleichzeitiges Ausscheiden des Genossen untersagte Zurückziehung des Geschäftsguthabens, auch eine teilweise, nicht stattfindet. Allerdings ist, wenn man zunächst von der für die Umstellung von Genossenschaften gegebenen Regelung der §§ 47 ff. der 2 DurchfV. absieht, der Unterschied zu beachten, ob die Zusammenlegung für sämtliche Genossen in dem nämlichen oder einem verschiedenen Verhältnis erfolgt. Im ersteren Falle steht eine reine genossenschaftliche Angelegenheit in Frage, über die entgegen dem Widerspruche des einzelnen durch

Stimmenmehrheit entschieden wird (RG. 60 S. 414). Wird dagegen die Zusammenlegung nur für einzelne Genossen oder in einem ungleichen Verhätnisse beschlossen, so ist von der allgemeinen Rechtsregel, daß die Genossen ein Recht auf gleichmäßige Behandlung haben, abgewichen und deshalb müssen die davon betroffenen Genossen zustimmen, wobei der Mangel der Zustimmung durch den Verlust des Rechtes zur Anfechtung des GVBeschlusses gemäß § 51 geheilt wird. Das LG. hält zwar eine im verschiedenen Verhältnis erfolgende Zusammenlegung nicht ohne Eingriff in Sonderrechte der Genossen für möglich und erwähnt als solche Sonderrechte die Berechtigung der Genossen am GenVermögen und das Stimmrecht. Jene Berechtigungen, wie z. B. bei der Gewinnverteilung und der Auflösung, richten sich aber nicht nach der Zahl der Anteile, sondern nach dem Geschäftsguthaben (§§ 19, 91) und vollends bleibt das Stimmrecht unberührt, da das GenGes. ein ungleiches Stimmrecht nicht zuläßt, nach § 43² vielmehr unabhängig von der Zahl der Anteile jeder Genosse eine Stimme hat. Die Zusammenlegbarkeit der Anteile ist dann auch in dem neuen Abs. 5 zu § 30 V. über das Gen.Register (RGBl. 372, 1117) gesetzlich anerkannt. Vorliegend handelt es sich nur um eine Zusammenlegung, die in Verbindung mit der Umstellung des Anteils und der Haftsumme auf RM beschlossen ist. Die mehreren Anteile eines Genossen sind auf einen zusammengelegt vorbehaltlich des Rechtes, den 100 RM übersteigenden Betrag des aufgewerteten Geschäftsguthabens zum Erwerbe weiterer Anteile zu verwenden. Die Zulässigkeit dieser Art der Zusammenlegung könnte zweifelhaft sein, wenn sie sich nicht aus den besonderen Beistmmungen (§§ 47, 48) der 2. DurchfV. ergäben. Diese Vorschriften zeigen, daß den Genossenschaften bei der Umstellung möglichst freie Hand gelassen werden sollte. Es ist daher nicht anzunehmen, daß das Gesetz die nicht ausdrücklich erwähnte Zusammenlegung von Anteilen und auch die Zusammenlegung der mehreren Anteile eines Genossen auf einen ohne Rücksicht auf ihre Zahl als das für den meisten Genossenschaften einzige Mittel einer sachgemäßen Umstellung nicht hat zulassen wollen. Der § 48 schließt aber auch für die Umstellung die §§ 22, 133 GenG., also die Vorschriften aus, die einer Zusammenlegung ohne ein besonderes Verfahren zum Schutze der Gläubiger entgegenstehen, sofern sie eine Herabsetzung der Anteile und der Haftsumme in sich schließt. Ob von solcher Herabsetzung überhaupt — etwa mit Rücksicht auf Aufwertungsmöglichkeiten — gesprochen werden kann, wenn Anteil und Haftsumme in RM festgesetzt werden, kann daher unerörtert bleiben. Mit dem Bay. ObLG. (Rsp. 43 S. 320) ist demnach die hier beschlossene Zusammenlegung für zulässig zu erachten.

β) Begriff der „kleineren Genossenschaft" im § 33² S. 4.

Kammergericht, 1 ZS. Beschluß v. 25. Juni 1925 (x 369/25).

Das Registergericht hat durch Verfügung vom 7. März 1925 den drei Vorstandsmitgliedern des Konsumvereins für Gl. aufgegeben, binnen Monatsfrist die Bilanz vom 30. Juni 1924 zu veröffentlichen und das Belegblatt einzureichen. Die Beschwerdeführer haben diese Verpflichtung bestritten, weil der Konsumverein eine „kleinere" Genossenschaft sei. Die weitere Beschwerde über Verwerfung des Einspruchs ist begründet. Der § 33² S. 4 ist, wie die Gegenüberstellung zu Satz 3 („Im übrigen") zeigt, unabhängig davon, ob es sich um eine kleinere Genossenschaft handelt; er kann vielmehr, da diese schon nach Satz 3 von der Veröffentlichungspflicht allgemein befreit ist, auf sie gerade keine Anwendung mehr finden. Das LG. irrt daher bereits insofern, als es glaubt, das Fehlen eines Mißverhältnisses zwischen den Kosten der Veröffentlichung und der Vermögenslage der Genossenschaft für die Verneinung der Frage verwerten zu können.

Den Begriff der „kleineren Genossenschaft", der bereits in der früheren Fassung des § 156 erwähnt ist, bestimmt das Gesetz selbst nicht näher. Jedoch weist § 7⁴ der V. über das GenRegister v. 22. 11. 1923 (wie es dies schon § 5³ Bek. v. 1. 7. 1899 für den Fall des § 156 getan hatte), darauf hin, daß bei der Entscheidung das Registergericht die Zahl der Mitglieder, die Größe des Vermögens sowie die Art und den Umfang des Geschäftsbetriebes zu berücksichtigen habe. Der Begriff trägt ein gewisses Moment der Unbestimmtheit naturgemäß in sich; eine genaue, alle Fälle abgrenzende Bestimmung seiner Bedeutung ist nicht angängig; es wird stets auf die besonderen Umstände des Einzelfalles abzustellen sein und dem Ermessen des Richters ein Spielraum verbleiben. Zweifelsfrei ergibt sich aber aus dem Begriffe selbst bereits, daß seine Anwendbarkeit nicht schon aus den Verhältnissen der betr. Genossenschaft allein entnommen werden kann. Denn ob sie eine „kleinere" ist, kann nur beurteilt werden, wenn andere Genossenschaften neben sie gestellt werden, im Verhältnis zu denen sie eine „kleinere" sein kann; ohne den Gegenbegriff des „großen" und „größeren" ist der Begriff des „kleinen" und „kleineren" nicht denkbar und nicht feststellbar. Dieser Vergleich ist entsprechend dem § 7⁴ V. v. 22. 11. 1923 hinsichtlich der einzelnen maßgebenden Umstände durchzuführen. Auch hierfür läßt sich keine allgemeine zahlenmäßige Angabe darüber machen, wann von einer „kleineren Genossenschaft" gesprochen werden kann. Sie ist in ihrem Verhältnis zu den gesamten deutschen Genossenschaften zu prüfen; deren Entwicklung ist aber bedingt durch die allgemeine Wirtschaftslage und es ist daher wohl möglich, daß eine Genossenschaft, die heute als eine „größere" erscheint bei völligem Gleichbleiben ihrer eigenen Verhältnisse durch eine Änderung der Lage der Gesamtheit der Genossenschaften zu einer „kleineren" wird oder umgekehrt. Diese Vergleichung kann sich nur auf solche der gleichen Art erstrecken; denn die Gruppen unterscheiden sich infolge der Verschiedenheit ihrer Zwecke und der an ihnen beteiligten Kreise auch in den hier fr. Einzelheiten ihrer Gestaltung, besonders hinsichtlich der durchschnittlichen Mitgliedszahl wesentlich von einander. Das LG. gelangt zwar nach Prüfung der Mitgliederzahl, der Zahl der Geschäftsstellen, der Bilanzsumme und der Umsatzziffer zu dem Ergebnisse, daß alle diese Zahlen gegen die Eigenschaft des Konsumvereins als einer kleineren Genossenschaft sprechen. Einen Vergleich mit anderen Genossenschaften erwähnt es lediglich insoweit, als ob es eine Heranziehung ihrer Verhältnisse, wie sie sich in Großstädten und Industriebezirken herausgebildet haben, zur Feststellung der Grenzlinie zwischen kleineren und nicht kleineren ablehnt.

Der Senat ist dadurch in die Lage versetzt, in der Sache selbst zu entscheiden. Bei der Prüfung der Mitgliederzahl ist zunächst zu berücksichtigen, daß die Konsumgenossenschaften ihrem Zwecke nach darauf eingestellt sind, den Bedürfnissen weiterer Bevölkerungskreise zu dienen und daher auf eine große Mitgliederzahl rechnen und allgemein Mitgliederzahlen aufweisen, die in die Tausende gehen. Nach dem stat. Jahrb. 1923 S. 402 betrug die durchschnittliche Mitgliederzahl der von der Statistik erfaßten Konsumgenossenschaften 1922 rund 2300, die durchschnittliche Zahl der Verkaufsstellen rund 6 für die einzelne Genossenschaft. Wenn auch nicht zu verkennen ist, daß der Durchschnitt durch die besonders großen Genossenschaften erheblich erhöht wird, so bleiben die entsprechenden Zahlen des hier fr. Konsumvereins hinter dem Durchschnitt doch so erheblich zurück, daß keine Bedenken bestehen, ihn, was die Mitgliedszahl und die Zahl der Geschäftsstellen anlangt, als eine kleinere Genossenschaft anzusehen. Daß zwei von den drei seiner Geschäftsstellen, außerhalb Gl. liegen, steht dem nicht entgegen, da die örtliche Entfernung nicht bedeutend ist. Die Bilanz zeigt einen Halbjahresumsatz von 49 475 RM, das sind rund 29 M je Mitglied, und ein Vermögen von 8290 RM. Eine neuere Statistik für die Zeit nach Beendigung der Geldentwertung liegt zwar nicht vor und die Verhältnisse der Vorkriegszeit können keinen absolut sicheren Vergleichsmaßstab geben, immerhin bieten sie einen ausreichenden Anhalt zum Vergleich. Das durchschnittliche Vermögen der einzelnen Konsumgenossenschaft (ohne Mitgliederguthaben) betrug 1913 rund 18000 M., der Durchschnittsumsatz je Mitglied 1918 rund 285 M. (vgl. stat. Jahrb. 1923 S. 402; 1919 S. 297). Auch im Hinblick auf diese Zahlen kann der Konsumverein für Gl. als kleinere Genossenschaft angesehen werden. Der vom LG. betonte Zweck der Veröffentlichung den Gläubigern einen Einblick in die Vermögensverhältnisse zu geben, verliert bei kleineren Genossenschaften im wesentlichen seine Bedeutung, da bei ihnen ihr Geschäftsverkehr sich regelmäßig in engeren, auch örtlich beschränkten Grenzen abspielt und unter solchen Verhältnissen dem Interesse der Gläubiger durch §§ 156 GenGes., 9 HGB. hinreichend Rechnung getragen ist. Nach Art und Umfang des Betriebes des Konsumvereins für Gl., wie er sich aus den genannten Zahlen ergibt, muß dies auch für ihn gelten.

γ) Form des Vertrages auf Verschmelzung zweier Genossenschaften.

Bayer. Oberstes Landesgericht, ZS. Beschluß v. 13. März 1925 (III 30/25).

. . . Allerdings spricht § 93a Abs. 3 GenGes. (Fassung v. 1. 7. 22/12. 5. 23) vom Übergange des Vermögens (ebenso wie § 1922 BGB. „dem typischen Fall einer Gesamtrechtsnachfolge"), nicht von Übertragung. Aber darauf, ob durch diese eine Gesamt- oder eine Sonderrechtsnachfolge eintritt, kommt es bei § 311 BGB. nicht an. Abgesehen davon ist der Grund jener Nachfolge im Falle des § 1922 kein Rechtsgeschäft unter Lebenden. Hier aber beruht er auf solchem. Der Verschmelzungsvertrag bewirkt für sich allein noch nicht die Verschmelzung, die Gesamtrechtsnachfolge — die allerdings vorliegt — tritt vielmehr, wie sich aus Abs. 3 ergibt, erst mit der Eintragung in das GenRegister ein. Er bewirkt also nur die schuldrechtliche Verpflichtung der beiden Genossenschaften, das zum

Eintritt der Nachfolge Erforderliche zu veranlassen, bes. die Anmeldung zum Register und ist daher nur ein Vertrag, durch den sich die aufzunehmende Genossenschaft verpflichtet, ihr Vermögen zu übertragen. Daß diese Auffassung auch der Absicht des Gesetzgebers entspricht, ergibt sich aus §§ 304, 306 HGB., die das Vorbild des § 93 a gebildet haben. Es besteht Einstimmigkeit darüber, daß der nach 304³ vorzulegende Vertrag dem § 311 BGB. entsprechen muß. Gleiches gilt für den Vertrag über die Verschmelzung nach § 305 HGB., die im Falle des Ausschlusses der Liquidation (§ 306) gleichfalls als Gesamtnachfolge gilt, und im Falle des § 80 GmbHG. (Samml. 11 S. 68) sowie bei Umwandlung der offenen HG. in eine GmbH. (JW. 1910 S. 720). Das RG. (69 S. 290) hat allgemein den Satz aufgestellt, es liege regelmäßig der Fall des § 311 und des § 419 BGB. vor, wenn juristische Personen ihr Vermögen, das eben ein geschäftliches Zweckvermögen sei, veräußern. Entscheidend ist die Übertragung des Vermögens von einer Person auf eine andere. Das kommt nicht in Frage, wenn die juristische Person selbst ohne Auflösung umgewandelt wird, so im Falle des § 332 HGB., wenn die Aktien-KomG. sich in eine AG. verwandelt. (Samml. 3 S. 284, 294), indem lediglich ihr rechtlicher Charakter sich ändert, und ebenso in den Fällen der §§ 143 ff. GenGes. bei der Umwandlung einer Genossenschaft in eine solche strengerer oder milderer Form, wobei es sich um Satzungsänderungen handelt. Gesamtnachfolge, aber ohne Anwendung des § 311 BGB. liegt endlich vor bei der öffentlichen Vereinigung mehrer Gemeinden (Samml. 6 S. 466). Im Falle des § 93 a handelt es sich um Verschmelzung einer aufgelösten Genossenschaft und deshalb um den Übergang ihres Vermögens auf die aufnehmende Genossenschaft: hier ist daher der Vertrag auf Übertragung des Vermögens notwendig und nach § 311 BGB. abzuschließen. Daß die AG. überwiegend Kapitalsgesellschaft, die Genossenschaft überwiegend Personenvereinigung ist, ändert daran nichts, daß beide juristische Personen sind und daß das Vermögen hier wie dort auf eine neue juristische Person übertragen wird. Es ist nicht so, als ob Gegenstand des Vertrags lediglich die Einigung über die Erwerbung der Mitgliedschaft für die eintretenden Genossen wäre und etwa Vereinbarung besonderer Verpflichtungen. Verschmelzung ist eben vor allem auch Vermögensverschmelzung und diese gilt mit der Eintragung in derselben Weise als erfolgt, wie z. B. bei der Verstaatlichung oder der Fusion einer AG. und ist nicht in einem Falle nur Motiv, im andren Gegenstand des Vertrags. . . . Es ist auch nicht richtig, daß wegen des Sperrjahres über das Vermögen nichts vereinbart werden könne; es unterbleibt nur die Liquidation, es kann aber das gegenseitige Vermögen ausgeglichen, für den größeren Teil auf einer Seite eine Entschädigung gewährt, ein oder der andere Gegenstand ausgenommen werden. Wenn endlich gesagt wird, bei der Genossenschaft, die sich nach Abgabe der Verpflichtung zur Vermögensübertragung auflöse, bestehe — etwa abgesehen von der Mitwirkung zur Anmeldung — keine Möglichkeit, diese Verpflichtung zu erfüllen, so liegen die Verhältnisse bei der AG. oder GmbH. vollkommen gleich, stets handelt es sich um die Auflösung der juristischen Person, die durch den Vertrag und dessen Anmeldung zur Erfüllung mitwirkt. BayZ. 21 S. 183.

k) GmbH. α) Begriff der „Entlehnung" im § 4.

Kammergericht, 1. ZS. Beschluß v. 29. Januar 1925 (x 35/25).

Satzungsmäßiger Gegenstand der GmbH. ist die Fabrikation und der Vertrieb elektrischer Apparate und Zubehörteile. In der Versammlung v. 1924 ist nach einer Erklärung der Gesellschafter, daß die Gesellschaft Rundfunkapparate herstelle und einen davon „Aeriola" benenne, die Änderung der Firma in „Aeriola GmbH." beschlossen worden. Die neue Firma enthält also dieses Wort nicht als Zusatz, sondern als wesentlichen Bestandteil; es muß daher dem Gegenstande des Unternehmens entlehnt sein. Daß es diesen Gegenstand, und zwar auch für den, der das Wort mit aer in Verbindung bringt, nicht erkennbar macht, ist zuzugeben. Wenn die Vorinstanzen aus diesem Grunde die Firma für unzulässig erachten, so folgen sie der herrschenden Auffassung (Staub, Liebmann, Parisius-Crüger, Pinzger, Brodmann zu GmbHG. § 4), die mit der bisherigen Rechtsprechung des KG. (Seuff. 56 S. 8, KGJ. 30. S145, 34 S. 149) verlangt, daß aus der Sachfirma der Gegenstand des Unternehmens wenn auch nicht erschöpfend, so doch im wesentlichen erhelle. Damit erfährt aber der Begriff der Entlehnung, wie der Senat nunmehr annimmt, eine Ausdehnung die der Wortsinn jedenfalls nicht rechtfertigt, die aber auch nach dem Zwecke des § 4 nicht geboten ist.

Ein öffentliches Interesse, daß das Publikum schon durch die Firma über den Gesellschaftszweck aufgeklärt wird, hat das Gesetz nicht anerkannt. Das folgt aus der Zulassung der Personenfirma, die sich über den Gegenstand nicht verhält, und bei dem ständigen Wechsel, dem die Gesellschaft in der Person der Gesellschafter unterworfen sein kann, auch über die jeweiligen Gesellschafter nichts besagt. Da die Personenfirma zur Kennzeichnung des Unternehmens, von seiner bloßen Benennung abgesehen, nichts beizutragen braucht — der Gesellschafter, dessen Namen die Firma enthält, kann gleich nach der Eintragung der Gesellschaft ausgeschieden sein — besteht kein Grund, für die Sachfirma eine über den Wortlaut des Gesetzes hinausgehende allgemein gehaltene Charakterisierung des Unternehmens zu fordern. Wenn sich das LG. der herrschenden Ansicht anschließt, so ist es ein Widerspruch, wenn es die Verwendung eines Warenzeichens in der Firma als Sachbezeichnung zuließ (ebenso auch Staub § 4²). Denn durch die Tatsache des patentamtlichen Schutzes erfährt das Publikum aus der Firma über den Gegenstand des Unternehmens nicht mehr als beim Fehlen dieses Schutzes. Ebensowenig verträgt es sich, wenn man für die Sachfirma eine den Gegenstand wenigstens im wesentlichen offenlegende Sachbezeichnung verlangt, anderseits aber die Beibehaltung der Firma auch bei einer Änderung in dem Gegenstande des Unternehmens gestattet (Staub aO.). Die Entlehnung bei der Sachfirma ist ebenso wie die Benennung eines Gesellschafters bei der Personenfirma nur ein Mittel zur Schaffung eines Unterscheidungszeichens. Muß die Sachfirma vom Gegenstande des Unternehmens entlehnt sein, so soll der Gefahr von Täuschungen begegnet werden, die entstehen können, wenn eine willkürliche, mit dem Gegenstande in gar keiner Beziehung stehende Sachbezeichnung gewählt wird. Mehr als die bloße Entlehnung kann nicht verlangt werden. Wer sich über den Gegenstand, den die Sachfirma nicht genügend klargestellt, näher unterrichten will, mag, wozu er auch bei Vorliegen einer Personenfirma genötigt ist, den Gesellschaftsvertrag (§ 3 Nr. 2) oder das Handelsregister (§ 10¹) einsehen.

β) **Bedeutung des Firmenzusatzes „Werk."**

Kammergericht, 1 ZS. Beschluß v. 4. Juni 1925 (x 11/25).

Gegenstand des Unternehmens der seit 20. 12. 1912 eingetragenen A. Werke GmbH." ist der Betrieb eines Großgeschäfts in optischen und elektrischen Artikeln sowie die Herstellung von Spezialartikeln des optischen Zweiges.... Die Vorinstanzen sind von der in KGJ. 41 S. 109 [Rsp. 42 S. 209 b] für den Firmenzusatz „Werk" und „Werke" gegebenen Begriffsbestimmung ausgegangen und haben festgestellt, daß vorliegend der Betrieb, wenn man nur seine industrielle Seite, nicht auch den kaufmännischen Teil berücksichtige, den dortigen Anforderungen jedenfalls zur Zeit nicht entspreche. Sie verweisen auf die mit der Einstellung des Schleifereibetriebs verbundene Betriebseinschränkung, auf die derzeitige Beschäftigung von nur zwei Werkmeistern und etwa 12 Arbeitern und auf den unbedeutenden räumlichen Umfang des Betriebs, der einer größeren Werkstatt gleiche. Demgegenüber macht die Beschwerde getend, daß es nach § 18² HGB. entscheidend auf die Verhältnisse im Zeitpunkte der Eintragung ankomme und daß ein späterer Rückgang des Betriebs nicht zur Ablehnung eines einmale zulässigerweise angenommenen Firmenzusatzes nötige. Ob diese Rechtsauffassung zutrifft, kann dahin gestellt bleiben. Denn es steht außer Frage, daß vorliegend der Betrieb den zu stellenden Anforderungen auch nicht in der Zeit seines größten Umfangs (1919, 1920, 1921) bei einer Beschäftigung von etwa 40 und vorübergehend 70 Arbeitern, und erst recht nicht im Zeitbunkte der Eintragung genügte. Das Einbringen des Unternehmens in die GmbH. war damals auch nur mit 58 000 M. bewertet worden. Es kann sich mithin allein fragen, ob die Grundsätze des KGJ 41 S. 109 durch einen Wechsel in der maßgeblichen Verkehrsanschauung überholt sind. Nicht zu leugnen ist, daß in neuerer Zeit im Allgemeinen Firmenzusätze anders wie früher beurteilt werden. Manche Zusätze, die der Verkehr früher bei dem Fehlen besonderer Voraussetzungen als irreführend ansah, sind infolge ihres überaus häufigen und unbeanstandeten Vorkommens in der Bedeutung, die ihnen früher anhaftete, verblaßt (z. B. „Haus" und „Zentrale"). Die Neigung zur Annahme wohlklingender und übertreibender Firmenbezeichnungen ist heutzutage nicht nur dem unsoliden Geschäftsmann eigen. Das Publikum läßt sich durch solche Bezeichnungen nicht meht täuschen, es führt die Übertreibungen auf dar richtige Maß zurück (vgl. die ZNotV. 1925 S. 10). Die um eine gutachtliche Äußerung ersuchte Industrie- und Handelskammer hat zunächst auf ein im Zusammenwirken mit ihr zustande gekommenes Gutachten des Industrie- und Handelstags vom 3. März 1924:

In Industrie und Handel gilt hinsichtlich der Firmenzusätze „Werk" und „Werke" noch immer die vom KG. 1911 vertretene Ansicht. Nur in gewissen Gewerbezweigen ist der Zusatz „Werk" auch bei solchen Unternehmungen, bei denen die Voraussetzungen des erwähnten Beschlusses nicht vollständig vorliegen, schon immer üblich gewesen (z. B. bei Hammer-, Marmor-, Steinbruch-, Säge-, Kunststein-, Schleuderbeton-, Kalk- und Mörtel-, Hartstein-, Kalk- Sandsteinwerken). In diesen bestimmten wenigen Wortverbindungen hat sich der Zusatz so eingebürgert, daß er zu Irrtümern über die Bedeutung des Unternehmens keinen Anlaß gibt.

verwiesen und dann weiter bemerkt: „Eine Befragung unserer Fachausschüsse hat ergeben, daß das Gutachten die Meinung der beteiligten Kreise wiedergibt. Darüber hinaus gilt der Firmenzusatz „Werke" nach wie vor für großindustrielle Betriebe als zulässig. Dies gilt, wie wir durch Befragung eines erheblichen Teiles der Unternehmungen der deutschen optischen Industrie festgestellt haben, auch für das Gebiet der optischen Branche."

Hiernach vermag der Senat von dem Erfordernis eines großindustriellen Betriebs für den Firmenzusatz „Werk" und „Werke", soweit es sich nicht um Betriebe der bezeichneten Art, im Wesentlichen also um Unternehmungen der Holz-, Erd- und Steinindustrie (vgl. ZNotV. 1925 S. 11 zu g) handelt, nicht abzugehen. Wenn die Beschwerde auf eine Anzahl von optischen Unternehmungen verweist, die sich in R. gleichfalls „Werk" oder „Werke" benennen, so fragt es sich, ob sie, besonders soweit sie in der Form von Aktiengesellschaften betrieben werden, des groß industriellen Charakters ermangeln. Die Industrie und Handelskammer in Brandenburg hat die erwähnte Angabe für nicht treffend erklärt. Jedenfalls ist, wie das obige Gutachten ergibt, die Verwendung des Zusatzes „Werke" für Betriebe mittleren und kleineren Umfangs und namentlich für Betriebe der optischen Branche, nicht so allgemein gebräuchlich geworden, daß der Verkehr sich daran gewöhnt hätte, in solchem Zusatze nicht mehr den Hinweis auf einen Großbetrieb zu erblicken.

γ) **Bezeichnung der Einlage. Firma „Haus der Stoffe".**
OLG. Karlsruhe, 1 ZS. Beschluß v. 12. Mai 1925.

Die Bestimmung: „A leistet eine Sacheinlage dadurch, daß er Textilwaren, bes. Stoffe im Werte von 80 000 RM. einbringt", bezeichnet den Gegenstand der Einlage nicht so bestimmt, daß über die Identität kein Zweifel ist; es ist nicht ersichtlich, welche Art und welche Menge von Textilwaren eingebracht werden. Das widerspricht den gesetzlichen Anforderungen (RJA. 10 S. 128).

Die Vorinstanzen beanstanden freilich nur die Firmenbezeichnung „Haus der Stoffe" als täuschend. Diese Annahme bekämpft die Beschwerde, die darauf hinweist, daß „Haus" überall bei vielen Firmen angewandt wird.... Aus der tatsächlichen Benutzung läßt sich jedoch nicht ableiten, daß sie berechtigt sei. Es kommt vielmehr auf die Besonderheiten des Einzelfalls an; nur sie lassen erkennen, inwieweit das Publikum getäuscht werden kann. In diesem Zusammenhange kann bedeutsam werden, daß eine zunächst unzulässige Art von Firmenbestandteilen häufig benutzt wird und dadurch im Verkehr eine Bedeutung erhält, bei der der ursprüngliche Charakter schwindet (Rsp. 43 S. 280). Es trifft aber nicht zu, daß deshalb jedes Geschäft das Stoffe führt, sich „Haus der Stoffe" bezeichnen dürfte. Zwar mögen Firmen, wie „Zigarren" „Möbelhaus" u. dgl., wo die Warengattung vor „Haus" gesetzt wird, nicht mehr notwendig das Gefühl erwecken, es handle sich um ein großes Geschäft. Auch diese — in Rsp. 42 S. 209 nicht geteilte — Anschauung ist wenigstens bestreitbar. Keinesfalls darf die hier fr. Firma auf die gleiche Stufe gestellt werden. Sie erweckt gefühlsmäßig — durch die Worte „der Stoffe" — unwillkürlich den Eindruck, daß im Geschäfte alle Stoffe gefunden werden, deren man im täglichen Leben nötig hat. Daß ein sehr reich ausgestattetes Lager vorhanden sei, wird deshalb angenommen und auf einen großen Umsatz ohne weiteres geschlossen, dies umsomehr als zu der Bezeichnung keinerlei Beisatz gemacht wird und deshalb die Empfindung entsteht, dieses Stoffgeschäft stehe so einzigartig da, daß es keines Unterscheidungsmerkmals gegenüber andren „Häusern der Stoffe" bedarf. Mit Recht sind die Vorinstanzen davon ausgegangen, daß dieses Geschäft ein großes und insbes. wohlgeordnetes Lager und einen erheblichen Umsatz aufweisen müßte. Daß dies der Fall sei, verneint das LG.; aber die verfahrensmäßigen Grundlagen sind nicht voll genügend... Jedenfalls findet seine Annahme, es handle sich um ein kleines Stoffgeschäft, in der geringen Höhe des Stammkapitals (10 000 RM.) keine Stütze. Eine solche liefern auch nicht die mehrfachen Äußerungen der Handelskammer. Entscheidende tatsächliche Feststellungen gibt zwar die dem letzten Schreiben beigefügte Äußerung eines unbekannten Sachverständigen, die die Handelskammer nicht ihrerseits gedeckt hat. Das Gericht ist außerstande, die Bedeutung dieser Äußerung richtig einzuschätzen, da die dahinter stehende Person unbenannt ist. Da die Handelskammer der Äußerung Bedeutung beilegt, kann zwar von der persönlichen Zuverlässigkeit und der Sachkunde des Gutachters ausgegangen werden. Aber völlig unklar ist, ob nicht Befangenheitsgründe vorliegen. Dann aber kann nicht ersehen werden, ob nicht bei näheren Erhebungen (FGG. § 12) das LG. seine Ansicht hätte aufgeben müssen... Auf diese Aufklärungsmittel wird zurückzugreifen sein, falls die Gesellschaft das gemäß § 5 entgegenstehende Hindernis beseitigt.

d) Verstößt der Verkauf eines Gesellschaftsmantels gegen § 138 BGB?

Kammergericht, 1. ZS. Beschluß v. 18. Dezember 1924 (x 516/24).

Satzungsmäßiger Gegenstand der Agentur- und Kommissions-GmbH. ist die Übernahme von Vertretungen, daneben der An- und Verkauf von Tabak, Eisenwaren und Reklameartikeln. Am 1. April 1924 sind die sämtlichen Geschäftsanteile an den Beschwerdeführer A abgetreten. Im Anschlusse hieran hat er als einziger Gesellschafter die Firma in „Kunst-, Spinn-, Stoff-GmbH" sowie den Gegenstand des Unternehmens dahin, daß er fortan in der Fabrikation von Kunstwolle und Kunstbaumwolle bestehe, geändert und sich selbst zum Geschäftsführer bestellt. Das Amtsgericht und das LG. haben die Eintragung dieses Beschlusses für unzulässig gehalten und die weitere Beschwerde ist am 3. Juli 1924 (JW. 1535) deshalb zurückgewiesen, weil die Abtretung mit Wissen und Willen beider Teile nur bezweckt habe, dem A. die Ausnutzung der offensichtlich inhaltslosen Gesellschaftsform zur Erreichung eines sonst nicht zu verwirklichenden Zieles, nämlich der Eröffnung eines neuen Geschäfts eines Einzelkaufmanns in Form einer GmbH. zu ermöglichen.

Er hat nunmehr seinen Eintragungsantrag, soweit ein neuer Geschäftsführer bestellt ist, mit folgender Darstellung wiederholt. Das Wohnungsamt habe die von ihm benutzten Geschäftsräume beschlagnahmt; durch den Erwerb der Geschäftsanteile habe er zur Unterbringung seines Geschäfts in den Besitz der Geschäftsräume der G. m. b. H. gelangen wollen und in dieser Absicht mit ihr zunächst einen privatschriftlichen Vertag geschlossen. In der Verhandlung vom 1. April 1924 habe dann der Notar die Umformung der Gesellschaft angeregt und erst hierauf sei ihm der Gedanke gekommen, daß er die Gesellschaft neben seinem alten Geschäfte für anderweitige Zwecke verwenden könne. Die Vorinstanzen haben mit Recht wiederum abgelehnt.

Die gegen den früheren Beschluß von Byk und Hachenburg (aO. 1535) erhobenen Angriffe nötigen zu einer Nachprüfung. Byk knüpft an den Satz des Beschlusses an, daß das Geschäft eines Einzelkaufmanns ohne Verwendung einer vorhandenen Gesellschaftsform nicht von vornherein als GmbH. begründet werden könne. Daß aus diesem Satze, wie er glaubt, die Nichtigkeit jeglicher Strohmanngründung folgen müsse, trifft nicht zu. Ist der Strohmann in Wahrheit Gründer, so wird das Geschäft eines Einzelkaufmanns eben nicht von vornherein als GmbH. gegründet. Rechtlich ist es das Geschäft einer Personenvereinigung, das die Rechtsform einer GmbH. erlangt. Der Erfolg, daß ein Einzelner ein Geschäft in der Form der GmbH. betreibt, tritt nicht von vornherein, sondern auf dem Wege einer Gesellschaftsgründung durch nachträgliche Vereinigung der Geschäftsanteile in einer Hand ein. Ob der erwähnte Grundsatz dadurch durchbrochen werden kann, daß man die Vereinigung der Geschäftsanteile in der Person eines Gesellschafters der Inbetriebnahme des Geschäftes vorangehen läßt, kann dahingestellt bleiben, da hier für ein einzelkaufmännisches Geschäft die für ein ganz anderes Unternehmen geschaffene und inhaltlos gewordene Gesellschaftsform entlehnt wird. Ohne Berechtigung ist auch der Einwand Byks, daß der Wille der Beteiligten beim Mantelkaufe nicht dahin gehe, dem Mantelkäufer den Betrieb eines Einzelkaufmännischen Geschäfts in der Form einer GmbH. oder AG. zu ermöglichen. Der Beschluß beruht jedoch auch nicht auf der Annahme, daß bei Übertragung sämtlicher Geschäftsanteile auf eine Person, die mangels einer Personenmehrheit unzulässige Bildung einer Gesellschaft vorliege. Es ist kein Zweifel gelassen, daß jener Erwerb, wenn die Gesellschaft nicht zu einem leeren Mantel, zu einer bloßen Hülse herabgesunken ist, vielmehr der Gegenstand des Unternehmens noch betrieben wird, jedenfalls aber fortgesetzt werden soll, unbedenklich ist. Schlüpft aber ein einzelkaufmännisches Unternehmen in den Mantel einer GmbH., um die Haftungsbeschränkung zu erreichen, so ist diese für ein neues Unternehmen nicht ohne Bildung einer Gesellschaft zu erlangen. Aber auch der Hinweis Byks, daß der Gebrauch von Formen und Gestaltungsmöglichkeiten des bürgerlichen Rechtes als solcher nicht zur Nichtigkeit des Rechtsgeschäfts führe, trifft nicht auf einen Tatbestand der vorliegenden Art zu. Wohl haben die Parteien, um einen bestimmten wirtschaftlichen Erfolg zu erreichen, sofern dieser Erfolg zulässig ist, die Wahl unter den ihnen gebotenen Formen. Die rechtsgeschäftliche Form, deren sie sich bedienen, ist nicht deshalb unwirksam, weil zur Erreichung des Erfolges eine andere Rechtsform der natürliche und übliche Weg ist. Hier handelt es sich um den ganz anderen Fall, daß der gewollte Erfolg (Haftungsbeschränkung) überhaupt nicht erzielbar und eine für andere Zwecke bestimmte Rechtsform deshalb gewählt ist, um verdeckt etwas vom Gesetze nicht Gewolltes doch zu erreichen. In solchem Falle hält der Beschluß eine Gesetzesumgehung als vorliegend (RG. 44 S. 112). Der § 42¹ der 2. DurchfV. zur GoldBV., der auf Mantelkäufe nicht beschränkt ist, behält auch bei deren Nichtigkeit seine Bedeutung. Im übrigen kann nicht entscheidend sein, welcher Rechtsauffassung der Gesetzgeber der GoldBV. über die Wirksamkeit von Mantelkäufen gewesen ist. Rücksichten auf ein wirtschaftliches Bedürfnis schließlich müssen zurücktreten, wenn zwingende Vorschriften verletzt sind (RG. 40 S. 35; 107 S. 69).

Auch Hachenburg läßt den Erwerb eines GmbH.-Mantels für einen Einzelkaufmann zu, obschon dieser das Geschäft nicht als GmbH. begründen könne. Wie der Unternehmer die GmbH. mit einem Vertrauensmanne gründen könne, der ihm nach der Eintragung der Gesellschaft seinen Geschäftsanteil abtritt, ebenso gut könne er eine bestehende Gesellschaft erwerben. Es liege kein wirtschaftliches Interesse vor, eine vorhandene Gesellschaft aufzulösen und zu liquidieren und gleichzeitig eine neue Gesellschaft zu errichten. Die Abneigung des Senats gegen Mantelkäufe ist nicht, wie H. glaubt, durch die häufigen Versuche, auf diesem Wege für Banken die Depotberechtigung zu erlangen, entstanden, sondern beruht auf der Überzeugung, daß der Handel mit Gesellschaftsmänteln eine höchst unerfreuliche Erscheinung unseres Witrschaftslebens sei. Ein erheblicher Anreiz zu jenem Handel ging von der Gesetzgebung der Inflationszeit aus, die den Mindestbetrag des Grund- und Stammkapitals erhöhte. Die Zulassung von Mantelkäufen ist besonders geeignet, die Fasson- und Mantelgründungen (Rsp. 43 S. 296) zu begünstigen. Sie werden regelmäßig zur Eintragung führen, da die Gesellschaftsverträge äußerlich in Ordnung gehen und für das Registergericht ihr wahrer Zweck nicht erkennbar ist. Gerade bei dem — von H. nicht ausdrücklich anerkannten — Verkauf eines Aktienmantels ist die Vereitelung eines besonderen gesetzlichen Zweckes, daß die Gründungsschutzvorschriften des Aktienrechts erfüllt werden sollen, offensichtlich. Die Personen, die ein Unternehmen durch Kauf eines Aktienmantels ins Leben rufen, entziehen sich der die Gründer treffenden zivil- und strafrechtlichen Verantwortlichkeit (HGB. §§ 202, 313); der Schutz des § 186 wird aufgegeben; Sacheinlagen erfolgen im Wege der Kapitalserhöhung; es genügt die Offenlegung im Gesellschaftsvertrage (§ 278); der Revisorenprüfung (§§ 192/3), bedarf es nicht... Für die GmbH. ist der Gründungsschutz nicht in gleicher Weise ausgebildet; ihre Gründung unterliegt ebensowenig wie ihr gesellschaftliches Leben der Kontrolle der Öffentlichkeit; die Sacheinlagen bei der Gründung und bei der Kapitalserhöhung werden gleich behandelt (§§ 5⁴, 56 GmbHG.). Der Beschluß vom 3. Juli 1924 hat daher hier die Sittenwidrigkeit des Mantelkaufs nicht allgemein angenommen, sie vielmehr nur daraus hergeleitet, daß im gegebenen Falle der Mantelkauf die Herbeiführung der Haftungsbeschränkung für ein einzelkaufmännisches Unternehmen bezweckte. An dieser Rechtsansicht ist aber festzuhalten.

Daß eine Einmanngesellschaft durch Vereinigung aller Geschäftsanteile in einer Hand zustande kommen kann, ist nach der Rechtsprechung (Brodmann GmbHG. § 2[3]) und nach dem Schrifttume (anders Neukamp GmbHG. § 60) anzuerkennen; auch wird nicht unterschieden, ob die Abtretung nach der Eintragung schon im Gründungsabschnitte beabsichtigt war oder nicht. Daß das RG. an einem Mißbrauche, der bei Bestehen solcher Absicht getrieben wird, keinen Anstoß nimmt, zeigt das Urteil (84 S. 21). Zutreffend sagt Brodmann (aO.) von der Einmanngesellschaft: „Sie ist an sich ein Unding, wird offenbar viel mißbraucht und schlägt der Absicht des Gesetzes in das Gesicht; die Gesellschaft ist geschwunden, die beschränkte Haftung ist geblieben". Es fragt sich, ob, wenn dieser eine Mißbrauch gestattet wird, der andere Mißbrauch zu verbieten ist. Der Senat hat keinen Anlaß, Mißbräuche in noch weiterem Umfange zuzulassen, als es schon bisher durch die Rechtsprechung geschehen ist. Steht nicht wie im Falle der Fortsetzung der GmbH. durch den Erwerber der Anteile die Erhaltung der Haftungsbeschränkung, sondern deren Herbeiführung für ein ganz anderes Unternehmen in Frage, so muß wieder eine Personenmehrheit vorhanden sein. Der Mantelerwerb durch eine Einzelperson verträgt sich nicht mit einem Gesetze, das nicht zuläßt, daß ein Einzelunternehmen von Anfang an in der Form der GmbH. betrieben wird. Führt dieser Standpunkt wieder zu der Farce des Mantelerwerbs durch 2 Personen mit anschließender Vereinigung der Geschäftsanteile in der Hand einer Person, so befriedigt das allerdings nicht. Es ist aber die Folge einer Rechtsanschauung, die herrschend geworden ist, obwohl sie den Gesetzeszweck verfälscht. Ebensowenig würdig ist es, wenn die Einzelperson, die für ihr Unternehmen die Haftung auf eine bestimmte Summe beschränken will, auf den Umweg der Gesellschaftsgründung mit einem „Vertrauensmann" verwiesen wird, der ihr seinen Geschäftsanteil gleich nach der Eintragung abtritt.

Vorliegend wird die Annahme der Sittenwidrigkeit nicht etwa durch die neu vorgebrachten Tatsachen ausgeschlossen. Dabei kann es nur auf den Zeitpunkt, in dem die Abtretung der Geschäftsanteile wirksam wurde, also auf den des Vertragsschlusses ankommen (§ 15[3], GmbH.). Im Vertrage aber ist die Firma und der Gegenstand des Unternehmens geändert und damit auch dem Veräußerer zum Bewußtsein gebracht worden, daß der Gesellschaftsmantel zum Betriebe eines neuen Unternehmens in der Form der GmbH. benutzt werden soll. Daß der Notar die Beteiligten erst auf den Gedanken der Mantelverwendung gebracht hat, wäre höchstens für seine Regreßpflicht von Bedeutung. Das weitere Vorbringen der Beschwerde beweist, daß mit der Ausnutzung der Gesellschaftsform noch ein weiterer unsittlicher Zweck, nämlich die Vereitelung wohnungszwangswirtschaftlicher Vorschriften verbunden war. Daß gewerbliche Räume nicht frei von jeder Bewirtschaftung durch die Gemeinde sind und zu Wohnzwecken beansprucht werden dürfen, hat neuerdings der Rechtsentscheid (Rsp. 44 S. 27) ausgesprochen. Da der Beschwerdeführer nicht daran dachte, den Geschäftsbetrieb der GmbH. fortzusetzen oder wieder aufzunehmen, wäre die Übertragung der Rechte aus dem Mietvertrage der gegebene Weg gewesen. Hierdurch aber konnte er nach der auch für gewerbliche Räume geltenden Zwangswirtschaft seinen Zweck jedenfalls nicht verwirklichen. Man wählte daher die Abtretung der sämtlichen Geschäftsanteile, um nach außen hin die GmbH., die ja eine gesonderte Rechtspersönlichkeit ist, unverändert als die Inhaberin der Geschäftsräume erscheinen zu lassen. Die Annahme der Nichtigkeit des Erwerbs der Geschäftsanteile wird daher durch die im früheren Verfahren nicht berücksichtigten Tatsachen nur noch verstärkt. Nach der gegenwärtigen Lage der Wohnungszwangswirtschaft wäre ein gültiger Erwerb der Anteile auch nicht in Gemeinschaft mit einer zweiten Person möglich.

e) **Verschmelzung mehrerer Geschäftsanteile nach § 15² und bei Goldumstellung.**

Bayer. Oberstes Landesgericht, ZS. Beschluß v. 14. März 1925 (III 26/25).

1. Die Vorinstanzen gehen davon aus, daß der § 15² zwingend ist und daß demnach eine Verschmelzung mehrerer in einer Hand befindlicher Geschäftsanteile auch mit Zustimmung der beteiligten Gesellschafter unzulässig ist. Dieser Ansicht, die auch Brodmann, Parisius-Crüger, Staub-Hachenburg, ferner RG. 82 S. 116 und KG. RJA. 13 S. 218 vertreten, ist — entgegen der Ansicht von Liebmann — beizutreten. Allerdings ist ein Grund, die Zusammenlegung im Falle der vollen Einzahlung zu untersagen, nicht ersichtlich, und erscheint demnach der § 15² als auf den Fall der nicht vollen Einzahlung zugeschnitten. Allein im Gesetz ist das nicht zum Ausdruck gelangt und deshalb nicht zulässig, zwischen nicht voll oder voll eingezahlten Stammeinlagen zu unterscheiden.

2. Hieran hat die GoldBV. für die Goldumstellung nichts geändert. Bei der Genossenschaft ist die Zusammenlegung von Geschäftsanteilen ausschließlich der Generalversammlung überlassen (Rsp. 43 S. 320); hieran ist auch durch die GoldBV. nichts geändert worden (oben i α). Im Gegensatz hierzu ist nach dem GmbHG. eine Zusammenlegung von Geschäftsanteilen ausgeschlossen und dieser Grundsatz wurde durch die GoldBV. aufrecht erhalten. Denn nach ihrem § 11 darf die Zahl der Geschäftsanteile aus Anlaß der Umstellung einer GmbH. nur insoweit vermindert werden, als ohne sie die im § 10 vorgeschriebene Mindestgrenze nicht eingehalten werden könnte. Diese Bestimmung, die den Schutz der Kleinaktionäre und der Inhaber kleiner Geschäftsanteile bezweckt, ist insofern zwingend, als sie nicht durch Mehrheitsbeschluß ausgeschaltet werden kann. Das ergibt sich aus § 5 der 2. DurchfV., wonach zur Genehmigung der Eröffnungsbilanz und zur Umstellung die einfache, nach den Aktienbeträgen bz. den Geschäftsanteilen zu berechnende Mehrheit auch dann genügt, wenn der Gesellschaftsvertrag etwas anderes bestimmt. Mäße man dem § 11 nicht zwingenden Charakter im bezeichneten Sinn bei, dann könnte der bezweckte Erfolg vereitelt werden...

Anders ist jedoch die Sache dann zu beurteilen, wenn die sämtlichen Gesellschafter über die Zusammenlegung einverstanden sind. In diesem Falle werden einzelne Gesellschafter weder benachteiligt noch gefährdet; der Grund des Verbots des § 11 trifft also nicht zu. Auch die Interessen der Gläubiger oder irgend welche öffentliche Interessen stehen nicht entgegen. Wohl aber bietet die GoldBV. positive Anhaltspunkte für ihre Zulässigkeit. Nach § 2 ist spätestens für 1. Jan. 1924 ein Eröffnungsinventar und eine -bilanz in RM aufzustellen. Nach § 4¹ findet für diese Bilanz hier § 42 Nr. 1 GmbHG. keine Anwendung und nach § 4⁴ a.O.

gelten für die Jahresbilanzen die in der Eröffnungsbilanz eingesetzten Werte als Anschaffungs- oder Herstellungspreise im Sinne des § 261 Nr. 1, 2, 3 HGB. und des § 42 Nr. 1 GmbHG. Danach geht die GoldBV. von dem Gedanken aus, daß die Gesellschaften durch die Goldumstellung auf eine völlig neue Grundlage gestellt werden sollen, daß mit ihr, wie sich übrigens angesichts der durch die Geldentwertung geschaffenen Zustände von selbst ergibt, ein neuer Abschnitt ihrer geschäftlichen Tätigkeit beginnen soll. Bei dieser Sachlage muß es, wenn Einstimmigkeit unter den Gesellschaftern besteht, auch zulässig sein, daß diese ihre Anteilsberechtigung so regeln, als wenn es sich um die Gründung einer neuen Gesellschaft handelt, so daß nichts hindert, anläßlich der Umstellung die bisherigen mehrere Anteile in je einen zusammenzulegen (vgl. Breit GoldBV. § 11[11], Schlegelberger S. 37). Dieses Ergebnis kann keinesfalls bei voller Einzahlung der Geschäftsanteile bemängelt werden, weil dann keinerlei Interessen denkbar sind, die durch die Zusammenlegung geschädigt werden könnten. Die GoldBV. bietet indessen keinerlei Anhalt, die Fälle, in denen die Anteile nicht voll einbezahlt sind oder Nachschüsse gefordert werden können, anders zu behandeln (vgl. vielmehr § 26 der 2. DurchfVo.). Auch in diesem Falle kommt, wenn die Gesellschafter einig sind, ein entgegenstehendes Interesse der Gesellschafter nicht in Betracht. Ebensowenig steht das Interesse der Gläubiger entgegen, da es sich bei den von den Gesellschaftern noch zu leistenden Einzahlungen um PMBeträge handelt, die wirtschaftlich bedeutungslos sind und die Gläubiger nicht zu schädigen vermögen.

Was von § 11 GoldBV. gilt, das hat in gleicher Weise auch von § 8 zu gelten, demzufolge das Verhältnis der mit den Anteilen verbundenen Rechte zu einander durch die Umstellung nicht berührt wird. Auch hier stehen, wenn die Gesellschafter einig sind, weder deren Interessen, noch die der Gläubiger oder der Öffentlichkeit einer anderweitigen Regelung entgegen, so daß die Gesellschafter durch einstimmigen Beschluß das Verhältnis ihrer Anteilsberechtigung abweichend von dem sich nach der PMBeteiligung ergebenden Maßstab, besonders wie hier nach dem RMWert der Einlagen zur Zeit ihrer Einzahlung festsetzen können. G.

Dazu **Verschmelzung in der Hand des einzigen Gesellschafters.**
Kammergericht, 1. ZS. Beschluß v. 11. Juni 1925 (x 370/25).

Der einzige Gesellschafter der GmbH. hat das Stammkapital von 20 000 M. auf 500 RM. umgestellt und die beiden Geschäftsanteile von 19 000 M. und 1000 M. zu einem von 500 RM. zusammengelegt. Die Vorinstanzen haben die Anmeldung der Umstellung zurückgewiesen. Der Senat hält an seiner mit der herrschenden Ansicht übereinstimmenden Meinung (Beschluß vom 25. Juli 1907 im Recht 1907 S. 1331 Nr. 3374) fest, daß das GmbHG. eine Zusammenlegung von Geschäftsanteilen nicht gestattet. Ob freilich schon die Fassung des § 15[2] entgegensteht, ist zweifelhaft. Man könnte diese Vorschrift auch dahin verstehen, daß die mehreren Anteile trotz ihrer Vereinigung in einer Hand ihre Selbständigkeit bewahren sollen, daß also nicht schon die Tatsache der Vereinigung eine Verschmelzung herbeiführt, während offen bleibt, ob die Versammlung die Zusammenlegung beschließen kann. Daß das Gesetz, wenn es über diese nichts bestimmte, sie schlechthin hat ausschließen wollen, ergibt die Begründung zum § 15, die ausdrücklich und allgemein bemerkt, daß eine Verschmelzung mehrerer in der Hand eines Gesellschafters zusammentreffender Geschäftsanteile zu einer neuen Einheit nicht vorgesehen sei (RT. 1890 AnlBd. 5 S. 3738). Die dort angestellte Erwägung, daß die Zusammenlegung sich schon mit Rücksicht auf die etwaige Rückgewähr des Anteils an den Rechtsvorgänger im Falle der Nichtvolleinzahlung gemäß § 22[4] (und der Zulässigkeit von Nachschüssen gemäß § 28) verbiete, kann mangels jeglicher Erwähnung im Gesetze nicht dazu führen, die Zusammenlegung in Fällen zu gestatten, in denen eine Rückgewähr der von ihr betroffenen Anteile nicht in Frage kommen kann. Die Zusammenlegbarkeit von Geschäftsanteilen ist auch nicht mit dem aus § 53[3] folgenden Grundsatze vereinbar, daß das Stammkapital nur durch neue selbständige Anteile, nicht aber durch eine Erhöhung bereits vorhandener erhöht werden kann (KGJ. 35 S. 186). Es hat keinen Sinn, wenn man eine solche Art der Kapitalserhöhung verbietet, jedoch nach einer Kapitalserhöhung eine Zusammenlegung des alten Anteils des Gesellschafters mit dem durch jene Erhöhung hinzuerworbenen zuläßt.

Es bedarf der weiteren Prüfung, ob die GoldBV. eine Zusammenlegung erlaubt. Ihr § 11 läßt eine Verminderung der Zahl der Aktien oder Geschäftsanteile nur insoweit zu, als ohne sie die vorgeschriebene Mindestgrenze nicht eingehalten werden könnte; um eine solche Zusammenlegung handelt es sich hier nicht. Das RG. (110 Heft 5) hat für Aktien entschieden, daß eine gegen den § 11 verstoßende Zusammenlegung nur die Anfechtbarkeit, nicht die Nichtigkeit der Beschlußfassung begründe. Für die Zusammenlegung von Geschäftsanteilen wird nicht das Gleiche angenommen werden können. Im Aktienrecht ist die Zusammenlegung von Aktien vorgesehen (§ 290 HGB.). Dagegen kennt das GmbHG. nicht die der Anteile; schon deswegen wird die Umstellung nicht zu einer Zusammenlegung benutzt werden können, die sich nicht in den Grenzen einer notwendigen Umstellungsmaßnahme hält. Aber auch aus anderen Gründen unterliegt die Zusammenlegung von Geschäftsanteilen anderer Beurteilung. Von einem Interesse an börsengängigen Nennbeträgen kann nur bei der AG. die Rede sein. Die Gelegenheit eines Zukaufs bietet sich für Geschäftsanteile regelmäßig weniger leicht wie für Aktien. Die Gefahr des Herausdrängens von Gesellschaftern würde also bei der Zusammenlegung von Geschäftsanteilen, die der Erreichung eines bestimmten Nennbetrages dient, in höherem Maße als bei der von Aktien bestehen. Vor allem aber fehlt es im Rechte der GmbH. an einer Ausgestaltung des Anfechtungsrechts. Haben nicht alle Gesellschafter zugestimmt, so würde die Wirksamkeit einer den § 11 GoldBV. verletzenden Beschlußfassung mangels einer Befristung der Anfechtung dauernd in der Schwebe bleiben. Nach alledem ist nicht annehmbar, daß der § 11 auch für die GmbH. nachgiebiges Recht enthalte. Es fragt sich aber auch, ob eine Zusammenlegung der mehreren in der Hand eines Gesellschafters vereinigten Anteile, die gar nicht zur Erreichung eines bestimmten Nennbetrages sondern nur zur Vereinfachung der Umstellung bestimmt ist (§ 36[2] S. 2 der 2. DurchfV.), überhaupt durch § 11 getroffen wird. Nun hat das Bay. ObLG. (vorstehend) die Zusammenlegung der mehreren Anteile der einzelnen Gesellschafter zu einem aus der Erwägung für zulässig erachtet, daß die Gesellschaften durch die Goldumstellung auf eine völlig neue Grundlage gestellt werden sollen, so daß den Gesellschaftern bei Einstimmigkeit das Recht zustehen müsse, ihre Anteilsberechtigung so zu regeln, als wenn es sich um die Gründung einer neuen Gesellschaft handelte. Ob dieser Begründung gefolgt werden kann, bedarf hier keiner Entscheidung. Denn selbst wenn man sich ihr anschlösse, würde die Zusammenlegung der mehreren Anteile des einzigen Gesellschafters zu einem bei der Umstellung nicht statthaft sein, da die GmbH. ihr Leben mit einem Anteile nicht beginnen kann, bei der Gründung vielmehr mehrere Anteile vorhanden sein müssen.

ζ) Abtretung der Geschäftsanteile. Verfahren nach § 142 oder 144² FGG?
Kammergericht, 1. ZS. Beschluß v. 9. Juli 1925 (x 384/25).

Die Gründer der GmbH. waren der Beschwerdeführer A. und B.; A. war Geschäftsführer. Durch notarielles Vertragsangebot haben A. und B. die Abtretung ihrer Geschäftsanteile von 190 000 M. und 10 000 M. an M. zum Gegenwerte von 200 000 M. erklärt und zur Annahme eine Frist bis 31. 8. 1923 bestimmt. In der notariellen Verhandlung vom 24. 8. 1923 hat M. nach Erwähnung des Angebots erklärt: „Ich nehme hiermit diese Abtretungserklärung an und versichere, daß der Wert der abgetretenen Geschäftsanteile 152 und 8 zusammen 160 Millionen beträgt und in dieser Höhe berichtigt ist; ich versichere ferner, daß irgendwelche weiteren Leistungen für die Übertragung nicht zugesagt noch geleistet sind." Im Anschluß hieran hat M. in der Gesellschafterversammlung vom 24. 8. 1923 als alleiniger Gesellschafter den A. abberufen und zum neuen Geschäftsführer den X. bestimmt. Nachdem diese Veränderungen Ende 1923 in das Handelsregister eingetragen waren, hat A. im März 1925 beantragt, sie von Amts wegen zu löschen, da M. mangels wirksamer Annahme des Vertragsangebots nicht Inhaber der Anteile geworden sei. Das Amtsgericht hat abgelehnt. Das LG., das „die Beschwerde nebst der Anregung zur Löschung von Eintragungen" zurückwies, hat nach seiner Begründung den Beschluß als Gericht erster Instanz gemäß § 143 FGG. erlassen. Wenn es den § 143 auf Grund der Erwägung anwendet, daß eine Beschwerde gegen eine Registereintragung unzulässig sei, so wird die Verfahrenslage verkannt. Die Beschwerde richtet sich hier gar nicht gegen die Eintragung, sondern gegen die amtsgerichtliche Ablehnung des Löschungsverfahrens. In solchem Fall ist eine Beschwerdeentscheidung durch das LG. die zweckmäßige und natürliche Verfahrensart. Verfährt es nach der Entscheidung des Amtsgerichts gemäß § 143, so kann die Prüfung, ob ein Löschungsverfahren einzuleiten sei, drei Tatsacheninstanzen durchlaufen. Hierfür liegt ein begründeter Anlaß ebensowenig vor, wie für die mit solchem Verfahren verbundene Ausschaltung der dritten Instanz, und zwar der Rechtsinstanz, wenn nach Einleitung des Löschungsverfahrens Widerspruch erhoben ist. Nur dann, wenn bei einer ausdrücklich gegen die Eintragung gerichteten Beschwerde die Sache ohne amtsgerichtliche Entscheidung über die Löschung von Amts wegen an das LG. gelangt, ist dieses gehalten, als erste Instanz den als Beschwerde sich bezeichnenden Rechtsbehelf unter dem rechtlichen Gesichtspunkte des § 143 zu würdigen. Indes liegt ein zur Aufhebung der Vorentscheidung nötigender Verfahrensverstoß nicht vor. Die rechtliche Möglichkeit, die Sache als erstinstanzliches Gericht nach § 145 an sich zu ziehen, ist für das LG. auch bei schon erfolgter Stellungnahme des Amtsgerichts zur Frage der Löschung von Amts wegen anzuerkennen (JFG. 2 S. 267). Der Senat hat also nunmehr über eine erste Beschwerde zu befinden.

Es fragt sich zunächst, ob sich die Löschungsvoraussetzungen nach § 142 oder nach § 144² FGG. bestimmen. Wäre § 144² anwendbar, so müßte ein Grund zur Löschung, ohne daß es auf die Rechtsgültigkeit der Abtretung der Geschäftsanteile ankäme, verneint werden. Denn der Beschluß der Abberufung des Geschäftsführers und der Bestellung neuer Geschäftsführer verletzt weder durch seinen Inhalt zwingende Vorschriften des Gesetzes, noch erscheint seine Beseitigung im öffentlichen Interesse erforderlich. Nun hat der Registerrichter zwar den Beschluß als solchen einer Gesellschafterversammlung eingetragen. Das genügt aber nicht dem § 144², es muß sich vielmehr auch wirklich um den Beschluß einer Gesellschafterversammlung handeln (D. NotV. 1925 S. 51). Die Beschwerde behauptet, daß M. infolge der Unwirksamkeit der Abtretung nicht einziger Gesellschafter geworden sei. Ist das richtig, so liegt der Beschluß einer Gesellschafterversammlung nicht vor. Die Voraussetzungen für die Löschung der Eintragung, die einen solchen Beschluß nicht zum Gegenstande hat, müssen sich dann nach § 142 FGG. richten. Es sind dann aber auch die Voraussetzungen für die Löschung der Eintragung erfüllt, da die Eintragung bewirkt ist, obwohl sie wegen Mangels einer wesentlichen Voraussetzung, nämlich eines Gesellschafterbeschlusses, unzulässig war. Der Beschwerdeführer hält nun die Abtretung der Geschäftsanteile deshalb für ungültig, weil die Annahme nicht auf der Grundlage des im Vertragsantrage genannten Entgelts von 200 000 M. erfolgt sei (BGB. § 150²). Allein wäre die Darstellung richtig, daß der Zessionar eine unwahre Angabe über den Wert der Abtretung und das von ihm bereits gezahlte Entgelt gemacht habe, um zwecks Steuerhinterziehung den Eindruck zu erwecken, daß es die Geschäftsanteile einschließlich anderer ihm überlassener Gegenstände von weit höherem Werte zum Preise von 160 Millionen M. erworben habe, so hätte das auf die Rechtsbeständigkeit der Abtretung doch keinen Einfluß. Die Annahme der Abtretung ist mit dem Satze: „Ich nehme hiermit diese Abtretungserklärung an" abgeschlossen. Die weiteren Erklärungen sind nicht mehr Bestandteil der Annahme; sie wenden sich, wie auch die Fassung „ich versichere" ergibt, gar nicht an die Adresse der Zedenten. Sie haben daher nicht die Bedeutung von „Erweiterungen oder sonstigen Änderungen des Vertragsangebots" (§ 150² BGB.). Das gleiche gilt von der nur als Wertangabe zur Gebührenberechnung sich darstellenden Erklärung des Zessionars, daß der Wert ebenso hoch wie die geleistete Vergütung sei.

η) **Befugnis des Geschäftsführers[1]) zu Generalvollmachten.**

Kammergericht, 1 ZS. Beschluß v. 8. April 1925 (x 90/25).

In der notariellen Verhandlung vom 21. 9. 1922 verkaufte M. sein Grund-

[1]) Ein über 7 Jahre alter Minderjähriger kann zum Geschäftsführer bestellt werden (RStG. 58 S. 304).

stück an die GmbH. und ließ es ihr zugleich auf. Für sie trat dabei A. auf, den der damalige Geschäftsführer P. am 7. Juni 1922 bevollmächtigt hatte, die Gesellschaft in allen ihren Angelegenheiten zu vertreten, soweit die Gesetze eine Vertretung zulassen. Der zuerst am 9. 11. 1922 unter Überreichung einer Steuerbescheinigung vom 2. 11. 1922 und der Generalvollmacht angebrachte Antrag auf Eintragung des Eigentumswechsels wurde zunächst beanstandet und nach Beibringung einer notariellen Verhandlung vom 22. 3. 1923, in der sowohl P. als auch der jetzige Geschäftsführer S. die Erklärungen des A. genehmigen, schließlich zurückgewiesen. Der im März 1924 wiederholte Antrag wurde, nachdem das Bezirksamt die Genehmigung nach dem Ges. vom 10. 2. 1923 versagt hatte, zurückgenommen. Mit dem erneuten Antrage v. 23. 10. 1924 war eine weitere notarielle Verhandlung vom 23. 10. 1924 beigefügt, in der P. in Gegenwart des A. bekannte, daß er mit A. sowohl vor dem Kauf wie auch nachher die Einzelheiten des Vertrages besprochen und ihm gegenüber den Vertragschluß genehmigt habe. Der Antrag wurde zurückgewiesen. Die weitere Beschwerde der Erwerberin ist begründet.

Die Auffassung der Vorinstanzen, daß das 1922 beurkundete Veräußerungsgeschäft der behördlichen Genehmigung bedurft hätte, ist nicht zu billigen. Allerdings ist sie bei Annahme der Rechtsunwirksamkeit der Generalvollmacht erforderlich. In diesem Falle hätte A. als Vertreter ohne Vertretungsmacht abgeschlossen und in gleicher Eigenschaft die Auflassung entgegengenommen. Beide Rechtsgeschäfte wären daher frühestens durch die am 22. März 1923 ausgesprochene Genehmigung wirksam geworden (§ 177 BGB.). Das KG. hat aber ständig angenommen, daß das erwähnte Ges. v. 10. 2. 1923 seiner Geltung mindestens auch d i e nach § 1 genehmigungspflichtigen Geschäfte, besonders d i e Kaufverträge und d i e Auflassungen unterwirft, die sich bei seinem I n k r a f t t r e t e n noch im Zustande schwebender Unwirksamkeit befunden haben, und zwar ohne Rücksicht auf eine später mit rückwirkender Kraft erteilte Genhmigung. Dieser Grundsatz hat nichts mit der anderen Frage zu tun, ab ein vor 1923 von einem Vertreter ohne Vertretungsmacht geschlossener, aber erst nachher, jedoch vor dem Inkrafttreten des Gesetzes genehmigter Kaufvertrag als ein vor 1923 abgeschlossenes gültiges Rechtsgeschäft im Sinne von § 15 S. 2 anzusehen ist. Nur mit dieser Frage hat sich das Schrifttum soweit ersichtlich befaßt (vgl. Hagelberg-Friedländer S. 155, 157). Das Erfordernis der Genehmigung fiele dagegen gemäß § 15 Ges. fort, wenn der Vertrag von Anfang an rechtswirksam wäre. Mit Recht erachtet das LG. diesen Beweis nicht durch die Urkunde vom 23. 10 1924 für geführt. Es kann dahingestellt bleiben, ob überhaupt gemäß § 29 GBO. durch eine nachträglich ausgestellte Vollmachtsgeständnisurkunde bewiesen werden kann, daß ein vorangegangenes Rechtsgeschäft in Vollmacht des Vertretenen vorgenommen worden ist (vgl. RG. 104, S. 358). Hier wo die Urkunde erst 2 Jahre nach Vertragschluß und nach einer zuvor bereits erklärten Genehmigung aufgenommen worden ist, tut jedenfalls die Urkunde nur die Abgabe der Erklärung aber nicht deren Richtigkeit dar; ihr Inhalt kann nur als nochmalige Genehmigung in Betracht kommen.

Die von den Vorinstanzen im Anschluß an RG. 86 S. 265 und KGJ 48 S. 130 vertretene Auffassung, daß in der Generalvollmacht die unzulässige Übertragung der gesamten Geschäftsführung liege, kann jedoch nicht aufrechterhalten werden, jedenfalls nicht für eine durch den Geschäfftsführer einem Dritten im Namen der Gesellschaft erteilte Vollmacht. Wie bereits KGJ. 32 S. 187 ausgeführt hat, kann eine juristische Person zur Wahrnehmung ihrer Rechtsangelegenheiten Bevollmächtigte bestellen. Die Gründe dafür sind bei ihr genau so gegeben, wie bei einer natürlichen Person, z. B. tatsächliche oder rechtliche Verhinderung des gesetzlichen Vertreters. Die Vollmacht haben für die juristische Person die gesetzlichen Vertreter zu erteilen; bei der GmbH. ist hiernach, soweit nicht ein anderes bestimmt ist, der Geschäftsführer berufen, die Vollmacht auszustellen. Da das geltende Recht keinen Unterschied zwischen einer Vollmacht für einzelne Angelegenheiten und einer Generalvollmacht kennt, so kann grundsätzlich nicht von Bedeutung sein, ob die Vollmacht für eine oder mehrere oder gar alle Angelegenheiten erteilt ist. Denn wie es der Gesellschaft nicht verwehrt ist, für alle vorkommenden Rechtsangelegenheiten nach und nach Sonderbevollmächtigte zu bestellen, so muß es ihr auch gestattet sein, von vornherein eine einheitliche Vollmacht für alle Angelegenheiten zu erteilen. Für die GmbH. können, wie noch aus § 46 Nr. 7 GmbHG. besonders hervorgeht, Handlungsbevollmächtigte zum gesamten Geschäftsbetriebe bestellt werden. Da sie nach § 15[3] aO. als Handelsgesellschaft des HGB. gilt, auf diese aber nach § 6[6] HGB. die für die Kaufleute gegebenen Vorschriften Anwendung finden, so ist die für den gesamten Geschäftsbetrieb erteilte Vollmacht stets eine Handlungsvollmacht (§ 54 HGB). Andererseits wird in einer ohne Einschränkung erklärten Generalvollmacht in der Regel eine Vollmacht für den gesamten Geschäftsbetrieb, mithin eine Handlungsvollmacht zu erblicken sein. Dies ist offensichtlich auch die grundsätzliche Auffassung des RG. (86 S. 265). Ebenso beurteilt KGJ. 40 S. 67 die dort erteilte Generalvollmacht ohne weiteres als Handlungsvollmacht für den gesamten Geschäftsbetrieb. Im Hinblick auf § 46 GmbHG. kann lediglich das Bedenken auftauchen, ob der Geschäftsführer zur Erteilung einer derartigen Generalvollmacht befugt ist oder ob die Bestellung eines solchen Vertreters den Gesellschaftern zukommt. Wie jedoch das RG. (75 S. 164, JW. 1923 S. 121[5]) und ihm folgend das KG. (RJA. 17 S. 93, aA. Staub-Hachenburg § 46 [33], [45]) angenommen haben, ist § 46 Nr 7 nur für das Innenverhältnis von Bedeutung, so daß der Geschäftsführer kraft seiner gesetzlichen Vertretungsbefugnis den Generalbevollmächtigten wirksam bestellen darf und daß der von ihm ohne Zustimmung der Gesellschafter berufene Handlungsbevollmächtigte nach außen hin die Gesellschaft wirksam vertreten kann. Die vom Geschäftsführer erteite Generalvollmacht ist hiernach mit Brodmann (GmbHG. § 36[3]) nicht als unwirksam anzusehen; auch das RG. versagt ihr, wie aus JW. 1925 S. 121[5] hervorgeht, nicht schlechthin die Wirksamkeit, es erkennt dort eine nur für die Abwesenheit des Geschäftsführers erteilte Generalvollmacht als gültig an. Ebenso ist das KG. bereits früher (KGJ 40 S. 67, 32 S. 137) von der grundsätzlichen Zulässigkeit und Gültigkeit einer von der GmbH. oder einer sonstigen juristischen Person ausgestellten Generalvollmacht ausgegangen. Wenn beide Gerichte in RG. 86 S. 265 und KGJ 48 S. 130 gleichwohl den dortigen Generalvollmachten die Wirksamkeit aberkennen, so tun sie es, weil nach ihrer Meinung der Geschäftsführer „die gesamte Geschäftsführung" oder „seine gesamten Befugnisse" übertragen hat. Mit Recht weist demgegenüber Brodmann darauf hin, daß es zwei verschiedene Dinge sind, ob der Geschäftsführer einen Drittem mit der unbeschränkten Vertretungsmacht betraut oder ob er ihm die Geschäftsführung überläßt. Die Vollmacht verschafft dem Dritten nur die Vertretungsbefugnis. Sie kann erteilt sein, weil ihm zugleich der Geschäftsführer die Geschäftsführung überläßt. Aus der Vollmacht selbst ist jedoch dafür nichts zu entnehmen. Für den Dritten, der in Geschäftsverbindung mit dem Generalbevollmächtigten tritt, bedeutet die Vollmacht nach §§ 172, 171 BGB. nur, daß dieser zur Vertretung der Gesellschaft berechtigt ist. Wenn in KGJ. 48 S. 130 ausgeführt wird, daß ebenso, wie die Prokura mit ihrer gesamten Machtfülle nach § 52 HGB. nicht übertragbar sei, auch ein Geschäftsführer nicht seine gesamten Befugnisse übertragen könne, so werden auch hier zwei rechtlich verschiedenartige Vorgänge gleichgestellt. Bei der Übertragung der Prokura würde an die Stelle des bisherigen Prokuristen ein neuer treten. Bei der angeblich durch die Generalvollmacht vermittelten Übertragung der Befugnisse handelt es sich dagegen, worauf schon KGJ. 32 S. 187 hingewiesen hat, niemals um eine rechtliche, sondern höchstens um eine tatsächliche Überlassung der Befugnisse, so daß der bisherige Geschäftsführer der gesetzliche Vertreter der Gesellschaft bleibt und auch der Generalbevollmächtigte in die Lage versetzt wird, den größten Teil der Angelegenheiten zu erledigen, jedoch nicht die, die dem Geschäftsführer als solchem obliegen. Nicht der Übertragung der Prokura, sondern vielmehr der vom Gesetze zugelassenen Erteilung einer Handlungsvollmacht durch den Prokuristen wäre die Ausstellung einer Generalvollmacht durch den Geschäftsführer gleichzustellen. Eine Übertragung der eigenen Befugnisse könnte im Übrigen streng genommen nur dann in Frage kommen, wenn der Geschäftsführer *für sich*, nicht für die Gesellschaft den Generalbevollmächtigten bestellt. Hier hat jedoch P. die Vollmacht für die Gesellschaft erteilt. Die Wirkung, daß der Bevollmächtigte die rechtliche Möglichkeit erlangt, neben dem Geschäftsführer die Angelegenheiten der Gesellschaft wahrzunehmen, ist die gesetzliche Folge der Generalvollmacht und führt für sich allein nicht dahin, daß, wie es in KGJ. 48 S. 130 heißt, anstelle des bisherigen Geschäftsführers tatsächlich der Gesellschaft ein anderer aufgedrängt wird. Das KG. hat denn auch in anderen Fällen, wo wie z. B. bei Testamentsvollstreckern die dauernde Übertragung der gesamten Obliegenheiten auf einen anderen ebenfalls für unzulässig zu erachten ist (vgl. auch RG. 81 S. 166), dennoch die Erteilung einer Generalvollmacht grundsätzlich zugelassen (KGJ. 32 S. 90). Ihre Unwirksamkeit könnte höchstens, wie auch das RG. (J. W. 1923 S. 121[5]) nunmehr zu meinen scheint, dann angenommen werden, wenn ein Geschäftsführer unter dem Gewande der Generalvollmacht ohne Genehmigung der Gesellschaft eine andere Person dauernd an seine Stelle setzt. Eine solche Annahme erfordert aber, daß die Generalvollmacht unwiderruflich ausgestellt ist (KGJ. 40 S. 67). Vorliegend ist sie jedoch widerruflich; denn die Unwiderruflichkeit könnte nur aus dem zwischen der Gesellschaft selbst und dem Bevollmächtigten bestehenden, der Vollmacht zugrunde liegenden Rechtsverhältnisse entnommen werden (§ 168 BGB). . .

9) **Umstellung der Geschäftsanteile gemäß der GoldBV.**

Kammergericht, 1. ZS. Beschluß v. 28. Mai 1925 (x 330/25).

Der Gesellschaftsvertrag § 4 bestimmt: „Das Stammkapital der GmbH. beträgt 20 000 Mark; an ihm sind die in der Anlage bezeichneten Gesellschafter mit den dort angegebenen Stammeinlagen beteiligt.“ Die Anlage benennt die drei Gründer mit ihren Stammeinlagen von 14 000, 4000 und 2000 Mark. Der zurzeit einzige Gesellschafter hat am 31. 12. 1924 beschlossen, das Stammkapital im Wege der Umstellung auf 500 RM. zu ermäßigen und den Betrag der Geschäftsanteile entsprechend auf 350, 100 und 50 RM. herabzusetzen, sowie den § 4 durch folgenden Zusatz „das Stammkapital beträgt ausweislich der auf den 1. 1. 1924 gezogenen RMEröffnungsbilanz 500 RM.“ zu ändern. Die Anmeldung wurde beanstandet, weil der geänderte § 4 nicht den Betrag jeder Stammeinlage erkennen lasse. Die weitere Beschwerde ist begründet.

Die Umstellung des Stammkapitals der GmbH. bedingt eine Umstellung der Stammeinlagen (vgl. § 10³ GoldBV.), da der Gesamtbetrag der Stammeinlagen mit dem Stammkapital übereinstimmen muß (§ 3³ S. 3 GmbHG.). Entsprechend der in der Praxis herrschenden Übung sind hier die auf den Stammeinlagen beruhenden Anteile (§ 14 GmbHG.) umgestellt; ihre Nennbeträge sind im selben Verhältnisse herabgesetzt, in dem das Stammkapital ermäßigt ist. Es läge kein Grund zur Beanstandung vor, wenn die Gesellschaft sich auf die Umstellung des Stammkapitals und der Anteile beschränkt hätte. Sieht man in der notwendigen Umstellung der Anteile (der Stammeinlagen) eine Satzungsänderung, so wäre diese wirksam beschlossen, ohne daß es einer Neufassung des Gesellschaftsvertrags bedurfte. Nun ist diese aber auch durch einen Zusatz zu § 4 beschlossen worden. Eine solche Neufassung gilt, auch wenn sie nur redaktioneller Art und die sachliche Änderung besonders beschlossen ist, als Abänderung des § 53 GmbHG. (vgl. § 274¹ HGB.). Die Tatsache, daß der Vertrag, sei es im ganzen oder in einem Teile, wenn auch nur durch einen Zusatz neu gefaßt ist, muß daher auch in das Register eingetragen werden. Die Vorinstanzen, die den beschlossenen Zusatz deshalb für unvollständig halten, weil er über die Umstellung der Anteile (der Stammeinlagen) nichts enthält, hätten Recht, wenn diese Umstellung eine „Abänderung“ bedeutete. Die Umstellung der Aktien ist eine solche, da der Vertrag nach § 182² Nr. 3 HGB. die Höhe der einzelnen Aktien bestimmen muß. Für die GmbH. schreibt § 3 Nr. 4 GmbHG. nur vor, daß der Vertrag den Betrag der Stammeinlage enthalten müsse. Damit ist nicht gesagt, daß die jeweiligen Stammeinlagen der Gesellschafter und ihre entsprechende jeweilige Beteiligung mit Anteilen im Vertrage zu erscheinen haben. Die Vorschrift bezweckt vielmehr nur die Festhaltung eines Gründungsvorgangs, der für die Beurteilung der finanziellen Grundlage der Gesellschaft von Bedeutung bleibt. Sie bezieht sich nur auf die bei der Errichtung der Gesellschaft zu leistenden Stammeinlagen. Für die auf eine Kapitalserhöhung zu übernehmenden Stammeinlagen (§ 55) ist die statutarische Festsetzung nicht vorgeschrieben: der Beschluß braucht vielmehr nur den Betrag, um den das Stammkapital erhöht werden soll, nicht auch den der einzelnen darauf zu leistenden Stammeinlagen ersichtlich zu machen. Zu Unrecht folgert daher das LG. aus § 3 Nr. 4, daß eine Abänderung der Betragsziffer der Stammeinlagen eine Abänderung des Vertrags sei und daß solche auch bei Teilung eines Anteils in mehrere vorliege. Die nach § 17 erforderliche Genehmigung der Gesellschaft erfolgt nicht durch Satzungsänderung, sondern durch Erklärung des Geschäftsführers als Gesellschaftsorgan, der im Innenverhältnis ein einfacher Gesellschafterbeschluß zugrunde liegen kann. Die Umstellung der Anteile gemäß der GoldBV. enthält hiernach keine Satzungsänderung; denn durch die Umstellung wird an der im Vertrag einzig und allein festgelegten Tatsache, daß bei Errichtung der Gesellschaft die einzelnen Gesellschafter die Stammeinlagen in der bezeichneten Höhe zu leisten hatten, nichts geändert und über ihre jeweilige Beteiligung hat der Vertrag sich nicht zu verhalten. Darüber hat nach § 40 die Liste Aufschluß zu geben.

Dazu: **Kann die Satzung Abänderungen von weiterer Genehmigung abhängig machen?**

Kammergericht, 1. ZS. Beschluß v. 5. Februar 1925 (x 19/25).

Im Gesellschaftsvertrage der Bauhütte Hameln ist außer den Geschäftsführern, dem Aufsichtsrat und der Gesellschafterversammlung noch ein Betriebsvorstand als Gesellschaftsorgan vorgesehen. Er besteht aus den Geschäftsführern, einem von den Angestellten gewählten Vertreter, drei von den Arbeitern gewählten Vertretern und zwei von allen Arbeitern der Bauhütte zu wählenden beamteten Vertretern oder Vorstandsmitgliedern der Gewerkschaften; die Betriebsordnung regelt das Wahlverfahren. Nach § 15 können „Abänderungen des Gesellschaftsvertrags nur mit einer Mehrheit von 3/4 der abgegebenen Stimmen beschlossen werden und unterliegen der Genehmigung durch den Betriebsvorstand und den Bauhüttenbetriebsverband Hannover GmbH." Die Vorinstanzen haben die Eintragung der Gesellschaft mit Recht abgelehnt. Der Gesellschaftsvertrag kann, wie das LG. auch nicht verkannt hat, neben den gesetzlich notwendigen Organen der Geschäftsführer, der Gesellschafterversammlung und dem Aufsichtsrate (§ 52) noch andere Organe einführen. Das folgt schon aus der Strafvorschrift des § 82 Nr. 3, von der neben Geschäftsführern und Liquidatoren „Mitglieder eines Aufsichtsrats oder ähnlichen Organs" betroffen werden. Rechtsirrig ist dagegen die Annahme des LG., daß die Mitglieder des Betriebsvorstands als eines Gesellschaftsorgans nur durch die Gesellschafter und nicht auch durch Dritte gewählt werden dürfen. Anerkanntermaßen kann sogar die Bestellung der Geschäftsführer einer außerhalb der Gesellschaft stehenden Stelle übertragen werden (Staub § 35[42]; Liebmann § 6[5]). Danach ist für das hier geschaffene Organ des Betriebsvorstands, das mit der Vertretung nach außen nichts zu tun hat, vielmehr nur an der inneren Geschäftsführung beteiligt ist, die Übertragung des Bestellungsrechts auf Dritte erst recht zulässig. Unbedenklich ist auch, wenn die Satzung das Wahlverfahren der Regelung durch die Betriebsordnung überläßt. Zu beanstanden aber ist der § 15 jedenfalls insoweit, als der Betriebsvorstand Satzungsänderungen genehmigen muß. Der § 53[1] bringt zum Ausdruck, daß der Beschluß der Gesellschafter nicht nur erforderlich ist, sondern auch genügt. Nichts anderes ist § 53[2] S. 2 zu entnehmen. Er schließt sich dem Satz 1, der für die Satzungsänderung eine Mehrheit $\frac{3}{4}$ verlangt, an und stellt damit klar, daß, wenn der Satz 2 erschwerende Erfordernisse vorbehält, er nur die Art der Beschlußfassung im Auge hat. Eine Satzungsbestimmung, die Satzungsänderungen von der Genehmigung eines anderen Organs oder eines Dritten abhängig macht, ist mit der Stellung, die der Gesellschaftsversammlung als dem obersten Willensorgane der Gesellschaft zukommt, nicht vereinbar (Staub § 53[14], Brodmann § 53[3]; a. M. Liebmann § 53[2]). Einer anderen Beurteilung unterliegt die hier erforderte Genehmigung des Verbands Hannover, da dieser zu den Gründern der GmbH., um deren Eintragung es sich hier handelt, gehört, jene Bestimmung daher als Einräumung eines Sonderrechts für einen bestimmten Gesellschafter zulässig ist (Staub, Brodmann aO.)...

ι) **Kann nach Ablauf der Dauer (§ 60 Nr. 1) noch die Fortsetzung beschlossen werden?**

Kammergericht, 1. ZS. Beschluß v. 5. Februar 1925 (x59/25).

Die ursprüngliche bis 31. 8. 24 bestimmte Dauer der GmbH. ist in der Versammlung vom 22. 11. 24 dahin geändert worden, daß die Gesellschaft als auf unbestimmte Zeit eingegangen gelten solle. Für die offene HG. und die KommGesellschaft ist anerkannt, daß die Abwicklungsgesellschaft wieder in die produktive Gesellschaft zurückverwandelt werden kann (RG. 106 S. 63). Im Gegensatze hierzu wird allgemein angenommen, daß die Wiederherstellung der GmbH. ebenso wie der AG. nach einmal eingetretener Auflösung nicht mehr möglich ist... Vorliegend handelt es sich um eine Auflösung aus § 60 Nr. 1 durch Ablauf der im Vertrage bestimmten Zeit. Gerade für solche Fälle hat der Beschluß (KGJ. 32 S. 154) ausgesprochen, daß nach Ablauf der für die Auflösung bestimmten Frist die Fortsetzung nicht mehr beschlossen werden könne. Noch weitergehend nimmt KGJ. 34 S. 166 an, daß nach Fristablauf die vorher beschlossene Fortsetzung nicht mehr der Eintragung fähig sei, vielmehr ließe sich der wirtschaftliche Erfolg des Fortbestehens nur durch eine Neugründung erreichen (ebenso ObLG., Rsp. 42 S. 226). Der Senat hält diese Entscheidungen nicht aufrecht.

Der § 60 Nr. 4 zeigt schon, wie auch Staub (§ 60[3]) anerkennt, daß die Fortsetzung der einmal aufgelösten Gesellschaft durch Gesellschafterbeschluß mit dem Wesen der GmbH. nicht schlechthin unvereinbar ist. Aus der Tatsache, daß im Falle des § 60 Nr. 4 die Fortsetzung ausdrücklich zugelassen ist, kann nicht schon ohne weiteres gefolgert werden, daß das Gesetz im Falle der Auflösung durch andere Ereignisse die Fortsetzung hat ausschließen wollen. Denn der § 144[1] HGB. enthält für die offene HG. eine entsprechende Vorschrift und hier gilt das Wiederaufleben der aufgelösten Gesellschaft ohne Beschränkung auf den dort bezeichneten Auflösungsgrund als statthaft. Was nach Staub (HGB. § 105[50]) für die offene HG. in entsprechender Anwendung des § 144 HGB. zulässig sein soll, kann nicht für die GmbH. schon wegen eines durch § 60 Nr. 4 GmbHG. gebotenen Gegenschlusses verwehrt sein. Der in Rsp. aO. verwertete Grund, daß zum Unterschiede von der offenen HG. die GmbH. nicht durch Vertragschluß zustande komme, daß vielmehr durch die Eintragung eine neue von der Person der Gesellschafter getrennte und in ihrem Dasein im öffentlichen Interesse abgegrenzte Rechtspersönlichkeit geschaffen werde, wäre nur durchschlagend, wenn durch die Auflösung der GmbH. — richtiger durch ihr Aufgelöstwerden, da die Auflösung nicht im Sinne eines sich auf einmal vollziehenden Vorgangs zu verstehen ist (vgl. Brodmann § 60[1]; Fischer JW. 1924 S. 169) — auch ihre Rechtspersönlichkeit verschwände. Die Gesellschaft bleibt jedoch auch in ihrer bisherigen Organisation, abgesehen davon, daß anstelle der Geschäftsführer die Liquidatoren treten, erhalten; nur ihre Zweckbestimmung wird geändert. Mit dem Eintritt in den Zustand des Sichauflösens soll die Gesellschaft sich nur noch dem Zwecke der Abwicklung widmen.

Diese neue Zweckbestimmung ist nun der Hauptgrund, aus dem man die Zurückverwandlung in die alte produktive Gesellschaft ablehnt. Man sagt, daß sich die Tätigkeit der aufgelösten Gesellschaft in der Erfüllung des Liquidationszwecks erschöpfen müsse und daher Beschlüsse nur noch im Rahmen der Liquidation gefaßt werden können. Diese Sätze können aber nicht gelten, wenn die nach § 60 Nr. 1 aufgelöste Gesellschaft die Auflösung nicht mehr gewollt hat, diese ihr vielmehr infolge des Fehlens rechtzeitiger Beschlußfassung über die Fortsetzung und Eintragung des Beschlusses aufgezwungen ist und kein Interesse besteht, daß es bei der Auflösung verbleibt. In einem Falle, in dem wie hier die Gesellschaft, ohne daß die nach dem Gesetz eingetretene Auflösung und Liquidation in die Erscheinung getreten sind, ihren Betrieb fortsetzt, weil sie es bei der früheren Befristung nicht belassen will, muß sie in der Lage sein, die versäumte Beschlußfassung über ihre Fortsetzung nachzuholen. Eine Gesellschaft, die tatsächlich liquidiert, mag nur beschließen können, was dem Zwecke der Liquidation dient. Eine Gesellschaft, die tatsächlich nicht liquidiert, sondern nur liquidieren soll, weil eine die Auflösung und Liquidation abwendende Beschlußfassung unterblieben ist, muß den Widerspruch zwischen dem, was sie will und was sie soll, durch eine nachträgliche Beschlußfassung zugunsten des Gewollten beseitigen dürfen. Wenn, wie Staub geltend macht, nur die Beobachtung der Gründungsvorschriften die zum Schutze des Publikums erforderliche Gewähr bietet, daß die Gesellschaft die Lebensbedingung einer GmbH., die sie sich selbst abgesprochen habe, doch besitze oder wiedererlangt habe, so versagt diese Erwägung gegenüber dem § 60 Nr. 1. Denn in der Befristung der Dauer liegt nicht die Anerkennung, daß die Gesellschaft mit dem Ablaufe der Frist ihre Daseinsberechtigung verliere. Das bedenkliche der herrschenden Auffassung in ihrer Anwendung auf § 60 Nr. 1 betont denn auch Brodmann (§ 60[2]), allerdings ohne ausdrückliche Ablehnung. Der Beschluß des Bay.Ob.LG. nötigt nicht dazu, die Sache dem RG. vorzulegen, da er unmittelbar nur den § 60 Nr. 2 betrifft.

i) **Handelsgeschäfte**[1]: α) **Klausel auf „Analysenausfall"**[2].

OLG. Hamburg, 3. ZS. Urteil vom 10. Juli 1923.

Die Klausel ist mit dem Sachverständigen dahin auszulegen, daß der Kläger eine Analyse verlangen konnte und, wenn diese die zugesicherten Eigenschaften ergab, die Ware nehmen mußte, sonst aber diese zurückweisen durfte. Danach lag ein Kauf „auf Probe" nicht vor; denn ein solcher setzt voraus, daß die Zurückweisung der Ware im freien Belieben des Käufers steht, so daß er auch bei einem guten Ausfall der Analyse nicht verpflichtet war, die vertragsmäßige Ware zu nehmen. Hinzu kommt aber, daß Beklagte, die sich auf die ihr günstige Auslegung der Klausel beruft, dafür beweispflichtig ist . . . B.

β) **„Der Preis ist feststehend." Bedeutung des § 268 Nr. 3 ZPO.**

OLG. Braunschweig, 1. ZS Urteil vom 11. Januar 1924.

Der Kläger hat am 8. August 1922 einen gebrauchten aber neu instandzusetzenden Kraftwagen für 275 000 M. gekauft und darauf 60 000 M. angezahlt. Obwohl Beklagter im Bestätigungsschreiben ausdrücklich bemerkt hatte: „der Preis ist feststehend", hat er doch wegen gesteigerter Selbstkosten Erhöhung des Kaufpreises auf 520 000 M. verlangt und, als hierauf der Kläger nicht einging, die Lieferung verweigert. Allein die klare Vertragsbestimmung kann nicht anders verstanden werden, denn als Niederlegung des bei der verhältnismäßig kurzen Lieferzeit von 8 Wochen verständlichen Willens beider Parteien, an dem vereinbarten Preise unter allen Umständen festzuhalten und zwar besonders auch mit Rücksicht auf die schon vor und zu jener Zeit ständige fortschreitende Geldentwertung. Es ist schlechterdings kaum ersichtlich, wie ein solcher Wille in Kürze anders hätte ausgedrückt werden sollen. Durch jenen Vermerk unterscheidet sich die Abmachung äußerlich und in ihren Rechtswirkungen grundlegend von anderen Lieferverträgen dieser Zeit mit zahlenmäßig festgelegtem Preise, die ohne solche ausdrückliche Klausel lediglich eines Freizeichnungsvorbehalts entbehren und daher in ihrem Bestande den Einwirkungen der veränderten äußeren Verhältnisse unterworfen sind. Unverkennbar und zwar unzweifelhaft im vollen Bewußtsein der Sachlage hat vielmehr hier der als Fahrzeughändler und Techniker geschäfts- und fachkundige Beklagte die Gefahr weiterer Verschlechterung der Wirtschaftslage mit Einschluß dadurch bedingter Lieferungserschwerung auf sich genommen. Er mag dies, wie dies gelegentlich geschieht, getan haben, um überhaupt zum Abschluß zu kommen. Dadurch hat aber das Geschäft mit dem Willen der Beteiligten die Eigenart eines Wagnisses, einen „spekulativen Einschlag" (vgl. JW. 1923 S. 291) erhalten. — Schadensersatz hat Kläger erst im zweiten Rechtszuge begehrt und die Leistungsklage völlig fallen gelassen. Hierzu ist er nach § 268 Nr. 3 ZPO. berechtigt; denn da eine Unmöglichkeit der Vertragsleistung nicht vorliegt, stand ihm ursprünglich frei, auf Lieferung oder auf Schadenersatz

[1]) HGB. § 344 ist auch steuerrechtlich bedeutsam (RFinH. 12 S. 139).

[2]) Im Handel mit technischen Ölen besteht kein allgemeiner Handelsbrauch darüber, welche Abweichungen der durch die Analyse festgestellten Kennzahlen von den im Angebot zugesicherten oder in den Lieferungsbedingungen geforderten Werten zulässig sind (Gutacht der Handelsk. Berlin, Mitt. 1924 S. 245).

wegen Nichterfüllung zu klagen. Es kann andererseits nicht wunder nehmen, daß er sich schließlich infolge der während des Rechtsstreits hervorgetretenen hartnäckigen Stellungnahme und schlechten Vermögenslage des Beklagten von der tatsächlichen Schwierigkeit überzeugt hat, seinen eigenen Lieferungsanspruch befriedigt zu sehen. Er mußte folgerichtig seine bisherige Prozeßtaktik ändern. In welchem Zeitpunkt nach Klageerhebung er aber zu der Auffassung gekommen ist, einer „später eingetretenen Veränderuug" gegenüber zu stehen, verschlägt nichts; denn er brauchte seinen Klagantrag nicht sofort zu ändern, und konnte dies besonders auch dem zweiten Rechtszuge vorbehalten ... v. F.

γ) **„Bei Abnahme mittels Elbkähne wird der Berechnung die amtliche Kahntiefe zugrunde gelegt."**

OLG. Hamburg, 6. ZS. Urteil v. 3. Februar 1925 (Bf. 580/24).

Danach sollte die Preisberechnung auf eine möglichst unbezweifelbare Grundlage gestellt werden. Andrerseits hatte die in Burg ansässige Beklagte als Käuferin die Kähne zu stellen und auszusuchen; sie war in der Lage, die Richtigkeit der Eichung zu prüfen und konnte Übergabe der Ware in den von ihr gestellten Kahnraum verlangen. Sie tat solches nicht, sondern nahm die Kähne, die der Kläger hier ausgesucht hatte, zur Beförderung in Anspruch. Freilich widersprach sie der Richtigkeit der Eichung mit dem Hinweise darauf, daß mehrere der Schiffer erklärt hätten, ihre Kähne seien schon 10 Jahre nicht mehr geeicht. Dieser Widerspruch hat die Wirkung, daß Beklagte, die sich durch Entgegennahme jener Kähne der amtlichen Kahneiche unterworfen hatte, jetzt ihrerseits nachweisen kann, es sei nicht so viel eingeladen. Sie hat die Ware sowohl beim Umschlag der Kähne in den Elbhafen wie bei Ankunft der Bahnwagen in Burg nachwiegen lassen. Diese Feststellungen, die schon untereinander erheblich abweichen, können zum Gegenbeweise nicht genügen. Es läßt sich nicht sagen, was mit der Ware auf Kahn und Eisenbahn geschehen ist. Die Kahnreise muß maßgebend bleiben. Es ist auch keineswegs richtig, daß die Eichung bei allen Kähnen 10 Jahre zurückliegt... Wenn schließlich Beklagte behauptet, die Schiffer hätten teilweise wenigstens den Beauftragten vor der Ladung auf die Unrichtigkeit der Eichung aufmerksam gemacht, so könnte dies in Frage kommen, wenn sich der Kläger des X. als Erfüllungsgehilfen gegenüber der Beklagten bedient hätte. Das ist aber nicht geschehen. Die Abnahme war Sache der Beklagten; soweit X. hierbei mitwirkte, erfüllte er nicht eine Pflicht des Klägers gegen die Beklagte. B.

δ) **Kauf ausländischer Zinsscheine „mit Regreß".**

OLG. Hamburg, 8. ZS. Urteil v. 3. Juni 1924.

Die — für den Preis wesentliche — Klausel „mit Regreß" soll nach dem Sachverständigen die dem Käufer ausländischer Zinsscheine nach allgemeinen Rechtsgrundsätzen zustehenden Rechte nicht einschränken, sondern erweitern. Sie wurde zurzeit des Vertragsschlusses (Juni 1922) wie auch jetzt in den beteiligten Kreisen allgemein dahin verstanden, daß sie den Verkäufer verpflichtet, für alle Folgen einer etwaigen Nichteinlösung aufzukommen, d. h. dem Käufer entweder Ersatzscheine zu liefern oder ihm den Betrag, auf den die Zinsscheine lauten, in ausländischer Währung zu vergüten. Die Klausel bedeutet also nicht, daß der Verkäufer nur zur Rückzahlung des gezahlten Kaufpreises verpflichtet, jeder weitere Anspruch des Käufers besonders auf Ersatzlieferung und auf Schadenersatz jedoch ausgeschlossen sei. B.

ε) Vertragsbestimmung „Zahlung nach Empfang".

OLG. Hamburg, 7. ZS. Urteil v. 22. Januar 1925 (Bf. 345/24).

Diese Bestimmung bedeutet handelsüblich Zahlung nach Untersuchung und Genehmigung, nicht Zahlung nach Lieferung der Ware. Sie gewährte also dem Beklagten nicht das Recht, daß ihm die Ware vor der Zahlung zu Besitz und Eigentum übergeben werde; der Kläger war nur verpflichtet, ihm vor der Zahlung die Untersuchung der Ware zu ermöglichen. Entsprach diese dem Vertrage, so hatte der Beklagte Zug um Zug gegen Lieferung zu zahlen. Nach der vom Sachverständigen bestätigten Handelssitte stand ferner dem Kläger frei, die Ware vom Lager oder unter Übergabe des Konnossements vom Kai anzudienen. Das wäre nicht anders, wenn der Schlußschein des Beklagten noch den Vermerk „unverzollt" enthalten sollte. Der Kläger handelte daher vertragsmäßig, wenn er das Konnossement unter der Erklärung, daß dieses und die Ware bis zum Eingang des Rechnungsbetrages sein Eigentum bleibe, dem Beklagten zu getreuen Händen übersandte. Auch der Vermerk auf der Rechnung „Zahlbar am 30. 4. 1924" gab diesem, wenn die Ware gelöscht war, keinen Anlaß, die Andienung zu beanstanden. Er war alsdann, da er das Konnossement am 29. April erhalten hatte, in der Lage, die Untersuchung vor Ablauf der bestimmten Frist am Kai vorzunehmen. Der Vorbehalt „zu getreuen Händen" hinderte ihn daran nicht, denn, wie das Gutachten bestätigt, brauchte er zur Probenziehung und Untersuchung das Konnossement nicht aus der Hand zu geben. Auch der Eigentumsvorbehalt stand der handelsüblichen Ziehung von Proben nicht entgegen ...

Die Tatsache, daß die Ware erst am 8. Mai hätte untersucht werden können, weil sich die Löschung des am 26. April eingetroffenen Dampfers bis dahin verzögert hat, steht dem Schadensanspruche nicht entgegen. Der Kläger ist bei der Andienung davon ausgegangen, daß die Ware bereits gelöscht sei und daher am Kai untersucht werden könne. Beklagter hat aber die Andienung lediglich als unkontraktlich bezeichnet, weil ihm das Konnossement gegen sofortige Zahlung — anstatt der Ware selbst vom hiesigen Lager und zahlbar nach Empfang —, angedient worden sei. Diese Zurückweisung war vertragswidrig, und das Beharren des Beklagten bei ihr trotz mehrfacher Wiederholung der Andienung und trotz Nachfristsetzung berechtigte den Kläger, statt der Erfüllung Schadensersatz wegen Nichterfüllung zu verlangen, mochte auch objektiv die Vertragsleistung des Beklagten noch nicht fällig sein ... B.

ζ) Vereinbarung festbestimmter Verschiffungsmonate, Wiederholte Andienung.

OLG. Hamburg, 8. ZS. Urteil v. 14. Febr. 1924 (Bf. 465/23).

Wird bei überseeischen Abladegeschäften Ware unter Vereinbarung eines festbestimmten Verschiffungsmonats gehandelt, so kann nach feststehender Rechtsprechung nur mit Dokumenten erfüllt werden, aus denen sich ergibt, daß sie jenen Monat im Text enthalten. Hier hat der Kläger „April-Verschiffung" verkauft, aber eine am 29. März laut Konnossement verschiffte Ware angedient. Die Beklagte hat also diese Dokumente am 22. April mit Recht zurückgewiesen. Die Bemerkung der Maklerschlußnota „Konnossementsdatum ist maßgebend" ist selbstverständlich und somit überflüssig (Staub zu § 376[39], HansGZ. 1911 Nr. 82, 1916 Nr. 135).

Der Kläger hat sodann am 24. April ordnungsmäßige Dokumente über April-Abladung angedient und hält diese Andienung für zulässig. Allein Dokumente über seewärts eingeführte Waren bilden ebenso wie die Waren selbst, den Gegenstand von Handelsgeschäften; auch werden vielfach Verträge über noch schwimmende Waren, über deren Verschiffung die Dokumente gleichfalls noch unterwegs sind, abgeschlossen. Bei der Erfüllung derartiger Geschäfte kann im Interesse der Sicherheit des Handelsverkehrs nur ein einmaliger Erfüllungsversuch zugelassen werden. Führt er nicht zur Annahme, so ist damit die rechtmäßige Erfüllung endgültig mißlungen. Der Käufer trifft, falls unrichtig erfüllt wird, seine durch die Verweigerung der Leistung notwendig werdenden Maßnahmen mit Rücksicht auf seinen Abkäufer. Aus diesem Grunde hat er für eine nachträglich erfolgende ordnungsmäßige Andienung kein Interesse mehr, und er geriete, obwohl vertragstreu, in Schwierigkeiten, falls er gezwungen werden könnte, eine erneute Andienung vertragsmäßiger Ware noch anzunehmen.[1]) V.

η) **„Im Transit nach der Tschechoslowakei." Teilstreik der Schiffer.**
OLG. Hamburg, 1. ZS. Zwischenurteil v. 25. April 1923 (Bf. 237/22).

Das Konnossement gibt als Bestimmungsort des Schiffes Hamburg an und bemerkt bei der Angabe der Ware: „im Transit nach der Tschechoslowakei". Schon dieser Platz des Zusatzes deutet darauf hin, daß er lediglich ausdrücken sollte, daß es sich für Hamburg um Durchgangsgut handelte und um nichts weiter. Er ist für die zollamtliche Behandlung der Ware und für die Behandlung den Verkehrsbehörden gegenüber wichtig; daß darüber hinaus das Schiff Wochen oder Monate lang ohne Entschädigung liegen bleiben sollte, wenn der Empfänger durch einen Teilstreik gerade die Oberländerschiffer gehindert war, mittelst Kahn abzunehmen, ist nicht gesagt. Selbst wenn regelmäßig Ware im Transit nach der Tschechei mit Oberländerkähnen weiterbefördert wird und sachverständige Spediteure und Empfänger die Auffassung der Beklagten teilen, so könnte diese Auffassung das Schiff nur dann binden, wenn sie in Handelskreisen allgemein geworden wäre; das ist aber nicht der Fall: Die Reeder sind anderer Meinung; ein Handelsbrauch besteht also nicht, zumal auch, wie der Sachverständige ausführt, die Weiterbeförderung mit der Bahn, selbst für ganze Schiffsladungen der vorliegenden Ware (Schwefelkies) gegeben war. Es erscheint aber völlig aus-

---

[1]) Der Auffassung Staubs, daß bei Aufgabe bedeutender Bestellungen durch Draht (Fernspruch) der Vertrag erst durch Auswechslung von Schlußscheinen zustande komme, kann in dieser Allgemeinheit, namentlich für Zeiten der Warenknappheit nicht beigetreten werden. — Ebensowenig besteht ein Handelsbrauch, nach welchem im Zweifel namentlich in der chemischen Industrie unter den allgemeinen Bedingungen des Verkäufers abgeschlossen ist (OLG. Karlsruhe, Bad. Rpr. 90 S. 19).

geschlossen, daß die freie Löschzeit des Schiffes sich verschieden berechnen soll, je nach der Art, wie es dem Empfänger paßt zu empfangen...

ϑ) **Aufgabeort: „österr. Station, Lieferzeit pünktlich".**

OLG. Hamburg, 6. ZS. Urteil v. 5. Dezember 1922 (Bf. 316/22).

Die Beklagt hat die Anfang 1921 angebotene Ware abgelehnt; weil diese auf einer südslawischen Station aufgegeben war. Allein nach der Klausel:

„Lieferung und Preise verstehen sich ab frei Salzburg. Aufgabeort österr. Station, Versand nach Hamburg Freihafen durch Bahn, Lieferzeit pünktlich"

ist für die Beschaffenheit der Ware der Aufgabeort bedeutungslos. Von Bedeutung könnte er zunächst für die Beschaffenheit der anzudienenden Dokumente sein: Beklagte hätte nur zahlen brauchen, wenn der Frachtbrief als Aufgabeort eine österr. Station enthielt. Dieser Gesichtspunkt scheidet aber hier aus, da der Kläger (Wiener) Zahlung erst gegen die inzwischen hier angekommene Ware verlangt hat. Nach dem Verlauf der Sache ist vielmehr der Aufgabeort nur für die Rechtzeitigkeit der Andienung und die Verzugsfolgen von Bedeutung. Mußte der Kläger die Ware in Österreich aufgeben und verzögerte sich durch die Aufgabe in Südslawien die Andienung und Ankunft, so verletzte er damit seine Pflicht zu pünktlicher Lieferung. Daraus würde aber ein Recht der Beklagten zur Annahmeweigerung nur folgen, wenn sie eine Nachfrist gesetzt hätte, oder wenn eine den Rücktritt rechtfertigende positive Vertragsverletzung vorläge.... Nach dem Beweisergebnisse beruht aber die Verzögerung lediglich auf Hindernissen, die in Österreich eingetreten sind und daher auch eine Versendung von einem österr. Ort in demselben Maße gehindert hätten. V.

ι) **„fob Hamburg gegen Kai-Receipt." „Werksbedingungen".**

OLG. Hamburg, 2. ZS. Urteil v. 29. Mai 1923.

Die Klausel „fob Hamburg", überdies mit dem Zusatze „gegen Kai- oder Bord-Receipt", bedeutet für Hamburg nach allgemeinem Handelsbrauch, zum mindesten in diesem Geschäftszweige (Naphthalin) nicht allein, daß der Verkäufer alle Kosten bis zum Seeschiff zu tragen hat (Rsp. 3 S. 92), sondern daß er die Ware im Freihafen für die Ausfuhr zu liefern und dafür einzustehen hat, daß diese auch möglich ist. Hier kommt hinzu, daß, selbst wenn sich der Verkäufer auf eine Unmöglichkeit der Ausfuhr berufen dürfte, der Brief des Lieferwerks noch nicht zeigt, daß die dort erwähnten Schwierigkeiten für die Beklagte unüberwindlich waren und daß sie nur durch den Kläger die Ausfuhrerlaubnis hätte beschaffen können. Ebensowenig sind die nachträglich vom Lieferwerk an Beklagte gestellten Anforderungen als den Kläger bindende „Werksbedingungen" anzusprechen. Darunter können vielmehr lediglich die Originalabschlußbedingungen, nicht aber nachträglich erhobene, im Vertrage nicht vorgesehene Schwierigkeiten verstanden werden. V.

κ) **Haftung eines Exporteurs, der bei Einführung seines überseeischen Kunden erklärt, „ich werde regulieren".**

OLG. Hamburg, 1. ZS. Urteil v. 27. November 1922 (Bf. 251/22).

... Diese Erklärung läßt an sich die Auffassung zu, daß Beklagter sich nur bemühen wolle, von seinen Kunden X. den Preis für die von diesem gekaufte Waren zu erhalten, und daß er den Betrag abführen würde, sobald er ihn bekommen habe. Mit den Gutachten ist jedoch festzustellen, daß der Exporteur nicht nur dafür haftet, daß der Kunde ihm als zuverlässig und zahlungsfähig bekannt ist, sondern daß der Großkaufmann beim Verkauf an den eingeführten Überseer keine Gefahr laufe, weil notfalls der Exporteur selbst die Verpflichtung der Zahlung übernimmt. Da diese Auffassung nicht ganz unbestritten ist, hat das Gericht 2 Sachverständige aus den Kreisen der Überseeexporteure und der Grossisten gehört. Beide sind derselben Meinung, die auch der hiesige 3 ZS (HansGZ. 1922 Nr. 4) vertritt. Ferner bringt die Art der Ausführung des Geschäftes regelmäßig mit sich, daß der Exporteur die tatsächliche Gewalt über die Ware erhält und erhalten soll, und daß er die Ware — notfalls ohne Deckung — aus Händen gibt. So ist es auch hier gewesen. Die Klägerin hat die Ware zwar an das Schiff angeliefert, aber der Beklagte hat das Konnossement erhalten und an X. geschickt. Wäre er nicht als eventueller Zahlungsverpflichteter anzusehen, so würde die Klägerin vor die Frage gestellt, ab sie die Ware ohne Deckung aus der Hand geben will. Diese Überlegung brauchte sie nicht anzustellen, weil sie durch die Erklärung des Beklagten gedeckt war. An dieser Auffassung wird das Gericht auch nicht dadurch irre, daß sie ihm geschrieben hat, er sei als Vermittler aufgetreten. Bis zu einem bestimmten Grade ist dieser Gesichtspunkt auch nicht unrichtig; denn ohne die Einführung wäre das Geschäft überhaupt nicht zustande gekommen, und andererseits liegt durchaus im Rahmen eines solchen Geschäftes, daß der Verkäufer sich zunächst an den Exporteur wendet mit der Bitte, die Sache in Ordnung zu bringen; damit ist aber noch nicht gesagt, daß er für die Zahlung nicht einzustehen brauche... B.

k) **Zinsen nach § 353 auf Valutaforderungen.**

OLG. Hamburg, 2. ZS. Urteil v. 6. Mai 1924 (Bf. 104/24).

Die Beklagte kam mit ihrer Verpflichtung, dem Kläger Pfund Sterling an bestimmten Terminen zu liefern, in Verzug, muß ihm also einen Verzugsschaden ersetzen, den er aber nachzuweisen hat; er kann nicht einfach 6% Zinsen fordern, da hier § 353 nicht paßt. Hätte er zurzeit der Fälligkeit den Gegenwert der Pfunde an die Beklagte bezahlt, dann wäre zu untersuchen, ob er auf Grund ihrer Pfund-Forderung nach § 353 HGB. oder nach § 452 BGB. berechtigt wäre, Zinsen zu berechnen. Hier hat er aber den Gegenwert bis zur Lieferung einbehalten, also mit diesem Gelde bis dahin arbeiten können. Er hat auch nicht behauptet, die entprechenden Markbeträge an den Verfalltagen kreditiert zu haben, so daß Beklagte in der Lage war, ohne Lieferung der Pfunde darüber zu verfügen. Auch in diesem Falle müßte der Kläger ihr für die Beträge, über die sie nicht verfügt hat, Haben-Zinsen gutbringen. Es ist dem Gericht auch nicht bekannt und nicht behauptet, daß nach Handelsbrauch Bankiers auch bei Verträgen wie dem vorliegenden ohne Zahlung oder Kreditierung des fälligen Gegenwerts Zinsen auf Valutaforderungen berechnen können. Dazu genügte nicht, wenn sich bei den Bankiers eine derartige Übung herausgebildet hätte, vielmehr wäre weiter erforderlich, daß auch die Kunden eine derartige Belastung allgemein anerkennen [1]).

l) **Pfandrecht an Wechseln im Kontokorrentverkehr.**

α) Kammergericht, 13. ZS. Urteil v. 2. Februar 1925 (U 9457/24).

Der beklagte Aussteller hat den Klagewechsel der Klägerin bei ihrer Zahlstelle O. zum Diskont eingereicht; das Angebot ist aber nicht angenommen worden. Die Klägerin will nach § 20 ihrer Geschäftsbedingungen: „Wechsel, die aus irgend einem Anlaß in den Besitz oder Mitbesitz (Safes) der Bank gelangen und nicht als fremdes Eigentum bezeichnet sind, dienen der Bank als Pfand und zur Ausübung des Zurückbehaltungsrechts für ihre bestehenden oder künftigen, auch bedingten Forderungen" mit der Übernahme des Wechsels ein Pfandrecht an dem Papier erworben haben. Nach § 1292 BGB. müssen die Parteien in dem Zeitpunkt, wo die Übergabe stattfindet, darüber einig seien, daß das Pfandrecht entstehen soll; es reicht nicht aus, daß sie sich früher einmal geeinigt haben. Solange jedoch keine Willensänderung ersichtlich ist, muß geschlossen werden, daß die früher vorhandene Einigkeit noch bei der Übergabe fortbestanden hat (vgl. Wolff Sachenrecht [3] 574 186). Es kommt mithin darauf an, ob Beklagter damals ausgedrückt hat, daß § 20 Bedingungen ausscheiden und die Klägerin nicht berechtigt sein solle, das Pfandrecht am Wechsel für sich zu beanspruchen, falls sie ihn nicht zu Eigentum erwerben werde. Dieser ihm obliegenden Darlegungs- und Beweislast hat er nicht genügt. Deshalb ist davon auszugehen, daß für die Klägerin zur Sicherung ihres seit 1924 fälligen Kontokurrentguthabens gemäß § 1292 BGB. an dem auf sie indossierten Wechsel ein Pfandrecht entstanden ist. Dieses wäre zwar erloschen, wenn sie das Diskontgeschäft abgeschlossen und so das Eigentum am Wechsel erworben hätte (§§ 1273, 1256); dazu ist es aber nicht gekommen.

Aus diesem Pfandrecht kann die Klägerin indes wechselmäßige Ansprüche nur gegen den Akzeptanten herleiten. Bei der Pfandbestellung nach § 1292 erwirbt der Gläubiger allerdings weitergehende Befugnisse als in dem Falle, wo ohne Indossierung der Wechsel lediglich nach den allgemeinen Vorschriften der §§ 1274, 1205 verpfändet wird. Der Indossatar erlangt, soweit nicht zwingende Vorschriften entgegenstehen, nach außen gegenüber den Wechselschuldnern des Verpfänders alle Befugnisse, wie sie das Eigentum am Wechsel gibt. Demnach darf er zwar diesen grundsätzlich nicht veräußern, sofern ihm dieses Recht nicht besonders eingeräumt ist (§§ 1282², 1284), er darf aber die Wechselforderung einziehen, und zwar ihrem ganzen Betrage nach und nicht lediglich insoweit, als es zu seiner Befriedigung notwendig ist, und der Wechselschuldner kann sich nur der Einreden bedienen, die in Art. 82 WO. zugelassen sind. Allein im Innenverhältnis zum Verpfänder bleibt der Gläubiger auch nach § 1292 nur Pfandgläu-

---

[1]) Eine gewohnheitsrechtliche Übung, die den Zinsfuß des § 352 erhöht, würde bedingen, daß bei einem Streite ganz allgemein der Richter von Amtswegen unabhängig von jeder Zinsvereinbarung dem Gläubiger einen bestimmten höheren Zinssatz als 5% zusprechen müßte; sie besteht aber nicht (RFinH. 12 S. 310). — Zinsen, die auf Grund der §§ 352/3 gefordert werden, haben den Charakter gesetzlicher Zinsen (aO. S. 310).

biger und daraus folgt, daß die Wechselschrift des Verpfänders, hier des Beklagten, seine Wechselhaftung nicht zu begründen vermag (RGKomm. BGB. § 1292¹, § 1294¹, Staub-Könige HGB. § 368¹; aA. Dernburg BR. 3 § 281¹, Mansfeld LZ. 1913 S. 420). Dagegen war die Mitbeklagte aus ihrem Akzept verpflichtet, die Wechselsumme bei Verfallzeit zu zahlen. Diese Haftung wäre — nachdem die Klägerin den Wechsel im Regreßweg eingelöst und dadurch ihr altes Wechselrecht wieder erlangt hat — selbst dann wirksam geblieben, wenn die Veräußerung des Wechsels an die Reichsbank nach § 1282² BGB unzulässig gewesen wäre. Tatsächlich ist diese Regel jedoch nicht anzuwenden, weil der Klägerin im § 21 ihrer Bedingungen das Recht eingeräumt wird, die mit dem Pfandrecht belasteten Sachen und Rechte freihändig zu verkaufen. Daraus folgt zugleich, daß die Mitbeklagte aus Art. 51, 81 WO. auch für Protestkosten, Zinsen und Provisionen haftet. . . . L. n.

β) OLG. Karlsruhe, 1. ZS. Urteil v. 22. Oktober 1924.

. . . Da die Bank dem Erstbeklagten, mit dem sie in laufender Rechnung stand, die erbetene Diskontierung des von ihm indossierten, vom Zweitbeklagten angenommenen Wechsels ausdrücklich ablehnte, ist ein Begebungsvertrag nicht zustande gekommen, so daß die Bank aus dem Indossamente keine Rechte herleiten kann und den Wechsel zurückgeben muß. Ein Pfandrecht ist nach § 1292 BGB. nicht bestellt; denn der Wechsel mit dem Indossoment ist nicht in der Absicht übergeben, der Bank zur Ausübung des Pfandrechts die Stellung eines Indossatars zu verschaffen. Der § 35 der allg. Geschäftsbedingungen besagt nur, daß mit jeder Indossierung eines Wechsels die diesem zugrunde liegende Forderung auf die Bank übertragen wird, ohne daß es einer Abtretungserklärung bedarf.

Ebensowenig steht der Klägerin der § 3 aO. zur Seite, wonach „Wechsel, die in den Besitz der Bank gelangen, . . ihr als Pfand haften, gleichviel aus welchem Rechtsgrunde der Besitz herrührt." Schon aus diesen Schlußworten ergibt sich, daß die Klägerin das Pfandrecht nur erwirbt, wenn sie den Besitz aus einem „Rechtsgrund" erwirbt. Dies ist aber nicht der Fall, nachdem sie den Abschluß des Begebungsvertrages abgelehnt hat. Jedoch könnte sie, da die Wechselübergabe ihr nicht die Stellung eines Indossatars zur Ausübung des Pfandrechts verschaffen sollte, aus dem Indossament auch nicht als Pfandgläubigerin Rechte herleiten. In der Besitzübertragung verb. mit § 3 der Bedingungen könnte aber — da der § 1292 BGB. nach seinem Wortlaute „genügt" die allgemeinen Vorschriften über Verpfändung von Rechten nicht ausschließt — eine Vereinbarung des Inhalts gefunden werden, daß die Rechte des Ausstellers nach diesen Vorschriften verpfändet werden. In diesem Falle mußte sich die Klägerin alle Einwendungen gefallen lassen, die dem Aussteller entgegengehalten werden können, hier also die Verpflichtung, die er dem Akzeptanten gegenüber übernommen hatte, nur in bestimmter Weise den Wechsel zu verwenden, nämlich um durch Diskontierung dem Akzeptanten Geld zu verschaffen. Da die Klägerin diese Verpflichtung schon bei dem Empfange des Wechsels kannte, ist endlich die Erhebung des Anspruchs auch arglistig. . . Rpr. 90 S. 169.

γ) **Anlegung eines Kontokorrentguthabens bei einer Bank.**

OLG. Rostock, 1. ZS. Urteil v. 5. März 1925.

Die Klage ist mit Recht abgewiesen. Sie kann nur auf Vertrag oder auf unerlaubte Handlung gestützt werden. Mit dem LG. ist aber ein Vertrag zugunsten eines Dritten, geschlossen von G. mit der beklagten Bank zugunsten der Klägerin, nicht anzunehmen. Wer sich für einen von ihm besorgten Geschäftszweig ein Konto, das lediglich zu seiner Verfügung stehen soll, anlegen läßt, bleibt auch der alleinige Inhaber dieses Kontos, und es ist ein vertragsmäßiges Verhältnis zwischen der Firma für die er arbeitete und der Beklagten nicht zustande gekommen. Die Forderungen aus dem Kontokorrent konnte also der Beklagten gegenüber nur G. geltend machen. Ebensowenig hat die Beklagte ein Recht der Klägerin dadurch schuldhaft verletzt, daß sie Zahlungen und Überweisungen, die auf jenes Konto ohne Nennung des G. und ohne Kontonummer eingingen, dem Konto gutschrieb. Der Beklagten stand immer nur G. als der Konteninhaber gegenüber und sie hatte keine Veranlassung, sich um seine Beziehungen zu der Klägerin, in deren Dienst er stand, zu bekümmern. Dr. Br.

m) **Rückübertragung des Eigentums an der zur Verfügung gestellten Ware.**

α) OLG. Hamburg, 2. ZS. Urteil vom v. 9. April 1925 (Bf. 46/25).

Unstreitig ist der Kläger auf Grund der Lieferung in Erfüllung des Kaufvertrages zunächst Eigentümer der Nägel geworden, die er dann zur Nachbesserung zurückgeliefert hat. Ob er dabei ausdrücklich die „Zurverfügungsstellung zurückgezogen" hat, ist nicht wesentlich. Denn zur Verfügung stellen bedeutet zunächst nur, daß der Käufer die Ware in diesem Zustande nicht haben will. Da man sich aber unstreitig darauf geeinigt hat, daß die Beklagte die Ware nachtrommeln d. h. also nachbessern sollte, so ist nicht anzunehmen, daß der Kläger mit der Rücklieferung der bereits bezahlten Ware zu *diesem Zwecke* das Eigentum zurückübertragen wollte. Diese Wirkung kann auch der späteren Vereinbarung daß Beklagte andere Nägel als Ersatz liefern sollte, nicht beigelegt werden. Hier kommt für die Erforschung des Parteiwillens der Umstand wesentlich in Betracht, daß die Ware bereits bezahlt war. Die in Kaufmannskreisen bestehende Auffassung, daß bezahlte Ware dem Käufer gehört, muß hier, wo das Eigentum bereits auf den Käufer übergegangen und auch durch die Rückübertragung des Besitzes auf den Verkäufer noch nicht wieder untergegangen war, zu der Annahme führen, daß der Kläger keineswegs durch die Vereinbarung einer Ersatzlieferung für die bis dahin noch in ihrem Eigentum stehende Ware das Eigentum daran aufgeben wollte, daß sie vielmehr das Eigentum erst aufgeben wollte, wenn die neue Ware an Stelle der alten ihr Eigentum wurde. V.

β) **Bedeutung des § 377 bei Aushändigung eines Lieferscheins.**

OLG. Hamburg, 6. ZS. Urteil v. 22. Februar 1923 (Bf. 544/22).

Wei allgemein mehr und mehr anerkannt worden, ist unter „Ablieferung" nicht dasselbe zu verstehen, wie unter Übergabe der Ware (JW. 1908 S. 431[2]). Demgemäß kann es auch im Sinne des § 377 nicht wie in Rsp. 37 S. 28 ausgeführt wird, genügen, wenn der Kläger bereits früher den Besitz des Lieferscheins und damit die Möglichkeit erlangt hat, die Ware in seine Verfügungsgewalt zu bringen; denn die Voraussetzung ordnungsmäßiger Untersuchung ist in überwiegenden Fällen die Herrschaft über die Ware, die jede nach der Sachlage erforderliche Probeziehung und Behandlung gestattet. Man würde dem Käufer mehr zumuten, als er nach dem im Handel und Verkehr Üblichen zu leisten brauchte, wollte man ihn zwingen, sich unverzüglich nach Erhalt des Liefer(Lager)-scheins auch in den unmittelbaren Besitz der Ware zu setzen[1]). V.

γ) **HGB. § 377 bei einer aus der Rechnung ersichtlichen Gewichtsüberschreitung.**

OLG. Hamburg, 6. ZS. Urteil v. 3. Februar 1925 (Bf. 564/24).

Der Kläger, der Anfang 1924: „ca."— d. h. bis 5% mehr oder weniger — 25 Tonnen Holzöl verkauft hatte, hat durch Rechnung vom 8. April 1924 der Beklagten eine Menge angedient, die die vereinbarte Marge um 1½ % überschritt. Dies hätte die Beklagte unstreitig berechtigt, die Andienung mit der Wirkung, daß ordnungsmäßige Konnossemente nicht neu angedient werden durften, zurückzuweisen, sie hat sie aber nicht nach Empfang der Rechnung, sondern erst am 6. Mai zurückgewiesen. Hierauf kann der § 377, der die Rügepflicht erst mit der Ablieferung der Ware und nicht bereits mit der Zusendung der Rechnung beginnen läßt, keine Anwendung finden. Nach Treu und Glauben ist aber bereits in der stillschweigenden Entgegennahme der Rechnung eine Genehmigung der aus ihr ersichtlichen Gewichtsüberschreitung zu finden. Diese erforderte zwar ein Rechenexempel, das aber für die geschulten Angestellten der Beklagten in wenigen Augenblicken ausführbar war. Es handelte sich um eine im Preis außerordentlich schwankende Ware. Beklagte hatte auch keinen Anlaß, ihre Entschließung vom Ausfall der Ware abhängig zu machen, denn sie mußte bereits gegen Dokumente zahlen. Die Zurückweisung der Ware hatte die einschneidende Wirkung, daß der Kläger auch keine anderen Dokumente andienen konnte. Unter diesen Umständen mußte er das Stillschweigen der Beklagten als Genehmigung der Andienung betrachten. Daran wird auch nichts dadurch geändert, daß sie um einen Umtausch der angedienten Februar- in März-Abladung bat und der Kläger zusagte, diese Bitte, wenn möglich, zu berücksichtigen. Im Gegenteil liegt in der Bitte um Umtausch eine Anerkennung, daß Beklagte rechtlich zur Annahme der angedienten Abladung verpflichtet sei. V.

8. Mieterschutz. Gesetzliche Miete. Wohnungsmangel.

a) **Die deutsche Mieterschutzgesetzgebung, besonders das RMG. findet auch auf Ausländer Anwendung, die nach 1. Juli 1914 in Deutschland ihren Wohnsitz genommen haben.**

Bayer. Oberstes Landesgericht, ZS. Rechtsentscheid v. 8. April 1925.

Die einschlägigen Gesetze enthalten eine ganze Reihe von Bestimmungen,

---

[1]) Ein Handelsgebrauch, daß die Unechtheit ausländischer Geldnoten sofort gerügt werden müsse, besteht nicht (JW. 1924 S. 1382). — Nach dem schwedischen KaufGes. v. 20. Juni 1905 § 51 war beim Handelskauf der Kraftwagen in Hamburg zu untersuchen, da der hiesige Verkäufer keine Versendungspflicht übernommen hatte, die Ware vielmehr gegen Zahlung des Kaufpreises an den Spediteur des Käufers auszuliefern war; diese Grundsätze muß auch ein Käufer, der selbst Kaufmann ist, gegen sich gelten lassen, wenn der andere Teil kein Kaufmann ist (Tore Almén 2 S. 124); für eine Arglist des Verkäufers (§ 53) ist der Umstand, daß der Wagen mit Spitzkühlermaske gebaut war, nicht zu verwerten; denn das ist geschehen, um ihm ein modernes Aussehen zu geben (Urteil desselben ZS. v. 24. April 1923 Bf. 87/22).

die sich auf Ausländer erstrecken. So ist zweifellos dem § 14 RMG. auch ein ausländischer Untervermieter unterworfen; denn der deutschen Gesetzgebung liegt fern, einem Ausländer den Mietwucher zu gestatten. Dasselbe gilt für §§ 2/5 WMG. und die § 1 ff. MSchG. Daraus ist zu schließen, daß zwischen In- und Ausländern überhaupt nicht unterschieden wird, daß sich vielmehr die gesamte einschlägige Gesetzgebung auf beide erstrecken sollte. Ist der Ausländer zweifellos den Beschränkungen unterworfen, die sich für den Vermieter aus der deutschen WMGesetzgebung ergeben, so muß er auch als Mieter den gleichen Schutz wie der Inländer genießen, ohne daß es auf die Dauer seines inländischen Aufenthalts ankommen könnte. BayZ. 21 S. 188.

b) **Keine Anwendung des § 6² im Falle des § 6⁴.**

OLG. München, 1. ZS. Beschluß v. 9. Januar 1925 (971/24).

Der Abs. 4 will gerade den Vermieter, dessen bereits urteilsmäßig festgestellter Räumungsanspruch vorerst aus Barmherzigkeitsgründen unvollstreckbar bleiben mußte, bei neuen schweren Verfehlungen des Mieters in die Lage setzen, seinen Rechtsanspruch von den Fesseln eben dieser Barmherzigkeitsrücksichten zu befreien. Während Abs. 2 die Möglichkeit gibt, in gewissem Maße Gnade vor Recht gehen zu lassen, kommt im Abs. 4 das reine Recht „ohne Ansehen der Person" wieder unbeschränkt zur Geltung; der Mieter hat durch neuerliche Verfehlungen eine Berücksichtigung seiner persönlichen Verhältnisse verscherzt [1]).

c) α) **Das MEA. hat über die Eignung des Ersatzraums nach § 16 nur auf Antrag des Mieters, nicht auch auf Antrag des Vermieters zu entscheiden.**

Kammergericht, 17. ZS. Rechtsentscheid v. 31. März 1925 (Y 25/25).

. . . Es geht nicht an, über den Wortlaut des § 16 hinaus dem Vermieter des Antragsrecht zu gewähren und anzunehmen, das Gesetz habe es als selbstverständlich nicht erwähnt. Vielmehr ist die Erwägung maßgebend, daß das Gesetz dem Mieter, der zur Räumung verurteilt wird, einen sicheren Schutz gegen den Verlust eines angemessenen oder ausreichenden Unterkommens gewähren sollte. Diesem Zwecke dient auch der § 16. So ist die Befugnis des Mieters, das MEA. anzurufen und durch seine Einwendungen eine Prüfung der Eignung des Ersatzraums herbeizuführen, ein wesentlicher Teil dieses Schutzes. Dabei gibt das Gesetz genau an, in welchem Zeitpunkt der Mieter die Einwendungen vorzubringen hat, wenn er durch sie der Erteilung einer vollstreckbaren Ausfertigung des Urteils entgegentreten will. Auch diese Zeitbestimmung ist ein nicht gering zu bewertender Teil des Schutzes für den Mieter, und die Anerkennung einer Befugnis des Vermieters, von sich aus zu irgendeiner Zeit die Entscheidung des MEA. über den Raum herbeizuführen, würde eine Schmälerung des Schutzes bedeuten, denn zugleich würde der Mieter gezwungen, seine Einwendungen in dem Verfahren vorzubringen

[1]) Im Falle des § 6⁴ ist keine weitere Beschwerde gegeben (OLG. Karlsruhe, 1. ZS. Beschluß v. 20. Febr. 1925, Rpr. 90 S. 1); desgl. nicht im Falle des § 6² (Beschluß des 4. ZS. v. 2. März 1925, Rp. 91 S. 17). — Die Beschwerde des § 6² ist genau so wie die Urteilsanfechtung durch Berufung spätestens 6 Monate nach der Verkündung unzulässig (OLG. München, Beschluß v. 16. März 1925, III 195/24). — Nach dem neuen Entw. kann ein Mieter Ersatzraum nur beanspruchen, wenn er die Wohnungsmiete aus Not nicht zahlen konnte oder wenn bei gewerblichen Räumen öffentliche Interessen in Frage kommen.

und damit über sie zu einer Zeit entscheiden zu lassen, zu dem es ihm nicht genehm und nach dem Gesetz auch nicht erforderlich ist. Der Mieter aber kann ein berechtigtes Interesse haben, den Zeitpunkt der Anrufung des MEA. selbst zu bestimmen, weil inzwischen weitere Einwendungen ihm erwachsen können. Ihn in seinen Interessen zu beeinträchtigen, gestattet das Gesetz aber nicht. Ohne das Antragsrecht des Vermieters kann allerdings die Durchführung des Räumungsurteils gefährdet sein, weil ihm ein etwa gesicherter Ersatzraum nach Ablauf längerer Zeit mitunter nicht mehr zur Verfügung steht. Allein die gesamte Regelung der Ersatzraumfrage beeinträchtigt ganz beträchtlich die Durchsetzung der unter dem Vorbehalt ergangenen Räumungsurteile. Wenn das Gesetz sie trotzdem getroffen hat, so folgt daraus, daß der Schutz des Räumungspflichtigen unbedingt im Vordergrund steht, und daß das Gesetz nicht abweichend von seinem Wortlaut zugunsten des Vermieters ausgelegt werden darf. Hat jedoch das MEA. auf Antrag des Vermieters ein Verfahren eingeleitet und der Mieter sein Einverständnis damit erklärt, so kann sich das Verfahren aus diesem Grunde je nach den Umständen doch als zulässig erweisen[1]). D.n.

β) **Unterliegt der Ersatzraum nicht der Zwangswirtschaft, so hat das MEA. über die Einwendungen des Mieters nach § 16 MSchG. auch dann zu entscheiden, wenn die Gemeindebehörde bei der Beschaffung jenes Raumes nicht mitgewirkt hat.**

Kammergericht, 17. ZS. Rechtsentscheid vom 9. Februar 1925 (Y 2/25).

1. Der § 6 unterscheidet nicht, ob und in welcher Weise die herauszugebenden Räume ihrer Art nach der Zwangswirtschaft unterliegen. Deshalb kann es auch für die Fassung und Bedeutung der nach § 6 ergehenden Urteile nicht wesentlich sein, ob ein Ersatzraum, der der Zwangswirtschaft unterliegt, gestellt wird oder überhaupt gestellt werden kann. Die abweichende Auffassung Heins (JW. 1924, S. 2040 Anm.)[2]) ist mit dem Wortlaut der Vorschrift nicht vereinbar, durch den Zweck und die Entstehungsgeschichte des § 36 keineswegs überzeugend begründet und würde die Bedeutung gerichtlicher Urteile ohne zwingende Gründe beeinträchtigen (vgl. auch Müller, Jur. Rdsch. 1925 S. 58). Der § 36 verpflichtet die Gemeinde nur durch beschleunigte Mitwirkung die Ausführung der nach § 6 ergangenen Urteile zu ermöglichen. Eine solche Verpflichtung kann nur insoweit begründet werden, als nach dem jeweils geltenden Rechte die Wohnungsämter zur Zuweisung von Räumen befugt sind, trifft aber nicht die Fälle, in denen sie den Ersatzraum, weil der Zwangswirtschaft entzogen, überhaupt nicht beschaffen können. In diesen

[1]) Obige Gründe sind nicht überzeugend. Der § 16 handelt von der Vollstreckung. Auf diese hat aber der Mieter kein Recht, dergestalt daß die gerade hier erwünschte gütliche Erledigung ausgeschlossen wäre. Stellt nun der Vermieter den Ersatzraum, so ist an sich der Mieter nicht zu einer Erklärung verpflichtet. Erhebt er aber Einwendungen, so hat über sie das MEA. zu entscheiden. Daß dies nur auf Antrag des Mieters geschehen darf, ist nicht vorgeschrieben, ein Grund hierfür nicht erkennbar. D. H.

[2]) Auch das OLG. Kiel (1. ZS. Beschluß v. 15. Mai 1924, Anz. 204) nimmt an, daß das Wohnungsamt den Ersatzraum zuzuweisen habe. — Soweit die Zwangswirtschaft für möblierte Zimmer aufgehoben ist, kann die Vollstreckungsklausel regelmäßig ohne weiteres erteilt werden, weil mindestens für größere Städte ein Ersatzraum unschwer zu beschaffen ist (BayJM. 3. 3. 1925, BayZ. 21 S. 110 N 1).

Fällen ist ohne ihre Mitwirkung die Beschaffung des Ersatzes dem Vermieter auf andere Weise durchaus möglich.

2. Während § 6 den Inhalt des Urteils und § 36 die Pflicht der Gemeinde umschreibt, beschäftigt sich § 16 mit der Ausführung des Urteils und der Eignung des Ersatzraumes. Seine wenig gelungene Fassung erweckt den Anschein, als betreffe er nur die Voraussetzungen der Vollstreckung, also eine Angelegenheit, die der Prüfung des ordentlichen Gerichts vorbehalten ist. Zugleich regelt er aber durch eingeschobene Sätze ein völlig selbständiges Gebiet, nämlich die Mitwirkung des MEA. bei der Feststellung, ob der gestellte Ersatzraum dem § 6 genügt. Zweckmäßig wäre dies in besonderer Vorschrift geordnet worden. Von diesem Gesichtspunkt aus betrachtet, hat § 16 folgenden Inhalt:

a) Bevor das ordentliche Gericht die Vollstreckung freigibt, hat es an Hand der näher beschriebenen Nachweisungen zunächst zu prüfen, ob der Ersatzraum gesichert ist. Ihm allein sind also die Fragen vorbehalten, ob nach der Art des Raumes eine Zuweisung durch die Gemeinde nötig ist, ob sie allein genügt oder ein Zwangsmietvertrag bereits abgeschlossen sein muß, wie der Widerspruch des Mieters gegen diesen Vertrag wirkt; andererseits, wenn der Ersatzraum als Neubau oder aus anderen Gründen nicht der Zwangswirtschaft unterliegt, ob ein abgeschlossener Vertrag erforderlich ist (Müller aO.) oder vielmehr ein annahmefähiges Angebot an den Mieter genügt, ferner ob irgend eine Erklärung des Wohnungsamts beigebracht werden muß. Diese Vollstreckungsvoraussetzungen können deshalb nicht Gegenstand einer Rechtsbeschwerde sein.

b) Mit der Sicherung allein ist dem Vorbehalt des Urteils nicht genügt, sondern der gesicherte Raum muß der richtige, nämlich im Falle des § 6¹ angemessen, im Falle des § 6² ausreichend sein. Auch diese Voraussetzung hat das Gericht zu prüfen, nur ist ihm dafür eine Richtschnur gegeben, die einen Teil der entstehenden Fragen dem MEA. vorbehält. Das Gericht soll den Ersatzraum als den richtigen hinnehmen, wenn entweder der Mieter sich einverstanden erklärt oder nicht binnen einer Woche Einwendungen erhoben hat. Hier kommt also eine Mitwirkung des MEA. überhaupt noch nicht in Betracht. Nur wenn Einwendungen erhoben sind, beschränkt sich die Befugnis des Gerichts auf die Feststellung, ob sie beim MEA. erfolglos geblieben sind. Dagegen ist die Prüfung, ob der Ersatzraum angemessen oder doch ausreichend ist, durch die Erhebung von Einwänden dem MEA. zur ausschließlichen und endgültigen Erledigung überwiesen, offenbar, weil die dabei zu erörternden Gesichtspunkte dem sozialen und wirtschaftlichen Aufgabengebiet angehören, dieses aber das Arbeitsfeld der besonders zusammengesetzten MEA bildet.

c) Nach § 16 läuft die Frist für die Einwendungen des Mieters von der „Zuweisung“. Ist diese nicht auf die in § 33 erwähnte Tätigkeit der Gemeinde zu beschränken, weil nicht der gesamte Ersatzraum der Zwangswirtschaft zu unterliegen braucht, so kann auch die Zuständigkeit des MEA. nicht durch den Wortlaut des § 16 von einer Mitwirkung der Gemeinde bei der Ersatzraumbeschaffung abhängig gemacht sein. Andrerseits zeigt aber die Abgrenzung der Aufgaben des MEA., daß es, sobald nur ein Ersatzraum zugewiesen, d. h. dem Mieter auf irgend eine Weise an Hand gegeben ist, nur die Eignung des Raumes, nicht aber zu prüfen hat, ob er auch gesichert ist. Handelt es sich um Ersatzraum im Neubau, so kann dies wohl die Eignung wegen der Folgen für Mietbemessung und Kündigungsschutz berühren; insoweit darf das MEA. auch die Rechtslage des gestellten Raumes nachprüfen. Dagegen kann die Notwendigkeit irgend einer Mitwirkung oder Bescheinigung der Gemeinde lediglich die — der Entscheidung des MEA. entzogene — Sicherung des Raumes beeinflussen, mag selbst das Gericht sie aus dem Gesichtspunkte der Sicherung erfordern. Allerdings setzt bei zwangsbewirtschaftetem Raum die Zuständigkeit des MEA. die Zuweisung durch das Wohnungsamt auch im Falle des § 16 voraus; diese Voraussetzung ergibt sich jedoch nicht aus § 16, sondern aus der Erwägung, daß ohne sie jener Raum dem Mieter überhaupt nicht wirksam angestellt sein kann. D. n.

γ) **Die Entscheidung des MEA. aus § 16 unterliegt der Rechtsbeschwerde, wenn sie in unzulässigem Verfahren ergangen oder über die Einwendungen des Mieters nicht sachlich entschieden ist. — Hängt die Vollstreckung des Räumungsurteils von der Sicherung eines Ersatzraumes ab, so genügt nicht die Erklärung der Gemeindebehörde, daß der Mieter eines solchen nicht bedürfe.**

Kammergericht, 17. ZS. Rechtsentscheid v. 25. Mai 1925 (Y 42/25).

1. Schon aus dem Zusammenhange folgt, daß bei § 16[1] nur darüber zu entscheiden ist, ob der Ersatzraum geeignet ist, ob er also angemessen oder ausreichend erscheint. Nur diese Prüfung nach rein wirtschaftlichen Gesichtspunkten, nicht dagegen die, ob ein Ersatzraum notwendig ist, hat das Gesetz dem MEA. übertragen, wie die Begründung (Allg. Teil) bestätigt.... Nur im Rahmen seiner Aufgabe soll das MEA. nach § 16 unanfechtbar entscheiden. Diese auch für Fälle anzunehmen, in denen die Entscheidung sich nicht auf die Eignung des Ersatzraumes beschränkt, nötigt der Wortlaut des Gesetzes nicht. Das Bedürfnis erfordert vielmehr die Zulassung der Rechtsbeschwerde. Es ist nicht deshalb zu verneinen, weil das ordentliche Gericht unzulässige Entscheidungen des MEA. nicht zu beachten habe, denn schon durch das Vorhandensein einer solchen Entscheidung werden die Beteiligten beschwert. Es bedarf also keiner Untersuchung, ob Entscheidungen, die nicht auf einer sachlichen Prüfung der Eignung des Ersatzraums, sondern auf anderen Erwägungen beruhen, stets unzulässig in diesem Sinn und nicht unter Umständen nur unrichtig sind. An der Auslegung des vorstehenden Rechtsentscheides (Y 2/25) war festzuhalten.

2. Das MEA. hat sich nur mit den Einwendungen des Mieters gegen die Eignung des Ersatzraums zu befassen, nicht aber mit den in § 16 aufgestellten Voraussetzungen der Vollstreckung. Ob in einem Urteil der Vorbehalt wegen des Ersatzraumes zu machen ist, welchen Inhalt er haben muß, wann ihm im Sinne des § 16 genügt ist, unterliegt nur der Entscheidung des ordentlichen Gerichts. Deshalb ist vielleicht dieses, nicht aber das MEA. und ebensowenig die Gemeindebehörde befugt, den Vorbehalt des Ersatzraumes für überflüssig zu erklären, weil der Mieter bereits vor dem Urteil ausreichende andere Räumlichkeiten zur Verfügung hatte. Solange das Urteil die Vollstreckung von der Sicherung eines

Ersatzraums abhängig macht, kann weder die Gemeindebehörde noch das MEA. diesen Vorbehalt durch irgend welche Entschließungen unwirksam machen. Das würde aber geschehen, wenn sie für ausreichend erklären dürften, daß der Mieter jene anderen Räume zur Verfügung hat. Daran ändert es auch nichts, wenn sich das Urteil auf Räume bezieht, die das Wohnungsamt nicht mehr bewirtschaftet. Ob und wie es bei der Sicherung des Ersatzraums in solchem Falle tätig zu werden hat, ist hier nicht zu untersuchen, weil darüber nur das ordentliche Gericht abschließend entscheiden kann. Hier genügt, daß das Urteil seine Bedeutung nicht verliert, und deshalb die Aufgabe des MEA. nach § 16 die gleiche bleibt wie bei Räumen, die der Zwangswirtschaft unterstehen. Es kommt also weder der Entschließung der Gemeinde, ein Ersatzraum sei nicht notwendig, rechtliche Wirksamkeit zu, noch kann das MEA. Einwendungen des Mieters aus diesem Grunde durch endgültige Entscheidung zurückweisen.

d) **Ein Landrat kann in Preußen nicht Vorsitzer eines MEA. sein.**

α) Kammergericht, 17. ZS. Rechtsentscheid v. 17. März 1925 (Y 29/25).

... Daß die zur Bekämpfung des Wohnungsmangels getroffenen Verfügungen als polizeiliche im Sinne des Pr. Ges. vom 11. Mai 1842 und des LandesVG. anzusehen sind, ergibt sich besonders aus Nr. 6, 7 Pr. AusfVorschr. vom 3. Juli 1920 (GS. 361). Danach unterstehen die Wohnungsämter der Landgemeinden den Anweisungen des Landrats; dieser darf daher durch Anweisungen an sie Maßnahmen auf dem Gebiete des Wohnungswesens treffen, abändern und zurücknehmen, und ist somit selbst Wohnungspolizeibehörde. Er gehört also zu den im § 7³ S. 4 MSchG. bezeichneten Personen, wenngleich der Vollzug der dort angegebenen Maßnahmen im Regelfalle zunächst von den Gemeindebehörden selbst ausgehen wird. Denn die Bestimmung bezweckt die Gewährleistung der Unabhängigkeit der Spruchbehörde von der Verwaltung. Dieser Zweck wird aber in Frage gestellt, wenn bei der Spruchbehörde ein Beamter mitwirkt, der gleichzeitig die vorgesetzte Verwaltungsstelle der in erster Linie mit dem Vollzuge wohnungsamtlicher Maßnahmen betrauten Behörde ist. D. n.

β) **Zum Vorsitzer eines MEA. darf nur bestellt werden, wer sich in der aus § 3 Nr. 3 der 1. AusfB. v. 15. 8. 1923 ersichtlichen Form ausdrücklich verpflichtet, für Dritte überhaupt keine berufliche oder ehrenamtliche Tätigkeit auszuüben, die sich auf Mietverhältnisse über Gebäude oder Gebäudeteile bezieht.**

Kammergericht, 17. ZS. Rechtsentscheid vom 20. Februar 1925 (Y 166/24).

Nach § 7³ S. 4, der nach § 38² auch für den Vorsitzenden gilt, darf nach Halbsatz 1 zum Beisitzer nur bestellt werden, wer sich verpflichtet, für Dritte keine sich auf Mietverhältnisse beziehende berufliche oder ehrenamtliche Tätigkeit auszuüben. Der Halbsatz 2 bezieht sich auf die Geschäftsgenossen der Beisitzer; der Wortlaut ergibt zweifelsfrei, daß an sie mildere Anforderungen gestellt werden und daß sie nur von entgeltlicher Tätigkeit auf jenem Gebiet und zwar auch nur im Bezirke des Gerichtes ausgeschlossen sein sollen. Dem Wort „auch" ist nicht etwa die Absicht der Gleichstellung der im 1. und 2. Halbsatze Bezeichneten zu entnehmen und hieraus zu schließen, daß auch für Beisitzer und Vorsitzer genügen müsse, wenn sie nicht im Bezirke des Gerichts tätig würden. Das „auch" drückt vielmehr nur aus, daß nicht nur die Beisitzer selbst, sondern auch ihre Geschäftsgenossen Beschränkungen unterliegen sollten, besagt aber keineswegs, daß diese die gleichen seien. Das beweist schon die Tatsache, daß die Endgeltlichkeit für beide Fälle ausdrücklich verschieden geregelt worden ist. Daß die bloße Unterlassung der untersagten Tätigkeit nicht genügt, ergibt schon der Wortlaut. Außerdem ist aber im § 3 Nr. 3 AusfV. v. 15. August 1923 (GS. 405) noch besonders angeordnet, in welcher Weise die Verpflichtungen zu erklären sind. D. n.

γ) **Als Mitglied des MEA. ist jeder ausgeschlossen, der Mitglied irgend eines Wohnungsamts ist [1]).**

Kammergericht, 17. ZS. Rechtsentscheid vom 12. Januar 1925 (Y 113/24).

Schon der Wortlaut des § 7³ S. 4 will als Beisitzer jeden ausschließen, der irgendwo mit der Ausführung der WMVorschriften betraut ist, also jedes Mitglied irgend eines Wohnungsamts. Andernfalls wäre der Ausschließungsgrund im Gesetze beschränkt worden. Das ist jedoch nicht geschehen, obgleich sich eine Einschränkung in demselben Absatz S. 5, wenn auch in anderem Zusammenhange, findet. Während auch hier wieder die Verpflichtung für die Beisitzer ohne örtliche Beschränkung begründet ist, enthält der Halbsatz 2 eine solche Schranke („im Bezirke des Gerichts"). Schließlich rechtfertigt auch der Zweck des § 7³ S. 4 die weiteste Auslegung. Er gehört zu den Vorschriften, die nach der Begründung die Unabhängigkeit der Beisitzer sichern, und soll offenbar verhindern, daß ein Beisitzer sich als Vertreter der Interessen der Zwangswirtschaft fühlt und sich bemüht, nur diese durch die Entscheidung zu fördern (vgl. Brumby S. 63). Hinzu kommt, daß bei Aufhebungsklagen, für die der § 7 in erster Reihe gefaßt ist, nicht nur das Wohnungsamt des Gerichtsbezirkes beteiligt ist; denn der etwaige Ersatzraum braucht nicht notwendig in derselben Gemeinde zu liegen (Rsp. 43 S. 331 d). Entspricht hiernach die getroffene Entscheidung jedenfalls dem Sinne, den für das Amtsgerichtsverfahren der § 7³ S. 4 hat, so kann er für das MEA. nicht anders ausgelegt werden, denn er ist dafür durch die Verweisung in § 38 lediglich übernommen und kann nicht an beiden Stellen eine verschiedene Bedeutung haben.

δ) **Beisitzer des MEA., die als Zeugen vernommen werden, müssen wie jeder andere Zeuge grundsätzlich beeidigt werden und sind kraft Gesetzes von der Mitwirkung als Beisitzer in der betr. Sache ausgeschlossen.**

Kammergericht, 17. ZS. Rechtsentscheid v. 4. Mai 1925 (17 Y 52/25).

Aus § 10² der Anordn. vom 19. 9. 1923 (RGBl. I S. 889) ergibt sich, daß in allen Fällen, in denen das tatsächliche Wissen oder die sachverständige Kenntnis Dritter als Beweismittel verwendet werden soll, dies nur unter Beobachtung der ZPO. erfolgen kann. Bei einem abweichenden Standpunkte wäre das MEA. in der Lage, sich die Sachkenntnis und die Kenntnis Dritter jederzeit in einer ihm gutscheinenden Art nutzbar zu machen und dieses Verfahren damit zu rechtfertigen, daß die ZPO. nur dann Anwendung finde, wenn das Wissen Dritter gerade im

[1]) Ein Beisitzer des MEA. ist wegen Verwandtschaft mit dem Wohnungssuchenden, zu dessen Gunsten die Beschlagnahme erfolgt, nicht kraft Gesetzes von der Ausübung seines Amtes ausgeschlossen (OLG. Darmstadt 5. 2. 25 HessR. 74).

Wege des Zeugen(Sachverständigen)beweises benutzt werde. In Wahrheit wäre die Anwendung der ZPO. dann in das freie Ermessen des MEA. gestellt; das ist aber nicht der Sinn des Gesetzes. Durch § 10² sollten vielmehr die für bürgerliche Rechtsstreitigkeiten gegebenen Garantien auf das Verfahren der MEA. übertragen werden. Dritte sind daher grundsätzlich als Zeugen zu beeeidigen; die Befugnis dazu ist dem MEA. ausdrücklich durch § 10¹ gegeben worden.

Alles dieses gilt, ebenso wie es im Zivilprozeß für Richter gilt, beim MEA. auch für dessen Beisitzer, wenn sie als Zeugen gehört werden. Sie sind dann ebenso zu behandeln wie jeder andere Zeuge. Von der Mitwirkung als Beisitzer in der betr. Sache sind sie in solchen Fällen kraft Gesetzes ausgeschlossen (§ 8³ MSchG. verb. mit § 41 Nr. 5 ZPO.). D.n.

e) α) **Zur Weiterbenutzung von Werkwohnungen durch den Dienstpflichtigen nach Aufhebung des Dienstvertrages bedarf es keiner Genehmigung des Wohnungsamtes.**

Kammergericht, 17. ZS. Rechtsentscheid v. 20. Februar 1925 (Y 122/24).

Die nach § 21 Nr. 2 des Berl. WohnungsMR. v. 30. 12. 1924 anzuwendende Bek. v. 12. 5. 21 gibt nur das Recht, unbenutzte Räume zu beanspruchen (§ 6). Die tatsächliche Benutzung ist zwar dann nach der insoweit mit § 3 WMG. übereinstimmenden örtlichen Anordnung wohnungsrechtlich unbeachtlich, wenn sie auf Grund eines nach den WMVorschriften unwirksamen Vertrages erfolgt (Rsp. 43 S. 340) oder wenn der VerfBerechtigte sie nicht als Unterkunft für sich selbst oder für Personen benutzt, die sie im Einklang mit jenen Vorschriften bezogen haben (aO. 339). Dies kann aber nie dann der Fall sein, wenn dieselbe Person sie weiter benutzt, sei es auch unter Änderung des Vertragsverhältnisses. Da aber die Berliner Bestimmungen nur für den Fall der Unbenutztheit einer Wohnung ein Tätigwerden des Wohnungsamtes vorsehen, so ist dessen Genehmigung zur Änderung des Vertragsverhältnisses nicht erforderlich. Demgemäß gibt § 11 Bek. vom 12. 5. 1921 auch nur das Recht, die Räumung der Wohnung zu fordern, die unter Außerachtlassung der wohnungsrechtlichen Bestimmungen bezogen ist. Die Richtigkeit dieser Ausführung ergibt sich auch aus §§ 21, 20 MSchG., die nach Auflösung des Dienst(Arbeits)verhältnisses dem Wohnungsinhaber Mieterschutz gewähren, was nicht erklärlich wäre, wenn die Nutzung nach § 3 WMG. als beendet gelten müßte. Beabsichtigt der Vermieter die Wohnung, deren Eigenschaft als Werkwohnung durch die Benutzung Werkfremder im allgemeinen nicht berührt wird (Y 139. 24) — anders nach § 6 Nr. 4² WohnMR. v. 30. 12. 24 für Pförtnerwohnungen —, seinen Zwecken weiter zugänglich zu machen, so hat er allein zu entscheiden, ob er die Rechte aus § 20, 21 ausüben will. Macht er davon keinen Gebrauch und läßt er den Dienstverpflichteten als Mieter weiter wohnen, so bedarf es hierfür keiner irgendwie gearteten Mitwirkung des Wohnungsamtes. D.n.

β) **Herausgabe des Werk- und Wohnraums.**

OLG. Hamm, 10. ZS. Urteil v. 15. Juni 1925 (U 39/25).

Für den gegenwärtigen Räumungsstreit kommen §§ 20—22, § 27² S. 2 MSch. in Frage. Danach ist nicht das ordentliche, auch nicht das Gewerbe- oder Kaufmanns-, sondern das Mietschöffengericht zuständig, falls Wohnräume an Angestellte aufgrund von Miete oder auch ohne solche (Werk- und Dienstwohnungen) überlassen sind; auch ist unter Umständen die Herausgabe des überlassenen Raumes von Gewährung eines Ersatzraumes abhängig (Rsp. 43 S. 329). Auf die Herausgabe des Geschäftsraumes findet das MSchG. keine Anwendung, und es fragt sich, ob hinsichtlich des Wohnraumes das Verfahren abzutrennen ist, weil insoweit das Mietschöffengericht zuständig sein würde, oder ob das für den wesentlichsten Teil (den Geschäftsraum) zuständige Gericht auch über die Nebensache (den Wohnraum) mit zu entscheiden hat. Indessen kann dies auf sich beruhen, weil die Beklagte möbliert gewohnt hat und daher die Voraussetzungen einer Werk- oder Dienstwohnung nicht gegeben sind.

Das LG. hat sie als Angestellte der Klägerin (also als Handlungsgehilfin angesehen. In diesem Falle war die Zuständigkeit des Kaufmannsgerichts gegeben (§ 5 Nr. 3) KaufmGG.), da die herauszugebenden Räume ihr aus Anlaß des Dienstverhältnisses übergeben waren. Dies ist entscheidend, dagegen macht es keinen Unterschied, wenn der Dienstherr seinen Anspruch auf Eigentum oder wie hier auf Besitz stützt; er hat es also nicht in der Hand, die Sache dem Kaufmannsgerichte durch Berufung auf Eigentum oder Besitz zu entziehen. Das Einkommen der Beklagten fiel auch in die Lohngrenze von 5000 RM. (§ 4; V. vom 6. 6. 1924). Die Zuständigkeit des Kaufmannsgerichts konnte jedoch in dieser Instanz nicht mehr eingewendet werden; ebensowenig war sie von Amts wegen zu prüfen (§ 528 ZPO.). Deshalb kann eine Abweisung wegen Unzuständigkeit nicht mehr erfolgen. Wohl aber greift der Einwand der fehlenden Aktivlegitimation der Klägerin durch . . .

f) α) **„Zum Antrage, die Erlaubnis des Vermieters nach § 29 zu ersetzen, ist nur der Mieter, nicht aber der künftige Untermieter befugt".**

Kammergericht, 17. ZS. Rechtsentscheid v. 8. Dezember 1924 (Y 133/24).

Der § 29 ermöglicht die aus § 549 BGB. sich ergebenden Beschränkungen der Rechte des Mieters zu beseitigen. Er erweitert daher lediglich die Vertragsrechte des Mieters und regelt das zwischen ihm und dem Vermieter bestehende Vertragsverhältnis in einer vom bürgerlichen Recht abweichenden Weise. Er betrifft allein das Verhältnis zwischen Vermieter und Mieter und will Dritten keinerlei Rechte gewähren. Der künftige Untermieter kann daher nicht die Einwirkung der Behörde auf ein zwischen anderen Personen bestehendes Rechtsverhältnis und dessen Gestaltung herbeiführen; dazu ist nur der befugt, dessen Rechtsverhältnisse zu gestalten die Aufgabe der Behörde ist. Anders sind auch in den übrigen Rechtsgebieten derartige Fälle nicht behandelt; vgl. §§ 1402, 1451 BGB.[1]). D. n.

β) **„Bei Geschäftsräumen kann das MEA. die Zustimmung des Vermieters zum Tausch nicht nach § 8 WMG. ersetzen; es kann sie zum Tausch einer Wohnung, die sowohl Wohn- wie Geschäftszwecken dient, nur dann ersetzen, wenn der Geschäftszweck hinter den Wohnzweck wesentlich zurücktritt".**

Kammergericht, 17. ZS. Rechtsentscheid v. 9. Februar 1925 (Y 159/24).

. . . Die Erwägungen (oben S. 3 dα) können auch der Auslegung des § 8

[1]) Obiger Entscheid ist nicht zu billigen. Die Erlaubnis des Vermieters ist eine einseitige Erklärung, die formlos und auch stillschweigend abgegeben werden kann (Gruchot 36 S. 1038, Niendorff Mietr. § 37 S. 280). Genügt hiernach schon ein wissentliches Dulden, so muß auch eine dem Untermieter erklärte Erlaubnis ausreichen; auch gilt dieser durch den Vertragschluß als ermächtigt, die Erlaubnis nachzusuchen. Er ist deshalb auch befugt, die Ersetzung der verweigerten Erlaubnis zu betreiben. D. H.

WMG., der nur von Wohnungen spricht, zur Grundlage dienen; in diesem Gesetze kommt der Wille des Gesetzgebers noch deutlicher zum Ausdruck. In §§ 2, 3, 4 das. werden die Wohnungen ausdrücklich den anderen Zwecken dienenden Räumen gegenübergestellt und läßt die Gleichförmigkeit der Wahl der Ausdrücke keinen Zweifel daran, daß diese Ausdrucksweise beabsichtigt ist. Daß gleichzeitig mit den Geschäftsräumen auch eine Wohnung demselben Mieter vermietet ist, ändert nichts, selbst wenn ein einheitlicher Vertrag geschlossen ist. Denn das Eigentum an Geschäftsräumen sollte, soweit ein Tausch in Frage kommt, unbeschränkt bleiben und kann nicht dadurch beschränkt werden, daß der Mieter der Geschäftsräume gleichzeitig auch Mieter einer Wohnung desselben Vermieters ist. Anders liegt der Fall, wenn es sich um eine einheitliche Wohnung handelt, die zum Teil Wohn-, zum Teil Geschäftszwecken dient. In solchem Fall, in dem die Räume eine wirtschaftliche und tatsächliche Einheit bilden, kann der § 8 WMG. nur im vollen Umfang oder garnicht angewendet werden. Ob das eine oder das andere anzunehmen ist, wird davon abhängen, ob das Gesetz den wohnungswirtschaftlichen und den dem Schutze des Mieters dienenden Zwecken des § 8 oder dem Verfügungsrecht des bei Geschäftsräumen nicht beschränkten Eigentümers den Vorzug geben wollte. Das letztere ist der Fall. Der § 8 ist wohnungswirtschaftlich von untergeordneter Bedeutung; die tauschenden Teile sind beide untergebracht und es kann höchstens ein Bedürfnis nach wirtschaftlicherer Raumnutzung oder nach gerechter Raumverteilung in Frage kommen. Ebensowenig werden schwerwiegende Interessen der Mieter geschützt; sie sind im Besitze von Wohnungen und das Interesse am Tausch ist nicht so dringlich, daß eine über die ausdrückliche Bestimmung des Gesetzes hinausgehende Beschränkung des Eigentümers durch Aufdrängung eines nicht erwünschten Mieters für Geschäftsräume dadurch gerechtfertigt werden könnte. Abweichend werden nur die Fälle zu behandeln sein, in denen der Geschäftszweck hinter den Wohnzweck in solchem Maße zurücktritt, daß trotz der teilweisen Verwendung zu geschäftlichen Zwecken der Gesamtcharakter der Wohnung als solcher unberührt bleibt. D. n.

7) **„Die Erlaubnis, eine Wohnung, die nicht nur Wohn-, sondern gleichzeitig auch, anderen Zwecken dient, Dritten zu überlassen, kann nach § 29 das MEA. nur dann ersetzen wenn der Wohnzweck überwiegt.**

Kammergericht, 17. ZS. Rechtsentscheid v. 7. April 1925 (Y 14/25).

... Das Bedürfnis des Mieters oder des Untermieters ist, ähnlich wie das der Tauschparteien, gegenüber der Verfügungsfreiheit des Eigentümers nicht in dem Maße schutzbedürftig, daß ein Anlaß bestünde, sie auch in solchen Fällen einzuschränken, in denen die Räume nur zum Teil Wohnzwecken dienen. Anders liegt es jedoch in den Fällen, in denen der Wohnzweck überwiegt. Das wird im allgemeinen dann der Fall sein, wenn auch diejenigen Räume der Wohnung, die für andere als Wohnzwecke bestimmt sind, diesen besonderen Zwecken nicht ausschließlich dienen, sondern gleichzeitig als Wohnräume Verwendung finden. So wird es im allgemeinen bei den Wohnungen liegen, in denen ein Arzt wohnt und gleichzeitig seine Praxis ausübt. In allen solchen Fällen überwiegt der Wohnzweck derartig, daß die Räume trotz ihrer teilweisen Verwendung zu anderen Zwecken in der Hauptsache Wohnräume bleiben.

Nach denselben Grundsätzen ist auch die weitere Frage zu beantworten, ob die Erlaubnis dann ersetzt werden kann, wenn der Dritte die Räume zur Ausübung einer ärztlichen Praxis benutzen soll. Das ist jedenfalls dann ausgeschlossen, wenn der Charakter der Räume durch diese Benutzung durchgreifend geändert und die Wohnräume Geschäftszwecken dienstbar gemacht werden sollen. Verliert jedoch die Wohnung durch die vom Dritten in Aussicht genommene Benutzung ihren Charakter nicht, sondern überwiegt der Wohnzweck nach wie vor, so steht dem § 29 nichts entgegen. So wird es im allgemeinen liegen, wenn ein Arzt die der Ausübung seiner Praxis dienenden Räume seiner Wohnung zum gleichen Zwecke weitervermieten will[1]). D. n.

g) α) **Die Ladung kann auch einem wenngleich nicht schriftlich, aber tatsächlich Bevollmächtigten zugestellt werden. Der Erlaß eines Sachentscheids aufgrund einer Verhandlung, zu der die nicht erschienene Partei nicht rechtzeitig geladen war, begründet für sie ohne weiteres die Rechtsbeschwerde.**

Bayer. Oberstes Landesgericht, Rechtsentscheid v. 28. April 1925 (BayZ. 21 S. 203).

β) **Das MEA. ist auch zur Entscheidung über Rechtsfrage zuständig.**

Bayer. Oberstes Landesgericht, ZS. Rechtsentscheid v. 21. März 1925 (VII 2/25).

... Der § 40³: „im Rahmen der im § 37 bezeichneten Vorschriften" besagt nichts andres, als daß das MEA. innerhalb der Grenzen der bestehenden gesetzlichen und verordnungsmäßigen Bestimmungen und, soweit diese Billigkeitserwägungen Raum lassen, nach billigem Ermessen zu entscheiden hat, er kann aber unmöglich dahin ausgelegt werden, daß bei Mietstreitigkeiten das MEA. nur nach billigem Ermessen und daß es deshalb über Ermessensfragen und das ordentliche Gericht über die Rechtsfragen zu entscheiden hat. Zweifellos handelt es sich doch z. B. bei den Fragen, ob die Schriftform des § 1¹ oder die Voraussetzungen des § 2⁴ RMG. vorliegen, um Rechtsfragen; es ist aber nie bezweifelt worden, daß darüber das MEA. zu entscheiden hat. Übrigens geht diese Zuständigkeit schon aus § 41 MSchG. hervor: die Rechtsbeschwerde hätte doch überhaupt keinen Sinn, wenn das MEA. nur über Ermessensfragen (Rsp. 43 S. 248) zu entscheiden hätte. BayZ. 21 S. 235.

γ) **„In der Begründung des Beschlusses, durch den das MEA. gemäß § 2⁴ RMG. die Friedensmiete festsetzt, muß es die zum Vergleiche herangezogenen Räume bezeichnen; auch die Tatsachen angeben, auf denen die Festsetzung beruht".**

Kammergericht, 17. ZS. Rechtsentscheid v. 12. Januar 1925 (Y 163/24).

Im § 40⁴ MSchG. ist über den Umfang der Begründung nichts gesagt; er ergibt sich aber aus ihrem Zweck. Nach § 41 kann die Rechtsbeschwerde nur auf Verletzung des Gesetzes gestützt werden. Zwar ist nach Abs. 3 die Beschwerdestelle auch zur Vornahme und Nachprüfung tatsächlicher Feststellungen befugt; das kommt aber erst in Frage, wenn sie eine Gesetzesverletzung festgestellt hat (vgl. 17 Y 5.24). Hieraus ergibt sich, daß ihre erste Aufgabe die Prüfung der Gesetz-

[1]) Wird die Räumungsklage aus § 31 mit der Aufhebungsklage gemäß § 15 verbunden, so ist das Mietschöffengericht für beide zuständig; sein Verweisungsbeschluß ist daher nach § 276 ZPO. bindend (RG. 2. 2. 25, JW. 1417).

mäßigkeit der ergangenen Entscheidung unter allen Umständen bleibt; dazu ist sie aber nur dann in der Lage, wenn die Entscheidung im einzelnen ergibt, welcher Tatbestand ihr zugrunde gelegt worden ist. Hierzu genügt nicht die Angabe, es seien ähnliche Wohnungen zum Vergleiche herangezogen worden; vielmehr muß der Beschluß zu erkennen geben, welche Wohnungen zum Vergleiche herangezogen wurden; weiter muß er aber auch die Tatsachen enthalten, die zu dieser Heranziehung geführt haben und die für die Festsetzung maßgebend gewesen sind. Er muß daher auch ergeben, inwieweit die anderen Räume mit den streitigen übereinstimmen und inwieweit sie sich von einander unterscheiden. D. n.

δ) **„Auf Beginn und Ende der Beschwerdefrist hat es keinen Einfluß, wenn der Hinweis des § 40⁴ unterbleibt oder unrichtig erfolgt.**

Kammergericht, 17. ZS. Rechtsentscheid v. 7. April 1925 (Y 30/25).

Allerdings erweckt der Wortlaut des § 40⁴ S. 3 zunächst den Anschein einer zwingenden Vorschrift. Indessen wird er im entgegengesetzten Sinn erläutert durch den Hinweis auf § 14⁴, der nur eine Sollvorschrift gibt, deren Nichtbeachtung oder mangelhafte Ausführung keinesfalls auf den Lauf der Frist irgendwelchen Einfluß ausüben kann. Im Zusammenhange mit § 14² kann auch § 40² keine weitergehende Bedeutung haben, denn sonst wäre der Hinweis kaum zu verstehen. Zudem fehlt jeder Grund dafür, daß der gleichen Einrichtung im einen Fall eine so weittragende Bedeutung zukommen sollte, während sie ihr im anderen Falle fehlt[1]). D. n.

h) α) **„Die Rechtsbeschwerde ist nicht deshalb unzulässig, weil ein Vertreter sie eingelegt, aber seine Vollmacht bis zum Ablauf der Beschwerdefrist nicht nachgewiesen hat".**

Kammergericht, 17. ZS. Rechtsentscheid v. 6. Oktober 1924 (Y 97/24).

Das Erfordernis einer schriftlichen Vollmacht stellt die Pr. PSchO. nur in § 32 S. 2 auf, doch bezieht sich dieser Satz nur auf die mündliche Verhandlung (Rsp. 43 S. 273). Fehlt somit eine besondere Vorschrift, so könnte die Beibringung der Vollmacht innerhalb der Frist für erforderlich nur angesehen werden, falls dazu der Zweck der Frist, den Eintritt der Rechtskraft nicht unbestimmte Zeit hinausschieben zu lassen, nötigte. Dieses Ziel wird aber erreicht, wenn die Partei innerhalb der Frist ihre Entschließung, das Rechtsmittel zu gebrauchen, erklärt hat. Das ist geschehen, wenn sie selbst die Rechtsbeschwerde rechtzeitig eingelegt hat. Legt ein Vertreter sie ein, so muß dieser also wirklich dazu bevollmächtigt sein. Dagegen ist nicht notwendig, daß er seine Vollmacht auch in der Frist nachweist; vielmehr stehen keinerlei Interessen der Zulassung eines späteren Nachweises entgegen (vgl. RGSt. 21 S. 125, 46 S. 372).

β) **Die schriftliche Einlegung erfordert, daß die Partei oder ein zu ihrer Vertretung Befugter die Beschwerdeschrift handschriftlich unterzeichnet.**

Kammergericht, 17. ZS. Rechtsentscheid v. 9. Februar 1925 (Y 135/24).

Gegen die Entscheidung des MEA. hat das Wohnungsamt Rechtsbeschwerde durch einen Schriftsatz eingelegt, der nicht die Unterschrift eines zur Vertretung

---

[1]) Dagegen gibt das OLG. München (3. ZS. Beschl. v. 12. 5. 25, BayZ. 21 S. 218) bei unvollständiger Belehrung über das zulässige Rechtsmittel (§ 14⁹) einen Anspruch auf Wiedereinsetzung.

befugten Beamten, sondern nur den Vermerk „gez. D." und einen von einem Stadtsekretär unterzeichneten Beglaubigungsvermerk enthält. Allein die Beschwerdeschrift gehört zu den sog. bestimmenden Schriftsätzen, d. h. solchen, mit deren Einreichung bei der gerichtlichen Behörde das im Schriftstück enthaltene Prozeßrechtsgeschäft vollzogen wird. Für diese Schriftsätze wird in RG. (46 S. 357; JW. 1914 S. 156, 834; 1916 S. 964) erfordert, daß die Partei oder ihr Vertreter sie handschriftlich unterschreiben muß (Stein ZPO § 129 II). Bei dieser zweifelsfreien Rechtslage fehlt jeder Anhalt dafür, daß das gleiche Erfordernis nicht für die Rechtsmittelschrift des § 21 VerfA. v. 19. 9. 1923 gelten sollte. Die Unterzeichnung kann auch nicht dadurch ersetzt werden, daß wie hier die Angabe, eine befugte Persönlichkeit habe den Entwurf der Beschwerdeschrift unterzeichnet, von einem Dritten (Stadtsekretär) beglaubigt wird. Die bestimmte Wirkung tritt nur ein, wenn der bei dem MEA. oder der Beschwerdestelle eingehende Schriftsatz die für das Prozeßrechtsgeschäft nötige Erklärung in der Schriftform enthält. Das ist aber nur der Fall, wenn die Partei oder derjenige, der als ihr Vertreter das Rechtsmittel einlegen zu wollen erklärt, selbst unterzeichnet hat. Deshalb kann es nicht einmal genügen, wenn der Beglaubigungsvermerk von einer Person ausgestellt ist, die selbst befugt wäre, für die Partei das Rechtsmittel einzulegen, denn dieser Vermerk ist wiederum nicht die erforderliche Erklärung, Beschwerde einzulegen. D. n.

7) **„Die unrichtige Anwendung des billigen Ermessens verletzt das Gesetz. Die Beschwerdestelle muß deshalb prüfen, ob das MEA. billiges Ermessen nicht nur überhaupt, sondern auch richtig angewendet hat.**

Kammergericht, 17. ZS. Rechtsentscheid v. 20. Februar 1925 (Y 137/24).

Aus dem Zusammenhange der §§ 37, 40³, 41² ergibt sich zunächst, daß das Gesetz verletzt ist, wenn das MEA. das billige Ermessen überhaupt nicht angewendet hat; denn auch § 40³ ist eine Rechtsnorm. Aber auch die unrichtige Anwendung jenes Ermessens verletzt das Gesetz. Dafür spricht von vornherein der § 550 ZPO. Bedenken können nur daraus entstehen, daß die Einführung des Ermessenes als eines Mittels zur Auffindung der Entscheidung in besonderem Maße die Persönlichkeit des Richters Bedeutung gewinnen und durch die Einschaltung des subjektiven Moments die Rechtsanwendung insoweit mehr zur tatsächlichen Würdigung werden läßt. Wo nach der Rechtsordnung freies Ermessen anzuwenden ist, muß deshalb die Nachprüfung durch eine Instanz, die nur wegen Gesetzesverletzung eingreifen darf, ausgeschlossen sein, weil die Art seiner Anwendung überhaupt nicht das Gesetz verletzen kann. Anders liegt es jedoch, wenn die Entscheidung nach billigem Ermessen vorgeschrieben ist. Dieses läßt dem Richter nicht den gleichen Spielraum, sondern erfordert, daß es zu einer Entscheidung führt, die dem Begriffe der Billigkeit entspricht. Was billig ist, läßt sich objektiv nachprüfen, weil es nach allgemeinen Erfahrungssätzen beurteilt werden kann. Deshalb ist es ein Rechtsbegriff; somit hat auch die Beschwerdestelle nachzuprüfen, ob es richtig angewendet worden ist (LZ. 7 S. 299). Dabei hat sie nach ihrem eigenen billigen Ermessen die Tatsachen zugrundezulegen, die auch das MEA. verwenden konnte; sie darf hingegen nicht neue Tatsachen verwerten (Rsp. 43 S. 242). D. n.

δ) **„Auf Rechtsbeschwerde darf das MEA. seine angefochtene Entscheidung nur dann abändern, wenn diese auf einer Gesetzesverletzung beruht, nicht aber nur auf Grund neuen tatsächlichen Vorbringens".**

Kammergericht, 17. ZS. Rechtsentscheid v. 2. März 1925 (Y 130/24).

Der § 42¹ sagt nicht, aus welchem Grund das MEA. die Rechtsbeschwerde für begründet erachten muß, um ihr abzuhelfen. Sie kann aber nach § 41 nur darauf gestützt werden, daß die Entscheidung das Gesetz verletzt d. h. daß eine Rechtsnorm nicht oder nicht richtig angewendet ist (vgl. unter β). Daß das MEA. darüber hinaus einer Rechtsbeschwerde auch aus tatsächlichen Gründen stattgeben dürfe, hätte der ausdrücklichen Hervorhebung bedurft. Gegen diese Zulassung spricht auch der Zweck des § 41, unnötige Beschwerdeverfahren zu vermeiden und daher dem MEA die Möglichkeik zu geben, Entscheidungen, die seiner Ansicht nach die Beschwerdestelle abändern müßte — also nur bei Gesetzesverletzung, selbst abzuändern [1]). V.

ε) **„Hat eine Beschwerdestelle einen Rechtsentscheid nachgesucht, weil sie von der Entscheidung einer anderen Beschwerdestelle abweichen will, so darf sie, solange der Rechtsentscheid aussteht, über Rechtsbeschwerden nicht nach ihrer abweichenden Rechtsauffassung entscheiden".**

Kammergericht, 17. ZS. Rechtsentscheid v. 9. Februar 1925 (Y 23/25).

Die Einrichtung des Rechtsentscheides bezweckt ganz offenbar eine einheitliche Rechtsprechung über die bei den zahlreichen Beschwerdestellen vorkommenden Rechtsfragen zu fördern. Für die Fälle, in denen ein Zwang zu seiner Einholung nicht begründet, sondern die Beschwerdestellen dazu nur befugt sind, weil es sich um eine grundsätzliche Frage handelt, folgt daraus, daß das LG. über die Angemessenheit eigener Entscheidung oder die Zweckmäßigkeit der Vorlegung nicht nach freiem Belieben, sondern nach pflichtmäßigem Ermessen zu befinden hat. Wenn es aber weiß, daß zu einer Rechtsfrage ein Rechtsentscheid zu erwarten ist, weil diese Frage von ihm selbst oder von anderer Stelle in bestimmten Akten vorgelegt worden ist, so wird nur in den seltensten Fällen angemessen sein, daß es selbst entscheidet, ohne den Rechtsentscheid abzuwarten. Als Regel wird man deshalb zu betrachten haben, daß es auch in solchem Falle, obwohl eine Abweichung von einer ihm bekannten Beschwerdeentscheidung nicht in Frage kommt, nicht ohne Rücksicht auf den verbindlichen Rechtsentscheid die Rechtsfrage erledigen darf. Ausnahmen von dieser Regel mögen nicht völlig ausgeschlossen sein, bedürfen aber schwerwiegender Gründe.

i) α) **„Gegen die Versäumung der in den Pr. AusfVorschr. v. 3. Juli 1920 Nr. 5 bestimmten Frist ist die Wiedereinsetzung unter den dafür in der ZPO. §§ 233 ff. bestimmten Voraussetzungen zulässig".**

Kammergericht, 17. ZS. Rechtsentscheid v. 19. Januar 1925 (Y 142/24).

. . . Die Wiedereinsetzung findet sich nicht nur in der ZPO. und in den zahlreichen Gesetzen, in denen die entsprechende Anwendung der ZPO angeordnet ist; auch Gesetze, die ein im übrigen abweichend geordnetes Verfahren behandeln und deren Verfahren dem bürgerlichen Rechtsstreit erheblich ferner steht als das

---

[1]) Das MEA. muß jedenfalls nach § 21³ VerfA. vor der Abänderung den Gegner hören. Zwischen- und Vorabentscheidungen sind regelmäßig unzulässig (OLG. Darmstadt, 1. ZS. Rechtsentscheid v. 12. Februar 1925, HessR. 109).

in vielen Punkten ausdrücklich an die ZPO. sich anlehnende Verfahren in MSch-Sachen, enthalten sie, wie die StPO. und das Pr.LandesVG.. Diesem Umstande läßt sich entnehmen, daß der Rechtsbehelf auf einem, das gesamte Verfahrensrecht beherrschenden Rechtsgedanken beruht, der in den verschiedenen Gesetzen fast durchweg, wenn auch mit kleinen Abweichungen von einander zum Ausdruck gekommen ist. Beherrscht dieser Gedanke aber das gesamte Verfahrensrecht, so ist er auch da anzuwenden, wo er einen besonderen Ausdruck nicht erhalten hat; davon werden nur diejenigen Fälle auszunehmen sein, bei denen der Rechtsgedanken ausdrücklich abgelehnt ist, oder bei denen sich aus irgend welchen Umständen ergibt, daß er nicht zur Anwendung gelangen sollte. Der Umstand, daß hier nicht auf die §§ 233 ff. ZPO. verwiesen ist, ergibt aber nicht, daß deren Anwendung bewußt ausgeschlossen werden sollte, sondern kann auch auf ungenauer Fassung beruhen. D. n.

β) **Der Grundsatz des § 536 ZPO. findet auch auf die Beschwerdestelle in Mietsachen Anwendung.**

Bay. Oberstes Landesgericht Rechtsentscheid v. 22. Mai 1925 Bay Z. 21 S. 225.

γ) **„Die Wiederaufnahme des rechtskräftig abgeschlossenen Verfahrens vor dem MEA. ist unter den gleichen Voraussetzungen wie im bürgerlichen Rechtsstreit zulässig".**

Kammergericht, 17. ZS. Rechtsentscheid v. 17. März 1925 (Y 161/25).

An der Auffassung (Rsp. 43 S. 258) kann nicht festgehalten werden. Trotz des Schweigens des Gesetzes hat inzwischen der vorstehende Rechtsentscheid auch die Wiedereinsetzung zugelassen, weil sie auf einem das gesamte Verfahrensrecht beherrschenden Rechtsgedanken beruht. Der gleiche Gesichtspunkt muß auch hier den Ausschlag geben. Nicht nur in §§ 578 ff. ZPO. und §§ 399 ff. StPO., sondern auch in anderen Gesetzen, z. B. in § 65 der EntschO. v. 30. Juli 1921, in §§ 1722 ff. der RversO. und in § 110 der Best. über die Versorgungsgerichte ist die Wiederaufnahme vorgesehen. Wenn die Voraussetzungen dafür auch nicht in allen Fällen die gleichen sind, so zielen die Vorschriften doch sämtlich darauf ab, die Beiseitigung von Entscheidungen zu ermöglichen, die förmlich unangreifbar, als Akte der staatlichen Gerichtsbarkeit zu beachten, aber doch wegen besonders schwerer Verfahrensmängel nicht wohl aufrecht zu erhalten sind. Gegenüber den zahlreichen Fällen, in denen die Wiederaufnahme zugelassen ist, kann deshalb das Schweigen des MSchG. nicht als Verbot der Wiederaufnahme gedeutet werden. Vielmehr ist eine Lücke anzuerkennen, die einer sinngemäßen Ausfüllung bedarf. Man darf nicht etwa aus § 44 MSchG. das Bedürfnis leugnen, denn er beschränkt sachlich die Rechtskraft, indem er mit Rücksicht auf die Möglichkeit einer neuen, besseren Begründung die Wiederholung eines Antrags schlechthin gestattet. Zur Ausfüllung der Lücke kann vielmehr nur die ZPO. verwendet werden, denn das Verfahren vor dem MEA. zeigt die meiste Ähnlichkeit mit dem bürgerlichen Rechtsstreit. Auch macht § 41² MSchG. durch die Verweisung auf § 551 Nr. 1 bis 5 ZPO. eine Anzahl der dortigen Gründe für die Wiederaufnahme zu absoluten Gründen der Rechtsbeschwerde. Wie diese Gründe in der ZPO. zugleich absolute Revisionsgründe und Gründe für die Wiederaufnahme sind, so muß es auch für das hier fr. Verfahren sein; denn es ist offensichtlich, daß Entscheidungen, die solche Mängel aufzuweisen haben, tunlichst trotz der Rechtskraft beseitigt werden sollen. Hat sich aber das MSchG. bei der Behandlung dieser Vorkommnisse als Beschwerdegründe eng an die ZPO. angeschlossen, so rechtfertigt sich die Annahme, daß die zuzulassende Wiederaufnahme in ihren Einzelheiten ebenfalls durch die ZPO. bestimmt sein muß. D. n.

k) **„Der § 15 der Anordnung v. 19. 9. 23 ist gültig und findet auch Anwendung, wenn das Wohnungsamt im Verfahren Partei ist. Im Falle des Unterliegens sind der Gemeinde die baren Auslagen aufzuerlegen. — Die Beschwerdestelle hat selbst in ihrem Beschluß die Höhe dieser Auslagen anzugeben; zu ihnen können auch die gesetzlichen Gebühren eines Rechtsanwalts gehören."**

Kammergericht, 17. ZS. Rechtsentscheid v. 19. Januar 1925 (Y 117/24).

Vorschriften über die Kostenerstattung sind allerdings nicht eigentlich Verfahrensregeln, sondern begründen Ansprüche und sind deshalb von materiellrechtlicher Bedeutung. Indessen hängen sie eng mit dem Verfahren zusammen. Daß sich § 47 darauf nicht beziehen sollte, ist umso weniger anzunehmen, als die ZPO. und die StPO., obwohl sie das Verfahren betreffen, die Kostenpflicht der Parteien untereinander von sich aus regeln. Ebensowenig liegt ein Widerspruch mit dem MSchG vor. Mit der Kostenfrage beschäftigt sich nur § 46, der sowohl Gebühren wie auch Auslagen erwähnt und beide im Abs. 3 unter den Begriff der Kosten zusammenfaßt. Dieser Ausdruck paßt aber nur für die bei der Behörde erwachsenen Kosten; denn in demselben Absatz wird bestimmt, daß die Kosten, die eine Gemeinde treffen würden, außer Ansatz bleiben. Die Befreiungsvorschrift kann sich also nicht auf die Erstattung von Auslagen der Gegenpartei beziehen. Somit ist diese Erstattung im Gesetz selbst überhaupt nicht geregelt und Raum für die Bestimmung der Reichsregierung gelassen.

Da jedoch § 15 VerfAnordn. eine Kannvorschrift darstellt, liegt es im Ermessen des MEA. und der Beschwerdestelle, ob und in welchem Umfange sie der unterliegenden Partei eine Erstattung der baren Auslagen auferlegen. Daraus folgt daß im Beschlusse selbst der Betrag dieser Auslagen angegeben werden muß, denn auch auf ihn bezieht sich das Ermessen. Sinngemäß sind dazu auch die notwendigen Vertretungskosten, also auch Anwaltsgebühren zu rechnen. Inwieweit diese Partei diese zweckmäßig aufgewendet hat, muß die entscheidende Stelle nach pflichtmäßigem Ermessen gemäß der besonderen Gestaltung des Falles feststellen. Bei der Natur der Rechtsbeschwerde als eines der Revision ähnlichen Rechtsmittels wird die Vertretung durch Anwälte grundsätzlich zu billigen sein. Bei der Schwierigkeit des Rechtsgebiets und der großen Zahl der jeweils zu beachtenden Rechtssätze und bindenden Entscheidungen darf man indessen auch für das Verfahren vor dem MEA. keineswegs als Regel aufstellen, daß sich die Partei eines rechtskundigen Vertreters zumeist nicht bedienen brauche; vielmehr hängt auch hier die Entscheidung vom Einzelfalle ab und wird die Anwaltsvertretung nur bei besonders einfacher Sach- und Rechtslage als ganz überflüssig zu betrachten sein.

2. Weder das MSchG. noch der erwähnte § 15 geben einen Anhalt dafür, daß dieser § 15 nicht anzuwenden wäre, wenn das Wohnungsamt unterliegt. Die Beschwerdestelle folgert jedoch aus dem Urteil des Pr.OVerwG. (VerwBl. 45

S. 164) daß im Streitverfahren überhaupt nicht die Gemeinde, sondern der Staat vertreten durch das Wohnungsamt Partei sei und deshalb auch die Auslagen zu erstatten habe. Allein jenes Urteil hatte sich mit der Frage, ob die Zwangswirtschaft eine Selbstverwaltungsangelegenheit der Gemeinden und deshalb die staatliche Aufsicht beschränkt sei, zu beschäftigen und sie verneint. Dadurch wird aber die Frage nicht erledigt, wer Partei im Beschwerdeverfahren ist und die Kosten zu tragen hat. Es bleibt sehr wohl die Möglichkeit, daß diese Fragen aus dem Interesse beantwortet werden müssen, das die Gemeinde an der Wohnungswirtschaft hat. Ob diese Erwägung allein ausreichen würde, kann dahingestellt bleiben; denn das WMG. hat selbst deutlich ausgesprochen, daß die Angelegenheiten auf Rechnung der Gemeinde erledigt werden. Das geht aus § 5 hervor, wonach Räume auf Anfordern der Gemeinde, das also in Ausführung des vom OVerwG. angenommenen Auftrags ergeht, zu überlassen sind und von ihr vergütet werden müssen. Ebenso legt § 6 für die Eingriffe in Privatrechte die Entschädigung soweit sie überhaupt zu gewähren ist, der verfügenden Stelle auf, also der Gemeinde. Endlich sieht § 4 sie als Zwangsmieterin vor. Wie daher auch die Zwangswirtschaft unter dem Gesichtspunkt der Staatsaufsicht aufzufassen sein mag, bleibt sie doch schon nach dem Inhalt des Gesetzes wirtschaftlich eine Angelegenheit der Gemeinde. D. m.

l) **„Örtliche Anordnungen, die die Zustimmung des MEA. zur Erhebung der Räumungs- oder Herausgabeklage [1]) erfordern, sind nach § 50² unwirksam".**

Kammergericht, 17. ZS. Rechtsentscheid v. 9. Februar 1925 (Y 117/24).

. . . Mit den Änderungen des MSchG. erscheint eine — auf § 9 WMVO. beruhende — Anordnung unvereinbar, daß Räumungsklagen erst, nachdem das MEA zugestimmt hat angestellt werden dürfen, und dies auch für solche Klagen gilt, die nicht mit der Beendigung eines Mietverhältnisses, sondern in anderer Weise gegründet werden. Das MSchG. § 4 läßt beim Vorliegen eines Aufhebungsgrundes (Rsp. 43 S. 257) die Interessen der Allgemeinheit vor den des Vermieters so weit zurücktreten, daß es sogar dem Gerichte gestattet, die spätere Beschlagnahme des Raumes auszuschließen, und daß es die vorzugsweise Unterbringung des verurteilten Mieters anordnet (§ 36). Auch bei Räumungsklagen, die sich darauf gründen, daß der Mieter die Räume auf Grund eines fehlerhaften Vertrages inne hat (§ 31), soll nach der Begründung eine Mitwirkung der MEA ausgeschlossen sein, weil diese vielfach solchen Personen aus Billigkeitsgründen das Verbleiben in den Räumen gestattet und dadurch nicht nur den rechtmäßigen Mieter geschädigt, sondern auch den Maßnahmen des Wohnungsamts in häufig recht unerwünschter Weise entgegen gewirkt haben.

Die Ansicht (JW. 1924 S. 2012), daß auch in diesem Falle des MEA. zur Vermeidung unbilliger Härten müsse tätig werden können, ließe sich nur auf das MSchG., nicht auf das WMG. stützen; insoweit ist aber eine Täitgkeit des MEA. durch § 50¹ ausgeschlossen. Dies muß erst recht für die seltenen Fälle gelten, daß die Räumung gefordert wird, weil es überhaupt an einem Miet-

---

[1]) Desgl. zur Vollstreckung von Räumungs- oder Herausgabeurteilen: Rechtsentscheid v. 7. April 1925 Y 41/25.

vertrage fehlt. Eine Mitwirkung des MEA. bei der Erhebung von Räumungsklagen wegen Nichtbestehens eines Vertrages findet daher seit dem 1. 10. 1923 nicht mehr statt [1]). D. n.

m) **Die nach § 1[1] zulässige Erklärung ist auch dann zulässig, wenn durch eine nach dem Inkrafttreten des RMG. getroffene Vereinbarung die Höhe der Friedensmiete festgesetzt worden ist. Dies gilt jedoch nicht für einen vor dem MEA., vor dessen Vorsitzer oder der Beschwerdestelle geschlossenen Vergleich.**

Bayer. Oberstes Landesgericht, ZS. Rechtsentscheid v. 10. Januar 1925 (VII 5).

. . . Zuzugeben ist, daß dann, wenn es sich um eine außerhalb des Instanzenzuges des RMG. und des MSchG. getroffene Vereinbarung handelt, eine Vertragsmiete vorliegt, die nach § 1[1] jederzeit geändert werden kann. Das trifft auch zu, wenn vor einem Amtsgericht als Prozeßgericht ein Vergleich über die FrM. geschlossen ist. Im übrigen aber, wenn es sich also wie hier um einen vor den MEA.-Instanzen abgeschlossenen Vergleich handelt, muß an der früheren Entscheidung (oben S. 11) festgehalten werden. Der Einwand, die Festsetzung sei eine amtliche Tätigkeit und könne nicht durch eine Parteivereinbarung ersetzt werden, ist in dieser Allgemeinheit unrichtig. Auch die Prozeßentscheidung des ordentlichen Gerichts ist ein staatlicher Hoheitsakt, sie kann aber trotzdem durch den Vergleich ersetzt werden. Ob eine solche Vereinbarung bei Mietstreitigkeiten wegen der hereinspielenden öffentlichrechtlichen Gesichtspunkte ausgeschlossen ist, wäre erst zu beweisen. Daß sie aber, soweit es sich um eine in der Form des Vergleichs vor dem MEA. getroffene Vereinbarung handelte nicht ausgeschlossen ist, geht aus §45 MSchG. hervor und wird durch §44 das. nicht wiederlegt. Hierbei ist davon auszugehen, daß die allgemeinen Prozeßgrundsätze, bes. über die Rechtskraft auch für das im 2. Abschn. des MSchG. geregelten Verfahren gelten müssen. Im § 45 wird nun, wie in der ZPO., der Vergleich hinsichtlich der Vollstreckbarkeit der Prozeßentscheidung gleichgestellt. Da hier eine nur vorl. Vollstreckbarkeit des §§ 708 ff. ZPO. nicht in Betracht kommt, muß also mangels entgegenstehender Bestimmung angenommen werden, daß der Vergleich des § 45 das Verfahren ebenso abschließt, wie der in der ZPO. Aus § 44 kann nicht mit dem KG. geschlossen werden, daß nur der Entscheidung, nicht auch dem Vergleich Rechtskraftwirkung zukommen soll. Eine gleichartige Bestimmung für den Vergleich zu schaffen, war nicht erforderlich, da sich die Anwendbarkeit des § 44 auf Vergleiche aus der aus allgemeinen Prozeßregeln abzuleitenden grundsätzlichen Gleichartigkeit des Vergleichs mit der Prozeßentscheidung von selbst ergibt. Wenn auch in dem hier fr. Verfahren das Anerkenntnis nicht die gleiche Wirkung hat, wie im bürgerlichen Rechtsstreit, so ist doch nicht einzusehen, warum jene beiden Fälle verschieden behandelt werden sollen. Selbstverständlich kann dem Vergleich keine stärkere Wirkung zukommen als der Prozeßentscheidung. Was nach §44 gegen die rechtskräftige Entscheidung vorgebracht werden kann, kann also auch gegenüber dem Vergleich eingewendet werden. Hinsichtlich des rechtskräftigen Abschlusses

[1]) Weist das MEA. den Antrag, eine vor 1. 10. 1923 ergangene Entscheidung abzuändern, zurück, so ist dagegen die Rechtsbeschwerde zulässig (Rechtsentscheid vom 20. Februar 1925, Y 167/24). Vgl. Rsp. 43 S. 332.

des Verfahrens aber steht der Vergleich nach § 45 der Entscheidung gleich. Nach dem Gesagten wäre übrigens im Falle der KG. der Antrag auf Neufestsetzung gleichfalls zuzulassen, da er auf eine unter § 44 fallende Tatsache gestützt war. Schließt aber der Vergleich vor dem MEA. das Verfahren rechtskräftig ab, so kann seiner Wirksamkeit der § 19 RMG. nicht entgegenstehen. Bay.Z 21 S. 86.

n) **Friedens- oder freie Miete? Erklärung aus § 1[1].**

α Kammergericht, 17. ZS. Urteil v. 2. Februar 1925 (U 10081/24).

Die Kläger haben vom 1. 10. 1922 ab Räume, für die tatsächlich keine FrM. bestand, „für eine berechnete und vereinbarte jährliche Friedensmiete von 17 500 M. ab 20% = 3500 M., Grundmiete 14 000 M." vermietet und bestimmt: „Für diesen Vertrag gilt die gesetzliche Miete". Am 1. 10. 1922 haben sie ein gedrucktes Formular, das mit den Worten beginnt: „Nachdem wir Ihnen die auf Grund des RMG. erforderliche Erklärung, vom 1. 10. 24 ab die gesetzliche Miete zu verlangen, abgegeben, teilen wir Ihnen die Berechnung der Miete mit . . . ." dem Beklagten zugesandt. Dieser hatte bis August 1924 die einer FrM. von 17 500 M. entsprechenden Beträge gezahlt und verweigert die September-Miete, jedoch ohne Grund

Sache des MEA. ist die Feststellung oder Berechnung der FrM., nicht aber die Entscheidung der Rechtsfrage, ob die von ihm festgestellte oder errechnete FrM vom Mieter zu zahlen ist; dafür ist das ordentliche Gericht zuständig (Rsp. 43 S. 336 γ) Ob aber die vom MEA. festgesetzte FrM. die Leistungen des Mieters bestimmt, hängt davon ab, ob zwischen den Vertragsteilen die gesetzliche Miete gilt. Die Vereinbarung, daß gesetzliche Miete gelte, erfordert den Vertragswillen, daß das RMG. vollständig Anwendung findet, also nicht nur die Art der Berechnung der Zuschläge nach dem Gesetze, sondern vor allem auch die Grundlage der Berechnung, die FrM., d. h. die Miete, die am 1. Juli 1914 für die Räume gezahlt worden ist oder nach Entscheidung des MEA. billigerweise hätte gezahlt werden müssen. Vereinbaren aber die Vertragsteile eine FrM., sei es, daß sie bewußt von der tatsächlichen FrM. abweichen oder bei ihrem Fehlen sie, wie vorliegend, in gegenseitigem Einvernehmen festsetzen, so fehlt das eine Erfordernis der gesetzlichen Miete, nämlich das Ausgehen von der FrM. Wollte man zulassen, daß die Vertragsteile unter Festsetzung einer FrM. ohne Mitwirkung des MEA. die gesetzliche Miete vereinbarten, so könnte der § 19 stets durch eine derartige Vereinbarung umgangen werden; dies liefe aber dem Zweck des Gesetzes zuwider. Dabei muß ohne Bedeutung sein, ob die Abweichung von der FrM. erheblich oder unerheblich ist (JW. 1924 S. 2062). Es ist daher der Vertrag der Streitteile dahin auszulegen, daß sie eine freie Vertragsmiete unter Zugrundelegung der Berechnungsart des RMG. vereinbart haben (ebenso Hertel, gesetzliche Miete S. 82). Von dieser Vereinbarung kann jeder Teil dadurch abgehen, daß er dem anderen Teil erklärt, er wähle die gesetzliche Miete. Das Schreiben vom 1. 10. 1922 drückt aber nicht den Willen der Kläger aus, etwas anderes zu fordern, als einige Tage vorher vereinbart war. Eine Erklärung aus § 1 ist vielmehr erst im Schreiben vom 16. 6. 1924 zu sehen. Diese wirkt erst vom 1. 10. 1924 ab. Der Beklagte hatte daher für Sept. 1924 noch die vereinbarte, nach der Berechnungsart des RMG. zu berechnende Miete zu zahlen.

β) **„Das MEA. darf die Festsetzung der FrM. für nicht vermietete Räume nur dann ablehnen, wenn nach der Darstellung des Antrags das Gebäude keine mietweise abgegebenen Räume enthält und der Eigentümer auch nicht beabsichtigt, es ganz oder teilweise zu vermieten".**

Kammergericht, 17. ZS. Rechtsentscheid v. 9. Februar 1925 (Y 156/24).

... Der Umstand, daß es hier an einem Mieter und somit auch an einem Mietverhältnis fehlt, steht der beantragten Festsetzung nicht entgegen; die Höhe der gesetzlichen Miete ist nicht allein für das Verhältnis zwischen den jeweiligen Mietparteien von Belang, sondern kann mit Rücksicht auf die Verteilung der allgemeinen Unkosten des Gebäudes auch wegen der sonstigen, andere Räume des Gebäudes betreffende Mietverhältnisse von Bedeutung werden. Selbst dann, wenn das Gebäude andere vermietete Räume nicht enthält, kann die Festsetzung mit Rücksicht auf eine in Aussicht genommene Vermietung, als deren Grundlage sie dienen soll, wichtig sein. Eine Ablehnung ist nur dann zu rechtfertigen, wenn offensichtlich jedes praktische Interesse an der Entscheidung fehlt; das wird aber nur dann anzunehmen sein, wenn der Eigentümer weder einen Teil des Gebäudes vermietet hat noch solches beabsichtigt. D. n.

γ) **Das MEA. darf das Verfahren auf Festsetzung der FrM. nicht aussetzen, weil streitig ist, ob die Entscheidung für die Partei erheblich ist**[1]).

Kammergericht, 17. ZS. Rechtsentscheid v. 4. Mai 1925 (Y 32/25).

Gewiß sind Fälle denkbar, in denen das MEA. die FrM. festsetzt und dies ohne Bedeutung für die Partei ist, sei es, daß überhaupt kein Mietvertrag vorliegt, sei es, daß das RMG. auf den Vertrag keine Anwendung findet. Dieser Umstand kann aber nicht dazu führen, eine Maßnahme einzuführen, für die es an der gesetzlichen Grundlage fehlt. Für das Gebiet der PSchO. ist in Rsp. 43 S. 628 γ und JW. 1924 S. 2031 bereits ausgesprochen, daß das PEA. zur Aussetzung des Verfahrens auch dann nicht befugt ist, wenn über das Bestehen des Pachtverhältnisses ein Rechtsstreit vor dem ordentlichen Gericht anhängig ist. An der Begründung des letzteren Entscheid, die auch für MSchSachen zutrifft, hält der Senat fest; sie wird durch die Entscheidung des OLG. Hamburg (HansRZ. 1923 S. 853) unterstützt. Eine Aussetzung bis zur Herbeiführung einer Entscheidung über die Erheblichkeit findet weder im RMG. noch in der Anordn. vom 19. 9. 1923 eine Grundlage. Eine entsprechende Anwendung des § 148 ZPO. ist nirgends vorgesehen; der § 148 ist auch nicht der Ausdruck eines allgemeinen Rechtsgedankens, dessen Anwendung sich auch ohne besondere Vorschrift aus allgemeinen Grundsätzen ergeben müßte. Bevor das MEA. die FrM. festgesetzt hat, kann der Vermieter nicht auf Leistung klagen, weil er seinen Anspruch zahlenmäßig nicht zu bemessen und bestimmte Anträge nicht zu stellen vermag; deshalb erscheint sachgemäß, daß zunächst die FrM. ohne Rücksicht darauf, wie die materiellen Rechtsverhältnisse liegen, festgesetzt wird. Ob, wenn der Vermieter auf Feststellung des

---

[1]) Ebensowenig kann es aussetzen, bis eine Rechtsfrage gerichtlich entschieden sei (OLG. Darmstadt 27. 11. 1924, HessRspr. 25 S. 46).

Bestehens eines Mietverhältnisses klagt, ein dem § 256 ZPO. genügendes rechtliches Interesse für vorliegend erachtet werden würde, kann zweifelhaft sein; selbst wenn er aber Erfolg hat, müßte er voraussichtlich den Leistungsanspruch in einem zweiten Rechtsstreit verfolgen. D. n.

δ) **„Eine FrM. (§ 2¹) ist nicht für die sämtlichen Räume eines zurzeit an einen Mieter vermieteten Hauses vereinbart, wenn sie am 1. Juli 1914 an mehrere einzelne Mieter gesondert vermietet waren".**

Kammergericht, 17. ZS. Rechtsentscheid v. 7. April 1925 (Y 13/25).

... Zur Grundlage nimmt § 2¹ die Miete, die am 1. Juli 1914 infolge Vereinbarung tatsächlich galt. Dabei war offensichtlich die Erwägung maßgebend, daß diese FrM. in der Regel für die Gebrauchsüberlassung auch das wirklich angemessene und ortsübliche Entgelt darstellt. Daß dieses möglichst der gesetzlichen Miete zugrunde gelegt werden soll, erweist der Umstand, daß § 2 weiterhin die Richtigstellung einer davon abweichenden FrM. vorsieht. Dann aber darf der § 2 S. 1 nicht über solche Fälle ausgedehnt werden, in denen die Übereinstimmung der vereinbarten Miete mit der angemessenen wirklich der Regel entspricht. Diese Gewähr hat man aber nur, wenn der Mietgegenstand damals und jetzt derselbe ist, nicht hingegen, wenn zwar die Räume noch im gleichen Zustande vorhanden zurzeit aber in anderer Einteilung zum Gegenstande von Mietverträgen gemacht sind. Vielmehr ist bei solcher Änderung stets damit zu rechnen, daß die anderweitige Zuteilung der Räume auch einen Einfluß, wie auf den angemessenen, so auf den vereinbarten Mietzins gehabt hätte. Daß solchen Einflüssen auf die Mietzinsbildung die Wirkung genommen werden sollte, ist im Gesetz nicht ausgedrückt; vielmehr spricht § 2 in seinem Zusammenhange durchaus für die entgegengesetzte Auffassung, die auch im Einklang mit dem Rechtsentscheid (Rsp. 43 S. 335) steht.

ε) **„Das MEA. hat bei Festsetzung oder Feststellung der gesetzlichen Miete nicht zu entscheiden, von wann ab diese gilt".**

Kammergericht, 17. ZS. Rechtsentscheid v. 19. Januar 1925 (Y 115/24).

Eine Feststellung der Friedensmiete kann immer nur die Frage betreffen, welche Miete tatsächlich am 1. Juli 1914 gezahlt worden ist. Daher ist für eine Entscheidung, von wann ab dies wirkt, kein Raum, da sie nur eine Tatsache feststellt. Die Folgerungen, die hieraus zu ziehen sind, betreffen eine rein bürgerliche Rechtsfrage, für die nur der ordentliche Rechtsweg gegeben ist. — Setzt das MEA. die FrM. gemäß § 2⁴ neu oder abweichend von der tatsächlichen Friedensmiete fest, so ist diese Tätigkeit nur eine Art der ihm durch § 2 überhaupt gesetzten Aufgabe: es soll ermitteln, welche Miete als FrM. zu gelten hat. Es ist daher auch für diesen Fall begrifflich die Festsetzung eines Anfangstermins ausgeschlossen Ob die Mietforderung überhaupt nach dieser Feststellung zu berechnen ist und ebenso von wann ab, ist eine Frage rein bürgerlichen Rechts. D. n.

ζ) **„Die neben der Raummiete am 1. Juli 1914 vom Mieter gezahlten Betriebskosten, besonders für Wasserversorgung, sind bei Ermittelung der FrM. der Raummiete hinzuzurechnen".**

Kammergericht, 17. ZS. Rechtsentscheid v. 4. Mai 1925 (Y 44/25).

... Hat am 1. Juli 1914 abweichend von BGB. § 536 der Mieter die Betriebskosten übernommen, so besteht seine vertragliche Gegenleistung tatsächlich nicht nur in der Zahlung der reinen Miete, sondern weiterhin, wie dies auch § 2[2] V. vom 17. April 1924 (GS. 474) klar erkennen läßt, in den Leistungen für jene Kosten. Ob er sie an den Vermieter (z. B. für Treppenbeleuchtung) oder an den Unternehmer unmittelbar zahlt, ist dabei unerheblich. Zu ihnen gehört das Wassergeld (§ 21 aO. mit B X 4 PrAusfBest. vom 4. August 1923). Hat also am 1. Juli 1914 der Mieter neben der Miete 4% der Miete an Wassergeld und 6 M. jährlich für Bad gezahlt, so erhöht sich um diesen Betrag die reine Miete und die Summe beider Beträge ist als FrM. festzustellen (ebenso für Siel (Kanal) Gebühren das LG. Hannover 21. 1. 1925 und für Flurbeleuchtung das Pr. Wohlfahrtsmin., Brumby 86). An diesem Ergebnisse kann auch nichts ändern, daß nach den Erlassen v. 17. 4. und v. 25. 6. 1924 (GS. 570) in den Hundertsätzen 3% für Wassergeld enthalten sind; vielmehr ist dem zu entnehmen, daß auch in der FrM. das Wassergeld enthalten sein muß. Allerdings ist zugelassen, daß der Vermieter 3% der FrM. kürzt und statt dessen das tatsächlich verauslagte Wassergeld umlegt, so daß er vorliegend zur FrM. 4% hinzurechnet, aber nur 3% abzieht. Dieser Vorteil ist aber eine Folge der für Preußen einheitlich erfolgten Veranschlagung, die ebenso zum Nachteil des Vermieters ausschlägt, wenn in der FrM. weniger als 3% für Wassergeld enthalten waren. Dadurch, daß er die Umlegung des Wassergeldes wählt, wird nicht die FrM. geändert, sondern nur die gesetzliche Miete, die zurzeit von 76 auf 73% herabgesetzt wird.

η) **Materielle Wirkung späterer Abänderung der FrM.**

OLG. Breslau, 6. ZS. Urteil v. 25. April 1925 (U 10/25).

Für Fabrikräume, die der Kläger im Hause der Beklagten gemietet hatte, war die ortsübliche FrM. am 4. 7. 1923 auf 9000 M. festgesetzt worden. Am 20. 6. 1924 wurde diese dagegen auf 2200 M. herabgesetzt und am 7. 7. 24 weiter im Weg der Berichtigung der Beschluß v. 4. 7. 1923 aufgehoben. Die Klage auf Rückzahlung der seit 1. 2. 24 zuviel gezahlten Miete ist begründet. Dafür daß das MEA. eine einmal festgesetzte FrM. abändernd erneut festsetzt, ist ein doppelter Anlaß möglich. Entweder sind die Mieträume seit der alten Festsetzung umfassend verändert, so daß die Ortsüblichkeit der FrM. für die veränderte Mietsache eine andere ist, oder das MEA. hat seine erste Festsetzung als irrtümlich geschehen zu berichtigen. Da vorliegend für eine Veränderung der Mietsache nichts vorgebracht ist, bleibt nur die zweite Erklärung übrig. Diese wird durch den Inhalt der Akten des MEA., schon soweit er die Zeit vor 7. 7. 1924 betrifft, als richtig bestätigt. Er ergibt, daß das MEA. durch die Gegenvorstellung des Klägers und auf Anregung des Regierungspräsidenten zur Nachprüfung seines ersten Beschlusses veranlaßt worden ist und deshalb das Verfahren *wieder aufgenommen* hat. Diese *Wiederaufnahme* weist darauf hin, daß es seinen ersten Beschluß auf seine Richtigkeit hat prüfen wollen. Es kommt hinzu, daß der Berichtigungsbeschluß vom 7. 7. 1924, der den ersten Beschluß ausdrücklich aufhebt, auf Erinnerung des Klägers erlassen worden ist, der ausdrücklich darum gebeten hatte, die abändernde *Rückwirkung* aus dem Beschluß vom 7. 7. 1924 offenkundig zu machen. Dadurch, daß das MEA. dieser Erinnerung ohne weiteres stattgab, hat es deutlich ausgedrückt, daß es mit dem Beschluß vom 20. 6. 1924 die erste Mietfestsetzung als irrtümlich geschehen berichtigen wollte. Zu dieser Abänderung war es befugt (RG. 103 S. 314). Da sonach das MEA. die wirklich maßgebende FrM. erst am 20. 6. 1924 für die Vergangenheit in Abänderung des Beschlusses vom 4. 7. 1923 festgesetzt hat, ist die Beklagte verpflichtet, soweit der Rechtsgrund für die Mietzinszahlung des Klägers, der Beschluß vom 4. 7. 1923 mit §15 RMG durch den erneuten Beschluß des MEA. fortgefallen ist, das zurückzuzahlen, was der Kläger auf Grund der alten Festsetzung unter Vorbehalt gezahlt hat. Dieses Ergebnis widerspricht nicht der Billigkeit; denn Beklagte ist durch den bei jeder Zahlung erklärten Vorbehalt der Rückforderungswille des Klägers immer wieder vor Augen geführt worden, so daß sie mit einer Rückzahlung rechnen mußte. H. l.

o) **Die nach 1. Juli 1914 geschaffene Einrichtung einer Lichtanlage [1]) kann die Festsetzung des ortsüblichen Mietzinses als FrM. gemäß § 2⁴ S. 1 rechtfertigen.**

α Kammergericht, 17. ZS. Rechtsentscheid v. 17. März 1925 (Y 5/25).

Als erhebliche bauliche Veränderung läßt sich die Einrichtung einer elektrischen Lichtanlage allerdings nicht ansehen; es kann schon zweifelhaft erscheinen, ob sie überhaupt eine bauliche Veränderung darstellt. Die Festsetzung kann aber nach § 2⁴ S. 1 gerechtfertigt sein. Nach dem Rechtsentscheid (unten o δ) hat das MEA. dann zu ermitteln, welcher Mietzins am 1. Juli 1914 für den Raum ortsüblich gewesen wäre, wenn die jetzigen Verhältnisse schon damals bestanden hätten. Gelangt es hierbei zu dem Ergebnis, daß der damals tatsächlich gezahlte Mietzins in außergewöhnlichem Umfange von dem Mietzins abgewichen sei, der damals ortsüblich gewesen wäre, wenn der Raum sich bereits in dem heute befindlichen Zustande befunden hätte, so hat es diesen ortsüblichen Mietzins auf Antrag eines Vertragsteils als FrM. festzusetzen. Es wird in derartigen Fällen nach Ermittlung der ortsüblichen Miete durch Vergleichung weiter festzustellen haben, in welchem Maße die von der ortsüblichen Miete abweichenden Mieten durchschnittlich die ortsübliche Miete übersteigen oder hinter ihr zurückbleiben. Läßt sich auf diesem Wege feststellen, daß die Abweichung im Einzelfalle über die durchschnittliche Abweichung hinausgeht, so liegt eine außergewöhnliche Abweichung vor.

Dazu: **Die Herausnahme der Heizkörper der Sammelheizung aus einer Wohnung kann eine Neufestsetzung der FrM. gemäß § 2⁴ rechtfertigen.**

Kammergericht, 17. ZS. Beschluß v. 25. Mai 1925 (Y 61/25).

Wie im vorstehenden Falle ist auch vorliegend eine Veränderung nach 1. Juli 1914 eingetreten; der Unterschied ist nur der, daß es sich hier um eine die Wohnung entwertende Veränderung handelt. Auch in diesem Falle kann nach den Gründen des vorstehenden Entscheids die Festsetzung der FrM. nach § 2⁴ gerechtfertigt sein. Das muß in allen Fällen gelten, einerlei, ob es sich um eine Abweichung nach unten oder nach oben hin handelt. Entscheidend ist daher vorliegend, ob der Mietzins, der für die Wohnung am 1. Juli 1914 ortsüblich gewesen wäre, wenn sie schon damals weder Heizkörper noch einen Ersatz dafür aufgewiesen hätte, von dem tatsächlich am 1. Juli 1914 gezahlten Mietzins in außergewöhnlichem Maß

[1]) oder einer Entwässerungsanlage: Rechtsentscheid v. 17. März 1925 (Y 19/25).

abwich. Hiernach kam es auf die Prüfung des Vorliegens einer erheblichen baulichen Veränderung — die im übrigen auch zu bejahen sein dürfte — nicht an.

β) **Allgemeine Veränderungen der Gegend, die während eines laufenden Vertrages vor dem 1. Juli 1914 eingetreten sind, können eine Neufestsetzung der FrM. nach § 2⁴ S. 1 rechtfertigen.**

Kammergericht, 17. ZS. Rechtsentscheid v. 25. Mai 1925 (Y 40/25).

Aus den Erwägungen des Rechtsentscheides (o d) folgt ohne weiteres, daß eine Abweichung der FrM. von dem am 1. Juli 1914 ortsüblichen Mietzinse die Grundlage für eine Neufestsetzung bilden kann, wenn sie darauf beruht, daß sich schon vor 1. Juli 1914 das Wesen der Gegend geändert hat, in der sich der Mietraum befindet. In solchem Falle kann der Unterschied der Mietzinse überhaupt nicht auf den Folgen des Krieges beruhen, seine Aufrechterhaltung deshalb auch nicht den Zweck des Gesetzes bilden. Ob das Mißverhältnis eine Neufestsetzung rechtfertigt, hängt also nur noch von seiner Ursache ab, weil das Gesetz die Neufestsetzung bloß gestattet, wenn die damalige Beschaffenheit des Raumes oder die damaligen Verhältnisse der Vertragsteile die Abweichung verursacht haben. Beruht der Unterschied zwischen dem damaligen Vertragszinse und dem ortsüblichen Mietzinse darauf, daß ein schon vor der Änderung der Gegend abgeschlossener Vertrag eingehalten werden mußte, so gehört auch diese Bindung zu den damaligen Verhältnissen der Vertragsparteien, denn sie bestand gerade zwischen ihnen und hinderte die eine Vertragspartei, in dem Mietverhältnis den ortsüblichen Mietzins zur Geltung zu bringen. Nur wenn im Einzelfalle besondere Umstände erkennen lassen, daß die Geltung des Vertrages nicht die Ursache für den abweichenden Mietzins war, könnte es an den Voraussetzungen für die Bildung einer anderweitigen FrM. fehlen. Wann diese Ausnahme vorliegt, kann aber nur bei der tatsächlichen Würdigung des jeweiligen Sachverhalts erkannt werden.

Dazu: **„Allgemeine Veränderungen der Gegend, die nach 1. Juli 1924 eingetreten sind, können eine Neufestsetzung der FrM. nach § 2⁴ S. 1 rechtfertigen. Der Rechtsentscheid (Rsp. 44 S. 12) wird aufgegeben.**

Kammergericht, 17. ZS. Rechtsentscheid v. 22. Juni 1925 (Y 55/25).

Der Vermieter hat die anderweitige Festsetzung der FrM. mit der Begründung beantragt, daß der Mietwert der Wohnungen gestiegen sei, weil die Gegend in erheblichem Umfange bebaut, auch durch eine Reihe neuer Verkehrsmittel erschlossen worden sei. Das MEA. hat abgelehnt... Allein hat der Gebrauch einer Wohnung seit 1. Juli 1914 einen anderen Wert erhalten, weil sich die Verhältnisse der Gegend, in der sie liegt, geändert haben, so beruht diese Wertänderung nicht auf den ungesunden wirtschaftlichen Verhältnissen, die infolge des Krieges eingetreten sind. Deshalb steht eine Berücksichtigung der Wertänderung mit dem Zwecke des RMG. durchaus in Einklang, auch wenn sie zugunsten des Vermieters ausschlägt. Sie ist aber gerade mit Rücksicht auf den zum Ziele gesetzten Schutz der Mieter eine unabweisbare Notwendigkeit in allen Fällen, in denen die Veränderung der Gegend ein Sinken des Mietwerts verursacht hat, denn das RMG. darf offensichtlich nicht dazu führen, daß ein Mieter die inzwischen unangemessen hoch gewordene FrM. gegen sich fortgelten lassen muß, nur weil sie unter den am 1. Juli 1914 gegebenen Verhältnissen der Gegend angemessen war. Da aber das Gesetz beide Fälle der Änderungen des Mietwerts unterschiedlich behandelt, muß auch die Rechtsanwendung in beiden gleich sein. Das Ergebnis ist nicht, wie es der frühere Rechtsentscheid tat, aus § 2⁴ S. 2 zu suchen, sondern bereits aus S. 1 zu entnehmen. Dort sind die Worte „in der damaligen Beschaffenheit" im weitesten Sinne zu verstehen und umfassen auch die Einflüsse der Umgebung auf den Raum im Verhältnisse zum Mietzinse. Diese Auslegung folgt aus S. 3, wonach Art und Lage des Raumes, so wie sie sich in der Gegenwart darstellen, den Ausgangspunkt bilden sollen, und der Mietzins ermittelt werden muß, der am 1. Juli 1914 ortsüblich gewesen wäre, wenn der Raum in den jetzigen Verhältnissen schon damals bestanden hätte. Nicht die Vergangenheit ist als heute noch fortbestehend anzunehmen, sondern die Gegenwart ist in sie zurückzuverlegen.

γ) **Wird ein Familienhaus an mehrere Parteien vermietet, so liegt in der Regel eine „Verwendung zu wesentlich andren Zwecken" nicht vor**[1]).

Bayer. Oberstes Landesgericht, ZS. Rechtsentscheid v. 28. Nov. 1924 (VII 4).

... Das hier fr. Wohnhaus enthält nur Wohnräume, die in Bezug auf Größe und Ausstattung dem besseren bürgerlichen Durchschnitt entsprechen; von Prachträumen und Luxuseinrichtungen, die über den Durchschnitt hinausgingen und für besondere gesellschaftliche Ansprüche bestimmt wären, kann nicht die Rede sein, denn ein Badezimmer kann unter den heutigen Verhältnissen nicht als eine Luxuseinrichtung bezeichnet werden. Es ist auch nicht ersichtlich, inwiefern hier der Mieter — nur um diesen, nicht um die Untermieter kann es sich handeln — die gewöhnlichen Bequemlichkeiten entbehren müßte. Er bewohnt das ganze erste geschlossene Obergeschoß; die Unbequemlichkeit, die etwa darauf zurückzuführen ist, daß sich Küche, Badezimmer, Speisekammer im Erdgeschoß befinden, sind in der Bauart des Hauses begründet und müßten vom Mieter getragen werden, auch wenn er das Haus allein bewohnte. Unter Verhältnissen, wie sie hier gegeben sind, liegt also eine Verwendung zu wesentlich anderen Zwecken nicht vor; die sämtlichen Räume des Hauses werden zu Wohnzwecken gleicher Art wie früher verwendet; daß sie aufgrund des WMG. von mehreren Mietern benutzt werden müssen, bedeutet keine anderweite Verwendung. Anders wird zu entscheiden sein, wenn das Gebäude neben Wohnräumen Pracht- und Luxusräume, die gesellschaftlichen und sonstigen besonderen Ansprüchen des Besitzers zu dienen bestimmt sind, enthält und nunmehr an mehrere vermietet und für deren Bedürfnisse eingerichtet werden muß. Dann kann allerdings u. U. von einer Verwendung zu wesentlich anderen Zwecken gesprochen werden; doch trifft dies im Regelfall nur dann zu, wenn der eigentliche Verwendungszweck ein andrer wird, wenn also ein Wohnhaus in einen Laden oder eine Wirtschaft, eine Remise in Wohnraum oder Stall verwandelt wird u. dgl. BayZ. 21 S. 15.

---

[1]) Der Umstand, daß die Räume, die am 1. Juli 1914 zu Wohn- und gewerblichen Zwecken vermietet waren, nunmehr lediglich als Wohnräume vermietet sind, rechtfertigt eine anderweite Festsetzung der FrM. nach § 2⁴ (Bay. ObLG. 14. 2. 1925, BayZ. 21 S. 188).

δ) **Bei der Festsetzung der FrM. für gewerbliche Räume, für die eine vereinbarte Miete am 1. Juli 1914 nicht bestand, ist die jetzige Geschäfts- und Verkehrslage der Räume zu berücksichtigen".**

Kammergericht, 17. ZS. Rechtsentscheid v. 20. Februar 1925 (Y 1/25).

... Was ein Raum „gleicher Art und Lage" (§ 2⁴ S. 3) ist, muß nach wirtschaftlichen Gesichtspunkten erläutert werden, denn das Gesetz ist zur Erreichung wirtschaftlicher und sozialer Ziele geschaffen, daher auch in engster Fühlung mit den wirtschaftlichen Belangen auszulegen. Es wäre eine zu sehr auf Äußerlichkeiten abgestellte Betrachtungsweise, wenn man unter „Lage" nur die örtliche Zugehörigkeit verstände und nur festzustellen hätte, in welcher Straße der Raum liegt und welcher Mietzins dort 1914 für solche Räume regelmäßig vereinbart war. Daß auf diese Weise unerträgliche Ergebnisse zustandekommen können, zeigt gerade der vorliegende Fall, in dem die FrM. ohne jede Rücksicht auf die geschäftlichen Vorteile oder Nachteile festgesetzt werden müßte. Bei einem Laden ist aber gerade seine Lage in einer stillen oder verkehrsreichen Gegend für seine Benutzungsart und seine Brauchbarkeit wirtschaftlich von überragender Bedeutung. In welcher Straße er liegt, also seine örtliche Einreihung in den Stadtplan, ist belanglos gegenüber der Frage, ob er den Adern des Verkehrs nahe oder fern gelegen ist. Der Wortlaut des Gesetzes zwingt nicht dazu, der Festsetzung die Fiktion zugrunde zu legen, die Verhältnisse des Raumes hätten sich seit 1914 nicht geändert. Vielmehr läßt er sich mühelos dahin verstehen, das MEA. solle Art und Lage des Raums so wie sie sich heute darstellen, als Ausgangspunkt nehmen und dann ermitteln, was für den Raum am 1. Juli 1914 der ortsübliche Mietzins gewesen wäre, wenn die jetzigen Verhältnisse des Raumes schon damals bestanden hätten, maW. nicht die Vergangenheit ist als heute noch fortbestehend anzunehmen, sondern die Gegenwart in die Vergangenheit zurückzuverlegen. Nur diese Lösung entspricht auch dem erkennbaren Zweck des Gesetzes, das den Mieter vor einem zu hohen Mietzinse schützen soll. Bietet der vorgelegte Fall das Bild einer Gegend, die sich seit 1914 zugunsten der Gewerbebetriebe entwickelt hat, so könnte die Entwicklung doch ebenso gut rückläufig gewesen sein. Dann müßte eine zu hohe FrM. festgesetzt werden, die der wirtschaftlichen Lage nicht gerechtfertigt ist. Die Begründung des § 2 (Brumby S. 10) läßt das Bestreben erkennen, den Mietzins und die Bodenrente, dadurch auch das Eigenkapital des Hausbesitzers niedrig zu halten. Das sollte aber nur verhindern, daß die besonderen durch den Krieg und seine Folgen geschaffenen Verhältnisse die Mietzinsbildung zum Schaden der Mieter beeinflußten. Deshalb sollten die 1914 tatsächlich gezahlten Mieten als die ortsüblichen angesehen werden, obwohl sie durch ein Überangebot von Räumen beeinflußt waren. Daß anstelle des Raumüberflusses der Raummangel getreten ist, stellt eine Folge der Kriegszeit dar und bleibt deshalb außer Betracht. Hingegen bietet weder das Gesetz noch seine Begründung einen Anhalt dafür, daß auch über solche Einflüsse auf die Brauchbarkeit und den Mietwert eines gewerblichen Raumes hinweggesehen werden muß, die auf anderen, ohne den Krieg in gleicher Weise möglichen Ursachen beruht. Demgemäß sind hier die Veränderungen in der Gegend zu beachten. Ob sie nach § 2⁴ auch zur anderweitigen Festsetzung der bestehenden FrM. führen können oder das stets oder doch dann ausgeschlossen ist, wenn das Mietverhältnis schon seit der Vorkriegszeit besteht, schließlich ob die Miete für Wohnungen und gewerbliche Räume verschieden zu behandeln ist, sind andere Fragen, die hier unerörtert bleiben können. Deshalb ist zurzeit auch nicht zu entscheiden, ob der Rechtsentscheid (oben S. 12) aufrecht zu halten ist.

p) α) **Bei der Feststellung der FrM. sind Möbel und sonstige Einrichtungsgegenstände, die sich am 1. Juli 1914 in den Räumen befanden und mitvermietet waren, nicht zu berücksichtigen. Der Mietzins ist vielmehr in der Weise zu bilden, daß zunächst die gesetzliche Miete für die leeren Räume und sodann neben dieser ein besonderes Entgelt für Nebenleistungen der bezeichneten Art, falls sie zurzeit noch gewährt werden, festgesetzt wird."**

Kammergericht, 17. ZS. Rechtsentscheid v. 8. Dezember 1924 (Y 120/24).

Die FrM. ist der Betrag, der auf die mit 1. Juli 1914 beginnende Mietzeit für die leere Wohnung vereinbart war. Das macht schon die Fassung des § 1, an den § 2 sich sinngemäß anschließt, ersichtlich; denn § 1 spricht lediglich von dem Mieter eines Gebäudes oder Gebäudeteiles. In § 2 ist weiter noch besonders bestimmt, daß die Betriebs- und Instandsetzungskosten und die Vergütungen für andere Nebenleistungen abzuziehen seien. Hieraus ergibt sich noch deutlicher, daß als FrM. allein das angesehen werden soll, was vom Mietzins ausschließlich auf die leeren Gebäudeteile entfiel. Denn sie bildet die Grundlage für den der Mietzinsbildung zugrunde liegenden Faktor der Grundmiete; diese ist aber, wie § 2 ergibt, der Betrag, der nach ausdrücklich angeordnetem Abzug aller nicht für die Benutzung der Räume selbst sich darstellenden Teile der Vergütung verbleibt. Gilt das aber schon bei Heizstoffen, die bei Häusern mit Sammelheizung allgemein in die Miete eingerechnet wurden, so unterliegt es erst recht keinem Zweifel, daß etwaige auf Möbel entfallende Teile der Vergütung für die Berechnung der Grundmiete völlig ausscheiden müssen. Daß der Abzug dieser Teile nicht besonders erwähnt ist, beweist, daß der Gesetzgeber ihre Berücksichtigung schon bei Bildung der FrM. vermieden wissen wollte. Dagegen ist dem § 14 zu entnehmen, daß derartige Nebenleistungen, wenn sie zur Zeit gewährt werden, doch geeignet sind, die gegenwärtige Mietzinsbildung zu beeinflussen. Der eigentliche Zweck des § 14 dient allerdings nicht der Frage, ob Nebenleistungen abzugelten seien; vielmehr behandelt er das Verfahren, wenn nicht eine Wohnung im Ganzen, sondern Teile einer solchen vermietet werden. . . Dabei wird für den Fall der Gewährung von Nebenleistungen weiter bestimmt, daß auch sie für die Mietzinsbildung zu berücksichtigen seien. Dieses ist im Abs. 1 bei Vermietung von Wohnungsteilen durch Mieter an Untermieter angeordnet; daraus, daß diese Bestimmung nach Abs. 2 auch anzuwenden ist, wenn die Teilvermietung nicht der Mieter, sondern der Hauseigentümer unmittelbar vornimmt, ergibt sich auch für diese Fälle die Berücksichtigung der gewährten Nebenleistungen. Nicht ausdrücklich geregelt ist aber der Fall, in welchem Eigentümer eine ganze Wohnung unter Gewährung von Nebenleistungen vermieten. Für die Annahme, daß hier das Gesetz eine andere Regelung habe geben wollen, fehlt jeder Anhalt. Der § 14 behandelt nur die Teilvermietung, die praktisch auch den Hauptfall bildet; aus der Fassung der für diesen Fall getroffenen Anordnung ergibt sich aber schon, daß bei der Mietzinsbildung die Berücksichtigung derartiger Nebenleistungen ganz allgemein vorausgesetzt wird. In welcher Weise die Vergütung für diese zu berechnen ist, ist hier sowenig zu erörtern, wie die Frage, ob Einrichtungsstücke auch dann zu berücksichtitigen seien, wenn sie gegen den Willen des Mieters in den Räumen verbleiben. Ob die Stücke vermietet sind, also ihre Benutzung vertraglich gewährt wird, ist eine Frage der allgemeinen Bestimmungen des BGB. D. n.

Dazu: **Bei der Bemessung dieses Zuschlages zur Raummiete ist der vom Antragsteller behauptete Umfang der Einrichtung und ihr Zustand zurzeit des Vertragsschlusses zugrunde zu legen.**

Kammergericht, 17. ZS. Rechtsentscheid v. 4. Mai 1925 (17 Y 38/25).

Der §14 sollte, wie die Begründung ergibt, nur die „Bekämpfung der ärgsten Auswüchse" ermöglichen, im übrigen aber die Regelung „wegen der gerade auf diesem Gebiete bestehenden örtlichen Verschiedenheiten den Ländern überlassen". In Preußen sollte nach § 17 V. v. 11. Juni 1924 abweichend von § 2 RMG. nicht die Einnahme des Vermieters besonders niedrig gehalten, sondern nur eine Übervorteilung des Mieters verhindert werden. Der Vermieter muß daher durch die Zuschläge das erhalten, was nach billigem Ermessen angemessen erscheint. Um dies zu ermitteln, ist vom vereinbarten Umfange der Einrichtung auszugehen. Dabei ist der Sachvortrag des Antragstellers zugrunde zu legen, denn die Entscheidung eines Streites über den Bestand der Einrichtung ist als Angelegenheit des bürgerlichen Rechts dem MEA. entzogen (Rsp. 44 S. 15). Maßgebend für die Höhe ist neben dem Umfange der Einrichtung ihr Zustand. Dieser kann aber am 1. Juli 1914, auf den sich die FrM. bezieht, am Tage des Vertragschlusses und zurzeit der Entscheidung verschieden gewesen sein. Der Zustand am 1. Juli 1914 ist unerheblich, denn nur die Raummiete ist mit diesem Zeitpunkt in Verbindung zu setzen, nicht aber der Zuschlag für die Einrichtung. Auch die Entscheidung von wann ab der Zuschlag zu zahlen ist, betrifft eine Rechtsfrage (oben unter n ε); ebenso die Frage, ob der Mieter oder Vermieter die Veränderung des Zustandes der Einrichtung zu vertreten hat. Der Zustand zurzeit des Vertragschlusses ist daher allein maßgebend. D. n.

β) **Für die Frage, ob bei Festsetzung der Miete der Beschwerdeführer schlechter gestellt ist, kommt es auf das Gesamtergebnis der Entscheidung, nicht auf ihre einzelnen Bestandteile an.**

Kammergericht, 17. ZS., Beschluß v. 22. Juni 1925 (Y 58/25).

Auf Antrag des Vermieters hatte das MEA. für das untervermietete Zimmer den Mietzins auf 31 M. monatlich festgesetzt und den Zuschlag für einfache Möblierung auf 150 % bestimmt. Auf die Rechtsbeschwerde des Mieters wurde die Sache an das MEA. zurückverwiesen. Dieses hat nunmehr eine Miete von 20 M. festgesetzt, aber daneben den Zuschlag zugebilligt, wie er jeweils für bürgerlich möblierte Zimmer galt. Diese Entscheidung stellt nicht im Gesamtergebnis, — nur auf dieses, nicht auf die einzelnen Posten der Mietforderung kann es ankommen — den Mieter nicht schlechter, als die erste, so daß das MEA. gegen das Verbot der reformatio in peius, wenn es in irgendeinem

Umfange gelten sollte, keinesfalls verstoßen hat. Bei einer Miete von 31 M. und einem Zuschlag von 150 % hätte der Mieter den jeweils als gesetzliche Miete geltenden Bruchteil von 78 M. zu zahlen. Bei einer Miete von 20 M. wird der gleiche Betrag erst erreicht, wenn der Zuschlag mit fast 300% angesetzt wird. Diese Höhe hat aber nach den Bestimmungen, die für die hier fr. Zeit galten, niemals erreicht. Wegen Unerheblichkeit der Rechtsfrage war also der Rechtsentscheid abzulehnen.

q) **„Der § 16 PrV. v. 17. April 1924 ist gültig".**

Kammergericht, 17. ZS. Rechtsentscheid v. 7. April 1925 (Y 20/25).

. . . Die Beschwerdestelle erwägt, daß die Wiederinbetriebsetzung der Sammelheizung etwas ganz anderes sei als ihre Einstellung. Allein schon das RMG. sieht die teilweise Einstellung vor, so daß das MEA. befugt ist, den dadurch geschaffenen Zustand zeitlich, etwa auf eine Heizzeit, zu begrenzen. Aber selbst wenn es dies nicht anordnete, so bestand doch beim Inkrafttreten des RMG. noch seine aus § 7 MSchVO. hergeleitete Befugnis, seine Entscheidung jederzeit nach billigem Ermessen zu ändern. Es konnte infolgedessen seinen Einstellungsbeschluß wieder aufheben, was der Anordnung einer Wiederinbetriebsetzung der Heizung gleichkommt. Deshalb bedeutet der Wortlaut des § 13 keineswegs, daß zwar der Betrieb der Heizung durch das MEA. beendet, niemals aber auf dem gleichen Wege seine Wiederaufnahme herbeigeführt werden könnte. Ein Bedürfnis für die ausdrückliche Zulassung einer solchen Entscheidung entstand erst, als mit dem MSchG. das MEA. die Berechtigung zur eigenen Abänderung seiner Entscheidungen verloren hatte. Half die oberste Landesbehörde diesem Bedürfnis ab, wie es durch § 16 V. über die Mietzinsbildung geschah, so hielt sie sich durchaus im Rahmen des § 21 RMG. . . .

Die Entscheidung über die durch die Wiederinbetriebsetzung entstehenden Kosten ist so eng mit der sachlichen Anordnung verknüpft und das Bedürfnis nach ihr liegt so nahe, daß die so weit gefaßte Ermächtigung des § 21 sie unbedenklich mitumfaßt. Gerade solche Anordnungen bilden recht eigentlich das Gebiet von Ausf.-Best., wenn sich das Gesetz darauf beschränkt hat, eine bestimmte Maßnahme zuzulassen, ohne die Einzelheiten zu regeln. Der Rechtsentscheid v. 12. Juni 1924 (17 Y 39/24) betraf nicht die unmittelbar durch die Einstellung des Heizbetriebes entstehenden Kosten, sondern verneinte nur die Befugnis des MEA., über den weiteren Beitrag des Mieters zu den künftigen Heizkosten zu entscheiden. Eine solche Entscheidung wird auch durch § 16 V. nicht ermöglicht, denn der Heizbetrag gehört nicht zu den durch eine Anordnung über Einstellung oder Wiederaufnahme der Heizung verursachten [1]).

Dazu: **Haften die Mieter für die Schäden der Stillegung der Heizung?**

OLG. Hamburg, 5. ZS. Urteil v. 1. April 1925 (Bf. 13/25).

Durch Spruch vom 2. 8. 1923 hat das MEA. die klagenden Mieter auf ihren Antrag von der Teilnahme an der Sammelheizung für die Heizperiode 23/24

---

[1]) Gegen Entscheidungen des MEA. über die Verteilung der Heizungskosten ist auch in Bayern die Rechtsbeschwerde zulässig (Bay. ObLG. 2. 1. 25, BayZ. 21 S. 88).

befreit und den Beklagten berechtigt, die Heizung einzustellen. Die Mieter haben nunmehr die Inbetriebsetzung verlangt. Die Anlage ist jedoch während der Stilllegung so beschädigt, daß sie betriebsunfähig geworden ist. Der Sachverständige führt die Schädigung zum Teil auf normale oder anormale Abnutzung, Stöße gegen die Hinterwand, unsachgemäße Entleerung, zum Teil aber auf die Stillegung zurück. Ein Fachmann hätte durch geeignete Maßnahmen, Öffnen sämtlicher Ventile, die Anlage so leer laufen lassen, daß nicht nachsickerndes Wasser im Kessel zusammenläuft und ihn so bei Frost der Gefahr des Springens aussetzt. Dagegen sei unvermeidlich, daß der Rost, der auch bei einer sorgfältigst entleerten Anlage infolge der in ihr verbliebenen und der hinzutretenden Kellerfeuchtigkeit sich bildet, die Wandstärke der Kesselglieder schwächt. Soweit hiernach der Vermieter imstande war, unter Hinzuziehung von Fachleuten einem Schaden vorzubeugen, spricht auch nicht einmal eine Billigkeit dafür, ihn von dem Schaden aus einer technischen Maßnahme zu entlasten, die er mindestens auf eigene Gefahr vorgenommen hat.

Hinsichtlich der unvermeidlichen Schäden hat die Zwangswirtschaft, wie sie sich besonders durch die hamb. V. v. 24. 2. 1924 gestaltet hat, eine wirtschaftliche unbillige Auswirkung. Nach dem RMG. §§ 13, 7 und dem AusfGes. war der Ausgleich für die Belastung des Grundeigentümers mit dem Risiko der Stillegung der Heizungsanlage dadurch geschaffen, daß durch Spruch des MEA. nach Anhörung der Behörde für Wohnungspflege Sammelheizungsschäden als große Instandsetzung ganz oder zum Teil den Mietern aufgebürdet werden konnten. Mit diesem schwerfälligen Verfahren hat die V. v. 24. 2. 1924 gebrochen. Während die gesetzliche Miete bisher nur die laufende Instandsetzung umfaßte, wurde seit 1. März 1924 den Grundeigentümern auch ein Zuschlag für große Instandsetzungsarbeiten bewilligt. Dagegen wurde ihnen die Möglichkeit, einen Beitrag für die effektiv entstehenden Kosten von den Mietern einzuziehen, nicht nur für in Zukunft entstehende Schäden genommen; das MEA. blieb auch nicht mehr befugt, für die während der bisherigen Zwangswirtschaft entstandenen Schäden die Mieter heranzuziehen. Gegen die erst im Laufe längerer Zeiträume einen Ausgleich gewährenden monatlichen Zuschläge für große Instandsetzungen hat seit 1. März 1924 der Grundeigentümer die ganze Gefahr solcher Schäden zu tragen, soweit sie nicht bereits durch Spruch des MEA. den Mietern auferlegt waren. Das führt zu Härten, solange sich noch kein ausreichender Fonds gebildet hat. Es fehlen besonders Überleitungsvorschriften für die unter der bisherigen Regel entstandenen Schäden. Von einer Lücke in der gesetzlichen Reglung kann nicht gesprochen werden. Die V. ist geschaffen zu einer Zeit, zu der die Notwendigkeit, den Staatshaushalt im Reich und in den Ländern ins Gleichgewicht zu bringen, zur Einschränkung des Verwaltungsapparats zwang. Dazu gehörte u. a. eine Einschränkung der besonders aus der Zwangswirtschaft sich ergebenden Streitigkeiten, auch auf die Gefahr hin, daß sich Härten für einzelne ergaben. Es stand für die Allgemeinheit und damit für jeden einzelnen höheres auf dem Spiel. So sind die Härten, die aus der Regelung vom 24. Februar 1924 folgen, nur eine Gruppe der vielen Härten der Zwangswirtschaft, die überall dem Einzelnen Opfer im Interesse der Allgemeinwirtschaft zugemutet hat.

Ein Ausgleich auf der Grundlage einer Auslegung des Mietevertrages nach Treu und Glauben ist aber dem Gerichte nur möglich, soweit nicht zwingendes Recht entgegensteht. Die Höhe der Miete ist aber noch immer zwangswirtschaftlich geregelt; dabei wird stets die Tragbarkeit für den normalen Mieter und die Rückwirkung einer Erhöhung auf die Gesamtwirtschaft gegen das Erfordernis der Erhaltung des Grundeigentums abgewogen. Eine Erhöhung der gesetzlichen Miete ohne besonderen Rechtsgrund aus dem Gesichtspunkt eines billigen Ausgleichs, der bei der Bestimmung jener Miete nicht schon berücksichtigt ist, widerspräche zwingendem Recht, da gerade diese Miete ein billig abwägender Ausgleich zu sein beansprucht. Auf eine Erhöhung der Miete würde aber die Auferlegung von Instandsetzungskosten neben den Zuschlägen wirtschaftlich hinauskommen. Übrigens zeigt der vorliegende Fall anschaulich die Schwierigkeiten einer wirtschaftlich befriedigenden Lösung durch Rechtsfindung ohne andere Normen als §§ 157, 242 BGB. Soll hier etwa die individuelle Lage des einzelnen Vermieters und jedes Mieters berücksichtigt werden oder schematisch jedem Eigentümer, auch wenn er das Grundstück zurzeit der Geldentwertung erworben und die Belastung abgestoßen hat, ein Schadensanteil abgenommen werden? Jede Lösung erscheint aus einem der verschiedenen Gesichtspunkte, aus denen sie beurteilt werden kann, anfechtbar.

Der wirtschaftliche Nutzen eines in den Formen des Prozesses gesuchten Ausgleichs wird aber vielfach ein ähnlich geringer sein, wie vorliegend. Schon jetzt läßt sich nämlich übersehen, daß am Ende einer kostspieligen Beweisaufnahme erheblich weniger als die Hälfte der ursprünglich auf 7000 M., jetzt auf 4000 M. veranschlagten Kosten der Instandsetzung auf den lediglich durch die Stillegung verursachten Schaden entfallen, also erstattungsfähig wären. Der dem Beklagten aufzuerlegende Kostenanteil würde das Nettoergebnis so schmälern, daß es kaum im Verhältnis stände zu der auch nur von ihm selbst auf den Rechtsstreit verwandten und seinem produktiven Geschäft entzogenen Mühe. Eine Untragbarkeit des Kostenanteils, der günstigenfalls auf die Mieter entfiele, kann für den Beklagten weder angesichts der Belastung als Grundeigentümer, noch seiner sonstigen Vermögenslage in Frage kommen. Er hat es sich selbst zuzuschreiben, wenn er auf das ihm von den Mietern freiwillig gemachte Anerbieten eines Beitrags zu den Kosten, der völlig der Sachlage entsprach, nicht eingegangen ist. Er muß daher die Anlage betriebsfertig herstellen.

r) **„Eine juristische Person, die Mitglied einer Gesellschaft oder Genossenschaft der im § 16[1] S. 3 bezeichneten Art ist, kann nicht Wohnungsuchender im Sinne des § 13 WohnungsMG. sein".**

Kammergericht, 17. ZS. Rechtsentscheid v. 17. März 1925 (Y 165/24).

. . . Der § 13 WMG. erleichtert wohnungsuchenden Mitgliedern der dort bezeichneten Vereinigungen die Versorgung mit Wohnungen. Die Wohnung ist der Mittelpunkt der Lebensverhältnisse einer Person; ihn kann immer nur eine natürliche Person haben; nur sie kann daher Wohnungsucher sein. Daß dieser

Begriff nicht ausgedehnt werden darf, ergibt sich aus auch dem Zwecke des § 13 WMG. Nur solche Personen, die schon mindestens ein Jahr Mitglied der Gesellschaft sind, sollen bevorrechtigt sein. Es erscheint aber nicht angängig, daß die Zeit der Mitgliedschaft einer juristischen Person der von ihr in die Wohnung einzusetzenden natürlichen Person hinzugerechnet wird und daher ihre eben zugezogenen Vertreter oder Angestellte anderen Mitgliedern vorgezogen werden, die mindestens ein Jahr warten müssen. Es ließe sich auf diese Weise die Wartezeit stets durch juristische Personen, sogar z. B. durch eigens zu diesem Zwecke gegründete, umgehen. Der vom LG. hervorgehobene Gesichtspunkt (Förderung der Beteiligung juristischer Personen an den Wohnungsbaugenossenschaften) kann eine andere Auslegung des Gesetzes nicht rechtfertigen, zumal der juristischen Person unbenommen ist, ihren Vertretern den Erwerb der Mitgliedschaft zu erleichtern, und vor allem für Baugesellschaften, die nach 1. Juli 1918 Wohnungen neu schaffen, gemäß § 12 WMG. die Vorschriften dieses Gesetzes nicht anzuwenden.

s) **Für die Entscheidung, ob nach Eintritt der gesetzlichen Miete die vertragliche Verpflichtung zu Nebenleistungen, besonders zur Flur- und Treppenreinigung, erloschen ist, ist das MEA. nicht zuständig.**

α) Kammergericht, 17. ZS. Rechtsentscheid v. 19. Januar 1925 (Y 128/24).

. . . Die Übernahme der Reinigung von Treppen stellt eine Nebenleistung des Mieters dar (Brumby Reichsmiete S. 171). Die Frage, ob sie deshalb erloschen ist, weil an die Stelle der vereinbarten die gesetzliche Miete getreten ist, betrifft nicht deren Höhe, sondern nur den Umfang der Rechte und Pflichten aus dem Mietvertrage. Aufgabe des MEA. ist im wesentlichen nur die Mitwirkung bei der Feststellung der Höhe des Mietzinses, nicht aber die Entscheidung von Rechtsfragen, die den Inhalt des Vertrages betreffen (Rsp. 44 S. 15). Bei der Feststellung der Rechte und Pflichten der Vertragsteile hat es nur in einzelnen, vom Gesetze besonders aufgeführten Fällen mitzuwirken. Die Entscheidung, ob die vereinbarte Nebenleistung gemäß § 20 erloschen ist, ist ihm nicht übertragen, vielmehr dem ordentlichen Rechtsweg unterworfen (ebenso die Begründung zu § 19).

β) **Erlöschen des Optionsrechts des Mieters nach § 20?**

OLG. Hamburg, 6. ZS. Urteil v. 4. April 1925 (Bf. 81/25).

Durch den Vertrag vom 28. Juli 1914 hat der Kläger in dem umzubauenden Grundstücke der Beklagten v. 1. 10. 1915 an auf 10 Jahre Verkaufs- und Wohnräume gemietet und das Recht erhalten, durch Mitteilung bis 30. 9. 1924 den Vertrag auf weitere 10 Jahre unter den gleichen Bedingungen zu verlängern. Dies Recht hat er ausgeübt und klagt auf dessen Feststellung. Nach ihrem Vortrage wünschen an sich beide Parteien die Fortsetzung der Miete. Beklagte wünscht — lediglich aus Furcht vor der Zeit nach Aufhebung der Zwangsgesetzgebung — mit Hülfe des Gerichts eine Abänderung dahin, daß ihre Leistungen verringert oder die des Klägers erhöht werden möchten, oder daß der Vertrag mit dem Ende der Zwangswirtschaft ebenfalls ende; sie glaubt dies am besten durch den Antrag zu erreichen, dem Kläger das Recht, den Vertrag zu den bisherigen Bedingungen zu verlängern, abzuerkennen. Allein für dieses Begehren ist aus dem MSchG. kein Grund zu entnehmen: es regelt die Aufhebungsgründe ausschließlich in §§ 2/4,

19/26, die vorliegend keine Anwendung finden können. Das RMG. läßt ausdrücklich die hier streitigen auf Vertrag beruhenden Rechte und Pflichten unberührt. Ebenso ist aus allgemein-rechtlichen Gründen das Gericht nicht in der Lage, das Recht des Klägers auf Fortsetzung des Vertrages aufzuheben. Selbst unter Berücksichtigung des unvorhergesehenen Umsturzes aller wirtschaftlichen Verhältnisse in Deutschland sind langfristige Verträge an sich zu achten. Allerdings hat die Rechtsprechung in Anwendung der Klausel der gleichbleibenden Umstände und im Hinblick auf Treu und Glauben (§§ 242, 325 BGB.) die Lösung eines Mietvertrags dann ausnahmsweise für berechtigt erklärt, wenn einer Partei unter dem Umschwung der Verhältnisse die Fortsetzung schlechterdings nicht mehr zugemutet werden konnte (RG. 99 S. 259, 100 S. 131). Beklagte hat aber bekannt, unter der jetzigen Regelung nicht zu leiden. Es ist nicht möglich, heute schon zu übersehen, ob überhaupt der Mieterschutz während der Vertragsdauer schon aufgehoben werden wird, und ob in diesem Falle Beklagte in Ansehung der dann bestehenden wirtschaftlichen Verhältnisse derzeit durch den Vertrag wird untragbar beschwert werden. Träfe das aber zu, so wird sie mit Erfolg die dann zuständigen Instanzen anrufen können. B.

9. Wohnungsmangel. Pachtschutz. Altenteilsaufwertung.

a) Eine auf Grund des § 9 WMVO. v. 11. Mai 1920 in Westfalen erlassene Bek. ist nicht deshalb ungültig, weil der Kreisausschuß und nicht der Landrat sie erlassen hat.

Kammergericht, 17. ZS Rechtsentsch. v. 9. Februar 1925 (Y 116/24).

Die Erwägungen des Rechtsentscheids (Rsp. 43 S. 255) kommen hier insofern nicht in Betracht, als es sich dort um eine Anordnung aus § 9 WMVO. vom 23.9. 1918/22. 6. 1919 handelte, der nur die Ermächtigung von Gemeindebehörden zuließ. Nach § 9 der Fassung vom 11. Mai 1920 kann aber die oberste Landesbehörde auch eine ihr unterstellte Behörde zu den Anordnungen ermächtigen. Da zu diesen der Wohlfahrtsminister die RegPräsidenten mit dem Rechte der Unterermächtigung ermächtigt hat und der Kreisausschuß auch eine ihm unterstellte Behörde bildet, ist eine Ermächtigung an diesen zulässig und dann bestehen gegen seine Bek. keine Bedenken. Ist aber der Landrat ermächtigt, so ist auch er eine jenem Minister unterstellte Behörde, die Ermächtigung also gleichfalls zulässig. Die Mitwirkung des Kreisausschusses wäre dann aus denselben Gründen unschädlich, aus denen es der Rechtsentscheid (Rsp. 43 S. 342) für den Fall angenommen hat, daß die Ermächtigung dem Bürgermeister erteilt war, die Bek. aber vom Magistrat erlassen ist. Aus dem Umstande, daß die Wohnungswirtschaft Landesverwaltungssache ist, lassen sich gleichfalls Bedenken nicht herleiten, da Landrat und Kreisausschuß Behörden der allgemeinen Landesverwaltung sind. D. n.

b) **α) Die Benutzung einer Wohnung, die bis 1. 10. 1918 zu Wohnzwecken bestimmt oder benutzt war, ausschließlich zur Ausübung des ärztlichen Berufs verstößt gegen § 2². Zu einer Abweichung von § 2² ist das MEA. nicht befugt".**

Kammergericht, 17. ZS. Beschluß v. 22. Juni 1925 (Y 86/25).

Nach der Fassung des § 2² „für fremde Zwecke" gehören hierzu alle, die nicht als Wohnzwecke anzusprechen sind; die Aufzählung enthält, wie das Wort „insbesondere" besagt, nur Beispiele. Es kann also dahin gestellt bleiben, ob die

Räume durch die Ausübung des ärztlichen Berufes als Geschäftsräume verwendet werden. Daß es sich um keinen Wohnzweck handelt, liegt auf der Hand. Die Räume bezwecken hier nicht, als Heim und ständiger Aufenthalt zu dienen; sie werden vielmehr einzig und allein zur Ausübung der auf Gewinn berechneten Berufstätigkeit benutzt. Y 14/25. Daß auch diese Ausübung mit dem gleichzeitigen Aufenthalt des Ausübenden verbunden sein wird, kann an dem Ergebnis nichts ändern. Maßgeblich ist immer der Zweck, dem die Räume dienen, und dieser ist hier die Gewährung nicht ständigen Aufenthalts, sondern der Berufsausübung; mag diese auch nur möglich sein, solange der Ausübende sich in den Räumen befindet. Das wird auch dadurch nicht ohne weiteres anders, daß ein Zimmer der Wohnung von einer mit der Beaufsichtigung der Wohnung beauftragten Person bewohnt wird. Denn auch der Aufenthalt dieser Person kann lediglich dem Hauptzweck der Wohnung dienen, nämlich dem der ungestörten Berufsausübung. 2. Hat auch das MEA. bei seiner Entscheidung aus § 4 oder § 16 stets das billige Ermessen anzuwenden (Y 36/25 unter γ), so findet dieser Satz doch seine Schranken in den bestehenden Zwangsvorschriften, zu denen der § 2² 2 gehört. Hier handelt es sich um keine Verwaltungsmaßnahme, die das MEA. unter Berücksichtigung der Billigkeit nachprüfen kann, sondern um ein gesetzliches Verbot, das keine Behörde, also auch nicht das MEA. deshalb, weil die Beachtung Unbilligkeiten oder Härten im Einzelfall ergeben könnte, unbeachtet lassen darf, und nicht nachzuprüfen hat. Das MEA. hat daher, wenn es in solchem Falle vor die Frage des Abschlusses eines Zwangsmietvertrages gestellt wird, die Möglichkeit eines unverhältnismäßigen Nachteils immer nur im Rahmen des § 4 zu berücksichtigen.

β) **„Das Verbot des § 2 betrifft solche Räume nicht, die zwar bis 1. 10. 1918 als Geschäfts- sodann vorübergehend als Wohn- und nunmehr wieder als Geschäftsräume benutzt worden sind."**

Kammergericht, 17. ZS. Rechtsentscheid v. 12. Januar 1925 (Y 150/24).

Dazu: **Im Bereiche des Berliner WMR können Räume, die bis 1. 10. 1918 als Büro- oder Geschäftsräume und erst später zu Wohnzwecken benutzt wurden, ohne behördliche Zustimmung zu anderen Zwecken verwendet werden.**

Kammergericht, 17. ZS. Rechtsentscheid v. 4. Mai 1925 (Y 39/25).

... Das Berliner WMR. v. 30. 12. 1924 § 1² regelt die Verwendung von Wohnräumen zu geschäftlichen Zwecken in Übereinstimmung mit § 2 WMG. Dadurch ist die weitergehende Beschränkung, die in der Pr. Anordnung vom 1. 8. 1922 etwa gefunden werden könnte, jedenfalls für jenes Notrecht außer Kraft gesetzt. Die oberste Landesbehörde ist befugt, ihre nach § 6 WMG. getroffenen Anordnungen jederzeit, wie für das gesamte Gebiet, so auch für Teile dieses Gebietes außer Kraft zu setzen. Da die selbständige Regelung der Verwendung von Wohnräumen zu anderen Zwecken in § 1² WMR. auf Grund der Ermächtigung des Wohlfahrtsministers getroffen ist, bedeutet sie zugleich die Beseitigung der älteren etwa weitergehenden Vorschrift für ihr Geltungsgebiet. Nach § 1² kann aber der Vermieter jederzeit ohne behördliche Mitwirkung die nach dem 1. 10. 1918 erst zu Wohnzwecken benutzten Räume wieder der geschäftlichen Benutzung widmen. Deshalb hat es für den Fall keine Bedeutung, in welchem

Verhältnis § 4 WMR. vom 12. Mai 1921 zur Anordnung vom 1. 8. 1922 stand. Diese Frage wird auch nicht etwa durch § 21 Nr. 2 des jetzigen WMR. erheblich; zwar sind die Räume vorliegend schon vor 1924 beschlagnahmt, indessen noch nicht einem Wohnungsucher überlassen [1]). Deshalb steht nicht entgegen, daß der Vermieter auch jetzt noch rechtswirksam ihren Verwendungszweck ändert und sie geschäftlicher Benutzung zuführt. Damit aber wird die weitere Durchführung der Inanspruchnahme dem Wohnungsamt entzogen.

c) α) **Eine Wohnung, die völlig leer steht oder nur zur Aufbewahrung von Sachen dient, gilt im Sinne des § 3 auch dann als unbenutzt, wenn der VerfBerechtigte ihrer als Tauschwohnung bedarf** [2]).

Kammergericht, 17. ZS. Rechtsentscheid v. 19. Januar 1925 (Y 145/24).

Der § 3 bezweckt, dem empfindlichen Mangel an verfügbaren Wohnungen dadurch, daß ihr Leerstehen vermieden wird, abzuhelfen, also das Verfügungsrecht des Einzelnen zugunsten der Allgemeinheit zu beschränken. Der Umstand, daß eine Benutzung möglicherweise später erfolgen soll, kann nicht von Einfluß sein; vielmehr muß, wenn die Benutzung des VerfBerechtigten geendet hat und nicht ihre wohnungsrechtlich zulässige Wiederaufnahme durch einen anderen, z. B. einen Tauschgegner, in einer mit Rücksicht auf die Ausnutzung des vorhandenen Wohnraumes für die Allgemeinheit angemessen kurzen Frist bestimmt in Aussicht steht, die Wohnung als unbenutzt gelten. Es ist eben Sache des VerfBerechtigten, der die Benutzung aufgeben will, rechtzeitig durch wohnungsrechtlich zulässige Verfügung, z. B. durch Tausch, sein Recht auszunutzen. Hat er dies versäumt, so kann der Wille späterer Ausnutzung die Beschränkung seines Verfügungsrechts nicht hindern. Die Gemeindebehörde darf daher auch für diesen Fall die Wohnung in Anspruch nehmen. Ob aber daraus im Einzelfalle dem VerfBerechtigten ein unverhältnismäßiger Nachteil entsteht, ist auch hier nach billigem Ermessen zu entscheiden. D. n.

β) **Wohnungen in Bade-, Kur- und ähnlichen Orten sind nicht schon deshalb benutzt im Sinne der §§ 3, 4, weil sie zur Unterbringung von Fremden bestimmt sind.“**

Kammergericht, 17. ZS. Rechtsentscheid v. 22. Juni 1925 (Y 70/25).

Nach dem Sprachgebrauche kann eine Wohnung, während sie leersteht, als benutzt nicht angesehen werden. Es würde also besonderer Gründe bedürfen, daß die Vorschriften dafür über unbenutzte Wohnungen trotzdem auf solche Wohnungen nicht angewendet werden dürfen, die während eines Teiles des Jahres bestimmungsgemäß der Unterbringung von Fremden dienen. Ausreichende Gründe hierfür sind aber nicht zu erkennen; besonders genügt nicht, daß die Auf-

[1]) Zu dieser Übergangsvorschrift sind noch folgende Rechtsentscheide ergangen:

a) Für die Inanspruchnahme von Teilen übergroßer Wohnungen gelten die bisherigen Bestimmungen nur, soweit sie beim Inkrafttreten des § 3 PrV. v. 12. 12. 24 durchgeführt oder rechtskräftig ausgesprochen war (2. März 1925, 17 Y 26/25).

b) Sind Teile übergroßer Wohnungen nach örtlichen Bestimmungen für entbehrlich erklärt worden, so liegt darin noch nicht die Inanspruchnahme im Sinne des § 3[1] (4. Mai 1925 Y 53/25).

[2]) Miterben haben in der Regel keinen Anspruch darauf, daß die Beschlagnahme beschlagnahmefähiger Räume des erbgemeinsch. Hauses mit Rücksicht auf die zur Auseinandersetzung demnächst erforderliche Veräußerung unterbleibt (OLG. Darmstadt 22. 1. 25, HessR. 72).

gabe der Benutzung nur vorübergehend und ihre Wiederaufnahme beabsichtigt ist. Das geht deutlich aus § 3² hervor; auch in diesem Fall ist die Benutzung offenbar nur auf Zeit unterbrochen worden. Ebenso liegt es bei den Wohnungen in Bade- und Kurorten. Gewiß kann die Besetzung solcher Wohnungen mit Wohnungsuchenden zur Folge haben, daß es an Unterkünften für die Fremden fehlt. Diese Erwägung ist aber nicht bei der Auslegung des Gesetzes heranzuziehen. Vielmehr muß es der Gemeinde überlassen bleiben, ob sie mit Rücksicht auf die Eigenart des Ortes in einzelnen Fällen von der Inanspruchnahme absehen will, um jenen Mangel nicht entstehen zu lassen. Zudem kann durch landesrechtliche oder örtliche Regelung jederzeit der Zugriff auf derartige Wohnungen dem Bedürfnis entsprechend eingeschränkt werden. Rücksichten auf den VerfBerechtigten sind ebenfalls nicht geeignet, die Auslegung zu beeinflussen; denn, wie weit sie der Inanspruchnahme entgegenstehen, ist auch bei unbenutzten Wohnungen jeweils im Einzelfalle zu prüfen und bei der Entscheidung über die Beschlagnahme nach billigem Ermessen zu beachten. D. n.

d) α) **„Eine räumlich und wirtschaftlich getrennte Wohnung ist eine abgeschlossene Wohnung, in der ein selbständiger Haushalt geführt werden kann, ohne daß die Mitbenutzung anderer Räume im Hause mehr als ortsüblich erfolgt.**

Kammergericht, 17. ZS. Rechtsentscheid v. 12. Januar 1925 (Y 110/24).

Wirtschaftliche Trennung erfordert, daß dem Wohnungssucher ermöglicht wird, im beanspruchten Wohnungsteil die Hauswirtschaft selbständig zu betreiben, also besonders auch zu kochen. Räumliche Trennung erfordert dagegen, daß beide Teile, die Restwohnung und der beanspruchte Wohnungsteil, gegeneinander abschließbare Räume haben und daß der Zugang zu dem einen Teil nicht durch einen Wohnraum des anderen führt. Treppen, Flure, Dielen und Nebengelaß dürfen nur soweit in gemeinsamer Benutzung stehen, als dies ortsüblich ist (vgl. Verf. des Wohlfahrtsmin. v. 9. 1. u. 8. 9. 23 bei Hertel S. 127). Aber selbst bei Ortsüblichkeit gemeinsamer Benutzung ist nach billigem Ermessen zu prüfen, ob den besonderen Verhältnissen des VerfBerechtigten gegenüber gerade aus seinen Verhältnissen wie z. B. aus dem Wohnbedürfnisse eines Arztes, Notars, die gemeinsame Benutzung nicht einen unverhältnismäßigen Nachteil besorgen läßt (vgl. die Verf. v. 9. 11. 19, 8. u. 25. 6. 23 bei Brumby WohnungsMR. S. 49). Diese Prüfung wird um so schärfer sein müssen, als für die Zukunft die Inanspruchnahme von Teilen übergroßer Wohnungen für den Regelfall wegfällt und daher entbehrlich erscheint. D. n.

β) **Die Inanspruchnahme von Teilen einer Wohnung ist nach der prV. vom 12.12. 1924 auch dann unzulässig, wenn aus ihnen eine selbständige Wohnung hergestellt werden kann.**

Kammergericht, 17. ZS. Rechtsentscheid v. 22. Juni 1925 (Y 77/25).

Die V. v. 12. 12. 1924 läßt zwar die Beschlagnahme von Teilen einer Wohnung mit der Begründung, daß diese Wohnung übergroß im Verhältnis zur Zahl ihrer Bewohner sei, nicht mehr zu. Sie steht jedoch der Inanspruchnahme einer selbständigen Wohnung nicht entgegen, mag diese auch vorher Teile einer anderen Wohnung gebildet haben. Selbständig ist eine räumlich und wirtschaftlich von anderen Wohnungen getrennte Wohnung. Nach vorstehendem Entscheid hängt dies von den Umständen des Einzelfalles ab; besonders kann nur von Fall zu Fall erkannt werden, ob dazu ein besonderer Abort für ihren Benutzer erforderlich ist. Ergibt aber die Prüfung, daß keine selbständige Wohnung vorliegt, sondern die beanspruchten Räume sich als Teile einer anderen Wohnung darstellen, so verstieße ihre Beschlagnahme aus dem Grunde der Übergröße gegen die V. Daran vermag nichts zu ändern, wenn die Möglichkeit und die Absicht besteht, aus den Räumen durch irgendwelche Veränderungen oder Ergänzungen eine selbständige Wohnung zu machen, denn zurzeit liegt eine solche eben nicht vor. Die Zulassung der Beschlagnahme zur Herstellung einer selbständigen Wohnung bleibt deshalb immer eine Inanspruchnahme von Teilen einer Wohnung.

γ) **Teile einer Wohnung werden nicht schon dadurch zu einer selbständigen Wohnung, daß der VerfBerechtigte sie einem anderen längere Zeit auf Grund eines Mietverhältnisses überlassen hat.**

Kammergericht, 17. ZS. Rechtsentscheid v. 22. Juni 1925 (Y 84/25).

Nach dem Rechtsentscheide vom 4. Mai 1925 (Y 65.25) ist die Inanspruchnahme wegen Übergröße auch dann nicht mehr zulässig, wenn dieselben Wohnungsteile schon früher wirksam beansprucht oder freiwillig abvermietet waren, später aber durch den Wegzug des darin untergebrachten Wohnungsuchers oder auf andere Weise wieder frei geworden sind. Die jetzt vorgelegte Frage ist nicht etwa die, ob es überhaupt rechtlich zulässig ist, Räume, die zurzeit ihrer Überlassung an Dritte oder zur Zeit ihrer Inanspruchnahme Teile einer einheitlichen Wohnung bildeten, auch nach dem Inkrafttreten der V. vom 12. 12. 1924 noch zu beanspruchen, weil sie inzwischen zu einer selbständigen Wohnung geworden sind. Vielmehr erwägt die Beschwerdestelle lediglich, ob die Räume dadurch zu einer selbständigen Wohnung geworden sind, daß sie mehrere Jahre hindurch einem Dritten zur Benutzung überlassen worden sind. Nur diese Frage ist gestellt. Sie ist unbedenklich zu verneinen. Eine selbständige Wohnung liegt begrifflich nur vor, wenn die Räume zur Führung eines selbständigen Haushalts geeignet sind. Dazu gehört vor allem ein eigener Zugang, eine eigene, ausreichende Kochgelegenheit und regelmäßig auch Klosett und Wasserleitung (d α).

Daß die Räume von einer Familie bewohnt werden, kann allein nicht den Ausschlag geben. Allerdings hat der Erlaß vom 6. 2. 1925 (Hertel Mieterschutz 427) im Anschluß an § 1 V. vom 12. 12. 1924 eine andere Begriffsbestimmung gegeben und es schon für ausreichend erklärt, daß der Untermieter mit Zustimmung des Vermieters sich eine Kochgelegenheit geschaffen hat. Es kann dahingestellt bleiben, welche rechtliche Bedeutung diesem Erlasse zukäme, wenn es sich um die Anwendung des § 1, also um möblierte Zimmer handelte. Für § 2 muß es jedenfalls bei einer scharfen Unterscheidung zwischen Wohnungsteilen und selbständigen Wohnungen bleiben. Dann aber kann als selbständig nur eine Wohnung gelten, die unabhängig von den Befugnissen, die dem einzelnen Benutzer eingeräumt sind, ihrer Beschaffenheit nach jederzeit als Familienwohnung zur Führung eine selbständigen Haushalts verwendet werden kann, ohne daß es noch irgendwelcher Veränderung bedarf. D. n.

d) **§ 2 V. v. 12. 12. 1924 schließt die Inanspruchnahme von Teilen einer Wohnung nur aus, soweit diese im Verhältnis zur Zahl ihrer Bewohner als übergroß anzusprechen ist. Soweit die Inanspruchnahme auf grund örtlicher Vorschriften aus einem anderen Grund erfolgen soll, ist ihre Zulässigkeit nicht berührt worden.**

Kammergericht, 17. ZS. Rechtsentscheid v. 22. Juni 1925 (Y 85/25).

Der VerfBerechtigte ist nach Berlin verzogen und hat in seiner aus drei Zimmern mit Küche bestehenden Wohnung in Breslau nur seinen Sohn belassen, der die Küche und ein Zimmer benutzt. Die Gemeindebehörde hat die ganze Wohnung in Anspruch genommen und das MEA. die Beschlagnahme bestätigt. ... Schon die Fassung des § 2 drängt zu der Annahme, daß Wohnungsteile aufgrund einer anderen Veranlassung als der Übergröße dem Zugriff der Gemeinde unterliegen sollen. Die V. stellt einen der ersten Versuche dar, die Wohnungswirtschaft zu lockern, so daß man Anlaß hatte, dabei besonders vorsichtig zu verfahren. Deshalb darf § 2 nicht ohne zwingenden Grund durch die Auslegung eine über seinen klaren Wortlaut hinausgehende Wirkung erhalten. Es kommt hinzu, daß seine Fassung in einer nicht zu übersehenden Weise von der des § 1 abweicht. Hätte auch § 2 Wohnungsteile überhaupt von jedem Zugriff freistellen sollen, so wäre für ihn vermutlich die Fassung des § 1 gewählt worden. Wenn stattdessen nur die Inanspruchnahme wegen Übergröße untersagt wird, so muß daraus entnommen werden, daß auch nur eine entsprechend beschränkte Aufgabe der Zwangswirtschaft beabsichtigt ist. Die Beschwerdestelle hat zu prüfen, ob die im WMG. nicht vorgesehene Inanspruchnahme von Teilen einer Wohnung, weil sie unbenutzt sind, vorliegend durch Vorschriften auf Grund des § 6 das. zugelassen ist.

e) α) **Nur die Anzeige des VerfBerechtigten setzt die Frist in Lauf, binnen der sich das Wohnungsamt über die Inanspruchnahme des freiwerdenden Wohnraumes zu erklären hat (§ 10¹. Berliner Bek. v. 12. Mai 1921, jetzt § 3 Nr. 1).**

Kammergericht, 17. ZS. Rechtsentscheid v. 12. Januar 1925 (Y 107/24).

Die sich ergänzenden § 5 a Nr. 1, § 10¹ Berliner Bek. v. 12. Mai 1921 (jetzt § 2 Nr. 1 a, § 3 Nr. 1 WohnungsNR. vom 18. 8./30. 12. 24) könnten durch die Bestimmung einer zweiwöchigen Frist für das Wohnungsamt bezwecken, dieses zu einer schnellen Entscheidung über die Inanspruchnahme des freigewordenen Wohnraums zu drängen, damit dieser baldigst zur Minderung der Wohnungsnot verwendet werden kann. Dieser Zweck kann aber nicht ausschlaggebend sein; denn er würde durch die Möglichkeit der Inanspruchnahme ohne Benennung eines Bewerbers und Fehlen einer Fristbestimmung für die Ergänzung der Beschlagnahme durch Benennung des Bewerbers, sowie durch Fehlen einer Frist für die Benennung eines neuen Bewerbers, wenn der erste ablehnt, leicht vereitelt. Die Bestimmung ist vielmehr ihrem wesentlichen Zweck nach zugunsten des VerfBerechtigten getroffen: er soll alsbald Gewißheit darüber erhalten, ob sein Verfügungsrecht zugunsten der Allgemeinheit beschlagnahmt wird. Tut er nun selbst, möglicherweise pflichtwidrig nichts, um die Entscheidung herbeizuführen, so erscheint es unbillig, ihm trotzdem, wenn vielleicht gerade gegen seinen Willen das Wohnungsamt auf anderem Wege das Freiwerden erfährt, die Vorteile zu gewähren, die an seine Anzeige geknüpft sind. Den Lauf der Frist setzt daher nur die Anzeige des VerfBerechtigten in Lauf. Sie kann auch nicht dadurch ersetzt werden, daß ein anderer die Anzeige in Vertretung des VerfBerechtigten erstattet, ohne daß der Wille, in dessen Namen zu handeln, erkennbar hervortritt [1]). D. n.

β) **Das Wohnungsamt verliert sein Verfügungsrecht nach § 3 Berliner WMR. nur dann, wenn es innerhalb zweier Wochen seit der schriftlichen Anzeige nicht die dort bezeichneten Voraussetzungen erfüllt hat [2]). Erledigt sich die Zuweisung des Mieters, so beginnt nicht der Lauf einer neuen Frist.**

Kammergericht, 17. ZS. Rechtsentscheid v. 19. Januar 1925 (Y 126/24).

Nach § 3 WMR. werden die Räume durch die Bezeichnung eines Mietraumsuchenden beschlagnahmt (Rsp. 43 S. 254). Aus § 4 WMG. mit jenem § 3 ergibt sich weiter, daß auch, ehe ein Raum in einer der beiden oben bezeichneten Formen beschlagnahmt ist, die Befugnisse des VerfBerechtigten beschränkt sind. Diese allgemeine Beschränkung fällt erst weg, wenn die im § 3 bezeichnete Zeit abgelaufen ist; die Beschlagnahme muß also zur Vermeidung des Erlöschens jener Beschränkung innerhalb einer bestimmten Zeit ausgesprochen werden. Ist diese Frist aber gewahrt, so sind die Räume der Verfügung des Berechtigten entzogen. Nach der Auffassung des LG. beginnt nun, wenn die erste rechtzeitige Zuweisung ergebnislos blieb, die Frist erneut zu laufen. Allein soll auch die Bestimmung einen Druck auf das Wohnungsamt ausüben, so will sie doch vor allem Klarheit für den VerfBerechtigten schaffen; dieser soll bis zu einem bestimmten Zeitpunkte darüber unterrichtet werden, ob er noch mit einem Eingriff der Behörde zu rechnen habe (e α). Dieses Ergebnis wird auch erreicht, wenn man dem LG. nicht beitritt; hat die Behörde innerhalb zweier Wochen einen Mietraumsuchenden zugewiesen, so steht fest, daß sie die Räume beansprucht. Der Zweck der Bestimmung bedarf jedoch keiner weiteren Erörterung; denn ihre Fassung ist klar und spricht lediglich vom Lauf einer einzigen Frist; die Erwägung, daß es zur Beschleunigung des Verfahrens zweckmäßig erscheinen könnte, der Behörde eine weitere Frist zu setzen, kann nicht dazu führen, die klare Bestimmung in diesem Sinne zu ergänzen.

[1]) Der Entscheid ist nicht zu billigen. Die Bekämpfung der Wohnungsnot erfordert, daß eine Wohnung nicht länger leer bleibt, als unbedingt nötig ist. Daher berechtigt jede Erklärung des Wohnungsamt, die Räume nicht beanspruchen zu wollen, auch wenn sie vor der Anzeige oder vor dem Leerwerden abgegeben ist, zur sofortigen Weitervermietung. Ebenso muß es aber auch auf die Anzeige eines Unbeteiligten, z. B. des andren Wohnungsamts, das die Räume freigemacht hat, der Polizei, des Standesamts, des VormGerichts sofort eingreifen; es verletzt seine Amtspflicht, wenn es damit auf die Anzeige des Meldepflichtigen wartet; denn sonst könnten zum Schaden der Allgemeinheit Unberechtigte die Räume benutzen. Demgemäß beginnt die Verjährung der Strafverfolgung aus § 17 Nr. 2 nicht erst mit der Erstattung der Anzeige, sondern schon vom Ablaufe der dreitägigen Frist. Übrigens kann es fraglich sein, ob der Magistrat gegenüber dem § 3 WMG., der lediglich eine „Anzeige" vorschreibt, für diese noch Schriftlichkeit (Schreibensunkundige?) verlangen darf. D. H.

[2]) a) Daran ist auch durch Nr. 3 der Anordn. zur Unterbringung versetzter Beamter v. 16. Juni 1923 (GS. 288) nichts geändert; der Ablauf der dort bestimmten Frist hat nicht zur Folge, daß der VerfBerechtigte das Recht zur freien Verfügung erlangt, vielmehr erhält das Wohnungsamt die Befugnis, über die Wohnung ohne Einvernehmen mit der Behörde zu verfügen, es darf jedoch nicht mehr von dem Erfordernis der Zuweisung mehrerer Wohnungsuchender (§ 4 WMG.) absehen. (Rechtsentscheidung v. 8. 12. 1924 Y 152/24).

b) Beamte, die für den Vorstand des Wohnungsamts in dessen Vertretung handeln und mit dem Publikum verhandeln, verpflichten dadurch das Amt (OLG. Darmstadt 28.5.25, Hess.Rsp. 25 S.183).

γ) 1. Die Inanspruchnahme größerer Wohnungen ist gemäß § 5 Z. 1, § 3 Z. 2a WMR. nur zulässig, falls der VerfBerechtigte die Anzeige gemäß § 2 Z. 1: α) nicht erstattet hatte und die dreitätige Frist für sie verstrichen ist, oder β) die Anzeige gemäß § 2 Z. 1 vorher, wenn auch nicht in jener Frist erstattet hatte, aber dem Wohnungsamt innerhalb eines Monats seit dieser Anzeige den Vertragschluß mit einem nach § 3 Z. 2a Mietberechtigten nicht angezeigt hat.

2. Eine Anzeige gemäß § 2 Z. 1a, die erst nach zulässiger Inanspruchnahme der Wohnung erfolgt, hat die in § 3 Z. 2a vorgesehene Wirkung nicht mehr. Dagegen gilt hier der § 3 Z. 1 mit der Maßgabe, daß die zweiwöchige Frist erst mit dem Ablaufe der Monatsfrist aus Z. 2a zu laufen beginnt.

Kammergericht, 17. ZS. Rechtsentscheid v. 22. Juni 1925 (Y 71/25).

1. Es muß davon ausgegangen werden, daß die Inanspruchnahme von Räumen allgemein in § 5 geregelt und das Recht des Zugriffs ebenso allgemein durch § 3 Z. 1 beschränkt wird, während § 3 Z. 2 a, b ein Sonderrecht für Wohnungen mit 5 und mehr Zimmern (große Wohnungen) enthält. Nur dieses Sonderrecht ist völlig neu, die anderen Bestimmungen sind dagegen im wesentlichen schon im früheren Berl. MR. enthalten. Daraus folgt, daß die Geltung und die Bedeutung der von früher übernommenen Rechtsvorschriften insoweit als unverändert betrachtet werden müssen, als nicht das Sonderrecht für große Wohnungen ausdrücklich oder nach seinem Zusammenhang und Sinn entgegensteht.

2. Liegen die Voraussetzungen des § 5 Z. 1 vor, so kann das Wohnungsamt die Räume beanspruchen. Die Anzeige nach § 2 ist nur ein Hilfsmittel, um ihm die Gelegenheit eines Zugriffs bekannt zu machen, ist aber selbst für seinen Zugriff nicht Voraussetzung. Bedeutung hat sie, insofern sie dazu führen kann, daß es seine Befugnis gemäß § 3 Z. 1 verliert, weil es sie nicht während zwei Wochen seit der Anzeige ausgeübt hat.

3. Auch die Sonderregelung in § 3 Z. 2 a läßt mit der Anzeige vom Freiwerden der Wohnung eine Frist laufen. Diese Monatsfrist hat jedoch eine wesentlich andere Bedeutung. Solange sie läuft, ist der VerfBerechtigte befugt, die Wohnung freihändig, allerdings nur an einen durch Ausweiskarte Ermächtigten zu vermieten. Aus dem Schlußsatze geht klar hervor, daß während der Monatsfrist keine Inanspruchnahme zulässig ist. Daraus folgt aber noch nicht, daß sie auch vor der Anzeige nicht erfolgen dürfte, oder daß gar eine vorher wirksam gewordene Beschlagnahme durch nachfolgende Anzeige ihre Wirkung überhaupt oder doch auf einen Monat verliere. Aus dem Zusammenhange und dem Zweck der Bestimmung ist vielmehr das Gegenteil zu ersehen.

4. Der § 3 Z. 2 a bedeutet eine Lockerung der Zwangswirtschaft. Man hat angenommen, daß bei großen Wohnungen sowohl dem VerfBerechtigten wie auch dem Wohnungsuchenden eine größere Freiheit gestattet werden könne. Deshalb ist die freihändige Vermietung erlaubt worden, jedoch nicht ausnahmslos. Sie muß innerhalb bestimmter Frist erfolgen und als Mieter sind nur Personen zugelassen, denen das Wohnungsamt einen Berechtigungsschein erteilt. Ganz offensichtlich wurden diese Schranken gezogen, um solche Wohnungen nicht für die Befriedigung der allgemeinen Wohnungsnot zu verlieren. Soll aber die Bewirtschaftung des vorhandenen Wohnraums nicht über diese Grenzen hinaus

beeinträchtigt werden, so kann nicht jede Anzeige des VerfBerechtigten, wann auch immer sie erfolgen möge, ihm die in 2 a vorgeschriebene Befreiung verschaffen. Es kommt hinzu, daß § 2 Z. 1 a ihm die Anzeige spätestens innerhalb dreier Tage nach dem Freiwerden zur Pflicht macht. Dadurch wird zunächst der Anschein erweckt, daß auch nur eine bis zum Ablauf dieser 3 Tage erstattete Anzeige die Folge des § 3 Z. 2 a herbeiführt. Es muß jedoch beachtet werden, daß § 2 Z. 1 a sich bereits im früheren Notrecht befand und damals die Anzeige überhaupt nur bezweckte, die Gemeinde auf beschlagnahmefähige Räume hinzuweisen. Diesen Zweck hat die Anzeige behalten; er geht neben ihrer besonderen aus § 3 Z. 2 a entstandenen Bedeutung einher. Soll er überhaupt erreicht werden, so darf man die Vorteile, die aus der Anzeige erwachsen, nicht unbedingt daran knüpfen, daß diese bis zum Ablauf der 3 Tage eingeht. Aus diesem Grund ist schon früher angenommen, daß die von der Anzeige gerechnete Frist, in der das Wohnungsamt die Räume beanspruchen muß, auch dann noch zu laufen beginnt, wenn die Anzeige verspätet erstattet wurde, sofern nur nicht schon vorher die Räume beansprucht worden waren. Diese Gesichtspunkte, die auch für § 3 Z. 1 aus dem gleichen Grunde fortwirken müssen, haben ebensoviel Berechtigung für § 3 Z. 2 a. Es ergibt sich also: Auch die verspätete Anzeige hat den Aufschub des Zugriffsrechts auf einen Monat zur Folge; jedoch ist schon vor der Anzeige eine Beschlagnahme zulässig und bleibt trotz nachfolgender Anzeige wirksam.

5. Diese Ausnahme folgt aus der Erwägung, daß große Wohnungen, für die überhaupt keine Anzeige gemacht wird, der Wohnungswirtschaft zugeführt werden müssen. Es muß also auch bei ihnen zulässig sein, daß das Wohnungsamt, das das Vorliegen des § 5 Z. 1 irgendwie erfahren hat, die Räume beansprucht. Dies darf allerdings während der ersten 3 Tage nach dem Freiwerden nicht geschehen, denn diese Frist ist dem VerfBerechtigten für die Anzeige belassen, innerhalb dieser 3 Tage kann er sie noch rechtzeitig vornehmen und ohne Einschränkung die Folge aus § 3 Z. 2 a hervorrufen, d. h. das Zugriffsrecht der Gemeinde für einen Monat aufheben. Dem steht der Umstand nicht entgegen, daß auch das frühere Notrecht die dreitägige Frist kannte und trotzdem der Zugriff sofort möglich war. Denn damals konnte die Anzeige nur die zweiwöchige Frist in Gang bringen, in der die Gemeinde die Wohnung beanspruchen mußte, um ihr Recht nicht zu verlieren. Es bestand also kein Hindernis, den Zugriff, der innerhalb der Frist geschehen sollte, auch schon vor ihrem Beginn auszuführen. Jetzt aber wahrt sich der VerfBerechtigte durch die fristgemäße Anzeige die Freiheit der Verfügung, und zugleich wird der öffentlichrechtliche Eingriff zeitweise unzulässig. Aus diesem Unterschied ist ohne weiteres ersichtlich, daß auch innerhalb der Anzeigefrist selbst nichts geschehen darf, was der Befugnis, die sich der Vermieter sichern kann, widerspricht. Es ist auch nicht dem Wohnungsamt gestattet, vor Ablauf dieser oder der Monatsfrist eine Beschlagnahme gewissermaßen auf Vorrat auszusprechen, die zwar zunächst unzulässig ist, aber vielleicht rechtswirksam werden kann, wenn nämlich nicht rechtzeitig die zulässige Vermietung gemeldet wird. Ein solches Vorgehen ist mit dem Wesen der Inanspruchnahme als eines öffent-

lichrechtlichen, einseitigen Aktes nicht vereinbar. Zudem besteht keinerlei Bedürfnis dafür, da die Beschlagnahme ebenso gut nach dem etwaigen Eintritt ihrer Voraussetzungen vorgenommen werden kann.

Das Gegenteil muß jedoch angenommen werden, wenn der VerfBerechtigte die Anzeigefrist des § 2 Z. 1 a nicht innehält. Denn dann könnte er die Anzeige beliebig hinausschieben, ohne der Vergünstigung aus Z. 2 a verlustig zu gehen. Das geht nicht an, denn es bedeutet unter Umständen den völligen Verlust der Wohnung für die öffentliche Bewirtschaftung. Nach Ablauf der dreitägigen Frist wird daher die Beschlagnahme auch großer Wohnungen zulässig.

Ist die Beschlagnahme einmal wirksam erfolgt, so muß die nachträgliche Anzeige aus ähnlichen Erwägungen wirkungslos bleiben. Denn der VerfBerechtigte könnte ohne jede Gefahr zunächst die Anzeige unterlassen und abwarten, ob das Wohnungsamt vom Freistehen der Wohnung erfährt und sie beschlagnahmt. Geschieht das, so würde er sich sämtliche Vorteile aus § Z. 2a durch die nachträgliche Anzeige dennoch sichern. Diese ist aber gar keine Anzeige im eigentlichen Sinne des § 2 1a und des § 3 2a mehr, denn sie kann weder dem Wohnungsamt die Kenntnis freier Räume verschaffen — es hatte diese Kenntnis schon erlangt und daraufhin zugegriffen —, noch das Ziel des § 3 Z. 2a erreichen, soweit es darin besteht, die teilweise Freigabe der großen Wohnungen nicht zu ihrer übermäßig langen Herausnahme aus der öffentlichen Bewirtschaftung ausschlagen zu lassen.

Das Verhältnis in welchem der Z. 1 und 2 a und § 3 zueiander kann nur deshalb fraglich sein, weil Z. 1 an die Anzeige eine zweiwöchige Frist knüpft, in der das Wohnungsamt sein Recht ausüben muß, während Z. 2 a zugleich mit der Anzeige die Monatsfrist in Lauf setzt. Zweifellos können beide Fristen nicht gleichzeitig zu laufen beginnen. Daß aber die Z. 2a die Anwendung der Z. 1 ausschließe, könnte nur angenommen werden, wenn die Vorschriften einander widersprächen. Allein beide knüpfen an die Anzeige des VerfBerechtigten für ihn Vergünstigungen verschiedenen Inhalts: Während er nach Z. 2 a eine beschränkte Verfügungsfreiheit erhält, wird sie durch Ablauf der in Z. 1 gesetzten Frist unbeschränkt. Es besteht kein Grund zu der Annahme, daß ihm nicht beide Vorteile zufallen sollten, zumal er in den Genuß des aus Z. 1 erst treten kann, nachdem seine Befugnisse aus Z. 2 a durch Ablauf der Monatsfrist erloschen sind. Sinngemäß kann nämlich die zweiwöchige Frist aus Z. 1 im Sonderfall der Z. 2 a erst mit Ablauf der Monatsfrist beginnen, weil vorher die Gemeinde zu ihrer Einhaltung gar nicht in der Lage ist, nämlich die Wohnung nicht beanspruchen darf (WMR. von Nußbaum-Prinz, § 3[8], Hertel 17). D. n.

b) **Eine möbliert vermietete Wohnung kann, wenn der bisherige Inhaber sie verläßt, nach § 5 Nr. 1 a des Berliner WMR. in Anspruch genommen werden.**

Kammergericht, 17. ZS. Rechtsentscheid v. 11. Juli 1925 (Y. 97/25).

Wie die Begründung zur V. v. 23. 9. 1918 erkennen und sich auch aus § 2 WMG. schließen läßt, soll unter Wohnraum alles das verstanden werden, was Wohnzwecken dient, als gewerblicher Raum aber das, was gewerblichen Zwecken dient. Erforderlich ist daher, daß in den Räumen ein Gewerbe oder

Geschäft betrieben wird; es genügt aber nicht, daß mit den Räumen ein Gewerbe betrieben wird. Die Möbelvermietung erfolgt allerdings auch in den Räumen, sie stellt aber — mindestens unter der Zwangswirtschaft — nur einen Nebenzweck dar, während der Hauptzweck der der Raumvermietung ist. Möblierte Wohnungen können daher auch nicht unter Berücksichtigung der Verhältnisse des Vermieters als gewerbliche Räume angesehen werden, sondern sind als Wohnungen anzusehen. Daher bestimmt § 2 Nr. 1 a und § 5 Nr. 1 a WMR. vom 30. 12. 1924, gemäß § 6, 4 WMG. zulässigerweise, daß der VerfBerechtigte anzuzeigen hat, sobald eine leere oder möblierte Wohnung frei oder unbenutzt ist . . . und daß das Wohnungsamt diese Wohnung für Wohnungsucher beanspruchen kann. Zwar spricht § 5 Nr. 1 a nur von unbenutzten Wohnungen, wie sich aber aus § 3 WMG. ergibt, sollen darunter alle die leeren oder möblierten Wohnungen verstanden werden, die der bisherige Inhaber, besonders Mieter, verlassen hat. D. n.

f) α) **Eine Anordnung, daß die Zuweisung nur eines Wohnungsuchers genügt, ist nur wirksam, wenn sie nach Inkrafttreten des WMG. erlassen ist.**

Kammergericht, 17. ZS. Rechtsentscheid v. 9. Februar 1925 (Y 17/25).

. . . Da § 12 der Kreisanordnung v. 23. März 1921 hinsichtlich der Bewerberzahl (eines Wohnungsuchers) nicht von § 4 WMVO abwich, so wurde er als dieser § 4 durch § 4 WMG. ersetzt wurde, ohne weiteres dahin geändert, daß nunmehr mehrere Wohnungsucher zuzuweisen sind. In den Anordnungen v. 19. 9. 23 (GS. 446) und 11. 1. 1924 (G. S. 27), die allgemein sämtliche bisher auf Grund der WMVO. erlassenen Sonderbestimmungen aufrecht erhielt, kann gleichfalls eine Anordnung, daß nunmehr die Zuweisung nur eines Bewerbers genüge, nicht gesehen werden, da der Kreisausschuß keine vom Gesetz abweichende Bestimmung der Bewerberzahl hatte treffen wollen. Dazu bedurfte es vielmehr erst einer ausdrücklichen Ermächtigung durch die oberste Landesbehörde, die am 23. August 1924 erteilt ist. Durch sie erlangte aber die bisherige Anordnung nicht ohne weiteres den Inhalt, daß die Zuweisung nur eines Bewerbers genüge. Dazu war vielmehr eine auf Grund dieser Ermächtigung erlassene Bekanntmachung erforderlich.

Dazu: **Ist zur Beschlagnahme gewisser Räume die Genehmigung der Kommunalaufsichtsbehörde vorgeschrieben, so bedarf es ihrer auch dann, wenn die Räume in einer nicht kreisfreien Gemeinde liegen und die Aufgaben der Wohnungsbehörde nicht von der Gemeinde sondern von dem Kreisausschuß als Kreiswohnungsamt wahrgenommen werden; zuständig ist dann der Landrat.**

Kammergericht, 17. ZS. Rechtsentscheid v. 19. Januar 1925 (Y 134/24).

Dem LG. ist darin beizutreten, daß die Genehmigung der Aufsichtsbehörde erforderlich ist. Träger der Befugnisse, die sich aus dem WMG. und aus den auf ihm beruhenden VO. ergeben, ist die Gemeindebehörde (§§ 2. 5). Davon ist auch der Regierungspräsident in Liegnitz bei seiner Anordnung vom 22. 9. 1922 ausgegangen. Aufsichtsbehörde ist daher, wenn es sich wie hier um eine dem Landrat unterstehende Gemeinde handelt, nach § 77 KreisO. der Landrat. Daran ändert nichts die Tatsache, daß hier die wohnungsamtlichen Angelegenheiten nicht die Gemeinde selbst, sondern der Kreisausschuß als eigens gebildetes Kreiswohnungamt wahrnimmt. Die Genehmigung wird damit nicht entbehrlich. Aufsichtsbehörde ist nicht der Kreisausschuß, sondern der Landrat; daß er dem Kreisausschuß vorsitzt, ist hier bedeutungslos. Denn er nimmt — ganz abgesehen davon, daß er in Kreisangelegenheiten überstimmt werden kann — die ihm als Mitglied dieser Körperschaft zustehenden Befugnisse nicht als Staatsbeamter und Aufsichtsbehörde, sondern als Mitglied der kommunalen Körperschaft wahr; der Beschluß des Kreisausschusses ersetzt daher in keiner Weise die Zustimmung, die er als Aufsichtsbehörde erteilen muß. Dagegen ist in Fällen vorliegender Art nicht die Zustimmung des Regierungspräsidenten erforderlich. Aufsichtsbehörde bleibt der Landrat auch dann, wenn nicht die seiner Aufsicht unterstellte Gemeinde, sondern eine andere Stelle die wohnungsamtliche Tätigkeit wahrnimmt. Das LG. will dagegen auf die Überordnung der zustimmenden über die anordnende Behörde abstellen; ein derartiger Sinn ist jedoch aus der VO. nicht ersichtlich. Verlangt wird vielmehr die Zustimmung einer bestimmten, eine besondere Gewähr für zutreffende Behandlung bietenden Stelle; diese ist bei Angelegenheiten von Gemeinden, die zum Kreisverbande gehören, ein für alle Male der Landrat und für kreisfreie Stadtgemeinden der Regierungspräsident. Bedenken hiergegen können auch nicht dem Rechtsentscheide (Rsp. 43 S. 214 d) entnommen werden; dort wird ausgeführt, daß ein Mitglied der als Partei auftretenden Gemeindebehörde als Richter ausgeschlossen sei. Vorliegend nimmt aber die Aufsichtsbehörde keine richterlichen oder richterähnlichen Tätigkeiten wahr und die die Beschlagnahme anordnende Stelle hat nicht die Stellung einer Partei. D. n.

β) **Räume können nach § 4 unmittelbar durch Zuweisung eines Wohnungsuchers in Anspruch genommen werden; eine davon gesonderte Beschlagnahme ist deshalb nicht Voraussetzung für einen Zwangsmietvertrag. Die Rechtsbeschwerde des Vermieters kann damit begründet werden, daß das MEA. die Behauptung nicht geprüft hat, der Zwangsmieter erstrebe die Wohnung nur zu gewinnsüchtigen Zwecken und wolle sie alsbald verkaufen.**

Kammergericht, 17. ZS. Rechtsentscheid v. 19. Januar 1925 (Y 129/24).

1. Die Inanspruchnahme der Wohnung in der Form der Zuweisung Wohnungsuchender entspricht genau dem Wortlaut des § 4. Ob das Wohnungsamt trotzdem befugt ist, ohne gleichzeitige Zuweisung Räume zu beschlagnahmen, kann zweifelhaft sein, ist aber zu bejahen. Daraus folgt jedoch keineswegs, daß eine besondere Beschlagnahme erfolgen muß oder auch nur die Regel bildet.

2. Will der Zwangsmieter gar nicht ein wirkliches eigenes Wohnbedürfnis befriedigen, sondern andere Zwecke erreichen, zu deren Förderung die WMVorschriften und die in ihnen vorgesehenen Eingriffe nicht bestimmt sind, so kann dieser Umstand an sich erkennen lassen, daß nach der Lage des Falles der VerfBerechtigte unverhältnismäßig benachteiligt würde. Will der Zwangsmieter die Wohnung nicht behalten, sondern verkaufen, so wird die Abwägung der beiderseitigen Belange sogar in der Regel zur Ablehnung der Zwangsmiete führen. Deshalb muß das MEA. eine solche Absicht prüfen, sobald es für sie nach dem ihm bekannten Sachverhalt ausreichenden Anhalt hat, wenn also der VerfBerechtigte entsprechende Behauptungen ausweislich der Akten aufgestellt hat, es sei denn daß sie ganz offensichtlich jeder Grundlage entbehren.

γ) **Der VerfBerechtigte kann, wenn er gegen eine nach § 4 ergangene Verfügung mit Bezeichnung von Wohnungsuchenden nicht oder erfolglos Beschwerde eingelegt hat,**

im Verfahren auf Festsetzung eines Zwangsmietvertrages noch geltend machen, daß für ihn ein unverhältnismäßiger Nachteil zu besorgen sei. Dagegen kann er Einwendungen gegen die Zulässigkeit der Verfügung nicht mehr erheben.

Kammergericht, 17. ZS. Rechtsentscheid v. 4. Mai 1925 (Y 67/25).

Das Wohnungsamt kann nach seinem Ermessen Räume gemäß § 4 in zweierlei Weise beanspruchen: Durch Zuweisung von Wohnungsuchenden, wie es genau dem Wortlaute entspricht (Rechtsentscheid vom 19. Januar 1925) oder ohne gleichzeitige Bezeichnung solcher (Rsp. 43 S. 254). Dadurch wird der VerfBerechtigte dahin beschränkt, daß er über die Räume nicht anders als durch Abschluß eines Mietvertrages mit dem bezeichneten oder noch zu bezeichnenden Wohnungsuchenden verfügen darf. Hieraus folgt, daß die besondere, durch Bezeichnung von Wohnungsuchenden erfolgte Inanspruchnahme begrifflich die allgemeine in sich schließt. Gegen diese ist aber wie gegen jede auf Grund des WMG ergangene Verfügung des Wohnungsamtes gemäß § 16 die Beschwerde zugelassen, die nach § 2 AusfBest. vom 11. 9. 1923 an das MEA. geht. Sie muß daher auch gegen die eine allgemeine Inanspruchnahme umschließende besondere Inanspruchnahme zugelassen werden, und es kann nicht etwa dem § 4 entnommen werden, daß der VerfBerechtigte seine Rechte erst im Verfahren auf Abschluß eines Zwangsmietvertrages geltend machen könne. Im Beschwerdeverfahren ist zu entscheiden, ob die Voraussetzungen der Inanspruchnahme gegeben sind, und ob diese nach billigem Ermessen aufrecht zu erhalten ist (oben S. 25). Die Rechtstellung eines von einer Verfügung des Wohnungsamtes Betroffenen muß aber dieselbe sein, wenn die Beschwerde zurückgewiesen ist, wie dann, wenn er unterlassen hat, binnen einer Woche Beschwerde einzulegen. Es ist daher der Fall, daß das MEA. die Verfügung des Wohnungsamtes bestätigt, ebenso zu behandeln, wie der, daß der VerfBerechtigte eine Entscheidung herbeizuführen unterlassen hat, indem er keine Beschwerde einlegte. Während sich durch eine aufhebende Entscheidung des MEA. die Inanspruchnahme erschöpft, tritt in den beiden genannten Fällen der Bestätigung oder Nichtanfechtung nur insoweit eine Bindung der Verfügung des Wohnungsamtes dem VerfBerechtigten gegenüber ein, als dem nicht die besondere Bestimmung des § 1¹ S. 2 entgegensteht. Danach kann vor dem Verfahren auf Abschluß der Zwangsmiete nicht festgestellt werden, daß aus der Vermietung an sich kein unverhältnismäßiger Nachteil zu besorgen ist (ebenso Nußbaum-Prinz,, Berliner WMR. S. 69). Wohl aber kann die Zulässigkeit der Inanspruchnahme besonders das Vorliegen der Unbenutztheit des Raumes oder seiner Eignung zu Wohnzwecken, bindend festgestellt werden. Ist daher die Beschwerde gegen die allgemeine oder besondere Inanspruchnahme des Wohnungsamtes zurückgewiesen oder ist Beschwerde nicht eingelegt, so ist die Inanspruchnahme nicht mehr zu prüfen, wohl aber die Frage, ob für den VerfBerechtigten ein unverhältnismäßiger Nachteil zu besorgen ist.[1]

D. n.

[1]) Dagegen ist der Rechtsweg unzulässig, wenn die Räumung einer unzulässig beschlagnahmten Wohnung verlangt wird (OLG. Dresden, 2. ZS. Urteil v. 11. 4. 24 SächsArch. 1 S. 190). — Für den Schaden, den das Wohnungsamt dem Mieter durch schuldhaft unberechtigte Be-

g) α) **Bei der Prüfung eines unverhältnismäßigen Nachteils sind auch solche Umstände zu berücksichtigen, die auf einem Verstoße gegen die wohnungsrechtlichen Bestimmungen beruhen.**

Kammergericht, 17. ZS. Rechtsentscheid v. 7. April 1925 (Y 36/25).

Die Worte des § 4 S. 2: „falls . . . " bedeuten, daß der Vorteil, der der Wohnungswirtschaft durch die Vermietung erwächst, mit dem Nachteil, den diese für den Eigentümer hat, zu vergleichen und festzustellen ist, ob sich der Nachteil als so erheblich darstellt, daß der erzielte Vorteil ihm gegenüber den Eingriff nicht rechtfertigt. Hat sich der Eigentümer eigenmächtig in den Besitz der Wohnung gesetzt, so kann dies unter Umständen dazu führen, die dem Eigentümer ohnehin bereits entstehenden Nachteile noch zu erhöhen. Die Frage spitzt sich also darauf zu, ob auch die besonderen Nachteile, die auf der eigenmächtigen Ergreifung beruhen und ohne sie nicht entstanden wären, anzusetzen sind. Die Bejahung ergab sich daraus, daß § 4 nur ein Einzelfall des das Miet- und Wohnungsrecht allgemein beherrschenden Grundsatzes des billigen Ermessens ist (oben S. 25 r α). Aus der Natur dieses Ermessens ergibt sich aber weiter, daß der gesamte Sachverhalt, also auch Umstände, die auf einem etwaigen ungesetzlichen Verhalten Beteiligter beruhen, berücksichtigt werden müssen. Damit ist indessen nicht gesagt, daß die aus solchen Umständen für den Eigentümer zu besorgenden Nachteile durchweg nach § 4 ebenso zu bewerten seien wie Nachteile anderer Art. Denn zum gesamten Tatbestande gehören nicht nur diese Nachteile; auch das Verhalten der Beteiligten ist ein Teil davon. Das MEA. hat unter Berücksichtigung aller Umstände, also sowohl der für die Betroffenen entstehenden und zu befürchtenden Folgen wie auch andererseits jenes Verhaltens abzuwägen, welches Ergebnis letzten Endes der Billigkeit entspricht. Aus § 31 MSchG. sind Bedenken hiergegen nicht zu entnehmen. Er enthält nichts darüber, in welchem Umfang ein auf ungesetzlichem Verhalten beruhender Tatbestand bei dem billigen Ermessen zu berücksichtigen ist.

Dazu: **Ein „unverhältnismäßiger Nachteil" kann für den VerfBerechtigten auch dann zu besorgen sein, wenn er die Räume nicht zur Befriedigung des eigenen Wohnbedürfnisses braucht.**

Kammergericht, 17. ZS. Rechtsentscheid v. 7. April 1925 (Y 16/25).

. . . . Der § 4 fordert allerdings, daß etwaige private Nachteile durch den Gewinn der öffentlichen Wohnungswirtschaft aufgehoben werden (Brumby 38). Daß diese Nachteile nur auf wohnungswirtschaftlichem Gebiete liegen dürften, läßt sich dem Gesetze nicht entnehmen. Es sind daher alle vom VerfBerechtigten angeführten Nachteile, auch solche, die nur in seiner Person bestehen, zB. Krankheit, Ruhebedürfnis, einzige Erwerbsquelle durch Vermietung mit Möblierung, bei der Festsetzung des Zwangsmietvertrages zu prüfen, zumal auch diese Entscheidung nach billigem Ermessen zu treffen ist (Rsp. 44 S. 25).

Diese Besorgnis kann dadurch ausgeschlossen sein, daß ihm Räume zur Verfügung stehen, auf die das WMG. nach § 12 keine Anwendung findet (Rechtsentscheid v. 12. Oktober 1925, Y 118/25).

---

schlagnahme seiner Wohnung zufügt, haftet die Gemeinde im Rechtswege (OLG. Düsseldorf 9. März 1925, JW. 1303). Diese Haftung wird durch die dem Zwangsmieter obliegende Zahlungspflicht nicht beseitigt (RG. 19. Febr. 1925, aO. 1394).

β) **Auch in den Fällen, auf die sich die Anordnung v. 16. Juni 1923 bezieht, hat das MEA. zu prüfen, ob durch den beantragten Zwangsmietvertrag für den VerfBerechtigten ein unverhältnismäßiger Nachteil erwächst.**

Kammergericht, 17. ZS. Rechtsentscheid v. 9. Februar 1925 (Y 164/24).

In der Anordnung v. 16. Juni 1923 ist sowenig wie in der v. 23. Juli 1921 ausgesprochen, daß das MEA. nicht die im § 4 S. 2 vorgeschriebene Prüfung vornehmen solle. Wohl aber ist es im Erlasse v. 18. Juni 1922 (II. 6. 2755) dahin geschehen, daß der Amtsnachfolger in die Wohnung des Amtsvorgängers als eingewiesen gelte. Hätte der Minister diesen außerordentlich tief eingreifenden Erlaß, der damals nur selbständig erging, weil er als Ergänzung für die schon bestehende Anordnung gedacht war, auch für die Folge aufrecht erhalten wollen, so konnte erwartet werden, daß sie in die Anordnung v. 16. Juni 1923 vollständig oder doch mindestens in der Form der Bezugnahme aufgenommen wurde. D. n.

γ) **Bei der Prüfung sind sowohl die Verhältnisse des VerfBerechtigten und des Wohnungsuchenden als auch die Lage des Wohnungsmarktes zu berücksichtigen.**

Kammergericht, 17. ZS. Rechtsentscheid v. 29. Mai 1925 (Y. 78/25).

Während nach § 4 WMV. nur zu prüfen ist, ob ein unverhältnismäßiger Nachteil zu besorgen ist, ordnet § 4 WMG. die Prüfung an, ob ein unverhältnismäßiger Nachteil aus der Vermietung an sich oder aus der Art des Mieters zu besorgen ist. Durch diese Neufassung wird aber keineswegs die Prüfungspflicht des MEA. und der Beschwerdestelle eingeschränkt. Vielmehr sind die Verhältnisse des VerfBerechtigten und des Wohnungsuchers gegeneinander abzuwägen und dabei zu untersuchen, ob etwaige private Nachteile für ersteren durch den Gewinn der öffentlichen Wohnungswirtschaft (so Brumby 38), wie er gerade durch die Unterbringung des Zugewiesenen erzielt wird, aufgewogen werden. Durch die Inanspruchnahme der freigewordenen Wohnung soll nicht nur dem einzelnen Wohnungsucher geholfen, sondern auch allgemein der örtliche Wohnungsmarkt entlastet werden. Es ist daher auch die örtliche Wohnungsnot zu berücksichtigen u. z. unter Anwendung billigen Ermessens. Bei besonders großer Wohnungsnot kann dies auch dazu führen, die Wohnung einer Person zuzuweisen, die sonst in einer Wohnung dieser Art nicht untergebracht worden wäre. Wenn aber das LG. meint, die Berücksichtigung des allgemeinen Wohnungsmarktes könne dazu führen, in einer Villenwohnung eine Metzgerei unterzubringen, so würde dieses zunächst bei richtiger Ausübung des billigen Ermessens kaum zu erwarten sein, vor allem aber deshalb nicht in Frage kommen, weil § 4 die Inanspruchnahme nur zu Wohn-, aber nicht zu gewerblichen Zwecken zuläßt und die Umwandlung in gewerbliche Räume den Beschränkungen des § 2² verb. mit der Anordnung v. 24. Mai 1925 (GS. 60) unterliegt. D. n.

δ) **Die Beschwerdestelle hat nachzuprüfen, ob nach dem Tatbestande, der dem MEA. vorlag, für den VerfBerechtigten ein „unverhältnismäßiger Nachteil" zu besorgen ist. Dabei kann sie die in § 41³ MSchG. vorgesehenen Anordnungen treffen.**

Kammergericht, 17. ZS. Rechtsentscheid v. 29. Mai 1925 (Y 80/25.)

Da das billige Ermessen ein Rechtsbegriff ist, dessen unrichtige Anwendung eine Rechtsnorm verletzt (oben S. 261), hat auch die Beschwerdestelle nachzuprüfen, ob der Begriff des unverhältnismäßigen Nachteils richtig angewendet ist, ob also nach dem Tatbestand, der dem MEA. vorlag, ein unverhältnismäßiger Nachteil zu besorgen ist. Dabei hat sie den Tatbestand zugrunde zu legen, den auch das MEA. verwenden konnte. Reicht er aber dafür nicht aus, so hat das MEA. den Begriff verkannt, da es ihn für gegeben oder für nicht gegeben hielt, obwohl der Tatbestand dies nicht rechtfertigt. Die Beschwerdestelle kann daher gemäß § 41³ MSchG. die tatsächlichen Feststellungen des MEA. selbst nachprüfen und ergänzen oder diesem ihre Nachprüfung und Ergänzung übertragen. D. n.

h) α) **Nach § 6 kann nicht angeordnet werden, daß die Gemeinde durch den Zwangsmietvertrag berechtigt ist, die Mieträume einem beliebigen Wohnungssucher weiterzuvermieten.**

Kammergericht, 17. ZS. Rechtsentscheid v. 17. März 1925 (Y 3/24).

Wie schon in Rspr. 144 S. 25 β ausgeführt ist, hat das MEA. auch bei Verfügungen aus einer gemäß § 6 erlassenen Anordnung die widerstreitenden Interessen nach wirtschaftlicher Billigkeit auszugleichen und der Vielgestaltigkeit des Wirtschaftslebens durch eine dem Einzelfalle möglichst entsprechende Lösung Rechnung zu tragen (Brumby, Mieterschutz 141). Dieser Aufgabe wird es aber nicht gerecht, wenn es den Zwangsvertrag mit der Gemeinde unter dem Recht freier Weitervermietung abschließt. Wie schon § 4 erkennen läßt, erfordert die Billigkeit die Prüfung, ob aus der Art des Zwangsmieters für den VerfBerechtigten ein unverhältnismäßiger Nachteil zu besorgen ist. Wenn auch dem Einwande der Zahlungsunfähigkeit des Mieters dadurch begegnet wird, daß die Gemeinde als Mieterin bestimmt wird, so werden doch dadurch andere in seiner Person begründete Einwendungen (z. B. Gewalttätigkeit, Unsittlichkeit, Ausübung einer geräuschvollen Tätigkeit) nicht beseitigt. Auch erfordert die Billigkeit, die wohnungswirtschaftlichen Bedürfnisse des VerfBerechtigten und des Wohnungssuchers gegeneinander abzuwägen. Weiter würde der Gemeinde, durch die allgemeine Ermächtigung zur Weitervermietung eine über § 29 MSchG. (oben S. 4) hinausgehende Erlaubnis erteilt, die auch mit dem Grundsatze des § 16 WMG. nicht vereinbar wäre. D. n.

β) **Die Vereinbarung zwischen dem VerfBerechtigten und der Gemeindebehörde, durch die diese gegen eine Gegenleistung zusichert, Räume nicht zu beanspruchen, ist nicht deshalb unwirksam, weil die Behörde ihre Befugnis zur Inanspruchnahme von Räumen nicht aufgeben könnte. (Vgl. RG. 111 S. 48.)**

Kammergericht, 17. ZS. Rechtsentscheid v. 19. Januar 1925 (Y 85/24).

Wie das OLG. Köln bereits eingehend dargelegt hat (JW. 1924 S. 851), ist der Zweck der Vorschriften zur Behebung der Wohnungsnot ein wirtschaftlicher, dem keineswegs nur durch die Inanspruchnahme vorhandenen Wohnraums, sondern ebensogut, wenn nicht besser, durch die Beschaffung neuen Wohnraums gedient wird. Schon hiernach kann nicht wohl angenommen werden, daß Vereinbarungen, durch die die zuständige Behörde auf das Recht der Inanspruchnahme verzichtet, begrifflich unmöglich sind. § 17 Bay. V. v. 25. 9. 1923 regelt sogar die Abwendung der Beschlagnahme durch Geldzahlungen. Daß die Behörden der Wohnungsnot durch möglichst weitgehende Erfassung des vorhandenen Wohnraums abhelfen müssen und durch den Reichsarbeitsmin. und andere Stellen auf diese Pflicht hingewiesen sind, steht nicht entgegen. Solche Erlasse sind nur Anordnungen für den inneren Dienst und nicht geeignet, der Behörde mit Wirkung gegen Dritte Befugnisse zu entziehen, die ihr sonst zustehen. Die Verpflichtung der Behörden bedeutet auch nicht die unbedingte Anwendung der bestehenden Vorschriften zur Erfassung von Räumen in jedem Einzelfalle, sondern wie andere Verwaltungsbehörden hat auch das Wohnungsamt darauf zu achten, daß das Ziel seiner Tätigkeit, die Behebung der Wohnungsnot, mit den vorhandenen Mitteln auf die erfolgreichste Art erreicht wird. Es hat sich bei seinen Entschließungen also von Erwägungen der Zweckmäßigkeit leiten zu lassen; diese können aber mancherlei Art sein, z. B. wie der vorgelegte Fall zeigt, auch durch die Rücksicht auf die öffentlichen Geldmittel bestimmt werden. Unterstützend ist heranzuziehen, daß die Wohnungsämter nach manchen örtlichen Bestimmungen, so nach § 10¹ Berliner WMR. v. 12. 5. 1921 (jetzt § 3 Nr. 1), dem VerfBerechtigten die freie Verfügung über seine Räume dadurch zurückgeben können, daß sie entweder erklären, einen Wohnungssuchenden nicht zuzuweisen, oder ihn nicht innerhalb bestimmter Frist zuweisen. Gegen die Gültigkeit dieser mit Zustimmung der obersten Landesbehörde und des Arbeitsmin. erlassenen Vorschriften sind Bedenken nicht zu erheben, obgleich sie der Gemeinde den Verzicht auf die Inanspruchnahme in weitestem Umfange freigeben. Hiernach ist eine Vereinbarung, durch die sich die Gemeinde des Zwangsrechts begibt, aus wohnungsrechtlichen Gründen nicht zu beanstanden (ebenso Darmstadt, Hess. Rsp. 1924 S. 203). Es läßt sich auch nicht allgemein die Einschränkung rechtfertigen, daß sie nur gültig sei, wenn sie eine vollwertige Gegenleistung sichert (so Hein, VerwaBl. 44 S. 272). Wie und unter welchen Voraussetzungen die Behörde ihre Befugnis ausübt, ist ihrem Ermessen überlassen, soweit — wie in Preußen — eine Regelung durch Rechtssatz fehlt.

Auf Grund des § 306 BGB. hat das OLG. Köln (aO.) trotzdem die Abmachung „für alle Zeiten" auf die Beschlagnahme zu verzichten, für nichtig erachtet, weil diese Leistung von Anfang an unmöglich sei. Ob der besondere Sachverhalt diese Auffassung rechtfertigte, kann hier dahingestellt bleiben. Keineswegs begründet es allgemein eine Nichtigkeit der Vereinbarung, wenn sich die Behörde des Rechts auf die Dauer begeben hat. Die Rechtsbeziehungen der am Abkommen Beteiligten gehören nicht dem bürgerlichen sondern dem öffentlichen Recht an. Auf letzterem Gebiet ist aber die Bedeutung einer wesentlichen Veränderung der Umstände stets anerkannt worden. Tritt eine so wesentliche Verschärfung der Wohnungsnot ein, daß dem Verzicht hernach die Grundlage entzogen wird, so kann dadurch je nach der Lage des Einzelfalles das Zwangsrecht wieder aufleben. Diese Möglichkeit schließt aber die Wirksamkeit der Abmachung selbst nicht aus.

i) a) **Durch einen Wohnungstausch, bei dem das MEA. gemäß § 8 die Zustimmung des Vermieters ersetzt hat, tritt der anziehende Mieter in die Rechte und Pflichten des abziehenden Mieters dessen Vermieter gegenüber ein; ein Zwangsmietvertrag zwischen dem Vermieter und dem anziehenden Mieter kann daher nicht geschlossen werden.**

Kammergericht, 17. ZS. Rechtsentscheid v. 5. Januar 1925 (Y 98/24).

Der § 8 bezweckt einem wohnungsrechtlich bevorzugten Personenkreis den Tausch der Wohnungen, d. h. der Nutzungsrechte an diesen zu erleichtern. Zum Begriffe des Tausches gehört, daß die Tauschenden sich die zu tauschenden Rechte gegenseitig übertragen u. z. vollständig. Würde der anziehende Mieter nur Untermieter des abziehenden Mieters, so behielte letzterer noch erhebliche Rechte und Pflichten, wäre auch jederzeit in der Lage, durch Vereinbarungen mit dem Vermieter den Untermieter rechtlos zu machen. Der gegenseitige Abschluß von Untermietverträgen könnte also die Tauschenden nicht hinreichend sichern und entspräche nicht ihrem Willen. Suchen sie daher die Zustimmung des Vermieters nach, so wird ihr Wille stets darauf gerichtet sein, daß die Rechte des abziehenden Mieters auf den anziehenden voll übergehen und daß dafür dieser die Vertragspflichten durch befreiende Schuldübernahme übernimmt. Die auf derartiges Ersuchen erklärte freiwilige Zustimmung des Vermieters hat daher die Wirkung, daß der neue Mieter anstelle des bisherigen in dessen Rechte und Pflichten tritt. Durch § 8 S. 2 soll nun die verweigerte Zustimmung in demselben Umfang ersetzt werden, in dem sie der Vermieter freiwillig zu erteilen hätte. Hinzu kommt, daß wenn § 8 nur einen Tausch durch Untermietverträge, den schon § 29 MSchG zuläßt, hätte ermöglichen wollen, es des Beschränkung des Personenkreises und der erneuten Anordnung, daß die Zustimmung des Vermieters durch das MEA. ersetzt werden kann, nicht bedurft hätte. Hieraus ist zu entnehmen, daß die Mieter gegenseitig einer an die Stelle des anderen unter Aufgabe ihrer bisherigen Rechte und Pflichten und unter befreiender Übernahme der Rechte und Pflichten des Tauschgegners treten (ebenso Hertel, Mieterzeitung 1924 Nr. 19; Auerbach, JW. 1924 S. 790, VerwBl. 1925 S. 175; vgl. aber auch Ruth, JW. 1924 S. 1921 ff.). Dann ist aber für eine Zwangsmiete kein Raum mehr, da schon ein Mietvertrag besteht, sodaß dahin gestellt bleiben kann, ob ein solcher Abschluß unter gewissen Voraussetzungen (JW. 1924 S. 790) überhaupt zulässig erscheint. D. n.

Dazu: Kammergericht, 17. ZS. Rechtsentscheid v. 19. Januar 1925 (Y 148/24).

Die Zustimmung des Vermieters kann aber das MEA. nicht mehr ersetzen, wenn das Mietverhältnis des abziehenden Mieters zur Zeit der Entscheidung bereits durch rechtskräftiges Gerichtsurteil aufgehoben ist; denn dann fehlt es dem Mieter an Rechten, die er seinem Tauschgegner übertragen kann.

β) § 8 WohnungsMG. findet auch Anwendung, wenn der Wohnungstausch innerhalb einer Gemeinde erfolgt.

Kammergericht, 17. ZS. Rechtsentscheid v. 9. Februar 1925 (Y 6/25).

Wenn § 8 die Genehmigung „der beteiligten Gemeindehör d e n" erfordert, so ist dies zwangslos dahin auszulegen, daß es bedeutet, „der etwa beteiligten Gemeindebehörden", daß also bei der Lage der Wohnungen innerhalb einer Gemeinde auch nur die Mitwirkung dieser einen Behörde in Frage kommt. Der § 8 bezweckt nicht nur wohnungs- sondern überhaupt volkswirtschaftlich die bessere Nutzung von Wohnraum zu erleichtern. Es soll also nicht nur vermieden werden, daß z. B. versetzte Angestellte ihre bisherige Wohnung für die Familie behalten und am neuen Orte möbliert wohnen müssen, sondern auch daß wirtschaftliche Nachteile, zB. weite Wege zur Stelle der Erwerbstätigkeit, vermieden werden. Das Bedürfnis zur Beseitigung derartiger Härten kann aber auch dann bestehen, wenn beide Wohnungen innerhalb einer Gemeinde, besonders in eine Großstadt liegen. D. n.

γ) **Bei Wohnungen der Gesellschaften des § 16[1] S. 3 RMG. kann das MEA. nicht die Zustimmung der Eigentümerin zum Wohnungstausch ersetzen.**

Kammergericht, 17. ZS. Rechtsentscheid v. 20. Februar 1925 (Y 147/24).

. . . Der § 13 bezweckt zunächst, mit Wohnungen die Mitglieder der begünstigten Körperschaften zu versorgen; diese sollen aber außerdem in die Lage versetzt werden, über ihre Räume in gewissen Grenzen unbehelligt durch behördliche Eingriffe zu verfügen und Fremde aus ihren unbesetzten Räumen fernzuhalten. Dieser Zweck würde vereitelt werden, wenn sie gezwungen wären, sich im Fall eines Tausches durch eine ihre Zustimmung ersetzende Entscheidung des MEA. den Zuzug Fremder aufdrängen zu lassen. Wenn sogar im Falle des Freistehens von Räumen das Gesetz die Interessen der Körperschaft gegenüber den der Allgemeinheit zu schützen für angemessen erachtet, so würde es sich widersprechen, wenn es sie hinter die weit weniger dringlichen Interessen des einen Tausch erstrebenden Wohnungsinhabers zurückstellen sollte. Diese Auffassung folgt besonders auch aus dem Umstande, daß den Körperschaften im RMG. und im MSchG. (§ 33) eine Sonderstellung eingeräumt ist und sie von den in diesen Gesetzen angeordneten Beschränkungen völlig frei sind. Es geht aber nicht an, das WMG. unabhängig von den beiden anderen Gesetzen auszulegen; die drei Gesetze bilden miteinander eine Einheit und sind nur im Zusammenhange miteinander zu verstehen. Daraus ergibt sich daß die Körperschaften grundsätzlich von der Wohnungszwangswirtschaft befreit und ihr nur insoweit unterliegen sollten, als besondere Bestimmungen eine Beschränkung ergeben. Eine solche enthält lediglich der § 13, so daß § 8 nicht anwendbar ist. Dafür spricht auch § 33 MSchG. wonach die Mieter derartige Räume nicht den Mieterschutz genießen. D.n.

k) **Zur Wirksamkeit einer Beschlagnahme genügt nicht der allgemeine Hinweis auf ein Gesetz oder eine VO.; es muß sich aus der Verfügung vielmehr deutlich ergeben, auf welchen Sachverhalt und auf welche einzelne Gesetzbestimmung sie sich gründet.**

Kammergericht, 17. ZS. Rechtsentscheid v. 19. Januar 1925 (Y 125/24).

Der § 11 ist keine bloße Sollvorschrift. Seine Fassung entspricht vielmehr dem Pr. LVG. § 132 und den §§ 453 ff StPO.; in allen diesen Fällen ist die Begründung eine Voraussetzung der Rechtswirksamkeit der Verfügung (vgl. Fleiner, Institutionen S. 170, RGSt. 41 S. 153). Das muß auch für die in WMSachen ergehenden Verfügungen gelten; dabei kann dahingestellt bleiben, ob es sich bei ihm lediglich um auf Reichsrecht beruhende Polizeiverfügungen oder um Akte anderer Art handelt. Der Umfang der Begründung ergibt sich aus dem Wortlaut des § 11; sie muß die Verfügung sowohl tatsächlich wie rechtlich rechtfertigen, und muß den Betroffenen in die Lage versetzen, zu erfahren, welcher Sachverhalt der Behörde Anlaß zum Einschreiten gegeben hat und welche Bestimmungen auf Grund dieses Sachverhalts nach Ansicht der Behörde ihr Einschreiten zu rechtfertigen geeignet waren. Die Vorschrift will die Prüfung der Rechtmäßigkeit der Verfügung und der Aussichten eines Angehens gegen sie ermöglichen. Hierzu genügt, wenn sie den Sachverhalt so deutlich enthält, daß der Betroffene daraus entnehmen kann, um welche Tatsachen oder Vorgänge es sich handelt. Die rechtliche Begründung muß ihm die Nachprüfung ermöglichen, ob der Rechtssatz auf den Sachverhalt richtig angewendet ist. Dazu reicht eine allgemeine Bezugnahme etwa auf das Berliner WohnungsMR., nicht aus; es kann billigerweise nicht verlangt werden, daß der Betroffene ganze Gesetze daraufhin durchprüft, welche Einzelbestimmung die Behörde im Auge hatte, zumal er damit noch nicht die Gewißheit erlangt, daß er den behördlichen Willen zutreffend ausgelegt hat. Vielmehr muß die Bezugnahme so klar sein und so ins einzelne gehen, daß für ihn Zweifel ausgeschlossen sind; das wird am vollkommensten durch Benennung des Gesetzes unter Anführung der Gesetzesstelle zu erreichen sein; es ist aber auch nicht ausgeschlossen, die Bezeichnung in anderer Weise mit genügender Klarheit zu geben.

Dazu: **Die Inanspruchnahme von Räumen kann nicht durch den Antrag auf Festsetzung eines Zwangsmietvertrages ersetzt werden.**

Kammergericht, 17. ZS. Rechtsentscheid v. 11. Juli 1925 (Y 96/25).

Die Beschlagnahme besteht im Regelfall in dem an den VerfBerechtigten gerichteten Verlangen des Wohnungsamtes, innerhalb einer angemessenen Frist einen Mietvertrag mit einem der bezeichneten Wohnungssucher zu schließen. Sie kann durch einen an das MEA. gerichteten Antrag auf Abschluß eines Zwangsmietvertrages nicht ersetzt werden. Das ergibt sich schon aus § 11; denn danach ist eine Verfügung des Wohnungsamts nur dann wirksam, wenn sie dem Betroffenen schriftlich zugestellt wird. Das bedeutet, daß sie ihm nicht nur im Wege der Zustellung bekannt wird; sie muß vielmehr von der Behörde, die sie erläßt, unmittelbar an ihn gerichtet sein. Es ist also erforderlich, daß sie sich ihrem Inhalt und der Art ihrer Bekanntmachung nach als der gegen den Betroffenen gerichtete Staatshoheitsakt darstellt, der ihn in der Ausübung seiner Rechte verkürzt. Das ist nicht der Fall, wenn nur ein an eine andere Stelle gerichteter Antrag vorliegt und der Betroffene von ihm in Kenntnis gesetzt wird. Geht, wie es im Regelfalle zu sein pflegt, dem Antrag eine Beschlagnahme voraus, so bezweckt der Antrag auf Festsetzung eines Zwangsmietvertrages nicht die Wirkung der Beschlagnahme, sondern nur die Herbeiführung einer Ausführungsmaßnahme der bereits vollendeten Beschlagnahme. Der Antrag ergibt infolgedessen aus sich heraus nicht zweifelsfrei, ob er im einzelnen Fall ausnahmsweise die Beschlagnahme selbst oder nur eine auf ihr beruhende Maßregel darstellen soll. Daß dem Betroffenen aus dem Inhalt der gegen ihn gerichteten Verfügung unzweifelhaft ersichtlich wird, welche Bedeutung die Verfügung hat, ist aber gerade der Zweck des § 11. D. n.

1) a) **Neubauten des § 12 können der öffentlichen Bewirtschaftung im Sinne des WMG. nicht durch Vereinbarung zwischen Gemeinde und VerfBerechtigtem unterstellt werden.**

Kammergericht, 17. ZS. Rechtsentscheid v. 20. Februar 1925 (Y 103/24).

Die Wohnungszwangswirtschaft ist reichsrechtlich geregelt. Das Rechtsgebiet ist nicht abgeschlossen, vielmehr trägt der § 6 dem etwaigen Bedürfnis nach einer Ergänzung der Zwangsvorschriften Rechnung; zugleich aber macht er erkennbar, daß die Ergänzung nur auf dem dort angegebenen Wege erfolgen soll und kann. Sollte nun bei Neubauten, die reichsrechtlich von der Zwangswirtschaft ausgenommen sind, diese überhaupt zulässig sein, so könnte sie nur nach § 6 durch das Landesrecht eingeführt werden. Das Gesetz kann also auf die Neubauten des

§ 12¹ durch eine Vereinbarung jedenfalls dann nicht anwendbar werden, wenn dafür wie in Preußen eine landesrechtliche Grundlage fehlt. D. n.

β) **Durch Um(Ein)bau neu geschaffen sind nur solche Räume, die vorher nicht in ihrer jetzigen Gestalt und Verwendbarkeit vorhanden waren. Der § 12¹ gilt nicht für Räume, die selbst nicht neu geschaffen sind, aber mit neu geschaffenen Räumen eine einheitliche Wohnung u. dgl. bilden.**

Kammergericht, 17. ZS. Rechtsentscheid v. 17. März 1925 (Y 143/25).

Die Brandmauer eines Reihenhauses war durch einen Straßendurchbruch freigelegt worden. Mit Rücksicht auf das Städtebild bestand der Wunsch, an ihre Stelle eine Fensterfront zu setzen. Deshalb erhielt der VerfBerechtigte einen Streifen vom Straßenland, vereinbarte mit dem Wohnungsamt einen Bauplan und verpflichtete sich, die Wohnungen hernach in Einvernehmen mit jenem Amte zu vermieten. Er baute jedoch nach einem anderen Plan und verfügte später über die Räume ohne Rücksicht auf das Abkommen. Die Beschlagnahme hat das MEA. aufgehoben, wogegen sich die Rechtsbeschwerde richtet.

1. Neubauten sind durch § 12¹ WMG., § 16 RMG. und § 33 MSchG. von der Geltung dieser Gesetze befreit, „da mit Rücksicht auf die Wohnungsnot die Bautätigkeit mit allen Mitteln gefördert werden muß" (Begr. des RMG.). Daß dieser Absicht nicht nur § 16 seine Entstehung verdankt, sondern sie der gemeinsame Beweggrund für alle drei Ausnahmen ist, beweist die Begründung zu § 25 MSchG. Aus Wortlaut und Zweck der Vorschrift muß der Begriff des durch Um(Ein)bau neu geschaffenen Raumes gefunden werden. Schon die Worte Um- Einbau begründen das Erfordernis einer Veränderung des Raumes nach seiner Gestalt. Nicht jede Bauarbeit kann deshalb dem § 12¹ genügen, wenn z. B. eine wegen schlechten baulichen Zustandes bisher unverwendbarer Raum lediglich wieder instandgesetzt wird (JW. 1924 S. 2034; Vidal MSchG. § 33²). Vielmehr kann von neu geschaffenen Räumen nur gesprochen werden, wenn sie bisher nicht vorhanden waren. Da aber andererseits an derselben Stelle schon Räume vorhanden gewesen sein müssen, weil sonst ein Neubau in Betracht käme, so muß genügen, aber auch erforderlich sein, daß die bisherigen Räume durch die Bauausführung ihre Gestalt geändert haben. In welchem Maße dies eingetreten sein muß, läßt sich nicht allgemein sagen. Ganz geringfügige Änderungen werden in der Regel nicht ausreichen können; andererseits dürfen die Anforderungen nicht zu streng gestellt werden; denn die Schaffung von Räumen in neuer Gestalt ist nicht das einzige Erfordernis für § 12¹. Vielmehr ist besonders darauf zu achten, daß die neuen Räume eine gegen früher veränderte Verwendbareit gestatten; gerade dieser Einfluß des Umbaus wird aber zumeist ein sicheres Anzeichen für die Erheblichkeit der Gestaltsänderung bieten. Das Gesetz bezweckt, zur Behebung der Wohnungsnot die Bautätigkeit anzuregen. Damit kann nur eine solche gemeint sein, die den Wohnungsmarkt zu beeinflussen vermag. Man könnte versucht sein, deshalb die Bestimmung auf die Schaffung neuen Wohnraums einzuschränken. Indessen spricht das Gesetz schlechthin von neu geschaffenen Räumen und es geht nicht an, vom Wortlaut abzuweichen; denn es kann nicht etwa auf einem Versehen bei der Fassung beruhen, wenn man die so nahe liegende Verwendung des Wortes

Wohnraum unterlassen hat. Außerdem vermag auch die Schaffung neuer Räume, die anderen als Wohnzwecken dienen, in zahlreichen Fällen der Wohnungsnot mittelbar abzuhelfen. Hiernach muß die Herrichtung neuer Räume zu jeglichem Zweck genügen; nur ist erforderlich, daß sie nicht bisher dem gleichen Zwecke gedient haben, weil sonst neue Räume unter dem Gesichtspunkt der Raumnot überhaupt nicht entstanden sind.

Der Einwand, daß diese Begriffsbestimmung die Anwendung des § 12¹ auch in solchen Fällen ermöglicht, in denen die Räume nicht dem wichtigsten Zweck, der Unterbringung Wohnungsbedürftiger, näher gebracht sind, wenn z. B. anstelle einer Wohnung Geschäfts- oder Lagerräume treten, ist unbegründet. Denn das geltende Recht gibt den mit der Wohnungswirtschaft betrauten Stellen die Möglichkeit, durch Verweigerung ihrer Zustimmung derartige unerwünschte Raumänderungen zu verhindern. Ob ein Zwang darauf ausgeübt werden kann, daß verbotswidrig geänderte Räume durch eine neue Veränderung ihrem früheren Zwecke wieder zugeführt werden, darf dabei unerörtert bleiben, denn von der Möglichkeit, daß ein gesetzwidriger Um(Ein)bau geduldet werden müßte, könnte die Auslegung des § 12 keinesfalls abhängen.

2. Bilden die neu gewonnenen Räume mit anderen eine Einheit, so kann die Frage, ob eine solche Vereinigung die Ausdehnung der Sondervorschrift zur Folge hat, im Bereich aller drei Gesetze entstehen. Wie sie für das RMG. und das MSchG. zu beantworten ist, ob etwa die Einheitlichkeit der Vermietung oder des sonstigen auf die Gesamtheit der Räume bezüglichen Rechtsverhältnisses eine andere Lösung gebietet, ist hier nicht zu untersuchen [1]. Bei dem WMG. ist ein Bedürfnis für die einheitliche Behandlung der Raumgesamtheit nicht anzuerkennen. Hier kann die gemeinsame Vermietung oder sonstige Überlassung keine Rolle spielen; vielmehr muß den Ausschlag geben, daß § 12¹ sich auf die neuen Räume beschränkt und ihre Vereinigung mit alten nicht erwähnt, obgleich dem Gesetzgeber die Möglichkeit einer solchen Raumverbindung nicht wohl entgangen sein kann. Bei dieser Sachlage ließe sich die Ausdehnung des Gesetzes über seinen Wortlaut hinaus nur rechtfertigen, wenn sie zur Vermeidung unerträglicher Ergebnisse nötig wäre. Das ist aber durchaus nicht der Fall, denn das WMG. und die auf ihm beruhenden Anordnungen haben besonders und in Übereinstimmung mit dem Bedürfnis die Frage geregelt, unter welchen Voraussetzungen und in welchem Umfange die Zwangswirtschaft tatsächlich auch bei Räumen ausgeübt werden darf, die mit anderen diesem Zwange überhaupt nicht oder doch infolge ihrer gegenwärtigen Benutzung nicht unterliegenden Räumen eine Einheit bilden. Daß diese Vorschriften nicht genügen sollten, wenn ein Teil der Räume neu gewonnen im Sinne des § 12¹ ist, läßt sich nicht annehmen. D. n.

---

[1]) Werden Räume, die nach 1. Juli 1918 bezugsfertig geworden sind, mit Räumen, die unter das RMG. fallen, als einheitlicher Mietgegenstand vermietet, so gilt das RMG., sofern nicht die letzteren Räume ihrer Größe und Bedeutung nach hinter den übrigen im besonderen Maße zurückstehen (Bay. ObLG. 10. 1. 1925, BayZ. 21 S. 38).

m) α) **Räume verlieren ihre Eigenschaft als Werkräume im Sinne des § 15 nicht dadurch, daß Betriebsfremde sie benutzen.**

Kammergericht, 17. ZS. Rechtsentscheid v. 20. Februar 1925 (Y 139/24).

Weder im 1. noch im 2. Halbsatz des § 15 ist bestimmt, daß die Räume, die einmal zu den dort bezeichneten Zwecken errichtet oder vor 1. Juli 1918 erworben oder gemietet waren, weiterhin für diese Zwecke benutzt werden müßten. Für eine ausdehnende Auslegung fehlt es aber an einem ausreichenden Anhalt, vielmehr genügt, daß die Räume am 1. Juli 1918 zur Unterbringung von Werkangehörigen dienten oder bestimmt waren; letzteres wird nicht dadurch ausgeschlossen, daß sie damals vorübergehend zu anderen Zwecken benutzt wurden. Aus dem Erlaß vom 18. Juli 1921/26. Juni 1922 (GS. 1922 S. 161) läßt sich kein anderes Ergebnis gewinnen. Sein Zweck war dahin gegangen, die unter dem alten Rechtszustande bestehende Zwangswirtschaft zugunsten der Werkwohnungen zu mildern; dementsprechend schränkte er lediglich die allgemeinen Bestimmungen in diesem Sinne ein. Gegenüber dem WMG. § 15 stellte er sich nunmehr — abgesehen von der veränderten Festsetzung des Zeitpunktes — als Verschärfung dar und würde daher jetzt einem seinem früheren entgegengesetzten Zwecke dienen. Daß der Minister ihn unter diesen veränderten Umständen aufrechterhalten wollte, kann daraus, daß er ihn nicht ausdrücklich aufgehoben hat, nicht entnommen werden; vielmehr hätte es bei dieser Sachlage seiner besonderen Aufrechterhaltung bedurft. Es ist auch nicht ersichtlich, aus welchem Grunde der entscheidende Zeitpunkt für Preußen der 1. Juli 1921 hätte bleiben sollen. Daß auch die besonderen Berliner Bestimmungen, die mit Ermächtigung des Wohlfahrtsmin. erlassen sind, über Werkwohnungen keine das Reichsrecht verschärfende Anordnung enthalten, unterstützt gleichfalls die hier vertretene Auffassung [1]). D. n.

β) **Bei der Verfügung über Pförtnerwohnungen darf das Wohnungsamt seine nach § 10⁴ Bek. v. 12. Mai 1921 erforderliche Zustimmung aus einem in der Person des Bewerbers liegenden Grunde nur deshalb versagen, weil er nicht vor 1914 deutschen Wohnsitz hatte und nicht zu den Vertriebenen und Heimkehrern (§ 9 c WMVO.) gehört.**

Kammergericht, 17. ZS. Rechtsentscheid v. 19. Januar 1925 (Y 119/24).

Die Verfügung über Pförtnerwohnungen bedarf nach § 10^4 S. 2 Bek. v. 12. Mai 1921 — ebenso wie jetzt nach § 6 Nr. 4 WMR. v. 30. 12. 24, der den Begriff Pförtnerwohnung einengt und die Verfügung über sie anders als die über Werkwohnungen regelt — der vorherigen Zustimmung des Wohnungsamts. Daß hierdurch das freie Verfügungsrecht des Dienstherrn (Satz 1) eingeschränkt werden sollte, ist in keiner Weise ersichtlich; dem Wohnungsamt soll vielmehr nur die Prüfung ermöglicht werden, ob die Voraussetzungen der freien Verfügung gegeben sind. Die Prüfung kann sich daher nur darauf beziehen, ob ein ernstlich gewollter Dienst-, nicht etwa nur ein Scheinvertrag geschlossen ist und ob die Wohnung eine Werkwohnung des § 15 WMG. (und bei Pförtnerwohnungen jetzt eine solche des § 6 Nr. 4^2 WMR.) ist. Weiter kann, wenn Personen, die vor

[1]) Im Falle des § 21 MSchG. hat das MEA. das Entgelt für die weitere Überlassung des Raumes in Höhe der gesetzlichen Miete unter Beachtung des § 2 RMG. festzusetzen (Rechtsentscheid v. 12. 10. 1925, Y 101/25).

1914 ihren Wohnsitz in Deutschland nicht hatten oder nicht unter § 9 c WMVO. fallen, untergebracht werden sollen, das Wohnungsamt entscheiden, ob dies genehmigt wird (§ 15² WMG.). Ein weiteres Prüfungsrecht steht ihm aber, nicht zu; es kann daher seine Genehmigung auch nicht davon abhängig machen, ob der Unterzubringende ein Wohnrecht in der Gemeinde hat oder es durch Aufgabe seiner bisherigen Wohnung verloren hat. D. n.

n) α) **Gegen eine Verfügung des Wohnungsamts, das dem Räumungspflichtigen die Instandsetzung der geräumten Wohnung unter Berufung auf das WMG. aufgibt, ist die Beschwerde an das MEA. zulässig.**

Kammergericht, 17 ZS. Rechtsentscheid v. 7. April 1925 (Y 33/25).

... Auf das WMG. stützt sich die Verfügung des Wohnungsamtes jedenfalls dann, wenn Vorschriften dieses Gesetzes (hier § 11) zu ihrer Begründung angeführt werden, gleichviel ob diese zutreffend oder irrig ist. § 16 soll eine Rechtsgewähr für den Betroffenen sein, indem diesem gegen die wohnungsrechtlichen Eingriffe ein Rechtsbehelf gegeben wird. Erkennt das Gesetz einen solchen Schutz gegen Verfügungen als notwendig an, die ihre rechtliche Grundlage im WMG. wirklich finden, so muß die Beschwerde in gleicher Weise zugelassen sein, wenn sich die Verfügung irrtümlich auf dieses Gesetz stützt; denn es geht nicht an, daß wohl die richtige, nicht aber die unrichtige Maßnahme dem § 16 unterstellt wird. D. n.

β) **Gegen jede auf Grund des WMG. getroffene Verfügung des Wohnungsamtes steht dem unmittelbar Betroffenen in Preußen die Beschwerde an das MEA. zu.**

Kammergericht, 17. ZS. Rechtsentscheid v. 4. Mai (Y 37/25).

Der § 16 bezweckt ganz offensichtlich einen Schutz für den Betroffenen dergestalt, daß er jede Verfügung dieser Art zur Nachprüfung einer anderen Stelle bringen kann. Aus der in diesem Zusammenhange getroffenen Anordnung des § 2 AusfBest. v. 11. 9. 1923 folgt daher die Bejahung der gestellten Rechtsfrage ohne weiteres. Es kann darnach nur von Bedeutung sein, ob die Verfügung auf das WMG. gestützt worden ist (vgl. α). Hat sie sich also auf § 11 bezogen, so ist die Beschwerde stets zulässig, weil sie nach ihrem Inhalt auf Grund des WMG. erlassen ist. Bei dieser Sachlage kann dahingestellt bleiben, ob § 11 wirklich nur das Verfahren regelt, obwohl er polizeilichen Zwang zuläßt. Ebenso ist der Beschwerdestelle die Prüfung zu überlassen, ob die Verfügung sich nach ihrem Inhalt nicht auch auf andere Vorschriften des WMG. stützt [1]. D. n.

Dazu: **Sind Räume gegenüber dem Mieter wegen Übergröße der Wohnung in Anspruch genommen, so ist auch der Vermieter unmittelbar betroffen, wenn die — durch die V. v. 12. 12. 1924 nicht ausgeschlossene — Inanspruchnahme auch ihm gegenüber ausgesprochen worden ist. Seine Beschwerde hindert jedoch nicht die Rechtskraft der Verfügung.**

Kammergericht, 17. ZS. Rechtsentscheid v. 11. Juli 1925 (Y 87/25).

γ) **Die Zurücknahme der nach § 16 zugelassenen Beschwerde wird erst wirksam, wenn die Erklärung dem MEA zugeht.**

Kammergericht, 17. ZS. Rechtsentscheid v. 9. Februar 1925 (Y 15/25).

Da die „Beschwerde" des § 16 keine Beschwerde im sonst üblichen Sinne,

[1] Gegen eine Anordnung aus Art. V Notges. v. 24. 2. 1923 und der AusfAnw. v. 28. 3. 1923 (GS. 81) ist eine Beschwerde an das MEA. auch nicht mit der Begründung zulässig, daß der Unterzubringende nicht zu den in diesen Bestimmungen bezeichneten Personen gehöre (KG. 16. April 1925, 17 Y 56/25).

sondern die erstmalige Anrufung einer gerichtsartigen Stelle ist (Rsp. 43 S. 240), kann sie mit dem Antrag an das MEA. im Sinne der reichsrechtlichen VerfahrensV. verglichen werden. Daß ihre Zurücknahme ebenso wie die des Antrages und auch der Rechtsbeschwerde zulässig ist, wird durch § 22 aO. bewiesen. Trotzdem ist für alle diese Fälle die Form der Zurücknahme nicht geregelt. Die ZPO. kann nicht herangezogen werden; denn sie beruht auf der Verhandlungsmaxime und der weit ausgedehnten Verfügungsbefugnis der Parteien über den Rechtsstreit. Da diese Grundsätze vor dem MEA., bei dem die mündliche Verhandlung nicht einmal unbedingt erforderlich ist, ganz wesentlich eingeschränkt, wenn nicht aufgegeben sind, darf nur angenommen werden, daß die Zurücknahmeerklärung dem MEA. zugegangen sein muß, um Wirkung zu haben. An dieser reichsrechtlichen Regelung hat auch für das Verfahren bei Beschwerden aus § 16 WMG. die in Geltung gebliebene Nr. 5 AusfVorschr. v. 3. Juli 1920 nichts geändert. Wenn danach die „Beschwerde" beim Wohnungsamt eingelegt werden muß, so folgt daraus doch keineswegs, daß dieses auch für alle späteren Erklärungen von prozeßrechtsgeschäftlicher Bedeutung die Empfangsstelle sein soll. Im Gegenteil bildet die Nr. 5 eine Ausnahme, dazu bestimmt, dem Wohnungsamt eine sofortige Änderung oder Zurückziehung seiner angefochtenen Verfügung zu ermöglichen und damit unter Umständen das Verfahren vor dem MEA. zu sparen. D.n.

δ) **Die Beschwerde gegen die Inanspruchnahme von Räumen darf das MEA. nicht mit der Maßgabe zurückweisen, daß die Durchführung der Inanspruchnahme nur zulässig sei, wenn dem Betroffenen Ersatzraum gestellt werde. Eine solche Entscheidung unterliegt der Rechtsbeschwerde.**

Kammergericht, 17. ZS. Rechtsentscheid v. 6. Juli 1925 (Y 74/25).

ε) **Die Entscheidung der Gemeindebehörde über die Zulassung einer Ausnahme von § 2² unterliegt nicht der Beschwerde nach § 16.**

Kammergericht, 17. ZS. Rechtsentscheid v. 11. Juli 1925 (Y 88/25).

Schon in Y 86/25 ist ausgesprochen, daß für die Anwendung billigen Ermessens kein Raum ist, wo es sich um zwingende Vorschriften handelt. Der § 16 bezweckt der Spruchbehörde eine Nachprüfung der in Privatrechte eingreifenden Maßnahmen der Verwaltung zu ermöglichen. Dabei handelt es sich um Fälle, in denen dieser die Befugnis erteilt ist, unter gewissen Voraussetzungen durch Verfügung in bestehende Privatrechte einzugreifen. Anders liegt es im Falle des § 2; hier handelt es sich um keinen Eingriff der Verwaltung in bestehende Privatrechte; das Gesetz hat vielmehr diese Rechte bereits dadurch verkürzt, daß es dem Eigentümer die Vornahme gewisser Handlungen — die Umwandlung von Wohnraum in anderen Zwecken dienenden Raum — verbietet. Die Bestimmung enthält daher nicht eine Ermächtigung der Verwaltungsbehörde zu Eingriffen, sondern eine bereits vollendete gesetzliche Eigentumsbeschränkung. Diese kann von der Spruchbehörde nach keiner Richtung hin nachgeprüft, gemildert oder außer Kraft gesetzt werden. Übt die Verwaltung nicht die ihr erteilte Ermächtigung zu Ausnahmen aus, so greift sie hierdurch nicht in bestehende Rechte ein; sie sieht vielmehr nur davon ab, von dem bestehenden gesetzlichen Zustande zugunsten des Betroffenen eine Ausnahme zu machen. Die Entscheidung hierüber steht in ihrem freien Ermessen und unterliegt nicht der Nachprüfung des MEA. D. n.

;) Hat das Wohnungsamt bei der Zuweisung einer Wohnung dem § 7 PrV. v. 29. Mai 1925 zuwidergehandelt, so hat die zuständige Behörde (§ 3[1] das.) gegen die Zuweisung keine Beschwerde nach § 16.

Kammergericht, 17. ZS. Rechtsentscheid v. 31. Oktober 1925 (Y 129/25).

o) α) **Hat der Jagdvorsteher mit dem Jagdpächter außerhalb des Pachtschutzverfahrens für ein bestimmte Pachtzeit /:inen RMPachtzins vereinbart und alsbald erhalten, so steht dieser Umstand dem Antrage auf anderweitige Festsetzung des Pachtzinses nicht entgegen, wenn der Antragsteller die Gültigkeit der Vereinbarung bestreitet.**

Kammergericht, 17. ZS. Rechtsentscheid v. 22. Juni 1925 (Y 57/25).

... Es kann dahingestellt bleiben, ob die Ausführungen des LG. über die Rechtsgültigkeit der Vertragsänderung zutreffen, denn die Entscheidung über die Gültigkeit liegt nicht dem PEA. ob. Vielmehr werden die Parteien nicht gehindert, demnächst ihren Streit über das Änderungsabkommen vor die zuständigen Gerichte zu tragen, und erst deren Entscheidung regelt die Angelegenheit abschließend. Für diese Entscheidung aber würde die Rechtsauffassung des PEA. oder des LG. keine rechtliche Bedeutung haben. Von der Gültigkeit des Abkommens hängt aber wiederum die rechtliche Bedeutung der Zahlung des geänderten Pachtzinses und der Unterlassung des Vorbehalts ab, so daß auch diese Vorgänge für die Entsch. im Pachtschutzverfahren ausscheiden müssen (17 Y 100.24, JW. 1924 S. 2031). Hiernach genügt es, wenn die Verpächterin den Antrag beim PEA. gestellt und die Verbindlichkeit der Vertragsänderung unter Berufung auf die JagdO. bestritten hat. Ob anders entschieden werden könnte, wenn ihre rechtlichen Zweifel ganz offensichtlich irrig wären, kann hier dahingestellt bleiben.

Dr. G.

β) **Das Steigen des Roggenpreises seit 20. Juni 1924 rechtfertigt die Änderung eines an diesem Tag in Gold vereinbarten Pachtzinses nicht.**

Kammergericht, 17. ZS. Rechtsentscheid v. 25. Mai 1925 (Y 34/25).

Wie schon der Entscheid (Y 8.22, JW. 1923 S. 301) ausgesprochen hat, ist unter den veränderten wirtschaftlichen Verhältnissen des § 2 nur die allgemeine Umwälzung der deutschen Wirtschaft zu verstehen, die der Krieg mit seinen Folgen hervorgerufen hat. Es muß sich also stets um Veränderungen handeln, wie sie vor dem Krieg überhaupt nicht oder doch keinesfalls im jetzigen Ausmaße vorgekommen sind. Die Steigung des Roggenpreises seit dem Sommer 1924 fällt deshalb nicht unter § 2 ... Vielmehr sind auch früher die Preise des Roggens wie aller landwirtschaftlichen Erzeugnisse aus mannigfachen Ursachen nicht unerheblichen Schwankungen ausgesetzt gewesen. Die Pachtverträge wurden davon nicht berührt, sondern die Vorteile und Nachteile trafen allein den Pächter. Daß sich diese Rechtslage in der Zwischenzeit geändert, daß insbes. die PSchO. sie verschoben habe, ist nicht ersichtlich. Die Preisänderung des Roggens kann also die Leistungsänderung nach § 2 mindestens dann nicht rechtfertigen, wenn sie auf den gleichen Ursachen wie in der Vorkriegszeit beruht, mögen die Preisschwankungen auch größer sein als damals. Allerdings können bei der Steigerung Umstände mitwirken, die die Wirtschaft im ganzen oder doch größere Wirtschaftsgebiete betreffen, also nicht auf landwirtschaftl. Erzeugnisse oder gar auf den Roggen beschränkt sind. Allein keinesfalls würde die Bildung des Roggenpreises allein

ein auch nur einigermaßen klares Bild einer allgemeinen Wirtschaftsänderung zu geben vermögen, weil diese Preisbildung eben auch wesentlich solchen Einflüssen unterliegt, die nur den Getreidemarkt berühren. Es braucht deshalb nicht erörtert zu werden, ob die den Roggenpreis etwa in gewissem Umfange beeinflussende Wirtschaftsveränderung überhaupt eine solche im Sinne des § 2 sein kann, oder ob sie außer Zusammenhang mit dem Krieg und seinen Nachwirkungen steht. Erwähnt sei nur noch, daß die Beantwortung der hier für eine Geldpacht aus 1924 gestellten Rechtsfrage nicht ohne weiteres auf Fälle aus früherer Zeit und auf Verträge mit Natural- oder Naturalwertpacht übertragen werden darf.

γ) **Auch nach § 2 Pr. PSchO. v. 27. 2. 24 ist vom letzten Parteiabkommen über die Leistungen auszugehen; Nachtragsabkommen über diese bleiben jedoch außer Betracht, wenn sie unter der Geltung der früheren Pr. PSchO. geschlossen worden sind**[1].

Kammergericht, 17. ZS. Rechtsentscheid v. 9. Februar 1925 (Y 11/25).

1. Die Meinung, die neue PSchO. bedeute für die Fälle der Leistungsänderung eine Abkehr vom bisherigen Recht, indem sie das Gefüge des Vertrages durchbreche, muß schon am Wortlaut der PSchO. selbst scheitern, dessen Bedeutung ein Vergleich des § 2 mit § 3³ erkennen läßt. Nur wenn das PEA. den abgelaufenen (gekündigten) Vertrag verlängert, hat es nach § 3³ den angemessenen Pachtzins neu festzusetzen, und zwar auf den Betrag, der nach dem Ertrag angemessen erscheint. Hier ist jeder Zusammenhang mit dem früheren Vertrage klar abgeschnitten. Hingegen läßt § 2 die Änderung der nicht mehr gerechtfertigten Leistungen, soweit sie der Billigkeit entspricht zu und ordnet dabei die Beobachtung des nachhaltigen Ertrages sowie der wirtschaftlichen Verhältnisse beider Vertragsteile an. Es ist also nicht die Aufgabe des PEA., stets den angemessenen Pachtzins festzusetzen, sondern es soll eine der Billigkeit widersprechende Verschiebung im Wertverhältnis der Leistungen ausgleichen, soweit dieses Mißverhältnis eine Folge der veränderten allgemeinen wirtschaftlichen Verhältnisse ist. Sein Eingreifen darf also niemals zur Beseitigung eines Mißverhältnisses führen, das schon durch den Vertrag selbst begründet worden ist. Fehler des Vertragsschlusses werden den Beteiligten nicht abgenommen; sie haben mit den wirtschaftlichen Einflüssen des Krieges und der nachfolgenden Ereignisse nichts zu tun. Deshalb ist es unabweislich, daß die Leistungsänderung nur auf der Grundlage des Vertrages erfolgen darf (JW. 1924 S. 2061 Anm., 2066 Anm.).

2. Bei der Bindung an den Vertrag kommt es nicht auf den inneren Wert der einzelnen Leistung an, ihre Aufwertung ist nicht das Ziel des Verfahrens. Wohl aber ist festzustellen, inwieweit durch äußere Gründe, nämlich durch die nach Vertragsschluß veränderten allgemeinen wirtschaftlichen Verhältnisse, das Gleichgewicht von Leistung und Gegenleistung gestört ist. Die Verschiebung muß, wenn es die Billigkeit erfordert und soweit es ihr entspricht, ausgeglichen werden. Zeigt ein Vergleich mit gleichen oder ähnlichen Pachtverhältnissen, daß der ver-

[1]) Unter die PSchO. fallen auch prekaristische Verträge (OLG. Kiel 18. 7. 24, Anz. 24 S. 222). — Die V. v. 13. 2. 24 wirkt nicht zurück (RG. bei Warn. 1925 S. 237).

einbarte Pachtzins bei Vertragschluß angemessen war, so kann das PEA. sehr wohl zur Festsetzung des jetzt — wieder im Vergleich zu anderen Pachtungen — angemessenen Zinses gelangen. Wich der Zins aber damals zugunsten des einen oder anderen Teils vom angemessenen ab, so muß auch die Neufestsetzung eine entsprechende Abweichung aufrechterhalten. Andernfalls würde sie nicht nur den Einfluß der allgemeinen wirtschaftlichen Verhältnisse ausgleichen, sondern auch die Besonderheiten dieses Vertrages beseitigen. Dazu aber gibt die PSchO. keine Handhabe, und dafür fehlt auch das Bedürfnis. Nach der angedeuteten Feststellung auf im wesentlichen rechnerischer Grundlage ist weiter zu prüfen, ob die Billigkeit eine Veränderung des Ergebnisses fordert, wofür neben dem nachhaltigen Ertrag und den wirtschaftlichen Verhältnissen beider Parteien auch andere Besonderheiten des Einzelfalles (z. B. vertragliche Verteilung der Abgabenlast, Kosten eines Wegebaues, einer Drainageanlage, Feuerschaden, Einflüsse des Siedlungsrechts) den Grund abgeben können.

3. Die Regel, daß der bestehende Vertrag die Grundlage der Prüfung zu bilden hat, gilt auch bei Neuverpachtungen aus der Zeit des schnellen Währungsverfalls. Daß damals eine Überschätzung der Sachwerte zu einer geringen Bemessung des Naturalzinses verleitete, kann nicht den Ausschlag geben, denn diese Einflüsse machten sich so allgemein geltend, daß sie die Mehrzahl, wenn nicht alle Abschlüsse jener Zeit trafen. Deshalb wirken sie sich auch auf die Vergleichung des Vertragszinses mit dem damals angemessenen Zinse aus, der aus anderen Verpachtungen zu ermitteln ist, die den Einflüssen der Zeit ebensowenig entzogen waren. Soweit diese eigenartigen Verhältnisse den abzuändernden Vertrag mehr als normal beeinträchtigt haben, liegen Kalkulationsfehler vor, zu deren Beseitigung die PSchO. nicht dienen soll. Möglich ist allerdings, daß die Zahl der Neuverpachtungen in der Zeit des Währungsverfalls aus mancherlei Gründen so gering war, daß ein damals angemessener Pachtzins schwer zu ermitteln ist. Indessen rechtfertigen diese Schwierigkeiten nicht, die klaren Regeln der PSchO. für jene Verträge außeracht zu lassen, für sie also ein besonderes Recht zu schaffen.

4. Dagegen ist eine wichtige Ausnahme zu machen: Unbeachtet müssen Nachtragsabkommen bleiben, die während der früheren PSchO.en geschlossen worden sind. Das ergibt sich aus der tiefgreifenden Umgestaltung der Voraussetzungen für die Leistungsänderung im neuesten Recht. Während früher nur die Notlage eines Teiles oder die für ihn entstandene schwere Unbilligkeit eine Vertragsänderung ermöglichten und gleichzeitig die Beseitigung dieser Folgen die Höchstgrenze abgab, sind Anlaß und Umfang der Änderung jetzt in Angleichung an das bürgerliche Recht schlechthin auf die Billigkeit abgestellt. Durch diese Rechtsgestaltung ist zunächst den früheren Entscheidungen über Leistungsänderung die Grundlage entzogen, soweit ihre Wirkung für das neue Recht in Betracht kommt; insoweit kann ohne weiteres eine neue Änderung beantragt werden. Ob die Rechtsänderung selbst als eine Änderung der allgemeinen wirtschaftlichen Verhältnisse anzusehen, also § 2 unmittelbar anzuwenden ist (JW. 1924 S. 1937), kann hier dahingestellt bleiben. Denn die PSchO., die ein Wirtschaftsgesetz, aus

wirtschaftlicher Not entstanden und mit wirtschaftlichen Zielen geschaffen ist, muß deshalb auch vornehmlich nach wirtschaftlichen Gesichtspunkten ausgelegt werden. Wenn sie das Recht der Leistungsänderung, wie es geschehen ist, umgestaltet, so ist damit das wirtschaftliche Bedürfnis gerade dieser Einwirkung auf die Pachtverträge allgemein anerkannt. Dies wird noch besonders durch Art. III[1] V. v. 13. 2. und Art. III[2] Pr. V. vom 27. 2. 1924 bestätigt, die sogar die unter dem früheren Recht gestellten Anträge nach den neuen Vorschriften entscheiden lassen. Ein weiterer Beweis ist, daß § 12[2] Pr. PSchO. durch die Bemessung der Antragsfrist ermöglicht hat, die Leistungen nach den neuen Grundsätzen auch für ein Pachtjahr zu ändern, das am 1. März 1924 schon abgelaufen war (JW. 1924 S. 1930). Bei dieser Rechtslage kann dem zufälligen Umstande, daß im Einzelfalle für die Zeit, auf die das neue Recht anwendbar ist, bereits die Leistungen nach dem früheren Maßstabe rechtskräftig geändert sind, ausschlaggebende Bedeutung nicht zukommen. Vielmehr entspricht allein dem erkennbaren Sinn der Neuregelung, daß die Änderung solcher Festsetzungen mit Erfolg begehrt werden kann, ohne daß dafür andere Gründe seitdem eingetreten sein müssen als die Änderung der PSchO. Deshalb heißt es auch in der Begründung einer V. zur Änderung der PSchO.: „Daß die PEA. an der anderweiten Festsetzung von Leistungen, die nach den veränderten allgemeinen wirtschaftlichen Verhältnissen nicht mehr gerechtfertigt sind, durch frühere Entscheidungen oder Vergleiche nicht behindert sind, bedurfte im Gesetz keiner besonderen Hervorhebung".

Mit Recht sind hier die Vergleiche den Entscheidungen gleichgestellt. Was für sie gilt, ist auf sämtliche Nachtragsabkommen auszudehnen, die unter der früheren PSchO. geschlossen sind; denn gemeinsam ist beiden, daß die Entschließung der Vertragsteile durch das geltende Recht beeinflußt war. Der Grundsatz, daß jede Partei die Folgen ihrer Fehler selbst zu tragen hat und nicht mit Hilfe der PSchO. von sich abwenden kann, kann deshalb nur für Abmachungen gelten, bei denen die Parteien in ihren Entschließungen frei handeln und die Gestaltung des Wertverhältnisses allein durch Angebot und Nachfrage beeinflußt ist. Er kann dagegen nicht gelten für Fälle, in denen ein Teil durch die stark einengenden Bestimmungen der PSchO., die jetzt von der Rechtsordnung ausgeschieden worden sind, gehindert war, eine der Billigkeit voll entsprechende Leistung zu erzwingen; denn dieser Umstand konnte nicht ohne entscheidenden Einfluß auf die Vereinbarung bleiben. Dr. G.

d) **Ist durch den Pachtvertrag zugleich mit dem Grundstück das dazugehörige Inventar überlassen und eine Verzinsung des Schätzungswerts ausbedungen, so ist das PEA. auch zur Änderung dieser Verzinsung zuständig. Hat der Verpächter die Erhöhung des Pachtzinses rechtzeitig beantragt, so kann er während des Verfahrens eine Erhöhung jener Verzinsung fordern.**

Kammergericht, 17. ZS. Rechtsentscheid v. 9. Februar 1925 (Y 146/24).

1. Stellt sich die Überlassung des Guts und des Inventars als ein einheitliches Rechtsverhältnis dar, so ist die Zuständigkeit des PEA. zur Abänderung der Vertragsleistung, auch soweit sie für das Inventar besonders beziffert ist, unbedenklich gegeben. Dies folgt schon aus dem Wesen der Pacht, die den Gebrauch der

Pachtsache und den Genuß der Früchte gewährt, sich deshalb auf das betriebsfähige Gut als Ganzes bezieht. Der Umstand, daß die PEA. zur Erledigung der Aufgaben im Gebiete der landwirtschaftlichen Pacht geschaffen sind, legt nahe, daß sie über die Pachtverhältnisse im ganzen Umfang zu entscheiden haben, denn anders würden befriedigende Ergebnisse kaum zu erwarten sein. Daß auch die PSchO. die Zerreißung des einheitlichen Rechtsverhältnisses unbedingt vermieden sehen will, zeigt § 1², der die Zuständigkeit anderer Behörden, auch wo sie an sich wohl begründet erscheinen könnte, zugunsten der einheitlichen Nachprüfung des PEA. beseitigt. Für dessen Zuständigkeit spricht also bei landwirtschaftlichen Verpachtungen eine Vermutung. Nur in Fällen, in denen zweifelsfrei das durch den Antrag berührte Rechtsverhältnis nicht einheitlich als Pacht angesehen werden kann, unterliegt es der Zuständigkeit des PEA. nicht vollständig. Wird das Inventar überlassen, so wird es ganz besonderer Umstände bedürfen, um eine einheitliche Verpachtung auszuschließen. Solche Umstände sind keinesfalls darin zu finden, daß eine Verzinsung des Schätzungswerts neben einer sonstigen Berechnung des Pachtzinses ausbedungen wird. Vielmehr bildet auch diese Zinssumme einen Teil des gesamten Pachtzinses, wie denn auch das BGB. in §§ 568 ff. besondere Bestimmungen für die Verpachtung mit Inventar enthält.

2. Ist die Änderung des Pachtzinses rechtzeitig beantragt, so sind die gesamten wiederkehrenden Leistungen des Pächters betroffen, denn sie alle bilden Teile des Pachtzinses und es geht nicht an, bei der Neufestsetzung des Pachtzinses von einer Betrachtung des ganzen Pachtverhältnisses abzusehen. Der Zweck der Fristsetzung in § 12² ist offenbar, dem Antragsgegner nach Ablauf des Pachtjahres in nicht zu langer Zeit die Gewißheit zu verschaffen, ob er mit der bisherigen Gestaltung der Leistungen endgültig rechnen darf. Er ist aber hinreichend unterrichtet, wenn überhaupt rechtzeitig Leistungsänderung beantragt ist. Deshalb kann nicht angenommen werden, daß auch Änderungen des Antrags, die ihn mehr als das anfängliche Begehren belasten würden, nach Ablauf der Frist ausgeschlossen sein sollen; eine solche Beschränkung hätte in der PSchO. ausgedrückt werden müssen.

ε) Die örtliche Zuständigkeit des PEA. kann durch Vereinbarung der Parteien nicht begründet werden. Auch der Antragsteller kann mit der Rechtsbeschwerde die örtliche Unzuständigkeit des von ihm angerufenen PEA. rügen.

Kammergericht, 17. ZS. Rechtsentscheid v. 9. Februar 1925 (Y 4/25).

Wenn auch im § 13 nicht von einer ausschließlichen Zuständigkeit gesprochen wird, so muß doch angenommen werden, daß die Zuständigkeit eine ausschließliche ist; eine Vereinbarung der Zuständigkeit ist also unzulässig. Die Zusammensetzung des PEA., bes. die Vorschriften über die sachverständigen Beisitzer zeigen deutlich, daß nur das PEA. entscheiden soll, das durch seine örtlichen Beziehungen zum Pachtgegenstand als vornehmlich geeignet erscheint. Es bedarf also keines Hinweises darauf, daß der Senat die Vorschriften der ZPO. auf das PSchVerfahren nur für anwendbar hält, wenn die PSchO. selbst darauf verweist oder in ihnen ein Grundsatz von offensichtlich allgemeiner Geltung enthalten ist. Die §§ 38, 39 ZPO. bilden aber eine Sonderregelung, ohne deren Vorhandensein die Gerichte ihre Zuständigkeit stets von Amts wegen und ohne Rücksicht auf den

Willen der Parteien prüfen müßten. Diese Prüfungspflicht ist also für die PEA. bestehen geblieben. Deshalb kann auch der Antragsteller, obgleich er selbst das unzuständige PEA. angerufen hat, in jeder Lage des Verfahrens, also auch mit Rechtsbeschwerde, die Beachtung der Unzuständigkeit herbeiführen. § 528 ZPO. ist erst recht eine Sondervorschrift, die für den Pachtschutz nicht gilt, weil es keineswegs als eine für jedes Verfahren unentbehrliche Regelung erscheint, daß ein Versehen der entscheidenden Stelle durch das Verhalten der Rechtsuchenden derart geheilt werden muß, daß wegen dieses Fehlers ein zweiter Rechtszug nicht eröffnet werden kann. Dr. G.

p) α) **Die Anwendbarkeit der Pr. V. v. 8. 9. 1923 wird nicht dadurch ausgeschlossen, daß die Parteien über die Geldbeträge einen gerichtlichen Vergleich abgeschlossen haben.**

Kammergericht, 17. ZS. Rechtsentscheid v. 12. Januar 1925 (Y 124/24).

Nach dem Altenteilsvertrage konnte der Antragsteller statt des Mittagsessens eine Rente von 1000 M. wählen; das hat er später getan. 1923 haben die Parteien einen Prozeßvergleich geschlossen, wonach der Antragsgegener monatlich den Wert von 1½ Zentnern Roggen entrichten sollte. Diese Leistung hat das Amtsgericht erhöht. ... Aus der Entstehungsgeschichte des Ges. v. 18. 8. 23, auf dem die V. v. 8. 9. 23 beruht, ist ersichtlich, daß man die Abänderung der Geldleistungen aus Altenteilen gegenüber dem bürgerlichen Recht nicht als Ausnahme betrachtete und zulassen wollte, sondern daß es nur darauf ankam, ein sicheres und schleuniges Verfahren zu schaffen, damit die alten Leute, welche Grundstücke, die sie ernährten, zu Lebzeiten fortgegeben haben, weil sie durch das Altenteil auf andere Weise ausreichend für ihren Unterhalt versorgt zu sein glaubten, nicht infolge der veränderten Verhältnisse darben müßten. Deshalb ist das schleunige Verfahren auch nicht anstelle des ordentlichen Verfahrens, das vorher schon erfolgreich versucht werden konnte, sondern nur neben es gesetzt worden. Anders wie in der PSchO. ist nämlich ein Ausschluß des Rechtsweges nicht ausgesprochen, also keine ausschließliche Zuständigkeit des nach der V. berufenen Amtsgerichts begründet worden. Wenn bei dieser Sachlage das Ges. und die V. schlechthin von der Abänderung der Geldbezüge sprechen, ohne das neue Verfahren in den Fällen auszuschließen, in denen bereits ein Urteil über die Geldschuld vorliegt, so darf auch die Auslegung einen solchen Unterschied nicht in die Bestimmungen hineintragen. Sowohl der Fall, daß bereits das ordentliche Gericht die Leistung abgeändert hat, wie auch der andere, daß aus dem Vertrag ein Leistungsurteil ergangen ist, lag zu nahe, als daß der Gesetzgeber ihn übersehen konnte. Vor allem schließen solche Urteile nicht eine spätere Abänderung der Geldleistung aus. Dann aber ist das Bedürfnis, das den Anlaß zur Regelung gegeben hat, nämlich das Erfordernis eines schleunigen Verfahrens, beim Vorliegen eines Urteils um nichts geringer als ohnedem. Hielt man es für angezeigt, den Altenteiler nicht auf die Abänderungsklage vor dem ord. Gericht zu verweisen, weil ein Rechtsstreit zu lange Zeit beansprucht, so trifft das ebenso für die Klage aus § 323 ZPO. zu. Wenn aber ein Urteil die spätere Anwendung der V. nicht ausschließt, dann kann ihr auch ein gerichtlicher Vergleich mit Rücksicht auf § 323 ZPO.

nicht entgegenstehen. Im übrigen schließt nicht schon das Vorhandensein eines Vergleichs überhaupt die Zuständigkeit nach der V. aus, der Vergleich ändert vielmehr nichts daran, daß eine Geldleistung aus dem Altenteilsvertrage geschuldet wird.

β) **Vorstehender Entscheid gilt auch, wenn die Geldbeträge nicht im Altenteilsvertrage selbst, sondern erst in einem gerichtlichen Vergleiche, und zwar wertbeständig, festgesetzt worden sind. — Der anderweitigen Festsetzung steht nicht entgegen, daß sich die Geldbeträge nach dem Vertrag oder dem Vergleiche jeweils mit der Reichsrichtzahl ändern.**

Kammergericht, 17 ZS. Rechtsentscheid v. 30. Juni 1925 (Y 91/25).

. . . Durch den Altenteilsvertrag soll dem Altenteiler, der aus dem Grundstück bisher seinen Unterhalt gezogen hatte, dieser auf andere Weise gewährt werden. Dieser Zweck war soweit Geldbeträge geschuldet wurden, durch die veränderten wirtschaftlichen Verhältnisse, bes. durch die Geltentwertung, erheblich gefährdet. Deshalb hat die Gesetzgebung das beschleunigte Verfahren für die Änderung der Geldbezüge geschaffen. Ohne weiteres muß angenommen werden, daß die neuen Vorschriften nicht von dem zufälligen Umstand abhängen, daß die Geldbezüge gerade im Übergabevertrage selbst ausbedungen waren; vielmehr gibt den Ausschlag, ob sie auf Grund der Altenteilsbeziehungen geschuldet werden und das Wesen einer Unterhaltsgewährung haben. Das ist aber auch der Fall, wenn die Parteien den Vertrag späterhin geändert oder ergänzt haben, mag es auch durch einen gerichtlichen Vergleich geschehen sein. Welchen Unterschied es machen sollte, wenn dieser Vergleich in einem Rechtsstreit über Schadensersatzansprüche wegen Nichterfüllung oder mangelhafter Erfüllung des Altenteils abgeschlossen worden ist, ist nicht ersichtlich. Auch die in solchem Vergleiche zugesagten Leistungen sollen der Erfüllung des Vertrages dienen. . . .

Haben hiernach die Geldbezüge das Wesen einer Unterhaltsgewährung, so wird die V. auch nicht schon dadurch unanwendbar, daß die Parteien durch Einführung der Richtzahl für die Lebenshaltung oder eines anderen gleitenden Maßstabes die Wertbeständigkeit der Bezüge gesichert oder doch zu sichern versucht haben. Es bleibt vielmehr die Möglichkeit, daß trotzdem seit dem Abschluß der Vereinbarung allgemeine wirtschaftliche Veränderungen eingetreten sind, die ohne Rücksicht auf die Wertbeständigkeit der Beträge eine anderweitige Festsetzung nötig machen, weil die Bezüge in ihrer Bedeutung für das Unterhaltungsbedürfnis des Altenteilers im Vergleich zu damals so wesentlich zurückbleiben, daß es der Billigkeit widerspricht. Ob diese Folge eingetreten ist, wird in jedem Falle zu prüfen sein.

γ) **Das aus der V. v. 8. 9. 1923 angerufene Gericht hat, wenn die persönliche Schuld streitig ist, seiner Entscheidung über die Neufestsetzung der Geldleistungen (§ 1) den Sachvortrag des Antragstellers zugrundezulegen. Eine Erweiterung des dinglichen Rechts über § 4² hinaus ist dagegen nicht zulässig, wenn der Eigentümer bestreitet, persönlich verpflichtet zu sein. — Aus § 1108 BGB. ergibt sich nicht, daß der Eigentümer, der nur die dingliche Belastung übernommen hat, darüber hinaus für die neu festgesetzten Geldbezüge aus dem Altenteilsvertrage haftet.**

Kammergericht, 17. ZS. Rechtsentscheid v. 7. November 1924 (Y57/24).

1. Die Gesichtspunkte des Entscheids (17 Y 100/24) gelten auch für das Altenteilsrecht. Nur eine beschränkte Aufgabe, nämlich die Veränderung der Geldleistungen entsprechend den veränderten Verhältnissen und gemäß der Billigkeit

hat das Gesetz vom 18. 8. und die V. vom 8. 9. 1923 der damit betrauten Stelle übertragen. In beschleunigtem Verfahren sollen die als Folge jener Veränderung eingetretenen Härten durch eine Änderung des Rechtsverhältnisses beseitigt werden. Daß es sich hierbei um die Erledigung wirtschaftlicher und sozialer Fragen durch Rechtsgestaltung, nicht um die entscheidende Tätigkeit der ord. Gerichte handelt, ist in gleicher Weise wie im Bereiche der PSchO. ersichtlich, wie denn auch Preußen durch § 7 V. eine Reihe von Vorschriften der PSchO. auf das Altenteilsverfahren anwendet. Ein Anhalt dafür, daß das Altenteilsgericht (AltG.) eigentliche Rechtsstreitigkeiten mit bindender Wirkung für die ordentlichen Gerichte entscheiden könnte, fehlt völlig. Im Gegenteil ist derartiges schon deshalb ausgeschlossen, weil sonst für solche Streitigkeiten die Regeln über die sachliche Zuständigkeit und den Instanzenzug ohne einen ersichtlichen Grund ausgeschaltet wären. Dies wäre umso auffälliger, weil für die Abänderung der Leistungen der Rechtsweg nicht ausgeschlossen, also eine ausschließliche Zuständigkeit des AltG. nicht vorgesehen ist. Liegt aber beim Streit über die Art der Alt-Verpflichtung dem ord. Gericht unter allen Umständen ob, die maßgebende Entscheidung nach den Regeln der ZPO. zu finden, so muß für die Sondergesetzgebung die Auslegung den Vorzug verdienen, welche unnötige und unmaßgebliche Entscheidungen des AltG. möglichst vermeidet und sich auf die Prüfung der Notwendigkeit und des Umfanges der Rechtsänderung, also auf das wirtschaftliche und soziale Gebiet, eng beschränkt. Demgemäß hat das AltG. Streitigkeiten über die dingliche und die persönliche Haftung nicht in dem Sinne zu entscheiden, daß es sich nach der ZPO. die Überzeugung von der Richtigkeit oder Unrichtigkeit der erheblichen Parteibehauptungen verschafft. Andrerseits ist es aber nach der Pr. PSchO. mangels einer dahingehenden Vorschrift, übrigens auch wegen des Erfordernisses einer schnellen Erledigung der Anträge, nicht befugt, sein Verfahren bis zur Entscheidung des ord. Gerichts auszusetzen (JW. 1924 S. 830, 2031). Wohl aber hat das AltG. selbst zu befinden, ob und inwieweit die vorgebrachten Tatsachen überhaupt die Anwendung der AltV. rechtfertigen. Diese setzt der Erweiterung eine Höchstgrenze für den Fall, daß der Eigentümer nicht zugleich der persönlich Verpflichtete ist. Die Frage, ob nur eine dingliche oder auch eine persönliche Haftung besteht, ist also für das Maß der Erweiterung des dinglichen Rechts von Bedeutung. Dieser Umstand allein würde allerdings noch nicht hindern, daß das AltG. dingliche und persönliche Haftung ohne Anwendung des § 4² zu erhöhen hätte, wenn nur die vorgebrachten Tatsachen die persönliche Haftung schlüssig dartun, und daß es dann von der Entscheidung des ordentlichen Gerichts abhängig bliebe, welche Bedeutung einer Aufwertungsentscheidung wirklich zukommt. Diese für die PSch. richtige Auffassung trifft indessen hier nur mit einer Einschränkung zu, die mit Rücksicht auf das Grundbuchwesen nötig ist. Den §§ 8², 10² ist nämlich zu entnehmen, daß das dingliche Recht über die Grenze des § 4² hinaus nur erweitert werden darf, wenn die persönliche Verpflichtung des Grundeigentümers unstreitig ist. Jede andere Auffassung brächte die Gefahr zahlreicher unrichtiger Eintragungen im Grundbuche mit sich, die nicht gewollt sein kann. Es ist durchaus sachgemäß, daß das AltG. einen Antragsgegner, der als persönlicher Schuldner belangt ist, trotz seines Bestreitens als solchen behandelt und das etwaige persönliche Schuldverhältnis gemäß § 1 neu festsetzt. Entscheidet späterhin das Gericht zugunsten des Altenteilers, so bildet der Beschluß des AltG. die dazu wirtschaftlich nötige Ergänzung. Aber auch wenn der Gegner im Prozeß obsiegt, können Unzuträglichkeiten aus der Neufestsetzung nicht entstehen. Bei der Erweiterung des dinglichen Rechts wären Mißhelligkeiten dagegen mit Rücksicht auf den Grundbuchinhalt möglich. Sie würden nicht etwa schon dadurch vermieden werden, daß man dem AltG. die Entscheidung über die persönliche Haftung freigibt. Weil sie das ord. Gericht nicht bindet, könnte der Rechtsstreit die Unrichtigkeit der Auffassung des AltG. und damit die Unrichtigkeit des Grundbuches gerade so gut wie vorher ergeben. Dem Ziele, das Grundbuch von unrichtigen Eintragungen frei zu halten, dient dagegen, wenn das AltG. das dingliche Recht nur insoweit erweitern darf, als dafür die Grundlagen außer Zweifel stehen. Das ist aber für die Erweiterung, die über § 4² hinausgeht, nur der Fall, wenn kein Streit über die persönliche Haftung besteht. . . .

2. Das LG. hält die Auffassung, daß der Grundeigentümer, der nur die dingliche Belastung aus dem Altenteil übernommen hat, auch für den persönlichen Anspruch in vollem Umfange haftet, für möglich, lehnt sie aber ab. Denn § 1108 regele nur die Haftung des Eigentümers, nicht auch die Ansprüche des Berechtigten. An sich hafte der Eigentümer nur dinglich mit dem Grundstück, und § 1108 mache davon eine Ausnahme, indem er eine Haftung für das dingliche Recht auch mit dem ganzen Vermögen begründe. Diesen Ausführungen ist nur zuzustimmen. Der § 4¹, ² bringt deutlich zum Ausdruck, daß der Eigentümer, der für das Altenteil die persönliche Verbindlichkeit nicht übernommen hat, für die geänderte Geldleistung auch nach anderen Gesichtspunkten und in anderem Maße als der aus dem Vertrage persönlich Verpflichtete haften soll. Zum mindesten enthielte also die V. eine anderweitige Bestimmung, auf die der § 1108 besonders hinweist.

10. Aufwertung.

a) Einflußlosigkeit eines Geschäftsaufsichtsverfahrens.

OLG. Hamburg, 5. ZS. Urteil v. 14. November 1924 (Bf 467/24).

Es ist kein Grund ersichtlich, aus welchem dem Kläger die Möglichkeit, Aufwertung seines Anspruches zu verlangen, durch die Tatsache genommen ist, daß über den Beklagten Geschäftsaufsicht verhängt gewesen ist. Mit Recht hat das Amtsgericht in dem vorgelegten Beschluß ausgesprochen, daß die zu jenem Verfahren angemeldeten Ansprüche das Prozeßgericht aufzuwerten habe und daß für das Verfahren die Gläubiger durch die Hinterlegung der dort angemeldeten Forderungsbeträge als befriedigt zu erachten seien. Dagegen würde es eine Unbilligkeit bedeuten, wollte man lediglich aus dem Grunde, weil die Geschäftsaufsicht anhängig gewesen ist, dem Gläubiger die Befugnis absprechen, Aufwertung seiner normalerweise aufzuwertenden Ansprüche zu fordern. V.

b) α) Erwerb der Hypothek durch Abtretung.

Kammergericht, 9. ZS. Beschluß v. 5. März 1925 (AW 113/24).

Der Gläubiger hat seine Hypothek am 19. 6. 1920 an den Antragsteller abgetreten und die Eintragung der Abtretung sowie die Aushändigung des Briefs an den neuen Gläubiger bewilligt und beantragt. Die Abtretung wurde am 21. 10. 1920 eingetragen, der Brief aber erst am 4. 11. 1920 an den Antragsteller abgesandt. Die AufwStelle hat den 4. 11. 1920 als Erwerbstag angesehen und der Berechnung des GMbetrags zugrunde gelegt. Allein zur Abtretung einer Briefhypothek ist nach § 1154 BGB. die schriftliche Erklärung und die Übergabe des Briefes erforderlich, letztere kann aber wie hier durch die Vereinbarung, daß der Gläubiger sich den Brief vom Grundbuchamt aushändigen lassen darf, ersetzt werden. In solchem Falle setzt Erwerb der Hypothek freilich voraus, daß der Brief schon beim Grundbuchamt eingereicht ist; wird er erst später eingereicht, so geht die Hypothek erst im Zeitpunkte der Einreichung auf den Erwerber über (ARGKomm. § 1154³). Die AufwStelle muß deshalb den Zeitpunkt dieses Eingangs feststellen. N.r.

β) Löschung einer nach 14. 6. 22, aber vor 14. 2. 24 abgetretenen Hypothek.

Kammergericht, 1. ZS. Beschluß v. 12. November 1925 (X 709/25).

Auf dem Grundstück des Beschwerdeführers stehen in Abt. III eingetragen: a) Nr. 1—5 für A., b) Nr. 6 für B., c) Nr. 11 für C. Diese Hypotheken sind sämtlich gemäß § 1154 BGB. an Dritte abgetreten, und zwar zu a) laut Urkunde vom 2. 4. 1923 unter vorbehaltlosem Bekenntnis der Zahlung des Gegenwertes, zu b) laut Urkunde vom 1. 7. 1922 mit dem Zusatz, daß der Gläubiger vom Zessionar „Befriedigung erhalten habe", zu c) laut Urkunde vom 8. 5. 1923 unter vorbehaltloser Quittierung über Leistung des Gegenwerts. Die unter Vorlegung von Löschungsbewilligungen der Zessionare vom 11. 7. 1925 beantragte Löschung wurde dahin beanstandet, daß Löschungsbewilligungen der Zedenten nachzubringen seien. Zutreffend gehen die Vorinstanzen davon aus, daß jetzt eine Löschungsbewilligung des zurzeit grundbuchmäßig nach § 1155 BGB. als Gläubiger Ausgewiesenen zur Löschung dann nicht ausreicht, wenn eine Aufwertung für seinen Rechtsvorgänger in Frage kommt, dieser also die Gegenleistung erst nach 14. 6. 1922 erhalten oder unter Vorbehalt angenommen hat. Dabei geht das Gesetz davon aus, daß die Abtretung vor 14. 2. 1924 erklärt ist (vgl. § 2 S. 4, Quassowski § 17 III, IV). In §§ 21 mit 20, 16 läßt es unter diesen Voraussetzungen bei rechtzeitiger Anmeldung des Anspruchs die Eintragung eines AufwBetrages für den Zedenten nach Maßgabe der §§ 2, 3, 18 zu; in § 17 S. 2 mit § 16² S. 2 sieht es schon vorher die Sicherung durch einen Widerspruch vor. Es behandelt also unter den Voraussetzungen der §§ 17, 16¹ den bisherigen Gläubiger in Höhe des für ihn herauskommenden AufwBetrages noch als Teilgläubiger des kraft Gesetzes umgewerteten Rechts. Daraus folgt, daß er gegenüber dem Löschungsantrage Mitbetroffener im Sinne des § 19 BGO. ist, daß daher zur grundbuchmäßigen Beseitigung der Hypothek seine Zustimmung nötig ist. Diese wird nicht dadurch entbehrlich, daß das Recht der Zedenten trotz der Löschung bestehen bleiben würde. Denn es ist eine allen Löschungen gemeinsame Erscheinung, daß das gelöschte Recht nicht untergeht, wenn der Löschung keine materiell-wirksame Aufgabeerklärung der Rechtsinhaber zugrunde liegt. Das Grundbuch wird in solchen Fällen unrichtig. Löschungserklärungen sind aber dann unzureichend, wenn eine auf ihrer Grundlage vorgenommene Löschung eine Unrichtigkeit des Grundbuchs zur Folge hätte. Hier weist aber der Ausstellungstag der Abtretungsurkunden — auch abgesehen von dem in ihnen enthaltenen Quittungen über den Empfang des Gegenwerts — darauf hin, daß die Gegenleistungen erst nach 15. 6. 1922 angenommen und die Abtretungen vor 14. 2. 1924 (vgl. § 5 S. 2) erklärt sind; mit Rücksicht auf die noch laufende Anmeldefrist des §16[1] ist also von einer Aufwertung zugunsten der Zedenten auszugehen.

c) **Vorbehalt trotz Zahlung der normalen Aufwertung.**

Kammergericht, 1. ZS. Beschluß v. 21. Oktober 1925 (X 665/25).

Der Beschwerdeführer A. beantragte am 1. 7. 1925 die Löschung der auf seinem Grundstück unter Nr. 2 eingetragenen Hypothek von 10 400 M. Die Löschungserklärung des Gläubigers vom 1. 7. 1925 lautet: „Der eingetragene Eigentümer A. hat mir heute 2600 RM. und die Zinsen gezahlt. Ich quittiere den Empfang und bewillige die Löschung der Post. Etwaige gesetzliche Aufwertung behalte ich mir vor." Der Senat hat allerdings unter der Geltung der 3. SteuerNV. ausgesprochen, daß eine an einen Vorbehalt geknüpfte Löschungsbewilligung von vornherein als Löschungsunterlage ungeeignet ist, weil sie in sich widerspruchsvoll ist. Dabei handelte es sich aber um Fälle, in denen der eingetragene, die Löschung mit Vorbehalt erteilende Gläubiger noch als Berechtigter ausgewiesen ist, weil die in entwerteter PM. erfolgte Zahlung der Forderung den Übergang des Rechts auf den Eigentümer nicht bewirkte (RG. 109 S. 111). Berechtigter ist er aber dann nicht, wenn seine eigene Quittung ergibt, daß die gesicherte Forderung erloschen und deshalb die Hypothek gemäß §§ 1163, 1177 BGB. Eigentümergrundschuld geworden ist. Das letztere ist hier aber der Fall. Die Quittung des Gläubigers beweist, daß er auf die Forderung 25% in RM., also denjenigen Betrag in der nach dem MünzGes. v. 30. 8. 1924 geltenden Reichswährung erhalten hat, der ihm nach § 4 AufwG. zukommt. Eine weitere Aufwertung kommt trotz des Vorbehalts nicht in Frage, wenn die nach dem Gesetz gerechtfertigte Aufwertung schon vorher freiwillig erfolgt und gezahlt ist. Der Umstand, daß nach der V. v. 9. 10. 1925 (RGBl. 385) die Aufwertung in Goldmark einzutragen ist, ändert an dieser Rechtslage nichts, da die Aufw. Schuld nach § 5 MünzGes. jedenfalls durch die in RM. erfolgte Zahlung als getilgt anzusehen ist. Der beglaubigte Löschungsantrag des Gläubigers reicht also zur Löschung aus.

d) **Prüfung und Feststellung des Schuldgrundes.**

OLG. Hamburg, 1. ZS. Beschluß v. 26. Januar 1925 (F 94/24).

Der Antrag ist dahin zu verstehen, daß der Gläubiger die Aufwertung der durch seine Hypothek gesicherten Forderung verlangt. So hat ihn die AufwStelle auch ausgelegt, ihn aber deshalb zurückgewiesen, weil für den Schuldgrund lediglich das Grundbuch maßgebend sei und weil es sich nach diesem weder um ein Restkaufgeld, noch um ein bei ihrer Begründung in ein Darlehn umgewandeltes Restkaufgeld handle. Diese Entscheidung beruht möglicherweise auf einer Verletzung des Gesetzes. Bei der Frage, ob eine durch Hypothek gesicherte Forderung ein Restkaufgeld ist, ist die AufwStelle nicht ausnahmslos auf den Inhalt des Grundbuchs beschränkt. Wird wie hier jene Forderung nach der Eintragungsbewilligung, auf die Bezug genommen ist, durch ein abstraktes Schuldanerkenntnis begründet, so ist zu prüfen, ob nicht diesem Anerkenntnis eine Kaufgeldverpflichtung zugrunde liegt. Nur so wird man dem Sinn und Geiste des § 7 Nr. 3 der DurchfV. gerecht, deren Rechtsgültigkeit dieses Gericht anerkennt. V.

e) **Aufwertung: α) der vor 1922 begründeten Kaufgeldforderungen.**
Kammergericht, 9. ZS. Beschluß v. 1. Oktober 1925 (AW 20/24).

Am 1. 10. 1920 hat der Forstfiskus dem G. auf Forstflächen ein Kaufrecht eingeräumt und für den Fall, daß es bis 31. März 1924 ausgeübt wurde, den Preis auf 60 Pf. je qm festgesetzt. Nachdem G. durch Vertrag v. 24. 3. 1922 für 74 000 M. und durch Vertrag v. 18. 1. 1923 für weitere 172 000 M. 40 ha gekauft hatte, wurden für die Restforderungen v. 66 000 und 155 000 M. am 1. März und 1. Juli 1923 Buchhypotheken eingetragen. Auf Antrag des Fiskus hat die AufwStelle die Hypothek auf 15 % und die persönliche Forderung, die nicht höher aufgewertet werden dürfe, auf 100 % des Dollarmarkbetrages aufgewertet. Hiergegen hat der Antragsteller sofortige Beschwerde eingelegt. Das gemäß § 9 V. v. 21. Juli 1925 anzuwendende AufwGes. führt zur Aufhebung der angefochtenen Entscheidung. Während nach § 4 AufwGes. die Hypothek auf 25% des nach dem Umrechnungsverhältnisse des § 1 berechneten GM.-Betrages aufzuwerten ist, darf nach § 10³ die Kaufgeldforderung, die vor 1922 begründet ist, auch über 100% aufgewertet werden. Hierfür wird folgendes zu beachten sein:

Wenn § 10 eine höhere oder geringere Aufwertung der persönlichen Forderung „nach allgemeinen Vorschriften" zuläßt, so können darunter — außer den im Abs. 2 dazu erklärten §§ 63/6 — nur die für die Aufwertung in Betracht kommenden allgemeinen Rechtsnormen des bürgerlichen Rechts verstanden werden, hier also die aus § 242 BGB. zu entnehmenden allgemeinen Grundsätze, bei deren Anwendung allerdings die von der 3. StNV. und der 1. DurchfV. abweichende Regelung im § 10³ AufwG. berücksichtigt werden muß. Die Aufgabe dieser Aufwertung ist, die durch den Währungsverfall betroffenen Kaufgeldforderungen den jetzt maßgebenden Wertverhältnissen anzupassen. Dabei ist daher regelmäßig vom Vertragspreis auszugehen und zu ermitteln, welcher Geldbetrag jetzt dem inneren Werte der Forderung zur Zeit der Vereinbarung oder seiner damaligen Kaufkraft entspricht. Ein Umwertung lediglich nach dem Dollar kommt nicht in Frage, denn die Kaufkraft der Mark im Inland und zwar gerade auf dem Grundstücksmarkte war während der Geldentwertung erheblich größer als im Auslande (RG. 109 S. 371). Deshalb können auch die Meßzahlen des AufwGes., die den Dollarkurs und den Großhandelsindex berücksichtigen, nicht als ein allgemein gültiger Maßstab verwendet werden. Ebensowenig darf ausschließlich die Reichsrichtzahl zugrunde gelegt werden, weil die Mark in vielen Geschäftszweigen eine ganz andere Kaufkraft hatte als für den Kleineinkauf von Lebensmitteln und erfahrungsgemäß auf dem Grundstücksmarkt in der Inflationszeit vielfach wesentlich höher war. Das gleiche gilt von der Zeilerschen Umwertungszahl, die nur die allgemeine Geldentwertung ausdrückt. Können auch die erörterten Maßstäbe zum Vergleich herangezogen werden, so erscheint doch notwendig, zur Feststellung des wirklichen inneren Wertes der Forderung die Kaufkraft der Mark auf dem Grundstücksmarkte mitzuberücksichtigen; denn die Eigenart einer Aufwertung nach allgemeinen Vorschriften beruht vor allem darin, daß die Verhältnisse des Einzelfalles besonders zu berücksichtigen sind (Quassowski S. 170). Jene Feststellung läßt sich mangels eines allgemeinen Grundstücksindex regelmäßig nicht anders durchführen, als daß man vom jetzigen Werte denjenigen Bruchteil errechnet, der dem Verhältnis des Restkaufpreises zum damaligen wirklichen Werte entspricht. Als Grundstückswert ist im allgemeinen der Verkaufswert einzusetzen. Es ist deshalb von den zur Zeit des Vertragsschlusses herrschenden Anschauungen auszugehen und zu ermitteln, welcher PM.-Preis damals üblich war, welche Preise damals tatsächlich für Grundstücke gleicher Art gezahlt wurden. Eine andere objektive Feststellung des „wirklichen Wertes" ist für die damaligen Käufe unmöglich (JW. 1925 S. 463, 768; LZ. 1925 S. 747; Abraham Aufw. S. 49); denn es fehlte damals ein zuverlässiger Wertmesser. Es geht nicht an, daß man jetzt nachträglich den Kaufpreis in Dollar- oder Reichsindex-GM. umrechnet und den Betrag als „Goldwert" annimmt; damit setzte man an die Stelle der früheren Wertverfälschung eine andere. Die Vertragschließenden haben die Grundstücke nach PM. bewertet und deshalb kann auch der Wert zur Zeit des Vertragschlusses nur in PM. festgestellt werden. Jede andere Wertfeststellung für den hier fr. Zweck ist abzulehnen, da sie den besonderen Verhältnissen der Geldentwertung nicht Rechnung trüge. In welcher Weise die AufwStelle im übrigen den PM.-Wert der Vertragschlußzeit zu ermitteln hat, bleibt ihrem pflichtmäßigen Ermessen überlassen. Sie wird aber im einzelnen Falle prüfen müssen, ob nicht die Umstände dafür sprechen, daß die Parteien zu dem Preise gekauft und verkauft haben, den man für den Grundstückswert als angemessen hielt; sie wird auf Grund ihrer Kenntnisse der einschlägigen Verhältnisse in ihrem Bezirke dazu gelangen können, den vereinbarten Kaufpreis als PMWert der Vertragschlußzeit festzustellen, ohne erst umständliche Ermittlungen veranstalten zu müssen. Nicht selten wird sie aber auch ohne weiteres aus der Art des Vertrages oder den besonderen Umständen des Falles entnehmen können, daß der vereinbarte Preis hinter dem wirklichen Wert zurückbleibt. Ersteres ist z. B. regelmäßig bei Gutsüberlassungsverträgen der Fall, bei denen erfahrungsgemäß der Übernahmepreis erheblich niedriger zu sein pflegt. Für den gegenwärtigen Grundstückswert sind etwaige Neuanschaffungen und Verbesserungen der Zwischenzeit abzuziehen. Auch der Vorteil einer nachträglichen Wertsteigerung, die auf besonderen, nicht durch den Währungsverfall beeinflußten Umständen beruht, z. B. die Anlage eines Bahnhofs oder einer Villenkolonie, kommt dem Käufer zugute, ebenso der Vorteil eines besonders billigen Kaufs. Ein solcher liegt aber nicht schon dann vor, wenn der Kaufpreis, nach den jetzigen Verhältnissen beurteilt, besonders niedrig erscheint, sondern nur dann, wenn er hinter dem sonst für solche Grundstücke in der fraglichen Zeit und Gegend gezahlten Preisen und damit hinter dem wirklichen damaligen Werte zurückblieb. Daneben werden — entsprechend den JW. 1915 S. 630 angeführten Entsch. des RG. — besonders die persönlichen Verhältnisse der Parteien, namentlich ihre Einkommens- und Vermögensverhältnisse, die Art des Grundstücks (städtisches, ländliches oder gewerbliches), der Einfluß der Zwangswirtschaft, die erhöhte steuerliche Belastung der Grundstücke und die Erhaltung der wirtschaftlichen Leistungsfähigkeit des Eigentümers zu berücksichtigen sein. Hierzu kommt ein neuer rechtlicher Gesichtspunkt, der jetzt dazu zwingt, der nach dem Wertverhältnisse bei Vertragschluß berechneten Kaufkraft eine besondere Bedeutung beizumessen, wenn sie auch keineswegs ausschließlich zugrunde zu legen ist.

Der Senat hat nämlich bei Restkaufgeld eine Aufwertung über 100% des DollarGM-Betrages zugelassen und den nach dem Wertverhältnis errechneten Betrag als Ausgangspunkt dafür hingestellt (JW. 1924 S. 2002, 1925 S. 630), ohne indessen für eine mechanische Aufwertung entsprechend der Steigerung des Grundstückwertes einzutreten. Diese Rechtsprechung hat der Ausschuß für das AufwG. viel erörtert (Bericht 9, 32, 43). Während zunächst Neigung bestand, bei sämtlichen frei aufwertbaren Forderungen die Aufwertung auf 100% zu beschränken, drang doch schließlich die Meinung durch, daß die während der stärksten Geldentwertung (seit Anfang 1922) gezahlten geringfügigen, zur Substanz der veräußerten Sachen in keinem Verhältnis stehenden Preise dringend erheischten, den Verkäufern entgegenzukommen und hier über 100% aufzuwerten. Man hat also wegen der ungewöhnlichen Preisbildung bei jenen Verkäufen die Bedenken gegen die Rechtsprechung des Senats nicht für durchgreifend erachtet. Dieser hält hiernach und zwar auf Grund nicht nur des § 242 BGB., sondern auch des § 10³ AufwG. für zulässig, den gegenwärtigen Grundstückswert in besonderem Maße zu berücksichtigen, allerdings nur zusammen mit den anderen in Betracht kommenden Maßstäben und Gesichtspunkten. Wie die AufwStelle den Betrag nach den vorerörterten Gesichtspunkten zu berechnen hat, darüber läßt sich keine allgemeine Regel aufstellen. Sollte sie im Einzelfalle für angezeigt erachten, den nach dem Grundstückswertverhältnis errechneten inneren Wert als Ausgangspunkt zu nehmen, so wird hiergegen, sofern auch die anderen Maßstäbe und Gesichtspunkte herangezogen werden, nichts einzuwenden sein. Die vorstehenden Grundsätze stehen auf dem Boden des Beschlusses des RG. vom 17. Juli 1925 (VB. 14/25). Sollte aber eine Abweichung anzunehmen sein, so läge doch kein Anlaß vor, gemäß §§ 28² FGG., 47¹ AufwG. die Sache dem RG. vorzulegen; denn hier ist auf Grund des § 242 BGB. verb. mit dem AufwG., besonders dem § 10³, entschieden, während das RG. unter der Herrschaft der 3. StNV. den § 242 angewendet hat.

In Anwendung der dargelegten Grundsätze ist hier zunächst zu prüfen, wann der Antragsteller die Kaufgeldforderungen erworben hat. Das Kaufrecht ist am 11. 10. 1920 eingeräumt, die Verträge sind aber erst am 24. 3. 1922 und 18. 1. 1923 abgeschlossen worden, indem dabei die am 11. 10. 1920 festgelegten Preise — 60 Pf. je qm — eingesetzt wurden. Der Vertrag v. 1920, ein Optionsvertrag, gibt nur eine Anwartschaft auf den Vertragschluß, dieser kommt erst mit der Annahme der Option oder falls wie hier auf der Grundlage der Option ein neuer Vertrag abgeschlossen wird, mit dessen Abschluß zustande (vgl. Quassowski 157). Hieran kann der Umstand, daß dem Antragsteller schon mit dem Abschluß am 11. 10. 1920 die Verfügung über die Grundstücke entzogen ist, nichts ändern. Die Forderungen von 60 Pf. je qm sind also am 24. 3. 1922 und 18. 1. 1923 begründet worden. Es liegt auf der Hand, daß das qm damals sehr viel wertvoller war, daß also der Kaufpreis hinter dem wirklichen Wert, d. h. hinter dem damals üblichen Preise weit zurück bleibt. Die AufwStelle wird deshalb zunächst den wirklichen Wert der Grundstücke z. Z. der Kaufabschlüsse festzustellen haben. Bei der Prüfung, welche Maßstäbe und Gesichtspunkte dafür besondere Beachtung verdienen, wird sie berücksichtigen, daß hier eine ganz ungewöhnliche Preisbildung vorliegt, die lediglich darauf zurückzuführen ist, daß der Verkäufer mit der damaligen Rechtsprechung glaubte, den Preis vom 11. 10. 1920 nicht erhöhen zu dürfen. Es entspricht der Billigkeit, daß in solchem Falle der Aufw-Betrag besonders reichlich bemessen wird, doch darf nicht über den Betrag, der sich bei Zugrundelegung des für den Verkäufer günstigsten Berechnungsmaßstabes ergibt, hinausgegangen werden, denn damit würde nicht ein Ausgleich für die Geldentwertung geschaffen, vielmehr die Vertragsgrundlage verändert, was die bisherige Rechtsprechung, auch soweit es sich um durch irrige Wertvorstellungsbegriffe beeinflußte Inflationsverkäufe handelt, nicht zuläßt. N. r.

β) Geldzuzahlung bei Grundstückstauschverträgen.

Kammergericht, 9. ZS. Beschluß v. 27. April 1925 (AW 262/25).

Die Parteien, die gemeinschaftlich die Grundstücke von ihrem Vater gekauft hatten, hoben im Vertrag v. 11. 3. 1922 die Gemeinschaft in der Weise auf, daß der Antragsteller einen Teil der Grundstücke zum Alleineigentum erhielt, während die beiden Antragsgegner den Rest zum gemeinschaftlichen Eigentum bekamen. Da ihre Grundstücke den größeren Wert besaßen, hatten sie 100 000 M. zuzuzahlen, die auf ihrem Grundbesitz hypothekarisch eingetragen sind. Die AufwStelle hat die Anwendbarkeit des § 7[1] Nr. 3 der 1. DurchfV. zu Unrecht verneint. Als ein Kauf kann das Geschäft freilich nicht angesehen werden, wenn es auch (vgl. auch § 757 BGB.) nach Gegenstand und Zweck große Ähnlichkeit mit ihm zeigt. Dagegen waren in ihm gegenseitige Tauschverträge zu sehen. Ein Vertrag, in dem die Miteigentümer von Grundstücken durch Teilung in Natur die Gemeinschaft in der Weise aufheben, daß sie sich wechselseitig Miteigentumsbruchteile an bestimmten Teilstücken überlassen, also die Bruchteile austauschen, stellt sich seinem Wesen nach als eine einheitliche Zusammenfassung mehrerer sich gegenseitig bedingender Tauschgeschäfte über Eigentumsbruchteile dar (RG. Gruchot 49 S. 128). Die Forderung des Antragstellers stellt sich hiernach zwar nicht als Restkaufgeld dar, wohl aber als eine Geldzugabe beim Tausch, als eine sog. Tauschaufgabe. Die materiellrechtlichen AufwVorschriften der 3. StNV. bilden nach richtiger Auffassung eine Ergänzung des bürgerlichen Rechts, und die 1. DurchfV. ist somit als eine Ergänzung der Vorschriften des BGB. über den Kauf aufzufassen. Es ist also so anzusehen, als ob die Aufwertung der Restkaufgeldforderungen im BGB. für zulässig erklärt worden wäre. Nach § 515 BGB. sind aber auf den Tausch die Vorschriften über den Kauf entsprechend anzuwenden und kein rechtlicher und wirtschaftlicher Grund ist ersichtlich, die Tauschaufgabe im AufwRecht anders zu behandeln als das Restkaufgeld. N.r.

f) **Bedeutung des „Sichbegebens" und des „Nichtvorbehaltens".**

Kammergericht, 1. ZS. Beschluß v. 1. Oktober 1925 (x 601/25).

Der Beschwerdeführer als Eigentümer des Pfandgrundstücks beantragte am 15. 6. 1925 die Löschung zweier seit 1921 und 1918 eingetragener Hypotheken unter Überreichung der Urkunden v. 4. 1. 1923 und v. 21. 11. 1922, in denen die Gläubiger anerkennen, die eingetragenen Beträge vom Eigentümer erhalten zu haben, und weiter erklären: „wir quittieren darüber vorbehaltlos und bewilligen die Löschung." Die Löschung ist mit Recht abgelehnt. Der Standpunkt des LG., daß die Hypotheken nach dem Ges. vom 16. 7. 1925 aufwertbar seien, da ein ausdrücklicher Verzicht auf die Aufwertung im Sinne des § 14 S. 2 durch die Löschungserklärungen nicht nachgewiesen sei, daß daher diese nicht als geeignete Löschungsunterlagen anzusehen seien, ist nicht rechtsirrtümlich, verletzt besonders weder Vorschriften der GBO. noch das AufwG. Die Hypotheken fallen, da die Gläubiger sie vor dem 14. 2. 1924 erworben haben, unter das Ges. v. 16. 7. 1925 und sind unter den dort bestimmten Voraussetzungen aufwertbar. Nach § 15 ist im Falle einer in der Zeit vom 15. 6. 1922 bis zum 14. 2. 1924 angenommenen Leistung die Hypothek und die persönliche Forderung auch dann aufzuwerten, wenn der Gläubiger sich bei der Annahme seine Rechte nicht vorbehalten hat. Daß diese Voraussetzung (das Nichtvorbehalten) nur dann gegeben sei, wenn ein Vorbehalt stillschweigend *unterlassen*, eine *Erklärung* über einen Rechtsvorbehalt also nicht abgegeben ist, dagegen dann fortfalle, wenn das Nichtvorbehalten ausdrücklich erklärt ist, wird im Gesetz nirgends bestimmt, ergibt sich auch nicht aus seinen Zwecken. Nach seiner Absicht sollen die Gläubiger, die in der Zeit erheblicher Markentwertung — diesen Zeitraum begrenzt es vom 15. 6. 1922 — 14. 2. 1924 — in PM. ausbezahlt sind, von der Aufwertung nicht schon dann ausgeschlossen werden, wenn sie die Zahlung ohne Vorbehalt angenommen haben, sei es weil sie nach der damaligen Rechts- und Wirtschaftslage mit einer Aufwertung überhaupt nicht rechneten, sei es, weil sie nach dem damaligen Stande der Rechtsprechung trotz in Aussicht stehender Aufwertungsmöglichkeit zur Abgabe vorbehaltloser Löschungserklärungen verpflichtet zu sein glaubten. Nach der neueren Rechtsprechung unter der Geltung der 3. StNV. war die während der Markentwertung erfolgte Zahlung des Nennbetrages der Hypothek schon vor Inkrafttreten jener V. nicht als die volle geschuldete Leistung, sondern nur als Teilleistung anzusehen (RG. 107 S. 78, 109 S. 111, JFG. 2 S. 19). An diesem Rechtszustand knüpft § 15 (14) an (vgl. Gribel § 15[1], Schäffer-Keidel 43 Abschn. 3). Nach § 14 ist eine Aufwertung ausgeschlossen, wenn der Gläubiger sich seiner Rechte auf Aufwertung der Hypothek „ausdrücklich begeben" hat. Wenn im Anschluß hieran § 15 von „Nichtvorbehalten der Rechte" spricht und dem dies kundgebenden Verhalten des Gläubigers keine die Aufwertung ausschließende Wirkung beilegt, so muß angenommen werden, daß es mit dem in § 14 für den Ausschluß aufgestellten Erfordernis des „ausdrücklichen Sichbegebens" eine Erklärung hat verlangen wollen, die über bloßen Nichtvorbehalt hinausgeht und den Willen des Aufw. Verzichts in einer jeden Zweifel ausschließenden Form ausdrückt (Rademacher-Philipp 445: „Der Verzicht ist streng auszulegen"). Eine Erklärung des Gläubigers, wie sie hier vorliegt: Empfangsbekenntnis über den eingetragenen Betrag mit anschließender „vorbehaltloser" Quittung und Löschungsbewilligung drückt, wenn sie in den nach § 15 maßgebenden Zeitraum fällt, den vom Gesetz geforderten Verzichtwillen nicht zweifelfrei aus. Sind aber die Gläubiger hier als aufwertungsberechtigt anzusehen, so bilden ihre, eine Befriedigung wegen der AufwBeträge nicht ergebenden, Löschungserklärungen, solange die Anmeldungsfrist des § 16 nicht ungenutzt abgelaufen ist, keine geeigneten Löschungsunterlagen. Von einem Eingriff in die Zuständigkeit der Aufw.-Stelle handelt es sich hierbei nicht; vielmehr werden nur die Vorschriften der GBO. in einer Weise angewandt, die der durch das AufwG. geschaffenen Rechtslage Rechnung trägt. Der Beschwerdeführer ist in der Lage, sich gegen die von ihr bestrittenen AufwAnsprüche durch Beantragung eines Widerspruchs gemäß § 16³ zu sichern.

g) α) „Löschungsfähige Quittung" aus der Zeit v. 15. 6. 22 bis 14. 2. 24?
Kammergericht, 1. ZS. Beschluß v. 15. Oktober 1925 (x 613/25).

Der Grundstückseigentümer beantragte am 21. Juli 1925 die Löschung dreier Vorkriegshypotheken und legte eine Löschungserklärung der Gläubigerin vom 2. 12. 1922 vor: „Wir bekennen Kapital nebst Zinsen vom Grundstückseigentümer erhalten zu haben und willigen hiermit in die Löschung dieser Post." Die Vorinstanzen verlangten mit Rücksicht auf das AufwG. eine neue Löschungsbewilligung. Die weitere Beschwerde ist unbegründet. Abgesehen von dem Nachweise der Unrichtigkeit (§ 22) gibt es nach der GBO. nur eine Grundlage für die Löschung, das ist die Löschungsbewilligung des Rechtsinhabers (§ 19). Die „löschungsfähige Quittung" ist keine solche; sie kann nur beweisen, daß ein anderer als der Eingetragene der Rechtsinhaber ist, daß also seine Löschungsbewilligung, die im Antrage zum Ausdruck kommt, erforderlich ist; sie hat also nur Bedeutung für die Feststellung der Person des zur Löschungsbewilligung Berechtigten. Die Quittung über eine in der Zeit der Geldentwertung geleistete Zahlung beweist nicht den Rechtsübergang schon vor Inkrafttreten des AufwG., sie beweist ihn besonders nach der jetzigen Rechtslage nicht mehr, wenn Vorbehalt oder Rückwirkung nach §§ 14 ff. AufwG. in Betracht kommen. Eine vom Berechtigten bewilligte Löschung rechtfertigt grundsätzlich stets die Löschung, weil sie die Aufgabe des Rechts enthält (§ 875 BGB.), also auch dann, wenn der Berechtigte sich innerlich nicht für befriedigt hält, oder sich in der Annahme der Befriedigung täuschte. Ist die Bewilligung nur wirksam erfolgt — was z. B. bei in sich widerspruchsvoller Erklärung nicht zutrifft (JFG. 2 S. 419) —, kann ein Widerstreit zwischen materiellem und formellem Recht durch die Löschung nicht entstehen.

Hierin hat das AufwG. eine Änderung gebracht. Es wertet auch Hypotheken auf, bei denen die Aufhebung durch Löschungsbewilligung und Löschung nach dem bei Vornahme dieser Akte geltenden Rechtszustande rechtswirksam zustandegekommen ist, dies dann, wenn es sich um die Aufwertung kraft Vorbehalts oder Rückwirkung handelt (§§ 14, 15[1] und bes. 16[2]). Durch die Ermöglichung der Wiedereintragung der gelöschten Hypothek und eines diese sichernden Widerspruchs drückt das Gesetz aus, daß es die Hypothek — auch im Falle einer nach dem bisherigen Rechtszustande wirksamen Aufgabe — als noch bestehend behandelt wissen will. Daraus folgt, daß die Hypothek nicht gelöscht werden darf, wenn sie das Gesetz trotz der Löschung als noch bestehend behandeln würde. Das ist dann der Fall, wenn die Voraussetzungen der Aufwertung nach §§ 14, 15 vorliegen und der Anspruch auf Aufwertung rechtzeitig bei der AufwStelle angemeldet wird. Jenes kann sich aus dem Inhalt der Löschungsbewilligung ergeben, wenn in ihr ein Vorbehalt erklärt oder wie hier, eine in die Zeit vom 15. 6. 1922 bis zum 14. 2. 1924 fallende Zahlung bescheinigt ist. Um eine den Absichten des Gesetzes zuwiderlaufende Löschung zu vermeiden, wird eine Löschungsbewilligung aber auch dann als unzureichend zu beanstanden sein, wenn sie eine in jene Zeit fallende Zahlung zwar nicht bescheinigt, aber durch ihr Ausstellungsdatum darauf hinweist, daß sie erst innerhalb dieses Zeitraums wirksam durch Aushändigung an den Empfangsberechtigten erteilt ist. Denn in solchem Falle muß das Grundbuchamt zunächst mit der Möglichkeit rechnen, daß auch die nach § 15[1] maßgebliche Leistungsannahme erst in diesem Zeitraum erfolgt ist. Es bedarf bei solcher Sach- und Rechtslage der Beibringung ergänzender Löschungsunterlagen. Als solche sind anzusehen: der Nachweis eines ausdrücklichen AufwVerzichts im Sinne des § 14 S. 2 Halbs. 2 oder bei bereits abgelaufener Anmeldefrist (§ 16 S. 1) eine Bescheinigung der AufwStelle des Inhalts, daß eine Anmeldung nicht erfolgt ist (§ 8 V. v. 21. 7. 1925 . . .

β) Widerspruch gegen zwischenzeitliche Eintragungen.

Kammergericht, 1. ZS. Beschluß v. 12. November 1925 (x 695/25).

Auf den Grundstücken des A. standen für X. zwei Hypotheken von 50 000 und 200 000 Mark eingetragen. Sie wurden am 25. 9. 1923 auf Grund der Löschungsurkunde des X. v. 25. 6. 1923 gelöscht, in der es hieß: „Ich bekenne, diese 250 000 Mark nebst Zinsen von dem Eigentümer erhalten zu haben, und bewillige die Löschung der Posten unter Vorbehalt meiner Rechte aus der Geldentwertung". Auf Antrag (Anregung) des X. wurden für diesen am 2. 7. 1925 Widersprüche gegen die Löschung von Amtswegen gebucht. Der Beschwerdeführer B., der auf Grund der Auflassung vom 11. 7. 1924 am 16. 10. 1924 als Eigentümer eingetragen worden ist, beantragte unter Berufung auf seinen gutgläubigen Erwerb die Löschung der Widersprüche. Die Vorinstanzen gehen zutreffend davon aus, daß die Voraussetzungen für die Eintragung eines Amtswiderspruchs gemäß § 54 GBO. gegeben sind (JFG. 2 S. 419). Ihre weiteren Ausführungen, die sich mit dem Einfluß des Eigentumserwerbs auf die Zulässigkeit der Widerspruchseintragung befassen, unterliegen dagegen rechtlichen

Bedenken. Das Grundbuchamt meint, es könne nicht feststellen, ob der eingetragene Eigentümer beim Erwerb des Grundstücks im guten Glauben gewesen sei, daher, wenn ihm nicht das Gegenteil nachgewiesen würde, damit rechnen müsse, daß der Erwerb ein bösgläubiger gewesen und demgemäß der Widerspruch geeignet sei, einen weiteren gutgläubigen Erwerb zu verhindern. Diese Auffassungen widersprechen der ständigen Rechtsprechung (KGJ. 31 S. 225). Hiernach ist ein Amtswiderspruch nicht einzutragen, wenn dadurch das nach der Entstehung der Grundbuchunrichtigkeit eingetragene Recht eines Dritten betroffen wird, zu dessen Gunsten gemäß § 892 BGB. der Grundbuchinhalt als richtig gilt, gegen den sich der Widerspruch richtet. Die Eintragung ist nur zulässig, wenn dem Grundbuchamt glaubhaft erscheint, daß der Erwerb des Dritten schlechtgläubig gewesen ist. Aber auch die Ansicht des LG., daß ohne Rücksicht auf einen nachträglichen gutgläubigen Eigentumserwerb der Amtswiderspruch gebucht werden könne, widerspricht dessen Wesen und Zweck. Er dient ebenso wie der Widerspruch nach § 899 BGB. zum Schutze nicht oder nicht richtig eingetragener dinglicher Rechte gegen die Gefahren des Glaubens des Grundbuchs (KGJ. 47 S. 182), setzt also voraus, daß das dingliche Recht, das er schützen soll, im Zeitpunkt der Eintragung des Widerspruchs noch besteht. Ist es gemäß § 892 BGB. infolge gutgläubigen Eigentumserwerbs erloschen und damit die Unrichtigkeit des Grundbuchs beseitigt, so kommt ein Widerspruch nicht mehr in Frage. Sind hiernach die Vorentscheidungen aufzuheben, so wird dadurch dem KG. die rechtliche Möglichkeit gegeben, selbst in der Sache zu befinden. Nach der Rechtsprechung des Senats ist der Widerspruch zu Recht eingetragen, wenn glaubhaft ist, daß dem Beschwerdeführer beim Erwerbe des Eigentums die Unrichtigkeit des Grundbuchs, also das Fortbestehen der gelöschten Hypothek bekannt gewesen ist. In dieser Hinsicht hat X. bereits auf folgende Bestimmungen des Kaufvertrages hingewiesen: „Der Verkäufer verpflichtet sich, den Käufer von allen AufwAnsprüchen, die die Gläubiger bereits gelöschter Hypothekenforderungen auf Grund der in den Quittungen erklärten Vorbehalte oder ohne solche erheben können, zu befreien. Er hat ferner, falls die AufwQuote von 15 % durch einen neuen Akt der Gesetzgebung erhöht werden sollte, zu dem hiernach vom Käufer zu zahlenden Mehrbetrag bis 50 000 Mark beizutragen.“ Weiter heißt es in einem vom Vertreter des B. an den Vertreter des Gläubigers gerichteten Schreiben vom 26. 3. 1925: „Um Bedenken, die vielleicht aus § 892 BGB. hergeleitet werden können, zu beseitigen, erkläre ich für B., daß dieser beim Erwerb den von Ihrer Partei gemachten Vorbehalt gekannt hat ...“ Es kann dahingestellt bleiben, ob auf Grund dieser Stellen als nachgewiesen angesehen werden könnte, daß B. die Unrichtigkeit des Grundbuchs kannte. Zur Annahme einer dahingehenden Wahrscheinlichkeit reichen sie jedenfalls aus; denn sie lassen erkennen, daß dem B. nicht nur der Vorbehalt, sondern auch dessen rechtliche Bedeutung für den Fortbestand und die Aufwertung der Hypotheken bekannt gewesen ist.

Sachverzeichnis.

(N. bedeutet die Nachträge.)

Nachträge, Zusätze, Druckfehler zu Band 44.

S. 1 Nr. 1. Die Kündigung einer vereinbarten stillschw. Verlängerung des Mietvertrages ist durch das MSchG. nicht ausgeschlossen (KG. 30. 9. 25, 17 W 426 5/25). Vgl. Rsp. 42 S. 155.

S. 28 Nr. 2 a. Abgeändert vom RG. 111, S. 26.

S. 120 Nr. 5 h. Vgl. RG. 110 S. 34.

S. 126 Nr. 5 m. Bestätigt aus anderen Gründen vom RG. 111 S. 151.

S. 165 Nr. 6 o. a) Der § 1 Ges. v. 10. 2. 23 ist auf unwiderrufliche Vollmachten auch dann nicht entsprechend anzuwenden, wenn dem Bevollmächtigten eine außerordentlich weitgehende Macht über das Grundstück erteilt wird; denn immerhin verbleiben noch weitgehende Rechte bei dem Eigentümer, so daß die Vollmacht hinter dem Veräußerungsvertrag zurückbleibt (KG. 18. 7. 1925, 1 x 440/25). b) Das Ges. v. 20. Juli 1925 (GS. S. 93) hat sich im Art. I S. 2 an das RG. (108 S. 356) angeschlossen und dessen Standpunkt als dem des Gesetzgebers vom 10. 2. 1923 entsprechend erklärt. Das RG. ist aber zweifellos von der Ansicht ausgegangen, daß dieses Ges. am 16. 2. 23 in Kraft getreten sei; in welchem Zeitpunkte, ergibt sich aus seine Ausführungen nicht mit völliger Sicherheit; die Annahme erscheint jedoch gerechtfertigt, daß es das Gesetz als mit dem Beginn des 16. 2. in Kraft getreten erachtet (KG. 17. 9. 25, 1 x 410/25).

S. 172 Z. 18 v. u. statt „VV" l. „V V"; s. RG. 110 S. 87.

S. 253 Nr. 8 γ. „Gegen die Weigerung des MEA. zu bescheinigen, daß der Mieter gegen den Ersatzraum keine Einwendungen erhoben habe, ist die Rechtsbeschwerde nicht zulässig" (KG. v. 12. 10. 25, 17 Y 109/25).

S. 254 Nr. d. Die Beschwerdestelle hat zu prüfen, ob die Beisitzer des MEA. vorschriftsmäßig gewählt sind. Dabei gelten als örtliche Hausbesitzer- und Mietervereine nur solche örtliche Vereinigungen, die ausschließlich oder überwiegend Vermieter- oder Mieterbelange verfolgen (KG. 11. 7. 25, 17 Y 99/25).

S. 255 Nr. 8 γ. „Auf den Schriftführer des MEA. ist § 49 ZPO. anzuwenden" (KG 12. 10. 25, 17 Y 124/25).

S. 264 Nr. 8 k. „Im Verfahren vor dem MEA. und der Beschwerdestelle gilt die D.GebO. für RA." (KG. 31. 10. 25, 17 Y 103/25).

S. 269 Nr. 8 δ. „Bei Festsetzung der FrM. für eine Wohnung, die von einer einheitlichen Wohnung erst nach 1. Juli 1914 abgeteilt wurde, ist die FrM. der ungeteilten Wohnung nicht zu berücksichtigen (KG. 11. Juli 1925, 17 Y 94/25). Vgl. Rsp. 43 S. 335.

S. 272 Z. 18 v. u. statt „1924" l. „1914".

S. 283 Nr. 9 c. „Die Inanspruchnahme von Wohnungen als künftig frei werdend, wird nicht schon dadurch zulässig, daß die örtliche Anordnung die Anzeige der bevorstehenden Freiwerdens vorschreibt" (KG. 12. 10. 25, 17 Y 25).

S. 285 Nr. 9 γ. „Der Rechtsentscheid (17 Y 65/25) wird aufrecht erhalten" (KG. 31. 10. 25, 17 Y 120/25).

S. 286 Nr. 9 e. „Die im § 3 Nr. 1 Berl. WNR. bezeichnete Frist wird nur durch schriftliche Anzeige des VerfBerechtigten oder seines Vertreters in Lauf gesetzt" (KG. 12. 10. 25, 17 Y 106/25).

S. 290 Nr. e. Gesetzwidrig (§ 5 Nr. 1 c WNR.) ist nur ein Zweck, der selbst gegen das Gesetz verstößt, nicht aber ein an sich erlaubter, zu dessen Erfüllung die benutzten Räume nicht verwendet werden dürfen (KG. 12. 10. 25, 17 Y 105/25).

S. 311 Nr. 9 p. Die V. v. 9. 9. 23 findet auf Altenteilsverhältnisse, die bei Überlassung eines Grundstücks durch letztwillige Verfügung entstanden, keine Anwendung (KG. 12. 6. 24, 17 Y 51/24).

S. 311 Nr. 9 p. Für die Entscheidung in Altenteilssachen ist nur das „Amtsgericht" zuständig, nicht das PEA. (Pr.JMBl. S. 267).

MIX
Papier | Fördert gute Waldnutzung
FSC® C083411

Kolibri 360 GmbH
Ferdinand-Jühlke-Straße 7
99095 Erfurt, Deutschland
produktsicherheit@kolibri360.de